Analecta
Gregoriana 313

STÈVE GASTON BOBONGAUD

LA DIMENSION POLITIQUE DU LANGAGE

Essai sur Éric Weil

PRIX BELLARMIN 2011
FACULTÉ DE PHILOSOPHIE
UNIVERSITÉ PONTIFICALE GRÉGORIENNE

GBP

GREGORIAN & BIBLICAL PRESS

*Vidimus et approbamus ad normam Statutorum Universitatis
Romae, ex Pontificia Universitate Gregoriana
Die 09/07/2010
Prof. Paul Gilbert
Rev. P. João J. Vila-Chã*

Progetto grafico di copertina: Serena Aureli

Impaginazione: Lisanti Srl - Roma

© 2011 Gregorian & Biblical Press
Piazza della Pilotta 35, 00187 - Roma
www.gbpress.net - books@biblicum.com

ISBN 978-88-7839-**201**-4

REMERCIEMENTS

Nos remerciements s'adressent au Professeur Paul Gilbert, SJ qui, avec patience et passion, a dirigé et orienté nos recherches doctorales. Nous rendons aussi hommage aux différents enseignants et formateurs qui ont accompagné notre cheminement intellectuel. Nous voulons remercier spécialement tous ceux et celles qui, de quelque manière et à quelque niveau que ce soit, nous ont soutenu durant notre séjour académique et pastoral à Rome puis a Forcoli. Nous n'oublions pas Mgr Jean-Claude Makaya-Loemba qui nous a envoyé en mission d'études; Mgr Daniel Mizonzo et Mgr Louis Portella qui ont porté notre projet de formation ainsi que les Aînés et Confrères Prêtres, les Religieux, Religieuses, Grands Séminaristes et autres Fidèles laïcs de l'Eglise du Congo, de l'Eglise d'Afrique et d'Europe, pour leur proximité et leurs encouragements. Merci infiniment à l'*Aide à l'Eglise en Détresse* qui a financé nos recherches et à *Strake Foundation* qui nous a aidé dans la finalisation de nos investigations heuristiques. Merci enfin au Jury du *Prix Bellarmin 2011* pour la prestigieuse reconnaissance à notre égard ainsi qu'à l'équipe animatrice d'*Analecta Gregoriana* pour la publication de nos recherches dans leur Colonne. Que le Seigneur assiste et bénisse les personnes et les structures qui nous ont assisté durant notre mission d'études en Italie.

INTRODUCTION

1. Motivation et indication

La philosophie d'Éric Weil présente une ossature systématique dont l'interprétation et l'unification épistémologique des composants n'est pas toujours facile à concevoir. En menant les investigations présentes, nous voulons proposer une *lecture omni-compréhensive* du système d'Eric Weil et envisager son accomplissement en nous basant sur un élément majeur qui traverse les textes weiliens dans leur ensemble et semble les colliger fondamentalement, à savoir le fait du *langage*.

Une telle compréhension langagière du penser-weilien-aux-êtres-et-aux-choses thématise et approfondit la proposition selon laquelle la logique philosophique de la philosophie équivaut à une « analyse [générique] du langage »[1]. Elle se dessine en filigrane chez des interprètes d'Eric Weil comme Patrice Canivez[2], Gilbert Kirscher[3] et Jean Quillien[4]. Cependant, aucun de ces lecteurs-commentateurs ne fournit une herméneutique intégrale et radicale du système weilien qui s'articulerait spéculativement sur le plan du langage en sa double phénoménalisation logico-philosophique et historico-politique comme nous souhaitons le faire. Ce qui signifie qu'aucun d'eux ne réalise une prospection spécifique de la pensée d'Eric Weil, en envisageant le(s) jeu(x) ainsi que l'enjeu du langage qui s'y dégagent et confèrent un rythme typique à son déroulement.

Dans l'établissement de notre cheminement heuristique, nous tenons à indiquer que la réflexion à laquelle nous procédons ne représente pas une analyse syntaxique, sémantique ou pragmatique de la réalité du langage[5] chez Eric Weil. Elle n'est pas une recherche de philosophie du langage ni de philosophie linguistique. Comme nous le savons, l'intérêt dominant de la philosophie linguistique

---

[1] LP 420.

[2] Cf. P. CANIVEZ, *Weil*, 81-82 ; *Ibid.*, 176-177.

[3] Cf. G. KIRSCHER, *Eric Weil*, 174-176 ; ID., *La philosophie d'Eric Weil*, 361-365.

[4] Cf. J. QUILLIEN, « De la sagesse », 1223-1242 ; ID., « Discours et langage », 401-437 ; ID., « Histoire », 263-264.

[5] Sur ces trois paliers sémiotiques, voir : J. L. ANSCOMBRE, « Pragmatique », 2014.

reste essentiellement « l'examen des théories, de la méthodologie et de la pratique de la linguistique descriptive »[6]. Nous ne suivons pas ce parcours épistémologique. De même, nous ne visons pas spécialement une analyse technique ni une clarification herméneutique du concept de langage chez Eric Weil en tant que celles-ci constitueraient des prolégomènes topiques à la compréhension authentique de problématiques philosophiques[7]. Nous ne souhaitons pas non plus établir une sémiotique typique du langage à soubassement weilien, comme le fait par exemple Gaston Fessard dans son exploration de la pensée de Hegel[8] ou une théorie scientifique du langage[9] centrée sur les textes d'Eric Weil.

Notre recherche veut, de façon plus simple et plus modeste, présenter globalement la *pensée du langage*[10] telle qu'elle se dégage de la lecture de quelques textes weiliens. Elle veut aussi confronter cette pensée avec ses sources principales (les philosophes de la Tradition qui ont influencé Eric Weil, notamment les *géants* que sont Hegel, Kant et Aristote[11]), puis la discuter dans le cadre des chemins contemporains diversifiés-zigzagués de la pensée philosophique, spécialement dans le contexte actuel marqué par l'émergence du paradigme linguistique de la raison à travers son expression épistémologique dans l'herméneutique philosophique — élaborée par Hans Georg Gadamer, Paul Ricœur, Jean Greisch, Donatella Di Cesare, etc. — puis dans la rationalité communicationnelle — en suivant la ligne tracée par Jürgen Habermas, Karl-Otto Apel, Jean-Marc Ferry, etc. —.

Notre recherche envisage également contribuer, de façon décisive, à la détermination d'une configuration sociopolitique adéquate et adaptée à la vie réelle des femmes et des hommes de notre temps et, plus spécialement, ceux d'Afrique dont nous portons symboliquement le souci existentiel et cherchons à favoriser la croissance du capital anthropologique.

---

[6] P. Ricœur, « Philosophie et langage », 272.

[7] Cf. *Ibid.*, 272-273 ; P. Dubois, *Langage*, 17-20. A ce sujet, lire particulièrement D. Laurier, « Philosophie », 91.

[8] Cf. G. Fessard, *Hegel*, 221-240.

[9] Cf. J. J. Katz, *La philosophie*, 7.

[10] Cette expression, nous la reprenons de l'univers sémantique de Mathieu Robitaille qui, dans un article fort suggestif, développe ce qu'il considère comme la *pensée du langage* chez Hegel. Il présente la pensée de Hegel, notamment la *Phénoménologie de l'Esprit*, comme une *pensée du langage* décisive, une pensée du langage spécifique et ouverte, portée à la considération de la finité et à l'intégration harmonique de l'altérité (cf. M. Robitaille, « Esprit et langage »,115-135).

[11] Cf. F. Guibal, « Eric Weil », 496.

2. Hypothèse et argumentation

Dans son moment contemporain, la Tradition philosophique occidentale est marquée par un profond changement d'orientation inhérent à une recherche de nouveaux fondements à la connaissance, à une nouvelle configuration des problématiques traditionnelles de la pensée et des voies de leur clarification. Cette orientation originale est globalement considérée et désignée comme le *tournant linguistique, analytique, pragmatique* et *herméneutique* de la philosophie[12]. Il s'agit d'une mise en valeur générale du langage et de la communication dans l'horizon des productions réalisées par des auteurs comme Frege, Wittgenstein, Apel, Habermas, etc., au plan des investigations globales sur les problématiques philosophiques. Il vise, entre autres objectifs, la re-signification de l'entreprise philosophique, la refondation du vivre-ensemble, la revalorisation de la relation…

Cependant, les investigations immanentes au paradigme linguistique de la raison n'ont pas pu vaincre la bataille d'un monde plus harmonieux et plus joyeux. Elles n'ont pas favorisé l'émergence d'un monde qui vive et transparaisse dans le sens — un sens que l'individu déchiffre et cultive en son sein —. Elles ont plutôt entraîné une vraie dévaluation du langage ainsi qu'une dénaturation profonde de l'intersubjectivité et de la communication interhumaine. Comment concevoir les limites dont ces théories ont fait montre et interpréter les dérives dans lesquelles elles nous ont emmenées ?

On peut affirmer que la non-efficience de ces théories se trouve liée à leur non-considération de la réalité humaine en sa totalité et, de façon spécifique, à leur *oubli de la violence* réelle qui marque l'émergence et le développement historique de l'homme et des communautés humaines dans le monde. Les entreprises philosophiques issues du *nouveau paradigme* (le paradigme linguistique)[13] semblent souffrir d'un défaut de teneur anthropologique que la production théorique d'Eric Weil peut aider à clarifier et à sursumer.

En effet, Eric Weil fournit une pensée qui considère la totalité du fait humain. Il élabore une philosophie qui tient effectivement compte des deux processus majeurs opérant dynamiquement à la configuration de l'existence individuelle et collective : le processus *logique*, raisonnable (constructeur) et le processus *altro-*

---

[12] Cf. K.-O. APEL, *La réponse*, 91 ; J.-M. BESNIER, *Histoire de la philosophie* II, 938 ; J. HABERMAS, *Le discours*, 350 ; J. ONAOTSHO, « De la raison », 256.

[13] La légitimité et la validité de ce *nouveau paradigme* de la raison est discutée et relativisée par Laurent de Briey dans son ouvrage sur *Le conflit des paradigmes*.

logique, violent (destructeur) — ou encore, *l'autre de la raison*[14] —. Bien plus, la thématisation du langage en tant que tel et du langage dans son passage au(x) *discours*, à la *discussion* et au *dialogue* qu'il réalise dans son œuvre, nous fournit globalement des orientations qui contribueraient à repenser ce nouveau paradigme. Elle pourrait, autrement dit, nous aider à le concevoir en s'enracinant plus largement et plus profondément sur la réalité du mal et de la souffrance que connaissent les êtres humains dans le monde. Ce qui nous porterait à tracer de nouveaux sentiers théoriques et pratiques pour les sociétés-communautés de notre monde qui, de façon manifeste, manquent d'originalité et de créativité.

3. Illustration paradigmatique

En partant de la pensée weilienne du langage, on décèle la superficialité et la facticité fantomatique de la communauté discursive universelle, c'est-à-dire l'ineffectivité et la cécité épistémologique de l'*ego communicans* inhérent à la pragmatique mise en œuvre par Jürgen Habermas. Cet *ego* ne comprend aucunement l'orientation existentielle d'individus marqués par une volonté intrinsèquement mauvaise (mais humaine) qui choisit le mal pour le mal contre la raison, le sens et la liberté et qu'il faut conjuguer aussi avec ces hors-circuit de la communication (sociale), ces auto-marginalisés de l'espace publique, ces hors-la-loi de la vie commune.

Dans sa naïveté de principe, le nouvel *ego*, dilué-diminué dans l'espace communicationnel et nécessairement engagé dans le procès d'échange pour l'intercompréhension (la discussion éthique), semble ne pas se souvenir que le surgissement de la vie sociale s'est réalisé dans un cadre de lutte et d'affirmation des plus forts sur les plus faibles. Il a oublié que l'agir stratégique est central dans les relations interhumaines et qu'il précède, en tant que tel, l'agir communicationnel.

Cet *ego* peine à ouvrir les yeux pour constater cette évidence historique : la violence domine les relations sociales et il faut chercher à la juguler non par la simple évocation ou la validation de principes universels mais en œuvrant effective-

---

[14] La problématique de l'*autre*, notamment l'*autre* de la *philosophie*, l'*autre* de la *raison*, l'*autre* de la *pensée*, etc., la réalité de la *violence* — en ses divers degrés, spécialement la *violence absolue* inhérente à la *pure mauvaise volonté* — et la quête de compréhension de ces éléments dans l'effort d'auto-com-préhension authentique du philosophe, marquent le penser-weilien-aux-êtres-et-aux-choses. Elles lui confèrent une configuration spécifique qui le différencie fondamentalement des autres investigations philosophiques contemporaines. Pour une approche globale de cet ordre de choses, voir par exemple : PR II, VII-XXVI ; F. GUIBAL, « La philosophie et son "autre" », 54-74 ; G. KIRSCHER, *Eric Weil*, 11-18 ; ID., *Figures de la violence*, 113-168.

ment à l'universalisation dans un périmètre constitué d'êtres de chair ; en entrant dans la discussion (politique) — la discussion stratégique qui implique les intérêts historiques des hommes dans la communauté-société —[15], tout en s'ouvrant authentiquement au dialogue (sur la politique) — l'échange langagier des hommes de culture pour la configuration de l'action des hommes politiques —[16], avec une claire volonté d'universalité ou, pour le signifier autrement, en faisant des choix effectifs et durables pour la préservation de l'existence personnelle et publique (institutionnelle, communautaire…) : choix de la morale devant son contraire, choix du sens et de la vie sensée (de la vie vécue dans la dignité, la liberté, l'égalité, la justice…. au plan individuel et collectif) devant le non-sens de la violence pure et brute, devant la radicalité de la violence dévoratrice et destructrice[17].

4. Méthode et démarche

Pour élaborer notre travail et mieux organiser nos investigations nous avons visité l'œuvre d'Eric Weil en nous concentrons sur la réalité du langage dans sa dimension logico-philosophique puis sur les réflexions de l'auteur qui déterminent ou suggèrent le fait langagier dans son effectuation historico-politique comme discours, discussion et dialogue. Le premier mouvement de notre travail correspond ainsi à une véritable herméneutique systématisante.

Après ce parcours dans les méandres de la pensée d'Eric Weil, (Introduction et Chapitres I à II), nous avons procédé à une confrontation avec ses sources, notamment avec Hegel, Kant et Aristote ; des auteurs qui, de façon principale, constituent le soubassement épistémologique et le fondement métaphysique de l'œuvre weilienne (Chapitre III). A ce niveau, nous procédons à une analyse historico-critique qui, cependant, ne s'arrête pas de façon méticuleuse et minutieuse sur les textes originaux des auteurs considérés mais se contente d'une approche typique réalisée par Eric Weil lui-même et prolongée par différents commentateurs.

Après cela, nous prenons appui sur les éléments épistémologiques acquis dans nos investigations pour interroger et éclairer les plans du savoir et quelques productions philosophiques majeures dans le contexte actuel. Il s'agit d'une lecture critique et transformative de certaines contradictions de la culture philosophique contemporaine qui prend racine dans la pensée weilienne du langage (Chapitre IV).

---

[15] Cf. PP 202-207.
[16] Cf. PR II, 279-295.
[17] Cf. J. Lacroix, *Panorama*, 78-79 ; P. F. Taboni, « Commento a Weil », 197.

Enfin, nous récapitulons nos investigations et nous essayons d'élargir notre questionnement en proposant des *promesses de la philosophie* pour notre monde, des promesses qui favoriseraient la sculpture de l'existence de l'homme au plan individuel et communautaire par la raison, le sens et la liberté. Ces promesses portent à l'émergence d'une politique autre, une politique modelée par des vertus hétéro-politiques en tant que points nodaux pour l'épanouissement authentique et définitive des hommes dans l'histoire. Dans cette ligne, nous ouvrons notre réflexion à l'Afrique, un continent qui a réellement besoin d'un éclairage philosophique de type weilien pour la sursomption des difficultés de structuration politique et de démocratisation qu'elle connaît, notamment la résolution de ses problèmes inhérents à l'expression publique du langage et à l'organisation de la sphère publique dans et par le langage (Conclusion).

Notre méthode porte donc une valence polymorphe avec une authentique ouverture pluridisciplinaire (herméneutique, historique, analytico-critique et prospective). Le mouvement textuel est non-linéaire ni circulaire. Il est plutôt zigzagué puis hiérarchisé. Il s'agit d'un développement portant à la systématisation dans la présentation des contenus de base.

5. Enjeux de la recherche

Nos investigations offrent une interprétation originale de la pensée d'Eric Weil, une interprétation axée et basée sur le fait du *langage*. Elles permettent d'envisager la double fonction du langage dans le système logico-philosophique : une *fonction médiative* (fonction en tant que *medium*, milieu, moyen) et une *fonction fontive* (fonction en tant que source, principe et origine). A ce niveau elles aident à comprendre l'unité, la processualité et la circularité du système philosophique élaboré par Eric Weil.

De façon plus profonde et plus enrichissante, nos recherches veulent favoriser la re-découverte de la vertu politique du langage à l'œuvre dans la pensée weilienne (et ainsi la reconsidération de la perspective politique dans la conception et la compréhension du langage en tant que tel). Elles permettent de reconnaître que le langage ne prend toute sa densité ou sa dimensionnalité qu'en son expression politique, autrement dit dans son extériorisation au plan de l'universel représenté par la sphère publique, à travers notamment les institutions étatiques ou les structures de l'action rationnelle et raisonnable que sont le Parlement, l'Administration et le Gouvernement. Nos investigations veulent ainsi concourir au déchiffrement authentique de l'être du langage, c'est-à-dire à la compréhension de l'être du langage dans sa valence politique (dans sa valence organisationnelle de l'existence commune des hommes et sa capacité portative à l'émergence d'un monde sensé habitable dans la joie, la liberté, l'égalité, la dignité, la justice…).

Nos propositions ambitionnent également la re-conception et la révision générale de certains acquis de la philosophie dans son parcours historique et son déploiement au plan contemporain. Elles veulent participer à une détermination nouvelle des débats sur les grands paradigmes de la raison dans l'histoire de la philosophie occidentale, notamment les paradigmes de la conscience et de la subjectivité, les paradigmes du langage et de la communication…

En s'inscrivant dans le penser weilien, nous comprenons qu'il s'agit ni de rejeter en bloc les divers paradigmes de la raison ni de procéder à leur surévaluation mais de les considérer dans leur complémentarité et leur complexité. La geste de Weil (la logique philosophique de la philosophie) laisse transparaître le fait selon lequel les paradigmes sont liés entre eux. Ils se conjuguent et gardent tous leur valeur propre, c'est-à-dire, leur valence paradigmatique en face des autres. Les paradigmes philosophiques et culturels engagent toujours et déjà les éléments contenus dans d'autres et se définissent les uns par rapport aux autres.

Nos recherches peuvent donc contribuer à envisager l'équilibre (et la réconciliation dynamique) entre le niveau théorétique et le niveau pratique de la vie humaine, entre la subjectivité et l'intersubjectivité, les dimensions spéculative, critique, analytique, phénoménologique, herméneutique et communicative de la raison, etc. Elles peuvent nous aider à con-joindre les façons de faire et de penser dans l'ordre actuel (plan théorique et pratique). De même, elles nous portent à réinscrire la complexité au creux du penser-aux-êtres-et-aux-choses.

Ainsi, nos investigations pourraient devenir un instrument (et une méthode) pour lire et dépasser les apories auxquelles les philosophies herméneutiques, pragmatiques, etc., nous ont conduites et sortir de la cage à fer épistémologique dans laquelle elles nous ont logées. En fin de compte nos recherches peuvent faciliter le réseautage des chemins de fer du savoir, c'est-à-dire la mise en dialogue des diverses investigations philosophiques contemporaines qui se sont généralement développées de façon parallèle et, toutes choses par ailleurs considérées, ont souvent évité d'opérer une authentique rencontre historique.

Il faut le dire, même si elles ont été largement méconnues de divers cercles philosophiques contemporains et qu'elles paraissent, à première vue du moins, rebelles à l'orthodoxie philosophique, les orientations d'Eric Weil ne représentent pas des réflexions hérétiques. Elles peuvent devenir le sol de notre saut épistémologique, pour re-construire un penser-aux-êtres-et-aux-choses plus équilibré, plus ouvert, plus complexe et différentiel. Elles permettraient de rejoindre effectivement l'homme dans son lieu, de le prendre tel qu'il se donne à dé-chiffrer ainsi que de compter réellement sur lui dans la transformation des ordres, des textes et des contextes ; de bénéficier, autrement dit, de son implication maximale dans l'effectuation de l'histoire.

6. **Limites heuristiques**

Comme toute investigation scientifique, notre travail n'échappe pas à la règle des limites objectives et des non-lieux qui le traversent. La première limite est pour nous le fait de n'avoir pas visité l'ensemble des *plans* et des *domaines* selon lesquels peut être explorée la philosophie d'Eric Weil[18]; de ne pas avoir utilisé toutes les entrées élaborées pour accéder à sa pensée systématique. Il s'agit d'une limite pédagogique et pratique. Nous ne nous sommes évidemment concentrés que sur les textes pouvant contribuer, de façon globale et immédiate, à étoffer nos enquêtes, en épochalisant d'autres certainement autant importants que ceux convoqués dans notre *lecture omni-englobante* du penser-weilien-aux-êtres-et-aux choses.

Nous avons aussi procédé à d'autres discriminations épistémologiques dans nos recherches, des discriminations à trois niveaux principalement : 1) au niveau des sources, en ne nous focalisant que sur Hegel, Kant et Aristote : la non-considération de l'intégralité des sources de la pensée d'Eric Weil pourrait conduire à l'obnubilation et à la mésinterprétation de certains développements théoriques qu'il réalise ; 2) dans la confrontation avec la Tradition philosophique contemporaine, nous n'avons évoqué que les paradigmes herméneutique et communicationnel de la raison (avec Hans Geog Gadamer et Jürgen Habermas) et prolongé la réflexion a travers deux auteurs qui en recueillent les fruits (les avancées théoriques) et les affinent au maximum (Donatella Di Cesare et Jean-Marc Ferry) ; 3) enfin au niveau de l'actualisation conclusive et du prolongement provincial des investigations, nos réflexions ne sont principalement rivées qu'à l'Afrique subsaharienne, notre *terra matrix* : en nous appesantissant beaucoup plus sur l'Afrique, nous courrons le risque de reconduire des motifs émotifs ou passionnels dans un travail hautement théorique et de fausser la direction finale de nos recherches. Néanmoins, nous espérons que l'ensemble de ces manquements et d'autres limites que tout lecteur attentif d'Eric Weil et tout lecteur-interprète lucide de la Tradition philosophique pourrait déceler, n'éclipseront pas l'originalité et l'effort théorique consenti pour arriver aux résultats présentés dans notre enquête.

---

[18] Pour une approche globale des notions de *plan* et *domaine* dans la perspective philosophique d'Eric Weil, on lira : J. WILFERT, « Plan et dépassement », 65-70.

Chapitre I

Langage et émergence humaine

Dans ce chapitre, nous voulons présenter le langage dans la dynamique de la réalité humaine dans la mesure où cette dernière se donne au plan ordinaire puis se trouve réfléchie de façon systématique dans le discours logique de la philosophie. Il s'agit pour nous de voir comment le langage prend forme et prend sens dans le contexte humain, un contexte marqué par la violence de la nature et la violence du milieu sociocommunautaire. En d'autres mots, nous voulons comprendre le sens profond du langage dans sa relation avec l'homme en tant qu'être vivant semblable aux autres êtres vivants et aussi différent d'eux, un être qui se veut doublement naturel et social. Nous voulons également, en parcourant le discours logico-philosophique, envisager l'expression catégorique du langage en tant qu'il définit le mode d'insertion de l'être humain dans l'espace et dans le temps. Notre démarche se déroulera en trois étapes.

Dans un premier moment, nous nous emploierons à présenter le langage en général comme une réalité qui rapproche et, tout autant, distingue l'être humain de l'animal. A ce niveau, la réflexion sur le phénomène langagier se réalisera dans le cadre du parcours historico-logique de l'homme de la nature biologique vers la spécificité anthropologique, une spécificité qui s'exprime, s'expérimente et s'accomplit concrètement (au niveau historico-temporel) comme *négativité* et *transformativité*, eu égard à la *naturalité* du *donné*. La réflexion que nous engagerons dans cette première étape se concentrera principalement sur le texte de l'*Introduction* à la *Logique de la philosophie*[1]. Elle sera approfondie et enrichie à travers une exploration globale du milieu dans lequel le fait du langage prend corps et donne une orientation réelle à la vie de l'homme : le milieu communautaire. Il s'agira de lire la communauté comme l'espace qui assure aussi bien l'émergence que la configuration historique et logique du langage en tant que réalité fondamentale signant la différence entre l'ordre humain et l'ordre animal. Nous identifierons ici l'univers sociocommunautaire

---

[1] Cf. LP 3-86.

comme le périmètre logique et phénoménologique, le lieu et le milieu basique (herméneutique, praxéologique, axiologique...) de l'avènement-événement du langage.

Ensuite, munis de ces éléments primaires de notre cheminement réflexif et, à partir d'une lecture générale du texte « Violence et langage »[2] (en rapport avec les propositions logico-philosophiques d'Eric Weil), nous tenterons de spécifier concrètement le sens du langage dans sa relation à la réalité de la violence. Nous allons préciser le lien fondamental qui existe entre langage et violence dans la pensée de l'auteur. En fait, il s'agira de déceler la place réelle de la violence dans le processus d'émergence et le mouvement d'accomplissement du langage comme *monde sensé*, c'est-à-dire comme monde de l'existence heureuse (libre, vraie et sans souffrance) de l'homme, monde du contentement total de chacun et de tous[3].

En effet, le fait du langage, qui détermine l'homme en son authenticité et se détermine selon l'espace sociocommunautaire, ne peut réellement se comprendre que dans et par la violence. Le langage, qui correspond au lieu génésique et au milieu herméneutique de la vie humaine, ne prend corps et ne se structure que dans la dynamique de la violence naturelle et humaine à laquelle les individus se trouvent concrètement confrontés dans l'espace et dans le temps. Il vient au jour et mûri dans un espace historique et un périmètre phénoménologique marqués par la violence, une violence que les hommes cherchent finalement à sursumer dans la réalisation plénière du langage ou sa configuration progressive au *sens* (à la *raison-sens-liberté*).

Dans un moment ultime, nous allons entrevoir la fixation du langage et sa morphologie catégorique au-delà de sa sphère primitive d'engendrement et de déploiement. De manière concrète, nous proposerons une certaine compréhension du langage en tant qu'il se trouve thématisé et configure globalement le système logique de la philosophie. Il s'agira pour nous de découvrir comment le fait du langage, comme plan fondamental et horizon fondateur de la vie humaine, se trouve à l'œuvre dans le système logique ; de quelles manières et selon quelles modalités il s'y meut et libère celui-ci comme une *logique non-logiciste des langages humains* déployés dans l'histoire. A ce niveau, nous envisagerons la processualité et la circularité du système logico-philosophique à travers l'élément du langage. Dans cette dynamique heuristique, nous verrons que le jeu et l'enjeu du langage dans la réalité humaine donnent à considérer la teneur logique de ce même langage ainsi que son être pratique, autrement dit, son expression effective dans la mesure où il s'incarne au plan de cette réalité.

---

[2] CEW I, 23-31.
[3] Cf. PR I, 172-173.

1. L'homme comme animal doué du langage raisonnable

1.1 *Le langage entre animalité et humanité*

Eric Weil introduit la problématique du langage dans le cadre d'une détermination métaphysique de l'homme. C'est en cherchant à donner un *chiffre* à l'homme[4], c'est-à-dire, en voulant expliciter et répondre largement à l'antique interrogation sur la nature véritable de l'être humain, sur ce qui fait la spécificité anthropologique, que l'auteur convoque la dimension langagière sous laquelle la Tradition philosophique a, de façon récurrente, appréhendé l'homme et, de manière globale, caractérisé son être.

[L'homme a été compris comme un] animal doué de raison et de langage, plus exactement de langage raisonnable. Le *logos* grec renvoie à la parole, la *ratio* latine tient davantage de la faculté du calcul et de la réflexion ; l'un et l'autre, cependant, se fondent pour nous ensemble, et se sont déjà fondus de très bonne heure [...], ce sont deux aspects du même « concept »[5].

Cette détermination générale qui suppose toute une herméneutique historique et soulève de grosses difficultés épistémologiques ne dit, selon l'auteur, rien d'autre ou rien de plus que : « les hommes ne disposent pas d'ordinaire de la raison et du langage raisonnable, mais qu'ils *doivent* en disposer pour être des hommes *pleinement* »[6]. De fait, précise Eric Weil : « L'homme naturel est un animal ; l'homme tel qu'il veut être, tel qu'il veut que soit l'autre pour que lui-même le reconnaisse pour son égal, *doit* être raisonnable »[7].

Nous voyons déjà se dessiner, dans la perspective weilienne, l'élément caractéristique selon lequel le langage qui dit et détermine l'homme dans son être total, ne se trouve pas chez lui comme une propriété individuelle ou comme un bien privé. Le langage humain n'est pas inné. Il demeure en puissance et s'accomplit dans le temps. Ce qui signifie proprement que le langage s'acquiert et se réalise dans un horizon qui suppose la présence de l'autre homme et la conquête de la nature.

---

[4] La notion de *chiffre* est établie par Karl Jaspers dans le cadre de la compréhension profonde de l'existence authentique de l'homme et de la communication ou de la manifestation objective de Dieu (l'être transcendant, l'*Absolu*) à l'homme (l'être immanent ou le *Dasein*). A ce sujet, on lira J. TONQUÉDEC, *L'existence*, 80-90.

[5] LP 3.

[6] *Ibid.*, 5.

[7] *Ibid.*, 5.

Il s'agit d'une perspective dynamique, historique et pratique que l'auteur introduit dans la compréhension du langage de l'homme en tant que langage raisonnable. Cette détermination caractéristique, au-delà de toute description scientifique de type mathématique, va se préciser et s'enrichir dans le cadre du rapport général que l'auteur établit entre l'ordre humain et l'ordre animal.

Après cette réflexion initiale, l'auteur va beaucoup plus fermement spécifier la proximité ainsi que la différence entre l'homme et l'animal selon l'élément langagier.

1.2 *Le langage humain en tant qu'instrument de la négativité*

Eric Weil appréhende et présente concrètement le langage humain comme un « outil de la négativité »[8]. Cette perspective de la *négativité anthropologique*, différente d'une simple *négation* de type *psychologique* — entendue comme refus du donné inhérent à l'humeur de l'individu, attitude passagère de rejet d'une situation présente… —, prend appui sur Hegel et se donne à lire comme une véritable détermination métaphysique (existentielle) de l'être humain. Elle s'organise autour de la dimension biologique et physiologique de l'homme puis s'ouvre à l'au-delà du naturel, incluant le côté spirituel (intérieur) de l'individu, sa capacité à l'activité transformative du donné en tant qu'entité extérieure (la nature) et du donné spécifique qu'est la nature humaine. A propos, l'auteur dévoile et précise les éléments suivants :

> L'homme est un être comme les autres, un être vivant ; mais tout en étant comme les autres, il n'est pas seulement comme les autres. Il a des besoins, mais il a encore des désirs, c'est-à-dire des besoins qu'il a formés lui-même qui ne sont pas dans sa *nature*, mais qu'il s'est donnés. L'instinct sexuel se trouve chez lui comme chez tous les animaux ; mais il ne se contente pas de la possession du partenaire, il veut encore être aimé par celui-ci. Comme tout organisme, il a besoin de nourriture et ne peut se nourrir que de certaines substance ; mais il ne lui suffit pas d'assouvir sa faim, il transforme ce que lui offre la nature. Il lutte avec ses congénères pour son habitat, pour les femelles, pour la nourriture ; mais ce n'est pas assez pour lui d'avoir chassé le concurrent, l'adversaire, il veut le détruire ou le forcer à se soumettre à lui, à reconnaître sa maîtrise et sa domination, à faire à sa place ce que, jusqu'ici, il avait fait lui-même, à transformer ce que la nature présente immédiatement à l'homme, à chercher, à produire, préparer la nourriture, la maison, à garder les femmes, à élever les enfants[9].

---

[8] *Ibid.*, 7.
[9] *Ibid.*, 8-9.

Ici, Eric Weil procède à un rapprochement effectif et, dans le même mouvement, à une distinction essentielle entre l'homme en général (plan anthropologique) et les autres êtres vivants (plan biologique), notamment les animaux. Le rapprochement en question se réalise globalement à trois niveaux :

- *Au niveau biologique et physiologique* : l'homme comme l'animal, a de nombreux *besoins, l'instinct sexuel*, le *besoin de nourriture* ; il veut *assouvir sa faim*; il ne peut user ou se nourrir que de *certaines substances* ;
- *Au niveau écosystémique et biogéographique* : l'homme, tout autant que l'animal, *lutte avec ses congénères pour son habitat, pour les femelles, pour la nourriture…* ; il lutte pour sa survie et veut occuper l'espace physique en chassant l'autre ou en le dominant ;
- *Au niveau linguistique* : comme certains animaux, l'homme parle ; il est l'*un des animaux qui parlent.*

La distinction intervient aussi à trois niveaux, notamment :

- *Au niveau psychologique et spirituel* : l'homme seul a des *désirs*, autrement dit, des *besoins qu'il a formés lui-même, qui ne sont pas dans sa nature* ; *mais qu'il s'est donnés* ; il cherche à *être aimé* du partenaire qu'il possède ; l'être humain combat son concurrent et, différemment de l'animal, veut *le détruire ou le forcer à se soumettre à lui et à reconnaître sa maîtrise et sa domination, à faire à sa place ce que jusqu'ici, il avait fait lui-même…* ;
- *Au niveau pragmatique et culturel* : l'homme *transforme ce que lui offre la nature* ; il produit, prépare la nourriture, construit la maison, garde les femmes, élève les enfants…, en somme il modifie le donné naturel et, à partir de ce qui est, produit ce qui n'existait pas encore, produit du nouveau (originalité) ;
- *Au niveau linguistique et métaphysique* : l'homme est *le seul animal qui emploie son langage pour dire Non* ; de fait, « seul l'homme sait parler de ce qui n'est pas […]. Il parle de ce qui n'est pas encore, de ce qui n'est plus… »[10].

Dans ce processus transparaît parfaitement le fossé (le gouffre) qui existe entre l'homme (être à la fois naturel et culturel) et l'animal (être uniquement naturel). C'est à travers le concept *négativité* qu'Eric Weil réinterprète et précise la différence fondamentale qui s'établit entre l'ordre humain et l'ordre animal puis spécifie l'être même du langage, l'être du langage en tant que tel. En effet, souligne-t-il : « le langage n'est pas un instrument destiné à énoncer ce qui est, mais à

---

[10] *Ibid.*, 8.

exprimer ce qui ne satisfait pas l'homme et à formuler ce qu'il désire ; son contenu n'est pas formé par ce qui est, mais par ce qui n'est pas »[11].

Le trait de la négativité inhérente au langage va s'approfondir et se dévoiler positivement dans la pensée de l'auteur. Il s'enrichit de façon active. En fait, la négativité dont parle Eric Weil porte une valence binaire. Elle se déchiffre comme une puissance double, c'est-à-dire, elle ne s'épuise ni ne se limite à l'expression du refus, mais elle prend concrètement la forme de l'activité transformatrice du donné : l'homme ne se contente pas de nier radicalement tout ce qui est et tout ce qui s'offre objectivement à lui ; il le transforme, le modèle selon ses désirs, le sculpte par sa volonté. Dans cette ligne, il procède également à la transformation de la manière même de transformer le donné naturel[12].

Il faut préciser que cette négativité s'exerce proprement sur deux types de donnés, à savoir :

- *Le donné extérieur* : il s'agit de la nature extérieure dans laquelle l'homme se trouve immergé et de laquelle il cherche à se détacher par la négation ; la nature qui s'impose et s'oppose à l'homme et que ce dernier réfute, combat, transforme à travers le langage (activité technique) ;

- *Le donné intérieur* : il correspond à la nature même de l'homme, à l'intime nature humaine que l'individu nie et cherche à dépasser pour se réaliser en tant que tel.

A travers le langage (la raison, la pensée), l'homme transcende tout autant le donné extérieur que le donné intérieur. Il les transforme, c'est-à-dire, il leur donne une forme autre que celle sous laquelle ils s'offrent à lui dans leur primitivité. Dans cette logique, l'homme se définit finalement comme « l'être qui, à l'aide du langage, de la négation du donné [...], cherche la satisfaction [...] cherche à se libérer du mécontentement »[13].

Le *principe négativité* — dans et par le langage — apparaît ainsi comme le tremplin qui assure le passage de l'homme de la *naturalité* à l'*humanité*. Il demeure le catalyseur, le guide pratique et théorique de la vie historique de l'homme. Il se déroule comme la réalité fédératrice qui donne sens à l'existence de l'homme et porte celui-ci à s'accomplir pragmatiquement comme *homo faber* et théorétiquement comme *homme sapiens* : à travers le phénomène du langage qui fonde et féconde la dynamique de la négativité anthropologique, on découvre que le *vrai nom de l'homme* n'est pas « *homo sapiens*, mais *homo faber*, non

---

[11] *Ibid.*, 8.
[12] Cf. *Ibid.*, 8.
[13] *Ibid.*, 8-9.

celui qui sait, mais d'être qui *fait*, qui *fabrique*, d'être-*artisan* »[14] ; celui qui réalise sa propre négativité en produisant du neuf à partir de ce qui lui est naturellement donné et du donné naturel qu'il est.

A travers le schéma suivant, nous voulons illustrer les éléments présentés dans la perspective du rapprochement et de la différence entre l'homme et l'animal selon l'élément du langage. Le schéma laisse entrevoir clairement que l'animal et l'individu humain se rapprochent au niveau des besoins vitaux et de la violence primordiale qui les marquent dans leur naturalité. En outre, tous les deux naviguent dans l'univers du langage. Cependant, pour l'animal, le langage est un instrument d'expression de la naturalité et de répétition de l'activité (instinctive). Pour l'homme, il représente l'outil principal de transformation et de transcendance du donné naturel. Il l'aide à exprimer ce qui ne le satisfait pas et à formuler ce qu'il désire[15].

SCHEMA 1
RAPPROCHEMENTS ET DISTINCTIONS
ENTRE L'HOMME ET L'ANIMAL À TRAVERS LE LANGAGE

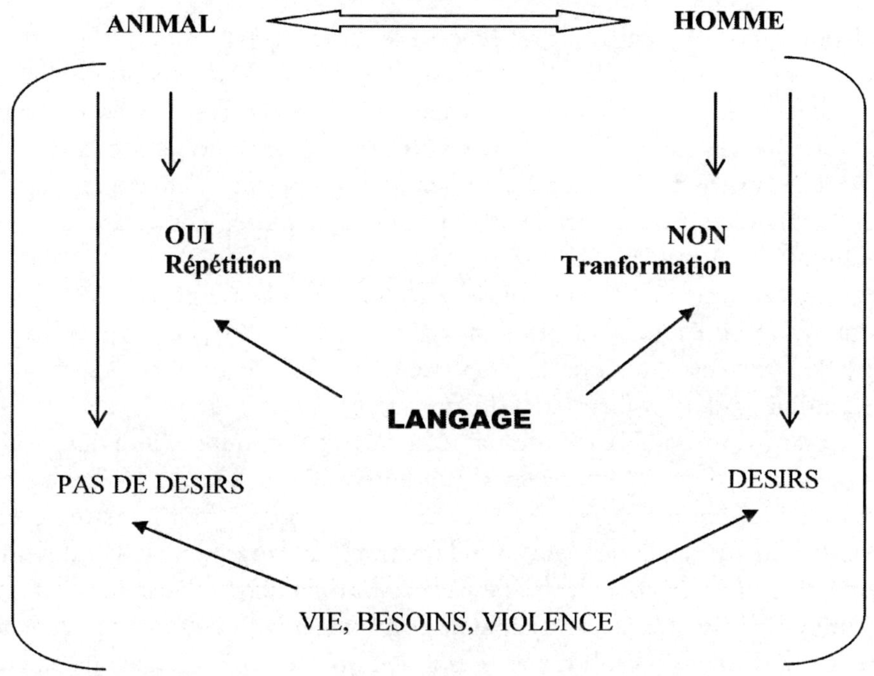

---

[14] *Ibid.*, 9.
[15] Cf. *Ibid.*, 8.

Le langage, qui est le moteur actif de la négativité anthropologique, porte finalement l'homme à s'auto-réaliser. Il permet à celui-ci de se découvrir un *être autre* ; un être vivant foncièrement différent de l'animal ; un individu capable de sursumer les conditions de sa nature extérieure et de sa nature intérieure. Le langage, que l'homme conquiert dans le processus de son enracinement dans l'histoire, le porte à s'auto-dépasser permanemment et le spécifie par rapport aux autres êtres vivants. Mais cette spécification ne reçoit toute sa densité que face à la réalité de la violence. Elle n'accomplit son sens plénier qu'en considérant la violence qui marque l'homme dans sa quintessence et qui régit ses rapports avec ses semblables dans l'espace et dans le temps.

Avant de préciser et d'approfondir ces éléments épistémologiques, nous allons d'abord scruter succinctement le milieu dans lequel le phénomène du langage, comme réalité fondamentale et fondatrice de la vie humaine, se découvre, prend sens puis donne de la dimension à l'existence.

1.3 *Le milieu du langage*

Parler du milieu du langage, c'est évoquer le cadre au-dedans duquel ce dernier vient au jour et détermine l'individu humain en tant qu'être capable d'organiser son existence et de s'orienter positivement à travers l'espace et le temps. L'*Introduction* à la *Logique de la philosophie* qui, en tant que telle, condense les éléments de la pensée systématique weilienne, nous permet d'envisager la sphère communautaire comme le lieu caractéristique et le milieu constitutif de l'existence humaine en son authenticité.

L'espace communautaire possibilise effectivement l'émergence ainsi que la maturation de la réalité langagière, en face de la violence qui est une autre possibilité de l'existence humaine[16]. Il représente le milieu général d'apparition, de structuration et de transformation du langage.

C'est avant tout dans la communauté, à travers le groupe d'individus qui la composent et qui partagent un *sacré* (un ensemble de valeurs) et une histoire effective, que le fait du langage émerge, se métamorphose, mûrit et structure les individus humains ainsi que leur monde naturel. Le langage ne se comprend et ne se développe qu'en considérant l'espace communautaire qui lui donne de surgir. Comme fait existentiel, il n'apparaît et n'acquiert toute sa densité que dans la mesure où il se visibilise à travers des individus membres d'une communauté vivante inscrite dans un horizon historique.

---

[16] Cf. *Ibid.*, 57.

Le langage, qui spécifie l'être humain par rapport à l'animal et qui se réalise selon le principe négativité — c'est-à-dire qui permet à l'homme de transcender toute naturalité — prend corps substantiellement à travers des *êtres parlants* (des êtres humains s'exprimant effectivement) et *agissants* (des individus s'efforçant d'agir dans le monde, de transformer le donné naturel et de s'auto-transformer en leur naturalité*)*. On ne saurait imaginer un *langage transcendantal,* un *langage radicalement pur*, privé de tout contact avec la réalité ou détaché de l'individu et des individus qui le parlent. Le langage ne devient réellement ce qu'il est, autrement dit, il ne se transforme en parole et en action qu'à travers des individus concrets qui en font usage, selon la perspective de leur communauté originelle.

On peut même dire que, en tant que tel, « le langage n'existe pas, mais seulement des hommes qui parlent ou pensent »[17], des individus qui réfléchissent, thématisent et problématisent les faits. La concrétisation et l'orientation pratique du donné naturel qu'est le langage suppose la présence d'une communauté pour laquelle il existe des données, des faits, qui constituent le point de départ et l'aboutissement de tout discours[18]. Le milieu communautaire, en tant qu'espace physique et symbolique constitué d'individus humains, demeure le fonds primordial et le fondement premier de la signification qu'est et que prend le langage dans l'histoire. Il signe la précédence symbolique et la prééminence sémantique de la communauté sur l'être-homme et son langage.

De façon précise, la communauté correspond au lieu ainsi qu'au milieu phénoménologique et herméneutique du langage. Elle en est également l'univers axiologique et historico-logique : c'est à travers et en elle que le langage comme phénomène et le phénomène du langage se dessine, (se) donne un sens et confère une signification à l'existence de l'homme. C'est la communauté qui assure la phénoménalité pratique du langage et rend possible son odyssée dans le temps.

Le projet d'expression langagière — autrement dit le projet du *dire*, de l'échange des dires (*co-dire*), de la négation du dire (*dé-dire*) et de l'au-delà du dire (*sur-dire*) — ainsi que sa réalisation comme valeur, monde, vie raisonnables trouve son fondement et son accomplissement à travers le périmètre préconstitué du sens qu'est la communauté. Il sourd de l'espace *pré-langagier* et *langagier* que celle-ci représente : le véritable sujet de la parole et de l'échange de paroles entre individus humains dans l'espace et dans le temps demeure la communauté vivante et historique[19].

---

[17] *Ibid.,* 420.

[18] Cf. *Ibid.,* 24.

[19] Cf. *Ibid.,* 26.

La communauté permet ainsi l'engendrement des mots et l'agencement des propos. Elle participe proprement au transparaître de la *parole* (et de la *non-parole*) collective et personnelle des êtres humains. Elle rend effective le(s) jeu(x) langagier(s) multiforme(s) et permet au penseur de les présenter comme discours logique(s) de la philosophie.

Nous allons dès lors scruter l'émergence, le développement ainsi que l'accomplissement du fait du langage dans le mouvement de la violence naturelle et historique à laquelle sont confrontés les hommes membres de communautés vivantes dans le monde.

2. Langage et violence

2.1 *Compréhension du langage dans la mouvance de la violence*

Dans le texte « Violence et langage »[20] qui servira de référence à notre parcours heuristique, Eric Weil initie sa réflexion par un questionnement général : « Comment saisir le rapport entre violence et langage ? Entre violence et droit, violence et paix, violence et collaboration ? »[21].

La question que se pose l'auteur concerne précisément la relation entre la violence, saisie comme dénaturation et destruction de l'homme, et ce qui se pose face à elle ; ou mieux, ce qui s'oppose pratiquement et théoriquement à elle, notamment : la non-violence, la vie de bien, de justice et de compréhension au niveau des êtres humains. Selon Eric Weil, la différence (opposition) entre ces deux ordres paraît évidente. Le choix de l'un (le *langage*) en faveur de l'autre (la *violence*) semble facile et aisé, les critères déterminatifs de leur démarcation, bien clairs : « L'homme de bien dispose, ou croit disposer de critères en soi simples, quoique peut-être d'une application délicate »[22].

Cependant, la méditation profonde sur ces deux réalités essentielles de la vie humaine nous donne à comprendre que « c'est le langage qui fait apparaître la violence »[23]. C'est à travers le langage que se déchiffre la violence originelle et historique des hommes. C'est par le langage et dans le langage que celle-ci prend corps et prend sens : la ligne d'émergence socio-historique de la violence se dessine en considérant le milieu langagier qui peut être défini comme la source fon-

---

[20] CEW I, 23-31.
[21] *Ibid.*, 23.
[22] *Ibid.*, 23.
[23] *Ibid.*, 23.

damentale du sens ; c'est-à-dire, comme la réalité qui fonde, fédère et féconde la vie humaine ; l'élément (*medium*[24]) qui permet aux individus de se comprendre dans le monde, de comprendre le monde et de comprendre leur compréhension du monde. Le milieu langagier représente également le cadre focal qui permet aux individus de s'orienter vers le bien, le beau et le juste dans l'espace et dans le temps. Il est l'horizon phénoménologique qui contribue à leur auto-accomplissement authentique dans l'histoire.

De fait, dans le langage il y a un sens, ou mieux, le langage est « ce en quoi se constitue [essentiellement] le sens »[25]. Le langage correspond au sens. Il re-présente l'espace au-dedans duquel celui-ci se manifeste et réalise sa procession dans l'histoire. On peut même affirmer qu' « il n'y a pas le langage et le sens, mais le langage-sens ou sens-langage en lequel apparaît tout il y a »[26]. Ainsi la violence, qui est le non-sens radical ne peut se comprendre qu'à travers la réalité du langage.

Par ailleurs l'homme seul, en tant qu'être vivant qui use du langage, en tant qu'individu qui parle et qui pense, est celui qui donne un nom à la violence. Dans son existence, l'homme définit la violence et lui confère une signification. Il l'épelle et la révèle : « Seul l'homme, connaît et désigne la violence, l'absurde, ce qui n'a pas de sens et ce qui lui arrive contre sa volonté et son désir »[27]. De même, seul l'homme nie et combat de manière radicale la violence muette et brutale. Lui seul peut refuser objectivement d'en faire le choix. En tant qu'être capable de langage et de prise de distance par rapport à tout ce qui est ou apparaît en mode phénoménal, l'homme a la possibilité de rejeter catégoriquement l'absurde et l'insensé. Il peut faire que la non-violence devienne le maître-mot de sa vie sociale et la clé de voûte de son parcours historique.

Du fait qu'il vit, qu'il tisse des rapports avec autrui, qu'il utilise la parole pour entretenir ses relations avec d'autres hommes et qu'il cherche à appréhender le pourquoi de son existence, l'homme cherche également à comprendre la vio-

---

[24] Cf. LP 66.

[25] *Ibid.*, 420.

[26] J. QUILLIEN, « De la sagesse », 1231 ; cf. LP 420. La problématique du *langage* comme *sens* et *source fondamentale du sens* de (dans) la vie humaine est mise en perspective dans la pensée d'Eric Weil, notamment dans la *Logique de la philosophie* qui la présente en partant du déploiement de la catégorie fédératrice et récapitulative de la philosophie nommée *sens* (cf. LP 418-422). Les commentateurs d'Eric Weil approfondissent cette question du *langage-sens* en suivant la ligne directrice établie par l'auteur (cf. L. BESCOND, « Langage et politique », 1211-1222 ; G. KIRSCHER, *La philosophie d'Eric Weil*, 361-365 ; M. PERINE, *Philosophie et violence*, 203-217).

[27] CEW I, 23-24.

lence. Il veut répondre au problème de la violence qui l'habite et déceler le sens profond de la violence qui vient au jour dans ses relations avec les autres. Cette considération historique de la violence incluant sa désignation, sa signification angulaire et la lutte contre sa domination, différencie aussi l'être humain de l'animal. Elle précise et approfondit autrement le principe négativité qui marque l'homme dans sa spécification générale et sa quête de détermination historico-temporelle en tant qu'être pleinement raisonnable. Eric Weil l'exprime en ces termes :

> Les animaux sont violents ou organisés, lions et termites, mais ils ne sont l'un et l'autre qu'aux yeux de l'homme : ils ne s'opposent pas à eux-mêmes pour s'inventer, ils sont ce qu'ils sont et, s'ils ont une histoire, c'est l'homme qui l'écrit [...] : aucun animal ne trouve insensé qu'il meure de faim ou qu'il devienne organe d'une organisation au point de ne plus pouvoir vivre ou seulement digérer en dehors de sa termitière. L'homme est cet être curieux et à notre connaissance unique qui peut dire *non* à l'insensé[28].

Il sied de signaler que, selon Weil, la violence est et a toujours et déjà été omniprésente dans la vie des groupes humains. C'est le fait de la nommer, de la décrire et de lui donner un sens qui lui assure la visibilité et la densité maximales dans les relations interhumaines. En effet, l'humanité a toujours eu affaire à la violence. Cette dernière a précisément constitué la *toile de fond universelle* : avant l'humanisation, la violence est demeurée invisible, maintenant elle « apparaît comme telle parce que, pour la première fois, elle est nommée, pensée, exhibée à nu »[29].

2.1.1 Conceptions du monde et significations de la violence

On se rend aisément compte que l'apparition, ou mieux la caractérisation historique de la violence, est inhérente à la conception que les hommes ont eue de la nature et de leurs semblables ainsi que du mode de relations qu'ils ont entretenu dans cet ordre. A ce plan on peut identifier deux conceptions :

a) *La conception harmonique et englobante*

Ici, l'homme prend et comprend la nature telle qu'elle est donnée. Il la reçoit humblement et se met généreusement à son écoute. La vie humaine s'organise

---

[28] *Ibid.*, 23-24.
[29] *Ibid.*, 25.

dans « une adéquation parfaite entre travail et poésie, entre lutte avec la nature extérieure, contre laquelle il faut se défendre, et pensée poétique qui sanctifie ce travail en le plaçant dans le grand Tout »[30].

L'approche humaine de la nature et de l'autre se fond dans une sorte de cosmovision qui exclut toute furie dominatrice et destructrice inhérente à une considération instrumentale des êtres et des éléments. L'homme cherche concrètement à se comprendre et à comprendre son monde. Il fait tout ce que « la nature en tant que bonne, attend de lui, et la nature lui offre en revanche ce dont il a besoin »[31]. Les hommes, les *vrais hommes* vivent (dans) une relation transparente entre eux et avec eux-mêmes. Ils sont foncièrement différents des *loups à visage humain*[32] qu'ils rencontrent. Ils forment une communauté harmonique et pacifique. Cette communauté « communique vraiment dans ce qui est commun à tous, et tout homme possède et connaît son rôle »[33].

Dans cet ordre anthropocosmique symphonique, toute réalité a un sens et se trouve parfaitement insérée dans le monde. Tout homme trouve son compte et se contente allègrement de ce qui lui est donné. Toute entité recèle une valence positive et possède une place in-interchangeable : « La vie est ce qu'elle est, le monde est toujours égal à lui-même »[34]. La violence est réglée ou maîtrisée. Elle s'inscrit dans des processus naturels. Elle n'est appréhendée ainsi par personne.

[...] L'absurde, la violence n'ont pas de place dans la communauté ou sont le fait d'individus extraordinaires, en dehors de l'ordre et qu'il faut y replacer [en s'ap-

---

[30] *Ibid.*, 24.

[31] *Ibid.*, 24.

[32] Cf. *Ibid.*, 25-26. La thématique des *vrais hommes* et des *animaux à visage humain* est repérable dans *l'Introduction* à la *Logique de la philosophie* (LP 25-29 ; *Ibid.*, 41-42). Elle permet de distinguer les hommes selon le niveau de vie et d'avancement des communautés humaines des origines. Comme nous le savons, la réflexion d'Eric Weil sur ce sujet se réalise à un plan *historico-idéal*. On peut trouver une approche de cette thématique chez certains commentateurs : « Les vrais hommes sont les individus qui, protégés de la violence du besoin qui rabaisse l'homme au niveau de l'animal, peuvent discourir en toute tranquillité sur les mœurs de la cité » (M. SAVADOGO, *Eric Weil*, 31). Les *loups à visage humain* ou encore les *barbares* sont des êtres dont le langage, le monde et le mode de vie sont foncièrement différents et incompréhensibles pour les *vrais hommes* (cf. *Ibid.*, 35-36). Ces êtres n'ont pas de culture ni de civilisation. Ils végètent dans la nature.

[33] CEW I, 24.

[34] *Ibid.*, 24.

puyant sur la vision commune de la vie et en usant de moyens acceptés par tous],
en les déclarant possédés, mal-nés, punis pas les dieux, à moins qu'on ne les élimine comme des êtres contre nature, des non-hommes[35].

Selon Eric Weil, cette façon de voir et de vivre le monde ne nous reporte pas au
mythe des origines iréniques de l'humanité. Elle ne réanime pas non plus le mythe
d'un âge d'or hypothétique et résolument révolu. Cette façon de voir définit plutôt un ordre idéal où l'homme transparaît dans le *sens*. Elle se trouve aux antipodes
d'une autre vision qui consacre et surévalue le « progrès par la domination »[36].

b) *La conception conflictuelle et désintégrative*

Le barycentre de cette seconde vision est la lutte ; une lutte portée et justifiée
par le langage[37]. Les concepts organisateurs ou les référents à partir desquels on
peut appréhender aussi cet ordre de confrontation et de séparation sont ceux du
dehors (l'extérieur) et du *dedans* (l'intérieur).

Ici, l'homme va en guerre contre le réel qu'il cherche à soumettre par la force.
La nature et les êtres extérieurs à la communauté (du *dehors*), sont perçus comme
un danger pour l'unité et la pérennité de celle-ci (du *dedans*). Ils représentent une
menace permanente contre laquelle il faut coûte que coûte et par tous les moyens
se prémunir. L'harmonie avec la nature et à l'intérieur de la nature n'existe plus.
Le monde a perdu sa beauté et son unité primitives. Il ne possède plus sa douceur et sa cohérence originelles. Les êtres et les éléments sont privés de signification. Les hommes, em-portés par leurs passions ou leur animalité enveloppante,
tombent dans une lutte sans merci pour la soumission de la réalité et de toute
réalité. Ils combattent. Ils se battent âprement pour le pouvoir et l'honneur, c'est-
à-dire, pour la possession de plus de biens. Ils veulent posséder les biens, posséder les moyens de possession des biens et posséder la possession même des biens.
Les individus humains vivent ici (dans) « une lutte qui finira par ne plus connaître d'autres buts, d'autres règles que le succès, d'autres motifs que le désir immédiat de domination et de possession, d'autres instruments que la violence »[38].
Du sein de la communauté émergent conjointement deux catégories
d'hommes : d'une part, les maîtres, ceux qui ont gagné la lutte et qui ordonnent,

---

[35] *Ibid.*, 24.
[36] *Ibid.*, 25.
[37] Cf. *Ibid.*, 25.
[38] *Ibid.*, 25.

ceux qui dominent et usent (jouissent) des richesses produites par le travail ; d'autres part, les esclaves, ceux qui, ayant perdu le combat, sont dominés, ceux qui, pour leur survie, travaillent durement pour les maîtres.

2.1.2 Langage et relation(s) communautaire(s)

C'est à travers le langage que se précisent et se réalisent ces processus de domination et de servitude. Le langage représente la clé herméneutique de l'approche globale des relations inégalitaires des individus humains au niveau communautaire. Dans cette dynamique, il correspond proprement à l'instrument du « progrès par la domination »[39], à l'outil d'enrichissement des uns (les plus forts), par l'asservissement des autres (les plus faibles).

Le langage prend corps et se met en mouvement. Il émerge et transforme tout donné en *objet*. Le langage dit, décrit et durcit la violence (auparavant invisible) qui surgit ainsi dans un mouvement de violation, domination et destruction de la nature par les hommes et du dérèglement des rapports entre eux : « violence du maître envers l'esclave, révolte de l'esclave envers la nature, de la nature envers tous, et des maîtres entre eux »[40].

Le langage *publicise* la violence. Il révèle la violence à l'œuvre dans les rapports des communautés humaines (entre elles et avec la nature). Il approfondit la différence de statut des individus et renforce les relations inégalitaires qu'ils entretiennent au sein du groupe. Les rapports entre *maîtres*, *esclaves* et *nature*, à travers l'élément du langage, se traduisent dans une *relationalité sextuple* formée de couples qui réalisent des modalités de la violence inhérente à la position et à l'identité de la réalité considérée. Entre *maîtres* et *esclaves* nous aurons d'une part, le langage de la domination et, d'autre part, le langage de la soumission. Entre esclaves et *nature*, celui de la transformation (travail) et celui de la révolte. Entre *maîtres* et *nature*, celui de la possession (jouissance) et celui de la résistance. Le schéma suivant récapitule cette dynamique d'émergence du langage dans le contexte des communautés humaines de *l'époque de la rupture* ou de *l'époque intermédiaire* : l'époque du combat de chacun contre tous et de la domination des uns (les maîtres) sur les autres (les esclaves) ainsi que de la révolte de la nature[41].

---

[39] *Ibid.*, 25.

[40] *Ibid.*, 25.

[41] Cf. *Ibid.*, 24-25.

SCHEMA 2
LANGAGE ET RAPPORTS COMMUNUTAIRES

LANGAGE DE L'OPPOSITION (RESISTANCE)

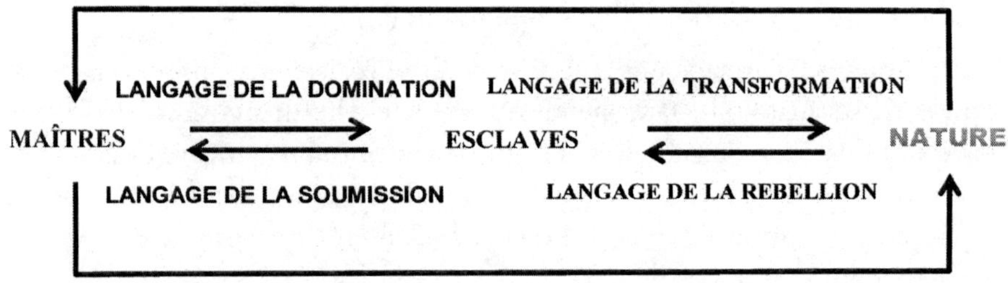

LANGAGE DE LA POSSESSION (JOUISSANCE)

2.2 *L'émergence de la communauté du travail et de la discussion,*

2.2.1 Transformation du langage et transcendance de la violence

Dans le mouvement de transformation du donné et la quête de possession accrue des richesses matérielles — quête réalisée dans la violence des uns sur les autres —, le langage se trouve profondément affecté. Il va s'auto-transformer et contribuer à la mise en route des individus vers le bien et le juste. Le langage va progressivement fonctionner comme un instrument de la non-violence. Il va, autrement dit, se déployer comme un outil qui aide l'homme à se maîtriser, à maîtriser son monde et à maîtriser sa propre maîtrise du monde.

Le langage se réalise ici comme discours partagé(s) entre *vrais hommes* (les maîtres), en vue de la préservation des biens conquis dans la lutte et à travers la domination des *animaux à visage humains* (les esclaves). Il se transmue en *discussion*[42].

Le surgissement de la discussion marque le passage du langage de la sphère désignative et nominative à la sphère discursive et dialogique. Ici, chacun tait sa vio-

---

[42] La *discussion* dont il s'agit ici correspond au *dialogue des maîtres antiques*. Eric Weil la thématise aussi dans la *Logique de la philosophie* au niveau de l'*Introduction* (cf. LP 25-27) et spécialement dans le *Chapitre V* — dont le titre est à point nommé : *La discussion* — (cf. *Ibid.*, 121-138). Cette discussion, qui exclut une catégorie des membres de la communauté, notamment les *esclaves*, est différente du *dialogue* actuel entre hommes de culture, entre philosophes (cf. PR I, 279-295). Elle n'est pas non plus à confondre avec la *discussion moderne* qui se développe dans le cadre étatique pour la réalisation d'un ordre sociopolitique équilibré et la préservation de la sécurité commune (cf. PP 202-221).

lence individuelle pour entrer dans la discussion. Il essaie d'assumer ses contradictions ou ses propres passions pour communiquer sincèrement avec les autres sur les biens (les objets), échanger sur la meilleure façon d'en tirer profit, d'en assurer la sécurité et la pérennité. La stabilité communautaire et la compréhension mutuelle représentent en effet une grande garantie pour la production des richesses. Elles permettent d'assurer la prospérité individuelle dans l'espace collectif.

Ayant proprement appréhendé la dangerosité de la violence et la fructuosité de l'échange discursif, chaque individu s'efforce, autant que faire se peut, de sursumer ses tendances agressives en vue de s'unir aux autres pour vaincre totalement le monde naturel menaçant et résistant.

> Les loups s'organisent donc entre eux : chacun tirera des profits plus grands de l'effort commun s'il renonce à l'usage individuel de la violence et contribue à la lutte contre l'ennemi commun, la nature extérieure. Ce qui comporte qu'il lutte également contre sa nature intérieure, qu'il sache discipliner ses désirs naturels, qu'il attende son avantage de la médiation du travail commun, qu'il réclame. Non ce qu'il voudrait posséder, mais ce qui lui est dû parce qu'il a contribué à le produire[43].

Du langage surgit ainsi une communauté nouvelle : *la communauté de la discussion et du travail*. Le but primordial de celle-ci est le progrès de chacun et de tous ; sa caractéristique fondamentale, la production (illimitée) des biens et l'accumulation des richesses. Le trait d'union des membres de la communauté demeure la quête de l'efficacité. Les membres sont liés par le langage de l'efficacité, le langage de la rationalité calculatrice. Ils se meuvent dans l'activité : ce sont des êtres au travail, des êtres qui parlent (discutent) et travaillent (se dépensent), *efficacement*.

2.2.2 Enjeux du langage de l'objectivité

Pour Eric Weil, c'est ce langage de la société du travail qui a engendré les « concepts régulateurs de l'objectivité, du fait vérifiable, de la vérité formelle, et c'est lui qui a rendu possible au travail de s'appuyer sur une connaissance désintéressée — détachée du désir immédiat de l'individu — d'une nature livrée à l'homme »[44].

---

[43] CEW I, 26.
[44] *Ibid.*, 26.

Le langage de l'objectivité a manifesté les grandes capacités de l'homme. Il a extériorisé et dévoilé la puissance de sa *liberté* ; une liberté qui est créativité et originalité ; une liberté qui se réalise au-delà de toute *condition* ou de toute *détermination*[45]. Ce langage est devenu l'outil principal de communication non pas d'abord des convictions antiques, des certitudes traditionnelles ni des manières d'être dans le monde. Il s'est plutôt transmué en vecteur de transmission des modes de faire et d'agir avec efficacité. Il a structuré le monde et organisé l'existence humaine selon la vision de la communauté de la discussion. Dans son déroulement, le langage de l'objectivité a mis en exergue l'universalité de l'homme. Il a permanemment cherché à battre en brèche sa particularité (familiale, communautaire…), à briser ses désirs passionnels ainsi qu'à contenir sa violence latente…

Le langage de la société au travail s'est finalement réalisé comme « un langage sans violence, un langage où domine la discussion en vue de l'accord objectif »[46]. Il s'agit d'un langage dont le modèle organisationnel est analytico-descriptif et le mode préférentiel — aux antipodes des autres langages —, l'*indicatif*. De fait, souligne Eric Weil :

Si le premier langage [le langage de l'harmonie originelle et de l'immersion des êtres et des choses dans le grand Tout] rendait la violence invisible et ainsi inexistante pour ceux qui le parlaient, si le langage de la lutte inorganisée entre les hommes [le langage des maîtres antiques et de la guerre de chacun contre tous] avait pour mode principal l'impératif appuyé sur la menace, le langage rationnel ne connaît que l'indicatif et le jugement hypothétique [Le langage de l'objectivité ne traite la réalité que selon le mode indicatif] : les choses étant ce qu'elles sont, il faut accepter les moyens qui, objectivement, sont aptes à mener au succès, ou bien renoncer aux biens ainsi produits. N'existe que des nécessités hypothétiques, l'impératif a disparu [C'est le style impersonnel qui règle la vie et rythme les relations communautaires] : plus exactement, il n'y a plus personne qui donne des ordres comme bon lui semble, c'est l'ordre du langage objectif qui commande à tous. [On assiste ainsi à une mutation sociale

---

[45] Le procès d'émergence du monde en tant que *raison-sens* est marqué par les capacités créatives de l'homme, par son originalité qui déjoue toutes les conditions dans lesquelles l'individu vient au jour, croît et mûrit dans l'histoire. L'homme, être appelé à la liberté et en instance de libération, accomplit sa destinée sensée dans l'espace et le temps selon l'horizon sociocommunautaire. Eric Weil en donne un aperçu dans ses investigations philosophiques (cf. LP 204-231 ; PR I, 65-373 ; PR II, 125-136). Sur ce thème, on peut par exemple lire : E. GANTY, *Penser la modernité*, 147-153.

[46] CEW I, 27.

et politique. Le pouvoir, n'étant plus concentré dans les mains d'une personne ou confisqué par une autorité reconnue comme divine et investie d'une mission sacrée, c'est l'objet (l'objectivité) qui devient le lieu et le lien du pouvoir sur les hommes.][47]

Arrivé à ce point, force est de constater, comme le suggère Eric Weil, que le langage rationnel a remodelé la grammaire du langage. Il a aussi profondément modifié la grammaire de la vie humaine. De façon précise, le langage rationnel a phagocyté les anciens langages puis procédé au remaniement des mots. Ce langage du calcul a remplacé les mots par les choses puis recadré la réalité selon le critère de l'efficacité.

En fait, le langage de la société du travail n'a pas rejeté violemment les anciens modes de comprendre et de vivre le monde. Il les a plutôt déstabilisés et déstructurés. Il les a asséchés de l'intérieur. Le langage de la société au travail a concentré les aspirations globales des hommes sur la possession maximale des richesses matérielles. Il a orienté la vie et la vision des individus vers l'ordre de la production et de la consommation. Il a introduit l'homme dans l'espace de l'efficience et de la performance. Eric Weil l'exprime ainsi :

Le langage rationnel reconnaît les facteurs antiques qui agissent et les introduit dans son calcul sous la forme de données, comparables à n'importe quelles autres données, il tient compte de la mentalité des gens, espérant qu'ils finiront bien par comprendre que tout cela n'est pas vrai, c'est-à-dire, n'est pas efficace. On les instruira, ils s'instruiront eux-mêmes, et ils finiront bien par comprendre ce que nous autres hommes modernes et sérieux savons déjà, que tout cela n'est pas sérieux En attendant, usons de leurs mots sacrés pour les guider : justice, noblesse, dignité, égalité, liberté : s'ils n'ont pas pour nous le sens qu'eux leur donnent, nous ne leur mentons cependant pas au fond, car nous les libérons vraiment de la tyrannie des conditions extérieures, naturelles aussi bien que sociales[48].

On note ainsi que le langage rationnel a contribué, de manière assez fondamentale, au réaménagement du monde et à la *sculpture* de la vie de l'homme[49], c'est-à-dire au modelage de sa vie dans l'ordre de l'efficacité. Il a assuré comme

---

[47] *Ibid.*, 27.

[48] *Ibid.*, 27-28.

[49] Le concept *sculpture*, nous le tirons de l'univers sémantique plotinien (cf. PLOTIN, *Ennéades* I VI, 9, 13, dans P. HADOT, *Plotin*, 9). Si Plotin parle de la *sculpture* de l'homme par la philosophie dans une perspective éthique et mystique, l'horizon sculptural envisagé dans notre

tel le passage de l'homme de l'état animal (naturalité, individualité) à l'état social (historicité, universalité). Il a rendu possible l'exploration scientifique de l'être humain, la révélation de ses ressources jusqu'alors ignorées ainsi que la découverte de ses capacités créatrices.

A préciser aussi que le langage du calcul a préservé les communautés humaines de l'incertitude, en les soustrayant aux aléas inhérents à la variabilité du temps et aux changements des rythmes naturels. Il a participé à ce que la communauté illimitée des chercheurs désigne communément, à la suite de Max Weber, comme le *désenchantement du monde*, c'est-à-dire la détermination et la réalisation du monde dans un cadre purement objectiviste ou encore, selon un horizon totalement immanent, un horizon qui n'implique ni ne convoque un autre plan, un autre niveau de réalité : pour s'orienter dans le temps et accomplir authentiquement leur existence, les hommes ne se tournent plus vers les dieux ou les entités supérieures, ils n'en appellent plus aux forces surnaturelles ni aux puissances transcendantes[50].

Le langage rationnel a donc engendré un univers où les convictions personnelles ne sont pas prises en compte ou bien ne sont considérées que comme éléments de la vie privée. Il a produit un nouvel univers, l'univers dont l'homme représente tout autant le noyau centripète que le catalyseur. Il s'agit précisément du monde possédé par l'individu humain : un monde *dé-composé* et *re-composé* selon ses désirs démesurés ; un monde *dés-organisé* selon sa volonté et définitivement marqué par la rationalité. En fin de compte, le langage de l'efficacité a rendu l'homme maître du monde, possesseur des êtres et des éléments, producteur-consommateur (massif) des biens et acteur principal de l'histoire.

---

démarche est beaucoup plus scientifique et technique. Sur cette problématique de la *sculpture* de la vie humaine selon Plotin, on se référera à P. HADOT, *Plotin*, 15-19.

[50] « [...] Le monde *désenchanté* selon l'expression célèbre de Max Weber [... est] un monde *dé-réalisé* soumis à un "procès de rationalisation" » (E. GANTY, *Penser la modernité*, 557). Le problème du *désenchantement du monde* représente un axe important de recherches en sciences humaines (sociologie...) et en philosophie. Le *désenchantement du monde* correspond au recul des croyances magico-religieuses en tant que modes privilégiés d'explication des phénomènes et de compréhension de l'univers. Historiquement, ce phénomène se double d'une dissolution du sens du monde et du sens de la présence de l'homme au monde. Il signe la désorientation fondamentale de l'existence humaine, la déconnexion intrinsèque de l'individu, la perte de sa densité spirituelle, la dégradation qualitative des rapports entre hommes et avec la nature... Pour une exploration de cette thématique on peut, entre autres, se référer à EricWeil : EC I, 268-295 ; EN 40-45 ; LP 203-231 ainsi qu'à : E. GANTY, *Penser la modernité*, 556-575 ; M. GAUCHET, *Le désenchantement du monde* ; M. WEBER, *Le savant.*

Il s'agit là d'une grande réalisation et d'un point important de l'histoire de l'homme ; d'un point qui, malheureusement, va se révéler comme insuffisant et très limité dans le *devenir-raison* du monde et de l'homme. En effet, l'individu humain, cet être qui a conquis le monde et s'est doté de grandes richesses matérielles, semble avoir perdu le sens de son existence, le sens de sa présence au monde. Dans son procès de maîtrise du monde, l'homme n'a pas acquis une pleine humanité, au sens d'une maturation majeure de son être, d'une réalisation plénière et profonde de la vie sensée.

Les hommes, libérés de la peur de la nature et de la guerre de chacun contre tous, n'ont pas atteint le grand contentement tant espéré. Ils n'ont pas accédé à la sagesse : l'homme ne sait que faire de toute la puissance qu'il a acquise sur les êtres et les éléments[51]. La suite de notre analyse va cibler les contours de cette perte du sens qu'évoque Eric Weil et en approfondir la signification pour la destinée historique de l'homme.

2.3 *Langage et non-sens*

2.3.1 Les carrefours du non-sens

Le langage de la société au travail, qui a rendu un énorme service à l'homme et au monde de l'homme, n'a guère répondu à l'ensemble des aspirations de celui-ci. Il n'a pas porté ses raisons de vivre et de mourir. Ce langage n'a pas pu combler les grandes attentes des êtres humains dans leur développement historico-temporel ; des attentes qui ne sont pas d'abord celles de la possession illimitée des biens et richesses matérielles, mais celles de l'accroissement du *capital ontologique* et *anthropologique*, autrement dit celles de la réalisation de la vie sensée dans un monde devenu véritablement *raison-sens* ; celles de l' *ex-position* définitive, au sens heideggérien du terme, dans l'allégresse[52].

En destituant le monde de la connexion anthropocosmique, le monde de la grande immersion dans le *Tout*, le langage rationnel n'a point engendré ni contri-

---

[51] Cf. LP 41.

[52] Dans la pensée heideggérienne, l'*ex-position* correspond à l'expression du *Dasein* dans le monde, à sa manifestation-extension dans l'histoire ainsi qu'à sa présentation (à autrui) comme *logos* (cf. A. CHAPELLE, *L'ontologie*, 64-65 ; A. DE WAELHENS, *La philosophie*, 224-235). Dans notre démarche, l'*ex-position dans l'allégresse* est le fait pour l'homme d'être et de se manifester dans le monde, dans la pure joie ; le fait de vivre heureux, étant satisfait de son existence, en relation avec les autres hommes…

bué à la genèse du *meilleur des mondes possibles*[53]. Il n'a pas produit un monde où l'homme, devenu autonome, totalement cohérent et, possédant une place effective dans le temps, navigue pleinement dans la joie. Le langage de l'efficacité a plutôt généré un monde artificiel, un monde sans but et sans vie : le monde de *l'homme-machine*, de *l'homme réifié, leucemisé* et *privatisé* à outrance.

Ici, l'être humain représente un simple rouage mécanique. Il n'est qu'une somme de molécules interchangeables. Comme l'indique Eric Weil, « il est membre de la société au travail, et il n'est que cela, il n'est même que la place qu'il occupe dans ce monde : il n'est pas un *Je*, une personnalité, un caractère, il est ce qu'il fait, il est, comme on dit si bien, quelque chose »[54]. Cet homme de la société du travail se sent quasiment inutile dans son monde et manifeste une forte propension à la dépression. Il n'arrive pas à saisir le sens réel de son existence ni à s'orienter dans le temps. L'homme se découvre et se réalise ici comme un facteur de nature déterminable et à déterminer, à observer et à analyser. Comme tout facteur, il est présenté ou défini à travers des formules analytico-descriptives et des lois. L'individu humain n'appartient plus au système de la nature primitive. Il fait désormais partie d'une nature seconde — la société —, une nature qu'il a bâtie, mais qui maintenant l'englobe et l'écrase[55].

Ces considérations nous permettent d'affirmer que dans l'ordre de la rationalité calculatrice, l'homme n'est pas appréhendé comme une entité existentielle. Il n'est pas un composé complexe en harmonie avec le cosmos mais un objet quelconque et, comme tout objet, il est traité selon des critères scientifiques. Il est pris dans le versant de la comparabilité, de la mesurabilité et de la quantifiabilité.

2.3.2 Les limites du langage rationnel

On se rend aisément compte que le langage rationnel a procédé à la dissolution pure et simple de l'homme. Il a entraîné la perte de l'intériorité et de la den-

---

[53] Sous les mêmes mots, il ne s'agit point de la problématique métaphysique et logique du *meilleur des mondes possibles* développée par Leibniz et bien de penseurs (cf. M. N. BOUILLET, « Optimisme », 1213-1214 ; F.-C. BOUILLIER, « Optimisme », 491-496). Cette expression est reprise ici dans un sens anthropologique et pratique : le meilleur des mondes possibles est celui qui, concrètement et historiquement, peut satisfaire l'homme, lui permettre de se réaliser comme être raisonnable ; c'est le monde dans lequel l'homme ne va plus en guerre contre l'autre et contre la nature (le monde délivré de la violence), le monde juste tendu vers la paix universelle.

[54] CEW I, 27.

[55] Cf. *Ibid.*, 28.

sité spirituelle de l'individu. Le langage de la société du travail a réalisé l'unidimensionnalisation et la compression technoscientifique de l'existence humaine, c'est-à-dire la réduction du déploiement de l'homme dans la sphère de l'efficacité. Ce langage a finalement contribué à la désorientation globale de l'individu humain, à la perte du sens de sa présence au monde et de sa destinée dans l'histoire. Les grands bienfaits qu'il a procuré dans son émergence, notamment la domestication des forces naturelles, la préservation contre la violence originelle, la production massive des biens, la constitution de la seconde nature…, se sont révélés très limités. Ils n'ont pas contribué à l'épanouissement du sens dans l'existence des êtres humains[56].

Sorti du grand Tout, libéré des chaînes de la nature primitive et universalisé par la rationalité, l'homme vogue désormais dans un brouillard infini. Il se trouve proprement confronté à la poussée de l'obsolescence et à la *montée de l'insignifiance*, selon l'expression de Cornelius Castoriadis[57]. Il ne pense plus. Il s'est transmué en une marionnette vivante. La rationalité lui laisse assez largement le temps ; « le temps de s'amuser comme il l'entend, elle l'amuse même très rationnellement ; elle ne fait rien, elle ne peut rien faire pour qu'il pense, qu'il dise, un monde, son monde, soi-même, soi-même en son monde […]. Elle instruit, informe, forme, elle n'éduque pas …»[58]. Le résultat du langage de l'efficacité se trouve ainsi aux antipodes de ce qu'il devrait induire dans les communautés humaines du travail et de la discussion. Au lieu du contentement dans la présence, de la maximisation de la joie vitale ou de la grande satisfaction existentielle, il a procuré autre chose, à savoir :

> […] l'ennui du progrès infini et insensé, l'ennui d'un langage qui agit, mais ne signifie pas pour l'individu […], un ennui auquel on n'échappe que par la violence

---

[56] Cf. *Ibid.*, 28-29.

[57] Cf. C. CASTORIADIS, *La montée de l'insignifiance*. Plus que les crises, les contradictions, les oppositions, les fractures … qui caractérisent et structurent le monde moderne, l'auteur note la prépondérance de l'insignifiance au niveau sociopolitique. Il remarque la chute des valeurs fondamentales et fondatrices de la société (occidentale), l'émergence du non-sens, la propension à la nullité, la prépotence du capitalisme individualiste, la résurgence de la jouissance, la tendance au nihilisme radical… Dans le même mouvement, l'auteur nous met en garde contre le conformisme généralisé et l'insignifiance structurelle qui menacent l'autonomie des individus dans des sociétés livrées à la techno-science et des Etats égarés dans la pseudo-démocratie.

[58] CEW I, 29.

désintéressée, intéressée seulement par la possibilité de s'affirmer comme individu contre d'autres individus, violence qui est retour à celle des maîtres et qui n'a d'autre visée que de faire oublier l'insensé des intérêts que satisfait la société – une fois qu'ils sont satisfaits[59].

Le langage de la société au travail pousse donc les individus à se perdre profondément dans le labyrinthe du non-sens et de l'absurde. Il les précipite dans ce que Gilles Lipovetsky considère comme l'*ère du vide* : l'ère de la béance existentielle, de la légèreté, de l'indifférence et de la jouissance démesurée...[60] Ce langage signe le surgissement d'une nouvelle violence : la violence rationnelle. Une violence différente des violences précédentes en ce qu'elle est systémique et systématique. Une violence plus rude et plus diffuse que celle des communautés humaines de la période de rupture — cette période caractérisée par la lutte générale entre les hommes et la grande révolte de la nature —.

Pour dépasser ce nouveau non-sens inhérent à une approche partielle et partiale de l'homme, c'est-à-dire à sa compréhension selon l'horizon de l'efficacité, du rendement et de la possession des objets, il est impérieux de corriger la vision réductrice et de réorienter la vie de l'homme. Il paraît nécessaire de s'ouvrir à une inspiration nouvelle, de promouvoir une orientation existentielle qui, tout en considérant l'enjeu de l'efficacité, ne perde pas de vue la centralité du sens. La vision nouvelle à convoquer peut prendre racine sur certaines ressources de la Tradition philosophique et contribuer à l'institution du sens au cœur des sociétés vouées au travail.

2.4 *Entre violence et langage : la conquête du sens*

2.4.1 L'effectivité du sens au-delà de l'efficacité de l'activité

La conquête du sens à laquelle l'homme doit s'atteler à l'heure actuelle apparaît comme une tâche indispensable dans et par le langage, pour la réalisation d'une vie et d'un avenir non-violent des sociétés humaines. Dans la perspective weilienne, elle peut consister à élever « la violence [tyrannique de la seconde nature] au sens »[61]. La conquête du sens peut contribuer à redimensionner (posi-

---

[59] *Ibid.*, 29.
[60] Cf. G. LIPOVETSKY, *L'ère du vide*. Les vues de Gilles Lipovetsky sur les sociétés occidentales ressemblent relativement à celles d'Eric Weil (cf. EN 11-114 ; PP 59-128).
[61] CEW I, 30.

tivement) les acquis historiques de l'autre conquête, celle du progrès selon le critère de l'efficacité. Autrement dit, elle doit faire que « la rationalité, le travail organisé, la victoire sur la première nature, extérieure autant qu'intérieure »[62], deviennent des lieux non plus de désolation ni de l'ennui infini, mais de véritables tremplins pour l'épanouissement total des hommes et leur préservation de la déréliction radicale. Elle doit porter ces éléments qui ont aidé l'homme à se poser la question du sens, à participer effectivement à la genèse d'un monde plus équilibré, plus juste et plus joyeux, un mode devenu raison-sens-liberté.

Cette conquête anthropologique pour l'institution du sens représente une tâche fondamentale et un défi urgent[63]. Foncièrement différente du *travail rationnel* pour la production massive des biens et la possession maximale des richesses matérielles, elle correspond, selon Eric Weil, à un « effort vers le sens »[64] ; un effort existentiel total et continuel.

L'effort humain vers le sens, c'est-à-dire l'engagement personnel et collectif pour l'avènement d'un langage cohérent qui sursume la violence puis contente chacun et tous — satisfait les intérêts de chacun et de tous —, suppose que soient définitivement abandonnées les visions réductrices et désintégratives de l'homme. Il convoque plutôt des façons de voir et de vivre qui, sans réactiver les modèles primitifs, considèrent l'homme dans son intégralité et mettent en exergue la co-existentialité fondamentale des ordres, ou mieux, la complémentarité essentielle des êtres et des éléments.

Les façons de voir dont il s'agit ici correspondent à des conceptions culturelles englobantes et universalisantes ; des manières d'être ouvertes et adaptées ou adaptables à la complexité de l'homme. Elles sont également des manières d'agir qui aident l'individu à mieux vivre, à s'insérer et s'orienter positivement dans le temps ainsi qu'à comprendre, en toutes circonstances, le sens global de sa destinée dans l'histoire. En effet, comme l'indique Eric Weil, l'important pour l'homme est « de se comprendre, de s'expliquer, de se dire tout entier et entière-

---

[62] *Ibid.*, 30.

[63] Dans son approche de la pensée de Weil, Patrice Canivez signale par exemple l'enjeu du sens. Il note le souci weilien pour le sens et la survie du sens dans le monde — aux plans individuel, social, national, international — (cf. P. CANIVEZ, *Le politique*, 149-159 ; *Ibid.*, 234-238). A souligner que la thématisation de la question du sens en philosophie possède diverses entrées (cf. J.-M. DE ENA, « Sens », 127-140 ; P. GILBERT, « La crise », 76-93 ; E. LÉVINAS, *De Dieu*, 231-257 ; M. MERLEAU-PONTY, *Sens*).

[64] CEW I, 31.

ment, de se saisir en ce qui unit en lui violence et sens, violence et langage – de se comprendre, c'est-à-dire de prendre ensemble ce qu'il a dû séparer pour s'affranchir en vue de la liberté »[65].

C'est dans la Tradition culturelle moderne, notamment dans la dense philosophie de Hegel, qu'Eric Weil repère un modèle de pensée capable de féconder globalement l'existence de l'homme asséchée dans les méandres du langage de l'efficacité et de participer à l'émergence universelle du sens.

2.4.2 Le langage tri-un : art, religion et philosophie

Pour Eric Weil, le noyau paradigmatique constitué par l'art, la religion et la philosophie, noyau mis en œuvre dans le penser-hégélien-aux-êtres-et-aux-choses[66], peut grandement aider à réaliser la bataille anthropologique de l'institution du sens ; une bataille existentielle que la raison, dans sa version pure, c'est-à-dire technicienne, n'a pas pu gagner. La trilogie art-religion-philosophie peut grandement participer au surgissement d'un monde sensé ; un monde où le dia-

---

[65] *Ibid.*, 31.

[66] Un auteur comme Michel Meyer souligne aussi l'enjeu de l'art, de la religion et de la philosophie chez Hegel. Ceux-ci représentent les trois moments du développement de l'Esprit. Ce sont les trois formes majuscules de la contemplation. Et comprendre leur rôle suppose la saisie du rapport que l'être humain entretient avec l'Histoire, car l'art, la religion et la philosophie correspondent à trois réponses, au rapport que noue le nouveau avec l'ancien (cf. M. MEYER, *Qu'est ce que la philosophie ?*, 43). L'art « intègre le neuf à partir de ce qui précède en faisant coexister les deux *comme si* rien n'avait changé » (*Ibid.*, 43). La religion par contre ignore globalement le temps : « Son thème favori est l'éternité, ce qui est encore une réponse à l'Histoire, surtout lorsque celle-ci est violente, déstabilisante, et ne laisse guère d'espoir dans ce monde-ci » (*Ibid.*, 44). La philosophie, différemment de la religion qui se bâtit sur le dogme, s'établit autour de perpétuelles interrogations. Elle n'admet pour réponse que ce qui a d'abord été problématisé : « La philosophie se construit donc chaque fois comme si rien ne venait avant, recommençant l'entreprise sur des bases nouvelles, refondant son ou ses principes comme si la philosophie n'avait pas d'âge, ce qui est sa façon de répondre à l'histoire » (*Ibid.*, 45). A signaler que Paul Ricœur aussi souligne l'enjeu des trois instances que sont l'art, la religion et la philosophie chez Hegel. Celles-ci se situent au-delà de l'Esprit objectif et anticipent globalement « l'expérience d'un rapport avec tous les hommes qui dépasse la fragmentation des Etats » (P. RICŒUR, « Hegel aujourd'hui », 184). Elles projettent l'être dans l'universel. En gros, pour revenir aussi à la lecture weilienne, on peut dire que la tri-modalité artistique, religieuse et philosophique permet de visiter l'histoire entière de l'être humain au plan personnel et collectif. Elle permet de penser, en mode authentique et exhaustif, l'expérience de l'être-au-monde et de la déterminer selon l'ordre de la raison-sens-liberté.

logue concret prédomine ; un monde où la cohérence existentielle prend le dessus sur la violence et l'échange discursif entre personnes de bonne volonté se réalise permanemment en vue du bien de chacun et de tous.

> [En effet] c'est en leur langage tri-un que l'homme exprime, nie et pense la violence et l'absurde et la violence de sa propre nature passionnée et de désir, – l'exprime, nie et dépasse en la pensant comme ce qui le constitue, mais ce qui constitue en même temps, parce que en lui la violence parle, la possibilité toujours précaire, toujours de nouveau à réaliser, de distinguer entre le bien et le mal, entre le mensonge et la vérité, entre l'insensé et le sens[67].

Le langage de l'art (fait de représentation et d'intuition), de la religion (avec la représentation et la méditation) et de la philosophie (à travers la réflexion et la conceptualisation), couvre l'ensemble des sphères de la vie humaine. Il ne réifie point le réel. Ce langage ne déréalise pas l'homme et le monde. Il n'objectivise ni ne privatise à outrance les êtres vivants. Plutôt que de réprimer, il sublime. En outre, le langage tri-un prend et permet de comprendre l'homme dans sa complexité. Il favorise l'expression des qualités et des capacités de l'homme au-delà de la référence unique à l'efficacité. Le modèle artistique (par les mains), religieux (par le cœur et l'âme) et philosophique (par la tête) permet d'envisager l'intégralité de l'homme, son auto-dévoilement dans le temps et son entrée dans la relation (humaine, transcendante…).

Le langage de l'art, de la religion et de la philosophie nous porte donc à dépasser toute compréhension partielle et parcellaire de l'homme ainsi qu'à accomplir le désir anthropologique du monde sensé. Ce langage peut aider les sociétés humaines à mieux affronter leurs défis historiques et permettre aux hommes de naviguer avec bonheur dans le temps. Il peut grandement contribuer à ce qu'ils avancent dans l'histoire sans qu'ils soient « ballottés entre une répression en même temps rationnelle et insensée et un défoulement simplement brutal »[68]. Le langage tri-un dans lequel et par lequel l'homme peut comprendre la violence, la transcender et la refuser radicalement, représente donc une clé de voûte de la prospérité et de la postérité sensée des sociétés humaines ouvertes. Il peut porter à envisager, de façon lucide et intelligente, la durabilité des communautés vivantes dans l'histoire.

---

[67] CEW I, 31.
[68] *Ibid.*, 30.

On se rend finalement compte que le langage de l'art, de la religion et de la philosophie peut aider à assurer la survie du sens au niveau de l'histoire tumultueuse des êtres humains. Ce langage englobant et intégrant peut, en tant que tel, contribuer à penser et à vivre concrètement la vie sensée dans l'espace et dans le temps, par des individus ouverts au dialogue vrai ; un dialogue fondamental et fondateur qu'Eric Weil présente comme l'enjeu véritable de l'existence historique et du progrès raisonnable des sociétés humaines. Le passage suivant en précise la teneur :

> C'est l'unité du grand et incessant dialogue de l'humanité avec elle-même, en lequel elle accède à la conscience de ce que, à partir de la violence et de l'absurde, elle a créé ; c'est le dialogue des hommes de bonne volonté qui, depuis qu'ils se sont affranchis du besoin naturel, peuvent vouloir ce dialogue – dialogue d'êtres violents en vue d'un langage et d'un monde sensés, dialogue d'êtres qui, en ce dialogue même, découvrent ce que la meilleure volonté contient encore de violence, qui ne seront jamais de purs esprits, mais qui ne sont pas, non plus, condamnés à retomber du dialogue dans la violence, à moins qu'ils ne la choisissent consciemment [...].[69]

2.5 *Parcours du langage et de la violence*

2.5.1 Langages et mondes

Arrivé à ce point, force est de constater que le rapport du langage à la violence dans l'émergence historique de l'homme se réalise selon une logique et une herméneutique dynamiques. A chaque moment de l'*histoire*, la violence a une connotation, le langage donne une certaine coloration à la réalité et le monde se vit selon une certaine orientation. Le langage forme et détermine le monde ainsi que le mode d'exister de l'homme dans sa quête de sursomption de la violence. Dans cette ligne, on peut distinguer quatre *figures* du *monde humain* :

a) *Le 1ᵉʳ monde*

Il s'agit du *monde primitif*[70], du monde de l'immersion dans le grand Tout ; le monde de l'harmonie et de la béatitude originelles. Ici, la violence se comprend

---

[69] *Ibid.*, 31.

[70] Le concept *primitif* n'introduit pas ici un jugement moral. La primitivité dont il s'agit n'a pas trait à la considération de l'état d'avancement d'un monde (dit *évolué*) par rapport à un autre (qui serait *attardé*). Elle concerne plutôt l'existence temporelle des communautés humaines. Le monde primitif correspond au monde qui, logiquement, précède les autres mondes que les hommes connaissent dans leur parcours historique.

selon les rythmes naturels de la vie et les conceptions internes aux communautés vivantes. En tant que telle, la violence n'a pas de consistance ou n'a de consistance que dans l'ordre naturel. Le langage est quasiment naturel. Il sert l'homme à bien *être*, à entretenir de parfaites relations avec le monde (l'environnement) et les autres. Le langage se donne à découvrir comme une réalité sacrée. Il représente une valeur sacré dont l'emploi engage la vie de l'homme, sa perception des choses et sa position communautaire. Il est un élément précieux de communication et d'harmonisation des rapports cosmo-communautaires.

b) *Le 2ème monde*

C'est le *monde intermédiaire*, le monde de la rupture et de la lutte farouche entre les hommes. Le contact entre communautés humaines est préjudiciable au maintien de l'équilibre interne : du *dehors* vient le mal et le malheur. Le monde intermédiaire est marqué par la révolte générale des êtres ainsi que des éléments. La violence surgit et s'installe fermement au cœur des communautés vivantes. Le langage a perdu sa naturalité. Il devient l'instrument de la lutte et de la domination. Deux catégories d'êtres humains apparaissent : les *maîtres* (les vrais hommes) et les *esclaves* (les animaux à visage humain). Les uns dominent et utilisent les autres pour assouvir leurs désirs. Ce monde du grand combat va progressivement s'éclipser et laisser surgir un autre univers humain.

c) *Le 3ème monde*

Ce monde est celui du travail et de la discussion (dialogue), celui de l'organisation efficace de la vie des hommes. Ici, le langage se transforme tout en transformant les communautés humaines et leur milieu naturel. D'instrument typique de domination, le langage se transmue en outil principal de transcendance de la nature (extérieure et intérieure) et de construction objective de l'existence communautaire. Le langage contribue proprement à l'émergence d'un monde libre ; un monde libéré de la tyrannie des puissances destructrices de la nature : le monde où l'homme trône (règne en maître) et donne de la dimension à toute chose ; le monde du calcul pur et de l'efficience. La violence (primitive) y a reculé pour céder la place à l'échange discursif et objectif. Cependant, dans ce monde transformé par le progrès, la violence réapparaît subrepticement. Elle se rationalise et envahit l'espace sociocommunautaire. La violence enveloppe les structures majeures d'organisation et de médiation dont les hommes se sont dotés dans leur quête du progrès matériel. Le monde du travail et du dialogue finit par devenir un monde totalement insignifiant ; le monde de l'homme dés-orienté et vidé de sa densité existentielle.

d) *Le 4ème monde*

Il correspond au monde idéal : le monde du *sens* qui *est* ; le monde meilleur auquel aspire toute une humanité épuisée et coincée dans les filets de la rationalité calculatrice. C'est le monde équilibré dont la recherche (le désir) mobilise les efforts intellectuels, manuels, spirituels... des hommes de bonne volonté. Le monde ultime est celui de la nouvelle alliance des hommes entre eux et avec l'ensemble des ordres, des êtres et des éléments. Il s'agit du monde des êtres intègres, intégrés dans une réalité unité-totalité. Ce monde peut être compris comme celui de la *fin de l'histoire*[71], le monde de l'aboutissement du mouvement de progression des sociétés humaines. Ici, l'homme *est*, il est *libre* (liberté infinie et libération perpétuelle). Les hommes expérimentent la puissance de la liberté et la force de l'action dans le res-pect de la volonté individuelle et collective. Ils ont optés pour la non-violence. Ils s'efforcent, autant que faire se peut, de se comprendre et de maintenir l'état de non-mécontentement global qui leur permet de se supporter ainsi que de s'assu-mer dans le temps. Chacun peut mener une vie qui a un sens pour lui et qui n'en-tre pas en conflit avec celle des autres. Ce monde pleinement humain ou pleine-ment raisonnable est en mouvement d'engendrement. Il surgit et prend forme dans la marche ou la progression historico-temporelle de l'humanité.

Les quatre mondes et leurs langages ainsi déterminés définissent le périmètre d'éclosion, de maturation et de sursomption de la violence humaine à travers l'histoire. Dans la suite de notre enquête épistémologique nous voulons refaire le parcours succinct du texte « Violence et langage » en pointant sur l'élément de la violence et en convoquant d'autres passages d'Eric Weil qui présentent des intui-tions similaires ou qui les développent autrement.

2.5.2 Violence et langage : dynamiques antithétiques

Dans la réflexion élaborée par Eric Weil dans « Violence et langage », nous avons noté que le surgissement et le durcissement de la violence sont inhérents au mou-vement du langage. La violence a constitué la toile de fond universelle. Elle ne se dévoile historiquement comme telle que par le fait d'être désignée, caractérisée

---

[71] Sur l'approche weilienne de la *fin de l'histoire*, voir : LP 83-85 ; PR I, 167-176. Voir aussi L. JEANPIERRE, « Penser », 415-425 ; G. JARCZYK, « L'idée », 102-117.

et signifiée. Cette violence prend trois formes : violence des hommes envers la nature, violence de la nature contre les hommes, violence des hommes sur d'autres hommes.

D'abord désorganisée et diffuse, la violence finit par devenir globale et totalement imprévisible. Cependant, cette violence envahissante va être sursumée dans le processus développemental des communautés humaines. A travers le langage du travail et de la discussion, il se réalise une véritable assomption de la violence : la production massive des biens et leur sécurisation exige des sacrifices aussi bien individuels que collectifs. Il s'agit notamment de l'anéantissement des tendances auto-agressives, de l'abandon des convictions premières (le *sacré* antique) puis de l'adhésion volontaire à l'organisation et à la communication communautaire. Pourtant, dans le procès transformatif de l'homme et de son monde, une autre violence surgit, à savoir la violence rationnelle. Cette ci prend les contours de l'efficacité. Elle est plus tyrannique et plus systématique que la violence de la nature primitive.

C'est cette violence de la seconde nature qui représente un vrai défi pour les sociétés modernes ouvertes. Les hommes de bonne volonté, conscients de l'importance d'une vie sensée et de l'enjeu de la compréhension mutuelle pour la pérennité de l'humanité, « dialoguent sans cesse »[72] en vue de la résorber. Ils dialoguent permanemment pour que la non-violence (la paix profonde, la joie, la justice…) ne disparaisse pas de l'horizon humain, autrement dit pour que la non-violence demeure le fondement et le but principal de la marche historico-temporelle de l'humanité.

Ce parcours phénoménologique nous montre que, selon Eric Weil, la violence est toujours et déjà liée au langage. Elle ne peut se penser ni se déchiffrer sans considérer le langage humain qui représente son espace d'émergence. Dans une ligne contraire, nous découvrons que la violence se trouve fondamentalement aux antipodes du langage. Dans son apparition, sa maturation, sa mutation et la quête de sa résorption, la violence ne s'identifie jamais au langage. Cette violence prend des contours divers. Elle s'organise et se raffine progressivement selon la rationalisation du langage. De fait, en tant que telle, elle ne disparaît jamais totalement de l'espace sociocommunautaire. Quelque soit l'étape du développement historique des sociétés humaines, la violence peut toujours ressusciter et œuvrer avec beaucoup plus de vigueur. Elle guette perpétuellement les hommes dans leur recherche historique du meilleur des mondes possibles, le monde de la raison-sens.

---

[72] CEW I, 31.

C'est pourquoi, mis à part le *dialogue*, l'« incessant dialogue de l'humanité avec elle-même »[73] évoqué dans « Violence et langage » ainsi que dans « Vertu du dialogue »[74], Eric Weil convoque — notamment dans *Philosophie Politique*[75] et dans « La démocratie dans un monde de tensions »[76] —, la *discussion* typiquement politique comme moyen privilégié de conjonction-conjugaison communautaire et méthode adéquate d'organisation sociale, en vue de l'institution du sens. Il développe toute une technologie de la discussion qui, tout en considérant la perspective de l'efficacité inhérente à la rationalité calculatrice, ne met pas en berne la morale vivante des communautés humaines de référence, assure l'équilibre entre intérêts individuels et intérêts collectifs… Nous allons repréciser et approfondir ces éléments dans nos investigations ultérieures, notamment dans le chapitre sur *Langage et raison politique*.

Pour revenir à « Violence et langage », on note que dans ce texte, Eric Weil organise globalement sa réflexion en se plaçant au plan historico-phénoménologique et social. La violence est décrite et se trouve constamment mise en exergue dans la dynamique antithétique de la rationalité, selon l'horizon sociocommunautaire. Cette orientation est lisible en filigrane dans la *Logique de la philosophie*[77]. Cependant, dans le déploiement du discours logique, Eric Weil va beaucoup plus concentrer la violence sur l'individu humain en tant que tel, sur l'individu qui prend conscience de son existence et cherche à lui conférer un sens.

Dans l'expression de la pensée catégoriale, il présente spécialement la réalité de la violence en considérant la figure atypique de l'homme de l'œuvre — dans le cadre de sa révolte contre le discours absolument cohérent[78] —. Par ailleurs, la violence est envisagée comme l'*autre* option que l'homme, « en connaissance de cause »[79], prend contre le *langage-sens* et la pensée absolument cohérente. Eric Weil l'exprime en ces termes :

---

[73] *Ibid.*, 31.

[74] PR I, 278-285

[75] Se référer au Chapitre sur « Les Problèmes de l'Etat moderne » : PP 202-221.

[76] CEW IV, 115-132.

[77] Dans l'*Introduction* à la *Logique de la philosophie*, au niveau de la section consacrée à « La réflexion de la philosophie » (cf. LP 22-27 ; *Ibid.*, 41-42). De même dans son Chapitre V centrée sur la *discussion* (cf. *Ibid.*, 121-138).

[78] Cf. *Ibid.*, 55-56 ; *Ibid.*, 345-367.

[79] *Ibid.*, 56.

La raison est une possibilité de l'homme : possibilité, cela désigne ce que l'homme *peut*, et l'homme peut certainement être raisonnable, du moins vouloir être raisonnable. Mais ce n'est qu'une possibilité, ce n'est pas une nécessité, et c'est la possibilité d'un être qui possède une autre possibilité. Nous savons que cette autre possibilité est la violence[80].

La violence, qui correspond effectivement à *l'autre* de la raison ou encore à *l'autre possibilité* de la destinée humaine et de l'orientation existentielle, en face de l'une de ses possibilités qu'est la raison et le choix du sens, se dévoile selon quatre modalités génériques qu'Eric Weil décrit avec minutie. Nous voulons, de façon littérale, reporter ces indications en essayant d'en proposer succinctement une signification :

a) « Violence de l'homme qui n'accepte pas le discours de tel autre homme et qui cherche le contentement en luttant pour son propre discours qu'il veut unique [...] et qu'il tente de rendre réellement unique par la suppression réelle de tous ceux qui tiennent d'autres discours »[81] : il s'agit de la violence brute du dictateur, de la violence politico-militaire du tyran... ; cette violence inclut le muselage radical des libertés, l'assassinat d'opposants à l'homme dominateur, la destruction des consciences et des pensées autonomes... ;

b) « Violence de l'homme qui s'affirme dans son être tel qu'il est pour lui-même, qui ne veut que s'exprimer tel qu'il se *sent,* dans un langage qui ne s'expose pas à la contradiction et contre lequel nulle contradiction n'est imaginable, puisqu'il ne connaît pas les principes communs »[82] : c'est ici la violence sentimentale, la violence de l'individu hors-circuit de la société ; la violence de celui qui se claquemure dans une tour d'ivoire, celui qui adopte un mode de vie anomique et refuse absolument de communiquer avec / dans la société ;

c) « Violence, bien que violence subie, mais violence encore, et violence reconnue comme l'essentiel de la vie, que celle qui ne vient pas de l'homme, mais qui lui arrive d'une nature, d'un être supérieur ou   suprême »[83] : celle-ci correspond par exemple à la violence inhérente au (responsable) religieux (marginal, sectaire...) ; à la violence du fondateur, du chef d'un mouvement spirituel ou de l'individu illuminé et investi (qui se sent comme tel, qui croit être envoyé ou

---

[80] *Ibid.*, 57.
[81] *Ibid.*, 57.
[82] *Ibid.*, 57.
[83] *Ibid.*, 57.

délégué), par une entité transcendante ou divine, d'une mission apparemment restauratrice (mais en fait destructrice) de l'humanité ;

d) « Violence, enfin, au fond de l'existence de celui qui, travaillant, cherchant, se dominant [...], s'affirme dans des succès temporaires, passagers, vains et qu'il connaît comme tels »[84] : c'est la violence de la personne déséquilibrée ; la violence de celui qui s'affirme dans ses *œuvres* ; la violence de l'artiste, du musicien, du penseur, de l'acteur… qui, pour combler ses manques, se contente de succès passagers et éphémères.

Cette figuration de la violence humaine[85] correspond parfaitement à l'*homme de l'œuvre*, l'homme qui a fait un choix autre que celui du sens ; l'homme qui a décidé, avant toute décision, de prendre une orientation radicalement opposée au juste, au vrai et au bien dans l'espace et dans le temps ; l'homme qui « n'a pas de langage »[86] ou dont le langage représente une dérive pragmatique du phénomène langagier. La réflexion que nous entreprenons sur *Langage et système* précise et approfondit cet ordre de choses. Nous allons continuer nos investigations en présentant globalement les épiphanies historico-logiques du langage dans la mesure où ce dernier demeure le plan focal et le barycentre de la réalité humaine.

3. Langage et système

3.1 *Pour une lecture omni-compréhensive du système weilien*

Nos investigations nous ont amené à comprendre le jeu et l'enjeu du langage dans l'émergence et la spécification de l'homme en tant qu'être foncièrement différent de l'animal, un être qui dit *Non* à la double naturalité (extérieure et intérieure) et cherche à s'autodéterminer dans le monde en relation avec ses semblables. Bien plus, le parcours du texte « Violence et langage »[87] nous a appris que

---

[84] *Ibid.*, 57.

[85] A noter que l'approche du problème de la violence est diverse selon les auteurs, les disciplines et les perspectives. Les études sur la violence couvrent de larges plans du réel et convoquent de nombreux domaines du savoir. Pour une vue générale et diversifiée sur la problématique de la violence, on pourra lire par exemple : H. ARENDT, *On violence* ; P. BRAUD, *Violence* ; S. COTTA, « Violence », 844-848 ; X. CRETTIEZ, *Le terrorisme* ; ID., *Les formes* ; P. ENGELHARD, *La violence*, P. GILBERT, *Violence* ; R. GIRARD, *La violence* ; F. GROS, *Etats* ; E. HERR, *La violence* ; Z. L. KONRAD, *L'agression* ; Y. MICHAUD, *La violence* ; G. PONTARA, « Violence », 1691-1694 ; G. SOREL, *Réflexions* ; H. VAUTRELLE, *Qu'est-ce que ?*, M. WIEVIORKA, *La violence*.

[86] LP 356.

[87] CEW I, 23-31.

le langage, réalité fondamentale marquant les individus humains en général, s'accomplit processuellement dans l'histoire. Il se structure et prend forme dans la dynamique anti-synergique de la violence naturelle et socioculturelle à laquelle les hommes se trouvent concrètement confrontés à travers l'espace et le temps. Le langage se transmue en discussion ou dialogue communautaire en vue de sursumer la violence qui menace l'équilibre interne de la vie et l'avenir sensé des communautés humaines.

Il nous s'agit maintenant de repérer et d'élaborer les intuitions ainsi définies à un niveau plus systématique dans la pensée weilienne puis de les approfondir dans la perspective de la détermination de la vertu politique du langage. Notre démarche consistera ici à spécifier les figures sous lesquelles le langage apparaît effectivement dans l'univers humain et à envisager leur accomplissement au niveau pratique. Ce qui nous amène à visiter en profondeur la *Logique de la philosophie*, en tant qu'elle se dé-roule comme logique des langages humains déployés dans l'histoire[88] ou logique des formes d'expressions historico-spéculatives de l'humanité[89] ; et qu'elle représente le barycentre dynamique du penser-weilien-aux-êtres-et-aux-choses. De façon concrète, nous voulons lire le système proposé par Eric Weil selon l'horizon du fait langagier. Nous allons entrevoir comment le langage traverse et mouvemente l'ensemble de l'édifice philosophique qu'il a mis en place ; dans quelles mesures il tend à devenir effectif, c'est-à-dire à revêtir une dimension pratique ou à épouser la réalité.

Pour atteindre notre propos heuristique, nous allons largement convoquer le matériau théorique mis en chantier par Gilbert Kirscher, Jean Quillien, Patrice Canivez, Pierre-Jean Labarrière et bien d'autres commentateurs d'Eric Weil. En nous appuyant sur leur(s) approche(s) générale(s) du système weilien[90], nous allons nous-mêmes procéder à une *lecture omni-com-préhensive* de la *Logique de*

---

[88] Cf. J. QUILLIEN, « De la sagesse », 1240. Dans notre enquête, nous reprenons cette détermination quillienne que nous maximisons et radicalisons. Nous pensons qu'il est possible, toutes choses par ailleurs considérées, d'entreprendre une herméneutique purement langagière du système weilien. Cette idée s'appuie aussi sur la centralité de la perspective langagière dans la stratégie théorique weilienne (cf. LP 419-422).

[89] Cf. M. SAVADOGO, *Eric Weil*, 189 ; *Ibid.*, 199.

[90] Dans notre démarche, nous considérerons de façon particulière la lecture technique du système weilien faite par G. KIRSCHER dans *La philosophie d'Eric Weil*. Elle nous semble pédagogiquement apte à répondre à nos attentes heuristiques. Elle peut nous aider épistémologiquement à préciser notre propre interprétation et favoriser aussi l'approfondissement de notre parcours théorique.

la philosophie : il s'agit d'une lecture qui élargit exponentiellement la perspective de la compréhension évoquée par Eric Weil lui-même[91]. Cette lecture conjugue et englobe les différents *plans* et *domaines*[92] (les horizons, les registres, les paliers) selon lesquels peuvent être effectués l'accès et le passage (critique, analytique, épistémologique, herméneutique...) à la *Logique de la philosophie*. Elle prend grandement en considération les divers niveaux d'explication et de justification du système catégorial.

Tout en considérant la grande hétérogénéité et la multi-perspectivité qui caractérisent la *Logique de la philosophie*, la *lecture omni-compréhensive* en atteste la linéarité et la « concentralité »[93] (l'agencement concentrique), selon l'expression de Pierre-Jean Labarrière. En outre, elle en ex-pose la systématicité (l'unité systématique) et en organise la circularité (la totalité du mouvement de son commencement jusqu'à son aboutissement) autour d'un élément fondamental, une réalité source, notamment : le *fait* du *langage*[94].

La *lecture omni-compréhensive* apparaît comme une interprétation co-ordonnante et harmonisante du système catégorial des déterminations non nécessaires (violentes) de la liberté et de la vérité[95]. D'élaboration pluri-angulaire, cette lecture, dans son effectuation herméneutique, élargit et enrichit le *point de vue* cog-

---

[91] Selon Eric Weil la logique philosophique de la philosophie correspond, en tant que telle, à une entreprise de compréhension globale. Elle a en vue la compréhension totale de la réalité et la compréhension de cette compréhension de la réalité (cf. LP 77). Dans la *lecture omni-compréhensive* ou *omni-englobante*, la perspective de la compréhension s'ouvre et s'élargit à la compréhension aussi bien de la compréhension que de la non-compréhension globales de la logique philosophique de la philosophie, à ses divers prolongements (commentaires, critiques…), etc. La *lecture omni-englobante* du système logique veut donc largement amplifier le mouvement de compréhension initié par Eric Weil lui-même. Elle vise la *méta-compréhensibilité* du système, en considérant son objectivation dans l'*action* (politique principalement). En s'appuyant sur la réalité du langage, elle explore le système catégorial et cherche à s'élever au-delà de lui. *In fine* cette lecture correspond à une quête fondamentale de saisie exhaustive de la discursivité dans (et hors de) l'historicité à travers le jeu dynamique du langage.

[92] Cf. J. Wilfert, « Plan et dépassement », 65-70.

[93] P.-J. Labarrière, « Les "problèmes hégéliens" », 186.

[94] Cf. LP 420. Dans son analyse du système logique, Gilbert Kirscher donne un aperçu sur le *fait du langage*, c'est-à-dire sur le langage comme « fait brut, inévitable, incontournable » (G. Kirscher, *La Philosophie d'Eric Weil*, 196).

[95] Cf. P. Canivez, *Weil*, 83-85 ; E. Ganty, *Penser la modernité*, 163 ; G. Kirscher, *Figures de la violence*, 51.

nitif du *Logicien de la philosophie*[96] en tant que celui-ci représente l'homme qui a escaladé la montagne du non-sens pour accéder au royaume de la compréhension. De fait, il a compris (il a saisi) la compréhension (le sens authentique ou la signification profonde) de son auto-compréhension (de son investigation théorico-pratique, de sa quête philosophique) de la compréhension (de la raison et du monde sensé).

La *lecture omni-compréhensive* peut nous aider à concevoir, de façon concrète, la con-figuration de la « chaîne du langage »[97] dans l'ensemble du mouvement catégorial. Elle peut, autrement dit, nous aider à envisager la façon dont le plan du langage enveloppe en tant que tel le déploiement des catégories. Il s'agit globalement de la façon dont il articule (établit le « lien »[98] dans) le système et s'articule (s'établit comme lien) dans le système. La *lecture omni-compréhensive* contribuerait ainsi à découvrir dans quelles mesures le fait du langage met en mouvement la *Logique de la philosophie*, lui donne sens et consistance ; sous quelles modalités il s'y met lui-même en mouvement, acquiert une véritable densité existentielle et transparaît en tant que présence (en tant que contentement dans la liberté).

3.2 *Le système logico-philophique*

3.2.1 Approche(s) globale(s) de la *Logique de la philosophie*

Selon Gilbert Kirscher, la pensée d'Eric Weil, constituée de divers éléments épistémologiques, est élaborée comme une totalité organique, c'est-à-dire comme un discours systématique et sensé. Comme d'autres systèmes, notamment celui de Hegel, cette pensée considère et définit « le tout de la réalité en tant qu'il se montre au discours et dans le discours. Il pointe vers la dicibilité

---

[96] La notion de *point de vue* est riche et complexe. Elle reçoit diverses déterminations selon les domaines, les disciplines ou les ordres de connaissance considérés (Arts, Théâtre, Photographie, Cinéma, Littérature, Information, Sciences, Philosophie...). Son univers synonymique est constitué de mots comme *perspective, vue, angle, angulation, regard, vision, opinion, approche...* L'utilisation de la notion de *point de vue* implique cette complexité sémantique inhérente à la pluridisciplinarité et à la multidisciplinarité de son appréhension. Elle traduit également l'enjeu herméneutique de la *lecture omni-compréhensive* engagée dans nos investigations.

[97] G. KIRSCHER, *Figures de la violence*, 23.

[98] *Ibid.*, 23. Gilbert Kirscher présente l'idée de la *chaîne du langage* et du *lien du langage* — qui articule la diversité — ; une idée que nous avons également exploitée dans notre *approche omni-englobante* du système weilien.

même de la réalité, vers le point où discours et réalité sont un et le même »[99], sont *uniformes*, ou tout au moins (dans la mesure du possible), *uniformalisables* dans un principe englobant mais aussi distinguables, c'est-à-dire définissables selon leur singularité. Gilbert Kirscher nous apprend aussi que la pensée systématique d'Eric Weil telle qu'élaborée par lui-même et appréhendée par la plupart de ses interprètes[100] se trouve tout entière condensée dans la *Logique de la philosophie* qui en constitue le point focal ou le cercle nodal[101]. Dans une étude critique, Pierre-Jean Labarrière rend compte de l'approche technique de la production

---

[99] G. KIRSCHER, *Eric Weil*, 21.

[100] Cf. G. KIRSCHER, *La philosophie d'Eric Weil*, 14-15. Il faut noter que la philosophie d'Eric Weil est entrevue par lui-même et par ses commentateurs, dans la dynamique de la pensée hégélienne, comme un *système*, c'est-à-dire comme un discours qui vise la totalité, un discours dont l'objet n'est pas une région fixe (figée) de l'Etre mais l'ensemble de l'exister, l'explicitation et la compréhension de l'intégralité de la réalité ; un discours qui possède proprement la capacité d'établir en un ordre global, la multiplicité des productions humaines. Cependant, bien qu'animée par une volonté foncière de compréhension totale de la réalité, elle ne se confond aucunement avec un totalitarisme d'ordre conceptuel : le système weilien demeure intrinsèquement ouvert (cf. G. KIRSCHER, *Figures de la violence*, 57-65). Il déjoue ainsi certains critères déterminatifs des systèmes en philosophie, par exemple la *nécessité* et la *déductibilité* selon l'analyse de J.-M. BESNIER, *Histoire de la philosophie* I, 442-443. A signaler aussi que dans l'espace culturel contemporain, la problématique du système en philosophie est généralement entrevue à partir de la philosophie hégélienne considérée comme la pensée systématique par excellence. Bien de philosophes avancent ou suggèrent l'idée d'un système hégélien fermé, diluant ou neutralisant dramatiquement raison et réalité, pensée et vie, discursivité et existentialité (cf. entre autres : J.-M. BESNIER, *Histoire de la philosophie* I, 398-449 ; F. CHATELET, *Hegel*, 83-103 ; L. FERRY – A. RENAUT, *Système*, 114-120 ; J. D'HONDT, *Hegel*, 74-81 ; J. LÈBRE, *Hegel* ; J. MARITAIN, *La philosophie morale*, 159-192 ; P. RICŒUR, « Hegel », 177-193 ; H. NIEL, *De la médiation*, 355-376 ; E. WEIL, « Hegel », dans EC I, 125-141). D'autres présentent le système hégélien comme authentiquement ouvert, intégrant de façon harmonieuse l'altérité (voir notamment : T. F. GERAETS, « Hegel » ; F. GRÉGOIRE, *Etudes hégéliennes*, 1-17 ; *Ibid.*, 205-210 ; G. KIRSCHER, *Figures de la violence*, 21-24 ; ID., 57-65 ; G. JARCZYK – P.-J. LABARRIÈRE, *De Kojève à Hegel* ; M. MERLEAU-PONTY, *Sens*, 81-82 ; M. ROBITAILLE, « Esprit et langage »). Pour une synthèse sur la systématicité de la philosophie hégélienne, on lira l'approche de J.-L. VIEILLARD-BARON, *Hegel*, 131-171. Dans notre enquête, nous considérons l'orientation et la forme systématique de la philosophie weilienne en tant qu'elle reprend et veut dépasser la pensée de Hegel ; autrement dit, en tant qu'elle la relit (et la relie) puis l'enrichit en convoquant d'autres auteurs de la Tradition culturelle occidentale (Platon, Aristote, Kant, Fichte, Heidegger, Weber, etc.).

[101] Cf. G. KIRSCHER, *Figures de la violence*, 58-59 ; ID., *La philosophie d'Eric Weil*, 9-10.

weilienne opérée magistralement par Gilbert Kirscher. Il souligne en substance le fait que, selon ce dernier,

> [...] l'œuvre d'Eric Weil dans son ensemble [est formée de] « plusieurs couches ordonnées en cercles concentriques » : au plus extérieur, recensions et critiques ; en seconde ligne, analyse des discours philosophiques qui se sont fait jour au long de l'histoire ; au plus intérieur, noyau de l'œuvre totale, les ouvrages systématiques que sont la *Logique de la Philosophie*, la *Philosophie morale* et la *Philosophie politique*. Puis, dans la mesure où « le noyau dit le tout, sur le mode du discours qui se réfléchit en lui-même, qui se comprend en lui-même » [... cette œuvre correspond à] la *Logique de la Philosophie*, « puisqu'elle dit aussi bien le tout du discours et se dit elle-même »[102].

La *Logique de la philosophie* qui se dé-roule comme une véritable totalité discursive méticuleusement articulée et rythmée, représente bel et bien le noyau ou le centre de gravité du système philosophique d'Eric Weil. Dans l'ensemble spécifique de la production weilienne, elle apparaît comme le « cercle intérieur en lequel toute la philosophie se concentre et se pense elle-même dans un discours qui se veut systématique parce qu'il est philosophique »[103]. En effet, elle donne accès à la vue (l'intelligence) profonde de la pensée d'Eric Weil et en permet une entente globale.

En fait, distincte comme telle d'une « simple logique de l'Etre, déployant nécessairement la succession de catégories ontologiques et opérant ainsi une réduction intégrante des différents systèmes philosophiques élaborés dans l'histoire »[104], la *Logique de la philosophie* se dévoile comme « logos du discours éternel dans son historicité »[105]. Elle veut déceler et exprimer au niveau théorico-critique, les façons dont les hommes, au plan général de l'histoire (en considérant le niveau stéréo-typique de leur vie personnelle, sociale, communautaire), se sont concrètement *inscrits*[106] dans le monde, c'est-à-dire, ont laissé une *trace* ou une *empreinte* existentielle visible (décelable-localisable) à travers l'espace et le temps.

---

[102] P.-J. LABARRIÈRE, « Après Weil », 663.

[103] G. KIRSCHER, *Figures de la violence*, 59.

[104] H. BOUILLARD, « Philosophie et religion », 592.

[105] LP 77.

[106] Dans la perspective de l'anthropologie interprétative et narrative geertzienne, on peut parler de l'*inscription* de la personne dans son espace culturel (coutumes, traditions, mœurs,

Dans cette ligne, elle équivaut à la succession des discours cohérents (ou sensés) que l'homme a produits dans l'histoire[107]. En d'autres mots, elle demeure le « développement du logos, du discours pour lui-même et par lui-même, dans la réalité de l'existence humaine, qui se comprend dans ses réalisations, dans la mesure où elle *veut* se comprendre »[108].

De fait, dans son ensemble, la *Logique de la philosophie* weilienne se présente comme « l'articulation systématique de tous les actes de liberté au principe des expressions discursives que se donnent les attitudes humaines fondamentales, bref de tous les "faits" de sens »[109]. Elle correspond à une « entreprise [théorique] de catégorialisation »[110] (de conception-narration catégoriale) : elle essaie de comprendre, dans des jeux discursifs *idéal-typiques*[111] (les *catégories*), les modes d'être et d'agir de l'homme, ses façons de se poser ou de se positionner pratiquement à

____

milieu social…). L'homme est inséré (gravé) dans son monde culturel auquel il imprime une trace (ou encore une marque) existentielle. Il appartient à sa culture en tant qu'elle est *texte* (construction, production littéraire), vision du monde hétérogène, système de sens ou réseau socio-symbolique d'actes (cf. J. ASSAYAG, « Clifford Geertz » ; C. GEERTZ, *Local knowledge*, 19-35). Le *paradigme du texte* et la problématique de l'*inscription sociale* de l'action humaine sont présentés méthodologiquement par Paul Ricœur (dont Geertz hérite de façon globale les vues) qui développe l'idée d'une autonomie sémantique du texte découlant de ce que voulait dire l'*auteur* [visée, intention] et de ce que veut dire effectivement le *texte* qu'il a produit [sens, signification]. Cette différence entre l'intention du locuteur et la signification verbale d'un texte se produit aussi entre l'*agent* et son *action* : il y a une réelle inscription-fixation sémantique de l'action d'un agent indépendamment de sa situation sociale et de son positionnement spatio-temporel (Cf. P. RICŒUR, *Du texte à l'action*, 183-211).

[107] Cf. LP 72.

[108] *Ibid.*, 69.

[109] E. GANTY, *Penser la modernité*, 163.

[110] P. CANIVEZ, *Eric Weil*, 13.

[111] Le *discours idéal-typique* ou *discours catégorial* est élaboré par Eric Weil en partant de la notion d'*idéal-type* développée par Max Weber, comme nous l'apprend G. KIRSCHER, *Eric Weil*, 180 ; *Figures de la violence*, 43 (note 40). L'*idéal-type* wébérien correspond à un « "schéma d'interprétation", une "utopie rationnelle", un "tableau de pensée" » (J. CAZENEUVE – D. VICTOROFF, ed., *La Sociologie*, 53). Comme élément méthodologique chez Max Weber, l'idéal-type doit être nettement distingué « du concept d'essence aristotélicien, de l'idée platonicienne. Il n'est pas une hypothèse mais permet la formulation d'hypothèses. Il n'est pas une description ni une copie du réel ; il en exprime la cohérence, la rationalité. Il n'est pas non plus un modèle exemplaire, il n'implique aucun jugement de valeur. Il permet de comparer, non d'évaluer. Le type idéal n'est pas une moyenne. Il n'est pas un concept générique mais génétique. Il a une fonction heuristique et démystificatrice » (*Ibid.*, 53).

travers l'espace et le temps (les *attitudes*). Puis, dans ce mouvement de compréhension de l'homme eu égard à ses manières d'être, de (se) dire et de se dé-dire (les *reprises*), la *Logique de la philosophie* s'efforce de s'auto-interpréter. Elle cherche elle-même à se comprendre et s'applique aussi à comprendre sa compréhension globale de cette auto-compréhension interne.

La *Logique de la philosophie* se livre ainsi à une tâche herméneutique polyvalente. La réalisation de celle-ci engage le jeu dynamique d'un triptyque conceptuel dont les composantes internes, déjà suggérées dans notre démarche, ne sont autres que l'*attitude*, la *catégorie* et la *reprise*. Il nous faut maintenant approfondir l'approche technique des termes de ce triptyque conceptuel qui, correspondant aux principes propres de l'herméneutique weilienne[112], spécifie le sens et dégage l'enjeu de la *Logique de la philosophie*, et qui peut nous aider à mieux opérer la *lecture omni-compréhensive* du système logique telle qu'établit plus haut[113].

3.2.2 Les *principes de l'herméneutique weilienne*

3.2.2.1 L'attitude

Elle équivaut à une manière d'être et d'agir dans le monde. C'est une modalité de la liberté concrète qui se manifeste dans le langage, par une certaine façon de vivre, de créer et d'agir au moyen du langage. L'attitude correspond autrement à une prise de position (personnelle ou collective) de l'homme par rapport au monde (milieu existentiel, communauté…) dans lequel il se trouve. Elle a trait à la vie concrète (vécu existentiel effectif) de l'être humain et participe d'une vision du monde plus ou moins élaborée de celui-ci (une vision inhérente à son immersion communautaire, à son insertion socioculturelle ou encore à son inscription dans l'espace et dans le temps)[114]. L'attitude peut s'exprimer au moyen d'un discours qui l'explicite et la justifie, mais elle ne le fait pas nécessairement. Le

---

[112] Cf. E. GANTY, *Penser la modernité*, 173. Pour la détermination des concepts d'*attitude*, de *catégorie* et de *reprise* qui, selon Etienne Ganty constituent les *principes de l'herméneutique weilienne*, nous nous inspirerons principalement de la présentation qu'en fait Patrice Canivez dans sa brochure synthétique sur *Eric Weil*, 49-51. A signaler qu'un commentaire plus ample et plus caractéristique de ces éléments weiliens nous est fournit par le même auteur dans un autre texte (cf. P. CANIVEZ, *Weil*, 80- 90).

[113] L'entrée dans la pensée weilienne et, notamment, la navigation dans la *Logique de la Philosophie* suppose la saisie globale des concepts *d'attitude*, de *catégorie* et de *reprise* façonnés par l'auteur. Sur ces notions typiques, lire par exemple R. CAILLOIS, « Attitudes », 272-291.

[114] Cf. E. GANTY, *Penser la modernité*, 174.

concept qui saisit et organise théoriquement l'expression existentielle de l'attitude est la *catégorie*.

3.2.2.2 La catégorie

Elle se donne à lire comme un « centre de discours »[115] : le concept organisateur d'un discours cohérent[116]. Il s'agit de l'attitude qui a atteint un degré d'irréductibilité et de pureté quasi-parfaite et qui se trouve thématisé ou conceptualisé. Comme nous l'avions signalé, la catégorie (se) présente (comme) un discours idéal-typique : un discours fédérateur et organisateur du *devenir-raison* de l'individu et / ou de sa communauté. Elle n'enveloppe pas toute la dynamique de l'historicité humaine. Elle navigue plutôt au plan idéalique et paradigmatique ; au plan où peuvent se concevoir et être proposés des modèles pour l'existence, des figures capables de rendre compte de l'inscription ou du positionnement de l'être dans l'espace et le temps.

A signaler que la *Logique de la philosophie* propose effectivement dix-huit (18) *catégories* dont les seize (16) premières sont dites *concrètes* c'est-à-dire qu'elles ont des attitudes qui leur correspondent — la *vérité*, le *non-sens*, le *vrai-et-faux*, la *certitude*, la *discussion*, l'*objet*, le *moi*, *Dieu*, la *condition*, la *conscience*, l'*intelligence*, la *personnalité*, l'*absolu*, l'*œuvre*, le *fini* et l'*action* — et les deux (2) dernières considérées comme *formelles* — le *sens* et la *sagesse* —, du fait qu'elles contribuent à saisir l'entreprise logico-philosophique en tant que telle.

En plus, Eric Weil distingue nettement les catégories déployées dans le système logique de la philosophie en tant que *catégories philosophiques* (catégories du discours philosophique, du discours qui entreprend la saisie de la réalité dans l'unité d'un sens), des *catégories métaphysiques* façonnées au niveau de la Tradition philosophique occidentale (de Platon et Aristote à Hegel). Ces dernières sont élaborées par la métaphysique (conception) mais servent beaucoup plus aux sciences particulières (effectuation)[117]. Ces catégories demeurent foncièrement différentes des catégories du système logique qui comprennent la totalité de la discursivité et se déterminent en fonction des *reprises*.

3.2.2.3 La reprise

Elle désigne globalement le fait qu'une attitude ou qu'une catégorie s'exprime dans le langage d'une autre attitude ou d'une autre catégorie. Il s'agit donc d'une

---

[115] LP 146.
[116] Cf. *Ibid.*, 79.
[117] Cf. LP 146-147 (note 1).

interprétation de la catégorie-attitude présente dans le langage de catégories-attitudes logiquement antérieures[118]. En général, on peut parler de reprise à deux niveaux : d'abord quand une attitude élabore son propre discours dans le langage d'une catégorie qui n'est pas la sienne (il s'agit des *reprises d'appréciation* — du jugement que porte l'attitude-catégorie ancienne sur la nouvelle —) et des *reprises de justification* (de l'explication et de l'expression de la nouvelle attitude-catégorie eu égard aux autres attitudes-catégories considérées) ; ensuite quand une catégorie*reprend* (reconduit discursivement ou thématiquement) une autre catégorie en se la subordonnant, c'est-à-dire, en se la soumettant dans son expression épistémologique et son auto-exposition historico-logique.

La trinité conceptuelle constituée par l'*attitude*, la *catégorie* et la *reprise* puis déployée méthodiquement dans la *Logique de la philosophie*, met en mouvement le système catégorial et lui assigne un rythme propre. Elle détermine le sens profond de l'entreprise logico-philosophique et confère une valence spécifique à l'ensemble de la pensée weilienne.

Cette trinité conceptuelle différencie foncièrement la *Logique de la philosophie* d'une simple métaphysique régionale de l'Etre (c'est-à-dire d'une philosophie qui ne s'occupe que d'une seule région de l'Etre) ou d'une circonscription topographique de la connaissance. Elle la révèle plutôt comme la logique véritable « du discours humain, des discours humains dans leur unité »[119] et leur totalité, à travers (et au-delà de) l'historicité. En outre, elle institue la *Logique de la philosophie* comme (*La*) *Philosophie Première*[120], la Philosophie absolument singulière eu égard à toute autre philosophie ; la philosophie bien au-delà de l'ontologie, de la

---

[118] Cf. G. KIRSCHER, *Eric Weil*, 104.

[119] LP 69.

[120] Cf. LP 73 ; R. CAILLOIS, « Attitudes », 274. Eric Weil définit explicitement la *Logique de la philosophie* comme « la première Philosophie » (LP 69), « fondement de toute philosophie ultérieure » (LP 73), la Philosophie qui assume et prend la place de toutes les philosophies passées, présentes et futures. Il veut ainsi marquer la spécificité, la nouveauté et la radicalité de son entreprise théorique eu égard à toute autre pensée de la Tradition philosophique en général. Comme nous le savons, la Philosophie, dans son développement historique, fut désignée, élaborée et étudiée comme πρώτη φιλοσοφία (*prima philosophia*) en référence à la détermination d'Aristote, reprise et approfondie par Saint Thomas. La *Philosophie première* fut une branche fondamentale du savoir. Elle était la science théorétique, la science qui étudie l'être en tant qu'être, l'ontologie fondamentale (cf. J.-L. MARION, *De surcroît*, 1-15 ; P. GILBERT, « Philosophie » ; HUSSERL, *Philosophie première* I, 3-15). Il faut dire que la problématique de la philosophie en tant que *philosophie première* a traversé et continue même de hanter certains philosophe(r)s actuels. Divers penseurs établissent la priméité de leur philosophie.

psychologie, de la morale, de la politique, du naturalisme, de la phénoménologie, du pragmatisme, du positivisme, de l'existentialisme, de l'épistémologie, de l'herméneutique, du dialogisme communicationnel...

3.2.3 Hétérogénéité et dualités formelles de la *Logique de la philosophie*

Arrivé à ce point, il nous sied de souligner que toute fondamentale et systématique qu'elle soit, la *Logique de la philosophie* s'oppose nettement à un totalitarisme d'ordre métaphysique ou encore à un « terrorisme de la pensée unique »[121], pour reprendre l'expression de Cornelius Castoriadis. Sa volonté d'unification et de compréhension globale de la réalité ne se confond point avec « le fantasme d'une totalisation spéculative »[122]. Elle ne correspond pas à l'annihilation du particulier ou à l'écrasement de la diversité dans un principe unique ou un ordre universel.

La *Logique de la philosophie* ne réalise pas une réduction conceptuelle unidimensionnelle ni ne procède à une uniformisation mono-perspectiviste du savoir. Elle n'égalise pas non plus les diverses conceptions et situations historico-existentielles ni la multiplicité des modalités apparaissantes de l'homme à travers l'espace et le temps. Elle respecte plutôt l'hétérogénéité générale et essaie de *colliger* (de mettre en relation) les différentes attitudes et catégories sous lesquelles la présence de l'homme dans le monde et la teneur de son inscription en son sein peuvent interprétées.

Ils présentent leur pensée comme plus fondamentale et plus originale que toutes les autres réunies ; comme véritablement *architectonique* (fondante) et *apodictique* (vraie), intrinsèquement *pure* (exempte d'*impuretés* épistémo-logique, phénoménique, pratique…) eu égard aux autres ayant existé avant elle ou qui viendraient après elle (cf. R. DESCARTES, *Méditations* ; V. JANKÉLÉVITCH, *Philosophie* ; E. LÉVINAS, *Ethique*). Dans le contexte contemporain, le débat sur la priméité théorique de la philosophie s'est renouvelé dans le sillage de la phénoménologie transcendantale, déterminée par Edmund Husserl, son fondateur, comme la véritable philosophie première, la science des « vrais commencements, des origines, des ῥιζώματα πάντων » (E. HUSSERL, *La philosophie*, 85). Dans cet ordre, Jean-Luc Marion ex-pose la phénoménologie comme une *autre philosophie première* qu'il centre sur la *donation* (cf. *De surcroît*, 16-34). Sur la thématique de la philosophie première, on lira, entre autres : O. BOULNOIS, « La métaphysique », 37-66 ; C. BRESSOLETTE – *al.*, *Le statut* ; P. GILBERT, « Figures », 163-175 ; ID., « Philosophie », 354-366 ; J. GREISCH, « La "fonction méta" », 5-27 ; J. GREISCH – J. ROLLAND, ed., *E. Lévinas* ; E. HUSSERL, *Philosophie première* I-II ; J.-L. MARION, *De surcroît* ; ID., « L'autre », 29-50.

[121] C. CASTORIADIS, *Post-scritum*, 24.

[122] F. GUIBAL, « La philosophie et son "autre" », 73.

En fait, la *Logique de la philosophie* qui, au plan formel, déploie « *une pluralité de structures catégoriales* »[123], porte en soi des dualités théorico-pratiques irréductibles et finement articulées : dualité de la liberté et de la vérité[124] ; « dualité de la volonté de raison et du refus de la raison, dualité de la volonté de comprendre et de l'indifférence à toute compréhension, ou encore de la présence et de l'absence »[125].

Cet ordre de dualités se décèle parfaitement à travers l'analyse et la lecture techniques du système catégorial (telle que l'effectue par exemple Gilbert Kirscher)[126]. Il en dessine la forme et en fournit l'épaisseur. Pierre-Jean Labarrière, dans son herméneutique critique de *La philosophie d'Eric Weil*, l'œuvre magistrale de Gilbert Kirscher qui analyse de façon détaillée le système logique, souligne cette perspectivité duelle mise en exergue par celui-ci dans sa prospection compréhensive de la pensée weilienne. Dans la ligne kirschérienne, il affirme ce qui suit :

> « La *Logique de la philosophie* repose sur la distinction fondamentale de la doctrine et de l'explication ». Doctrine, énoncés, discours, catégories : des termes qui se situent du coté de l'objectivité des savoirs, susceptibles d'être déployés, articulés, enseignés, transmis. Explication, énonciation, parole, attitudes : nous voici du coté de l'acte qui est source du sens. La philosophie d'Eric Weil se déploie dans l'espace indissolublement logique et historique, qui unit et sépare deux dimensions de l'expérience[127].

Ce même horizon épistémologique se décèle également chez Francis Guibal dans sa lecture interprétative de la pensée weilienne. Esquissant les traits majeurs du philosopher selon Eric Weil, à travers la problématique de l'*autre de la philosophie*, notamment l'*autre relatif* (le savoir scientifique, l'action politique et la création poétique) ainsi que l'*autre radical* (la violence)[128], il souligne, en référence aussi à Gilbert Kirscher, le fait de la dualité constitutive du penser weilien en général et de la *Logique de la philosophie* en particulier. Francis Guibal présente cet ordre de choses en termes suivants :

---

[123] G. KIRSCHER, *Eric Weil*, 93. Voir aussi : J.-M. BUÉE, « Eric Weil », 393-394.

[124] Cf. P. CANIVEZ, *Weil*, 81.

[125] G. KIRSCHER, *Eric Weil*, 25.

[126] Cf. ID., *La philosophie d'Eric Weil*, 391-395.

[127] P.-J. LABARRIÈRE, « Après Weil », 664.

[128] F. GUIBAL, « La philosophie et son "autre" », 55.

Le philosopher weilien [… dans son mouvement d'ensemble demeure] inséparablement théorique et pratique, il se déploie conjointement comme catégorie et comme attitude, comme forme et comme contenu, comme « sens » (discours qui comprend toute compréhension et soi-même) et comme « sagesse » (vie informée par le discours et coïncidant avec lui). Sous tous ces aspects, il s'agit toujours fondamentalement du « même », c'est-à-dire en fin de compte de « l'acte d'une liberté réconciliée avec la raison, dans l'exclusion explicite et comprise de la déraison »[129].

Des analyses précédentes, il résulte l'idée d'une véritable bipolarité essentielle du penser weilien condensé dans la *Logique de la philosophie*. On note une réelle diversité constitutive du système logique, c'est-à-dire une hétérogénéité fondamentale ou une pluralité formelle[130] au principe de la pensée systématique d'Eric Weil. Dans cet ordre, comment peut-on concevoir et légitimer, d'une part, la processualité générale de la *Logique de la philosophie* et, d'autre part, sa circularité ? En d'autres termes, si la *Logique de la philosophie* porte des dualités irréductibles comme le relève méthodologiquement Gilbert Kirscher[131], si elle comprend une discursivité plurivalente comme le note Patrice Canivez[132], si elle possède un caractère foncièrement aporétique selon l'analyse qu'en fait Paul Ricœur[133] ou si elle est marquée par des paradoxes principiels comme le souligne avec force Ruggero Morresi[134], comment peut-on envisager sa progression interne et sur quelle réalité fonder sa « concentralité »[135]? Dans quelles mesures donc faudrait-il penser et fonder la cohérence générale ou mieux, la continuité logico-historique qui atteste l'originalité ainsi que la spécificité du système philosophique weilien ?[136] En fin de compte, sous quelle(s) modalité(s) entrevoir l'existence com-possible et dia-logique des catégories ?

La réponse à ces interrogations nous amène à examiner la place du langage dans la constitution, l'organisation et l'orientation du système. Elle nous conduit à déterminer le jeu et l'enjeu de la réalité langagière dans le mouvement logique

---

[129] *Ibid.*, 72.

[130] Cf. P. Canivez, *Weil*, 61-62.

[131] Cf. G. Kirscher, *Eric Weil*, 21-49.

[132] Cf. P. Canivez, *Weil*, 61-62.

[133] Cf. P. Ricœur, « De l'absolu à la sagesse », 115-130.

[134] Cf. R. Morresi, « Paradoxes et cohérence », 53-64.

[135] P.-J. Labarrière, « Les "problèmes hégéliens" », 186.

[136] Une large analyse de la problématique de la cohérence du système weilien nous est fournie par exemple par M. Perine, *Philosophie et violence*, 162-229.

ainsi qu'à envisager sa destination pratique dans (et au-delà) de l'ordre systématique. C'est ce sur quoi vont se concentrer nos investigations dans les lignes qui suivent. Nous allons d'abord présenter l'ordre catégorial dans sa généralité, sa morphologie polymorphe, puis en analyser la processualité en nous appuyant sur quelques lecteurs-interprètes et commentateurs d'Eric Weil. Nous proposerons ensuite sa linéarité et son unité systématique autour de la réalité du langage en tant que *médiation* (conjonction-connexion) et *source* (sens-fondement) de la totalité des attitudes-catégories.

3.3 *Langage et catégories*

3.3.1 Sériation et progression du système catégorial

La *Logique de la philosophie* se déploie à travers une succession de diverses catégories « où s'accomplit – dans l'histoire / hors de l'histoire – le périple historique et spéculatif de la philosophie »[137]. En suivant Pierre-Jean Labarrière dans ses analyses typiques du système weilien, on peut concevoir une sériation catégorielle tripartite (en trois étapes ou en trois moments)[138] : d'abord de la *vérité* à l'*absolu*, ensuite de l'*œuvre* à l'*action*, enfin du *sens* à la *sagesse*.

Le premier moment, initié par la *vérité* et tendu vers l'*absolu*, correspond à une exposition de « l'acte de comprendre, dans son fonctionnement authentique comme dans ses dysfonctionnements possibles »[139]. A ce niveau, le discours logique se développe à partir de « ses formes premières qui sont celles de la "*vérité*" jusqu'à son accomplissement dernier sous la raison de l' "*absolu*" »[140]. L'*absolu* coïncide effectivement avec l'*acmé* (le point culminant) du mouvement primordial dont l'émergence historico-logique, autrement dit, dont le *commencement*[141] systématique équivaut à la catégorie la plus simple (la *vérité*). En tant qu'expression théorique de la compréhensibilité totale de la réalité, le *discours absolu* opère, dans son déroulement, une identification entre individualité (liberté) et universalité (raison).

---

[137] P.-J. LABARRIÈRE, « Les "problèmes hégéliens" », 188.

[138] Cf. ID., *Le discours de l'altérité*, 89-90 ; ID., « Les "problèmes hégéliens" », 188-189 ; ID., « Temporalité et procès », 48-51. Nous signalons que ces textes n'ont pas tous la même valeur heuristique et épistémologique.

[139] P.-J. LABARRIÈRE, *Le discours de l'altérité*, 90.

[140] ID., « Temporalité et procès », 47.

[141] Pour une analyse approfondie du concept de *commencement* chez Eric Weil, lire : G. KIRSCHER, *La philosophie d'Eric Weil*, 17-151 ; P.-J. LABARRIÈRE, « Après Weil », 669-674. Voir aussi : P. CANIVEZ, *Weil*, 57-60 et la note 184 de ce Chapitre premier.

Le second moment qui va de l'*œuvre* à l'*action* en transitant par le *fini*, privilégie la perspective de « l'agir, en contournant la requête de cohérence rationnelle »[142]. Il est instauré par le refus, propre à l'*œuvre*, du discours absolument cohérent, sa mise en exergue du *faire* pur et du sentiment sans médiation[143]. Le *fini* et l'*action* quant à eux, s'engagent sur une double négation qui porte sur l'*absolu* et sur l'*œuvre*. Ils inclinent vers la facture d'une histoire qui tient effectivement compte de la contingence (de la limitation et des pesanteurs humaines)[144]. Le second moment prend au sérieux le refus radical de l'*absolu* par l'*œuvre* et se termine dans l'*action* qui correspond à l'achèvement effectif de la philosophie — autrement dit à la fin de la philosophie dans la mesure où cette dernière prend corps au plan historico-temporel ou encore se dote de vertu pratique (transformative) et devient une réalité agissante dans l'espace humain —[145].

Au troisième et dernier moment du parcours logico-philosophique, on retrouve les catégories du *sens* et de la *sagesse*, catégories dont la situation est foncièrement *ambiguë* dans le procès catégoriel. Ces catégories sont « en continuité et en discontinuité [théorique et pratique] avec la suite des catégories »[146]. A travers elles, nous accédons au moment *formel* du dense parcours systématique. Le discours philosophique, qui s'est accompli dans l'*action*, découvre le jeu et l'enjeu du *sens* en tant que catégorie par excellence de la philosophie. Le *sens* désigne précisément « le paradigme formel présent en toute catégorie pour l'assurer dans son ouverture essentielle à toutes les autres »[147]. La *sagesse* qui, de façon typique, semble dépasser la temporalité, qualifie quant à elle « la plénitude à laquelle le philosophe peut avoir accès lorsqu'il a décidemment fait choix de la vie raisonnable »[148], lorsqu'il a opté, en connaissance de cause, pour la raison comme sens dans le monde, en relation avec les autres.

La présentation catégorielle inhérente à la lecture croisée de Pierre-Jean Labarrière, à travers quelques unes de ses réflexions sur le système weilien, insiste sur la compréhensibilité fondamentale qui marque le parcours logique dans son

---

[142] P.-J. Labarrière, *Le discours de l'altérité*, 90.

[143] Cf. LP 352-355.

[144] Cf. P.-J. Labarrière, Les "problèmes hégéliens" », 189.

[145] La thématique de l'*action* comme aboutissement de la philosophie est abordée avec profondeur, patience et technicité par M. Savadogo dans *Eric Weil*. Sur le même sujet voir aussi : I. Nimpagaritse, *L'action*.

[146] P.-J. Labarrière, « Temporalité et procès », 51.

[147] Id., Les "problèmes hégéliens" », 189.

[148] *Ibid.*, 189.

moment initial (son *commencement*) ainsi que la grande « rupture »[149] ou la « césure majeure »[150] que représente la récusation radicale du discours absolument cohérent et du contentement raisonnable, autrement dit, l'émergence de l'homme de l'*œuvre*, l'homme dont le mot d'ordre existentiel est la violence pure ou la négativité brute, fortuite. Elle souligne aussi l'ambiguïté situationnelle du *sens* et de la *sagesse* dans le mouvement catégorial. Elle révèle, autrement dit, leur position paradoxale, leur positionnement problématique par rapport à la temporalité.

Le procès catégorial se trouve brisé en son intériorité mais il conserve sa pleine cohérence ; une cohérence qui, en tant que telle, demeure paradoxale et aporétique[151]. La cohérence générale ou l'unité systématique de l'entreprise théorique se maintient notamment grâce aux *accordailles* qu'effectuent les *reprises*, ces sortes de *tuilages* logiques — articulations théorico-spéculatives dans la confrontation à la réalité — qui rendent *com-possibles* la totalité de la discursivité. Malgré la *rupture*, le procès des catégories (de la *vérité* à la *sagesse*) se réalise[152]. Les *reprises* en garantissent ou en assurent le déroulement autonome. Elles permettent l'agencement authentique des catégories ainsi que leur existence essentielle et contemporaine. *In fine*, la *Logique de la philosophie* apparaît comme une totalité de cohérence qui régit l'exacte contemporanéité épistémologique de l'ensemble des éléments catégoriels qui la constituent[153].

Une autre présentation processuelle du système logico-philosophique nous est fournie par Gilbert Kirscher dans son ouvrage intitulé : *La philosophie d'Eric Weil*. Cette présentation, minutieusement élaborée, veut tenir compte de la complexité systématique et de l'intégralité des nuances du procès catégoriel. Pierre-Jean Labarrière lui-même s'y réfère et en parle comme d'une description structurale « exhaustive et pédagogiquement convaincante »[154]. Selon lui, Gilbert Kirscher s'est efforcé de *lire* Eric Weil et de restituer sa pensée de façon originale, c'est-à-dire de l'explorer en sa totalité sans reprendre les mots uutilisés par le maître. Il a retracé merveilleusement les idées directrices de la pensée

---

[149] P.-J. Labarrière, « Temporalité et procès », 48.

[150] *Ibid.*, 50.

[151] A propos du caractère paradoxal et aporétique de la cohérence du système logico-philosophique on peut, entre autres, voir : P.-J. Labarrière, « Temporalité et procès », 47-49 ; R. Morresi, « Paradoxe et cohérence », 53-64 ; M. Perine, *Philosophie et violence*, 162-269 ; P. Ricœur, « De l'absolu à la sagesse », 115-130.

[152] P.-J. Labarrière, « Temporalité et procès », 49.

[153] Cf. P. Gilbert, « Eric Weil », 239-242.

[154] P.-J. Labarrière, Les "problèmes hégéliens" », 251 (note 31).

weilienne et fait ressortir courageusement les lignes majeures de la *Logique de la philosophie*[155].

En fait, pour Gilbert Kirscher, le mouvement catégorial présente un ordre spécifique. Dans son ensemble, il connaît un déroulement ou un agencement déterminé. Le discours logique de la philosophie, discours portant sur la totalité des attitudes-catégories envisageables dans l'existence historique de l'homme, se donne à déceler comme un « parcours orienté de son commencement vers sa fin »[156]. Et, « parce que systématique, la finalité atteinte, le tout de ce parcours se découvre circulaire »[157] : du début vers la fin, de la *vérité* au *sens* de la *vérité* et à la *sagesse*, l'ordre systématique se déroule par paliers successifs et peut être appréhendé sur trois registres — des registres dont l'organisation interne est plus ou moins complexe et les contenus rigoureusement agencés —. Dans cette ligne, on peut noter : les *catégories primitives*, les *catégories de la raison et de la réflexion* et les *catégories de la philosophie*.

Les catégories primitives sont formées de la *vérité*, du *non-sens*, du *vrai-et-faux* et de la *certitude*. Ce sont des « catégories du "fond", toujours tentées de s'abîmer dans l'attitude du silence »[158]. Avec elles, dans un langage évocatif et imagé, le procès catégorial s'initie. Ces catégories n'accèdent à un certain langage et ne se départissent de leur primitivité que « lorsque l'énonciation, avec la certitude, vient à poser enfin des énoncés exactement ciselés »[159].

Les catégories de la raison et de la réflexion comprennent les *catégories anciennes* (la *discussion*, l'*objet* et le *moi*), des catégories correspondant globalement à la pensée grecque ; le *premier degré de la réflexion* (avec la catégorie de *Dieu*, une *catégorie sémitique*) ; le *deuxième degré de la réflexion* (avec les catégories de la *conscience* et de l'*intelligence*) puis le *troisième degré de la réflexion* (avec les deux figures de la réflexion absolue : la *personnalité* et l'*absolu*)[160]. Ici, le degré de réflexion se spécifie par « l'écart que la doctrine catégoriale est capable de prendre par rapport à elle-même pour s'expliquer »[161]. Avec l'*absolu*, qui achève ce second mouvement du procès catégorial, tout écart est annulé. L'*absolu* pro-

---

[155] Cf. ID., « Après Weil », 662.

[156] G. KIRSCHER, *La philosophie d'Eric Weil*, 14.

[157] *Ibid.*, 14.

[158] P.-J. LABARRIÈRE, « Après Weil », 667. Pour une vue plus large sur la perspective catégorielle du silence, lire : G. KIRSCHER, *La philosophie d'Eric Weil*, 155-236.

[159] P.-J. LABARRIÈRE, « Après Weil, avec Weil », 667.

[160] Cf. G. KIRSCHER, *La philosophie d'Eric Weil*, 237-300.

[161] *Ibid.*, 243.

cède à une identification radicale entre attitude et catégorie. Il fusionne doctrine et explication, raison et liberté… C'est la *révolte* contre l'*absolu* qui va marquer le début du 3ème et dernier mouvement du système catégorial.

Les catégories de la philosophie sont constituées des *catégories de la révolte* contre l'*absolu* dont l'*œuvre* (qui correspond à la révolte radicale) et le *fini* (qui représente la révolte dans le langage) ; de la *catégorie de la fin de la philosophie*, l'*action* — qui assume et accomplit pratiquement (dans la *praxis*) la totalité du procès logique et ouvre la philosophie à la morale, à la politique… — ; des *catégories formelles de la philosophie*, notamment le *sens*, en tant que catégorie formelle de la *présence*, catégorie dont le langage forme le contenu, et la *sagesse*, une catégorie qui signe la fin de la *Logique de la philosophie* : elle fait accéder le discours à la *vue du Tout*, à la présence concrète et le ramène à la *vérité*[162], c'est-à-dire à son point d'émergence, au commencement de sa procession systématique.

La structuration du mouvement logico-systématique, telle que l'envisage Gilbert Kirscher, insiste aussi, comme déjà chez Pierre-Jean Labarrière, sur la *rupture* opérée par la catégorie de l'*œuvre*, autrement dit sur la *révolte* contre la compréhension absolue (le dépassement effectif du discours total) que représente l'avènement de l'*œuvre*[163]. Cette rupture qui s'exprime à travers le refus ou le rejet catégorique de l'*absolu* par l'*œuvre*, concerne en fait l'ensemble du discours logico-philosophique en tant qu'il correspond à l'émergence de la nouveauté, à l'avènement d'une autre manière de lire et de vivre le monde. Le fait de la rupture est situé dans l'histoire même de la pensée philosophique. Elle appartient proprement à son historicité et définit son originalité (son commencement original)[164]. L'historicité suppose la sursomption des certitudes antiques. Elle correspond à la « conscience que l' "homme concret" prend de sa condition d'être historique, qui demeure en devenant autre et qui, d'époque en époque, découvre qu'il ne dispose plus d'un guide satisfaisant pour s'orienter dans le monde historique »[165].

En outre, la lecture technique kirschérienne manifeste la complexité et la transversalité — l'imbrication de divers ordres, textes et contextes — de l'entreprise logique de la philosophie. Elle s'organise sur le détail (niveau microscopique) et sur l'ensemble du système (niveau macroscopique). Elle s'arrête sur chaque *plan* et chaque *domaine* à partir desquels peut être lu le système puis elle relit et relie

---

[162] Cf. *Ibid.*, 301-386.
[163] Cf. *Ibid.*, 303-305.
[164] Cf. *Ibid.*, 37.
[165] *Ibid.*, 37-38.

le tout selon une perspective kaléidoscopique significative. Cette description catégorielle porte à la reconnaissance de la désidérabilité du philosopher, autrement dit, à la découverte du fait de désirer l'activité philosophante pour une conscience individuelle qui s'est, en connaissance de cause, décidée à la raison et à la *sagesse* ou qui a fait délibérément l'option préférentielle du *sens*.

On peut aussi affirmer que la présentation du système faite par Gilbert Kirscher nous donne à lire l'*ouverture* fondamentale que re-présente la *Logique de la philosophie*[166]. Elle nous aide à saisir la capacité du système catégorial à réaliser « la cohérence des diverses possibilités irréductibles du discours »[167]. Cela revient à dire que le système catégorial n'acquiert toute sa densité et son auto-assurance qu'en colligeant harmoniquement la totalité des figures historico-logiques déployées à travers l'espace et le temps. De fait, de son émergence à son accomplissement, il se trouve traversé par la volonté d'articuler raisonnablement les multiples possibilités de la figuration langagière ou discursive de la liberté[168].

L'analyse structurelle de la *Logique de la philosophie* telle qu'opérée dans les lignes précédentes, montre que le procès catégoriel témoigne d'une réelle fluidité non univoque et d'une véritable dynamique progressive. De façon globale, elle manifeste le fait selon lequel les catégories, dans le système logico-philosophique, ne sont pas passivement juxtaposées, c'est-à-dire « jetées les unes à côté des autres sur le même plan »[169]. Celles-ci ne suivent nullement une « continuité d'allure »[170]. Elles ne connaissent pas une succession théâtrale ni un agencement scéno-dramatique général. Dans le système, les catégories obéissent à un mouvement authentique, authentiquement agissant. Il s'agit d'un mouvement dynamique que Ruggero Morresi qualifie de « dialectique de la contrariété »[171].

Cette dialectique de la contrariété se trouve aux antipodes de la *dialectique de la contradiction* qui se base sur la déduction comme dans la philosophie de Hegel. Comme nous le savons, la dialectique (hégélienne) de la contradiction correspond au déploiement logique d'une catégorie source dont les autres ne sont que des moments partiels déduits à partir de celle-ci. Elle présente la logique hégélienne

---

[166] Pour une vue plus profonde sur la problématique de la *Logique de la philosophie* en tant qu'*ouverture* ou *système ouvert*, non réducteur de l'*altérité*, on lira : G. Kirscher, *Eric Weil*, 21-26 ; Id., *Figures de la violence*, 62-72 ; Id., *La philosophie d'Eric Weil*, 12-16 ; *Ibid.*, 390-391.

[167] G. Kirscher, *La philosophie d'Eric Weil*, 14.

[168] Cf. *Ibid.*, 14.

[169] G. Kirscher, *Eric Weil*, 94.

[170] P.-J. Labarrière, *Le discours de l'altérité*, 89.

[171] R. Morresi, « Paradoxes et cohérence », 62.

(et celles qui la reproduisent) comme une véritable « logique du développement dialectique immanent des catégories, ou plutôt, des moments de l'unique catégorie »[172]. La dialectique de la contrariété, par contre, assure l'odyssée catégoriale — le passage des catégories du simple au complexe, de l'implicite à l'explicite — en se fondant sur des principes analytiques. Elle tient rigoureusement compte de l'irréductibilité foncière des concepts contraires et de leur complexité progressive[173].

Dans un autre contexte, notamment dans sa communication sur Eric Weil au cours d'un Colloque tenu à l'*Institut Catholique de Paris* (novembre 2003) autour de l'expérience philosophique et de l'expérience mystique, Paul Gilbert, analysant aussi la dynamique progressive propre au système logique de la philosophie, évoque non pas la dialectique de la contrariété comme le fait Ruggero Morresi, mais une sorte de *saturation catégoriale*[174] comme principe actif et effectif. Selon lui, le mouvement logico-philosophique est inhérent à une réelle saturation interne immanente aux catégories[175]. Il se trouve provoqué par la confrontation, avec la réalité, de la *catégorie saturée* — la catégorie qui a épuisé les possibilités de son auto-compréhension et de son auto-expression authentique dans le monde —. Le dépassement de l'ancienne catégorie ou encore l'avènement de la nouvelle intervient dans ce contexte de frottement catégorial ou de « provocation [répétitive] de la réalité »[176]. Il s'agit d'une mise en présence des discours idéal-typiques avec la dureté des choses, du contact pratique des visions du monde que représentent les catégories, avec la violence historico-humaine vécue dans la réalité[177].

La même dynamique qui porte à l'avancement des catégories, au passage d'une attitude-catégorie ancienne à une attitude-catégorie nouvelle, et qui détermine l'agencement intrinsèque des éléments systématiques chez Eric Weil, est interprétée par Patrice Canivez comme le jeu anthropologique de la *révolte*. A ce sujet, il affirme ce qui suit :

C'est la révolte, comme expression de la liberté concrète, de la liberté comme productrice de sens qui, à chaque étape [du développement logico-historique], décide du passage à une nouvelle étape. Et cette révolte est au principe d'une nouvelle

---

[172] G. KIRSCHER, *Eric Weil*, 40. Sur la *logique de la contradiction* chez Hegel, on lira par exemple : F. GRÉGOIRE, *Etudes hégéliennes*, 61-102.
[173] Cf. R. MORRESI, « Paradoxes et cohérence », 62.
[174] Cf. P. GILBERT, « Eric Weil », 241-242.
[175] Cf. *Ibid.*, 241-242.
[176] *Ibid.*, 242.
[177] Cf. *Ibid.*, 241.

catégorie, dans la mesure où elle s'élabore dans une nouvelle forme de cohérence discursive – ou, dans le cas particulier de l'*œuvre*, peut être ressaisie dans un discours par le philosophe[178].

La révolte équivaut à une expérience existentielle (concrète) de rejet, par une auto-conscience individuelle, d'un ordre du monde jugé obsolète ou épuisé, d'une vérité d'un monde ressenti comme insatisfaisant ou insensé (violent). La thématisation ou mieux l'élaboration théorico-critique de cette révolte marque l'émergence d'une nouvelle catégorie.

En fait, le jeu de la progression logique du système catégoriel « consiste à déterminer, pour chaque forme de cohérence, le point où elle s'expose à un refus, à un sentiment d'insatisfaction »[179]. Le sentiment d'insatisfaction se trouve au principe d'une cohérence autre, une cohérence qui se veut plus complète. La progression se réalise ainsi dans la dynamique du refus et de la quête d'une cohérence plénière, la recherche de la complétude du sens : on avance logiquement sans déduire spéculativement, ou mieux le fait de la déduction transparaît « *a posteriori* : c'est au point de vue du résultat atteint que le parcours tout entier apparaît rétrospectivement comme nécessaire. [...] La nécessité logique n'est donc pas un enchaînement mécanique, elle est scandée par des actes de liberté »[180].

Le jeu continu de la révolte exclut donc toute nécessité historique dans l'effectuation et l'interprétation du mouvement discursif de la philosophie. Il met plutôt en évidence l'exigence fondamentale de *sens* et le désir spécifique de la plus grande satisfaction au cœur de la processualité du système[181].

C'est également dans l'horizon de la plus grande satisfaction ou encore du dépassement de l'*insatisfaction fondamentale* suscitée par une catégorie que Gilbert Kirscher décrit et explicite le mouvement global du système logique[182]. L'insatisfaction extra-catégoriale peut, selon lui, être entrevue ou appréhendée comme la clé herméneutique de l'approche panoramique et de l'accomplissement authentique du procès historico-logique engagé dans le système proposé par Eric Weil. Cette insatisfaction principielle équivaut à une réelle re-saisie

---

[178] P. CANIVEZ, *Eric Weil*, 6.

[179] ID., *Weil*, 83.

[180] *Ibid.*, 84.

[181] Cf. ID., *Eric Weil*, 15-16. Lire aussi : R. CAILLOIS, « Attitudes », 281.

[182] Dans ses investigations weiliennes Gilbert Kirscher revient récurremment sur la thèse de l'insatisfaction comme principe dynamique du procès logico-philosophique (cf. G. KIRSCHER, *Eric Weil*, 26-27 ; *Ibid.*, 95-96 ; *Ibid.*, 181-182).

négationnelle (*reprise*) de la catégorie antérieure par la catégorie nouvelle. Il s'agit d'une négation typique — affirmation d'un *Non* en connaissance de cause — ou d'un repoussement pratique qu'opère la nouvelle catégorie de « celle qui la précède au nom d'un intérêt ou d'un sens qui lui paraissent d'autant plus essentiels que la catégorie repoussée les ignore »[183].

Gilbert Kirscher précise concrètement, à partir du *commencement*[184] du système logique (c'est-à-dire à partir de la catégorie de la *vérité*), de quelle manière l'*expérience pragmatologique*[185] de l'insatisfaction — une expérience inhérente au dire et à l'agir catégoriels dans leur effectivité à travers le jeu de la négativité —, porte à l'avancement et à l'accomplissement authentique du procès discursif. C'est dans les propos suivants qu'il explicite et approfondit cet état de choses.

---

[183] *Ibid.*, 27.

[184] Sur la perspective du « commencement » du système d'Eric Weil, c'est-à-dire, le début du discours logique, lire : G. KIRSCHER, *La philosophie d'Eric Weil*, 17-151 ainsi que la critique de P.-J. LABARRIÈRE, « Après Weil », 669-675. De façon méthodique et méticuleuse, Gilbert Kirscher distingue le *commencement arbitraire et paradoxal* (?) du système weilien (plan logique) des autres commencements au niveau de la Tradition philosophique, notamment ceux de Socrate (la Discussion), de Platon (l'Un, le Bien), d'Aristote (la Discussion dialectique, le *Discours magistral*), d'Augustin (la *Révélation* divine, la Conversion), de Descartes et la philosophie moderne (le *Sujet libre*, le *Je* fondateur, la Conscience constituante), de Spinoza (la Substance), de Hegel (l'être, l'Idée)… Chez Eric Weil, le *discours commençant* diffère d'une simple *Discussion dialectique*, d'un *Exposé discursif magistral*. Il n'est pas l'acte d'un *Je* fondateur, d'une *Conscience constitutive transcendantale*… Il ne convoque aucune autorité établie (personnelle, scripturaire, surnaturelle…). Le commencement correspond plutôt au moment initial d'une recherche, à une tentative. Il se veut original et radical (mais non absolu) : c'est le « risque que prend un individu (l'"homme concret") d'exercer sa liberté arbitrairement, sans justification préalable, sans *a priori* qui l'autorise » (*La philosophie d'Eric Weil*, 39). Il s'agit donc d'une quête fondamentale de *vérité* portée par la *liberté* de l'homme qui se décide, en connaissance de cause, de choisir la raison sensée comme *modus vivendi*. Le commencement logique ou *commencement selon l'énoncé* implique toujours et déjà un autre, le commencement anthropologique ou *commencement selon l'énonciation*. On note ainsi la place de la *finitude humaine* et l'enjeu (du rejet) de la *violence* dans l'émergence du discours weilien.

[185] Pour une exploration philosophique du concept *expérience*, on se référera entre autres à K. AKENDA, *Epistémologie I*, 195-235 ; R. BARBARAS, *Le mouvement*, 7-28 ; P. BRAND, *Peut-on être réaliste ?*, 25-47 ; P. CAPELLE, ed., *Expérience* ; J. GREISCH, « Les multiples », 53-75 ; M. HEIDEGGER, *Hegel*, 124-152 ; E. HUSSERL, *Expérience* ; P.-J. LABARRIÈRE, *Le discours de l'altérité*, 72-85 ; R. SCHAEFFER, « La philosophie », 19-38. On peut dire que la dimension expérientielle, notamment l'expérience de la violence (naturelle, historique, sociale…), marque le philosopher weilien dans son ensemble. Elle en permet la conception et en assure la compréhension. En outre, elle en atteste l'originalité (dans le contexte du 20ème siècle, marqué par la terreur des deux guerres mondiales). Quand nous parlons d'*expérience pragmatologique* nous voulons globalement souligner la teneur de l'*action* (sensée) dans le discours catégorial.

[… L'ordre logico-philosophique proposé par Eric Weil commence par] la catégorie la plus indéterminée, minimale, de tout discours : la catégorie de la vérité. La catégorie logiquement suivante est celle qui exprime l'insatisfaction que cette première catégorie *peut* susciter (mais ne suscite pas nécessairement). Dans cette insatisfaction se dit quelque chose de plus que la *vérité*. Ce quelque chose de plus est d'abord la *négation* et produit une nouvelle détermination de ce qui satisfait. Ainsi la deuxième catégorie affirme que la vérité n'a pas de sens, elle signifie le *non-sens* de la vérité. A son tour, cette deuxième catégorie *peut* se révéler insatisfaisante (mais pas nécessairement) et cette nouvelle insatisfaction constitue une troisième catégorie. Et ainsi de suite. Le parcours logico-philosophique est donc constitué par une succession de rejets, de mécontentements : c'est un parcours des actes de la liberté disant « non » à un sens donné, disant par là même « oui » à un sens nouveau et plus déterminé[186].

Arrivé à ce point, force est de constater le caractère non dogmatique ni programmatique du système logique de la philosophie. Le mouvement catégorial commence et progresse de façon arbitraire, une fois qu'une auto-conscience (un individu humain) a effectué, librement, le choix de la raison sensée, c'est-à-dire s'est refusée, en connaissance de cause, à opter pour la violence muette ou la négativité brute. L'ordre systématique exclut ainsi toute nécessité absolue. La nécessité logique s'y trouve opposée à un enchaînement mécanique[187]. Le procès logique dévoile plutôt l'essentialité de la liberté[188] ; une liberté qui culmine (atteint son *acmé* et marque la fin du parcours logico-philosophique) avec la catégorie de la *sagesse* en tant que concrétisation du *sens* et transparence de l'être dans la présence[189].

3.3.2 Le langage humain au fondement du procès discursif

La récapitulation de nos investigations antérieures nous amène à la constatation selon laquelle la *Logique de la philosophie*, dans son odyssée historico-spéculative et son ordonnancement systématique, ne convoque aucunement une substance universelle ni une entité surnaturelle. « Elle ne déploie pas le discours de l'Etre qui, de contradiction en contradiction, se découvre finalement Esprit absolu.

---

[186] G. Kirscher, *Eric Weil*, 181.
[187] P. Canivez, *Weil*, 84.
[188] Cf. L. de Briey, « Patrice Canivez, *Weil* », 359 ; R. Caillois, « Attitudes », 279 ; P. Canivez, *Weil*, 84-85 ; F. Guibal, « La philosophie et son "autre" », 69-70 ; M. Perine, *Philosophie et violence*, 155.
[189] Cf. G. Kirscher, *Eric Weil*, 181-182.

Elle n'offre pas, comme le système de l'*Encyclopédie*, l'auto-développement du concept »[190] ou encore l'auto-manifestation totale de l'Etre.

Dans son auto-expression, La *Logique de la philosophie* n'invite pas des arrière-mondes. Elle n'en appelle pas non plus à une entité suprême, à une catégorie métaphysique ou scientifique, à une réalité cosmique ou à une conscience constitutive transcendantale comme *élément architectonique* (fondateur) ou *principe dynamique* (moteur). Elle engage plutôt le langage comme plan basique et réalité fondamentale qui en justifie ou en légitime le commencement, le mouvement et l'accomplissement[191].

La *lecture omni-compréhensive* de la *Logique de la philosophie*, c'est-à-dire, son exploration tout autant transversale qu'à rebours, son *analyse rétrosynthétique* (pour employer une expression du domaine chimique)[192], laisse transparaître la centralité du langage. L'approche et l'interprétation du *système catégorial* d'un *point de vue omni-englobant* — autrement dit d'un point de vue qui comprend celui du *Logicien de la philosophie* (qui dispose de la totalité des attitudes et catégories) et s'élargit à toutes les perspectives herméneutiques envisageables —, nous donne à déchiffrer le langage comme le fondement authentique (la source propre) du discours logico-systématique. Elle le dévoile également comme « medium »[193], c'est-à-dire comme espace de conjonction-conjugaison entre les

---

[190] H. Bouillard, « Philosophie et religion », 594.

[191] Dans l'*Introduction* à la *Logique de la Philosophie*, Eric Weil signale que, pour fonder ou couronner leur pensée, les grands philosophes ont souvent recouru à une catégorie principale, à un élément fondamental ou à un principe central. Il écrit ce qui suit : « [...] aucun parmi les grands philosophes n'a cru pouvoir se dispenser de cette réalité au-dessus de tout ce qu'on appelle réel ou du moins de l'idée d'une réalité qui transcende tout donné, — et cela veut dire *tout* sans restriction aucune, sur le plan où l'on peut former des sommes et des ensembles. L'Un, l'acte pur, Dieu tel qu'il est en lui-même, la Substance, l'intellect archétype, la Raison : toujours, les philosophes ont abouti (s'ils n'ont pas commencé par là) à *ce qui n'est pas*, parce que *ce sur-être indescriptible*, cet *indicible* [...] leur a paru fonder toute description et tout discours et tout être » (LP 6-7). Eric Weil propose quant à lui le langage dans la construction de la philosophie, la compréhension authentique de l'homme et du monde (cf. *Ibid.*, 3-86).

[192] Au niveau de la Chimie organique, une *analyse rétrosynthétique* correspond à une « description systématique des diverses voies permettant la synthèse d'une molécule en passant par des intermédiaires de structures plus simples » (*Le Petit Larousse*, 930). L'*analyse rétrosynthétique* procède par petites unités structurales. Elle va du complexe au simple puis du simple au complexe, en mettant en exergue la spécificité et l'affinité des éléments isolés, à travers aussi le choix des intermédiaires. L'utilisation de cette métaphore chimique veut illustrer la dimension analytique et la perspective régrédiente de la *lecture omni-compréhensive* qui constitue notre démarche.

[193] LP 67.

différentes positions et situations que présente la *Logique de la philosophie* ainsi que plan de communication des multiples compréhensions qu'elle propose : le langage assure la médiation inter-catégoriale et possibilise les diverses liaisons que recèle le système. De façon effective, il permet d'appréhender et d'envisager la dynamique processuelle et circulaire du système logique de la philosophie. C'est ce que souligne avec force Jean Quillien dans son analyse du procès catégorial et sa présentation de la *sagesse* comme fin la *Logique de la philosophie*.

> La sagesse ne se comprend en toutes ses dimensions que si l'on reconnaît le langage comme le transcendantal qui à la fois rend possible la logique de la philosophie et garantit la possibilité de sa circularité. Le langage est le fond-fondement du discours enfin découvert par le discours lui-même ; c'est un fait que le langage est la toile de fond sur laquelle se dessinent tous les problèmes, toutes les discussions, toutes les orientations et toutes les recherches de notre époque. Ces deux propositions résument l'une et l'autre chacune des deux dimensions que nous avons distinguées [dimensions de la structure et du sens] et c'est le langage qui effectue l'articulation et établit l'unité de ces deux dimensions. Et c'est ce qui, pressenti par la catégorie de l'Absolu, mis en lumière par celle du Fini, se révèle dans celle du Sens pour s'accomplir dans la Sagesse, dans l'exacte mesure où, en elle, s'abolit le discours[194].

Cette approche de Jean Quillien donne le ton et dessine les traits majeurs de la *lecture omni-compréhensive* du système logico-philosophique en tant qu'elle s'articule et se focalise autour du fait du langage. Elle révèle en filigrane le jeu et l'enjeu du langage dans le dé-roulement — et le dé-nouement — du procès catégorial. Elle conforte nos propositions sur la centralité du fait langagier dans la processualité et la circularité du système logico-philosophique tel qu'élaboré par Eric Weil.

En fait, le langage représente bel et bien la sphère réelle de conjugaison des perspectives diverses de la *Logique de la philosophie*. Il demeure le lieu théorique et le lien pratique de ses bipolarités irréductibles. Le langage correspond au milieu d'initiation, de con-jonction et de terminaison du mouvement logico-philosophique. Il est tout, il fait tout et saisit tout en son unité[195]. C'est lui qui unit et établit la médiation dialogique des éléments hétéroclites du système catégorial. Il permet de penser, en les liant, ses plans épars et ses différents horizons.

---

[194] J. Quillien, « De la sagesse », 1224.
[195] Cf. LP 126 ; *Ibid.*, 421.

Le langage com-prend la totalité de la discursivité et de l'expressivité. Il favorise les intersections différentielles et les « transactions de sens »[196] : dans le système, c'est le langage qui circule et fait circuler. C'est lui le « dénominateur commun »[197], la force motrice ainsi que le fil harmonique : « Tout [dans le système catégorial] commence avec la découverte du langage [...]. Tout s'achève (la *Logique de la philosophie*) avec la totale conscience que tout s'est toujours passé, du début à la fin, dans cet élément du langage »[198]. Il s'agit proprement de la *fonction médiative* du langage dans le système logico-philosophique établit par Eric Weil. A côté de celle-ci, il nous faut souligner sa *fonction fontive* (sa fonction en tant que source, principe et origine).

En effet, le langage qui n'est ni attitude, ni catégorie, se trouve configuré et thématisé dans chaque attitude et chaque catégorie[199] : « Toutes les catégories, opèrent une élaboration spécifique du langage en tant que tel, de cette "poésie fondamentale" du langage que l'une d'entre elle, la catégorie du *vrai-et-faux* semble exprimer directement »[200].

Le langage demeure effectivement l'élément de pure spontanéité et de création originaire. Il possibilise la visibilité des ordres, des êtres et des éléments. « Plus vaste et plus profond que le discours »[201], le langage porte la spéculativité dans son historicité et au-delà d'elle. Il ouvre à la vérité qui s'extériorise en lui et par lui[202]. C'est ce que Francis Guibal, avec d'autres mots, souligne aussi dans une réflexion où il présente l'enjeu de la pensée weilienne pour nous — le monde contemporain marqué par divers maux et la violence diffuse au niveau mondial (notamment par l'envahissement du terrorisme, les guerres diverses, l'instabilité générale...) —.

---

[196] P.-J. LABARRIÈRE, *Le discours de l'altérité*, 79

[197] J. QUILLIEN, « Histoire », 263.

[198] *Ibid.*, 263.

[199] On peut dire qu'Eric Weil lui-même détermine ce que nous avons désigné comme *fonction fontive* du langage (du latin de *fontis*, source, origine, cause). Il précise en effet que « le langage, n'est pas catégorie (pas plus que l'Etre ne l'est pour Aristote ou la liberté pour Kant), puisqu'il ne détermine aucun langage concret, mais se détermine et devient concret dans les langages concrets [les attitudes-catégories] » (LP 420). De même : « Le langage est au-delà de tout ce qui est : il est spontanéité, création, il *est* essentiellement ce qui n'est pas [...] parce qu'il est avant tout ce qui révèle » (LP 421).

[200] G. KIRSCHER, *La philosophie d'Eric Weil*, 363.

[201] LP 420.

[202] Cf. G. KIRSCHER, *La philosophie d'Eric Weil,*

« Source première et dernière fin » (*LP*, p. 422) de la discursivité agissante, précédant et excédant le savoir et ses catégories abstraites, le langage est la manière humaine première de se tenir dans le monde de la vie, il est « l'apparition concrète » de la liberté en et par qui s'ouvre et se crée la réalité du sens [...]. « Eternelle jeunesse de la création » (*LP*, 431), sa spontanéité inépuisable n'est autre que l'« homme même » (*LP*, p. 422), s'éprouvant en ses ressources et sa puissance extatiques, en sa capacité de créer et recréer des mondes signifiants ou des sens concrets[203].

Dans cette ligne se précise effectivement la *fonction fontive* du langage dans le système catégorial. On se rend aisément compte que le langage correspond au *fond archéo-logique* et au *fondement poématique* du système logique de la philosophie : toute attitude-catégorie se dévoile proprement comme une expression effective du fond sans fond qu'est le langage en tant que *sens* et en tant qu'il donne sens à l'entreprise logique de la philosophie. Les catégories correspondent au remplissement concret du *langage-sens*, du *langage-origine-du-sens*.

Il nous faut maintenant entrevoir concrètement de quelle manière le langage se trouve confectionné ou configuré dans les différentes catégories logico-philosophiques. Nous envisagerons comment le langage fonctionne et (se) modèle (dans) chaque structure catégoriale. De façon précise, nous voulons présenter le langage *dans* chaque catégorie ou encore — ce qui équivaut à la même chose dans notre *approche omni-compréhensive* — le langage *de* chaque catégorie. Il s'agit donc pour nous d'établir les diverses déterminations historico-spéculatives du langage dans la *Logique de la philosophie*.

3.4 *Figurations langagières des structures catégoriales*

3.4.1 Langage et vérité

La catégorie de la *vérité* pure, immédiate, indéterminée, sans altérité..., initie le parcours catégoriel de la *Logique de la philosophie*[204]. Elle se présente comme le « fond du discours »[205]. C'est « la catégorie du fond abyssal, de la profondeur infinie, de la plénitude sans distance par rapport à soi »[206]. « La *vérité* ne peut que être vécue, dans le *silence* de l'attitude »[207].

---

[203] F. GUIBAL, « E. Weil et nous », 42.
[204] Cf. G. KIRSCHER, *Eric Weil*, 27
[205] LP 89.
[206] G. KIRSCHER, *Eric Weil*, 27.
[207] *Ibid.*, 27.

« La vérité est tout »[208]. Elle porte l'ensemble de l'existence : « tout ce qu'on dirait d'elle l'opposerait à quelque chose d'autre, et elle ne serait qu'un sujet tombant sous un prédicat plus étendu, également applicable à d'autres sujets »[209]. Cela la dénaturerait, c'est-à-dire, la transformerait en une réalité quelconque au milieu d'autres réalités et la rendrait superflue.

Dans cette ligne, le langage de la *vérité* apparaît comme un langage d'évocation et de représentation. Il ne (se) dit pas et ne (se) déclare pas mais *(se) montre*[210] ou (se) rend présent : c'est le domaine du symbolique (pur), l'espace du gestuel expressif et significatif.

Le langage de la *vérité* n'obéit pas aux divers canons de la dicibilité métaphysique ni de la descriptibilité scientifique. Il enveloppe plutôt la totalité de la réalité et transcende la dicibilité même du dire pour se traduire en images : le langage, dans la *vérité*, se meut en *langage-image*. Il se transmue en *langage-symbole* et en *langage-vie*[211].

De fait, au plan de la *vérité*, « l'être et le langage sont identiques dans l'unité éternelle, immobile, inchangeable ; toute question est interdite et impossible, toute réponse est inimaginable »[212]. Le langage de la *vérité* nous fixe ainsi dans l'espace du symbolique (et du mystique), il nous donne de naviguer dans la sphère de l'inénarrable. En fin de compte, ce langage nous permet d'accéder, dans le concret de l'attitude, aux arcanes du monde, et d'approcher la face inconnue des ordres, des êtres et des éléments.

---

[208] LP 90

[209] *Ibid.*, 90.

[210] Sur l'idée de *(se) montrer*, lire L. WITTGENSTEIN, *Tractatus*, 192-193 (notamment les propositions 4.021-4.023).

[211] Pour la compréhension philosophique du *langage-image*, du langage symbolique et de la dimension de la représentation — *(se) montrer, re-présenter…* — on pourra, toutes choses par ailleurs considérées, se référer à la philosophie wittgensteinienne dans son premier mouvement théorique — la philosophie du langage idéal — (cf. L. WITTGENSTEIN, *Tractatus*, 168-207, propositions 2.0211-4.2). A ce sujet, on peut lire Gilbert Hottois qui, dans son ouvrage intitulé, *La philosophie du langage*, analyse de façon limpide, méthodique et technique la pensée wittgensteinienne du langage dans ses multiples facettes et son évolution épistémologique. Voir aussi G. G. GRANGER, « Wittgenstein », 1599-1605. Pour une conception complémentaire et diversifiée de la dimension symbolique, de la représentation, de l'expression etc., on peut par exemple lire : L. APOSTEL, « Symbole », 5-23 ; J.-M. FERRY, *Les grammaires* ; J. GREISCH, « Philosophie », 28-29 ; E. ORTIGUES, *Le discours* ; D. SPERBER, *Le symbolisme* ; R. THOM, « De l'icône », 85-106 ; T. TODOROV, *Symbolisme* ; ID., *Théories*.

[212] LP 91.

3.4.2 Le langage du non-sens

Dans la catégorie du *non-sens*, le langage pointe en direction de la primitivité de la *vérité*. Il se trouve tout tourné vers l'attitude silencieuse de la *vérité* en tant que celle-ci correspond au « fond du discours »[213] et représente son but ultime[214]. Le langage du *non-sens* exprime proprement le *non-sens du langage* et laisse la *vérité* faire signe, autrement dit, il laisse la *vérité* se manifester dans le concret de l'existence, dans la réalité (la situation, la condition…). Le langage du *non-sens* médiatise en fait le *silence de la vérité* et extériorise l'*enjeu de la négativité* dans l'existence humaine[215]. De façon précise, il nous donne à déceler le *non-sens* de la *vérité* et la *vérité* en tant que *non-sens*, comme l'indique Gilbert Kirscher dans le passage suivant.

> Ce « premier langage est de réflexion simple ». Il ne se sait pas langage. Il évoque. Il révèle plus qu'il ne parle. « Il ne parle pas, si parler signifie l'expression articulée, il dit » (*LP*, p. 99. Voir aussi *LP*, p.102). « Il ne parle pas ; c'est la vérité qui se révèle dans son langage » (LP, p. 98). La vérité se présente dans le langage, il s'y fait présence qui parle, immédiate : langage toujours le même, disant et laissant la vérité se dire, sans que soit dit rien de déterminé, signifiant que la vérité elle-même se trouve au-delà ou en deçà de ce dire, qui est dire de son absence et de sa présence à la fois ; langage mélancolique portant le deuil infini de la vérité qu'il révèle […]. Ce qu'il veut dire reste toujours la même chose : « le non-sens est la vérité »   (LP, p. 99)[216].

Il sied de le dire, le langage du *non-sens* dont la tonalité ou l'expressivité « rompt avec l'acquiescement muet à la réalité, propre à l'attitude de la *vérité* »[217], arrache l'homme à la présence, à l'état de simplicité dans lequel il se meut. En son rythme spécifique, il laisse transparaître tout autant la présence que son manque[218], son déficit fondamental : la présence exprimée « n'est présente qu'en parole, par représentation, in *absentia*. Le langage creuse [ici] la séparation en même temps qu'il la surmonte, sans encore réfléchir sur lui-même et reconnaître son œuvre dans la substitution du sens de la *vérité* »[219]. En fin de compte, le lan-

---

[213] G. Kirscher, *La philosophie d'Eric Weil*, 155.
[214] Cf. *Ibid.*, 184.
[215] Cf. M. Savadogo, *Eric Weil*, 107.
[216] G. Kirscher, *La philosophie d'Eric Weil*, 183.
[217] M. Savadogo, *Eric Weil*, 107.
[218] Cf. G. Kirscher, *La philosophie d'Eric Weil*, 190-191.
[219] *Ibid.*, 191.

gage, dans le *non-sens*, spécifie la vanité des ordres, des êtres et des éléments. Il nous porte à déceler l'objectivité du néant et la centralité de la négativité constitutive de l'existence humaine au niveau spatiotemporel. Il demeure donc un langage de la découverte initiale du fait du langage à l'œuvre dans le monde.

3.4.3 Le langage dans le vrai-et-faux

La catégorie du *vrai-et-faux* consacre l'apparition du langage comme tel — comme lieu de l'articulation du sens —. Cette catégorie ne s'affirme plus seulement dans le silence de l'attitude, comme ce fut dans la première catégorie (la *vérité*), ni dans un langage inconscient de soi, comme dans la seconde catégorie (le *non-sens*). La catégorie du *vrai-et-faux* (se) dévoile plutôt (dans) un langage qui se retourne immédiatement sur lui-même, contre lui-même et se contredit[220].

Transcendant globalement les « attitudes du silence »[221] représentées par la *vérité* et le *non-sens*, le *vrai-et-faux* fait transparaître, dans l'effectivité, le langage en son unité originelle ainsi qu'en sa dualité essentielle. Il nous dévoile que « le langage est un, mais double. Voulant dire la *vérité*, il dit *et* le vrai *et* le faux. La contradiction concrète, telle qu'elle est ici vécue et comprise, ne suscite pas l'exigence du choix »[222]. Cela signifie que le langage ne peut énoncer la *vérité* qu'en affirmant également son contraire : « Le fait même de vouloir la dire témoigne qu'on est sorti du silence dans lequel seule la *vérité* elle-même se réfléchit dans le dit »[223].

Ainsi, la catégorie du *vrai-et-faux*, « première catégorie se révélant-réfléchissant, première catégorie de la compréhension immédiate, poétique et non discursive »[224] de la réalité, ouvre véritablement l'odyssée historico-spéculative du système des figurations philosophiques du langage[225] : à travers elle, le langage, en tant que problème fondamental et fondateur de l'entreprise philosophique, trouve sa première expression. En elle, sous une forme relative, peut être saisie et explicitée la translativité discursive du langage (le mouvement du passage du langage au discours) ainsi que son auto-réflexivité spécifique (sa dimension propre de réflexion en soi).

---

[220] Cf. *Ibid.*, 195.

[221] LP 102.

[222] G. Kirscher, *La philosophie d'Eric Weil*, 206.

[223] *Ibid.*, 204.

[224] *Ibid.*, 219.

[225] Dans son commentaire sur les *catégories primitives*, Gilbert Kirscher considère le *vrai-et-faux* comme la catégorie qui initie véritablement le parcours logico-discursif différemment de la *vérité* et du *non-sens* qui demeurent des *catégories du fond*, portées vers le *silence* (cf. G. Kirscher, *La philosophie d'Eric Weil*, 221).

3.4.4 Langage et certitude

Dans la catégorie de la *certitude*, le langage se produit comme discours de maîtrise de l'homme en tant que celui-ci renonce au paradoxe du *vrai-et-faux*[226]. Le langage de la *certitude* essaie de démêler le *vrai* d'avec le *faux*. Il cherche à déceler « ce qu'il y a de *faux* dans l'opinion [de l'être humain] pour l'en éliminer avec la force de la négation »[227], c'est-à-dire en rejetant ce qui ne correspond pas comme tel à la vérité propre de l'homme ou s'éloigne de sa densité existentielle et en mettant en perspective ce qui pourrait durablement le contenter, lui apporter la joie ou l'aider à accéder au contentement dans la présence. De façon précise le langage, dans la *certitude*[228], établit un discours de vérité authentiquement dicible et effectivement compréhensif. Il assigne un contour déterminé à la vérité.

> Ce langage ne rejette plus l'opinion [le parler vague de l'individu] de manière absolue, mais l'intègre en soi, après en avoir retenu la part de vrai, rejeté la part de faux, l'une opinion essentielle, l'autre opinion inessentielle, l'une et l'autre séparées, mais aussi recueillies dans le discours du monde un et divers que partage l'opposition de l'essentiel et de l'inessentiel[229].

Ainsi, le langage de la *certitude* spécifie ce qui est essentiel et inessentiel à l'être de l'homme dans le monde. Il engendre le monde et définit le mode d'être de l'homme en son sein (fixation ontologique). Le langage, dans la *certitude*, apparaît donc comme un langage de la « mondanité »[230] : il s'agit du langage du monde de l'homme en tant que tel et non seulement celui de l'homme de tel

---

[226] Cf. *Ibid.*, 228 ; voir également : LP 112.

[227] G. KIRSCHER, *La philosophie d'Eric Weil*, 228. Cf. LP 112.

[228] La problématique de la *certitude* est importante en philosophie. Elle est envisagée sous divers angles mais selon des orientations assez similaires — épistémologique, logique, morale, métaphysique, phénoménologique, pragmatique, etc. — (cf. E. JANSSENS, *Le néo-criticisme*, 127-184 ; *Ibid.*, 259-291 ; A. JAVARY, *De la certitude* ; J. LEBACQZ, *Certitude et volonté*, 1962 ; C. PERNOT, « Certitude », 293-294 ; *Ibid.*, « Certitude morale », 295). Chez Hegel, le processus phénoménologique est initié par la catégorie de la *certitude sensible*, en tant que savoir certain de soi, savoir simple, immédiat, savoir inhérent à un *ceci*, à l'*ici*, au *maintenant*... (cf. G. W. F. HEGEL, *Phénoménologie de l'Esprit* I, 107-120). Chez Weil, la *certitude* représente le 4ème moment du procès catégorial. Cette catégorie est importante dans la mesure où elle favorise le premier dévoilement discursif de la réalité langagière. Le langage de la *certitude* extériorise l'auto-assurance de l'homme qui s'est inscrit dans le temps ou qui veut s'y inscrire, porté par les valeurs de son monde (culturel, familial, social...).

[229] G. KIRSCHER, *La philosophie d'Eric Weil*, 231.

[230] LP 110.

monde. En son fond, il tend à saisir, par lui-même, et à exprimer en vérité, la totalité de l'être apparaissant de l'homme dans la pure sphère existentielle, dans l'espace total de la phénoménalité.

3.4.5 Langage et discussion

La *discussion* marque le passage du langage du plan de la révélation du monde et de l'appréhension de sa cohérence interne, caractéristique de la *certitude*, à celui de la construction de l'être-ensemble, de la structuration existentielle des hommes dans et par le milieu communautaire. Le langage, dans la *discussion*, permet l'auto-affirmation de l'individu (en tant que homme) et la constitution (politique) de la communauté... Il détermine le mode d'organisation de la vie des hommes dans leurs relations publiques et permet à chaque homme de prendre la mesure de son existence en rapport avec celle des autres.

En fait, le langage établit ici l'accord, l'harmonie entre des individus qui veulent dépasser leur animalité (leur violence, leur singularité) latente et accéder à l'humanité (à la raison, à l'universalité) véritable. De façon précise, il se lance à la con-quête « de la vérité, du contenu vrai, du Bien commun reconnaissable par tous »[231] dans l'optique de la construction du monde communautaire.

Ce langage veut réellement instaurer, au moyen du double accord personnel (de l'être humain avec lui-même) et collectif (des hommes dans la communauté), « ce qui, pour la catégorie précédente, la *certitude*, et pour la catégorie suivante, l'*objet*, s'impose de lui-même »[232], notamment : la prééminence de la parole (discours et dialogue) sur la violence ; la valeur de l'entente et de la compréhension communautaire pour la sécurité ainsi que la pérennité des biens matériels ; la force de la *Loi* comme élément d'organisation et instrument de stabilisation des relations inhérentes à l'existence commune. En fin de compte le langage, dans la *discussion*, finit par formuler le mode de vie général et orienter l'avenir des hommes en communauté dans la perspective de la non-violence interne.

3.4.6 Le langage de l'objet

Le langage de l'*objet* est un *langage objectif* : il porte sur « ce qui est »[233], c'est-à-dire sur la réalité objectale, le réel en tant qu'il se présente sous « "la forme de

---

[231] G. Kirscher, *La philosophie d'Eric Weil*, 241.
[232] *Ibid.*, 241.
[233] LP 140.

ce qui est radicalement autre" que l'homme »[234]. Ici, le langage manifeste « la révolte du bon sens contre la *discussion* et contre l'idéal du discours non contradictoire »[235]. En effet, « l'accord de tout le monde est certainement le plus grand Bien de la communauté ; mais, remarque le bon sens, il faut ajouter que cet accord doit correspondre à la réalité »[236]. Bien plus, « la *discussion*, même quand elle aboutit à l'accord, ne mène pas [toujours ou pas nécessairement] à la conception concrète, encore moins à la réalisation du Bien »[237] recherché au plan communautaire et social.

Le langage objectal reprend en fait celui de la *discussion* et, dans son dé-roulement, le transcende, « en substituant à la cohérence de la forme, la cohérence de la forme et du contenu »[238] (passage de la vérité formelle à la vérité concrète). Il cherche précisément à comprendre l'homme par l'*objet*, en dépassant les principes acceptés par les hommes de manière trop simpliste, c'est-à-dire, sans qu'ils puissent se frotter au réel. Le langage de l'*objet* correspond donc à un discours expérientiel, un langage qui met en exergue la confrontation permanente entre discours et réalité. Il s'agit d'un langage qui tend à déceler en profondeur le sens du réel, le sens des êtres et des choses dans la mesure où ils appartiennent au monde apparaissant.

Dans sa quête de compréhension et d'expression authentique de « *ce qui est* »[239], le langage de l'*objet* se transmue globalement en « discours immuable révélant un Etre immuable »[240]. Il devient *onto-logie*, c'est-à-dire, discours qui ne vise pas tel être ou telle réalité mais l'Etre en général et la réalité telle qu'elle est (la réalité *en soi*).

3.4.7 Le langage du moi

Le langage du *moi* extériorise la rupture de la symbiose objectale dans laquelle se meut l'individu. Il exprime le refus de la fusion entre l'homme et la réalité ; le rejet de la dissolution de l'individu dans la *Cité* et dans l'*objet*[241]. Le langage révèle ici l'insatisfaction intrinsèque de l'homme dans sa quête profonde de bonheur. Il traduit le malheur de l'être isolé (il est seul en face de la nature), l'être qui a peur

---

[234] G. Kirscher, *La philosophie d'Eric Weil*, 249.
[235] LP 139.
[236] *Ibid.*, 139.
[237] *Ibid.*, 141.
[238] G. Kirscher, *La philosophie d'Eric Weil*, 249.
[239] LP 140
[240] *Ibid.*, 142.
[241] Cf. J.-M. Breuvart, « Eric Weil et le stoïcisme », 272-273.

(il n'a plus de *certitude* ni de *carrière* historique à parcourir), l'être qui est tout entier désidérabilité (il *désire* le désir)[242] : le langage ex-pose l'incapacité de celui-ci à atteindre le contentement véritable. Il met au jour sa déchirure ontologique, sa brisure intérieure du fait, précisément, que « l'assouvissement de ses désirs ne dépend pas de lui »[243].

En outre, le langage, dans le *moi*, montre dans quelles mesures le monde dans lequel se trouve l'homme — en tant qu'être animé de passions mais cependant tendu vers la raison — n'arrive pas à lui procurer la joie parfaite et lui cache même celle-ci. Il formule donc l'ensemble des interrogations existentielles auxquelles se livre l'homme ainsi que les diverses réponses qu'il tente, désespérément, d'y trouver.

Dans ce mouvement, il favorise ou assure l'émergence de l'humanité (la raison) en l'homme, c'est-à-dire la sursomption de son animalité, et l'auto-reconnaissance de son être comme *microcosme* (monde en miniature). Il exprime et favorise aussi la nouvelle immersion de l'homme dans le *Tout* d'où il est issu, la ré-insertion harmonieuse de son individualité (corporéité) dans la totalité socio-cosmique (l'âme vivante qu'est le monde) ainsi que son accession au bonheur qui *est* (à l'omnipotence du présent).

3.4.8 Le langage en Dieu

Le langage de la catégorie de *Dieu* exprime la vision-compréhension de l'homme en *Dieu*. Il présente l'existence de l'homme « théomorphe »[244], l'homme qui s'explique, se dit et se décrit dans et par l'Etre divin, l'homme en tant qu'il s'identifie à l'Etre divin dont il est l'image vivante. C'est le langage du sentiment, du trop plein du cœur ; autrement dit, le langage sourdant naturellement de l'intériorité de la personne qui « se sent en *Dieu* »[245], en un *Dieu un*, le *Créateur* et le *Maître* du *monde un*[246], en un Etre qui représente la source fondatrice de son agir et le sens véritable de son existence.

Le langage, à travers la catégorie de *Dieu*, est proprement une expression d'amour et d'humilité de l'individu libéré du mal et délivré de la raison du

---

[242] Cf. LP 159-160.

[243] *Ibid.*, 160.

[244] LP 191. Eric Weil lui-même soutient que, dans la catégorie de *Dieu* (catégorie sémitique), « ce qu'est l'homme se révèle en Dieu ; Dieu n'est pas anthropomorphe, sauf pour le langage du monde et du besoin : l'homme est théomorphe » (*Ibid.*, 191).

[245] *Ibid.*, 183.

[246] Cf. *Ibid.*, 181.

monde. C'est donc un langage de foi et de confiance de l'homme qui n'a plus peur (ni de la nature, ni des hommes, ni de lui-même), l'homme qui s'approche sereinement de la majesté divine et veut atteindre la béatitude totale.

De façon concrète, ce langage se déroule selon une double modalité : d'une part, il rend compte de la déchéance de l'homme qui s'est séparé de *Dieu*, l'homme qui a perdu sa dignité à travers la désobéissance originelle (*confessio*) ; d'autre part, il célèbre la joie de l'homme sauvé, de l'homme racheté en et par *Dieu*. Dans cette ligne, il devient un langage de louange et de gloire, « non pas discours, mais le cri de l'amour qui va vers Dieu à travers Son œuvre »[247] (*laudatio*).

3.4.9 Le langage de la condition

Dans la *condition*, le langage traduit le « sacrifice du moi »[248] opéré par l'individu ainsi que son détachement du « discours sans sentiment de la foi »[249]. Il révèle autrement l'immersion de l'être dans des déterminations intra-temporelles ou son installation pragmatique dans le monde. Le langage de la condition se manifeste globalement comme « un discours sur la forme de la réalité conditionnée, qui permet l'agencement de la vie selon l'utilité »[250].

En fait, dégagé de la théo-intimité et porté par l'intérêt, le langage n'exprime plus l'abondance du cœur ni la simplicité de la gratuité. Il ne crie plus la spontanéité intérieure de l'être sauvé et emmené par Dieu. Le langage ne dit plus l'identification du *moi* au divin ni l'immersion en Lui. Il reflète plutôt la conditionnalité générale dans laquelle se déploie l'existence de l'individu qui a relégué *Dieu* dans un « infiniment loin, inaccessible »[251], et se meut désormais dans un monde sans consistance ontologique, un univers sans joie et sans présence.

Le langage, dans la *condition*, se découvre précisément comme un langage techno-scientifique, c'est-à-dire, « la pensée scientifique libérée de toute entrave »[252]. Il s'agit du langage de la lutte acerbe contre la nature, du langage de la société (livrée) au travail : le langage de l'homme-ouvrier, de l'homme-condition conditionné, de l'homme-facteur-naturel immergé dans d'autres facteurs naturels. Ce langage purement formel et instrumental est sans inspiration et n'induit aucune signification pour la vie intérieure de l'homme. Il ne comprend pas

---

[247] *Ibid.*, 194.
[248] *Ibid.*, 231.
[249] G. Kirscher, *Eric Weil*, 33.
[250] *Ibid.*, 33.
[251] LP 205
[252] LP 208.

mais *sert*[253]. Il enserre l'existence humaine dans le carcan de l'instrumentalité et ne saisit la structure logique du monde qu'au niveau superficiel, autrement dit, ne l'aborde qu'à travers le calcul et la mesure.

Le langage de la *condition* agit finalement sur tout et transforme tout, dans un monde en profonde mutation, un monde en continuel progrès et en devenir. Il demeure un langage d'intérêt et d'utilité (profit), le langage de la production matérielle, le langage qui réduit la vie de l'homme au plan de la pure efficacité et condense ses aspirations dans l'horizon de la possession.

3.4.10 Langage et conscience

Le langage de la *conscience* extériorise la volonté de l'homme qui refuse de sacrifier tout discours au sentiment et à la foi ainsi que de s'abandonner entièrement au travail et à la science[254]. C'est le langage d'un *sujet* (un *je*) qui *est* (un *je suis*) ; un sujet qui s'oppose au monde et se pose dans le monde en tant que celui-ci est en perpétuel détermination et en constante transformation[255].

Le langage, dans la *conscience*, dévoile en fait l'homme comme une entité absolument différente d'une « chose dans le monde »[256] . Il n'est pas réducteur comme le langage instrumental de la *condition*. Il correspond plutôt au « parler, qui conditionne le monde et, librement, se conditionne dans le monde »[257]. Il s'agit précisément du parler d'un *je-liberté*, un je-source-originaire (homme-condition inconditionné). Ce *je* qui *est* (un *moi* pur, une *conscience* transcendantale), engendre et constitue le monde. Il lui donne (un) sens et l'organise selon un critérium méta-scientifique et méta-pragmatique ; c'est-à-dire, il vit (dans) le monde et l'entrevoit pour lui-même (car « il est seul à être »[258]) au-delà de la fonctionnalité, de la techno-perfectibilité et de la pure efficacité (productivité, utilité, instrumentalité).

Le langage de la *conscience* porte donc un sens-au-monde sans (se) noyer (dans) le monde. Il indique un sens du monde qui exclut toute quête d'efficience ou de performance et toute immersion dans la mondanité. Il s'agit d'un langage critique de l'existence péri-ontologique de l'homme dans la temporalité (une existence à la périphérie de l'être, c'est-à-dire inauthentique, superficielle, utilitaire, guidée par l'animalité...).

---

[253] Cf. LP 231. Sur le langage de la *condition*, voir aussi le présent Chapitre au point 2.2.2 sur les « Enjeux du langage de l'objectivité ».

[254] Cf. LP 242.

[255] Cf. *Ibid.*, 233.

[256] *Ibid.*, 236.

[257] *Ibid.*, 236.

[258] *Ibid.*, 233.

Le langage, dans la *conscience*, se réalise ainsi comme langage éthique, autrement dit, comme un langage de la quête de perfection de l'action humaine dans le monde, un langage de l'accomplissement du bonheur. Il peut aussi se manifester en mode poématique, se dévoiler en forme d'un parler (ironique) qui exprime pleinement la liberté présente du *je-créateur* (un *je* libéré de la cage à fer techno-scientifique et du gouffre productiviste de la *condition*). A ce niveau, le langage traduit l'esthéticité intrinsèque de la subjectivité, autrement dit la *spontanéité morale* ainsi que la *possibilité transcendante*[259] inhérentes au statut de l'homme-sujet-dans-le-monde[260].

3.4.11 Le langage de l'intelligence

Le langage de *l'intelligence* est un langage *spéculaire*, c'est-à-dire, un *langage-miroir* (*speculum*) : le langage de celui qui *voit* globalement et *scrute* transcendentalement le monde[261] ; le langage au-dedans duquel toute réalité se réfléchit, le langage qui veut rendre compte de la totalité des expériences existentielles dans l'histoire. Il présente, en effet, la vision-compréhension non pas d'un « *je* trans-

---

[259] Cf. *Ibid.*, 252.

[260] Cf. *Ibid.*, 247; *Ibid.*, 253.

[261] Cf. *Ibid.*, 266. 274. Sur la dimension spéculaire de la raison ou de la pensée, on lira les réflexions de J. GREISCH, *Le buisson ardent* I, 60-69. Dans l'introduction à cette œuvre monumentale consacrée à la philosophie de la religion, Jean Greisch identifie 5 grands paradigmes de la raison : le *paradigme spéculatif* (Platon, Aristote…), le *paradigme critique* (Kant et les divers kantismes, Nietzsche…), le *paradigme phénoménologique* (Husserl et ses différents disciples, Eliade…), le *paradigme analytique* (Frege, Russell, Wittgenstein…) et le *paradigme herméneutique* (Dilthey, Heidegger, Gadamer, Ricœur…). Greisch présente le 1er paradigme selon la double origine latine du terme *spéculatif* : d'une part, en référence à la *specula* (le promontoire d'où l'on contemple d'en haut, en position de survol, voire *sub specie aeternitatis*, un certain paysage). A ce niveau, l'idée de spéculation reflète les prétentions et aspirations de la philosophie occidentale (dite *continentale*) à produire une explication englobante du réel, à la lumière de l'absolu ; d'autre part, selon le *speculum* (le miroir), avec la *métaphore du miroir* et la distinction aristotélicienne entre *sciences théorétiques* (*spéculatives*) et *sciences pratiques* (cf. *Ibid.*, 60-63). A signaler que la *métaphore du miroir* (de l'homme miroir de la nature) et l'*imagerie spéculaire* de la rationalité ont été fortement critiquées par Richard Mckay Rorty qui leur préfère les *métaphores auditives* et *poétiques* heideggériennes. Selon lui, « l'image qui hante la philosophie traditionnelle est celle qui assimile l'esprit à un grand miroir, contenant diverses représentations, les unes adéquates, les autres non » (*L'homme spéculaire*, 22). Il faut se libérer de cet état de choses. Rorty s'évertue donc à déconstruire cette *essence spéculaire* de la connaissance telle que conçue et vécue en Occident dans la ligne des philosophes comme Locke, Descartes. Convoquant des penseurs comme Dewey, Wittgenstein, Kuhn, Heidegger, Foucault, Derrida, il propose une nouvelle façon de penser et de vivre l'entreprise philosophique. Il s'agit d'une pragmatique et d'une herméneutique non fondatrices, axées sur l'ironie et la conversation, visant la solidarité et l'émergence de

individuel »[262] comme celui de la catégorie de la *conscience* mais celle d'un homme qui, par rapport aux autres et au monde, se trouve dans une *exo-position* (une position externe) ou qui vit dans une situation de « désintéressement extra-cosmique »[263] ; un homme qui se veut libre et qui scrute les ordres, les savoirs et les contextes dans une attitude de détachement radical : le « *spectator mundi* »[264].

Le langage de *l'intelligence* se manifeste précisément comme un parler globali-sant. Il conçoit tout et cherche à tout comprendre. Il n'est pas un simple discours, mais « tous les discours sont à sa disposition »[265]. C'est un langage qui veut rendre compte de l'exhaustivité de la phénoménalité et de la totalité de l'existentialité.

Dans ce jeu et ce mouvement enveloppant, il « neutralise l'histoire »[266] puis procède par *développements typologiques, analyses idéalisantes* et *synthèses rationali-santes*[267]. Il apparaît donc comme un langage qui, de manière globale, se consa-cre à l'interprétation et à la compréhension, un langage qui ressemble spéciale-ment à celui du *Logicien de la philosophie*, en tant que ce dernier vise la compré-hension de Tout et du Tout[268].

Dans cette ligne, le langage de *l'intelligence* s'accomplit comme un langage de *tolérance* et de *paix*, le langage de la *multi-culturalité* et de la *pluri-conceptualité*. En effet, il considère l'ensemble des langages humains, des visions du monde et des attitudes culturelles dans leur singularité et leur diversité. Il théorise la co-existence de la pluralité dans la spéculativité et dans l'activité puisque, pour lui, tout est pos-sible, « rien n'a une valeur particulière »[269] : aucune conception ne surplombe les autres ni ne donne un reflet plus sûr de la perception et de la compréhension des êtres et des éléments qui composent le monde. En effet, « tout est équivalent »[270], toutes les vérités sont « également vraies, également fausses »[271] : « en vérité […] il n'y a pas de vérité [absolue] »[272].

---

societés humaines véritablement autonomes et libres (cf. R. M. Rorty, *La filosofia dopo la filosofia*).

[262] LP 263

[263] *Ibid.*, 271.

[264] *Ibid.*, 266 ; *Ibid.*, 274.

[265] LP 279.

[266] *Ibid.*, 274.

[267] Cf. *Ibid.*, 270.

[268] Cf. *Ibid.*, 280.

[269] *Ibid.*, 274

[270] *Ibid.*, 274.

[271] *Ibid.*, 272.

[272] *Ibid.*, 271.

3.4.12 Le langage de la personnalité

Le langage de la *personnalité* ex-pose le grand conflit que l'être entretient en lui-même, avec lui-même à travers les autres[273]. Il extériorise la *lutte pour la reconnaissance*[274] que la personne humaine mène dans son existence ; autrement dit, la tension intime de l'homme en tant que *moi aliéné* dans *l'altérité* et *moi* porté vers *l'authenticité*.

En fait, dans la catégorie de la *personnalité*, le langage traduit la force, la sincérité, l'unité et l'unicité du sentiment du sujet (le *je*) qui vit et veut vivre dans le monde, y lutte pour la vie et se rend présent puis s'impose aux autres. Dans sa conception, son organisation et sa réalisation, ce langage porte au jour l'intériorité conflictuelle de l'être qui, ayant reçu le *monde commun*, le *monde des autres* — le sentiment, le langage et les valeurs des autres, notamment Tradition, Famille, Société…—), s'en départit, engendre un *monde autre*, le *monde sien*, et cherche à s'imposer aux autres en tant que sentiment authentique, langage unique et valeur universelle[275].

Le langage ne s'élabore et ne se développe pas ici en vue de la conquête ou de la trans-formation générale du monde. Il ne constitue point le monde ni ne le décrit à partir d'une angulation transcendantale ou d'une position *extra-cosmique*. Il s'en empare plutôt densément et lui confère une image existentielle : le langage saisit le monde ainsi que le langage de l'homme puis lui imprime la marque de la *personnalité* en tant que sentiment critique et intérêt pratique. Le langage se déroule donc comme un *dire-vie-image*. Il correspond à un langage d'évocation et de création (langage poétique), au *langage-vers* : 1) *tendu* (ou en tension), en tant que lutte et déchirure, dans le passé présent du *moi* — inauthentique — ; 2) *tendu* (ou porté vers), en tant qu'élan et possibilité, l'avenir présent du *je* — authentique —. Le langage de la *personnalité* se découvre finale-

---

[273] Cf. *Ibid.*, 288.

[274] Cf. *Ibid.*, 292 ; *Ibid.*, 296-297. Eric Weil développe succinctement le thème hégélien de la lutte pour la reconnaissance des consciences de soi opposées. Chez lui, différemment de Hegel, le combat des consciences n'entraîne pas la destruction radicale d'un des termes de la relation. La lutte à mort ne conduit nulle part. Le combat n'est pas un affrontement pour la mort mais une lutte pour un monde, un combat pour la vie (cf. *Ibid.*, 297). Autour de cette problématique, on pourra lire, entre autres : F. Chiereghin, *La « Fenomelogia »*, 123-233 ; G. W. F. Hegel, *Phénoménologie de l'esprit* I, 191-201 ; J. Hyppolite, *Genèse et structure*, 155-171 ; G. Jarczyk – P.-J. Labarrière, *De Kojève à Hegel*, 70-83 ; Id., *Les premiers combats* ; A. Kojève, *Introduction*, 11-34 ; P.-J. Labarriere, *La « Phénoménologie de l'Esprit »*, 150-194 ; J. Vioulac, « Le visage défiguré », 42-61.

[275] Cf. LP 291-292 ; *Ibid.*, 300-305.

ment comme le parler de l'*être* (l'homme) dont le *vouloir-être* (la volonté de vivre, la quête d'autonomie) est l'*être* (l'essence, le fondement existentiel)[276].

3.4.13 Le langage absolu

Comme dans la *personnalité*, le langage, dans la catégorie de l'*absolu*, extériorise le conflit que connaît l'être humain. Cependant, il ne le fait pas en tant qu'expression immédiate et authentique du sentiment créateur, mais en tant que médiation totale du discours absolument cohérent[277], un discours spécifique dont Jean Quillien, dans son analyse de la dimension discursive et langagière de la *Logique de la philosophie*, nous donne la teneur, en en décrivant les traits majeurs :

> […] discours qui comprend tout et soi-même, discours qui se sait et, comprenant sa source comme langage, comprend l'histoire de l'homme, être parlant et agissant, comme celle de l'opposition entre réalité et discours ; discours total, langage unique qui est, à la fois, commencement, réalisation et résultat, démonstration […] que l'homme parle et, parlant, crée le sens[278].

Le langage, dans l'*absolu*, se révèle donc comme *langage-absolu* ou *discours-absolu* : il com-prend la totalité de l'expressivité et égalise ou mieux, neutralise, l'exister et l'expressivité (l'exister dans l'expressivité). Le langage *absolu* correspond précisément à un discours globalisant et totalisant.

Un discours qui n'est pas seulement non contradictoire, mais qui est cohérent absolument, parce qu'en lui l'homme se saisit totalement, non plus comme un être opposé à d'autres êtres, à un Etre transcendant, à un monde dans lequel il se trouve, se rencontre lui-même comme il y rencontre et trouve des animaux et des pierres, mais comme la conscience de l'Etre même, comme l'Etre conscient de lui-même, comme l'Etre conscient de lui-même comme Etre et comme conscience, comme Esprit réel. L'Etre peut être pensé, parce qu'il pense[279].

Le langage *absolu* paraît couronner l'odyssée langagière catégoriale. Il opère une véritable intégration systématique de l'ensemble des moments apparaissants du langage envisagés depuis la catégorie initiale (la *vérité*). Ce langage se sait héri-

---

[276] Cf. *Ibid.*, 306.

[277] Cf. J.-M. BUÉE, « Gilbert KIRSCHER », 660.

[278] J. QUILLIEN, « Discours et langage », 402.

tier de la pluralité des discours antérieurs et assume effectivement l'exhaustivité des manifestations historico-spéculatives du langage. Dans un mouvement de totalisation compréhensive (de négativité en négativité) il phagocyte — ou assimile — la multiplicité des langages et des mondes inhérents aux attitudes-catégories.

A travers le déroulement discursif du langage *absolu*, il se réalise une véritable symbiose spéculative. Il s'agit d'une identification théorique entre les ordres, les textes et les contextes, autrement dit, d'une correspondance complète entre les conceptions, les expressions et les situations : les écarts sont quasi-définitivement abolis, « l'unité des conflits dans leur totalité »[280] s'est effectuée, le langage a accompli la totalité des négations et a exercé totalement sa négativité intrinsèque[281], le cercle de la compréhension se referme : « Il semble que tout soit achevé »[282].

Tout se transmue en discours. Tout est porté et formaté par le discours ou mieux, tout coïncide dans le discours : « le discours comprend tout, il contient tout parce qu'il est tout »[283] ; « l'Etre est le discours, le discours est l'Etre ; logique et ontologie se sont révélés la même chose. C'est le penser même qui a [donc] été pensé »[284] . « Nous pouvons ainsi écrire l'équation : Langage = Discours = Etre = Sens »[285] = Raison = Liberté = Monde = Vie = Devenir = Homme.

On se rend aisément compte que, en tant que totalité théorico-discursive compréhensive, le langage *absolu* procède à l'absorption des particularités et à l'annulation des différences. Il opère une véritable homogénéisation assimilatrice des éléments métaphysiques-épistémologiques hétéroclites et une harmonisation réductrice des réalités historiques-pratiques opposées. Ce langage effectue comme tel une dissolution fondamentale des diversités existentielles ainsi qu'une réduction globale des disparités conceptuelles. On pourrait même parler, avec l'émergence du langage *absolu*, d'une neutralisation catégorique des dualités conçues comme irréductibles. On accède finalement ici à la transparence langagière radicale, c'est-à-dire à la dicibilité quasi-définitive du dire : le langage a atteint l'intelligibilité pure, la clarté transcendantale. Il exprime « le devenir dans sa totalité »[286].

---

[279] LP 327.
[280] *Ibid.*, 322.
[281] Cf. *Ibid.*, 325.
[282] J. QUILLIEN, « Discours et langage », 402.
[283] *Ibid.*, 321.
[284] *Ibid.*, 402.
[285] ID., « De la sagesse », 1225.
[286] LP 323.

3.4.14 Le langage de l'œuvre

Le langage de l'*œuvre* exprime l'immédiateté du sentiment existentiel de l'être (le *sentir pur*) en tant qu'opposition radicale à toute compréhension, immersion, réduction dans l'ordre discursif (niveau théorique) et volonté brutale de « créer pour créer »[287] (niveau pratique). Il révèle l'auto-obstination de l'individu à « créer *quelque chose*, sans égard aux discours, aux valeurs, à la liberté »[288] des autres. C'est le langage de l'ennui infini et de la révolte pure : il traduit « la négation universelle et absolue de l'universel et de l'absolu »[289] et manifeste « le refus du discours absolument cohérent et du tribunal de la Raison »[290] tels qu'envisagés ou élaborés dans la catégorie de l'*absolu*.

Le langage de l'*œuvre* n'a pas de sens. Il ne s'inscrit pas dans un monde, un contexte, un discours[291]. Il ne vise point la cohérence mais la repousse systématiquement. Il la rejette parce que celle-ci ne favorise pas l'éclosion pratique ni l'effectuation historique de l'*œuvre*, le faire pour le faire. Le langage, dans l'œuvre, apparaît précisément comme un « acte muet »[292] (un non-langage) ou encore, un *exo-langage* (un langage en dehors du langage commun, historique, logique…). Dans son essence et sa manifestation il demeure fondamentalement différent de tout autre langage du système catégorial. Le langage, dans l'*œuvre*, ne figure ni la *vérité*, ni le *non-sens* de la *vérité*.

Il ne prétend rien révéler, puisqu'il n'y a rien à révéler et qu'ainsi il n'y a *ni vrai ni faux*. Il n'engage aucune *discussion* ni ne conclut aucun accord, comme il n'y a ni *les* hommes, au sens de toute philosophie traditionnelle, ni un *objet* sur lequel on puisse se mettre d'accord. Il ne s'élève même pas au dessus des conflits à la façon de *l'intelligence*, puisque cette hauteur et cette intelligence le déstabilisent, le menacent dans son immédiateté et le rendraient comparable, comme s'il était, lui aussi, un langage, un intérêt, une possibilité humaine parmi d'autres[293].

Le langage de l'*œuvre*, qui s'apparente plutôt au langage stratégique et objectiviste de la *condition*[294], se déroule cependant dans la répétitivité agaçante de la

---

[287] *Ibid.*, 352.

[288] *Ibid.*, 352.

[289] *Ibid.*, 346.

[290] *Ibid.*, 363.

[291] Cf. P. Canivez, *Eric Weil*, 10.

[292] G. Kirscher, *La philosophie d'Eric Weil*, 311 (cf. LP 354).

[293] LP 355.

[294] Cf. G. Kirscher, *La philosophie d'Eric Weil*, 311.

nécessité universelle du *faire pur* : il n'affirme qu'une chose : « l'œuvre [seule] importe et rien d'autre »[295]. Ce langage « agit, il procure cette puissance sur les hommes qui lui est indispensable, il n'est pas le but même »[296]. Il se matérialise ainsi comme un langage *mytho-poétique*, un langage qui s'impose violemment à l'homme, au langage et au monde et leur confère une configuration nouvelle[29] ; leur donne, autrement dit, une structuration autre et une orientation totalement diverse de celle qu'elles portent dans leur naturalité.

En fait, dans son expressivité, le langage de l'*œuvre* saisit les hommes — en leurs langages et en leurs mondes —. Il se saisit des langages et des mondes des hommes (la masse), puis les livre à la barbarie infinie, à la nuisance destructrice de la violence brute et muette. Il déstructure les hommes, annihile leur désir et désintègre leur histoire. Il les utilise comme de purs outils, de purs moyens au service du *pur sentir*.

En fin de compte, le langage, dans l'*œuvre*, se réalise comme un *langage de l'impératif radical*, autrement dit, comme un langage du commandement sans justification, un langage de l'imposition sans compréhension : le langage de la violence absolue du *créateur*, l'homme qui ne pense pas, qui ne désire pas mais qui *fait*[298].

3.4.15 Le langage du fini

Le langage du *fini* est spécifique et paradoxal. Il témoigne de la double révolte de l'homme contre, d'une part, la violence pure et brute telle qu'expérimentée dans la catégorie de l'*œuvre* et, d'autre part, la *pensée absolue*, en tant qu'elle néantise l'être, qu'elle enferme l'homme, le langage et le monde (l'homme en son langage et en son monde) dans la cage à fer de la rationalité formelle ou les enserre dans le carcan de la discursivité transcendantale[299]. Gilbert Kirscher nous le présente en termes suivants.

> Le langage du *fini* [...] prête voix à l'*œuvre* et à son refus de la philosophie. Mais, ce faisant, il recommence à philosopher, de manière radicalement nouvelle, détaché de l'*œuvre* aussi bien que du discours, ouvert à la double possibilité de la violence et de la raison, refusant de réaliser et l'une et l'autre, refusant et le silence de l'*œuvre* et cette forme parlante du silence qu'est le discours cohérent. Il consomme

---

[295] *Ibid.*, 363.
[296] LP 358.
[297] Cf. P. Canivez, *Eric Weil*, 10.
[298] Cf. LP 363 ; P. Canivez, *Eric Weil*, 10.
[299] Cf. G. Kirscher, *Eric Weil*, 202.

la rupture avec le discours cohérent, le subvertissant de l'intérieur : « acte dans le langage », il accomplit « la destruction réelle du discours cohérent par le discours » (*LP*, p. 380)[300].

En fait, dans la catégorie du *fini*, le langage ex-pose l'échec essentiel et l'impossibilité réelle aussi bien de l'*œuvre* comme création et achèvement de l'existence, que du discours absolument cohérent, en tant que réalisation plénière du bonheur. De façon manifeste, il exprime la volonté intrinsèque de l'homme (le *Dasein*), de vivre dans l'*authenticité*, c'est-à-dire, de s'auto-accomplir autrement que sous l'ordre de la compréhensibilité totale qui annihile l'individualité ou de la violence radicale qui neutralise l'existentialité.

Le langage du *fini* tente permanemment d'effectuer une sorte de plongée originaire. Il cherche à remonter, par son dynamisme réflexif, à la source poétique (incohérente) de la discursivité (cohérente) qui « révèle en sa spontanéité créatrice la vérité insaisissable de l'Etre »[301]. Dans cet ordre, il se déroule sous le mode de l'incohérence méthodologique et métaphorique. En fait, il s'évertue à « établir l'incohérence de façon cohérente »[302], ou encore à élever l'incohérence (poétique) à la cohérence (philosophique). En d'autres mots, on pourrait dire qu'il se dévoile comme un discours qui dit l'être non pas en sa vérité essentielle ni en sa pureté principielle mais en sa possibilité historico-temporelle.

Le langage du *fini* objectivise ainsi l'auto-conscience de l'être dont la quintessence est le pouvoir-être ; l'être qui refuse « une cohérence qui se contente de la simple non-contradiction »[303] mais qui « veut se penser en tant que lui-même, en tant que l'être qui vise la création mais qui sait que la création est l'échec »[304]. Le langage formule cet échec. Il thématise l'incapacité radicale de créer ou d'engendrer qui marque l'homme comme créature conditionnée, être jeté dans le monde et face à la mort.

Pour exprimer les mêmes idées à travers d'autres propos, on pourrait dire que le langage, dans la catégorie du *fini*, dit la limitation intrinsèque de l'être. Il extériorise l'insuffisance foncière de l'homme en tant qu'être qui se fait, être libre, écartelé entre existentialité et temporalité, authenticité et inauthenticité, historicité et transcendantalité. Le langage, dans le *fini*, demeure donc un langage d'inachèvement et d'ouverture, le langage de la possibilité impossible de l'auto-accomplissement

---

[300] Id., *La philosophie d'Eric Weil*, 316.
[301] *Ibid.*, 320.
[302] LP 381.
[303] *Ibid.*, 375.
[304] *Ibid.*, 375.

authentique de l'homme dans le monde. Il s'agit du *langage-pro-jet* par excellence[305], du langage qui projette l'homme dans le monde et dans lequel celui-ci se projette pour s'accomplir authentiquement dans la spatialité et la temporalité.

3.4.16 Langage et action

Dans la catégorie de l'*action*, le langage exprime la conjugaison des diverses perspectives et orientations envisagées dans le discours logique de la philosophie. C'est un *langage-synthèse*, un langage de con-jonction et de compréhension de l'odyssée catégoriale, depuis son commencement (à travers la catégorie de la *vérité*), dans son développement jusqu'à son accomplissement effectif, c'est-à-dire, jusqu'à son achèvement au niveau de la réalité[306]. Le langage de l'*action* peut être envisagé selon 3 modalités qui entrent en communication, s'imbriquent et se complètent globalement : la *récapitulation*, la *réconciliation* et la *réalisation*.

a) *Le langage de l'action comme discours récapitulatif*

Le langage de l'*action* se découvre tout d'abord comme un *discours récapitulatif*, c'est-à-dire comme un discours qui, dans son déroulement, reprend de façon systématique la dynamique logique du mouvement catégorial et la porte à son accomplissement. A ce niveau, il dévoile le désir intrinsèque de l'individu de ne rien rejeter des discours antérieurs du système logique, c'est-à-dire, de considérer objectivement l'ensemble des discours produits par les hommes dans leur quête existentielle d'auto-positionnement historique et leur volonté d'inscription durable dans l'espace et dans le temps.

Ce langage traduit concrètement le sentiment sensé de « l'homme qui veut assumer l'héritage de toutes les catégories et de tous les modes d'accès à la présence »[307]. Il s'agit du langage de celui qui, de façon factuelle, « ne veut ni renoncer à "l'idée du contentement dans la présence" (*LP*, p. 401), ni oublier sa finitude »[308] ; autrement dit, celui qui ne veut ni refuser la quête de satisfaction absolue qui le mine, ni nier son caractère limité ou situé et s'efforce cependant de

---

[305] Cf. *Ibid.*, 377-378.

[306] La catégorie de l'*action* marque l'achèvement ou la réalisation effective du discours philosophique (M. Savadogo, *Eric Weil*). En elle se découvre l'être pratique et la vocation politique du fait langagier. Le langage inhérent à l'*action* traduit cet horizon épistémologique spécifique et cette densité constitutive propre à la catégorie.

[307] G. Kirscher, *Figures de la violence*, 189.

[308] *Ibid.*, 189.

« développer un discours qui soit cohérent sans se fermer et qui promette de rendre cohérente la réalité »[309].

La capacité synthétique et la modalité récapitulative du langage, dans l'*action*, se constituent ainsi dans son déploiement en tant qu'il demeure l'héritier et le prolongement spécifique de l'ensemble des langages conçus dans la *Logique de la philosophie*.

b) *Le langage de l'action comme discours réconciliatif*

Dans la même ligne, le langage de l'*action* se déchiffre comme un *discours réconciliatif*. C'est un discours qui cherche, à la manière du *discours absolu*, à abolir les disparités théoriques et à faire disparaître les contradictions pratiques qui marquent l'existence totale des hommes dans l'histoire. Cependant, le *discours réconciliatif* de l'*action* ne procède pas à l'annulation unilatérale des bipolarités ni à la suppression-destruction radicale des hétérogénéités et des diversités (scientifiques, métaphysiques, logiques, phénoménologiques…). Il assure plutôt leur « articulation non réductrice »[310] (libre) ou leur collection harmonique dans l'ordre pratique.

En tant que tel, le langage de l'*action* atteste « la réconciliation du discours et du sentiment, de l'absolu et de la finitude, de la raison et de la violence »[311]. Dans un élan englobant et un mouvement de totalisation compréhensive non-fusionnelle, il s'efforce de conjuguer le *sens* et le *non-sens*, l'universalité et l'individualité[312], la pensée et la vie, la raison et la violence[313], « l'infini et le fini, l'infinité du discours et la finitude du langage »[314].

Le langage, dans l'*action*, unit également « la cohérence du discours, la *révolte* contre le discours qui ne connaît que le discours, l'affirmation de l'œuvre dans la vie et la reconnaissance de la liberté du fini »[315]. C'est dans le registre pratique (dans la *praxis*, la vie commune des hommes, la réalité sociale, l'histoire concrète) que *se montre* cette « conciliation absolue »[316] que le langage de l'action tente permanemment et patiemment d'opérer dans le temps.

---

[309] LP 396.

[310] G. KIRSCHER, *La philosophie d'Eric Weil*, 329.

[311] ID., *Eric Weil*, 37.

[312] Cf. M. SAVADOGO, *Eric Weil*, 181 ; *Ibid.*, 183.

[313] Cf. G. KIRSCHER, *La philosophie d'Eric Weil*, 336-337.

[314] J. QUILLIEN, « De la sagesse », 1227.

[315] G. KIRSCHER, « Absolu et sens », 388.

[316] G. KIRSCHER, *La philosophie d'Eric Weil*, 330.

c) *Le langage de l'action comme discours réalisatif*

En tant qu'il effectue une synthèse pratique de la totalité du penser et de l'exister ou encore, qu'il met en œuvre le discours dans la réalité, dans la vie de l'être fini, le langage, dans la catégorie de l'*action*, correspond à un *discours réalisatif*. Il s'agit d'un langage opératif qui, dans son auto-déploiement, emprunte les traits globaux du langage transformatif (efficace, stratégique, technique) de la *condition* et le dote de signification, autrement dit, le redimensionnalise et lui applique la teneur manquante du *sens*.

De façon précise, le langage de l'*action* accomplit le deuil de la spéculativité transcendantale et du théorétique pur. Dans son organisation, il repousse les abstractions de toutes sortes et s'auto-objectivise comme *langage en action* ou *action du langage*. Il découvre et manifeste ainsi l'*action* — au lieu de la *contemplation* — comme langage propre de l'existence humaine dans sa singularité et dans son universalité, dans son inscription spatiale et temporelle.

En outre, le *langage-action* ou *langage-réalité* (langage tendu vers sa réalisation réelle) s'extériorise comme transformation révolutionnaire du milieu social, c'est-à-dire, changement non-aliénant (humanisant) de la pseudo-nature de l'homme qu'est la société. Il se rend précisément effectif comme organisation raisonnable du monde des hommes, éducation sensée des individus dans l'histoire et élévation perpétuelle des êtres au bonheur véritable — le contentement qui *est*, qui vient à la fin des temps[317] —.

Le langage de l'*action* ou le langage comme *action* dévoile finalement la vocation-destination politique du fait du langage. En favorisant la pleine satisfaction des hommes ainsi qu'en égalisant sans les fusionner, discours et réalité, compréhensibilité et historicité, etc., il dévoile proprement la dimension organisatrice et la puissance transformatrice du langage dans l'histoire.

3.4.17 Le langage-sens

Dans la catégorie du *sens*, le langage se présente comme un *super langage*, c'est-à-dire comme un langage qui navigue au-delà de l'action et de tout autre langage envisageable au plan historico-temporel. Il s'agit d'un langage qui prend et porte l'ensemble des langages considérés dans le système. En tant que tel, il dépasse la totalité des langages thématisés dans l'odyssée logique de la pensée.

---

[317] Cf. LP 396-401.

94

De façon spécifique, le langage du *sens*, correspond, selon l'expression de Jean Quillien, au « langage-sens »[318] ou au « sens-langage »[319] qui assure l'apparition de la réalité et la procession-compréhension globale de la discursivité[320]. En tant que tel, ce langage traduit l'auto-conscience de l'accomplissement de la pensée dans l'*action*. Il se trouve au fond des êtres et des choses. Il est leur fondement véritable et laisse transparaître la phénoménalité dans son intégrité et sa pureté phénoménale.

C'est dans le langage conçu comme « plan du sens »[321], nous indique Weil, que « tout apparaît, le discours et son autre, la raison et la violence, le donné et la liberté »[322] : « tout "il y a" pour l'homme naît dans le langage. Il n'y a que *du* langage, celui-ci ou celui-là, et le passage de l'un à l'autre se fait dans la réalité de la vie »[323]. Le *langage-sens* contribue donc à la monstration, à l'explicitation et à la justification topique de l'exister dans sa multi-dimensionnalité et son hétérogénéité. Il possibilise l'accession de la réalité à la *présence*, entendue comme fin du souci, joie intense, simplicité dans la vérité et liberté dans le contentement[324].

En effet, il représente le « fait qui est le fondement, le fondement qui est un fait, non déductible, qui révèle à la philosophie sa propre catégorie »[325]. C'est le langage fondamental qui fonde et féconde le mouvement catégorial dans son ensemble, le langage formel dont tous les autres ne représentent qu'une figuration historique ou une expression spatiotemporelle typique. « Le langage [en tant que sens] se détermine et devient concret dans les langages concrets »[326]. Toute catégorie opère une élaboration spécifique du *langage-sens*, tout langage propose une con-figuration du *sens* et tout *sens* concret s'interprète comme un remplissement particulier de la forme universelle, vide, pure, du sens[327]. Il s'agit proprement de la *fonction fontive du langage* (la fonction du langage comme source, principe et origine) que nous avions évoquée et globalement thématisée dans les lignes précédentes[328].

---

[318] J. QUILLIEN, « De la sagesse », 1231.

[319] *Ibid.*, 1231

[320] Cf. *Ibid.*, 1231.

[321] LP 421

[322] *Ibid.*, 421.

[323] *Ibid.*, 420.

[324] Cf. G. KIRSCHER, *Eric Weil*, 174 ; ID., *La philosophie d'Eric Weil*, 361.

[325] J. QUILLIEN, « De la sagesse », 1231.

[326] LP 420.

[327] Cf. G. KIRSCHER, *La philosophie d'Eric Weil*, 363 ; *Ibid.*, 366.

[328] Cf. Au niveau du point 3.3.2 : « Le langage au fondement du procès discursif ».

De fait, c'est en tant que créativité formelle, autrement dit, en tant que « poésie fondamentale »[329] (originarité poématique) que le fait du langage, dans la catégorie du *sens*, se déroule comme fond abyssal du discours et détermine logiquement et chronologiquement le discours philosophique[330]. Cette poésie fondamentale et fondatrice, c'est-à-dire, cette spontanéité absolue (cette créativité infinie ou cette capacité de révéler[331] — la figure réelle des êtres et des éléments ainsi que la densité générale des entités existentielles —) se trouve aux antipodes de la prose poétique et des discours techniques de (sur) la poésie.

[Elle ne se confond pas avec…] l'art des rimes, des mesures, du verbe bien choisi et bien placé. Elle n'est pas cet art, parce que nous avons affaire à quelque chose d'incomparablement plus ancien que toute distinction entre l'art et la vie, l'art et la vérité et toutes les oppositions qui remplissent les professions de foi des artistes et les réquisitoires de leurs critiques […]. Ici, le terme de poésie désigne cette spontanéité même dans laquelle l'art a sa source — l'art et son autre, l'art qui se détache d'un autre et cet autre dont il se détache et qui se détache de lui[332].

Arrivé à ce point, force est de constater l'enroulement de la réalité langagière dans la logique philosophique. On note aisément le jeu et l'enjeu du langage (comme sens) dans l'éclosion et l'organisation du système logique ou encore dans la circulation et la réalisation authentique du procès catégorial ; autrement dit, dans la compréhension apodictique de la *Logique de la philosophie* et le déchiffrement profond du penser-weilien-aux-êtres-et-aux-choses. On peut affirmer, en reconduisant et durcissant ainsi la thèse élaborée dans notre enquête, que c'est le langage — en tant qu'il est *sens* et qu'il (se) donne (un) sens — qui établit la circularité compréhensive du système logico-philosophique.

Le langage assure en soi l'inter-médiation dynamique de la multiplicité perspectiviste propre au système catégorial des déterminations non- nécessaires (violentes) de la liberté et de la vérité. Il traverse de part en part le discours logique et en garantit la systématicité[333]. Cela revient à dire qu'il fonde la concentralité et la processualité harmonique de la *Logique de la philosophie*. Il en possibilise et en authentifie, dans la contemporanéité, la linéarité et la circularité. En tant que,

---

[329] G. KIRSCHER, *La philosophie d'Eric Weil*, 361.
[330] Cf. J. QUILLIEN, « De la sagesse », 1231.
[331] Cf. G. KIRSCHER, *La philosophie d'Eric Weil*, 363.
[332] LP 421.
[333] Cf. J. QUILLIEN, « De la sagesse », 1232.

d'une part, poésie fondamentale (*dimension fontive*) et, d'autre part, milieu phéno-ménologique, axiologique, pragmatologique... (*dimension médiative*), le langage permet l'émergence et la procession du système logico-philosophique. Il accomplit — et aide à comprendre concrètement — le déroulement et l'inter-liaison des dualités catégorielles et historico-existentielles considérées comme irréductibles[334].

La pensée du système catégorial se réalise donc doublement comme reconquête discursive de la spontanéité langagière originaire ainsi que déploiement épipha-nique et harmonique des figurations du fait du langage. Elle se résout et se déter-mine réellement comme *pensée du langage*. La pensée du système s'effectue dans et par le langage ; un langage qui, lui-même, devient effective — c'est-à-dire se matérialise et manifeste son être pratique, sa vocation politique — à travers la catégorie-attitude de l'action (à travers le langage en *action* ou l'*action* comme langage). Ce langage se sursume en *sens vécu* dans l'existence du sage.

3.4.18 Le langage de la sagesse

La catégorie de la *sagesse* marque la fin du système logique de la philosophie en tant qu'il correspond au déploiement harmonique d'une pluralité de structures catégoriales ou à une épiphanie polyphonique des langages au niveau historico-temporel. Elle est conçue comme « un au-delà ou un en-dehors de la philoso-phie »[335]. Mais le philosophe sait parfaitement ou reconnaît que c'est elle qui se

---

[334] Un grand interprète d'Eric Weil comme Gilbert Kirscher insiste beaucoup sur l'irréductibi-lité fondamentale des structures catégoriales qui constituent la *Logique de la philosophie* (cf. G. KIRSCHER, *Eric Weil*, 21-49). Nous voulons signaler ici que, sans affirmer explicitement la thèse de la circulation et de la médiation langagière inhérente à notre *approche* omni-*compréhensive* du système catégorial, certains des passages de son œuvre magistrale sur Eric Weil la suggèrent assez fortement : « La philosophie a affaire essentiellement au problème du langage. Elle com-mence et finit avec lui. La *Logique de la philosophie* est l'articulation systématique, ordonnée, des modes fondamentaux, irréductibles, selon lesquels la problématique du langage s'exprime dans la vie et dans la pensée, dans la catégorie et dans l'attitude. Elle commence donc par l'ex-plication du "premier langage" selon une logique qui articule attitudes, catégories, reprises, jusqu'à la compréhension qui se comprend comme telle en comprenant que le langage est le problème de la philosophie et en explicitant ce qui, dans le langage, fait problème » (ID., *La philosophie d'Eric Weil*, 192). « Rien de plus étranger à la philosophie weilienne que la sup-posi-tion d'un référent dernier, d'une chose-en-soi transcendant langage et discours, qui serait le sens même, en dehors de la présence. Le domaine du sens se situe entre les deux extrêmes du lan-gage, et pour le langage » (*Ibid.*, 367). « La *Logique de la philosophie* nous apparaît ainsi comme une compréhension libérée de toute velléité de représenter quelque réalité première ou dernière qui transcenderait langage et discours. Ce qui pour elle est dernier ou premier, c'est le système catégorial des déterminations de la liberté ou du langage » (*Ibid.*, 368).

[335] G. KIRSCHER, *Eric Weil*, 168.

trouve « pensée, évoquée, visée, [et désirée] par la philosophie »[336]. En tant que telle, la catégorie de la *sagesse* demeure purement formelle. Cela signifie qu'elle n'a pas un contenu spécifique ni une configuration matérielle dogmatique. Sa teneur épistémo-logique et sa densité méta-physique résident dans la généralité.

Cependant, la *sagesse* transparaît dans l'auto-expression de chaque moment catégorial. Elle advient en toute catégorie lorsqu'en celle-ci, langage et réalité, dans l'effectivité, se marient idéalement ; autrement dit, lorsque la vision du monde et la vie dans le monde coïncident dans l'effectuation historique de l'existence personnelle. Cela revient à dire qu'en elle et à travers elle se pense et s'opère « le passage du sens (formel) du discours à l'existence de la vie du sage »[337]. C'est ce que nous indique globalement Henri Bouillard lorsqu'il affirme ce qui suit :

> Comprise comme le *sens*, par rapport à l'*action*, c'est-à-dire à l'histoire raisonnable, la sagesse est la coïncidence du discours et de la situation de l'homme tel qu'il vit aujourd'hui [...]. « Elle existe concrètement partout où il y a sens concret, dans toutes les attitudes ; en chacune l'homme peut vivre son discours, réaliser le sens de son existence »[338].

Dans cet ordre, le langage de la *sagesse* apparaît doublement comme atypique et caractéristique, générique et spécifique. Il se donne à déchiffrer comme un *méta-langage*, un langage situé au-delà du fait langagier. Un langage qui, cependant, dans son objectivation ou son expression concrète, emprunte diverses formes historico-logiques.

Le langage de la *sagesse* équivaut précisément au discours en tant qu'il a expérimenté l'intégralité de ses manifestations historico-temporelles, s'est authentiquement accompli ou exprimé dans l'*action*, a pris conscience de sa fondamentalité dans le *sens* et a atteint sa maturité, c'est-à-dire, a quitté la sphère langagière et est entré dans la vie dans la *vérité*, (s') exprime (dans) la présence présente. Ce langage extériorise ainsi donc le sentiment existentiel de l'homme qui a sursumé son individualité et vit (dans) le *sens*. Il traduit l'effort intime de celui qui a découvert la valeur du discours (dans la compréhension du monde) de même que l'enjeu de l'*action* (pour son organisation) et qui *vit* (qui réalise le *sens* dans le concret de l'histoire).

---

[336] *Ibid.*, 168.
[337] *Ibid.*, 173.
[338] H. Bouillard, « Philosophie et religion », 596-597.

A préciser que dans sa spécificité, autrement dit, dans ses diverses déterminations historiques ou bien les différentes figures temporelles qu'il emprunte, le langage de la *sagesse* extériorise l'auto-conscience et le vécu expérientiel du sage (d'un sage). Il montre proprement la capacité qu'a ce dernier de vivre (selon) sa pensée et de penser (selon) sa vie, c'est-à-dire, de penser la réalité de son universalité et de transparaître dans la *vérité*. Le langage de la *sagesse* (ou mieux le langage dans l'existence d'un sage) révèle donc « la vie laborieuse et consciente, finie et raisonnable, d'un homme enfin *accordé* au mouvement et au sens de la réalité, capable de reconnaître que "la raison est le monde et que le monde est la raison" »[339]. Il atteste que la perfection, autrement dit, la vie dans la simplicité de la joie, dans la liberté de la *vérité* ou dans « la vue du sens "une vie remplie de sens dans la vue" »[340], demeure une possibilité existentielle effective.

En fin de compte, le langage, dans la *sagesse*, illustre l'épuisement logique et spéculatif du langage. Dans son essence et sa manifestation, il révèle la destination existentielle du langage. Le langage de la *sagesse* (le langage exprimé par la vie du sage) vient ainsi confirmer la dimension et l'orientation pratique du discours tel qu'envisagé dans l'attitude-catégorie de l'*action*[341]. Il nous ramène donc au lieu même de l'accomplissement du discours et de la constitution de la vie des hommes. Le langage de la vie du sage nous fait redécouvrir l'enjeu du langage en tant qu'il peut orienter l'existence humaine dans sa double dimension personnelle et collective. Il vient nous re-dire que ni le discours comme discours ni l'action comme action ne peut faire qu'advienne le contentement véritable dans la vie humaine, mais l'alliage, dans le concret de l'histoire, entre discours et action, langage et situation, pensée et réalité…

Arrivé à ce plan, nous décelons bien l'enjeu du langage chez Eric Weil, notamment en ce qui concerne l'émergence historique de l'homme. Le concept weilien du langage *montre* la similarité et la différence basique entre l'homme et l'animal. Il prend corps dans l'espace communautaire puis se spécifie en niant la violence et en progressant vers le sens ; un sens dont il saisit la teneur première dans le monde. Le langage se réalise sous diverses figures et donne à entendre le penser weilien comme une logique immanente des langages humains. Par ailleurs, il libère pleinement son être pratique comme langage-action puis se sursume dans l'existence du sage.

---

[339] F. Guibal, « La philosophie et son "autre" », 67.

[340] H. Bouillard, « Philosophie et religion », 600.

[341] L'enjeu de l'*action* dans la catégorie de la *sagesse* est par exemple souligné par : P. Canivez, « La sagesse et l'action », 137-144 ; J. Quillien, « De la sagesse », 1238-1242 ; J. B. Sanou, *Violence et sagesse*, 53-81.

Chapitre II

Langage et raison politique

Après avoir analysé la façon dont le langage différencie et rapproche l'homme de l'animal puis se structure par rapport à la violence, nous avons envisagé le mode selon lequel il fonde et féconde le système logique, le mode selon lequel il y fonctionne et le fait fonctionner — notamment à travers ses diverses figures apparaissantes —. A ce niveau, nous avons re-découvert la teneur existentielle et la vocation pratique du fait du langage : l'être du langage, en tant que tel, se dévoile à travers son expression dans la réalité. En son authenticité, le fait du langage prend sens dans sa substantiation, c'est-à-dire dans son effectuation historique, ou mieux, sa réalisation dans la vie concrète de l'homme. C'est dans l'alliage idéal entre la figure du langage définie par le système logico-philosophique et son expression spatiotemporelle à travers l'existence humaine, que le fait du langage reçoit sa signification majeure.

Il s'agit maintenant d'envisager l'effectuation historico-temporelle du langage dans sa dimension politique. Nous voulons déceler comment l'être du langage s'extériorise réellement en sa teneur politique ; autrement dit, comment le langage — en tant que fait fondamental et fondateur de l'existence humaine — organise ou contribue à la gestion sensée de la vie commune des hommes dans le monde. Nous allons entrevoir de quelles manières et sous quelles modalités la réalité du langage se dote de vertu politique et sous quelles figures logico-politiques elle apparaît dans le monde des hommes quand ceux-ci ont choisi, en connaissance de cause, d'être ensemble ; quand ils cherchent pratiquement à dépasser leur violence — naturelle ainsi que sociale — et s'efforcent, autant que faire se peut, d'atteindre le contentement véritable.

Pour ce faire nous utiliserons une démarche diachronique avec, en perspective, une visée de systématisation des éléments envisagés. Nous allons premièrement déterminer la configuration politique du langage chez les *Anciens* (dans la Tradition philosophique antique). A ce niveau, nous nous concentrerons sur la réalité du *dialogue antique* ou, pour reprendre le nom d'une catégorie ancienne forgée et fixée par Eric Weil dans le système logico-philosophique, la *discussion* (qui correspond à la « dialectique des Anciens »[1]) : nous procéderons à une herméneutique critique du dialogue antique en tant qu'il participe à la constitution et à la construction du champ sociopolitique chez les Anciens et qu'il représente historiquement la forme primitive géniale de sursomption de la violence, forme inventée et expérimentée par le monde grec[2]. Dans cette ligne, nous proposerons les règles majeures de l'art dialogique chez les Anciens ; des règles qui, malgré l'évolution des perspectives historiques et culturelles, gardent encore une certaine actualité *pour nous*[3], le monde contemporain marqué par la techno-violence globale, l'hyper-terrorisme, la dénaturation de la communication et la déformation de la vie politique…

Dans un second moment, nous envisagerons la vocation politique du langage chez les *Modernes*[4]. Nous verrons comment le langage, dans le contexte moderne (et contemporain), s'extériorise en son être politique[5]. De façon concrète, nous élaborerons et articulerons nos propositions sur trois registres : d'abord le *discours*

---

[1] L. SICHIROLLO, « La discussion », 11.

[2] Cf. LP 124 ; L. BESCOND, « Langage et politique », 1211-1212 ; L. SICHIROLLO, « La discussion », 15-16.

[3] Nous avons utilisé cette expression en pensant à l'article de Francis Guibal qui souligne l'actualité de la pensée d'Eric Weil, *pour nous* (le 3ème millénaire). L'auteur définit notre temps comme globalement marqué par la violence (le nihilisme sans avenir), la finitude et par des déséquilibres divers (Cf. « E. Weil et nous », 33-53).

[4] C'est dans un sens plus ou moins étendu que nous employons le concept *moderne* dans la ligne épistémologique weilienne. Quand nous parlons de *moderne*, nous ne voulons pas entrer spécialement dans les interrogations sur la détermination et la compréhension du fait de la *Modernité* qui traversent les ordres et les contextes des connaissances et savoirs humains. Divers essais, études, ouvrages, revues, productions culturelles… ont exploré ces problématiques dont l'entrée est généralement hétérogène, orientée et contradictoire. La littérature sur la Modernité est complexe et diversifiée. Il s'agit d'une constellation d'écrits, de travaux et de courants dont le rapport et la compréhension constitueraient à eux seuls de grandes investigations doctorales…

[5] On oppose souvent les *Anciens* (les *habitants* du monde antique, particulièrement ceux du monde grec) aux *Modernes*, ceux qui leur ont succédé. On parle de la *querelle* (ancienne et nouvelle) entre les Anciens et les Modernes… (cf. L. FERRY, *Philosophie politique* I, 7-42). Dans notre démarche, nous n'entrons pas dans ces spécificités. Nous voulons simplement, dans une perspective théorique, présenter des éléments qui peuvent contribuer à mieux aborder la pensée d'Eric Weil. A l'interrogation sur ce qu'est en réalité la Modernité, sa périodisation, ses principes généraux, Gérard Raulet affirme qu'il n'y a pas unanimité : « Les réponses qu'apportent les différentes disciplines sont pour le moins contradictoires. Pour l'historien, l'histoire moderne commence en 1453 avec la chute de Constantinople ; elle

(discours descriptif et critique de l'existence sociale commune, discours transformatif et pratique de la vie sociale et politique, discours éducatif et éthique d'information des hommes par la raison-sens et la liberté et d'orientation vers le bonheur qui est) ; ensuite la *discussion* publique (organisée et menée dans le périmè-

---

s'achève avec la Révolution française, qui marque le début de l'histoire contemporaine. Le philosophe, pour qui l'affirmation du rationalisme comme "légitimité des temps modernes" (Blumenberg, 1969) est le processus fondateur de la Modernité, considère en revanche l'époque contemporaine comme un sous-ensemble de la Modernité et rejoint en ce sens le sociologue (cf. la lecture de Weber par Habermas), qui parle de société moderne lorsque celle-ci n'est plus entièrement déterminée par la tradition et possède un futur ouvert... » (G. RAULET, « La tradition et la Modernité », 1445-1446). Un auteur comme Jean Marc Piotte identifie neuf éléments de base sur lesquels repose la Modernité. Il les résume dans les orientations suivantes : 1) l'individu est libre ; 2) les individus son égaux ; 3) la raison au service de la passion ; 4) le travail plutôt que la sagesse, la prière ou l'honneur ; 5) l'amour et non la reproduction , 6) le marché plutôt que la communauté ; 7) un nouveau type d'Etat ou la démocratie représentative ; 8) la nation plutôt que la religion 9) la religion, affaire privée (cf. J. M. PIOTTE, *Les neuf clés*). La détermination et la signification de la Modernité chez Eric Weil est largement évoquée par Gilbert Kirscher, notamment dans *Figures de la violence*, 75-112. Selon lui : « L'adjectif "moderne" vient sans cesse sous le plume de Weil [...]. Il désigne un ensemble de déterminations précises, de caractères positifs et spécifiques. Weil parle de société moderne, d'Etat moderne, de travail moderne, de technique moderne, de pensée et d'action moderne, ou encore du sens moderne d'un terme. L'usage du mot est essentiellement neutre, positif, descriptif, même si en dernière analyse, la réflexion y découvre un jugement de valeur (PP§ 21, p. 71) » (*Ibid.*, 77). La Modernité humaine et sociale chez Eric Weil s'articule globalement autour de la lutte contre la nature et de la redimensionnalisation du travail. Elle considère aussi la conscience de soi des hommes de leur présence-au-monde selon l'impératif de l'*efficacité* (cf. *Ibid.*, 81-82). Pour une approche philosophique, politique et culturelle... des problématiques inhérentes à la Modernité, au fait d'être moderne, à la pensée et à la société modernes..., on lira, entre autres : H. ARENDT, *Condition* ; A.-J., ARNAUD, *Les fondements* ; G. BALANDIER, « Tradition », 1188-1189 ; P. BERGER, *Affrontés à la modernité* ; M. BLAY, *Les clôtures* ; H. BLUMENBERG, *La légitimité* ; L. de BRIEY, *Le conflit* ; L. FERRY, *Philosophie politique* I ; L. FERRY – A. RENAUT, *Heidegger* ; C. FOUQUET, *Histoire* ; F. GAILLARD – J. POULAIN – R. SHUSTERMAN, ed., *La modernité* ; R. GUÉNON, *La crise* ; R. GUARDINI, *La fin* ; E. GANTY, *Penser la modernité* ; G. KIRSCHER, *Figures de la violence*, 55-102 ; J. HABERMAS, *Le Discours* ; ID., « La modernité », 950-967 ; G. LAFOREST – P. de LARA, ed., *Charles Taylor* ; J.-F. LYOTARD, *La condition* ; J. MARITAIN, *Antimoderne* ; T. MOLNAR, *Du mal* ; C. PELLUCHON, *Leo Strauss*, 157-239 ; J. M. PIOTTE, *Les neuf clés* ; M. MAEESCHALCK, *Raison*, 9-25 ; G. RAULET, « La tradition et la Modernité », 1445-1466 ; M. REVAULT D'ALONNES, « Lectures », 89-108 ; T. ROCKMORE, « La modernité », 177-190 ; Q. SKINNER, *The foundations* ; C. TAYLOR, *La liberté* ; ID., *Le malaise* ; ID., *Les sources* ; A. TOURAINE, *Critique* ; G. VATTIMO, *La fin de la modernité* ; E. WEIL, *Philosophie politique*, 62- 221.

tre sociopolitique), une discussion inhérente à l'attitude-catégorie de l'*action* (la *dialectique des Modernes*[6]) et visant la conciliation entre intérêts étatiques (universel) et valeurs morales du peuple (particulier) ; enfin le *dialogue* moderne, un dialogue qui concerne les hommes de culture et, de façon spéciale, les philosophes en tant que porte-flambeaux du savoir vrai, lieutenants de la non-violence, artisans du bonheur réel, ouvriers de la vie sensée, bergers de la pensée au milieu du monde des hommes.

1. Le langage comme organon politique chez les Anciens

1.1 *Dialogue et communauté(s) originelle(s)*

Au cœur de la communauté qui représente son milieu d'éclosion, de maturation et d'accomplissement, son périmètre pré-phénoménologique et phénoménologique, son espace herméneutique et axiologique..., le langage s'extériorise avant tout comme dialogue (ou discussion). Réalisé dans le contexte (historique) des communautés primitives, le dialogue dont il s'agit ici concerne les hommes véritables (les maîtres), ceux qui se sont élevés au-dessus de la nature (animale), ceux qui ne travaillent pas, contrairement aux autres individus (les esclaves) qu'ils dominent littéralement, ces êtres qui, malgré leur faciès humain, ne sont considérés que comme des animaux. Ces êtres qui vivent sans honte, sans loi ni honneur et qui « font *barbar* [... qui] pépient comme les oiseaux »[7].

> [... En fait] ce dialogue se développe partout où une certaine mesure d'égalité entre les citoyens a été atteinte, où une communauté de maîtres s'est formée dont chaque membre se sait à l'abri du besoin et, par conséquent, de la lutte avec la nature, et qui ne connaît plus (ou pas encore) de maître humain ou surhumain, auquel tous doivent obéir[8].

Dans un commentaire consacré aux figures d'Eric Weil et de Socrate au cours du Colloque tenu à Paris sur le thème *Discours, violence et langage. Un socratisme d'Eric Weil*, Gilbert Kirscher nous fournit de larges indications sur ce dialogue antique ou cette discussion des Anciens, un type d'échange langagier qu'il distingue globalement du *dialogue moderne* et de la *discussion politique moderne*

---

[6] Cf. L. Sichirollo, *La dialettica*, 153.

[7] LP 25.

[8] *Ibid.*, 26.

vécue dans le cadre des sociétés du travail et de la lutte contre la nature. Suivons-en les précisions :

> Le dialogue antique n'est rien d'autre que ce que la *Logique de la Philosophie* appelle discussion : la discussion socratique ; la discussion des citoyens les uns avec (et contre) les autres, au sein de la communauté politique et au sujet de la conduite de la communauté politique en général et de chacun de ses membres en particulier, au sujet du Bien donc, et des moyens de le connaître et de le réaliser, au sujet de la vertu, de la justice, du courage, de la tempérance, de la prudence. Bref, le dialogue antique est la discussion des citoyens, des hommes libres, des maîtres qui ne travaillent pas [...]. [La discussion...] a un contenu, mais pas de référent. Les hommes libres discutent de manière ordonnée, cohérente, non-violente, mais ils ne parlent de rien d'autre que du logos, de la Loi du langage et donc de l'action : de la loi de la forme (cohérence) et du contenu (le Bien) du discours. Leur langage ne se réfère à rien d'autre, à aucune extériorité. Il n'y a que langage[9].

A ce niveau, il se dessine déjà l'enjeu du dialogue antique dans la formulation des objectifs de la vie en commun et la formation de la conscience personnelle et collective sous l'ordre du *Bien* dans le contexte communautaire, pour la préservation de l'être-ensemble. Bien plus, il se décèle ici l'importance d'une part, du rejet de la violence primordiale dans la constitution de l'espace commun et, d'autre part, du recours au langage pour la recherche et la réalisation concrète du contentement authentique, authentiquement durable.

Comme nous le savons, le dialogue antique ou la discussion comme catégorie surgit dans le contexte d'instabilité et de contradictions réelles que connaissent les hommes dans leur monde naturel. Il émerge au creux d'âpres luttes entre hommes et du combat des hommes contre la nature ainsi que de la perte d'autoréférence des membres appartenant à la communauté à un *sacré* (ensemble de valeurs et normes primordiales), de l'ébranlement des convictions fondatrices et des certitudes organisatrices de l'exister communautaire. Le dialogue se déroule avec la volonté de maîtrise (domination et sursomption) de la violence, l'effort d'organisation sensée de l'histoire collective par les maîtres partiels et la quête d'auto-fixation des communautés vivantes dans le monde (présent) : l'éclosion et la maturation de la discussion sont immanentes à « une situation de vacuité historique ; on comprend aussi, par là, qu'elle doive s'achever, à terme, dans la

---

[9] G. KIRSCHER, *Eric Weil*, 54-55.

constitution [et la fixation] de l'idéal d'une forme de communauté et de postulation, corrélative, d'une certitude, également nouvelle »[10].

Il s'agit donc de fonder un nouvel être communautaire. Ce qui implique la fondation d'une nouvelle identité humaine, la promotion d'une autre configuration existentielle — au niveau de la vision du monde et de la vie concrète —. Bien plus, il s'agit de construire un autre mode de se placer dans l'espace et dans le temps (un mode qui écarte absolument la violence et vise permanemment le *Bien* de chacun et de tous). Il s'agit aussi de cultiver une nouvelle manière de réaliser les relations communautaires. Cet ordre de choses exige une méthodologie et convoque un ensemble de procédures qui possibilise le processus même du dialogue, le généralise et cherche à le pérenniser. C'est ce que nous voulons préciser subséquemment.

1.2 *Les règles majeures de l'art dialogique antique*

La réalisation de l'activité dialogique communautaire en appelle à un ensemble de principes sans lesquels elle serait inimaginable et quasi-impossible. Pour son efficacité et sa réussite, la technologie du dialogue suppose des règles majeures que nous voulons systématiser et condenser sous un registre sextuple, à savoir : l'*admissibilité*, la *réalité*, la *dignité*, la *persuasivité*, la *procéduralité* et la *finalité*.

1.2.1 L'admissibilité

La règle de l'*admissibilité* établit le caractère fondamental et fondateur des principes dialogiques et celui de l'accord mutuel auquel l'échange entre membres de la communauté du langage peut aboutir. Pour qu'il y ait discussion, il faut que les individus qui vont échanger admettent, de façon effective, la possibilité même de la discussion. Ils doivent également accueillir la probabilité d'un accord significatif inhérent au procès dialogique qu'ils cherchent à construire.

Avec celui qui n'accorde rien, toute conversation sérieuse, c'est-à-dire, toute conversation destinée, en principe, à aboutir à un accord, devient impossible ; il ne faut pas discuter avec celui qui nie les principes, ces thèses qui, évidentes pour tout le monde, ne demandent ni n'admettent de discussion, mais forment les éléments sur lesquels toute discussion se fonde[11].

---

[10] L. Bescond, « Langage et politique », 1212.
[11] LP 23.

A travers ces propos d'Eric Weil, nous mesurons l'importance d'un savoir commun au fondement de la discussion. Cela signifie que tout dialogue ne devient possible ou envisageable que lorsque des hommes, partageant un savoir commun (un ensemble de valeurs semblables), approuve les fondements et les règles mêmes du dialogue, lorsqu'ils en admettent le sens et l'éventualité d'aboutissement.

Le canon de l'*admissibilité* nous fait ainsi déceler l'option fondamentale des hommes, dans la communauté, pour la logique dialogique (la logique formelle), pour sa dynamique heuristique, pratique et téléologique. Il nous dévoile la résolution et l'orientation des hommes qui, en fait, possèdent une certaine communion dans la vision des choses, une proximité évidente dans l'appréhension des réalités ; des hommes qui sont « déjà d'accord sur l'*essentiel* et auxquels il suffit d'élaborer en commun [selon la vision des choses partagée communément] les conséquences des thèses qu'ils ont déjà acceptées, tous ensemble »[12].

L'exigence d'*admissibilité* nous apprend aussi que « si la discussion doit aboutir, il faut exclure que tout soit mis en doute dans chaque dialogue individuel. Certes, à chaque instant, tout peut être mis en doute de ce qui ne fait pas partie des principes mêmes »[13]. Il s'agit, de la part des partenaires de la communauté du langage, d'une reconnaissance fondatrice de la consistance du dialogue et d'une considération effective de son contenu de principe (dimension épistémologique).

1.2.2 La réalité

La règle de la *réalité* relève le fait que le dialogue ou la discussion qui s'entreprend, ne se rapporte pas à des *ego purs*, des entités transcendantales ou des individus privés de tout contact avec le réel. La discussion ne concerne pas des hommes tapis dans un laboratoire ou claquemurés dans une tour d'ivoire. Elle s'adresse plutôt à des hommes concrets (des êtres de *chair*), des êtres inscrits dans un horizon spatiotemporel et engagés pratiquement dans le mouvement de l'histoire. Il s'agit d'hommes situés dans un environnement socioculturel, des membres d'une communauté vivante ; des hommes qui, en tant que tels, se considèrent comme des adversaires, autrement dit qui « se voient comme individus opposés l'un à l'autre par leurs intérêts »[14] : ils sont animés par des passions et portent des valeurs contradictoires.

---

[12] *Ibid.*, 24.
[13] *Ibid.*, 23.
[14] *Ibid.*, 125.

Cependant, ces hommes s'évertuent à sublimer leurs désirs et à sursumer leurs inclinations dérivatives. Dans leur espace mental, « ils ont déjà exclu la violence »[15]. Ils s'efforcent donc de maîtriser leurs passions individuelles pour vivre (dans) la discussion : « ils peuvent et ils doivent parler l'un avec l'autre, l'un *contre* l'autre »[16]. Ces individus essaient permanemment de se détacher d'eux-mêmes pour s'attacher à la parole commune, puisque « la réalité commune, la réalité de la communauté, c'est le parler »[17]. Ils mettent au second plan leur loi personnelle et adoptent la règle im-posée par le groupe dans le contexte du commerce langagier. Néanmoins, ils savent que, dans le milieu du dialogue, la violence, qu'ils ont écartée comme principe de vie, peut ressurgir. L'éventualité d'un retour à la barbarie primitive n'est pas totalement exclue. Interdite (prohibée formellement), la violence intracommunautaire n'est pas impossible ; « mais celui qui l'emploie se sépare par là même des hommes et se met en dehors de ce qui les unit, en dehors de la loi. Il n'a plus part à l'héritage commun, car la violence est ce qui détruirait la communauté concrète des hommes »[18].

Ainsi, conscients du spectre de la violence (et non couverts par une sorte de *voile d'ignorance* dans une certaine *position originelle*[19]), les hommes du dialogue

---

[15] *Ibid.*, 25.

[16] *Ibid.*, 125.

[17] *Ibid.*, 125.

[18] *Ibid.*, 25.

[19] Le *voile d'ignorance* est le dispositif théorique mis en place par John Rawls dans son scénario de la *position originelle* (position idéale représentative) des hommes en quête d'accord sociocommunautaire. Il permet de préserver les partenaires coopératifs sociaux contre toute influence inhérente à leurs passions et intérêts, à leurs désirs et penchants personnels, à leurs positions et influences individuelles ou sociales, dans le processus d'établissement des principes majeurs d'organisation de la société : *les principes de justice*. Ces principes concernent la *liberté* : « chaque personne a un droit égal à un système pleinement adéquat de libertés de base égales pour tous, qui soit compatible avec un même système de libertés pour tous » (J.-M. Piotte, *Les grands penseurs*, 619) et l'*égalité* : « les égalités sociales et économiques doivent satisfaire à deux conditions : a) elles doivent d'abord être attachées à des fonctions et à des positions ouvertes à tous, dans des conditions de juste (*fair*) égalité de chances, et b) elles doivent procurer le plus grand bénéfice aux membres les plus désavantagés de la société » (*Ibid.*, 619). Le *voile d'ignorance* consiste en fait en « un ensemble de restrictions qui doivent porter sur la privation ou l'ignorance d'un certain nombre des faits particuliers. Il s'agit notamment de la place que chacun occupe dans la société au moment des négociations et celle qu'il pourrait éventuellement occuper dans la prochaine configuration sociale. Chacun doit aussi ignorer la part qui lui reviendrait dans la répartition des atouts, sa propre conception du bien, son tempérament et sa sensibilité. Les partenaires sont aussi appelés à ignorer la situation économique ou politique de

mettent toujours en avant la communication pacifique entre eux. Ils s'appliquent, autant qu'ils le peuvent, à vivre (dans et par) la parole partagée. Ils promeuvent la valeur du langage entre êtres humains égaux, également capables de raison (de dignité et de liberté dans l'ordre de la raison). C'est ce que va préciser la règle suivante.

1.2.3 La dignité

La règle de la *dignité* a trait à l'inter-considération des individus engagés dans le processus du dialogue. Il s'agit de la prise en compte effective de (la valeur de) l'autre comme (de) soi-même, dans son désir — de son désir — d'entrer dans la discussion. Les membres de la communauté de la discussion se sont libérés de la particularité et ont accédé à une certaine égalité (universalité). Ils naviguent dans la liberté : liberté par rapport au besoin naturel et liberté de prise de parole.

La règle de la *dignité* ouvre précisément chaque individu partenaire réel du dialogue, à une véritable culture de tolérance, de sacrifice et de valorisation de l'altérité (eu égard à l'exister intra-communautaire). Cette culture emprunte les traits du raisonnement suivant, un raisonnement que chacun peut se faire à soi-même :

Malgré la différence générale de nos points de vue, l'autre qui veut échanger avec moi, est comme moi. *Je sais très bien qu'il est, tout autant que moi, membre du groupe (artisan du dialogue) et citoyen de l'Etat. Dans l'espace communautaire et dans la sphère du langage, je me rends compte qu'il possède, aussi bien que moi, des droits à défendre et des devoirs à accomplir. En outre, c'est un être humain que je me dois de respecter, que les autres (l'assemblée, la communauté) ont aussi le devoir de respecter. C'est un être qui a* des raisons *d'entrer dans la discussion, étant également et essentiellement doté de* la raison, *comme je le déclare pour ma personne. Même si, concrètement, il se présente comme mon adversaire dans le parler, et qu'il porte des*

---

leur propre société, leur niveau atteint de culture et de civilisation, etc. En peu de mots ils doivent ignorer tout ce qui peut négativement conditionner l'issue des négociations et entacher l'esprit des termes des accords, au point de susciter d'éventuels conflits » (N. KABEYA MAKWETA, *Du principe de réciprocité*, 49). On note une sorte de *naïveté anthropologique* et d'*enveloppement épistémologique* dans les propositions rawlsiennes. John Rawls procède à une large *évacuation méthodologique* de la violence. Il oublie le spectre de la violence qui hante la conscience communautaire et la conscience des acteurs engagés dans le choix des principes de justice. Cet oubli peut devenir un vrai défaut et un réel déficit pour les partenaires de la coopération sociale dans la perception, l'évaluation et la résolution des problèmes concrets auxquels se trouve confrontée la communauté des hommes. Il peut conduire à une résurgence inattendue et brutale de la violence évacuée au plan idéal.

intérêts contradictoires par rapport aux miens, l'autre homme est, tout autant que moi, digne de vivre et de vaincre l'échange dialogique communautaire.

1.2.4 La persuasivité

La règle de la *persuasivité* concerne les diverses techniques mises en mouvement pour arriver à vaincre l'autre dans et par le langage. Elle affirme que le recours à la violence comme moyen de prouver est, en principe, prohibé dans l'espace commun ou le milieu communautaire. Elle pose ainsi, « l'inadmissibilité de la violence »[20] entre les interlocuteurs et consacre l'effort langagier radical comme *chemin* (*methodos*) unique et pratique pour arriver à con-vaincre dans le procès du dialogue, à battre l'autre au plan formel. Seule la violence du verbe, la violence par le verbe est autorisée ici. Il ne s'agit pas de se battre (niveau physique) mais de combattre l'autre dans l'horizon du langage, d'avoir le dessus sur lui à travers le jeu magique et magnifique des mots (niveau logique) : c'est la lutte rhétorique dont Socrate et les Sophistes demeurent les grands représentants, une lutte acerbe que l'individu peut gagner ou perdre.

Le canon de la *persuasivité* nous aide précisément à découvrir que, dans la discussion, il faut s'appliquer à « avoir raison, cela veut donc dire : il faut être maître par le langage »[21] : il faut coûte que coûte dire, bien dire, agir efficacement par les mots, con-vaincre. Il faut trouver le chemin le plus adéquat à la parole, c'est-à-dire, le meilleur argument et la meilleure façon de l'exposer, la meilleure manière de dire.

L'individu doit s'efforcer, par le moyen des mots, à prouver sa supériorité, à démontrer son droit. Il doit mettre en évidence sa suréminence au plan verbologique. « A lui de trouver le bon discours, celui qui fait que les autres lui donnent raison »[22]. Eric Weil précise le contenu global de ce bon discours. Il donne également de précieuses indications pour la victoire dans le conflit des discours (la guerre des paroles) qui s'entreprend entre membres d'une communauté humaine historique :

A l'intérieur de la cité, la lutte est le secret que tout le monde détient et tout le monde tait : le citoyen se prétend mû par le seul intérêt de la communauté, par l'intérêt de tous ; sa valeur consiste dans son utilité pour eux. Par conséquent, s'il veut convaincre, il doit démontrer aux autres qu'il maintient la tradition, qu'il

---

[20] LP 26.

[21] *Ibid.*, 125.

[22] *Ibid.*, 126.

défend la paix, qu'il est bon citoyen, et que, par contre, son adversaire veut renverser le droit, employer la violence, nuire à tous les citoyens, qu'au moins il est un membre inutile [...]. L'emportera celui qui se fera entendre et saura empêcher que son concurrent ne soit entendu, soit qu'il le rende ridicule et le fasse apparaître comme un homme dont on ne peut rien espérer de sérieux, soit qu'il le rende suspect comme capable de revenir à la violence[23].

A travers le maniement des mots, le jeu des propos et la danse des paroles, la règle de la *persuasivité* nous dévoile finalement le caractère hautement stratégique de l'échange dialogique antique. Il illustre la technicité de la lutte langagière engagée entre individus humains, une lutte dont la procédure est déterminée par le groupe et paraît abordable à chacun et à tous.

1.2.5 La procéduralité

La *procéduralité* circonscrit l'organisation et la structuration concrètes de la discussion. Elle permet d'encadrer effectivement l'échange dialogique et d'en assurer la non-contestation pratique, autrement dit, elle contribue à garantir l'acceptation totale de l'accord définitif par les partenaires qui se livrent à la lutte langagière.

La règle de la *procéduralité* apparaît comme préventive. Elle préserve le droit dialogique et protège l'existence communautaire. C'est une règle qui possibilise la mise en œuvre des décisions du groupe au bout (à la fin) de l'argumentation des différents protagonistes. Elle permet précisément que l'adversaire, *le moins habile*, ne soit pas tenté de *prendre son droit par la force* quand l'autre, *le plus habile*, a démontré logiquement qu'il a raison[24].

En fait la règle procédurale favorise la perception profonde de ce que veut fondamentalement chacun des adversaires et contribue à empêcher que la communauté ne soit induite en erreur par l'un d'eux[25], autrement dit, qu'elle ne soit lésée dans son droit à connaître la vraie réalité des situations et des considérations. De façon concrète, elle consiste en une démarche argumentative générale se développant par interrogation et clarification, exposition et approfondissement, affirmation et contre-affirmation...

A préciser que, pour percer les intentions cachées des interlocuteurs et éclairer réellement l'opinion de la communauté afin de l'aider à prendre des décisions

---

[23] *Ibid.*, 126-127.
[24] Cf. *Ibid.*, 127.
[25] Cf. *Ibid.*, 127

apodictiques autour de l'aboutissement de la discussion, le canon procédural n'agit pas de façon miraculeuse. Il dispose (d') un seul moyen :

> [… Celui de] forcer chacun à tout dire : les adversaires auront le droit de questionner et l'obligation de répondre. L'opposition entre les intérêts particuliers ainsi révélée fera voir quel est l'intérêt de la communauté dans leur différend. Il n'est pas assez que les discours de l'un et l'autre s'affrontent ; aux yeux de la communauté, leur contenu est le même, à savoir, la valeur absolue de l'individu pour lui-même. Ce n'est pas ce qui l'intéresse. Pour pouvoir concilier les partis en se prononçant, les autres doivent les obliger non seulement à révéler leur opinion d'eux-mêmes, mais de prendre position l'un par rapport à l'autre, de causer devant eux : comme pour l'individu le langage était le seul moyen de gagner le consentement de la communauté, il est aussi le seul que possède la communauté pour concilier les intérêts particuliers en vue de maintenir sa propre unité et pour départager les adversaires au mieux de son propre intérêt[26].

Dans la dynamique de la *procéduralité*, la discussion finit par atteindre le sens même de l'existence communautaire. A travers le questionnement sur « la façon selon laquelle on [le groupe] doit vivre »[27], la quête de clarification sur le Bien commun…, la discussion s'élargit à la totalité des membres de la communauté et se donne une réelle consistance. Elle engage chaque individu et chaque membre du groupe : centrée sur le Bien de chacun et de tous, la discussion se poursuit « sans fin, car le Bien, au lieu de décider, devient l'enjeu [même] de la discussion que rien ne guide, sauf la règle de procédure »[28]. La *procéduralité* laisse donc entrevoir la finalité du procès dialogique au niveau communautaire.

1.2.6 La finalité

La règle de la *finalité* précise le but auquel doit globalement aboutir l'échange discursif. Elle permet de comprendre le sens même du procès dialogique en cours et de mesurer l'importance des résultats qui peuvent être atteints à travers celui-ci.

Il faut le dire, la discussion entre membres de la communauté se réalise en vue de l'accord interne de tous et du Bien général. Elle s'évertue à « faire disparaître la contradiction »[29] substantielle entre individus opposés et s'efforce selon ses

---

[26] *Ibid.*, 127.

[27] *Ibid.*, 24.

[28] *Ibid.*, 127.

[29] *Ibid.*, 135.

possibilités pour que « la communauté dure dans son unité, que tous poursuivent le même but par le même chemin, [...] que la contradiction des intentions soit limitée »[30].

La logique de la discussion s'instaure ainsi au plan communautaire pour mener à l'entente, à la conviction et à la compréhension de la valeur du Bien. L'exigence de *finalité* laisse donc transparaître une certaine fluidité perspectiviste dans l'appréhension et la réalisation de la vie commune. Elle indique que l'enjeu majeur ou l'intérêt essentiel du dialogue demeure réellement (dans) l'accord entre la totalité des membres appartenant à la communauté.

[... En effet] aucun désir ne peut trouver satisfaction en dehors de la communauté ; l'homme est vraiment citoyen, la morale a vraiment un sens, parce que la lutte des intérêts s'y exprime [s'y déroule à travers le langage] et devient l'affaire de la Cité, au lieu d'être l'affaire des adversaires qui sont alliés dans la communion particulière de leur lutte contre l'unité de la communauté[31].

En fin de compte, dans l'ordre du dialogue et selon le registre de la *finalité*, il appert parfaitement qu'au sommet de la pyramide des valeurs fondatrices de la communauté trône le *Bien* : la communauté existe, parle et se meut uniquement en vue du Bien, que celui-ci soit nommé « Cité, Vertu ou Sagesse »[32]. Le dialogue œuvre ouvertement à l'avènement de ce Bien. Il participe à la réalisation du bonheur personnel et collectif. Il cherche donc à procurer le contentement véritable (la satisfaction durable des intérêts) de chacun et de tous, autrement dit, il s'évertue à promouvoir la vie non-violente et la paix définitive dans la sphère communautaire.

1.3 *Valeur et limites du dialogue antique*

1.3.1 Dialogue et auto-engendrement historique de l'homme

Le dialogue ainsi déterminé spécifie le fait selon lequel le langage représente une dimension fondamentale de la vie humaine et une donnée fondatrice de l'être-ensemble des hommes. Il précise et approfondit l'idée selon laquelle le langage demeure la réalité essentielle de l'existence et le plan principal de son apparition. Le langage constitue l'élément central de la vie communautaire et le point nodal de son avenir sensé dans le monde.

---

[30] *Ibid.*, 129.
[31] *Ibid.*, 137.
[32] *Ibid.*, 132.

En fait, le dialogue donne au monde et à l'homme de se dévoiler comme tels. Il permet à l'homme de se manifester en son monde et manifeste authentiquement le monde de l'homme. Sous l'ordre du dialogue, on découvre que « le monde se révèle à l'homme dans le langage de telle façon que ses lois sont les lois mêmes du monde »[33] : tout événement se dit et se dessine dans et par le langage en tant que « code interprétatif qui structure [et donne sens à] la réalité de la communauté humaine »[34].

Le dialogue antique ou la discussion chez les Anciens permet aussi et surtout de saisir que « le langage n'est pas seulement l'être de l'homme [...], il est tout ce qui est l'homme »[35] : « il est tout pour l'homme » [36]. La discussion participe à l'auto-engendrement raisonnable de l'homme dans l'espace et le temps. A travers l'échange argumentatif qu'elle engage, elle aide l'individu à s'auto-modeler pour naître comme *Homme*, c'est-à-dire pour dépasser la *naturalité* (sa présence-au-monde sous le registre de l'*animalité* ou encore de la *singularité*) et accéder à l'*humanité* véritable (à l'*universalité*) : il n'est plus simplement membre de telle communauté historique du monde mais devient membre de la communauté historique des hommes (libres) dans le monde.

Ainsi, le dialogue représente pour l'homme ou pour les hommes un moyen authentique d'*être-au-monde* et d'*apparaître dans le langage*. Il demeure une *possibilité* historico-existentielle fondamentale et fondatrice, une possibilité exclusive de la barbarie et créatrice de l'avenir commun sous l'ordre du sens. En effet, il correspond à « l'avènement d'un possible radicalement nouveau dans l'histoire des hommes : celui par lequel ils écartent de l'ordinaire de leur histoire, le recours à la violence et à l'usage de la lutte ouverte »[37].

1.3.2 Le dialogue comme sphère de la non-violence

On se rend aisément compte que le dialogue manifeste le langage comme le milieu et le moteur actif de la non-violence au plan communautaire. Le dialogue se vit et se réalise comme le moyen privilégié que les hommes possèdent ou ont découvert pour combattre tout ce qui empêcherait l'organisation juste et sensée de la vie commune et, naturellement, la répartition équitable des biens ou la

---

[33] L. Sichirollo, « La discussion », 20. Cf. LP 129.

[34] L. Bescond, « Langage et politique », 1216.

[35] LP 129.

[36] L. Sichirollo, « La discussion », 20.

[37] L. Bescond, « Langage et politique », 1210.

consommation-jouissance maximale des richesses que produisent massivement leurs instruments — techniques (les machines) et physiques (les hommes, notamment les esclaves) —.

En écartant le recours à la violence comme méthode principale de règlement des différends (niveau anthropologique), autrement dit, en promouvant la multi-discursivité et la diversité opinionnelle essentielles à l'émergence de la vérité dans la communauté (niveau logique), la discussion révèle la force intime et la capacité organisatrice du langage (niveau politique). Elle présente le langage non pas comme une puissance typique (négative) dans les mains d'un tyran, d'un méchant souverain qui, d'en haut, dicterait des ordres auxquels tous doivent impérativement obéir pour ne pas être traduits puis être éliminés, mais comme une ressource dynamique (positive) dans les mains du peuple des hommes libres, des hommes libérés du besoin naturel et du joug du travail. Elle permet à ceux qui se sont élevés au-dessus de l'animalité ou ont sursumé leur naturalité primitive, de *partager* la vie (les choses de la vie, la vie de la parole...), d'organiser le temps et de programmer l'histoire.

La discussion atteste donc de façon éminente la dimension politique du langage. Elle révèle la vertu du langage à l'œuvre dans la constitution de la vie commune et la construction de l'existence sociale sous l'ordre du *Bien*, du *Vrai* et du *Juste* : « Discussion, dialectique, communauté politique [...] naissent et avancent ensemble »[38]. « L'avènement du langage au sein de la discussion, ne trouve sens et complétude qu'à s'inscrire en termes d'une politique à constituer communautairement »[39]. « Le jeu codifié du langage dans la discussion engendre une politique formellement communautaire »[40].

1.3.3 Manquements et errements du dialogue

La discussion expérimentée chez les Anciens recèle cependant, dans sa constitution et sa configuration générale, des limites qu'il sied de souligner. Le dialogue antique fait montre de manquements inhérents à l'*altérité*, à la *réalité* et à la *finalité*. Il s'agit des limites d'ordre anthropologique, éthique, pratique et logique.

La première limite transparaît, dirait-on, au *niveau anthropologique*. Elle concerne la *non-considération de l'autre homme* dans la conception, la programmation et la réalisation du dialogue (premier manquement quant à l'*altérité*). Le

---

[38] L. SICHIROLLO, La discussion », 25.
[39] L. BESCOND, « Langage et politique », 1218-1219.
[40] *Ibid.*, 1221.

dialogue antique, qui s'efforce de régler les différends entre les hommes dans leur milieu communautaire, met principiellement à l'écart une autre partie (une grande partie !) des hommes. Il ne prend pas en compte toute une couche d'individus qui, de façon évidente, appartiennent pleinement au genre humain. C'est un dialogue exclusif et élitiste, un dialogue qui demeure totalement aveugle à l'humanité de l'autre homme (l'homme autre que soi : l'esclave, l'étranger…).

Dans la même ligne, on peut reconnaître une grande *limite éthique* au dialogue antique. Il s'agit du fait que celui-ci, bien que promouvant fondamentalement la non-violence, la multiplicité des discours et la pluralité d'opinions au niveau des membres de la communauté (*tolérance intra-culturelle*), définit la violence comme méthode privilégiée pour établir le contact avec les individus situés hors de la sphère communautaire (*intolérance extra-culturelle*). Ce dialogue met en avant la violence comme mode essentiel de règlement des problèmes extra-communautaires. De fait, même s'ils sont engagés dignement dans la discussion (s'ils respectent la dignité de ceux qui échangent avec et contre eux), les vrais hommes n'ont pas absolument exclus la violence de leur mode d'expression relationnelle. Ils ne l'ont pas écartée dans leur quête d'inscription spatiotemporelle ; autrement dit, dans leur vision du monde et dans leur rapport aux êtres et aux éléments : « Au contraire, elle leur paraît nécessaire pour régler les différends qui peuvent s'élever entre eux et ceux qui n'ont pas l'avantage de vivre en communauté avec eux »[41] et sont naturellement considérés comme des sous-hommes « parce qu'ils ne savent pas ce qui fait l'homme »[42], ce qui détermine son existence et donne sens à son histoire. On parlerait ici d'une négation foncière de l'existence libre et pacifique de l'autre individu humain, de l'homme qui pense, vit, agit et se positionne dans le monde autrement que soi (deuxième manquement quant à l'*altérité*).

Une autre limite émerge au *niveau pratique*. Elle concerne l'*oubli de la réalité*, un oubli constitutif de la démarche dialogique en tant que telle. Le temps de la discussion correspond en effet à un temps de suspension logique de la violence, de mise en épochè des contradictions et conflits réels qui traversent le monde communautaire[43] : la réalisation de la discussion implique une véritable déterritorialisation phénoménologique de la violence, c'est-à-dire son passage du plan de la phénoménalité physique (mondaine) à celui de la phénoménalité logique (langagière).

---

[41] LP 25.

[42] *Ibid.*, 25.

[43] Cf. R. Caillois, « La violence pure », 213.

Cet oubli du réel comme violence se transmue souvent en oubli réel de la violence constitutive des relations communautaires, une violence qui n'est sursumée ici qu'au niveau du jeu langagier et de la bonne volonté des participants au dialogue. Dans cette ligne, le dialogue en arrive à tourner en rond, à se perdre en questions conjecturelles. Il se détourne de ses objectifs primordiaux pour voguer dans le vide des interrogations infinies sur ses fondements, sa légitimité…, pour se perdre dans les questions concernant les considérations logiques et juridiques de son déroulement.

Le dialogue écarte ainsi l'homme concret de son orientation basique et de ses préoccupations : au lieu de se pencher sur les problèmes effectifs que rencontrent les membres de la communauté dans leur milieu existentiel, il se noie dans des généralités et se contente de l'idée de l'homme inhérente au parfait accomplissement du procès dialogique. Cela signifie que le dialogue oublie ses finalités propres pour se dissoudre dans des futilités : le consensus formel engagé ne conduit point au contentement tant espéré. En tant que tel, il « ne suffit pas à garantir la cité de la violence »[44].

L'accord intra-communautaire autour du Bien commun se révèle donc pratiquement inefficace. Il demeure, autrement dit, inopérant et inefficient « aussi longtemps qu'il dépend seulement de la bonne volonté de tous ceux qui participent au dialogue : il faut que les choses décident entre les opinions, et la réalité doit être le juge de nos différends »[45].

Ainsi, la bonne volonté, l'idée de l'humanité parfaite ou l'idéal de la société juste (sans contradictions) ne peuvent garantir le bonheur durable des membres de la communauté du langage. Il est impérieux d'aller au concret. Il faut *se frotter* aux choses du monde : « Il ne suffit donc pas d'avoir raison, d'éliminer les contradictions, de retrouver l'unité d'un langage commun. Il faut que l'accord se fasse sur une réalité objective »[46]. Il s'agit précisément d'allier les idées (l'idée du bonheur, du Bien commun, de la justice…) et les démarches logiques utilisées pour accéder au contentement dans la liberté, à la teneur historico-temporelle de l'être humain, à l'existence concrète de l'homme qui n'est ni sage, ni saint mais demeure un être qui (se) cherche, travaille, lutte ; un être doué de raison et cependant marqué par la violence (capable de violence extrême) dans un monde qu'il n'a pas créé ; un être qui n'est pas définitivement *donné* mais qui *se fait* —

---

[44] P. CANIVEZ , *Le politique*, 21.

[45] LP 41.

[46] P. CANIVEZ, *Le politique*, 21-22.

il veut, se décide raisonnablement et se découvre toujours autre, autrement qu'une chose du monde, autrement qu'une chose dans le monde —[47].

La *limite pratique* de la discussion antique, la dialectique des Anciens, fait finalement ressurgir, par détours, l'enjeu majeur de la *réalité* (l'objet, les éléments, les choses du monde) pour la construction adéquate de l'être-ensemble des hommes dans l'histoire. Elle souligne l'importance de l'in-formation du langage par la réalité pour éviter que celui-ci ne navigue dans la superficialité. Cette limite indique le fait selon lequel le langage ne dit la densité existentielle de l'homme et ne définit sa destinée réelle au niveau individuel (sphère morale) ou collectif (sphère politique) qu'à travers la prise en compte radicale de la facticité ontologique (le caractère factuel de l'être-au-monde) et la mise en perspective de l'effectivité historique (le plan actif de l'histoire, l'épaisseur historique de l'être-au-monde).

La dernière limite qu'on peut envisager pour le dialogue antique se situe au *niveau logique*. Il s'agit de l'incapacité fondamentale des partenaires de la communauté du langage à concevoir et accepter la possibilité même du refus du dialogue, du rejet catégorique de la logique dialogique (la forme sensée, l'orientation raisonnable) essentielle à l'existence historique de la communauté. En effet, pour l'homme libre, membre de plein droit de la communauté véritable, la discussion est nécessaire et nécessairement réalisable par chaque homme libre. Elle correspond à l'option de base et à l'orientation *a priori* du groupe : le dialogue doit forcément être réalisé entre égaux. Il doit assurément aboutir, quand on a choisi les principes de son fonctionnement et mis en place les procédures de son accomplissement.

Les maîtres antiques ne conçoivent pas la négation radicale du dialogue par l'un des leurs qui serait encore considéré comme un homme libre, un homme égal à eux. Cela signifie que les hommes libres ne sauraient admettre qu'un membre de la communauté qui a choisi la violence contre les autres, fasse encore entièrement partie de l'humanité. Entre eux, l'usage de la violence est, en principe, prohibé. Tous ceux qui empruntent cette voie s'identifient d'eux-mêmes aux barbares, aux individus à visage humain qui pépient comme les oiseaux. La communauté doit s'unir contre ceux-ci, les combattre par des moyens appropriés et les annihiler[48].

Ainsi donc, pour l'individu appartenant à la communauté des vrais hommes, seule la raison, le choix de la raison, est pensable. La violence, en ses formes

---

[47] Cf. LP 47-48 ; PR I, 33.
[48] Cf. LP 25.

diverses (à l'exclusion de celle du verbe), est inimaginable et inadéquate dans la sphère communautaire (du moins pour la personne consciente, l'individu qui n'est pas fou ou qui n'est pas marqué par des carences physiques ou psychiques congénitales…).

A ce niveau, on découvre l'aveuglement foncier des Anciens dans l'appréhension du mal en sa pureté, le *mal radical*[49] à l'œuvre dans la vie humaine et dans les relations communautaires. L'expression absolue de l'être en sa totalité sous l'ordre de la raison-sens selon l'orientation de la communauté (dynamique *logique*) ou encore, pour dire la même chose, la non-conception et l'inacceptation formelles d'une option autre pour la vie humaine (dynamique *altro-logique*) révèle un manquement transcendantal des partenaires du dialogue antique. Elle définit précisément leur incapacité fondamentale à imaginer la possibilité de la pure mauvaise volonté, de la violence humaine muette et brutale d'une liberté qui se nie[50], leur *impensé du mal* dans sa nuisibilité totale. La compréhension de cet ordre de choses, c'est-à-dire, la reconnaissance de l'irréductibilité de l'altérité,

---

[49] La problématique du *mal radical* est massive dans la littérature weilienne et péri-weilienne. Elle est inhérente à l'interprétation et à l'actualisation qu'Eric Weil fait de la thématique du mal radical chez Kant et du prolongement qu'en donnent ses différents commentateurs (cf. PK 143-173 ; PR I, 255-278 ; de même : L. AMODIO, « A propos », 223-236 ; P. BELAVAL, « La théorie kantienne », 185-201 ; R. CAILLOIS, « La violence pure », 213-222 ; P. GILBERT, « Kant, Weil », 561-567 ; A. GOUHIER, « Dialectiques et tragédies », 251-258 ; J. JUSZEZAK, *L'anthropologie*, 209-223 ; KLUBACK, « Le mal radical », 237-250 ; M. PERINE, « Education », 127-140 ; ID., *Philosophie et violence*, 277-287 ; J. ROY, « Mal radical », 299-309 ; L. SICHIROLLO, *La dialettica*, 87-108 ; M. SŒTARD, « Eric Weil », 289-298). Chez Kant, le mal radical correspond à « un principe de "mauvaiseté", de perversion (Verkehrtheit) qui ronge le cœur humain et qui le détermine au mal, en dépit de tout fondement rationnel de la Morale reconnu et salué par l'individu » (J. JUSZEZAK, *L'anthropologie*, 219). Il ne s'identifie pas au *mal absolu*, il consiste plutôt à « subordonner la loi morale à l'amour de soi. Il est essentiellement tromperie, soit du sujet sur ses intentions avec la sérénité d'une bonne conscience, soit à l'extérieur comme duperie d'autrui » (P. BELAVAL, « La théorie kantienne », 190). Eric Weil reconduit et approfondit la doctrine kantienne. Il en arrive à la conception d'un mal radical inhérent à la volonté humaine quand celle-ci se fait démoniaque, quand l'homme, en connaissance de cause, opte contre la liberté, pour le désir, pour la violence, pour la particularité (cf. PR I, 272-273). Les Anciens, qui ont inventé la discussion, n'ont pas imaginé la possibilité de cette option autre de l'homme, « l'option d'une liberté qui puisse dire "non" à la raison » (G. KIRSCHER, *Eric Weil*, 58), l'option de la pure *mauvaise volonté* ou de la *violence absolue*, absolument pure.

[50] Cf. A. BURGIO, « Du discours », 73-74 ; G. KIRSCHER, *Figures de la violence*, 98.

la découverte de la pure mauvaise volonté, la pensée du « sens de l'insensé »[51], etc., vont marquer la configuration politique du langage chez les Modernes[52].

2. Les manifestations politiques du langage chez les Modernes

Après avoir présenté la catégorie de la discussion ou le dialogue antique comme expression privilégiée de la dimension politique du langage chez les Anciens, nous voulons déterminer de quelles manières et sous quelles modalités l'être politique du langage transparaît chez les Modernes. Nos investigations vont se concentrer sur trois figures logico-politiques du langage telles qu'elles émergent de l'entreprise philosophique d'Eric Weil. Nos propositions concerneront d'abord le *discours* en sa tridimensionnalité, notamment le *discours descriptif* et *critique*, le *discours transformatif* et *pratique* puis le *discours éducatif* et *éthique*. Nous déterminerons ensuite la vocation politique du langage dans la perspective de la *discussion moderne* qui s'accomplit dans le cadre de la quête de solution raisonnable aux problèmes multiformes que connaît l'Etat moderne. Nous parlerons enfin de la *vertu politique du dialogue*, c'est-à-dire de la façon dont le dialogue, dans le contexte moderne, se constitue en pratique politique[53].

2.1 *Le discours*

Dans l'ordre de la construction raisonnable de l'être-ensemble des individus humains engagés dans le mouvement de l'histoire, le langage s'extériorise comme *discours*. Le discours dont il s'agit ici n'est pas un exposé catégoriel systématique. Il ne se confond pas avec le discours logique de la philosophie en tant que discours absolument cohérent qui rend compte et donne sens à la totalité de la réalité puis oriente l'ensemble des ordres, des êtres et des éléments en direction de la *sagesse* raisonnable, la *sagesse* dans la liberté et la vérité[54]. Ce discours ne décrit pas la vision englobante d'un *homo spectator mundi* (d'un homme qui voit et scrute l'univers à partir d'une position extra-cosmique). Il n'équivaut pas au dire phénoménique ou systématique d'un être qui, claquemuré dans une tour d'ivoire, parle largement du monde et des hommes, sans s'engager dans le monde ni se frotter aux hommes.

---

[51] EC I, 268.

[52] Cf. G. Kirscher, *Eric Weil*, 61.

[53] Cf. P. Canivez, « La révolution », 13.

[54] Cf. M. Savadogo, *Eric Weil*, 199.

Dans la même ligne, on peut dire que le discours qui traduit la teneur politique du langage en contexte moderne, n'exprime pas l'auto-conscience de l'être dont la quintessence est le *pur désir*. Il ne formule point la volonté intrinsèque d'un *je* fondateur, un *je* qui annihile l'histoire, cherche à s'emparer fermement (ou encore férocement) du monde et des autres, ainsi qu'à leur imposer son langage, son sentiment créateur. Il ne correspond pas non plus au discours unicite, englobant et totalisant de l'*absolu*, le discours du savoir qui sait ou se sait savoir parfaitement clair, simple et immédiat, un discours qui néantise l'altérité, égalise l'exister et l'expressivité.

Ce discours concerne plutôt l'homme dans sa situation. De façon globale il expose le moment et le devenir-raison de l'homme à travers l'espace et le temps. C'est un discours enraciné dans l'histoire, ouvert à l'altérité et à l'hétérogénéité des options existentielles des individus humains. Il s'agit précisément du discours de ceux qui cherchent à comprendre le monde et à conférer un sens à l'existence humaine au plan personnel et collectif.

C'est le discours des hommes qui, aux côtés d'autres, agissent afin que les communautés humaines se départissent de leur violence et établissent la cohérence (s'établissent comme cohérence) dans la quotidienneté. C'est également le discours des individus qui s'expriment pour que l'avancement historique des peuples ne ressemble pas à un pendule de Foucault mais à un grand saut de kangourou.

C'est enfin le discours des êtres qui, de tout cœur et avec conscience, souhaitent que la saison sociale des hommes dans l'univers, se transmue en un printemps de beauté et de justice, des êtres qui agissent énergiquement afin qu'à l'horizon de la marche finale des sociétés terrestres surgisse un monde nouveau, un monde marqué non pas par la furie dominatrice de quelques maîtres partiels ni la rage destructrice d'un nouvelle génération de *conquistadors*, les barbares modernes[55], mais un monde porté par la générosité des hommes qui se veulent libres et raisonnables. Ce discours peut être appréhendé à travers trois registres génériques ou trois formes fondamentales qui s'imbriquent et se complètent.

2.1.1 Le discours descriptif et critique

Dans sa détermination primordiale, le discours, en tant que figure logico-politique du langage, prend forme et se déroule dans l'horizon de la raison constatative et évaluative. A proprement parler, il s'agit d'un discours descriptif et cri-

---

[55] Cf. K. Koyama, « Monde nouveau », 129.

tique. Le discours se veut descriptif dans la mesure où il réalise une véritable phénoménologie de la conscience sociale commune[56] : il procède à une peinture phénoménique générale de la conscience-de-soi de la présence des individus humains dans le monde (dans leur milieu sociocommunautaire). Le discours traduit l'auto-perception de la pseudo-inscription des hommes dans l'espace et dans le temps.

En fait, le discours descriptif présente la misère anthropologique et le déficit ontologique que connaissent concrètement les individus compris dans la dynamique de la société dans laquelle ils végètent, la société moderne ; une société qui se déchiffre triplement comme *calculatrice, matérialiste* et *mécaniste*[57] : 1) *calculatrice* parce que « mise au régime de l'entendement calculateur, elle apprécie ce qui réussit, le juge à son moindre coût, et calcule celui-ci au critère du meilleur rendement »[58] ; 2) *matérialiste* au sens où « elle ne prend en compte, en vue de ses décisions, que ce qui est comptable ou quantitativement mesurable, c'est-à-dire les seuls "facteurs matériels", à l'exclusion de tout autre [type de critère] (psychologique, moral ou religieux) »[59] ; 3) *mécaniste* (métaphoriquement et symboliquement) dans la mesure où, dans sa dynamique intrinsèque, « elle n'a de problèmes

---

[56] Cf. E. GANTY, *Penser la modernité*, 547 ; P. CANIVEZ, *Le politique*, 128, 137. Dans la présentation du politique et de sa logique dans la pensée weilienne, Patrice Canivez explicite le double sens de la conscience-de-soi de la société moderne. Il affirme que, chez Eric Weil, « l'expression "conscience de la société" désigne à la fois le discours des sciences sociales et les principes implicites de l'activité sociale, ceux auxquels adhèrent les individus dans leur comportement comme dans leurs discours » (*Ibid.*, 128). Etienne Ganty abonde dans le même sens et précise que la conscience sociale commune est déterminée d'une part, par « l'activité instrumentale de la société ou le *travail social* » (E. GANTY, *Penser la modernité*, 547) et, d'autre part, par les sciences sociales modernes dont la *sociologie* et l'*économie politique* (cf. *Ibid.*, 547). Gilbert Kirscher évoque également la conscience-de-soi concrète et complexe ainsi que la conscience-de-soi abstraite et réductrice de la société moderne (cf. *Figures de la violence*, 81-82). Nous nous inscrivons dans la ligne de ces analyses en insistant surtout sur l'expérience individuelle et collective des hommes dans leur milieu social (sentir et vécu existentiels), une expérience que le discours descriptif et critique systématise et évalue à l'aune de la raison-sens et de la liberté.

[57] Eric Weil lui-même et certains de ses commentateurs présentent globalement ces caractéristiques de la société moderne (cf. PP 71-72 ; P. CANIVEZ, *Le politique*, 130-137 ; E. GANTY, 534-537 ; G. KIRSCHER, *Figures de la violence*, 85-86 ; *Penser la modernité*, 534-537 ; I. NIMPAGARITSE, *L'action*, 23 ; A. TOSEL, « la double inscription », 67-68 ; P. VALADIER, « Société moderne », 176-177).

[58] E. GANTY, *Penser la modernité*, 534.

[59] *Ibid.*, 535.

à affronter et de solutions [à offrir aux individus humains] que sur le plan technique de l'organisation du travail la plus efficace en vue de maîtriser les énergies naturelles, celles de la force du travail et de la nature extérieure »[60]

Le discours extériorise le malheur (le manque de satisfaction globale) que vivent les hommes, emportés par le tourbillon dantesque d'une société destructrice et réductrice, la société de production et de consommation. Il met en évidence l'annihilation et la neutralisation des êtres humains piégés par les sables mouvants du mécanisme social. Il rend donc compte de l'instrumentalisation générale des individus immergés dans un univers social érodé et machinisé à outrance. En d'autres mots, il expose la chosification, la réification et l'objectivisation radicale des êtres humains et de leur langage[61], ou mieux leur déshumanisation progressive dans un monde en quête d'ultra-performance technique, un univers entraîné vers l'hyper-perfectibilité technoscientifique.

Le discours descriptif dépeint ainsi la situation difficile des hommes dans le monde. Il spécifie les conditions réelles de leur vie dans la quotidienneté — conditions constituées de contradictions et de violence (luttes diverses et perte du sens) —. En fin de compte, le discours descriptif relève l'*aliénation historique* des individus (dépossession totale de soi et perte du sens de la présence authentique dans l'histoire), leur *désaxation axiologique* (déperdition globale et perte de l'orientation référentielle dans l'espace et le temps) ainsi que leur *déréliction ontologique* (dénaturation fondamentale et perte de la densité existentielle dans le monde).

Dans cet ordre, le discours se double d'une valence critique. Il quitte le niveau simplement présentatif et constatif pour accéder à un niveau proprement estimatif et évaluatif. Le discours jauge la présence de l'homme dans son univers social non pas en fonction des seuls critères de productivité, d'efficacité et d'utilité (le *sacré* des Modernes[62]), mais en usant de ressources morales, en faisant recours aux valeurs et normes traditionnelles qui ont contribuées à la sculpture historique de l'identité culturelle des communautés humaines, du sens de leur présence-au-monde.

Cela signifie que le discours ne s'arrête plus seulement au constat de l'existence malheureuse et misérable des hommes en société, mais il stigmatise aussi l'ensemble des dérives liées à celle-ci. Le discours dénonce la déchirure intérieure et l'assèchement existentiel des individus pris dans le cycle infernal du mécanisme social. Il réprouve l'insatisfaction générale ou la perte fondamentale de sens inhé-

---

[60] *Ibid.*, 536.
[61] Cf. *Ibid.*, 540-542 ; *Ibid.*, 562-564.
[62] Cf. PP 66-67 ; *Ibid.*, 96. Voir aussi : J. ROY, « La "philosophie politique" », 265.

rente à l'entraînement périlleux de l'être humain dans le désert (l'abstraction) de la rationalité transcendantale, chosifiante et objectivante.

Le discours descriptif, transmué en discours examinatif et dénonciatif, procède ainsi à une critique fondamentale du sens même de la présence de l'homme dans le monde. Il (s') interroge (sur) l'orientation effective des individus dans l'espace et dans le temps ainsi que (sur) leur inscription authentique dans l'histoire. Le discours questionne également le fondement, le mouvement et l'accomplissement des relations humaines dans l'univers sociocommunautaire. Il montre les limites de l'être-ensemble, dénonce le manque d'épaisseur de la vie publique (l'organisation sociale) et cherche à ouvrir cette dernière à la raison sensée.

Le discours critique nie ainsi la réalité sociale en tant qu'elle empêche l'expression plénière de la liberté humaine. Il décrie les défauts d'une existence humaine déshumanisée et chosifiée, d'une existence vécue sous l'ordre de la quantifiabilité, de l'ustentilité et de l'efficacité. Il s'efforce finalement de sursumer et de réorienter l'organisation sociale en corrigeant (en dotant de signification) les faits, les éléments et les événements qui nuisent objectivement à l'épanouissement de l'homme dans le monde.

Dans cette ligne se découvre la teneur politique du discours descriptif et critique, du fait qu'il reste, en tant que tel, axé sur la réalisation du bien-être des hommes : ce discours pense effectivement les attitudes et habitudes (personnelles et collectives) que les hommes doivent éviter de cultiver ainsi que les structures et formes d'organisations publiques dont ils doivent se départir s'il veulent accéder au bonheur véritable et s'il souhaitent pratiquement diminuer la charge de violence que recèle leur seconde nature (la société) pour vivre durablement en harmonie les uns avec les autres.

Arrivé à ce point, il sied de souligner que le discours descriptif et critique n'est pas un discours idéologique ni stratégique. Il ne correspond pas à un corps d'idées mises en place et organisées discursivement en vue de la conquête du pouvoir, comme cela se fait au niveau des partis et associations politiques. De même, il n'équivaut pas à un discours politique programmatique — au sens où il ne fournit pas un programme détaillé de gouvernement ou de gestion technique de la société —. Le discours descriptif et critique n'a pas non plus un contenu futuriste (utopique) et positiviste. Il ne fixe pas la forme à venir de l'existence communautaire. Ce discours ne dicte pas rigoureusement les tâches des communautés humaines ni ne détermine positivement le futur concret (de la liberté) des masses sociales : il forme et informe plutôt le sentiment des individus regroupés dans la société (masses et couches sociales), pour qu'il puisse s'élaborer en volonté d'action et de changement radical. Ce discours s'efforce, autant que cela est possible, de « tirer l'exigence de sens partout dans la communauté, de l'inconscient du mécontentement à la conscience de la volonté politique »[63]. Il signifie aux individus la réalité de leur situation en vue de « provoquer la réponse du sentiment moral sous la forme d'une exigence de liberté, c'est-à-dire dans la forme d'une volonté libre qui se veut elle-même »[64]. Dans cette ligne, il en appelle à un autre registre du discours, celui transformatif et pratique que nous allons présenter dans le point suivant.

2.1.2 Le discours transformatif et pratique

Le discours transformatif et pratique correspond au discours logico-politique en tant qu'il a saisi en profondeur les conditions existentielles réelles des individus en société et veut leur conférer une signification nouvelle. Il s'agit d'un discours qui a compris le vécu concret des hommes (notamment leur *difficile liberté*[65]) et cherche à le réorienter, c'est-à-dire à l'axer en direction de la raison-sens.

Le discours transformatif et pratique suppose le déploiement antérieur du discours descriptif et critique qu'il va approfondir, enrichir et exploiter en vue de la réexpression identitaire des individus dans leur milieu social et communautaire ou mieux, de leur nouvelle inscription à travers l'espace et le temps.

De la descriptivité et de la criticité systématiques effectuées au premier plan de l'apparition logico-politique du langage, le discours transformatif et pratique retient la dénaturation et la détérioration fondamentales de la situation des hommes dans le monde, dans leur monde engrené dans le mécanisme social. Le discours a compris que les êtres humains, dans leur espace social et mental, se trouvent profondément

---

[63] P. CANIVEZ, *Le politique*, 76.

[64] *Ibid.*, 76.

[65] Nous avons utilisé cette expression en référence à la pensée d'Emmanuel Lévinas. Ce dernier parle de l'enjeu de la liberté dans le judaïsme, de la conquête difficile de la liberté par les juifs dans leur histoire marquée par l'extermination nazie et toutes sortes de rejets et humiliations subies à travers les âges (cf. E. LÉVINAS, *Difficile liberté*, 210-224. Voir aussi G. LAROCHELLE, « Liberté et justice », 583-609*)*. Dans la ligne d'Eric Weil, on peut dire que la *difficile liberté* ne concerne pas seulement le judaïsme et le juif. Elle s'élargit plutôt à l'homme en tant que tel, à tous les hommes dans l'histoire, aux hommes marqués par la violence naturelle et la violence dans leur monde social en quête d'une liberté non pas gravée par le doigt de Dieu sur les tables de pierre (la *Loi hébraïque*) mais se constituant par l'homme en tant que raison et dans la raison qui se donne sens et donne sens à la totalité de la réalité qui, (en) elle-même est marquée par la raison et porte un sens précédent toute quête de cohérence.

insatisfaits, qu'ils sont ontologiquement déchirés et demeurent, en permanence, en proie à la perte radicale de sens, à la désaxation totale et à la révolte générale.

Conscient donc de cette insatisfaction foncière des hommes en eux-mêmes et dans leurs relations aux autres[66], le discours va agir. Il agit dans la situation et sur la situation[67]. Il procède à une re-indexation globale de l'être intérieur et de l'être-ensemble. Le discours s'attelle à trans-former l'homme en son monde et le monde propre de l'homme. En un mot, il s'efforce à in-former autrement l'existence personnelle et collective des hommes ainsi que leur environnement spatio-temporel : il veut réellement « transformer le monde qui est celui de la condition, et penser ce monde dont les discours sensés ont déjà dit qu'il ne contenait pas [en soi] le contentement de l'homme »[68].

C'est à travers cette quête de re-configuration topique du monde et de re-constitution du sens de la présence de l'homme dans l'histoire que se précise la transformativité générale déterminative du discours ainsi que sa praticité fonda-mentale. De fait, le discours ne vogue pas à l'*envers*, la tête en bas et les pieds en l'air, mais il se trouve à l'*endroit*[69]. Il n'a pas trait à des entités idéelles, à des êtres

---

[66] Eric Weil fournit des indications sur l'insatisfaction que ressent l'individu pris par les filets du mécanisme social (cf. PP 93-105). Cette thématique est reprise et développée par divers auteurs dans leur lecture et commentaire du philosopher politique proposé par Eric Weil. A ce sujet, on lira, entre autres : P. CANIVEZ, *Eric Weil*, 26-27 ; ID., *Le politique*, 137-139 ; ID., *Weil*, 148-149 ; *Ibid.*, 162-163 ; E. DOUMIT, « Etat et société », 514-516 ; E. GANTY, *Penser la modernité*, 640-651 ; C. GOLFIN, « La philosophie politique », 503-504 ; G. KIRSCHER, *Figures de la violence*, 93-99 ; I. NIMPAGARITSE, *L'action*, 32-37 ; J. ROY, « La "philosophie politique" », 265-267 ; A. TOSEL, « La double inscription », 68-70 ; P. VALADIER, « Société moderne », 177-178.

[67] Cf. G. KIRSCHER, *La philosophie d'Eric Weil*, 334.

[68] A. TOSEL, « Action raisonnable », 1164.

[69] C'est dans le vocabulaire de la philosophie *cosmo-psycho-biologique* présentée par Raymond Ruyer sous les traits d'une gnose nouvelle de type scientifique (la gnose de Princeton, de Pasadena et du mont Palomar) que nous puisons les concepts *envers* et *endroit*. L'idée direc-trice de cette nouvelle gnose est que l'esprit constitue la matière et en représente l'étoffe effec-tive. La conscience se découvre comme l'*endroit* (le lieu même) et l'enveloppe constituante de l'univers matériel. L'*envers* correspond au point de vue extérieur de la perception de la réa-lité, de l'être… L'*endroit* équivaut plutôt au point de vue interne, à l'angulation véritable de l'être, à la perspective de perception par (dans) la conscience intérieure de la réalité (cf. R. RUYER, *La gnose de Princeton*, 33-39). Notre reprise de ces concepts ne reconduit pas leur signifiance ruyérienne. Elle veut simplement illustrer l'authenticité, l'adéquation et la vérité qui peuvent caractériser le discours transformatif et pratique en tant qu'action poursuivant la réalisation concrète de l'existence sensée des hommes dans le monde.

nécessairement raisonnables (portés à opérer *a priori* le choix du juste et de l'équitable dans la construction des rapports sociocommunautaires).

Le discours concerne plutôt des hommes réels, des individus passionnels — des êtres de chair et d'esprit, des personnes possédant tout autant une densité corporelle (physique) que spirituelle (psychique) —. Il considère leur situation inacceptable de souffrance, de misère multiforme. Le discours appréhende parfaitement le sentiment de corrosion ontologique qui habite les individus dans leur espace existentiel. Il s'élabore comme une pratique transfigurative authentique de leur histoire et de la conscience-de-soi de leur déréliction ou néantisation dans le monde.

Le discours transformatif et pratique apparaît ainsi comme un discours de l'action : un discours qui emprunte globalement les traits théorico-pragmatiques qui caractérisent l'attitude-catégorie de l'*action*. C'est un *discours en action* ou un *discours-action* : il a dé-passé l'*acte muet* tel qu'exprimé à travers le discours de l'*œuvre*, l'activité mécanique liée au discours de la *condition*[70] et le dire transcendantal de l'*homo spectator mundi* (l'homme de l'*intelligence*), pour agir dans l'effectivité. En tant que tel, il ambitionne réaliser adéquatement la cohérence (du *sens*) dans le concret de l'existence humaine. Le discours cherche à *faire être* le sens (la raison comme sens) dans le monde des hommes. Il veut que la liberté humaine ne soit plus jamais déniée, bafouée ni outrancièrement manipulée (détournée de son orientation préférentielle vers le Bien). Le discours s'effectue en vue du contentement véritable des personnes humaines, de l'accomplissement authentique de leur liberté, c'est-à-dire, de l'expression de leur vouloir-être-libre selon les canons de la non-violence et de l'entente sociocommunautaire.

Le discours s'efforce donc, autant que faire se peut et avec les moyens disponibles, de re-modeler l'univers social. Il s'évertue à conférer une forme nouvelle (plus qualitative) à la réalité humaine et une dimension originale (plus équilibrée) à la marche historico-temporelle des individus regroupés en société(s). De façon concrète, le discours saisit la « sphère de l'objectivité sociale, la "pseudo-nature", aussi hostile et menaçante que la nature elle-même, que constitue la société du travail, avec ses places, avec la hiérarchie de ses places »[71]. Il prend en charge la condition aliénante et déshumanisante dans laquelle végètent les individus et la métamorphose. Il lui applique, autrement dit, la cohérence concrète de la raison-sens-liberté.

Le discours formate donc l'être de total de l'homme, son langage et son monde. Il le sculpte, aux plans individuel et collectif, selon la dimension et les

---

[70] Cf. G. Kirscher, *La philosophie d'Eric Weil*, 333-337.
[71] A. Tosel, « Action raisonnable », 1164.

motifs du sens. Il s'agit proprement ici d'un entraînement historico-discursif de l'homme en tant que liberté authentique dans le monde, par l'évènement anthropogénique du sens : l'être humain quitte le domaine du superficiel inhérent à la condition (aux conditionnements de tout genre) pour accéder à celui de l'essentiel lié au sens, à la cohérence existentielle ou au contentement dans la simplicité et la vérité.

A signaler que le discours transformatif et pratique ne correspond pas à une élaboration spéculative charismatique, magique ou prophétique. Il ne vise pas un changement miraculeux des individus dans leur milieu de vie. Il s'applique plutôt à leur « indiquer simplement l'ultime destination de leurs actes afin de leur éviter la dispersion de leurs efforts »[72]. Le discours s'organise et agit sur les hommes non pas par création *ex nihilo*, pour une transformation extraordinaire mais, partant de leur contexte ou de leur réalité effective — telle qu'ils la sentent à travers l'insatisfaction générale, le sentiment d'injustice et l'ennui envahissant —, il va travailler au ré-engendrement raisonnable de l'existence personnelle et collective. En clair, le discours se déploie pour aider à « réaliser une société qui ait pour centre l'homme et non son produit, la marchandise, bref [pour] faire que l'homme ne soit plus traité comme une chose mais puisse s'épanouir dans son individualité concrète »[73].

Dans l'effectivité historique et sociale, l'action transformative opérée par le discours va se produire selon une double modalité pratique. Elle va se réaliser dans le mouvement de la *révolution* qui se présente doublement comme *subversion* (ou révolte révolutionnaire) et *rénovation* (ou réforme révolutionnaire)[74].

---

[72] M. Savadogo, *Eric Weil*, 223.

[73] J. Quillien, « Discours et langage », 428.

[74] Chez Eric Weil, le concept *révolution* (l'action révolutionnaire) est central dans l'ordre de la philosophie politique. C'est un concept fondateur de l'organisation sociale et fédérateur de pratiques historico-temporelles. Il porte une double valence ou mieux il se présente avec deux orientations distinctes comme le précise minutieusement Patrice Canivez : « Le premier de ces concepts est défini dans la catégorie de l'*Action*, p. 401 de la *Logique de la philosophie*, note 2. "Le terme de révolution, écrit Weil, n'indique pas ici exclusivement la révolution 'populaire'. Il désigne la mainmise de la 'théorie' sur la 'réalité' et couvre aussi bien la 'révolution' platonicienne des philosophes qui doivent se faire rois, que celle des fonctionnaires de la Philosophie du Droit hégélienne qui doivent organiser la société dans l'Etat à la satisfaction raisonnable de tous les citoyens, que, enfin, la révolution de Marx, dans laquelle la partie la plus 'aliénée de l'humanité, en prenant conscience de sa situation inhumaine, réalise la raison par la violence en vue d'une vie pleinement épanouie [...]. Le deuxième concept de révolution est défini dans la *Philosophie politique*, p. 39. La révolution y est "conçue comme

a) *Discours et révolution subversive*

A ce niveau, le discours transformatif et pratique prend fermement part au bouleversement radical des conditions (inhumaines) d'existence des individus dans leur milieu social. Il procède à la « destruction de l'organisation [sociale] en tant que pseudo-nature »[75]. Le discours se transmue en réalité et vie portée vers le « contentement réel de tous »[76] : il agit en saisissant fermement les hommes, en les *in-formant* sur l'urgence d'une remise à l'*endroit* — renversement catégorique — de leur ordre sociopolitique qui se trouve à l'*envers* (qui est non-équilibré, trouble et confus). Le discours agit à travers des personnes qui, en connaissance de cause, ont fait le choix de la justice et de la vérité contre l'intime barbarie existentielle et les maux dérivatifs qu'ils subissent dans la quotidienneté, des personnes qui souhaitent la transfiguration totale de leur univers social.

Cela revient à dire que le discours (s') engage et incite à l'engagement politique total des individus qui, épuisés par les promesses artificielles d'une prochaine égalité entre les hommes et privés de reconnaissance identitaire réelle, se mettent ensemble et unissent leurs efforts pour le renouvellement du sens de la présence de l'homme dans le monde. Le discours porte à l'action des individus blessés dans l'auto-perception de leur *droit naturel*[77], des hommes qui, dans cette dynamique désintégrative, consentent à sacrifier leur vie (*mourir dignement et honnê-*

---

renversement d'un système de droit historique positif par une action contraire à ce système" » (P. CANIVEZ, « La révolution », 13-14). Pour une exploration de la thématique de la révolution chez Eric Weil, on pourra se référer par exemple à : EC II, 302-313, *Ibid.*, 365-386 ; LP 399-409 ; PP 36-48 ; PR I, 127-145 ; PR II, 137-149. De même : P. CANIVEZ, « La révolution », 11-65 ; ID., *Le politique*, 137-149 ; F. GUIBAL, « La philosophie et son "autre" », 58-63 ; G. KIRSCHER, *La philosophie d'Eric Weil*, 342-346 ; J. B. SANOU, *Violence et sagesse*, 57-64 ; A. TOSEL, « Action raisonnable », 1180-1186 ; ID., « La double inscription », 56-78.

[75] A. TOSEL, « Action raisonnable », 1167. Voir également LP 405 ; G. KIRSCHER, *La philosophie d'Eric Weil*, 343.

[76] G. KIRSCHER, *La philosophie d'Eric Weil*, 342.

[77] Le *droit naturel* (ou la *loi naturelle*) correspond chez Eric Weil au fait pour tout homme d'être « *en droit* selon la morale » (LP 35), d'être traité de façon égale devant la loi (positive). Il s'agit d'un droit formel et universel (niveau idéel) bâti sur *le principe d'égalité* et lié aux convictions, mœurs et traditions de la communauté vivante (cf. *Ibid.*, 38) ; un droit qui s'incarne dans la vie historique à travers le droit positif (niveau actuel). Pour une approche de cette thématique, on lira par exemple : EC I, 175-196 ; LP 34 – 44, *Ibid.*, 191-194 ; G. P. CALABRÒ, « Giusto secondo natura », 319-349 ; P. CANIVEZ, « Le droit naturel », 49-56 ; F. GUIBAL, « Histoire », 495-513 ; A. PETIT, « Eric Weil », 279-284 ; L. PONTON, « Eric Weil », 49-65.

tement) plutôt que de sacrifier les valeurs morales (*laisser mourir la dignité et l'honnêteté*) constitutives de leur être historique.

Le discours emprunte ainsi la voie de la violence — passagère — pour la réalisation durable du sens. Conscient du *mal radical* à l'œuvre dans l'histoire tumultueuse des hommes, il s'allie au *moindre mal* afin de faire être permanemment le Bien, le bonheur véritable. Le discours manie avec pragmatisme *raison* (sens) et *violence* (non-sens) pour favoriser, dans le concret, l'amélioration générale de la situation existentielle des individus et assurer l'émergence effective d'un monde habitable, le monde du triomphe de la raison et du sens : « le monde humain de la liberté raisonnable »[78]. On assiste ici à une re-naissance sensée de l'homme, de son langage et de son monde advenant dans la douleur du non-sens.

A préciser que le discours transformatif et pratique n'opère pas une apologie de la violence. Il n'ignore pas que « la violence [en tant que telle] est mauvaise »[79] et qu'il n'est pas souhaitable qu'elle devienne l'ultime vérité de l'existence humaine[80]. Cependant, le discours est aussi conscient que « il y a une bonne utilisation de la violence et une mauvaise utilisation de la violence, quand il s'agit justement de la diminution de la violence dans le monde »[81]. Il sait parfaitement que « ce qui est en soi mauvais peut être le seul moyen justifié du bien, voire l'unique moyen »[82]. Il use donc de la *violence légitime* (la violence dont les prétextes et les bénéfices sont universels ou universalisables)[83]. Le discours emploie une violence limitée dans le temps, une violence dont le fondement véritable correspond à la négation de la négation de l'humanité en l'homme[84] (la négation de la négation de l'homme en tant qu'homme et la négation de la négation de son bien-être existentiel) : refus catégorique de l'authenticité, de l'inaliénabilité, de la dignité… intrinsèques de la personne humaine ; refus de la vérité profonde de l'homme et de la destination raisonnable de son être.

Le discours transformatif se réalise ainsi comme un discours pleinement sensé (au plan intentionnel et en son principe interne), puisque son but primordial n'est pas le renversement brutal de l'ordre établi (la destruction du gouvernement actuel de la société) mais l'éradication ou la diminution maximale de la violence

---

[78] G. Kirscher, *La philosophie d'Eric Weil*, 346.

[79] PR II, 102.

[80] Cf. J. B. Sanou, *Violence et sagesse*, 56.

[81] PR II, 104.

[82] *Ibid.*, 104.

[83] Cf. A. Burgio, « Du discours », 75-78 ; Id., « La violenza », 213-215.

[84] Cf. P. Canivez, *Weil*, 77.

entre les individus ainsi que l'organisation du monde selon les critères du Bien et du Juste, afin que soit préservé (ou mieux, effectué) autant que possible, le devenir-raison des communautés humaines dans l'histoire.

A travers les contours hétéro-logiques et pragmatiques de la violence passagère ou limitée, de la violence capable de sursumer le mal radical et de comprendre la volonté humaine quand celle-ci se fait « diabolique »[85], le discours transformatif et pratique en arrive à assurer la « persistance de la communauté en son être, telle que la communauté conçoit elle-même cet être »[86]. Il favorise l'habitabilité du monde par la communauté, « avec ses valeurs, ses règles, sa forme spécifique de vie et de travail en commun »[87] ; c'est-à-dire, « avec sa morale spécifique, [sa vision du monde] en laquelle elle existe concrètement pour elle-même en tant que communauté »[88].

Cependant cette assurance générale de la vie et de l'avenir sensés des communautés humaines dans le monde peut aussi se produire à travers une autre modalité épiphanique du discours transformatif et pratique, une modalité non-extra-ordinaire, c'est-à-dire, un mode d'expressivité historico-discursif qui prohibe la violence, le soulèvement populaire ou la lutte brutale entre couches sociales.

b) *Discours et révolution réformatrice*

Le discours transformatif et pratique en tant que discours révolutionnaire réformateur, cherche à corriger les manquements patents de la vie sociale et politique et à indiquer le chemin le plus adéquat pour l'accomplissement authentique de l'être-ensemble des hommes (le chemin qui exclut la lutte violente entre eux et la révolte catégorique). Le discours réformateur veut dépasser la dénaturation des relations sociocommunautaires et combler la béance existentielle des hommes dans leur monde en évitant absolument la voie de la « radicalité révolutionnaire des masses exploitées »[89].

Il se réalise dans un contexte qui présume une compréhension de base entre membres de la communauté sociale et une reconnaissance par les uns et les autres de l'urgence d'une métamorphose générale des conditions neutralisantes ou néantisantes dans lesquelles se trouve *jetée* (plongée) l'existence humaine. Le dis-

---

[85] PR I, 273.
[86] PR II, 105.
[87] *Ibid.*, 105
[88] *Ibid.*, 105.
[89] F. Guibal, « La philosophie et son "autre" », 61.

cours bénéficie proprement du consensus global (ou relatif) des acteurs sociaux sur l'idée du changement profond que doit connaître leur milieu spatiotemporel s'ils ne souhaitent pas le voir désagrégé ou décomposé de façon définitive. Cela signifie qu'il prend place dans un cadre où, malgré les contradictions présentes, les hommes aspirent intimement à la conservation de certaines valeurs constitutives de leur identité commune et désirent s'engager unanimement à l'avènement d'un monde plus humain : le monde modelé par la vérité et vécu dans la joie.

Le discours réformateur s'applique en fait à établir la non-précédence intentionnelle et opérationnelle de la violence (la lutte, la division) comme méthode par excellence de gestion des relations communautaires et moyen privilégié d'inscription historique des hommes dans la durée. Il tient à démontrer que le véritable mouvement révolutionnaire — la transformation sensée de la société et l'amélioration concrète des conditions historiques des hommes — n'advient pas d'abord à travers le soulèvement populaire ou la subversion annihilatrice des structures qui régissent la vie commune mais « dans les lois et les formes de l'organisation sociale »[90]. Dans cette ligne, il ne procède pas à la destruction incontrôlée de l'environnement sociopolitique ni au démantèlement désordonné des instances de gestion existantes. Il s'attelle plutôt à leur *aggiornamento* (à leur rénovation en profondeur), pour qu'elles atteignent leur pleine efficience.

Le discours révolutionnaire rénovateur suppose ainsi l'existence ou la mise en place de structures ordonnatrices de la vie sociale. Il se déploie dans un contexte structurel et institutionnel, c'est-à-dire dans le cadre de l'Etat et du gouvernement (constitutionnels de façon préférentielle)[91]. Le discours transformatif et pratique, en tant qu'action de renouvellement et de redressement sociopolitique, se déchif-

---

[90] P. Canivez, « La révolution », 36.

[91] Dans la philosophie politique d'Eric Weil, l'Etat correspond à « l'ensemble organique des institutions d'une communauté historique. Il est organique par le fait que chaque institution présuppose et supporte toutes les autres en vue de son propre fonctionnement, et que pour leur fonctionnement chaque institution est présupposée et supportée par toutes les autres » (PP 131). L'Etat n'est pas un organe spécifique, mais l'organisation de la communauté (cf. Ibid., 132). En tant que tel, il n'apparaît pas. Il n'existe pas à la manière dont existent les individus mais devient manifeste à travers les structures qui régissent la vie commune, les citoyens et tous ceux qui assurent une charge publique. Dans les sociétés modernes, Eric Weil distingue deux types d'Etats liés à deux formes globales de gouvernements, l'Etat au gouvernement *autocratique* et l'*Etat au gouvernement constitutionnel* : « on parle de gouvernement autocratique là où le gouvernement est seul à délibérer, à décider et à agir, sans aucune intervention obligatoire d'autres instances » (*Ibid.*, 157). Le gouvernement se veut constitutionnel « là

fre finalement comme un discours inhérent à la forme et à la structure de l'Etat confronté aux problèmes concrets que les citoyens connaissent au quotidien. En d'autres mots, il s'agit d'un discours axé et focalisé sur l'orientation raisonnable de la vie commune ou encore sur le sens de la présence des hommes dans l'histoire en tant qu'êtres appartenant non seulement à une communauté morale traditionnelle mais aussi à une société moderne (homogène ou hétérogène), une société gouvernée par un Etat qui re-présente la sphère de l'universel — l'espace universel et le milieu d'universalisation des hommes, le lieu de reconnaissance (et de réalisation), comme telles, de leur humanité, de leur dignité et de leur égalité —.

Le discours réformateur sollicite donc la présence et la mise en mouvement de l'Etat comme périmètre phénoménique essentiel et domaine historique préférentiel d'extériorisation de la raison-sens-liberté. Au plan pratique, le discours révolutionnaire rénovateur va se matérialiser dans deux directions qui s'imbriquent et se complètent : 1) d'une part, il va convoquer le fait de l'éducation et se consacrer à la conscientisation des hommes en société — à ce plan, il s'élabore comme un discours qui éduque à la vertu, informe la conscience individuelle et sociale sur les enjeux du devenir raison-sens du monde et de l'homme... — ; 2) d'autre part, il va se départir de sa veste monologique pour accéder à la complexité de l'échange discursif entre acteurs sociaux ; le discours quitte ici le domaine de l'expressivité homogénique pour devenir un événement existentiel de partage de la parole, ou mieux, pour se transmuer en discussion publique dans le contexte étatique. C'est dans ces deux directions que nous allons poursuivre nos efforts et approfondir nos investigations épistémologiques.

2.1.3 Le discours éducatif et éthique

Le discours éducatif et éthique prend corps dans le contexte d'aliénation historique, de désaxation axiologique et de déréliction ontologique que connaissent les individus humains pris, dans leur monde, par le tourbillon de la société moderne, une société matérialiste, calculatrice et mécaniste. Ce discours vient concrètement et veut durablement faire face à la monotonie existentielle que res-

---

où le gouvernement se considère, et est considéré par les citoyens, comme tenu à l'observation de certaines règles légales qui limitent sa liberté d'action par l'intervention obligatoire d'autres institutions et définissent ainsi les conditions de la validité des actes gouvernementaux » (*Ibid.*, 157). L'Etat et le gouvernement constitutionnels représentent historiquement le cadre idéal d'accomplissement d'une vie politique véritablement sensée pour les peuples dans les sociétés modernes.

sentent les hommes plongés dans l'ennui infini et marqué par l'insatisfaction générale, eu égard à leurs conditions de vie corrosives.

Le discours éducatif et éthique concerne en fait les membres de la communauté morale vivante (une communauté qui possède un sacré, c'est-à-dire un ensemble de valeurs traditionnelles de référence), des hommes inscrits dans la société du travail (la société fondée sur la lutte contre la nature extérieure et la nature intérieure), des citoyens gouvernés par un Etat obéissant à un certain nombre de règles constitutionnelles. Il s'adresse à des êtres qui refusent le malheur (la pseudo-fatalité de la violence), cherchent à transcender le mal radical (la mauvaiseté décisionnelle de la finitude). Il s'agit d'hommes qui souhaitent faire, dans la spatialité et la temporalité, l'expérience du bonheur durable, le bonheur qui *est* : sous la mouvance de la raison-sens, ils veulent atteindre la paix dans l'honnêteté et la présence dans la simplicité et l'amitié.

Dans son opérativité historico-temporelle, le discours éducatif et éthique pense la déchirure fondamentale des êtres humains jetés dans le monde (social) en proie à une décomposition globale. Il veut panser la blessure anthropologique des individus dispersés dans les terres arides du grand désert que représente la seconde nature (la société). Dans cet ordre, il s'attelle à faire re-surgir l'humanité en l'homme ou mieux, à élever l'homme à l'universalité — l'emmener à l'*universabilité* —[92].

Cela revient à dire que le discours agit en vue de l'émergence historique d'une société autre, une société de femmes et d'hommes qui, malgré le fait « qu'ils sont, du moins potentiellement, méchants, passionnés, violents, égoïstes, menteurs et tricheurs »[93], veulent faire et appliquer par eux-mêmes, pour eux-mêmes, pour leur communauté et leur société, l'option préférentielle du juste et du raisonnable. Le discours organise et oriente la vie des hommes dans le monde afin que « chacun, que chaque groupe et chaque Etat prenne pour seul critère de ses choix l'intérêt universel et renonce à la violence directe et à cette forme déguisée de violence qui a nom mensonge et ruse »[94]. Le discours se déploie ainsi pour que les individus humains ouvrent les yeux et comprennent ce qu'est le monde — ce

---

[92] Chez Eric Weil, l'*universalité* n'existe, en tant que telle, que sous forme de « volonté d'universalité » (PM 43) c'est-à-dire comme « *universabilité* » (*Ibid.*, 52) : volonté de penser et de réaliser l'universel, le raisonnable au plan du concret (cf. G. Kirscher, *Eric Weil*, 71) : « L'universel tout court n'existe pas, et les universels qui existent, et que nous connaissons comme produits de l'histoire, sont nés de volontés et d'actes qui ne les visaient pas en tant que tels » (PR I, 233).

[93] EC I, 164.

[94] *Ibid.*, 164-165.

que devrait réellement être leur monde —, pour qu'ils ne s'engagent plus jamais, par haine transcendantale, à tirer leur revolver sur les autres[95] (à les détruire gratuitement) et qu'ils évitent catégoriquement d'« essayer la folie pour voir »[96], car la folie (en tant que violence extrême), même si elle peut être justifiable et devenir l'unique moyen de sauvegarder la vraie liberté, demeure intrinsèquement mauvaise du fait qu'elle « contredit par essence l'essence du travail social moderne »[97], qu'elle dénature de façon fondamentale l'accomplissement raisonnable de l'existence et détourne l'orientation sensée de l'histoire universelle[98].

Le discours éducatif et éthique apparaît donc comme un discours de (*la*) raison, un discours qui a *des* raisons et qui veut faire être (ou mieux faire découvrir) la cohérence de la raison à l'œuvre dans l'histoire des hommes : il s'efforce notamment de « discerner la raison dans le monde, c'est-à-dire de déceler les structures du monde en vue de la réalisation de la liberté raisonnable »[99].

Pour élargir et préciser notre propos, nous voulons envisager les contours moraux et la configuration formative qui font la spécificité et assurent la pertinence du discours éducatif et éthique en tant que discours de raison dans l'ordre sociopolitique.

a) *Discours et réalisation du bonheur raisonnable*

Dans sa valence morale, le discours éducatif et éthique en tant que figure logico-politique du langage ou manifestation épiphanique du langage au plan historico-temporel, se concentre sur l'existence concrète des hommes qui, dans leur périmètre spatiotemporel, sont en quête d'une vie meilleure, une vie quasi-totalement portée et in-formée par la *raison-sens* et la liberté. A ce niveau, il se découvre comme un dire moral foncièrement différent d'une éthique catégoriale transcendantale, d'un traité de morale générale ou d'une théorie (pure) de la (vie) morale. De fait, le discours éducatif et éthique vise l'effectuation du bonheur réel que les individus humains peuvent consciemment atteindre, autrement dit, le

---

[95] Cf. PR II, 8.

[96] Z. BERE, « Réalités africaines », 5. Cette expression, positive dans le cadre du développement africain car traduisant le courage, l'originalité et la détermination des femmes et des hommes engagés dans la transformation des conditions existentielles de leur monde, reçoit ici un sens négatif du fait de l'appel au non-sens qu'elle porte. Elle fait montre du choix dérivatif que peuvent faire des êtres humais dans leur monde.

[97] PR II, 102.

[98] Cf. EC I, 171-172.

[99] PP 57.

bien-être sensé dont ils peuvent, en connaissance de cause, faire l'expérience, en suivant les règles majeures inhérentes à l'organisation non-violente de leur monde, de leur milieu sociopolitique.

Dans cet ordre, le discours éducatif et éthique correspond à un *discours praxéologique* élaboré et ex-posé pour le bonheur de l'homme. Il s'agit d'un discours-action axé sur le bonheur raisonnable, un bonheur qui, en gros, consiste au dépassement global de la violence, à l'entraînement du vouloir-être-libre existentiel vers le bien et à l'accession concrète des hommes à la présence entendue comme contentement dans la simplicité et la vérité.

A souligner que le discours éducatif et éthique entend précisément aider les hommes à s'universaliser, autrement dit, à s'auto-déterminer comme raison-sens, malgré leur finitude. En tant que tel, il opère à « l'avènement d'un monde soumis à la règle de l'universalité, un monde d'où la violence soit exclue, où chaque homme soit considéré comme une *conscience* et non seulement comme un objet d'utilisation ou de manipulation »[100]. Le discours agit activement sur les hommes dans leur milieu sociocommunautaire en « dévoilant la volonté d'universalité comme fondement de toute action et en dégageant le principe du droit naturel, la règle d'égalité des hommes qui en découle »[101]. Le discours se focalise donc sur l'idéal d'universalité (sur la sursomption de la singularité atavique de l'être de l'homme). Il pose et promeut l'expression historique du droit naturel, c'est-à-dire l'idée et le sentiment d'égalité humaine en face de la loi (positive) commune ou, en d'autres mots, le devoir moral fondamental de considérer l'autre comme soi-même[102]. Bien plus, il permet de déceler l'enjeu historique du droit naturel comme lieu de monstration de l'homme en tant que berger de l'universel.

En clair, dans sa densité morale, le discours éducatif et éthique s'articule autour du respect de la dignité intrinsèque de l'être humain. Il favorise ainsi la quête et la réalisation de la vie heureuse au plan communautaire, en s'appuyant sur les valeurs et idéaux qui reconnaissent et mettent en exergue la spécificité de l'homme en tant qu'être raisonnable inscrit dans l'espace et le temps (authenticité, irréductibilité, inaliénabilité, ininterchangeabilité…).

Arrivé à ce point, il faut également préciser que, dans son effectuation historico-temporelle, le discours éducatif et éthique aide les hommes à appréhender l'importance de la structuration (construction concrète) de leur être-ensemble

---

[100] P. CANIVEZ, *Le politique*, 91.
[101] M. SAVADOGO, *Eric Weil*, 213.
[102] Cf. P. CANIVEZ, *Le politique*, 99.

136

selon la vision morale traditionnelle, c'est-à-dire selon les valeurs fondamentales qui constituent leur identité communautaire basique, notamment l'honnêteté, la liberté, l'égalité, la justice…, sans cependant éclipser les éléments apportés par la société du travail (l'utilité, l'efficacité).Ici, le discours s'articule autour « des règles, des régulations effectives, historiques présentes, de la vie en commun »[103] des individus humains dans leur monde. Il facilite proprement l'ouverture éthique et l'engagement existentiel des hommes qui ont découvert et veulent pleinement vivre le devoir fondamental de justice (le devoir de participer concrètement à l'accomplissement du bonheur de l'autre comme de soi-même et de soi-même comme autrui), dans la *modération*, la *véracité*, le *courage* et la *prudence*[104]

Dans cet ordre, le discours conduit à déceler l'importance de réaliser l'existence humaine non seulement pour la satisfaction et le contentement personnels (selon le sentiment de soi ou la particularité) mais aussi pour la satisfaction et le contentement des autres hommes dans la communauté historique ou encore, de la Communauté historique des hommes dans le monde (l'universalité), avec une attitude de responsabilité dans les décisions à prendre eu égard aux problèmes qui se posent au quotidien et un sens de discernement devant les faits et événements du monde.

En fin de compte, le discours éducatif et éthique contribue à ouvrir intérieurement les individus pour qu'ils arrivent à mieux concevoir et concrétiser « le sens de leur vie »[105], c'est-à-dire, à suivre l'orientation de leur inscription dans l'histoire, en tant qu'ils demeurent des êtres (se voulant) libres et égaux, des êtres qui, en toute conscience, ont choisi (pour) la vérité et l'universalité. Nous allons poursuivre cette exploration de l'idéal d'universalité en envisageant le discours éducatif et éthique dans sa facture formative.

b) *Discours et élévation à l'universalité*

Dans sa teneur proprement formative, le discours éducatif et éthique, en tant qu'extériorisation logico-politique du langage, entre dans la dynamique d'un triptyque épistémologique dont les composantes conceptuelles — que nous dési-

---

[103] PR II, 105.

[104] Ces éléments qui constituent une partie importante du *contenu de la morale* chez Eric Weil (cf. PM 110-141) sont repris et inscrits ici dans la dynamique de la réalisation de l'universalité à laquelle participe pleinement le discours éducatif et éthique en tant que détermination logico-politique du langage.

[105] PR II, 105.

gnons comme *former, con-former, trans-former* —, se trouvent en tant que telles dotées de valeur sémantique-pragmatologique et s'articulent globalement autour de l'universalisation morale de l'individu humain. C'est l'ensemble de ces éléments que nous voulons globalement présenter et spécifier dans les lignes suivantes.

+ Former

La *formation* équivaut précisément à éduquer à l'universalité ou élever au sens de l'universel. Le discours éducatif et éthique veut contribuer à porter au jour un individu capable d'assumer ses passions, de servir adéquatement la société et de s'auto-orienter raisonnablement dans le monde ; un individu qui, dans ses actions, tienne effectivement compte de « l'intérêt universel et concret, de ce que la communauté, par ses mœurs, règles et lois, définit comme son intérêt, un individu qui, dans chacune de ses décisions et de ses entreprises, cherche à jouer son rôle *social* aussi bien que possible »[106].

De façon concrète, le discours éducatif et éthique agit pour aider l'homme, dans son espace sociocommunautaire, à se départir de son égoïsme, à ne plus s'autogouverner par des passions désordonnées ni des intérêts personnels, pour découvrir et servir l'intérêt général, c'est-à-dire pour agir au quotidien selon l'intérêt du général — l'intérêt qui appartient à tous, qui convient à tous et peut contenter l'ensemble de la communauté sociale —.

Le discours éducatif et éthique s'applique ainsi à communiquer à l'homme, à travers une expression historique rigoureuse (le *dressage*, le « dressage de l'animal en l'homme »[107]), l'intérêt du général, l'intérêt du bien commun ou la valeur de la chose commune. Le discours procède par *dressage* — par répression, reconfiguration et réorientation active des désirs passionnels — pour transmettre aux individus humains les valeurs les plus hautes qui forment le fondement traditionnel de leur communauté d'origine et définissent authentiquement leur identité historique.

Le discours se manifeste ici en marchant sur les passions ou mieux, en les transfigurant, afin de faire surgir en l'homme le vrai sens de la liberté, de la dignité et de l'égalité, en d'autres mots, afin de l'aider à appréhender concrètement la densité et la vérité du droit naturel (qui se veut universel). Le discours impose donc aux hommes des règles nécessaires à la gestion adéquate (ordinaire, normale,

---

[106] PP 47.

[107] *Ibid.*, 47. A ce sujet lire : P. CANIVEZ, « Education et instruction », 537-538.

équilibrée) de l'univers social. Il les aide à acquérir les valeurs utiles au maintien et à l'épanouissement de l'être-ensemble, c'est-à-dire les éléments essentiels pour leur inscription non-violente dans l'espace et dans le temps, notamment : « le respect du bien commun, la justice, l'usage responsable de l'autorité, l'obéissance, le respect humain, l'honnêteté »[108].

En fin de compte, le discours éducatif et éthique participe ici à la prise de conscience des êtres humains sur le fait que, dans leur milieu de vie, ils doivent « se soumettre d'eux-mêmes à la loi universelle »[109] : ils doivent s'efforcer de « donner un sens [authentique et une orientation effective] à leur existence »[110] ; ou mieux, ils doivent « choisir pour eux-mêmes, de travailler et de décider [de leur vie ainsi que de leur avenir] en commun avec les autres »[111] sans être obligés de recourir ou d'adhérer aveuglément à des « charlatans moraux et politiques »[112], ces grands mystificateurs et destructeurs de l'être-ensemble, « ces sortes de prophètes qui sont légion et dont le succès se fonde sur la plupart du temps sur des appels à des traditions à moitié tombées en ruine »[113] qui continuent à se perpétuer injustement et à se transmettre nébuleusement[114].

Le discours éducatif et éthique met donc en relation et en mouvement les individus dans la dynamique de l'universalité. Il favorise leur apparition historico-temporelle selon la vision du monde communautaire. C'est un discours de *con-formation* — un discours de formation conforme aux valeurs essentielles reconnues et respectées par l'ensemble des membres de la communauté, un discours qui rend les individus conforme à la vie et à la vision de la communauté —.

+ Con-former

La *con-formation* envisagée par le discours éducatif et éthique consiste essentiellement en une harmonisation effective de l'être de l'homme avec la logique matérielle (morale et universelle) de l'être communautaire. Le discours favorise ici l'auto-expression historique de l'individu dans le monde en pleine conformité avec les ressources morales de son groupe de référence, le groupe qui lui a conféré

---

[108] I. NIMPAGARITSE, *L'action*, 73.

[109] PP 44.

[110] CEW IV, 159.

[111] *Ibid.*, 135.

[112] *Ibid.*, 159

[113] *Ibid.*, 159

[114] Cf. *Ibid.*, 159.

une identité culturelle. Cela signifie qu'il contribue à élever en l'homme la capacité « d'agir convenablement dans la communauté historique »[115].

Le discours s'applique donc à *con-formater communautairement* l'être humain, autrement dit, à le former, dans son espace social, à la coexistence sensée, à la co-habitation raisonnable : co-habitation dans l'acceptation authentique des autres, co-habitation dans l'auto-reconnaissance des limites inhérentes à l'individualité et compréhension de ce qu'il faut pratiquement faire pour préserver et améliorer la vie en commun.

De façon concrète, le discours s'efforce de « donner à l'individu une attitude correcte dans ses rapports d'action avec les autres »[116], une attitude faite d'honnêteté, de sincérité et de vérité. A proprement parler, il s'agit d'un discours-action de *pharisianisation* au-delà de toute sorte de « dressage au conformisme »[117] : un discours-action qui éduque au *bon pharisaïsme* c'est-à-dire qui forme l'individu à accomplir des actions que les autres peuvent juger acceptables et appréciables — des *actions* qui, dans cet ordre, sont supérieures aux *intentions* puisque celles-ci, quelque soit leur grandeur, demeurent généralement inscrutables et indéchiffrables —[118].

A ce niveau, le discours agit pour expulser de l'homme, en tant qu'être empirique (être naturel et singulier), tout ce qui se nomme bassesse, paresse, platitude, hypocrisie, mensonge, fourberie...[119] ; autrement dit, pour lui apprendre ou mieux lui *imposer*, dans son monde (devant les autres membres de la communauté), une attitude non anomique : une attitude qui ne le fait pas percevoir

---

[115] PP 50.

[116] *Ibid.*, 49.

[117] *Ibid.*, 50

[118] Cf. *Ibid.*, 50. Pour illustrer ce qui est contenu dans l'idée de *pharisianisation* ou d'éducation au *bon pharisaïsme*, nous voulons reprendre les indications que donne Eric Weil lui-même dans une réflexion à ce sujet : « De même qu'il est commode, et donc courant, de critiquer l'éducation comme dressage au conformisme, on sera tenté d'appeler pharisien le but assigné ici à l'éducation. Si l'on désigne comme pharisien l'homme qui se juge et veut être jugé selon la valeur de ses actions, le mot est, en effet, correctement appliqué à la chose dont il s'agit ici, mais cesse alors d'être un terme de réprobation ; car il est difficile de voir comment on jugerait les actions d'un homme sinon en tant qu'actions : un médecin qui se contenterait de vouloir guérir ses malades sans jamais y parvenir pourrait être admiré par ceux qui le connaissent en tant qu'homme ; mais ses admirateurs aussi bien que les autres, s'ils sont malades, préféreront s'adresser à un praticien plus efficace, quand bien même celui-ci agirait par simple amour du gain ou de la gloire » (*Ibid.*, 50).

[119] Cf. *Ibid.*, 51.

comme un déviant, un pervers, un violent, un rusé qui menace l'équilibre de la société ou encore la vie et l'avenir sensés du groupe auquel il appartient.

Le discours éducatif et éthique se déploie donc pour communiquer à l'individu humain une manière d'être et de se présenter qui possibilise son entrée non conflictuelle dans le périmètre relationnel de la communauté sociale ainsi que sa participation homogène à l'universel. Il contribue à la conjugaison des visions et à la réalisation harmonique des actions sociales en vue du bien-être de chacun et de tous. Le discours concourt finalement au remodelage moral des individus c'est-à-dire à la correction de leur façon d'agir et de leur attitude concrète dans le monde[120]. Il les aide à mieux se fixer dans l'espace et dans le temps, à s'y orienter et s'y épanouir de façon convenable. Il coopère ainsi à leur transformation sensée dans l'histoire.

+ Trans-former

Le discours éducatif et éthique en tant que discours logico-politique axé sur la *trans-formation* des hommes et du monde se réalise dans trois directions. Il agit tout d'abord en vue d'une métamorphose active de la violence inhérente à l'existence humaine. De fait, la violence, qui possède une réelle densité aux plans naturel et pseudo-naturel, « constitue la source et la racine de toute réflexion et de toute action »[121] des individus dans le monde. Cependant, quelque soit sa prégnance, elle ne saurait fonder durablement ni orienter adéquatement la vie et l'avenir des communautés et sociétés terrestres : le règne de la violence correspond au règne de la « brutalité humaine »[122].

Le discours s'efforce ainsi de révéler et de faire comprendre en profondeur le sens et les enjeux du pacte social fondamental : le « contrat de la non-violence »[123] qui devrait normalement régir les rapports de la vie commune et globalement inspirer les choix tant individuels que collectifs. Le discours saisit la conscience individuelle et sociale qu'il in-forme sur la nécessité générale de naviguer dans le monde en suivant le courant de la non-violence — même s'il n'est pas radicalement exclu que la violence, prohibée *en droit*, puisse redevenir essentielle *en fait*, à certains moments de la construction de l'histoire commune —.

De façon concrète, le discours éducatif et éthique en tant que discours transformatif veut contribuer à la correction des façons de voir et de penser qui, dans

---

[120] Cf. *Ibid.*, 50.

[121] *Ibid.*, 189

[122] *Ibid.*, 189.

[123] PM 113.

leurs fondements, défavorisent l'épanouissement authentique des hommes. Il participe à la transfiguration des visions (théories, valeurs, discours…) qui font l'éloge de la violence, de la barbarie et de la banalité comme moyens privilégiés de s'inscrire dans l'espace et le temps (par exemple les visions anarchistes et terroristes). Il montre leur dangerosité et leur limitativité.

Mais, loin d'annihiler ou d'anathématiser les individus et les masses qui soutiennent ou suivent de tels modes de penser, le discours éducatif et éthique les prend en charge. Il tient grandement compte de leur différence et s'évertue à leur indiquer (ou mieux *imposer*) la voie juste. Le discours opère à la transmutation de leurs énergies, à la focalisation de leur capacité intérieure vers le bien. Il oriente et aide à réglementer raisonnablement leurs passions en vue de l'émergence d'un monde nouveau, le monde dans lequel l'homme n'est pas un loup pour l'autre mais le gardien de sa vie.

Dans la même logique, le discours transformatif travaille aussi et surtout au renouvellement global de la façon dont les hommes se regardent (ou se sentent) dans le monde — *auto-perception* — et regardent (ou sentent) le monde — *exoperception* —. Il opère ici au niveau de la conscience sociale commune qu'il va infléchir dans sa saisie de soi et la compréhension du sens de sa présence-au-monde.

Le discours participe proprement à la réélaboration du sentiment des individus quant à la conditionnalité générale de leur vie et à la misérabilité résurgente qui la rythme. Il apprend aux hommes à ne pas se laisser immerger par le sentiment de corrosion ontologique qui les traverse, mais à le sursumer. Le discours concourt activement à cette sursomption. Il favorise une réinterprétation fondamentale, de la part des individus, de la place et du rôle (plus précisément de ce qu'ils considèrent comme la place et le rôle) qu'ils ont à jouer dans le monde — le monde tel qu'ils l'ont reçu de la tradition et tel qu'il a été façonné par l'action sociale —. Bien plus, le discours pousse les individus à s'engager dans le monde en cultivant un sentiment de joie et en redécouvrant le caractère sensé de la réalité. Il les porte à être dans le monde en suivant le mouvement du sens.

Cette transfiguration du regard-de-soi et de l'auto-appréhension de la conscience sociale commune induite par le discours, va entraîner une correction de la vision humaine sur les éléments (sur le monde en tant que milieu constitué principalement d'objets construits ou d'éléments naturels objectivés par la technoscience).

A ce niveau, le discours initie les individus à ne jamais abdiquer en face de la pseudo-fatalité de la violence liée aux éléments du monde, les objets de la société au travail. Il leur apprend à ne pas rejeter sur le monde la responsabilité de leur ennui ni à imputer au mécanisme social leur monotonie existentielle, mais à déceler la valeur ainsi que les limites évidentes des éléments qu'ils ont eux-mêmes *fabriqués*, pour les mettre concrètement au service du bonheur de tous.

En contribuant donc à une nouvelle interprétation du sens de la présence de l'homme au monde et de la perception globale des êtres et des éléments, le discours éducatif et éthique s'accomplit finalement comme un discours d'autoréalisation existentielle des hommes, un discours qui possibilise leur plein épanouissement dans l'histoire.

2.1.4 Discours éducatif et éthique versus discours instructif et technique

Arrivé à ce point, il est impérieux de préciser que le discours éducatif et éthique, dans sa teneur formative et portative à la vie raisonnable[124], se distingue matériellement du discours instructif et technique. Ce dernier équivaut à un discours d'« éducation à la rationalité [formelle, calculatrice et efficace] »[125]. Le discours instructif et technique s'articule autour des connaissances scientifiques et technologiques nécessaires à l'insertion ou à l'inscription notable des individus dans l'espace social[126]. En gros, il vise « l'acquisition d'un héritage qui forme le fondement de la société »[127] du travail ou, en d'autres mots, la possession de savoirs objectifs selon l'ordre nomologique hypothético-déductif.

En fait, le discours s'organise et se développe ici en apprentissage de tâches technocratiques et mécaniques dans l'univers social. Il opère en vue d'« inculquer les manières qui sont le préalable indispensable à une vie sociale normale »[128], autrement dit, dans le but de façonner un « individu utile en quelque manière à la collectivité »[129] :

[…] un homme nouveau, capable et désireux de jouer son rôle dans la société moderne, prêt et apte à juger de tous les problèmes concernant la vie de la communauté à laquelle il appartient, satisfait de la position qui est la sienne parce que conscient de la dignité inhérente et de la nécessité sociale de son travail, convaincu du caractère raisonnable de l'ordre existant, mais déterminé à améliorer cet ordre aussi bien que la position qu'il y occupe[130].

---

[124] Cf. J.-M. BUEE, « Education », 82-83.

[125] EC II, 380.

[126] Cf. P. CANIVEZ, « Education et instruction », 532-533.

[127] CEW IV, 139.

[128] *Ibid.*, 146.

[129] P. CANIVEZ, « Education et instruction », 532.

[130] PR I, 299.

Le discours instructif et technique se déchiffre ainsi comme une activité de formation et de conformation des individus à l'objectivité socioculturelle (intellectuelle et scientifique …). Il demeure un outil méthodologique fondamental pour l'émergence d'une société techniquement *avancée* (une société équilibrée, équipée et outillée en ce qui concerne la production et la possession massive des biens matériels). Ce qui signifie qu'il favorise la montée d'une société d'individus capables de se structurer rationnellement et d'appréhender parfaitement ce dont il s'agit quand il est question de gestion efficiente, de performance économique, de jeux administratifs et d'enjeux fonctionnels de l'Etat[131].

Cependant, ce discours, qui reste important pour l'auto-positionnement social, ne fonctionne pas en ce qui concerne la transformation éthique et l'engagement existentiel des individus. Il se montre pratiquement inefficace dans la préparation au « métier de citoyen »[132], autrement dit, dans la formation au statut de « gouvernant en puissance »[133] que tout membre de l'Etat moderne possède. Le discours instructif et technique ne prédispose pas à la formulation et à l'expression des interrogations inhérentes à l'existence authentique des hommes dans le monde. Il se trouve incapable de répondre aux problèmes qui découlent de la perception individuelle et collective du bien et du mal, c'est-à-dire de l'exercice sensé du vouloir-être-libre de l'homme dans l'histoire[134] : à lui seul, ce discours ne peut favoriser l'initiation des individus à même d'affronter « la fragilité de la normalité »[135], « des êtres humains capables de donner un sens à leur existence »[136] ou de s'orienter raisonnablement dans le monde. Ainsi convoque-t-il nécessairement le discours éducatif et éthique pour le compléter et l'enrichir dans le processus d'universalisation morale des êtres humains et d'émergence historique de sociétés plus justes et plus libres.

Pour récapituler notre propos, nous pouvons dire que le discours éducatif et éthique, en tant que figuration logico-politique du langage, prend part activement au modelage historique « des hommes capables de décider raisonnablement à leur place dans le monde et d'agir raisonnablement »[137], autrement dit, de se comporter au quotidien, « selon les exigences de l'universel dans la situation concrète,

---

[131] Cf. EC II, 380.

[132] CEW IV, 135.

[133] PP 203. Voir également : P. CANIVEZ, *Eric Weil*, 45.

[134] Cf. CEW IV, 146-148.

[135] *Ibid.*, 147.

[136] *Ibid.*, 159.

[137] PP 53.

sachant ce qu'ils font et pourquoi ils le font »[138]. Il s'agit donc d'un discours qui suscite l'interroger et favorise le comprendre existentiel de l'auto-inscription de l'homme dans le monde ; d'un discours qui cherche à « développer dans l'individu la faculté de comprendre ce qui le concerne en tant qu'il vit dans une communauté humaine (en tant qu'il est objectivement "universalisé") »[139] et qu'il poursuit, en relation avec les autres, la réalisation dynamique du bonheur raisonnable.

En fin de compte, le discours éducatif et éthique ambitionne de porter les individus humains à mieux appréhender le sens de leur présence dans le monde et à s'engager, en connaissance de cause, à travers « une plus grande abnégation de leur caractère empirique »[140], à accomplir la véritable révolution[141], c'est-à-dire, à effectuer l'incarnation plénière de l'universel dans l'histoire (dans leur histoire sociocommunautaire) et rendre possible l'avènement réel de la liberté et du sens dans leur existence personnelle et collective.

Cet ordre de choses suppose l'émergence d'une autre dimension du langage, une dimension qui illustre mieux la volonté d'effectuation de la promesse de l'universel dans le monde. Ce qui signifie qu'il nous faut passer de l'horizon mono-logique propre au discours, à la perspective poly-logique immanente à la discussion, en tant que lieu et milieu par excellence d'expression et d'expérimentation du devenir-raison de l'homme dans l'histoire. C'est ce sur quoi vont se concentrer nos réflexions dans les lignes qui suivent.

2.2 *La discussion*

2.2.1 Nature, caractéristiques et structures de la discussion

Dans le mouvement d'accomplissement de l'être-ensemble des hommes dans le monde, le langage s'extériorise comme discussion. La discussion dont il est question ici est à distinguer foncièrement de simples débats familiaux, amicaux ou sociaux sur la gestion de la vie commune, la quête de solution aux problèmes que connaissent les hommes dans leurs milieux de vie. Elle ne correspond pas non plus à la discussion heuristique, épistémologique et éthique qui se déroule au sein du monde universitaire, le genre de discussion qui aide à « découvrir des vérités et des faits nouveaux, ainsi que de nouvelles relations entre les faits, entre les faits et les valeurs, et entre les

---

[138] *Ibid.*, 53.
[139] *Ibid.*, 54.
[140] *Ibid.*, 48.
[141] Cf. *Ibid.*, 48.

valeurs elles-mêmes »[142] ; une discussion qui s'applique à analyser les principes, s'efforce de découvrir ce qu'implique chacun de nos choix, et ce que serait le prix moral à payer pour la réalisation de nos souhaits et de nos idéaux socioculturels[143].

De même cette discussion demeure différente d'une « discussion du type de celles qui consistent dans la confrontation de thèses formulées et formellement opposées »[144] ou encore de la discussion technique des techniciens dans laquelle « la connaissance formelle des principes, de la méthode et du problème mène rapidement à un résultat dont les partenaires connaissent à l'avance le lieu et où l'on ne cherche qu'une réponse par *oui* ou *non* »[145].

La discussion qui constitue l'objet de notre enquête se déchiffre plutôt comme un mode d'organisation systématique de la vie totale de la société (moderne) en tant qu'espace humain gouverné par l'Etat. Elle se présente comme un lieu d'expression authentique de l'être politique du langage. En gros, elle correspond à une « modalité [focale et fondamentale] de l'action politique »[146], à une manière normale ou adéquate (non-violente) de gérer l'existence commune des hommes, de résoudre les problèmes auxquels ils sont confrontés dans leur monde et d'envisager leur accession à la présence (leur sursomption de la béance existentielle qu'ils sentent de façon intense).

Dans cet ordre, elle se trouve dotée d'une densité et d'une originalité qui la différencie notablement du dialogue antique ou de la discussion comme catégorie, thématisée de façon magistrale dans la *Logique de la philosophie* ; une discussion axée sur l'équilibre intra-communautaire autour du Bien commun qu'il faut préserver de manière radicale et de l'attitude de non-violence interne — entre hommes libres — à cultiver (discussion qui est apparue comme une méthode authentique d'auto-gestion des communautés primitives et comme un lieu historique d'engendrement universel de l'être humain, c'est-à-dire, d'émergence de l'homme en tant qu'être tendu vers l'universel de la raison).

La discussion politique ou la discussion en tant qu'épiphanie logico-politique du langage en contexte moderne « est toujours à la recherche *et* de ses principes, *et* de sa méthode, *et* du lieu de sa réponse »[147]. A proprement parler, il s'agit d'une discussion publique, idéalement libre et universelle (médiatisable selon la volonté

---

[142] *Ibid.*, 153

[143] Cf. *Ibid.*, 153.

[144] PP 205.

[145] *Ibid.*, 206.

[146] P. CANIVEZ, *Eric Weil*, 28.

[147] PP 206.

d'universalité). Elle ne concerne pas l'homme (ou les affaires de l'homme) en tant qu'être singulier (biologique, naturel), menant une vie privée (universellement individuelle, passionnelle) mais l'être humain (ou les affaires de l'être humain) en tant que membre d'une société régie par des règles générales.

La discussion ne se rapporte pas directement à la population d'une nation, c'est-à-dire aux êtres vivants qui, par leur naissance, occupent un milieu naturel (environnement), habitent (dans) un espace territorial déterminé, partagent un ensemble d'éléments symboliques et culturels (origine, langue, tradition, morale, vision du monde...). Elle concerne plutôt des femmes et des hommes appartenant au Peuple — une portion majeure (mature et importante) de la population —, constitué par la *loi fondamentale*[148] promue par eux-mêmes, promulguée et protégée par le gouvernement de l'Etat (de *leur* Etat). La discussion implique des citoyens qui, à travers leur inscription dans le milieu communautaire et leur insertion dans l'espace social, ont déjà, en connaissance de cause, opté pour la raison et s'efforcent d'agir globalement selon l'universel de la raison.

De ce point de vue, la discussion apparaît comme le fondement idéal du système constitutionnel. Elle est universelle en son principe : chaque citoyen y est admis à prendre part aux délibérations et à la prise des décisions, ce qui signifie que « tout citoyen y est *considéré* comme capable de partager les responsabilités du gouvernement et comme gouvernant en puissance »[149].

Au plan pratique, la discussion caractérise tout autant le système constitutionnel que « le système autocratique en tant que moderne »[150]. Dans le système constitutionnel, elle est « réglée par la loi (en ce qui concerne les droits et les obligations des participants), ouverte et continue »[151]. Il s'agit d'une discussion effectivement libre, transparente et « universelle aussi bien en ce qui concerne les participants que les sujets de la discussion »[152]. En plus, tous ceux qui y prennent part ne sont pas exposés à la répression ni à des poursuites judiciaires.

---

[148] Chez Eric Weil, la *loi fondamentale* ou *constitution* correspond à la « règle de la vie de l'Etat » (PP 166). C'est une règle formelle qui évolue selon les mentalités et peut être changée. Comme toute loi, elle ne saurait être « inventée ou créée ; elle formule ce qui existe dans la façon de travailler de la société, dans l'organisation que celle-ci s'est donnée, dans la morale vivante de la communauté qui a engendré cette société particulière » (cf. *Ibid.*, 166).

[149] P. CANIVEZ, *Le politique*, 204.

[150] PP 203.

[151] *Ibid.*, 211.

[152] *Ibid.*, 215.

Dans le système autocratique, la discussion représente un ersatz de l'expression politique authentique des citoyens. Dans ses fondements, son fonctionnement et son aboutissement, elle est dérivative et éthiquement discriminatoire. C'est une discussion « restreinte, discontinue et non soumise à la loi formelle »[153], une discussion bornée et portée à la répression des participants qui expriment des opinions divergentes de celles des autres (de l'idéologie dominante). Dans cette logique, elle apparaît comme le soubassement pratique de la terreur.

Arrivé à ce point, force est de constater que la discussion émerge et se réalise essentiellement dans le cadre institutionnel. De fait, elle n'équivaut pas à « une discussion entre personnes mais entre institutions, c'est-à-dire entre individus qui représentent délibérément ou inconsciemment des institutions (Etats, partis, etc.) qui, en tant que telles, visent leur propre survie et la défense de leur intérêts »[154]. La discussion convoque les structures majeures de l'action raisonnable[155], autrement dit, elle en appelle, dans son effectuation, aux instances publiques qui rendent possible la quête et l'atteinte historique du contentement de tous ou encore, qui assurent l'auto-manifestation authentique du vouloir-être-libre de l'homme à travers l'espace et le temps. La discussion fonctionne normalement au niveau de l'instance parlementaire qui en constitue « le lieu institutionnel »[156] ou le milieu structurel par excellence. Cependant, elle est présupposée, portée et prolongée par les structures caractéristiques que sont l'administration et le gouvernement.

La discussion s'épanouit préférentiellement au niveau du *parlement*[157] qui apparaît comme l'instance essentielle de la représentativité nationale dans la sphère publique (l'espace qui incarne l'universel de la société et de l'Etat). Le parlement se réalise proprement (dans le système constitutionnel et, dans une certaine mesure, dans le système autocratique), comme la structure principale de représentation et d'expression du peuple — d'extériorisation formelle des opinions et intérêts du peuple en sa totalité (minorités majorité) —.

---

[153] *Ibid.*, 211.

[154] P. Canivez, *Le politique*, 214.

[155] Cf. P. Valadier, « Société moderne », 183.

[156] J. Roy, « La "philosophie politique" », 276.

[157] Selon Eric Weil, le *parlement* est « *l'institution qui caractérise principalement l'Etat constitutionnel* » (PP 167). C'est l'instance « *qui, exprimant les désirs et la morale vivante de la société-communauté particulière, permet et contrôle l'action rationnelle et raisonnable du gouvernement et donne à celui-ci la possibilité d'éduquer le peuple* » (*Ibid.*, 167).

A travers la discussion qui s'y déroule, le parlement se découvre comme le périmètre privilégié qui permet la confrontation (la lutte langagière) des intérêts et l'explicitation-rationalisation des idéaux communautaires ainsi que des décisions gouvernementales. C'est ce que souligne avec force Paul Valadier dans son analyse de l'Etat moderne dans la philosophie politique d'Eric Weil. Il affirme ce qui suit :

[...] le Parlement et tout ce qui l'entoure (presse, opinion publique, débats...) constituent une caisse de résonance où peuvent retentir les aspirations contrastées des catégories sociales. [En son sein] les besoins [réels du peuple] gagnent à être *formulés*, pour pouvoir être cristallisés et sortir du sentiment vague et de l'inquiétude sans objet ; le citoyen y gagne en ce qu'il explicite à lui-même ses revendications, en même temps que le pouvoir ou l'administration y puisent des sources d'informations sans lesquelles ils seraient aveugles. Formulés, ces besoins se trouvent *confrontés* à ceux des autres et peuvent, par là même, prendre conscience de leur particularité, voire de leur partialité ou de leur caractère réciproquement contradictoire[158].

En fait, le parlement représente la conscience-de-soi de l'existence déchirée et dédoublée de la communauté sociale (la communauté du travail et de la parole en contexte moderne). Il figure et met au jour les désirs inexprimés des membres de la société-communauté ainsi que leur volonté de sursumer courageusement et raisonnablement l'aliénation historique, la désaxation axiologique et la déréliction ontologique qu'ils connaissent.

Ce qui est représenté au parlement, c'est bien la nation, mais la nation avec ses difficultés, ses oppositions, ses préférences contradictoires, ses intérêts matériels, ses convictions morales : ce qui est représenté est l'organisation inconsciente d'une communauté au travail arrivé au point où elle cherche la conscience de ce qu'elle est, fait, veut[159].

Cela signifie que le parlement demeure le lieu et le milieu principal de monstration puis de conjugaison et conciliation de la double phénoménalité historico-existentielle de l'homme en tant que rationalité techno-nomo-logique (*efficacité*) et raisonnabilité agissante (*sens*) : à travers elle, « la collectivité s'efforce de récon-

---

[158] P. VALADIER, « Société moderne », 184.
[159] PP 169.

cilier concrètement l'historique de la communauté, la rationalité de la société, le raisonnable de l'Etat »[160].

Le parlement se spécifie finalement et acquiert toute son importance à travers la discussion qui s'y développe, une discussion qui, dans cet ordre, facilite l'accessibilité, l'acceptabilité et la compréhensibilité de l'action gouvernementale par la totalité de la société. En synergie organique avec l'administration et le gouvernement, le parlement détermine également la discussion comme le mode normal (universel) d'ex-pression du peuple et le moyen le plus adéquat (raisonnable) d'organisation de la vie commune.

L'administration qui, à côté du parlement, « joue un rôle considérable en tout Etat moderne »[161], représente l'instrument spécifique de préparation et de prolongement technique de la discussion. C'est elle « l'appareil qui renseigne en vue de la délibération et de la décision, ou l'organe de la rationalité technique de la société rationnelle »[162]. Dans le quotidien de la vie commune, l'administration « s'occupe de l'aspect social de l'Etat, de l'application de la loi existante, du travail et de son organisation, de la paix et de l'ordre publics »[163] ; autrement dit, de l'« insertion du politique dans le social, du raisonnable dans le rationnel »[164].

En tant que service ou mieux, en tant qu'instance qui demeure de façon permanente au service de l'organisation de la vie sociale, l'administration monnaye rationnellement les éléments définis et décidés au niveau de la discussion publique. Dans cette ligne, elle participe à l'auto-configuration formelle de la conscience-de-soi de la communauté sociale. Elle apparaît précisément comme le *service* étatique qui dévoile le malheur (l'ennui et la monotonie) de la conscience des individus de leur inachèvement intérieure ainsi que de leur corrosion intrinsèque ; autrement dit, d'une part, de leur enveloppement et leur emportement dramatique (violent) par le tourbillon dantesque du mécanisme social et, d'autre part, de leur ferme volonté de transparence authentique dans le sens.

C'est sur elle que se déverse le mécontentement de l'individu qui y reconnaît le bras du maître tyrannique encore quand elle représente la nécessité rationnelle et que seul l'arbitraire de l'individu proteste. C'est sur elle que se concentrent les

---

[160] J. Roy, « La "philosophie politique" », 278.

[161] P. Valadier, « Société moderne », 184.

[162] *Ibid.*, 184.

[163] PP 150.

[164] *Ibid.*, 155. Voir également J. Roy, « La "philosophie politique" », 276.

vœux et les rêves de l'homme de la société qui d'elle espère la suppression des résistances « purement techniques »[165].

L'efficience propre de l'administration, au service de la discussion et du bonheur sociocommunautaire des individus humains, nécessite la *vertu* (la *perspicacité* et la *prudence*) des hommes d'Etat. Cela signifie qu'elle convoque la sagesse et le sens de la responsabilité du gouvernement[166].

La présence et l'action du gouvernement apparaissent comme essentielles dans la caractérisation et la détermination historique de la discussion : c'est le gouvernement qui « initie la discussion, soit de propos délibéré, soit par le simple fait qu'il agit et que le parlement réagit ; c'est lui qui la guide ; et c'est lui qui la termine par sa décision »[167]. Le gouvernement (ou l'Etat à travers le gouvernement) se présente comme le programmateur général et le responsable moral de la discussion, de son bon déroulement et de son achèvement positif, c'est-à-dire, de sa réussite pratique. C'est lui qui l'instaure, en fournit le(s) thème(s) essentiel(s), l'arbitre, la protège, etc.

Le gouvernement agit pour la vie et l'avenir (la poursuite dans la durée) de la discussion au niveau de la nation. Cela revient à dire qu'à travers ses efforts, il s'applique à l'épanouissement de la *parole partagée* par les hommes ou encore, à l'épanouissement des hommes en tant qu'ils acceptent de *partager la parole* en mode non-violent dans l'histoire (en tant qu'ils forment une société-communauté de la parole et du sens).

De façon concrète, le gouvernement travaille à la médiation entre les valeurs de la communauté du langage (la morale vivante) et les normes de la société structurée par le travail (l'efficacité, le rendement). Il opère pour l'harmonisation concrète du *juste* et de l'*efficace* qui sont perçus et vécus de façon contradictoire et rébarbative par la conscience sociale commune : autant que possible, le gouvernement travaille à « la réconciliation entre l'universel de la raison (qui exige la possibilité d'une vie sensée pour tout individu [...]), l'universel (rationnel et technique) de l'entendement, et l'universel concret et historique de la morale de la communauté »[168].

---

[165] PP 151.
[166] Cf. *Ibid.*, 197.
[167] *Ibid.*, 210.
[168] *Ibid.*, 194.

Il s'agit ainsi, à partir de la discussion initiée, portée et achevée par le gouvernement, de trouver une orientation fondamentale et proposer une détermination fondante à l'existence des hommes dans la spatialité et la temporalité. En d'autres mots, pour le gouvernement, en promouvant la discussion, il s'agit de conduire la communauté « dans la grande entreprise de la conservation édificatrice, de l'édification conservatrice d'une vie sensée pour tous »[169] et pour les hommes, en vivant communément la discussion, « d'accéder à la raison en durant, de durer pour accéder à la raison »[170], autrement dit, d'arriver à un état de choses où leur désir

> [...] soit moral, c'est-à-dire en accord avec la structure de la communauté et avec son universel concret, où nul ne demande ce qui ne lui revient pas de droit, où les besoins historiques soient assurés de leur satisfaction, où nulle tension autre que d'individu à individu ne trouble un ordre qui ne pèse à personne parce qu'à tous il paraît *naturel*, où, pour le dire d'un mot, la violence aura disparu de la communauté [...][171].

Dans cette logique, le gouvernement se réalise comme l'instance qui rend possible et accomplit la transformation du monde de l'homme ainsi que la transformation de l'homme en son monde, c'est-à-dire, la *révolution non-violente*, à travers la mise en mouvement de la discussion conçue dans la perspective de l'amélioration et de la pérennisation de la vie commune.

A ce niveau ressurgit et se précise l'enjeu de l'éducation à la raison dans l'horizon de l'action gouvernementale pour la promotion de la discussion et la préservation du sens. En effet, c'est par la discussion et dans la discussion que le gouvernement se fait éducateur. La discussion se déroule ici comme un moment d'éducation à la vie sensée, un mouvement d'adéquation du particulier de la passion à l'universel de la raison et une initiation à la prudence ainsi qu'à « la vue du tout de la vie politique »[172].

Dans cette perspective, le discours éducatif et éthique — tel qu'élaboré et présenté dans nos investigations antérieures — s'effectue dans le contexte de l'échange langagier entre membres de la communauté sociale. Il prend corps dans le cadre de la discussion promue par le gouvernement et vécue par l'ensemble de la nation. Ce qui signifie que le discours éducatif et éthique se rend effec-

---

[169] *Ibid.*, 198.
[170] *Ibid.*, 195.
[171] *Ibid.*, 195.
[172] *Ibid.*, 197.

tif dans le monde en empruntant la voie de la parole partagée entre membres de la société-communauté du langage et du sens. Il acquiert toute sa dimension (sa consistance pratique) dans la dynamique de la confrontation-conciliation des convictions humaines et des intérêts de l'Etat expérimentée dans la discussion.

2.2.2 Graduation et signification de la discussion

Arrivé à ce niveau de nos investigations, il nous faut souligner que la discussion moderne se déroule, en tant que telle, sur plusieurs plans dans la sphère publique. Elle connaît globalement une graduation ternaire. Au plan fondamental et fondateur, on note la discussion entre le gouvernement et le parlement en sa totalité, autrement dit, la discussion entre le gouvernement et la nation telle que représentée au parlement ou, ce qui est la même chose, le gouvernement et l'opinion publique telle qu'elle s'exprime au parlement.

Il s'agit du « niveau le plus élevé »[173] de la discussion, du premier degré ou du degré suprême de la discussion publique : « la discussion au plan gouvernement-représentation domine les autres : ce n'est qu'elle qui aboutit à une décision, tandis que toute autre discussion ne fait que viser sans l'atteindre, cette décision concrète »[174]. Cette discussion favorise de façon manifeste l'auto-émergence historico-temporelle de la conscience-de-soi de la nation. Elle facilite aussi la transparence et la diligence de l'action gouvernementale.

> [… C'est] dans la discussion entre le gouvernement et la nation représentée, [que] la nation se montre telle qu'elle est en déclarant ses désirs, positifs ou négatifs, et c'est grâce à cette même discussion que, d'une part, le gouvernement peut prendre ses décisions en tenant compte de l'état de la nation et que, d'autre part, il peut rendre ces décisions accessibles et acceptables à la nation[175].

La discussion publique du premier niveau, une discussion en quelque sorte *archi-tectonique* (fondatrice) et *archéo-logique* (au principe de toute logique — de la vie sociopolitique —), promeut ainsi l'expression et la défense des intérêts du peuple dans le cadre de l'Etat. Elle permet de tirer de l'inconscient ce qui constitue l'essentiel des convictions de la nation et des aspirations de l'opinion publique. Elle permet également — pour le repréciser — l'éducation des

---

[173] *Ibid.*, 214.
[174] *Ibid.*, 210.
[175] *Ibid.*, 211.

citoyens à l'universel de la raison, leur éveil au sentiment de l'intérêt (du) général, l'intérêt qui appartient à tous et porte au contentement sensé de tous (de la totalité de la communauté sociale).

La discussion publique contribue aussi à sortir l'homme d'Etat des filets de la singularité dans lesquels il pourrait être enfermé, en tant qu'individu humain issu d'une communauté déterminée qui poursuit un certain nombre d'intérêts historiques. Elle peut ou devrait grandement l'aider à découvrir la « particularité de sa propre situation »[176]. Cette ouverture de l'homme d'Etat à l'universalité de la raison ou encore cette heureuse accession à « une conscience plus claire, de la situation [sociocommunautaire] et de sa situation [dans la société-communauté] »[177] advient précisément à travers « la confrontation de la position prise par lui avec les positions choisies et prônées par les autres »[178].

Le second degré de la discussion est marqué par le surgissement des partis dans l'ordre public et leur centralité dans la quête et la réalisation de l'action sensée promue par l'Etat en général. Il s'agit d'une discussion inhérente aux partis en tant que structures politiques présentes au parlement, regroupements publics qui pensent « la totalité de l'Etat et des intérêts particuliers »[179], autrement dit, qui défendent des intérêts singuliers (ceux d'une partie du peuple) et qui, cependant, se positionnent au plan social en adoptant le point de vue de l'universel — devenant ainsi des structures potentielles de remplacement du pouvoir gouvernemental et administratif en place —.

Eric Weil donne une description minutieuse de cette discussion (ou de ces discussions) impliquant les partis (les structures et entités politiques non nécessairement gouvernantes), dans la perspective de la construction historique de l'être-ensemble ainsi que de l'amélioration qualitative de la vie en commun au niveau de l'Etat moderne. Reprenons-en le dense développement scandé de nombreuses précisions :

> Une première discussion s'installe au niveau des partis : chaque parti établit un projet de compromis entre les intérêts particuliers (entre les associations d'intérêts, là où elles ne sont pas prohibées) qui, sur le plan de la société, s'affrontent sans discuter (sinon sur le plan technique et en vue de compromis particuliers et techniques), et il le fait en poursuivant une discussion des affaires de la communauté-

---

[176] *Ibid.*, 213.
[177] *Ibid.*, 213.
[178] *Ibid.*, 213.
[179] *Ibid.*, 209.

154

société du point de vue d'un gouvernement selon le cœur du parti. La discussion naît au sein du parti. Là où plus de deux partis (ou groupes à l'intérieur du « parti » unique) existent, un second plan est constitué par la discussion entre les partis en vue du maintien (ou de la formation) d'un gouvernement, c'est-à-dire, de la sauvegarde de la possibilité concrète de prendre et d'exécuter des décisions portant sur le tout de la communauté-société : discussion entre les partis. Le troisième plan est celui de la discussion entre le gouvernement et les partis (ou groupes à l'intérieur du « parti » autocratique), destinée à définir les problèmes concrets de l'Etat et à leur donner une solution[180].

On note ainsi la présence de trois (3) plans différents au second degré de la discussion publique et universelle en tant que figuration logico-politique du langage. Ces trois plans s'imbriquent et se complètent. Ils convoquent la sagesse conjuguée de l'homme du parti, du gouvernement et du parlementaire dans la détermination et la résolution des problèmes auxquels se trouvent objectivement confrontés les hommes dans leur monde social, autrement dit, dans la gestion (potentielle ou actuelle) de la chose publique ainsi que la quête authentique d'une vie sensée pour tous.

Les trois plans s'interpénètrent, et toute discussion réelle tient à la fois des trois. L'homme de parti, parce qu'il veut la victoire de son parti, tiendra compte de l'attitude des autres partis en établissant son programme, de même qu'il n'oubliera pas de confronter ce programme avec celui du gouvernement ; le gouvernement mettra dans son calcul la structure de chaque parti et les discussions partisanes ; le parlementaire n'aura garde de négliger ni la discussion intérieure au sein de son parti, ni celle du parlement en sa totalité avec le gouvernement[181].

Le troisième et dernier degré de la discussion publique concerne les *unions* d'intérêts ou *associations* d'intérêts[182], les *corps intermédiaires*[183], les diverses *structures* et *organisations* sociales, professionnelles, péri-étatiques, para-étatiques, éco-

---

[180] *Ibid.*, 209.

[181] *Ibid.*, 209-210.

[182] Cf. *Ibid.*, 209.

[183] Cf. CEW IV, 129. Les *corps intermédiaires* correspondent aux partis, syndicats et groupes fondés sur un intérêt commun. Leur rôle fondamental est celui de « clarifier les "aspirations populaires", d'éliminer les projets techniquement irréalisables, et de permettre la définition correcte des questions » (*Ibid.*, 129).

nomiques, techno-scientifiques, culturelles, etc. (organisations industrielles, agricoles, commerciales ; groupes locaux, syndicaux, religieux, idéologiques ; clubs, comités, etc.), qui poursuivent un but particulier et qui, fort de leur identité, exercent une certaine pression sur la nation telle que conçue au parlement, gérée par le gouvernement et réglementée par l'administration.

A ce niveau, on peut parler « *des* discussions de détail »[184] ou mieux, des « tribunes de discussion »[185] dans lesquelles les femmes et les hommes (en tant qu'acteurs sociaux ou citoyens) apprennent, dans le quotidien de leur existence, « à comprendre et à formuler leurs intérêts comme membre de ces groupes [et associations], à considérer d'autres individus comme leur porte-parole et leurs représentants, et à maîtriser la technique de la discussion, de la négociation et du compromis »[186].

Les discussions qui se font ici fournissent de la matière à la discussion architectonique et archéologique, celle qui se passe entre le gouvernement et la représentation nationale[187]. Elles laissent transparaître « la voix de la particularité »[188] au creux de l'universalité. En outre, elles permettent au gouvernement de prendre en compte *aussi* les problèmes singuliers non considérés comme prioritaires par « l'opinion parlementaire »[189] majoritaire et dominante — une opinion qui, à certains moments, apparaît comme écrasante ou étouffante —.

Cela signifie que ces discussions aident l'Etat à s'ouvrir aux difficultés qui constituent le quotidien existentiel d'une partie du peuple, à satisfaire les *justes intérêts* (les intérêts universalisables)[190] que défendent tout un ensemble de groupes et catégories sociales, à résoudre certains conflits que vivent les minorités (représentées ou non au parlement) ; des conflits négligés et parfois ignorés sciemment ou non par la majorité parlementaire.

On l'aura remarqué, la discussion, en tant qu'expression logico-politique du langage en contexte moderne, a trait au(x) problème(s) de l'Etat ou mieux, au(x) problème(s) que connaissent les femmes et les hommes vivant dans la société (du travail) gouvernée par l'Etat. La discussion concerne précisément le conflit entre la *justice* et l'*efficacité*, un conflit de base qui s'extériorise selon diverses déterminations historiques et temporelles :

---

[184] PP 210.

[185] CEW IV, 128.

[186] *Ibid.*, 128.

[187] Cf. PP 211.

[188] *Ibid.*, 209.

[189] *Ibid.*, 169.

[190] Cf. *Ibid.*, 187.

« Ordre contre liberté, réalisme conte idéalisme, raison d'Etat contre morale, rendement social contre égalité des conditions, intérêt contre fraternité, etc. […] C'est l'opposition des deux maximes [classiques] : *salus publica suprema lex esto* et *justitia fundamemtum regnorum* »[191].

La discussion prend corps ainsi dans un ordre de disparités historico-existentielles dont elle travaille à la ré-conciliation harmonique. Elle se substantifie à travers des dualités socioculturelles qu'elle tente de sursumer pratiquement, en mobilisant les structures majeures de l'action raisonnables (le parlement, l'administration et le gouvernement) et en en manifestant les spécificités. De fait, c'est dans et par la discussion que le gouvernement guide et arbitre, que le parlement se montre avec ses désirs, ses aspirations et ses divers problèmes puis propose un compromis entre les exigences de l'efficacité et celles de la morale historique de la communauté. C'est aussi dans et par la discussion que l'administration trouve des informations notables qui configureront durablement son action[192] puis détermineront l'organisation rationnelle et raisonnable de la communauté sociale.

Dans le même ordre d'idées, on remarque que la discussion permet aux individus humains, quelque soit leur rang ou leur place sociale,

[…] de prendre une connaissance politique de la structure de l'Etat, de l'administration, de la société, de se former à la vue (et dans la vue) du tout de la réalité vivante et à la responsabilité concrète et positive, d'abandonner l'attitude négative de la particularité, de l'universalité formelle de la morale abstraite, de l'universalité particulière de la morale historique en son opposition à la rationalité formelle[193].

La discussion publique se manifeste ainsi comme une authentique école existentielle qui aide concrètement des êtres singuliers appartenant à la communauté des hommes (*plan physiologique et biologique*) et inscrits matériellement dans l'espace et le temps (*plan géographique et historique*), à — mieux — se situer ou s'orienter dans le monde (*plan anthropologique et métaphysique*), autrement dit, à envisager raisonnablement — à concevoir dans la dignité, la liberté, l'égalité, etc. — leur commune habitation du monde (*plan politique et éthique*).

En fin de compte, la discussion se réalise comme le moyen privilégié dont les hommes disposent dans l'histoire pour organiser adéquatement leur être-ensemble et accéder au vrai bonheur. Elle demeure le canon non-violent de l'évolution

---

[191] *Ibid.*, 183
[192] Cf. E. Doumit, « Etat et société », 522.
[193] PP 213-214.

historico-politique des peuples. La discussion reste la méthode, la moins mauvaise, que les gouvernants de toute nation terrestre peuvent utiliser pour « empêcher que la communauté en tant que telle [ne] perde le noyau qui lui donne sa forme de vie sensée »[194] et éviter, dans cet ordre, l'émergence tragique de situations révolutionnaires (des situations qui conduiraient à l'éclatement apocalyptique de la nation). La discussion représente également le chemin normal que les citoyens sont invités à emprunter pour se libérer d'une existence malheureuse. Elle apparaît finalement comme la voie principale que les hommes doivent suivre, s'ils souhaitent se départir d'une vie personnelle et sociale « inhumaine, creuse, étouffante »[195] et veulent durer raisonnablement dans le temps.

De fait, la discussion permet d'éviter, d'une part, le mécontentement profond du peuple, mécontentement qui justifierait un recours à la révolte radicale comme mode ultime d'expression (ou de survie) et, d'autre part, l'option *de facto*, par le gouvernement, de la *dictature* comme méthode pour sauvegarder l'ordre sociopolitique au cas où il se trouverait menacé par la violence révolutionnaire (le désordre de ceux qui refusent d'obéir à l'autorité légale et veulent prendre leur droit par la force) [196]. En d'autres mots, la discussion favorise l'auto-réalisation historico-temporelle de l'Etat dans le mouvement de la révolution en tant que réformation ou rénovation, c'est-à-dire, l'accomplissement de la révolution non-subversive au niveau de l'Etat moderne. Elle contribue au progrès (moral, social, politique…) des sociétés humaines dans l'histoire, et facilite l'accès de tous (la totalité de la communauté sociale) au contentement dans la dignité et la paix.

---

[194] PR II, 107.

[195] EC II, 380.

[196] Au niveau de l'action politique et de la configuration structurelle des Etats modernes, Eric Weil établit une différence claire et nette entre la *dictature* qui est constitutionnelle, dictature qu'il juge passagère, et l'*autocratie* (ou la *tyrannie*) en tant que régime normal (non extraordinaire) d'une communauté historique, un système dans lequel la violence, la ruse et le mensonge apparaissent comme le *modus vivendi* des gouvernants. A ce sujet, il écrit : « On a pris l'habitude d'appeler les gouvernements autocratiques des *dictatures*. Il faut réserver ce terme à un autre usage et le prendre dans son sens historique : une forme autocratique de gouvernement, temporaire, tenue en réserve pour des situations extraordinaires par la loi fondamentale des Etats constitutionnels » (PP 172). Les différences entre la dictature et le système autocratique sont inhérentes au fait que « l'autocratie ne connaît pas de constitution comme loi fondamentale réglant son action et son activité. La durée et l'exercice de l'autorité n'est pas fixée et les mesures gouvernementales ne sont pas soumises à des restrictions précises ni à l'approbation d'un parlement » (cf. *Ibid.*, 172) ; un parlement réellement libre et autonome, capable de contrôler et de contraindre l'action du gouvernement.

2.2.3 Discussion et démocratie

La discussion élaborée et envisagée dans notre enquête se découvre comme la vitrine idéale du système démocratique. La discussion publique, notamment celle expérimentée dans le système constitutionnel, constitue l'essence réelle de la démocratie (qu'elle soit populaire ou formelle). Elle en détermine aussi le sens profond.

[En fait, la démocratie (moderne) peut être conçue comme] le droit de tout citoyen à prendre part à une discussion ouverte, sans recours à la violence, qui vise l'élaboration de décisions destinées à favoriser le bien commun, tout en tenant compte, dans la mesure du possible, à la fois des souhaits des citoyen et des conditions sociales et politiques (extérieures) qui prévalent[197].

Il faut souligner que, selon Eric Weil, le concept moderne de démocratie conserve certains éléments-clés de l'approche classique, notamment :

[L']égalité de tous les citoyens devant la loi, [les] droits politiques égaux pour tous les citoyens adultes : l'acquisition de ces droits par tous les habitants du territoire concerné, ou du moins ceux qui y sont nés [y ont évolués] et y résident habituellement ; un gouvernement nommé par tous les citoyens et soumis à leur contrôle ; le libre accès de tous les citoyens aux emplois publics, et leur protection contre les poursuites pour délit d'opinion (le fait de prôner des décisions en désaccord avec la politique du gouvernement ou les souhaits de la majorité)[198].

Mais la démocratie en tant que moderne est marquée par d'autres canons inhérents à une nouvelle compréhension de l'homme en général et de ses droits en particulier, ainsi qu'à une détermination originale du sens de sa présence-au-monde. Les nouvelles « clauses »[199] du système démocratique s'articulent autour, d'une part, des conditions sociales qui doivent « donner à tous les citoyens, non seulement le droit, mais encore la possibilité de participer à la vie politique de l'Etat »[200] et, d'autre part, de l'amélioration des conditions de vie des citoyens par les gouvernements, du fait que le succès de la participation nationale à la discussion est largement fonction des conditions matérielles[201].

---

[197] CEW IV, 130.

[198] *Ibid.*, 116.

[199] *Ibid.*, 116.

[200] *Ibid.*, 116-117.

[201] Cf. *Ibid.*, 117.

Cependant, cette approche de la démocratie, aussi importante qu'elle soit, n'en épuise pas la quintessence. Elle ne décrypte guère la totalité de sa conceptualité. La compréhension authentique du système démocratique moderne (qu'il soit formel ou populaire), doit aller au-delà de simples caractéristiques légales, matérielles, sociales, etc., pour se con-centrer autour de la discussion : « Il y a démocratie si tous les membres de la communauté ont la possibilité de prendre part, sur une base d'égalité, à la discussion des affaires publiques »[202], autrement dit, si l'ensemble des acteurs sociaux ou des citoyens peuvent, en toute liberté, égalité et légalité, participer, en tant que tels, à la mise en place du « programme de travail de la communauté, à la détermination du but de ce travail, et à la distribution des bénéfices »[203].

La discussion absolument libre et universelle, rationnelle et raisonnable, demeure ainsi le moteur actif et le vecteur effectif de la démocraticité fondamentale de l'Etat. Elle confère une figure apodictique et une signature spécifique à la démocratie en tant que système moderne de gestion de la vie commune des hommes. Le jeu et l'enjeu de la discussion dans l'éclosion ainsi que la configuration du système démocratique en supplantent les conceptions objectivistes, légalistes, géo-statistiques, positivistes... — des conceptions qui apparaissent généralement comme centrales et déterminantes dans l'ossature épistémologique des théories et des sciences politiques —[204].

La discussion, en tant que réalité fondatrice et fédératrice, détermine l'être même de la démocratie au-delà de toute constitutionnalité et de toute institutionnalité. Elle lui assigne une légitimité autre que la validité inhérente à la procéduralité et à la légalité. De fait, la présence de la constitution (la loi fondamentale), des institutions, des lois, des instances de contrôle et de critique, etc., ne représente pas une garantie absolue (ni suffisante) pour la détermination authentique de l'essence démocratique de l'Etat ou encore, pour la réalisation démocratique de l'existence historique du peuple. Le parlement, la loi, le vote universel, etc., peuvent menacer la qualité et l'efficacité de la démocratie et ainsi couvrir un système public totalement autocratique. Ils peuvent aussi devenir le fondement politique de la tyrannie ou de la terreur. C'est ce que souligne Eric Weil dans une analyse détaillée consacrée au système démocratique :

---

[202] *Ibid.*, 122.

[203] *Ibid.*, 122.

[204] Dans le penser-à-la-démocratie, diverses théories semblent être positivistes. Elles ne considèrent pas assez le sentir-de-soi démocratique du peuple (légitimité, joie...).

L'existence d'un parlement n'est pas une protection suffisante contre la tyrannie : le parlement lui-même peut devenir tyrannique s'il n'exprime pas le sentiment moral de la nation ou s'il s'arroge des droits qui ne découlent pas de sa fonction ; et il peut donner naissance au système autocratique et à la tyrannie (exercée au profit d'un seul et de son entourage), si, incapable de penser du point de vue du tout les sentiments et les intérêts des groupes, il s'oppose à toute action mettant l'intérêt de l'Etat au-dessus de certains intérêts particuliers ou même de tous les intérêts particuliers [...]. La loi peut être tyrannique sans cesser d'être loi, et il est facile d'imaginer un code selon lequel tout citoyen serait toujours fautif devant la loi et vivrait ainsi continuellement en sursis, dépendant, puisque criminel, de la grâce, c'est-à-dire du bon plaisir des gouvernants. Il en est de même du vote universel, quelles que soient les garanties dont on en entoure l'exercice[205].

A ce niveau, on se rend aisément compte que la vie et l'avenir sensés de la « méthodologie politique »[206] qu'est la démocratie, convoque une façon d'être et une façon de faire qui vont au-delà d'une simple prise en compte des principes régulateurs de l'Etat ou d'une certaine mise en mouvement des structures majeures de l'action raisonnable. Ils nécessitent, toutes choses par ailleurs considérées, une discussion publique effective ainsi qu'une éducation profonde à celle-ci, une discussion publique (libre et universelle) qui soit réellement rationnelle et raisonnable, afin de permettre aux meilleurs parmi les citoyens d'accéder au gouvernement de l'Etat (*aristocratie* ou *méritocratie*) et de les aider à mieux guider la marche historique de la nation, à la conduire vers la pleine félicité.

2.2.4 Compréhension de la discussion et action du philosophe

Il sied de signaler qu'à la discussion politique déterminée dans les lignes précédentes, le philosophe participe de façon éminente. Il y prend part non pas d'abord au niveau technique et stratégique (initiation, organisation, décision) mais au niveau critique et herméneutique (dans l'interrogation, la compréhension et l'explicitation). En tant qu'homme ou être qui « sait »[207], le philosophe pense fondamentalement la discussion qui se réalise pour la construction non-violente de l'existence commune des hommes. Il en pense le sens profond (le fondement), le

---

[205] PP 218.

[206] P. CANIVEZ, *Le politique*, 218.

[207] PP 120.

déroulement et l'aboutissement dans l'effectivité et l'authenticité. Il pense aussi l'éducation à la discussion[208].

En fait, dans la communauté sociale, « le philosophe est l'*homo theoreticus* »[209]. Il représente l'homme qui sait et qui agit en connaissance de cause : il *sait* « qu'il ne plane pas, raison pure, au-dessus du monde dans lequel on craint et espère, souffre et agit et cherche la satisfaction sous la pression des circonstances »[210]. Il a appris que le monde est « raison dans l'histoire et historique dans la raison qu'il produit »[211] et que « la réalité n'est pas achevée, elle se fait, tout homme la fait »[212].

De ce point de vue, le philosophe va agir dans la discussion et sur la discussion. Il va précisément y opérer en *homo theoreticus* (et non en *homo politicus*). Cela signifie qu'il n'organise ni ne dirige la discussion mais travaille au plan de la conscience-de-soi de la communauté discutante (communauté du langage et du sens). Il agit en faveur de la prise de conscience des participants à la discussion du sens et des enjeux mêmes de leur entreprise. Il leur *montre* les problèmes inhérents à cette action et les dimensions (au sens géométrique du terme) des solutions possibles[213].

De façon concrète, le philosophe s'attelle à la théorisation-clarification-harmonisation générale des couples de concepts contraires qui constituent le problème de l'Etat et qui sont perçus par la conscience sociale commune comme un obstacle majeur à son épanouissement total, à savoir : « la *civilisation* et la *tradition*, le *matériel* et l'*idéal*, le *nécessaire* et le *désirable*, l'*organisation* et la *justice*, l'*intérêt commun* et la *liberté* de l'individu »[214]. Le philosophe dé-montre que « tous ces couples ne se séparent pas, mais s'impliquent, que l'un des concepts "opposés" ne fonde pas plus l'autre que celui-ci ne fonde celui-là »[215].

En produisant le *discours* (descriptif et critique, transformatif et pratique, éducatif et éthique) ou en participant activement à son élaboration ainsi qu'à sa promotion historique, en favorisant la transparence du sens de la *discussion* et la prise de conscience de ses enjeux globaux…, le philosophe se positionne *aussi*

---

[208] Cf. J.-M. Buee, « Education », 87.

[209] PP 177.

[210] *Ibid.*, 120.

[211] *Ibid.*, 120.

[212] *Ibid.*, 122.

[213] Cf. *Ibid.*, 176.

[214] *Ibid.*, 121.

[215] *Ibid.*, 121-122.

en véritable « roi de la communauté »[216]. Dans la même logique, son action s'exerce en direction des acteurs politiques spécifiques que sont les gouvernants. Ce sera l'effort du philosophe avec les autres hommes de culture à travers le *dialogue* (moderne) — sur lequel nous allons revenir dans nos investigations successives —.

Ainsi, à son niveau, le philosophe prend part éminemment au combat pour la liberté et la libération des individus humains dans l'histoire. Il s'implique, de toutes ses forces, et contribue, autant que faire se peut, à la transfiguration radicale de l'homme en son monde et du monde de l'homme, autrement dit, à la réalisation spatiotemporelle de la révolution non-subversive et à l'accession du peuple au *bonheur* qui *est*.

Avant d'envisager l'élargissement de la discussion à une dimension beaucoup plus universelle, pour l'avènement effectif du bonheur, dans le cadre de l'émergence de l'Etat mondial, c'est-à-dire de la sursomption des Etats historiques ainsi que la résolution des conflits liés à leur coexistence, puis d'explorer la configuration dialogico-politique du langage en contexte moderne, nous voulons récapituler les idées majeures issues de notre prospection sur la vertu politique de la discussion chez Eric Weil.

On peut dire que la compréhension de la teneur politique de la discussion publique chez Weil fait montre du jeu et du mouvement dynamique des bipolarités : justice et efficacité ; peuple et société ; valeurs morales et intérêts matériels... La discussion, qui correspond à la modalité principale de l'action politique et qui rend possible la révolution non-subversive, se trouve au centre. Elle demeure le centre actif et pratique de la vie politique de l'Etat en tant qu'organisation sociale totale ; Etat dont les structures raisonnables et rationnelles (notamment le parlement, le gouvernement et l'administration) prennent sens et se réalisent à travers la discussion et coopèrent à l'éducation des citoyens à l'universalité. La discussion à laquelle participe éminemment le philosophe (l'*homo theoreticus*), permet la conciliation des différentes contradictions inhérentes à l'existence de l'Etat moderne en tant que tel, des contradictions perçues par la conscience sociale commune comme un obstacle majeur à son épanouissement durable. La discussion et l'éducation — le discours-action d'in-formation à la raison-sens-liberté dans l'histoire — contribuent finalement à l'équilibre de la vie et à l'assurance de l'avenir sensé du peuple dans l'Etat moderne.

---

[216] *Ibid.*, 55. Voir également : P. CANIVEZ, « La révolution », 41.

2.2.5 Discussion et devenir-raison du monde

Nos investigations sur la vertu politique de la discussion en contexte moderne se sont développées jusqu'ici dans le cadre de l'Etat en tant qu'entité (organisme) qui se consacre à la gestion équilibrée de la vie commune des hommes dans un périmètre spatiotemporel déterminé (nation) et aide ceux-ci à accéder au bonheur raisonnable, autrement dit, offre aux hommes la possibilité réelle de mener, au plan individuel et collectif, une vie digne, libre et juste, une vie sensée, exempte de conflits (violence) et portée à la joie véritable. Il nous faut envisager le sens et l'importance de la discussion au niveau des relations inter-nationales, les relations entre Etats historiques ou, en d'autres mots, déceler le jeu et l'enjeu de la discussion dans la dimension extérieure de l'organisation politique nationale (politique étrangère) et, en somme, dans l'émergence de l'Etat mondial[217].

---

[217] La thématique de l'*Etat mondial* intervient chez Eric Weil dans la quatrième et dernière partie de la *Philosophie politique* (« Les Etats, la Société, l'Individu », PP 223-261). Elle procède d'un élargissement et d'un enrichissement de la problématique de l'Etat moderne tel que conçu dans la réflexion sur la politique. Cette pensée sur le devenir mondial de l'Etat prend corps dans le contexte d'une recherche de la paix entre Nations, c'est-à-dire de l'instauration et de la préservation du sens au plan international (Eric Weil produit son œuvre philosophico-politique après la seconde guerre mondiale, dans un monde qui vit l'équilibre de la terreur avec la division des nations en blocs, un monde menacé par l'apocalypse définitif, la guerre nucléaire…). Au niveau sémantique, la conception weilienne de l'Etat mondial découle des analyses systématiques autour de l'Etat moderne et de sa transformation comme conçue dans la Tradition philosophique (avec des penseurs comme Hegel et surtout Kant, à travers son idée d'une *paix perpétuelle* entre les nations). Le concept weilien d'Etat mondial est aussi inhérent à une certaine herméneutique de l'anthropologue Bronislaw Malinowski qui établit la fin des enjeux civilisationnels de la guerre et son inadéquation, son improductivité pour l'ordre politique actuel (Cf. EC II, 99-114). Chez Weil, l'Etat mondial est un véritable objet de théorisation philosophico-politique et non un pur élément d'utopie ou de prophétisme historico-politique. L'*Etat mondial* se découvre comme l'Etat (l'universalité politique en tant qu'organisation sociale mondiale) de l'ensemble des Etats (la somme non-arithmétique des communautés historiques, transformées, dans cet ordre, en *vrais Etats*, en Etats qui n'ont plus de politique extérieure car l'extériorité n'existe plus et qui n'ont plus besoin de la loyauté des citoyens car ceux-ci s'y trouvent satisfaits). Pour une approche de cette problématique de l'Etat mondial on peut se référer à : EC II, 99-114 ; PP 223-261 ; ainsi qu'aux commentaires : P. CANIVEZ, *Le politique*, 231-250 ; D. DURBALE,

En effet, les rapports entre Etats historiques (des Etats qui ressemblent foncièrement à des individus empiriques et naturels, donc passionnels), sont vécus généralement dans la violence[218]. Ils génèrent des conflits qui se règlent presque toujours selon la loi du plus fort (la loi de l'Etat ou du groupe d'Etats bien équipé matériellement et doté d'une plus grande puissance militaire)[219]. La dimension internationale de la vie de l'Etat empêche ainsi, de manière récurrente, l'expression plénière de la liberté des peuples. Elle représente aussi une source importante d'insécurité et d'insatisfaction ainsi qu'un obstacle majeur à l'incarnation définitive de la raison-sens au plan intérieur, c'est-à-dire, à l'accession du peuple au bonheur qui est ou qui vient à la fin des temps[220].

L'auto-accomplissement authentique de l'Etat dans le monde, autrement dit, la réalisation totale du sens propre de la vie intra-étatique en elle-même (en son essence), exige une transparence radicale à l'internationalité de la politique — une considération et une compréhension réelle de la nécessaire imbrication-conjugaison entre la vie intérieure et la vie extérieure de l'Etat historique —. Il invite spécialement à une redimensionnalisation de la discussion, à une nouvelle inscription de son sens et une acception plus ouverte de ses enjeux.

Pour exprimer les mêmes idées à travers d'autres propos, on peut dire que le bonheur plénier d'un peuple organisé en société, gouverné par l'Etat, demeure fondamentalement lié à celui d'autres peuples de la terre. Il est fonction de la cessation globale des conflits entre Etats individuels, de la discrimination du *principe violence* dans l'établissement des relations et dans leur développement ou, autrement, de sa substitution par le *principe discussion*, en vue d'un compromis international permanent et pertinent ; compromis différent, dans cet ordre, de celui qui serait imposé par un Etat (ou un groupe d'Etat) vainqueur suite à l'épuisement général des nations après une conflagration planétaire (guerre mondiale). En tant que tel, le bonheur du peuple (ou des peuples) n'est envisageable dans la durée qu'à travers l'émergence et l'épanouissement d'un Etat mondial, un

---

« Totalisation terrestre », 527-545 ; M. Filoni, *Filosofia e politica*, 35-56 ; F. Guibal, « Défis politico-philosophiques », 689-730 ; J. B. Kabisa Bular Pawen, *Singularité des traditions*, 75-151 ; J.-F. Robinet, « L'Etat mondial », 173-199 ; M. Savadogo, *Eric Weil*, 234-239 ; A. Tosel, « La double inscription », 71-76.
[218] Cf. PP 226.
[219] Cf. *Ibid.*, 226-227.
[220] Cf. LP 85.
[221] PP 227.

Etat qui correspondrait à la somme (non-arithmétique) des Etats, autrement dit, à leur regroupement historico-temporel sous l'ordre du Bien, « l'Etat des Etats »[221] : une instance internationale (socio-administrative) qui pourrait réglementer les relations interétatiques et instaurer la paix perpétuelle entre les communautés historiques et morales que sont les Etats particuliers[222] devenus *vrais Etats* dans cet ordre totalement libre et pacifique[223] ; une organisation universelle qui, n'ayant aucunement besoin d'une loyauté aveugle de la part de ses membres et, libérée des craintes liées à la politique extérieure (qui aurait disparu), s'attellerait à coordonner « le travail de communautés dont chacune aurait son but et pour sens le développement de sa morale, de son universel particulier concret »[224].

En fait, dans le quotidien de l'Etat historique, la dimension internationale se trouve toujours et déjà à l'œuvre. Cependant, elle a trait principalement au plan social de la vie étatique. En effet, la société moderne, société du travail et de la lutte contre la nature, société matérialiste, calculatrice et mécaniste, est « universelle en principe et par son principe »[225]. Elle est mondialisable en sa substance active et mondialisée dans ses instances productives. Pour s'auto-accomplir en tant que tel, l'Etat de cette société doit dépasser la logique de la singularité qui le caractérise et accéder à l'universalité véritable[226]. Il doit connaître une métamorphose générale qui le conduise à composer avec d'autres Etats ayant la même configuration et les mêmes aspirations, pour l'avènement et le développement de l'Etat pluriel (l'Etat supranational) dans une société universelle digne de ce nom (la société de la totalité des communautés humaines sur la terre).

De fait, « l'Etat n'est puissant que pour autant qu'il participe au travail social mondial »[227]. Bien plus, le niveau d'actualisation maximal de l'action étatique correspond à l'action conjuguée des Etats particuliers pour la constitution de l'organisation mondiale de la satisfaction du genre humain[228], pour l'érection d'un *organisme politique* (politico-administratif) universel qui puisse porter le

---

[221] PP 227.

[222] Cf. M. SAVADOGO, *Eric Weil*, 236.

[223] Avec l'Etat mondial, Eric Weil ne signe pas la fin des Etats historiques mais leur transfiguration identitaire et leur accession au vrai *concept* de l'Etat (cf. PP 252-253).

[224] PP 240.

[225] *Ibid.*, 230-231.

[226] Cf. A. TOSEL, « La double inscription », 73.

[227] PP 231.

[228] Cf. A. TOSEL, « La double inscription », 73.

souci de la rationalité globale, s'efforcer d'égaliser les niveaux de vie des diverses communautés sociales[229], « empêcher l'existence d'esclaves modernes, "exclus par la violence" socio-économique "des avantages matériels nécessaires à l'exercice" (PP, 247) de la liberté et de la vie raisonnable »[230].

C'est dans ce périmètre épistémologique qu'il faut re-penser la place et le rôle de la discussion : quelle signification concrète conférer à la discussion au niveau de l'Etat mondial, de l'organisation universelle de la satisfaction des besoins du genre humain ? Quelle graduation aurait-elle ? Quelles pourraient être les structures portatrices et protectrices d'une telle discussion ? Autant de questions dont les réponses n'exigent aucunement au penseur de faire œuvre de messianisme philosophique ou d'utopie sociopolitique, ni moins de développer une eschatologie politique spéciale, mais de suivre les orientations fournies, en filigrane, par Eric Weil lui-même et de les exploiter au maximum.

En effet, il faut signaler qu'Eric Weil ne donne pas d'amples précisions théoriques ni pratiques sur la discussion dans le contexte de l'Etat mondial. Selon lui, les problèmes inhérents à la configuration et à l'organisation concrète de l'Etat mondial (ainsi que ceux de la configuration et de l'organisation concrète de la discussion en son sein), seront à « résoudre par ceux qui se trouveront devant eux »[231], en commençant par « les Etats tels qu'ils existent dans le monde contemporain »[232]. « Il serait vain [...] d'indiquer des solutions pour des problèmes qui ne pourront en trouver qu'au fur et à mesure qu'ils se poseront concrètement, dans des situations historiques déterminées »[233]

Néanmoins, Eric Weil souligne fermement la nécessité et la centralité de la discussion pour l'avènement et le développement d'un Etat mondial digne de ce nom, c'est-à-dire d'un Etat mondial « dans lequel la non-violence ne soit pas simplement absence de sens »[234] mais qu'elle soit réelle et réalisable. Il reconnaît l'importance majeure de la discussion (et de l'éducation à la discussion) pour l'éclosion et la croissance de l'Etat des Etats[235], afin que celui-ci, dont « la justification est la possibilité de la liberté universelle dans la réalisation des morales

---

[229] Cf. PP 240 ; F. GUIBAL, « Défis politico-philosophiques », 722.

[230] F. GUIBAL, « Défis politico-philosophiques », 722.

[231] PP 249.

[232] *Ibid.*, 244.

[233] *Ibid.*, 250.

[234] *Ibid.*, 254.

[235] Cf. *Ibid.*, 246-251.

particulières »[236], advienne d'une manière humainement adéquate — qu'elle soit « l'œuvre de la pensée »[237] — et trouve assez facilement « le chemin de la liberté raisonnable, de la loi concrète et de la vertu humaine »[238].

Sans faire œuvre de prédiction ni de prophétisme politico-philosophique, nous voulons, à partir de quelques indications données par Eric Weil lui-même (indications parsemées dans la quatrième partie de la *Philosophie Politique*), penser la discussion dans l'ordre mondial de la vie humaine[239]. Dans cette perspective, nous allons faire une certaine analogie entre Etat mondial (l'Etat des Etats) et Etat historique (l'Etat des citoyens), tout en n'oubliant pas le précieux avertissement weilien de ne point transférer à l'Etat conçu et pensé dans sa dimension universelle (l'Etat mondial), les caractéristiques et spécificités de l'Etat particulier et compétitif[240].

Dans l'Etat mondial, on peut penser à une tri-graduation de la discussion. Au premier niveau (plan fondamental), il s'agirait d'une discussion entre le *gouvernement central* (ou l'*administration centrale*) — le « gouvernement au-dessus des Etats »[242], doté d'une « force exécutoire contraignante »[241], gouvernement qui assurerait une fonction organisatrice de la vie du monde — et le *parlement mondial* — l'ensemble des peuples du monde représentés par les élus de chaque Etat vrai, l'opinion publique mondiale telle qu'elle s'exprimerait dans le périmètre parlementaire —.

---

[236] *Ibid.*, 247.

[237] *Ibid.*, 247.

[238] *Ibid.*, 246.

[239] Nous avons voulu proposer une certaine illustration de la pensée weilienne en suivant la logique globale de ses idées. Notre détermination de la discussion au niveau de l'Etat mondial respecte les indications propres de la *Philosophie politique*. Elle veut rendre manifeste l'orientation inhérente aux propos weiliens suivant : « Il est possible et licite d'envisager l'état à venir de l'humanité – *à venir*, il va sans dire, non au sens d'une prédiction, mais au sens d'un but à atteindre et qui sera ou non atteint. Ce but est que la compétition entre les sociétés particulières disparaisse en même temps que la lutte entre les Etats historiques, qui défendent, sur le plan de la conscience calculatrice, ces intérêts » (PP 242). A notre connaissance, les commentateurs d'Eric Weil ne se sont pas engagés dans la théorisation de la discussion dans l'Etat mondial qu'évoque l'auteur dans sa réflexion philosophique sur la politique.

[240] Cf. PP 241.

[241] *Ibid.*, 227.

[242] J.-F. Robinet, « L'Etat mondial », 191.

C'est à ce niveau de la discussion politique mondiale que pourraient être concrètement pensée la gestion universelle des peuples et la résolution de leurs différents problèmes (politiques, économiques, juridiques, sociaux...). La discussion publique mondiale opérerait prioritairement au maintien de la *paix perpétuelle* entre les nations rassemblées, à l'unité et à l'unification de tous les peuples de la terre, dans le respect de leurs diversités (unification non uniforme), à l'égalité, la liberté et la dignité universelles des peuples et des individus... Elle pourra donc possibiliser le fait que la vie individuelle et collective se réalise dans la sincérité, la loyauté et l'amitié véritable, dans l'harmonie, la conversation (dialogue) et la joie parfaite.

Dans cet ordre, la discussion travaillerait à la réalisation effective ainsi qu'à la pérennisation des droits de l'homme et du citoyen au plan global :

> Droits à l'égalité des chances (l'inégalité des chances peut être réduite, mais non écartée), droit à l'égalité dans la participation à la prise des décisions (droit de la libre participation à la discussion), droit à la satisfaction des désirs qui, au moment historique donné, sont universellement considérés comme *naturels*[243].

Ce qui implique que la discussion mondiale du premier degré aidera l'administration centrale à mieux assurer la « coordination économique des sociétés particulières »[244] pour « pallier les irrationalités économiques qui résultent de la compétition entre les sociétés »[245], à gérer et réguler de façon adéquate « les disparités économiques pour éviter [durablement] la menace des tensions et explosions sociales »[246].

Par ailleurs, la discussion mondiale aidera le gouvernement global des nations à réaliser l'homogénéisation des niveaux de vie des différents peuples[247]. Concrètement, elle l'aidera à opérer une entraide (*solidarité*) inter-nationale véritable[248], à élaborer avec efficacité « des mesures de justice en faveur des sociétés les plus démunies, à l'égard desquelles les nations industrialisées ont le statut et

---

[243] PP 242.

[244] J.-F. Robinet, « L'Etat mondial », 184.

[245] *Ibid.*, 184.

[246] F. Guibal, « Défis politico-philosophiques », 722.

[247] Cf. PP 240-241. Voir également : P. Canivez, *Le politique*, 249 ; F. Guibal, « Défis politico-philosophiques », 722 ; J.-F. Robinet, « L'Etat mondial », 184-185.

[248] Cf. S. Decloux, « La philosophie politique », 169.

la fonction de villes mondiales »[249]. Ce qui suppose un transfert de richesses des nations nanties vers les nations pauvres et peu équipées matériellement.

Le second degré de la discussion dans l'Etat mondial pourrait concerner le *gouvernement central* et les *Etats vrais* (en particulier ou constitués en groupes) ainsi que les *Etats vrais entre eux*. A ce niveau seraient pensés et réglés les problèmes beaucoup plus régionaux, sous-régionaux et nationaux, les problèmes inhérents à la cohabitation des Etats et groupes d'Etats entre eux et avec l'ensemble (équilibres régionaux, nationaux...), les difficultés liées à l'adaptation des Etats à la totalité (harmonisation des orientations politiques générales, réglementations globales, sociales, économiques, etc.) ainsi qu'à l'éducation des peuples à la citoyenneté universelle...

La discussion au niveau des Etats devrait aussi se pencher sur la question de l'égalisation interne des niveaux de vie citoyenne, autrement dit, sur la redistribution locale des richesses étatiques — entre couches riches et couches défavorisées —. Il s'agira finalement à ce niveau, d'une prise en compte des problématiques locales dans le processus global et d'une aide concrète à l'intégration (heureuse) des nations à la dynamique mondiale.

Le dernier degré de la discussion politique au plan mondial aurait trait aux *unions*, *associations*, *groupes* et *structures* (économiques, juridiques, sociales...) qui défendront les intérêts des citoyens d'un ensemble d'Etats ou de l'ensemble des Etats, sur un point ou plusieurs points de la vie publique. Il s'agirait de tribunes universelles de discussion, de tribunes inhérentes aux « liaisons transversales »[250] qui « s'établiront entre individus au-delà des communautés dans tous les domaines où l'individu raisonnable peut contribuer à la discussion »[251]. Les discussions à ce plan contribueront grandement à l'équilibre dans l'Etat mondial. Ici, le gouvernement central aura précisément à considérer les difficultés réelles des individus et tentera, dans la mesure du possible, d'y trouver des solutions adéquates et durables.

En ses divers degrés, la discussion dans l'Etat des Etats aura pour base matérielle « l'organisation mondiale de la société »[252] et pour finalité la réalisation du bonheur raisonnable de l'individu (la satisfaction consciente de ses besoins en relation avec les autres), ou encore, l'accomplissement plénier du sens de la vie humaine. La discussion sera le lieu par excellence d'éducation des gouvernants et

---

[249] P. Canivez, *Le politique*, 249.
[250] PP 250.
[251] *Ibid.*, 250-251.
[252] *Ibid.*, 251.

des gouvernés à la citoyenneté mondiale. Elle sera une école authentique de formation à la mondialité et d'élévation à l'universalité, un espace qui aidera chacun à penser et agir globalement même s'il vit localement. La discussion mondiale rendra ainsi possible la liberté, la dignité et l'amitié universelles. A travers elle, « aucune morale, aucune religion, aucun art, aucune science, aucune vie morale ne se développera [plus] en vase clos »[253]. Dans l'effectivité, la discussion promouvra le dialogue entre civilisations, cultures et peuples de la terre.

La discussion au niveau mondial permettra finalement l'établissement de la démocratie universelle et la réalisation de la fin de l'histoire : la fin de la violence entre les hommes[254], « la fin de l'oppression qui empêche les hommes de se tenir ouverts pour ce qui est, en droit d'humanité, toujours à leur disposition »[255]. Elle portera définitivement à l'in-formation totale du monde de l'homme et de l'homme en son monde, par l'universel de la raison-sens-liberté.

2.3 *Le dialogue*

2.3.1 Conception et configuration(s) du dialogue

A coté du *discours* (descriptif et critique, transformatif et pratique, éducatif et éthique) en tant qu'expression logico-politique du langage, et de la *discussion* publique qui représente le lieu par excellence d'incarnation du *logos politicus* (le lieu de sa manifestation authentique et effective), il nous faut envisager le dialogue ou le langage comme dialogue en contexte moderne, ses principes, ses modalités et sa fonction dans le cadre politique.

Différent d'un simple entretien, d'une conversation libre, d'un échange de propos entre personnes, d'une causerie familiale ou sociale, d'une communication de l'être avec la transcendance et du dialogue monologique de type littéraire, comique, tragédico-dramatique (qui est conçu du point de vue d'un auteur et qui met en scène des personnages fictifs ou réels)[256], le dialogue qui fait l'objet de notre enquête équivaut à une détermination politique du langage : il « n'est pas politique, mais il est politique, au sens le plus fort : il est la voie de la pensée qui crée la politique dans le monde qui se prétend raisonnable et veut donc l'être »[257].

---

[253] *Ibid.*, 251.

[254] Cf. LP 85.

[255] PR I, 175.

[256] Cf. E. WEIL, « Dialectique », dans L. SICHIROLLO, *La dialettica*, 193.

[257] PR I, 295.

Dans son déploiement historique et son acceptation authentique, le dialogue acquiert une réelle épaisseur et se dote d'une véritable dimension politique : il détermine et densifie la politique (la vie et la discussion politique), la sphère du politique, et leur confère une dignité ainsi qu'une originalité sans lesquelles celles-ci seraient vouées à l'insincérité et à la superficialité sempiternelle. Il se réalise ainsi comme une action effective, une action dialogique fondatrice et orientatrice.

En fait, dans son fondement, son déroulement et son aboutissement, le dialogue moderne concernant la politique, se trouve aux antipodes du dialogue politique qui se veut fondamentalement stratégique, est médiatisé (neutralisé dans et par) les institutions, se concentre autour d'intérêts à contenter et vise l'efficacité dans l'immédiateté[258] ; un dialogue qui, en somme, correspond à la discussion publique telle que thématisée dans nos investigations, c'est-à-dire un dialogue autre que le dialogue véritable entre êtres vivants, le dialogue en sa quintessence (en son authenticité et en son essentialité).

Le dialogue moderne, en tant que tel (en tant que figure logico-politique du langage), met en mouvement des hommes membres d'une communauté de valeurs. Il se détermine comme une « occupation sensée qui consiste pour les hommes à parler ensemble »[259], à échanger sérieusement des propos en vue de l'émergence d'un monde habitable, de l'instauration (dans la durée) d'un monde totalement in-formé par la raison-sens et porté vers le contentement dans la simplicité et la paix. Cela signifie qu'il ne se rapporte pas aux hommes publics (politiques) dans le sens où ils sont responsables de l'Etat, représentants des institutions, porte-parole des partis, etc. : les hommes politiques ne « peuvent [que] discuter, et dans leurs discussions, ils peuvent essayer d'éviter le conflit violent »[260].

---

[258] Cf. E. Weil, « Dialectique » dans L. SICHIROLLO, *La dialettica*, 196-197. Il faut souligner que dans le texte sur la « Dialectique » (1956), texte inédit traduit par Livio Sichirollo , sous le titre « Dialogo » (1997), Eric Weil établit la différence entre le *dialogue* (*politique*) réalisé (ou *neutralisé*) à travers les institutions, ce que le texte même et la *Philosophie politique* (1956) nomme *discussion*, un dialogue qui se déroule selon des règles spécifiques et dans lequel on cherche à *avoir raison* sur l'autre (un dialogue qui se transmue finalement en *discours* et *monologue*), et le *dialogue en tant que tel* (le dialogue en son essence), un dialogue entre êtres vivants dans la plénitude de leur existence, un dialogue dans lequel le partenaire cherche à *convaincre* l'autre, le sortir de son propre camp plutôt que de le réfuter avec des arguments techniques ; ce qui correspond globalement au dialogue tel que thématisé dans le texte de 1952 sur la « Vertu du dialogue » (PR I, 279-295).

[259] C. ROUBINET, « En marge », 198.

[260] PR I, 286.

Le dialogue convoque plutôt les hommes de culture en tant que porteurs de valeurs qui ont façonné la communauté historique, lui ont conférée une identité effective et permettent aux membres de celle-ci de se mouvoir notablement (et agréablement) dans le monde, malgré la prégnance de la rationalité technicienne et la menace résurgente de la violence. Il intéresse les créateurs, les poètes, les hommes de science et, de façon spécifique, les philosophes[261]. Il implique également « ceux qui répandent dans le public ce que les créateurs ont produit : les intellectuels, les vulgarisateurs, les journalistes, les critiques »[262].

2.3.2 Principes généraux du dialogue moderne

Il faut préciser que le dialogue, en tant que moderne, obéit à un ensemble de principes qui le rapproche et, tout autant, le distingue du dialogue antique — le « modèle sur lequel nous vivons en dialoguant »[263] —, la discussion des citoyens (les maîtres partiels) autour de la vie et de l'avenir sensés de la communauté des vrais hommes, un dialogue qui, comme nous l'avons vu, est fondé sur six règles majeures, à savoir : l'admissibilité, la réalité, la dignité, la persuasivité, la procéduralité et la finalité.

Le dialogue moderne s'appuie aussi sur le principe réalité. En plus, il met en exergue la dimension communautaire dans son auto-émergence et sa compréhension complète. Cependant, il transcende le cadre limité de la communauté pour s'ouvrir à la totalité et à l'intégralité de l'humanité, atteignant ainsi une véritable universalité.

2.3.2.1 La réalité

Comme l'art du dialogue antique, l'action dialogique moderne procède d'un *principe réalité*. Elle n'a pas trait à des individus isolés, des êtres dotés d'une raison transcendantale et qui planent dans une cité d'or au-dessus des nuages. Elle relève plutôt des hommes qui ont compris que la violence est un mal — parmi les grands maux auxquels les communautés vivantes sont confrontées —, que les individus humains demeurent des êtres empiriques (passionnels), beaucoup plus enclins à satisfaire leurs intérêts qu'à défendre ceux des autres.

---

[261] Cf. *Ibid.*, 288.
[262] *Ibid.*, 288.
[263] *Ibid.*, 283.

Ces hommes savent que la violence, tout en ne représentant pas le plus grand des maux ni la fatalité absolue[264], reste néanmoins « l'*ultima ratio regnum* »[265], « la raison vraiment ultime, à laquelle il ne faut avoir recours qu'après avoir épuisé le dialogue, qu'après avoir montré, dans le dialogue même, qu'il n'y a pas d'accord possible sur une action commune »[266].

Cependant, les hommes du dialogue ont, en connaissance de cause, opté pour la non-violence comme *modus vivendi*. Ils espèrent fermement que leur parole — ou leur action conjuguée à travers la parole partagée —, sérieuse, portera le monde vers la saison perpétuelle de paix et de joie tant souhaitée par l'ensemble des générations humaines.

2.3.2.2 La communauté

Le dialogue moderne suppose le contexte communautaire comme base et humus essentiel. En effet, c'est à partir de la communauté d'origine que l'homme peut parler ou prendre dignement part à l'action dialogique : « C'est elle qui lui permet de parler, qui lui donne son public, qui, surtout, lui a appris à parler et à penser »[267].

Dans la même dynamique, le *principe communauté* implique que les hommes situés dans un environnement spatiotemporel donné et souhaitant participer pleinement et efficacement à l'action dialogique, cultivent une certaine communion (une *tendance communionnelle*, une *communionalité*) :

> Le dialogue, en notre temps, part d'une communauté de valeurs : et nous exigeons de lui qu'à partir de ces valeurs communes il crée tout d'abord la communauté des institutions qui doivent réaliser ces valeurs, plus exactement, dans lesquelles ces valeurs peuvent être réelles et agir en réglant les actions des hommes[268].

En clair, l'action dialogique, en son essence, ne peut éclore ni s'épanouir au milieu de personnes qui n'ont rien en commun, des êtres qui refusent malicieusement « un minimum de communion dans un minimum de valeurs »[269], des

---

[264] Cf. E. WEIL, « Dialectique », dans L. SICHIROLLO, *La dialettica*, 197.
[265] PP 228, PR 280.
[266] PR I, 282.
[267] *Ibid.*, 289.
[268] *Ibid.*, 283.
[269] *Ibid.*, 283.

174

individus qui sont passés maîtres dans l'art de la variation sémantique radicale, c'est-à-dire, des individus qui, à chaque moment, chargent les concepts et les valeurs (comme la dignité humaine, la liberté, l'égalité…) de sens largement différents ou de significations contradictoires.

2.3.2.3 La véri-similarité

Dans la ligne du principe précédent, le *principe véri-similarité* atteste que le dialogue, en tant que tel, ne peut se passer qu'entre hommes portant une base de vérités similaires, acceptables et communicables ; des hommes qui, dans leur relation à l'altérité, cultivent une réelle décence heuristique (qui sont honnêtes en ce qui concerne la recherche de la vérité commune) et naviguent dans une certaine transparence épistémologique (qui ne voilent pas sciemment le sens des propositions et les contenus des vérités qu'ils défendent). Ce principe est énoncé et explicité dans les propos suivants :

Il n'y a pas de dialogue [...] entre hommes qui ne reconnaissent pas les mêmes critères de vérité et ne s'entendent pas sur ce qu'est un fait. Il n'y a pas de dialogue entre hommes qui sont convaincu de détenir des vérités qui sont à la fois absolues et concrètes : ce n'est qu'aussi longtemps que leurs vérités sont absolues, mais formelles, ou que leurs vérités sont concrètes, mais non absolues, qu'ils peuvent s'entendre ou peuvent, du moins, comprendre pourquoi ils ne se comprennent pas[270].

2.3.2.4 L'humanité

Le *principe humanité* condense et assume les principes énoncés avant. Il établit la reconnaissance de la dignité, de l'égalité et de la raisonnabilité de l'homme (de tout homme et de tous les hommes, de l'autre homme) en tant qu'être capable de prendre part potentiellement ou actuellement à l'action dialogique. Il s'agit précisément du fait selon lequel tous les hommes et non seulement une partie des membres de la communauté, sont « vraiment humains »[271].

Tout homme, à moins d'être fou, malade, psychologiquement diminué, criminel, etc., peut parler et chercher des solutions sensées aux problèmes que connaissent les hommes dans le monde. Tous les peuples, à tous les niveaux d'évolution historique, sont appelés au bonheur raisonnable. Ils possèdent également ment « le désir d'être libres, c'est-à-dire responsables devant eux-mêmes de leurs

---

[270] *Ibid.*, 282.
[271] *Ibid.*, 281.

propres actes »[272]. Pour reprendre une imagerie religieuse, on dirait que *tous les peuples* de la terre sont des *peuples élus* et *tout homme* est *fils de Dieu*.

Le *principe humanité* institue ainsi la non-exclusion altro-logique au fondement du processus dialogique. Il s'agit du non-rejet radical de l'autre que soi, de la reconnaissance de la dignité et du caractère raisonnable même à l'individu qui rejette radicalement les règles de l'être-ensemble (les principes de la vie communautaire), de l'acceptation de la personne qui pense, se positionne, agit différemment de tous les autres hommes dans la société…

Ce principe fait donc montre d'un concept humain plus universel, plus riche et plus profond que la conception de l'être humain inhérente au cadre communautaire antique (la cité grecque). Il atteste l'universalité universelle de l'homme (*tous les hommes sont des vrais hommes*) et l'universalité véritable du dialogue (*tous les hommes peuvent participer au dialogue*). Il fait également découvrir la difficulté du dialogue moderne en tant qu'action pouvant être dépréciée et réfutée par l'autre homme (l'individu non anomique mais a-sympathique, antipathique à l'humanité), une action qui, dans cet ordre, exige patience, courage, compréhension et persévérance. Les principes du dialogue moderne ainsi spécifiés, il nous faut élaborer les modalités selon lesquels ce dialogue prend corps et prend sens au niveau historico-temporel.

2.3.3 Modalités de l'action dialogique

L'action dialogique en contexte moderne se réalise selon trois modalités qui correspondent globalement à la *confrontation* (collection des opinions et élaboration de l'argumentation), la *compréhension* (reconsidération des jugements et acceptation des oppositions) et la *conjonction* (conjugaison des visions et conciliation des jugements). Ces modalités entretiennent une relation dynamique et harmonique. Elles s'interpénètrent et se complètent dans la détermination de la forme (sensée) du dialogue, c'est-à-dire dans la spécification de son essence et la caractérisation de ses manifestations au niveau de la communauté historique.

2.3.3.1 La confrontation

Conçu sur la base de la reconnaissance du caractère raisonnable de l'homme (de tout homme, de tous les hommes et de l'autre homme), le dialogue moderne admet une vraie confrontation des opinions des membres de la communauté du

---

[272] *Ibid.*, 281

langage : du fait que tout homme est capable de raison, tout individu qui prend part au dialogue peut développer une vision spécifique des choses et porter un jugement valable sur les événements. Tout *dialoguant* peut proposer un point de vue différent sur les êtres et les éléments, un point de vue appelé à se confronter (se frotter logiquement) à celui des autres dans le cheminement vers la vérité (la connaissance adéquate des faits et des choses), vers la meilleure façon de voir et de penser la construction du monde des hommes.

La modalité de la *confrontation* valorise ainsi la diversité des opinions dans la conception et l'organisation générale du dialogue. C'est à travers la non-univo-cité des opinions, la pluralité des jugements, des façons de penser, de s'exprimer, etc., qu'on peut éviter de transformer le dialogue politique en un monologue — un échange de type technique où les grandes réponses aux questions se trouvent programmées par avance et les participants ne jouent qu'un rôle secondaire —. La diversité opinionnelle permet aussi de prémunir le dialogue contre la dérive du débat stratégique et idéologique orienté et neutralisé par le point de vue dominant (celui de la majorité).

En fait, dans sa figure propre, la confrontation consiste en une mise en pré-sence contradictoire et en un examen critique des différents points de vue. Il s'agit d'une véritable lutte : une sorte de guerre, la guerre des mots et des propos, non la lutte physique violente puisque celle-ci est toujours et déjà prohibée dans la communauté dialoguante. Le conflit des paroles, des expressions et des juge-ments met en mouvement deux types de pertinences. Chacun met en perspec-tive sa logique et son argumentation pour tenter de con-vaincre l'autre, le parte-naire du dialogue (l'adversaire dans le débat et non l'ennemi dans la vie !) : con-vaincre, non pas avoir raison sur l'autre mais le sortir du lieu où il campe pour le conduire vers son propre camp.

L'agencement des idées est réalisé pour démonter le jeu argumentatif de la per-sonne opposée (celui qui appartient à l'autre groupe, à l'autre camp), pour démontrer la non-consistance et l'impertinence de sa démarche — ainsi que, dans certains cas, de sa personnalité eu égard aux idées ex-posées —. A ce niveau l'*argumentum hominem* est de mise : tout en ne dépréciant pas l'autre en tant que tel (en ne s'attaquant pas à lui en tant qu'être singulier), il faut le réduire en pous-sière au plan intellectuel, le confondre en lui opposant ses propres paroles et (ou) ses propres actes. Cela signifie qu'il ne s'agit pas de s'en prendre inutilement à l'autre, mais de présenter la non-validité et la non-fiabilité de son argumentation, de faire ressortir l'incohérence de ses choix, l'incongruité de ses prises de position ainsi que de ses actions.

La multiplicité des opinions et leur mise en mouvement non homogène détermine l'authenticité et la validité du dialogue. Elle confirme que les membres de la communauté dialoguante demeurent globalement différents des hommes politiques qui, dans la discussion, sont déjà d'accord sur l'essentiel. Elle vient appuyer le fait selon lequel les hommes de culture, les poètes, les philosophes..., veulent vraiment *entrer en dialogue* : ils souhaitent entretenir un échange sincère et sérieux, un échange qui puisse clarifier le sens profond des propos employés par les parties opposées dans la discussion politique.

Dans cette ligne, les membres de la communauté dialoguante en général et les philosophes en particulier, prennent au sérieux les affirmations et déclarations des hommes politiques, les hommes de la communauté discutante.

> [… Ils les prennent] *au mot* quand ils parlent des valeurs qu'ils reconnaissent, des buts qu'ils se proposent, des institutions et des formes de la vie en commun qui leur semblent nécessaires. Il se peut qu'avec leurs proclamations, les hommes politiques manquent de sincérité, qu'ils mentent consciemment, qu'ils ne comprennent simplement pas ce qu'ils disent, qu'ils soient en contradiction avec eux-mêmes, soit en réalisant ce qu'ils réprouvent, en supprimant ce qu'ils prônent, soit même formellement dans leurs discours et sur le plan des idées[273].

Le dialogue s'accomplit donc en amont de la discussion, dans une réelle pluralité des conceptions et une véritable confrontation. Il se poursuit en vue de la clarification des positions et propositions politiques et de l'orientation sensée de l'action des hommes dans l'histoire. Ce qui suppose une sincère communication (mise en connexion) des opinions qui transite par la compréhension des oppositions récurrentes dans la communauté dialoguante.

2.3.3.2 La compréhension

L'action dialogique n'implique pas une fusion des opinions ni une confusion des orientations. Malgré la fluidité et la clarté du dialogue, des oppositions peuvent subsister (au sujet de la conception des choses, de la définition des valeurs, de la signification des entités comme l'Etat ou la communauté, de la détermination des réalités comme la paix, la liberté, l'égalité, la dignité humaine...). Le membre de la communauté du dialogue est invité à comprendre les oppositions opinionnelles dans leur

---

[273] *Ibid.*, 294.

virulence et leur permanence au-delà de la confrontation et de la quête d'harmonisation. Il s'agit pour lui d'accepter la difficulté de convaincre l'autre ou le fait de ne pas pouvoir arracher son adhésion, malgré une argumentation massive et soutenue.

Cette reconnaissance ouvre à une remontée aux sources de la conception des choses, de l'interprétation des événements et de l'élaboration des arguments. La démarche ainsi effectuée correspond à une authentique reconstitution de l'argumentation, une sorte de *reconstruction* logique, pour reprendre un concept inhérent aux registres du discours et aux formes de l'identité dans les *Puissances de l'expérience* de Jean-Marc Ferry[274].

La reconstitution du sens de la démarche argumentative consiste en fait en un ensemble d'interrogations intérieures, en une réévaluation critique et herméneutique des propositions émises, pour enrichir et approfondir le point de vue personnel afin de mieux affronter l'autre, le partenaire dialogique qui refuse de se laisser convaincre ou s'arc-boute sur ses propres propositions. Cette auto-inspection critique et herméneutique prend corps à travers le type de résolutions et de propositions suivantes :

> Si l'autre refuse [de comprendre son argumentation et d'adhérer à ses propositions], il [le participant à l'action dialogique, celui qui sait que toute parole a un sens] devra continuer le dialogue en lui-même et se demander, comme l'autre le lui demanderait, et en donnant le maximum de force aux objections de l'autre, ce

---

[274] Dans son prolongement et son enrichissement de l'éthique du discours dans la ligne habermassienne (dans la perspective de la *raison communicationnelle*), Jean-Marc Ferry présente quatre registres de la discursivité qui correspondent à quatre expressions de l'identité humaine (quatre type d'expériences de la présence de l'homme au monde à travers le discours), notamment : la *narration*, l'*interprétation*, l'*argumentation* et la *reconstruction*. La reconstruction, qui couronne le processus discursif, va au-delà de l'argumentation telle que proposée par Jürgen Habermas. Elle vient « explorer les contextes systématiques dans lesquels des arguments prennent force, d'autres en perdent » (J.-M. FERRY, *Les puissances* I, 135). Si dans l'argumentation il est question, tout autant de contester que de justifier rationnellement (justifier à l'aide de raisons), dans la reconstruction, il s'agit d'un côté d'« analyser, élucider, et de l'autre, reconnaître. Le mode de reconnaissance est autocritique. On peut le faire par soi-même, mais on peut le faire avec l'aide de l'autre, de préférence à condition que cet autre accepte de se faire aider de la même façon. Parce que l'enjeu est de savoir pourquoi il y a eu conflit, malentendu, l'autoréflexion solitaire ne suffit pas encore : il faut [autant que possible] élucider coopérativement » (ID., *L'éthique*, 60-62). On constate clairement que le processus dialogique selon Eric Weil inclut bien la dimension reconstructive qui est beaucoup plus intra-subjective mais n'exclut pas la forme inter-subjective.

qu'est l'Etat, ce qu'est la liberté, quelle est la dignité de l'homme, ce qu'est la paix et à quel prix il faut l'acheter, ce qu'est la nation et à quelle conditions la tradition nationale peut survivre dans un monde qui, sur le plan des sciences, est devenu a-national, comment cette unité du monde technique peut et doit agir sur la politique nationale, quel est le but de la vie et du travail de la communauté[275].

La modalité compréhensive inclut donc une herméneutique radicale et un engagement éthique de chacun et de tous les participants pour la réussite du dialogue. C'est à travers la ré-conciliation des points de vue au-delà des objections que l'espérance d'une permanence et d'une efficience du dialogue demeure.

2.3.3.3 La conjonction

La compréhension des oppositions ouvre à une authentique con-jonction des visions, c'est-à-dire à une réconciliation des points de vue en présence. Il s'agit d'une sorte d'harmonisation épistémologique et de conjugaison herméneutique. Cette conjonction ou conjugaison des visions exige une véritable transformation éthique inhérente à une *critique transformative*[276] des membres de la communauté dialoguante, afin que chacun ne campe pas radicalement sur ses positions mais admette celle des autres ; afin que tous appréhendent concrètement ce qui demeure indispensable pour le bonheur raisonnable des hommes et agissent communément pour son avènement historico-temporel.

---

[275] PR I, 293.

[276] Dans l'activité philosophique en général, notamment l'activité réflexive et critique, l'analyse des idées, des pensées et des savoirs, Nikolas Kompridis propose une attitude originale pour tout penseur : l'*auto-transformation* personnelle. Il parle de la critique comme d'une authentique action éthique auto-transformative du philosophe. La *critique transformative* est une démarche non pas d'abord théorique et épistémologique mais un mode de faire orienté de façon éthique. Son dessein premier n'est ni de détruire, ni de déstabiliser mais de déclencher des processus de réflexion qui aident à libérer l'homme des servitudes qui pèsent sur lui. Ici, l'aspect démasquant, loin d'être une fin en soi ou d'aboutir à l'ironie systématique, se trouve subordonné à des projets utopiques d'épanouissement humain. La critique transformative procède en fait d'une clarification de notre relation éthique à l'exercice de la critique. Elle consiste précisément à dégager les responsabilités et obligations lorsque nous décidons de nous engager dans cet exercice. Les exigences d'une telle critique, aux antipodes de l'ironie et du démasquage, sont : la publicité, l'engagement du participant, une sensibilité favorablement disposée, l'ouverture au monde, la reconstruction, l'affirmation du futur et l'auto-transformation (cf. N. Kompridis, « De Kant à Foucault », 636-648).

De fait, le membre de la communauté du dialogue n'est pas un possédé ni un écervelé. Il diffère foncièrement d'un monstre, d'un pur violent ou d'un parfait menteur. Il reconnaît toujours et partout (il a déjà reconnu) l'importance du dialogue, autrement dit, il a dépassé la servitude des passions, refusé la violence brute et préféré la raison-sens-liberté pour la stabilité de la vie commune et l'avenir sensé de la communauté.

Cet homme possède l'intime conviction que la vie humaine (au plan individuel et sociocommunautaire) recèle une réelle importance, elle vaut la peine d'être vécue. Il a appris que le monde est structuré et que l'homme peut (s') y trouver (à) sa place[277]. Il *sait* parfaitement — de lui-même et à travers la communauté qui l'a engendré —, qu'il est *l'homme*. Il représente l'homme par excellence de la parole partagée : « Celui qui croit que parler a un sens, qui croit que parler a *toujours* un sens, que rien n'est définitivement ou concrètement révélé, qu'aucun résultat de la pensée ou de l'action humaine ait droit au *ne varietur* »[278].

Malgré la clarté de sa vision et la transparence de ses propositions, le participant au dialogue ne s'enferme pas dans une paroisse de la pensée. Il va chercher à communiquer (en vérité) avec les autres, c'est-à-dire, essayer de considérer leurs positions et la concilier avec la sienne propre[279]. Il ne désire pas coûte que coûte vaincre ou mieux con-vaincre, (s') imposer par la parole. Il n'agit pas pour des intérêts primaires ni pour une gloire éphémère. Il ne court pas derrière les honneurs politiques et ne veut point devenir le roi du monde.

Il se met donc au diapason communautaire. Concrètement, il recule devant les propositions qui, de façon évidente, nuisent ou nuiraient à la vie commune ; des propositions manifestement insensées et inadaptées à l'idéal de construction d'un monde humain vraiment habitable. Ce qui revient à dire que l'homme du dialogue ne force guère l'adhésion des autres mais il propose. Il con-vainc ou se laisse con-vaincre : il reste toujours ouvert — culturellement accueillant comme intellectuellement compréhensif —. La modalité conjonctive permet ainsi d'harmoniser les diverses propositions sans annihiler les oppositions. Elle contribue à regrouper l'ensemble des productions de la communauté dialoguante afin que celles-ci deviennent une véritable force de conception et d'orientation de l'action politique ainsi qu'un facteur d'engendrement et d'épanouissement civilisationnel.

---

[277] Cf. *Ibid.*, 30.
[278] *Ibid.*, 291.
[279] Cf. PR I, 287.

2.3.4 Finalités et difficultés du dialogue

Le dialogue ainsi déterminé est invité à apporter une contribution décisive à la configuration historique de la politique (de la vie et de la discussion politiques) ainsi qu'à l'auto-accomplissement total des hommes dans le monde. Le dialogue « doit penser l'action »[280], en concevoir le commencement, le mouvement et l'aboutissement. L'action dialogique (l'action des hommes du dialogue) doit participer à l'épanouissement total de l'action politique (l'action des hommes de la discussion) et au surgissement du meilleur des mondes possibles, le monde du contentement dans la liberté et la vérité. En d'autres termes il s'agit, pour le dialogue, de développer « la force nécessaire »[281] pour modeler et mettre en mouvement la vie politique, pour mettre à l'endroit l'ordre politique qui, souvent, se trouve à l'envers. De façon concrète, le dialogue doit procéder à la sculpture intérieure de la discussion qui demeure le plan essentiel et la modalité première de l'action politique. Il doit lui conférer une forme sensée et influer sur elle afin que celle-ci réalise normalement ses résolutions et décisions, c'est-à-dire qu'elle aille jusqu'au bout de ses ambitions qui correspondent globalement à la conciliation du juste et de l'efficace dans la conscience sociale commune et à la possibilisation du bonheur raisonnable des individus humains dans l'histoire.

On se rend aisément compte que le dialogue émerge dans l'histoire et se poursuit pour aider les hommes politiques à prendre conscience du sens même du dialogue (en tant qu'action fondatrice et orientatrice de la vie humaine), à les pousser à reconsidérer en permanence les enjeux réels de l'activité politique et, dans cet ordre, à coopérer à la pleine réalisation de l'humanité « dans le monde des nations et des Etats historiques »[282]. Le dialogue veut donc permettre à la politique de se comprendre en son effectivité, c'est-à-dire de déchiffrer l'essence propre et le sens profond de l'action humaine en tant qu'organisation de la vie humaine et cheminement vers le vrai contentement.

En fin de compte, l'action dialogique veut instaurer la modalité de la pensée (la dimension réflexive et critique) dans l'action politique afin que cette dernière ne se concentre pas uniquement sur les motifs pragmatiques (sur la réussite pour la réussite) mais s'ouvre authentiquement aux enjeux éthiques de la vie commune ; qu'elle s'efforce (malgré la violence qui la marque et le conflit d'intérêts

---

[280] *Ibid.*, 295.
[281] *Ibid.*, 284.
[282] *Ibid.*, 292.

qui l'anime) à instituer le principe de la non-violence au cœur du développement historique de l'humanité[283].

A préciser que la capacité instauratrice et la force orientatrice du dialogue ne s'extériorisent pas ou ne devraient pas s'extérioriser dans l'histoire selon la logique de l'immédiateté et de la facilité. Cela signifie que le dialogue, en tant que tel, ne cherche pas à influer sur la politique de façon précipitée ni désordonnée. Il ne vise pas la résolution des problèmes politiques dans la quotidienneté et l'instantanéité mais dans la durée, en considérant les hésitations, les incompréhensions et les pesanteurs liées à toute action humaine digne de ce nom, à toute action qui cherche beaucoup plus à rejoindre le sens profond des choses qu'à se fixer sur leur face superficielle ou passagère : le dialogue (l'action de l'homme de culture en tant qu'il parle avec d'autres en dépassant ses passions et ses convictions) « ne doit pas [en principe] se promettre de l'efficace dans l'immédiat ; s'il a de l'influence, il n'en aura qu'à longue échéance »[284].

La logique dialogique apparaît ainsi comme une logique de la durée (une logique qui vise l'éternité dans l'immanence mondaine). Elle introduit proprement la dimension eschatologique (la dimension de la fin des temps dans la transparence radicale de la raison-sens-liberté) au plan historique. Elle conduit la politique à déceler et à réaliser le sens effectif de l'existence. Elle porte les hommes à trans-paraître définitivement dans la simplicité de la paix et dans l'amitié (l'amitié de la vérité, l'amitié dans la liberté).

Toutefois, les nobles ambitions du dialogue ne sont pas toujours et partout réalisables dans l'histoire des hommes. Le dialogue comporte des difficultés et des risques. On peut en cibler principalement de deux (2) types : des difficultés liées à la forme et au contenu du dialogue en tant que tel et celles relevant de la vie des individus membres de la communauté dialoguante.

Les difficultés inhérentes à la forme et au contenu du dialogue sont de trois ordres : épistémologique, pragmatique et herméneutique. Au plan épistémologique, le dialogue peut connaître une nette superficialité et se transmuer en un échange creux, fastidieux et terriblement ennuyeux. Il s'agit d'un dialogue déficient, d'un dialogue privé de sens et de pertinence ; un dialogue qui est tombé dans une dérive générale et souffre d'un déficit épistémologique chronique. Ce dialogue n'a aucune grandeur manifeste : il « manque de sérieux et oublie sa rai-

---

[283] Cf. *Ibid.*, 295.
[284] *Ibid.*, 295.

son d'être [...]. [... En fait, il] n'est que bavardage, hâblerie intellectuelle, publicité faite pour des projets de maisons sans murs, fondations ni toits et ainsi parfaites, parce que d'aucun côté elles ne serrent leurs habitants »[285].

A ce niveau, le dialogue ne contribue en rien à la configuration effective de la politique ni au contentement sensé de la vie humaine. Il manque concrètement de but, manque complètement son but et se métamorphose en un divertissement verbologique. Il devient conséquemment un dialogue inefficace (*a-pragmatique*), un dialogue qui ne donne pas l'impulsion sensée tant espérée pour l'émergence d'une action politique plus juste et le surgissement d'un monde où la non-violence correspond à la règle majeure d'établissement des relations intersubjectives. Le dialogue connaît donc la dérive et l'échec. Son inefficience peut conduire au retour de la barbarie.

Une autre difficulté du dialogue moderne est la mésinterprétation ou la déformation systématique dont peuvent souffrir les positions-propositions de la communauté dialoguante. Cette mésinterprétation traduit la mauvaise volonté ainsi que la ruse quasi-diabolique de l'homme politique qui refuse foncièrement d'écouter (de s'ouvrir généreusement à) la parole dialogique et abonde dans la dénaturation sémantique des indications de l'homme de culture ou encore l'idéologisation accentuée de ses interventions.

De fait, il est fort possible que l'homme politique détourne les propos de l'homme de culture, qu'il « fausse [systématiquement et sciemment] le sens de ses paroles, ou découpe ses textes pour lui faire dire ce qu'ils auraient dû dire selon les "praticiens" »[286].

La mésinterprétation généralisée des productions de la communauté dialoguante est un risque non négligeable, surtout dans les Etats à gestion et organisation autocratique de la sphère publique. Elle peut conduire à la disparition regrettable et irréparable de l'homme de culture (du poète, du philosophe...), à son bannissement ou à sa réduction au silence. On assiste alors à un enchaînement insensé de la parole sensée par le pouvoir politique.

Arrivé à ce point, on remarque que le dialogue moderne représente une grande épreuve pour les personnes qui y participent. C'est une action dont l'accomplissement est délicat et correspond à un réel danger pour l'homme de culture, un danger que, en connaissance de cause, il doit accepter[287]. En effet, il n'est pas

---

[285] *Ibid.*, 289.
[286] *Ibid.*, 290.
[287] Cf. *Ibid.*, 291.

184

« sans risque, et il sera certainement sans agrément de dialoguer sous l'œil de ceux qui discutent »[288].

On assiste généralement à une diabolisation des hommes de culture ainsi qu'à la mise en doute de leur honnêteté et de leur sincérité. L'engagement éthique de la communauté dialoguante est parfois vécu (ou perçu) comme une épine dorsale par la communauté discutante : la parole, sous l'ordre de la raison-sens et de la liberté, dérange. Elle dévoile les pseudo-certitudes, les plans machiavéliques et déstabilise les forces d'écrasement de l'homme.

La non-approbation de la pensée unique et la non-allégeance à la vision dominante peuvent devenir des actes qui précipitent vers l'héroïsme, c'est-à-dire, entraînent la mort violente de ceux qui les posent. Ce qui demeure une erreur radicale et un choix suicidaire pour les sociétés qui agissent de la sorte ; des sociétés qui embrassent la voie du non-sens et signent l'acte de mort de l'homme de culture et du penseur.

Néanmoins, le dialogue continuera au-delà des risques et des menaces multiformes. Il pourra, en principe, aboutir[289]. A longue échéance, la parole aura toujours droit de cité : la force de la parole, en effet, surpasse la force de la violence. La martyrisation des hommes de culture et l'empêchement de la tenue du dialogue ne correspondent pas à la solution adéquate au problème de l'injustice sociale : « la maladie de l'injustice ne cesse pas d'agir quand on la nie et en interdit les manifestations »[290].

Le martyr suscite de l'admiration et l'exemple de vie du martyr porte généralement des fruits[291]. La négation du dialogue et la répression violente de toute forme de manifestation culturelle par les hommes politiques contribuent à l'aug-

---

[288] *Ibid.*, 290.

[289] Cf. *Ibid.*, 290. A préciser que l'aboutissement du dialogue tel qu'envisagé par Eric Weil n'est pas une nécessité logique mais une possibilité historique. Les difficultés inhérentes à son organisation et à son acceptation de la part des gouvernants ainsi que les flottements positionnels de certains membres de la communauté du dialogue font de sa réussite une donnée incertaine et problématique. Cependant, les hommes de culture et les philosophes insisteront et persévéreront dans l'option et la réalisation du dialogue. Ils savent, d'expérience historique, que tôt ou tard, le dialogue finira par vaincre la résistance que lui opposent les hommes politiques. Les philosophes sont convaincus que le langage sensé et la parole partagée se montreront, dans l'espace et dans le temps, plus forts que le choix de l'insensé et la voie (la voix) de la fermeture à la raison.

[290] PP 217.

[291] Cf. EC II, 382.

mentation de la somme de mécontentement social[292]. Elles anticipent la montée des héros fondateurs ou la résurgence des grands révolutionnaires qui en appelleront à un nouveau dialogue pour la redéfinition de la vie politique et la réalisation de la société idéale[293].

Arrivé à ce niveau, nous pouvons affirmer que, chez Eric Weil, l'être du langage assume une double valence épistémologique. Le langage se découvre avant tout comme un fait fondamental et fondateur de l'existence personnelle. Il se déploie à travers une multitude de figures qui correspondent à l'ensemble des attitudes-catégories de l'être humain dans l'expression de son vouloir-être-libre dans l'espace et le temps et sa quête d'inscription raisonnable dans le monde. Le langage structure et favorise également la gestion sensée de la vie commune des hommes. En tant que tel, il se trouve doté de dynamisme ou de capacité organisative. De façon précise la vertu politique du langage se décèle d'abord chez les Anciens à travers le *dialogue antique* (ou la *discussion* comme *catégorie*), puis chez les Modernes à travers le *discours*, la *discussion moderne* et le *dialogue sur la politique*.

Il s'agit là d'intuitions et de résultats épistémologiques basiques de notre parcours heuristique. Cependant, il semble important de (se) questionner (sur) le sens que revêt une telle détermination langagière de la pensée weilienne. Il s'agit de comprendre dans quelles mesures la lecture de Weil, à partir du fait du langage, recèle une réelle consistance et entre en synergie avec l'intelligibilité totale de son œuvre. De même, comment entrevoir une telle herméneutique englobante eu égard aux philosophies qui constituent la base théorique d'édification du système weilien ?

Par ailleurs, comment inscrire la lecture omni-compréhensive du système logico-philosophique dans l'ordre actuel des savoirs et des pratiques — un ordre porté et même hanté par la problématique linguistique — ? Dans quel sens et sous quelles modalités la pensée weilienne du langage, ex-posée dans les lignes

---

[292] Cf. *Ibid.*, 370.

[293] Nous voudrions signaler qu'un autre type de dialogue humain se réalise aussi pour l'émergence de l'homme dans le monde et l'épanouissement des sociétés humaines dans l'histoire. Ce dialogue se trouve aux antipodes du dialogue politique que nous avons analysé ici. Il s'ouvre à la transcendance et porte une grande valence théologique. Il s'agit d'une pratique plus interpersonnelle et éthique, une pratique qui bat en brèche la *réflexion* pour mettre en place la *pro-flexion*. Arno Münster présente ce type de pratique dialogique et communicationnelle tournée vers l'autre (en tant que *Tu*) et les autres (en tant que *Vous*) ainsi que les philosophes qui, de façon principale, ont contribué à son émergence, notamment : Martin Buber, Emmanuel Lévinas, Franz Rosenzweig… (cf. A. Münster, *Le principe dialogique*).

précédentes, se trouve capable d'éclairer ou, du moins, de questionner les grandes productions philosophiques contemporaines marquées par le tournant linguistique et l'émergence du paradigme linguistique de la raison ?

La réponse à l'ensemble de ces interrogations nous conduit à explorer les fondements historico-théoriques de la pensée d'Eric Weil puis à envisager la confrontation de nos propres intuitions weiliennes avec certaines productions philosophiques actuelles. En fait, notre lecture omni-englobante des textes d'Eric Weil prend sens et acquiert toute sa densité dans l'auto-considération qu'à cet auteur du fait du langage en général et dans l'expression qui s'en décèle quand on envisage la compréhension que lui-même fournit fondamentalement des auteurs de la Tradition philosophique. Le(s) jeu(x) et l'enjeu du langage constitutifs de la philosophie weilienne sont immanents à la centralité épistémologique de cette thématique dans son œuvre et dans la lecture qu'il donne des auteurs sur lesquels il s'appuie pour construire son propre système logico-philosophique puis l'incar(di)ner à travers l'action ou, plus précisément, le langage comme action. C'est ce qu'une exploration technique et patiente des sources actives de sa philosophie nous aiderait à établir. Nous allons poursuivre nos efforts de compréhension en empruntant ce sentier épistémologique…

Chapitre III

LANGAGE ET RÉALITÉ SENSÉE

Après la présentation méthodologique de la teneur politique du langage chez Eric Weil, nous voulons concentrer nos investigations autour des sources de sa pensée. Notre enquête ambitionne déceler les soubassements épistémologiques et les fondements métaphysiques de la pensée weilienne du langage telle qu'envisagée dans les lignes précédentes. Nous savons que la production théorique d'Eric Weil recueille les éléments hétéroclites de la Tradition philosophique et les ordonne systématiquement en une logique philosophique de la philosophie.

Plonger aux sources de la pensée weilienne signifierait lire patiemment l'ensemble des auteurs qu'il *reprend* ou tous ceux sur lesquels il s'appuie dans l'élaboration systématique du discours logique de la philosophie ainsi que l'expression pratique de celui-ci à travers la philosophie politique et la philosophie morale. Nous ne nous sommes pas livrés à ce travail titanesque à orientation historique et génétique. Nous avons voulu, de façon plus modeste, présenter quelques éléments focaux qu'Eric Weil reçoit et des points nodaux qu'il tisse principalement à partir de trois *géants* de la Tradition philosophique (Hegel, Kant et Aristote)[1] ; des éléments qui,

---

[1] En général, il est reconnu l'importance d'Aristote, de Kant et de Hegel dans la constitution de la pensée d'Eric Weil. Ces auteurs sont considérés comme des *géants* ayant contribué à son élaboration (cf. F. GUIBAL, « Eric Weil », 496-497). Au niveau de la philosophie morale, Emilienne Naert montre par exemple que Weil s'appuie aussi bien sur Kant et Hegel que sur Aristote (E. NAERT, « La pensée antique », 155-156). Nous pensons qu'Aristote, Kant et Hegel sont majoritaires dans la fondation ainsi que l'expression weiliennes de la philosophie. Cependant, il ne faut pas ignorer la présence de nombreux auteurs de la Tradition dans les recherches d'Eric Weil. La *Logique de la philosophie* représente bel et bien une reconstruction qui tient compte de diverses pensées élaborées depuis l'éclosion de la philosophie occidentale en Grèce antique. A côté des trois géants susmentionnés, Max Weber et Karl Marx peuvent être considérés comme des sources d'inspiration non-négligeables de la pensée de Weil (cf. EC I, 268-296 ; HE 105-116 ; J.-M. BREUVART, « Notion », 600-609 ; CANIVEZ, *Weil*, 74-77 ; E. GANTY, *Penser la modernité* ; 532-564 ; G. KIRSCHER, *Eric Weil*, 119-152 ; R. MORRESI, *Historica*, 37-41 ; ID. « Marx », 1243-1254 ; L. SALEM, « Eric Weil », 387-395 ; L. SICHIROLLO, « Eric Weil, oggi », 1141-1156 ; ID., *La dialettica*, 153-165 ; ID., « Réflexions », 385-394 ; A. TOSEL, « Action raisonnable », 1162-1186).

en principe, constituent la substance intime de sa pensée et en déterminent la construction logique, ou mieux, qui en favorisent l'expression systématique et la compréhension authentique dans l'horizon philosophique. Ainsi donc, l'exploration menée ici a pour but d'asseoir notre auto-compréhension du penser-weilien-aux-êtres-et-aux-choses tel qu'il s'inscrit dans la Tradition philosophique dans la mesure où celle-ci se trouve reprise et médiatisée par Hegel, Kant et Aristote, à travers notamment la problématique du langage en tant que tel et du langage en son épiphanie historico-politique.

Cela signifie qu'il ne s'agit pas pour nous de vérifier le degré de fidélité épistémologique d'Eric Weil aux propositions centrales élaborées par les auteurs susmentionnés. Il ne s'agit pas non plus d'attester spécifiquement la similarité métaphysique avec ceux-ci. Notre entreprise ne consiste donc pas en une prospection génésique ou en une enquête historique. Elle équivaut plutôt à un effort de reconstruction dynamique et de compréhension philosophique, dans une approche manifestement *a-chronologique*[2], c'est-à-dire, à une remontée aux sources qui part des penseurs les plus proches de l'auteur vers ceux qui lui sont les plus éloignés dans l'ordre temporel. L'entreprise menée ici correspond donc à une confrontation critique et à une lecture orientative de nos propres investigations : montrer ce qui peut être

---

[2] Nous tenons à souligner que la dynamique séquentielle (Hegel, Kant, Aristote) et la perspective a-chronologique que nous adoptons dans notre approche reconstructive des sources weiliennes se justifient tout autant au plan historique (compréhension graduelle de la pensée de Weil par les auteurs de son époque) qu'au plan logico-philosophique (constitution et élaboration systématique des contenus de connaissance, considération de la finitude, fixation dans le tout de la réalité…). En fait, la philosophie d'Eric Weil a été historiquement reçue comme une pensée systématique de type hégélien, une reprise logico-spéculative de Hegel (cf. G. Kirscher, *Figures de la violence*, 231-232). Ensuite, les lecteurs attentifs y ont découvert la marque kantienne (la perspective de la finitude humaine). Ce qui fera appréhender et préciser l'auto-présentation familière d'Eric Weil comme kantien post-hégélien (cf. M. Perine, *Philosophie et violence*, 10 ; P. Ricœur, *Le conflit des interprétations*, 403 ; L. Sichirollo, « Eric Weil », 29), tel que le montre systématiquement Marcelo Perine dans ses investigations weiliennes (cf. M. Perine, *Philosophie et violence*, 130-137). Enfin, les lecteurs-interprètes de Weil vont aussi déceler et comprendre la texture aristotélicienne (grecque antique) de sa production philosophique, à travers notamment la détermination de la réalité en tant qu'unité-totalité sensée ainsi que la problématique de l'insertion de l'homme (et de son langage) en son sein (Cf. F. Guibal, « Eric Weil », 496-497 ; L. Sichirollo, « Aristote », 491-501). A signaler qu'un auteur comme Francis Guibal atteste et présente également la séquence Hegel, Kant et Aristote dans son exploration anthropo-logique et pratique de la pensée weilienne (F. Guibal, « Eric Weil », 496-497).

considéré comme le matériau théorique majeur hérité de Hegel, Kant et Aristote, puis reconstitué par Eric Weil dans la construction de sa pensée du langage.

A préciser que la reconstruction historico-herméneutique opérée dans les lignes qui suivent, va faire surgir le concept de *réalité* et attester sa centralité dans le rapport qu'Eric Weil entretient avec ses sources ainsi que dans sa quête de réélaboration systématique de la philosophie. De fait, le concept de réalité traverse et donne sens aux constructions théoriques des auteurs de la Tradition considérés. Il manifeste et médiatise notablement leur relation typique à Eric Weil.

De façon spéciale, nous allons déceler aussi bien la densité que la facticité de la réalité qui, chez Hegel, se dévoile comme une dimension thématisable (exprimable — dans l'hétérogénéité de ses apparitions — dans et par le langage). Au *plan ontolog*ique, elle n'existe qu'en tant qu'elle demeure saisie ou saisissable par la raison et ordonnable sous l'ordre du concept. Au *plan pratique*, elle comprend la conscience humaine dans sa volonté de liberté-libération effective et son devenir raison-sens-du-monde (raison-sens-dans-le-monde). Cette réalité prend sens et se densifie à travers la sursomption de son individualité dans l'universalité, la réconciliation de son intériorité et de son extériorité ainsi que son accomplissement raisonnable au niveau historico-temporel, notamment, son incarnation au niveau de l'Etat (dimension politique), dans la mesure où celui-ci demeure objectif, autrement dit, dans la mesure où il se structure et prend corps à travers des institutions concrètes représentant l'universel.

Nous allons également, en suivant Kant, envisager la réalité en tant qu'elle se veut véritablement porteuse de sens (ou mieux, portée par le *sens* qui *est*) — porteuse d'un sens dont le langage de la rationalité transcendantale ne peut ni décoder ni épuiser la profondeur —. Cette réalité se trouve en fait foncièrement marquée par la *finitude* de l'homme et possibilise l'orientation raisonnable de son être dans l'espace et dans le temps. En effet, elle se présente comme un univers cosmo-symbolique, un univers sensé dépassant le réel méthodique et scientifique. Elle demeure une uni-totalité symphonique rebelle à la réductibilité théorique de l'*homo spectator mundi* (l'homme du *langage de l'intelligence,* celui qui voit le monde et cherche à en saisir la forme sans s'y engager, sans se frotter aux hommes, sans se confronter à la violence naturelle et sociale...). De même cette réalité est catégoriquement différente de l'univers mondain du *Moi.* Elle demeure plus profonde que le périmètre expérientiel de l'être-homme dans la mesure où celui-ci se meut de façon circulaire et végète dans un multi-conditionnement existentiel (physique, biologique, psychologique...).

Nous verrons enfin, avec Aristote, que la réalité subsiste. Elle se trouve aux antipodes d'un chaos. La réalité se découvre comme un cosmos fini et harmonieux qui configure l'homme et son langage[3]. En tant que telle, elle porte une valence symbolique et se trouve dotée de consistance ontologique. Elle correspond à une totalité ordonnée et sensée dans laquelle les hommes s'expriment, agissent, organisent des institutions et sont conviés à vivre sagement ainsi qu'à construire prudemment leur histoire commune[4].

1. **Hegel : langage, raison et réalité**

1.1 *La double présence de Hegel*

Dans la pensée d'Eric Weil, la présence de Hegel est centrale et structurante. Hegel apparaît et traverse les problématiques weiliennes de la philosophie de façon massive et significative. Il met en mouvement le questionnement weilien dans son émergence et lui donne sens dans son ensemble. La pensée de Hegel constitue en quelque sorte la substance intime et le fonds dynamique de la philosophie weilienne. Elle lui confère de la dimension et lui fournit aussi une véritable densité qui se montre dans sa confrontation avec d'autres auteurs de la Tradition ou sa convocation de leurs ressources théoriques pour l'élaboration des réflexions philosophiques.

En fait, on note une double présence hégélienne chez Eric Weil : une présence extérieure et une présence intérieure. La présence extérieure prend la forme d'une présentation historico-critique ainsi que d'une exploration herméneutico-thématique. Elle se trouve constituée par l'ensemble des écrits, essais, articles et conférences explicitement consacrés à Hegel. Il s'agit de textes et études qui s'inscrivent de façon imposante dans le corpus weilien. Ceux-ci marquent profondément la production théorique de l'auteur dans son effort de lecture éclaircissante et désambigüisante des obscurités considérées comme telles du « Maître de Berlin »[5] et sa volonté de précision épistémologique eu égard aux mésinterprétations historiques de certains points de ses propositions philosophiques, notamment le point inhérent à la compréhension authentique de l'Etat moderne (horizon politique)[6].

---

[3] Cf. F. GUIBAL, « Eric Weil », 497.

[4] Cf. L. SICHIROLLO, « Aristote », 497.

[5] F. GUIBAL, « Eric Weil », 496.

[6] Il est impérieux de souligner que l'herméneutique weilienne de Hegel porte une marque singulière eu égard aux autres interprétations faites de la pensée hégélienne, spécialement dans le paysage culturel français. C'est ce qu'un auteur comme Francesco Valentini signale, en présentant les lectures hégéliennes de quelques penseurs français contemporains d'Eric

Les textes hégéliens d'Eric Weil, c'est-à-dire les réflexions autour de Hegel et de certains thèmes de sa philosophie, élaborés par Eric Weil, sont principalement : *Hegel et l'Etat*, un ouvrage qui, paru en 1950 au même moment que la *Logique de la Philosophie*, fit date dans le paysage intellectuel français et corrigea quasiment un siècle de lecture inexhaustive (partielle et limitée) de la réalité de l'Etat chez Hegel[7] ; « "La morale de Hegel" [...], Hegel" [...], "Hegel et nous" [...], "La dialectique hégélienne" [...], "Hegel et le concept de révolution" [...] »[8]. A ces textes de base il faut, pour compléter le *corpus hégélien* d'Eric Weil, adjoindre des réflexions parues dans la *Revue Critique* et, pour être exhaustif,

[...] ajouter bien d'autres textes dans lesquels la référence à Hegel, si elle n'est pas unique, est néanmoins essentielle. Ainsi « Pensée dialectique et politique » (*EC* I), les articles de l'*Encyclopaedia Universalis* (« Philosophie politique », « Pratique et praxis », « Raison »), l'exposé de 1963 à la Société française de Philosophie « Philosophie et réalité » et la discussion qui s'en suivit, la conférence de 1969 à Nice sur « La dialectique objective », enfin l'« Introduction » à la *Logique de la Philosophie*[9].

Weil et en précisant leurs spécificités : chez Jean Wahl, Valentini découvre l'*exigence existentielle* ; chez Alexandre Kojève, l'*exigence humaniste* ; chez Henri Niel, l'*exigence théologique* et chez Jean Hyppolite, l'*exigence ontologique*. Il indique aussi le *rationalisme critique* qui émerge de l'interprétation hégélienne d'Henri Lefebvre (cf. F. VALENTINI, « Studi hegeliani », 5-32). Chez Eric Weil, l'auteur note la centralité de la perspective philosophico-politique, à travers notamment la réflexion qu'il propose dans *Hegel et l'Etat*. Francesco Valentini souligne la particularité des investigations weiliennes qui vont contribuer à envisager autrement la conception hégélienne de l'Etat en général et de l'Etat prussien en particulier (cf. *Ibid.*, 32-36).

[7] Cet ordre de choses est affirmé par divers lecteurs d'Eric Weil. La parution de *Hegel et l'Etat* (en 1950) représenta un réel événement en ce qui concerne la lecture technique de Hegel concepteur de l'*Esprit objectif* et penseur de la *philosophie du droit*. En fait, l'idée de base d'Eric Weil est que l'Etat hégélien n'est pas *totalitaire* mais *centralisé* et fortement structuré. Il se trouve organisé autour de l'administration, sous l'œil vigilant du prince, pour le bien réel du peuple (cf. G. P. CALABRO, « Eric Weil », 369-374 ; P. MARIGNAC, « Le destin », 375-385 ; T. ROCKMORE, « Remarques », 361-368 ; M. PERINE, *Philosophie et violence*, 47 ; G. KIRSCHER, *Figures de la violence*, 233). Le problème du caractère totalitaire de l'Etat hégélien ressurgit parfois (cf. F. GRÉGOIRE, « L'Etat hégélien », 244-253 ; K. POPPER, *The open society* II). Nous verrons cependant, dans la ligne weilienne, que Hegel n'est pas le père de la statolâtrie et de l'étatisme moderne (cf. G. KIRSCHER, *Figures de la violence*, 236 ; H. RONDET, *Hégélianisme*, 83). L'Etat hégélien est fait tout entier du « métal de la liberté » (HE 55).

[8] G. KIRSCHER, *Figures de la violence*, 233.

[9] *Ibid.*, 233-234.

Telle est la présence thématique et interprétative de Hegel dans l'horizon weilien. Elle correspond à une apparition manifestement périphérique eu égard aux investigations propres d'Eric Weil. A côté de celle-ci, on note donc une apparition beaucoup plus structurante. Il s'agit d'une présence intérieure s'intégrant dans la dynamique profonde de la pensée weilienne. Celle-ci configure la production propre d'Eric Weil et la donne à se réaliser comme une véritable *reprise* contemporaine de la pensée hégélienne[10], ou mieux, comme une réélaboration appropriative et enrichissante de celle-ci.

[En fait, Hegel apparaît aussi dans le corpus weilien] comme peut l'être l'interlocuteur d'un dialogue, en position de sujet d'un discours toujours actuel, qui fait autorité, c'est-à-dire qui rend possible jusqu'à la critique qu'on lui adresse. Hegel est présent au discours d'Eric Weil d'une présence fondatrice. Cela est particulièrement visible, même quand le nom de Hegel n'apparaît pas, lorsque Weil réfléchit sur l'intention philosophique, sur la décision à la philosophie et sur la structure systématique du discours, sur la dialectique du discours et de la réalité, sur l'unité et la compréhension du monde[11].

Pour préciser cet ordre de choses, on peut parler d'une convocation hégélienne inhérente aussi bien à l'action pédagogique qu'à la réflexion systématique d'Eric Weil. La face et la trace de Hegel transparaissent précisément à travers des essais et conférences où Eric Weil, sous la veste de communicateur et de « philosophe éducateur, s'adresse à tout le monde, ou presque, dans une langue non technique pour poser directement des questions fondamentales »[12], des questions qui engagent la conscience-de-soi de la présence de l'homme au monde et déterminent l'orientation sensée de sa destinée. Elles se remarquent également dans les textes qui forment « le système de la philosophie dans lequel toutes ces questions sont

---

[10] C'est ainsi que l'œuvre maîtresse d'Eric Weil, la *Logique de la philosophie*, a été entrevue comme une *Phénoménologie de l'Esprit* 1950. En fait, la première grande apparition philosophique d'Eric Weil sur la scène intellectuelle française s'est réalisée sous l'égide de Hegel, avec notamment la soutenance en Sorbonne de la thèse d'Etat sur la *Logique de la philosophie* et d'une thèse secondaire sur *Hegel et l'Etat* (cf. F. GUIBAL, « Eric Weil », 496 ; G. KIRSCHER, *Figures de la violence*, 232-233). A signaler que Hegel va accompagner le développement et la maturation de l'entreprise philosophique weilienne.

[11] G. KIRSCHER, *Figures de la violence*, 234.

[12] *Ibid.*, 234.

ordonnées selon la cohérence d'un discours qui veut comprendre tous les discours et lui-même »[13], c'est-à-dire, à travers des productions théoriques où la problématique de la conscience-de-soi de l'homme en tant qu'être raisonnable (être tendu vers la raisonnabilité) et la thématique du sens de son inscription historico-temporelle, s'élaborent de façon logico-discursive, dans une expression et une exposition dynamique et coordonnée.

Ainsi, sans demeurer en mode unique ni intégrale dans le penser-weilien-aux-êtres-et-aux-choses, Hegel s'y retrouve de manière majoritaire et dominante. L'« Aristote des Temps Modernes »[14] constitue bien une part fondamentale et fondante de la pensée weilienne. Il la met en marche et lui confère un rythme spécifique.

En fin de compte, la philosophie hégélienne se découvre comme une source majeure d'inspiration d'Eric Weil. Elle en représente une matrice essentielle dans la conception théorique et en procure un cadre préférentiel de configuration. Dans cette ligne, les *problèmes weiliens* de la philosophie peuvent être appréhendés *aussi* comme des *problèmes hégéliens* lus (repris) et prolongés (enrichis) par Eric Weil. Ceux-ci s'articulent autour de la compréhension effective de la philosophie — de son approche comme science authentique et encyclopédique —, de l'universalisation concrète de l'homme — animal doté du langage raisonnable — et de la réalisation de la raison en tant que totalité systématique s'extériorisant dans l'histoire.

1.2 *Thèmes et motifs hégéliens*

1.2.1 Le système de la réalité

Eric Weil découvre Hegel comme le penseur par excellence, le penseur de la réalité en son hétérogénéité et en sa totalité : celui qui nous a appris la dimension systématique du savoir et la manière la plus adéquate de saisir la réalité, c'est-à-dire de l'appréhender en son intégralité, en son unité et sa vérité.

En fait, chez Hegel, l'orientation philosophique première et dernière demeure la totalité systématique. Pour lui, « il s'agit précisément de système, de la pensée dans son unité qui est vérité, de la vérité qui est unité qui se pense »[15]. La philosophie ne peut pas ne pas s'effectuer en mode catégorique-systématique, autrement dit se comprendre et s'auto-manifester en mode scientifique.

---

[13] *Ibid.*, 234.

[14] F. GUIBAL, « Eric Weil (1904-1977) », 154.

[15] PR I, 97.

Une philosophie sans *système* n'a rien de scientifique ; outre qu'elle n'exprime guère dans ce cas qu'une disposition d'esprit subjective, le contenu en est contingent. Un contenu ne peut se justifier que comme moment de la totalité, sinon ce n'est qu'une présomption sans fondement ou une certitude subjective ; nombre d'écrits philosophiques se bornent à n'exprimer de cette manière que des *convictions* (*Gesinnung*) et des *opinions*. — Sous le terme de système, on comprend à tort la philosophie d'un *principe* limité, distinct des autres ; c'est, au contraire, le principe de la philosophie véritable de renfermer tous les principes particuliers[16].

La forme systématique d'exposition de la réalité effectuée dans la démarche philosophique, au moyen de la spéculativité, en signe la vérité et en atteste l'authenticité. Elle a trait à la quête de compréhension intégrale de la sphère phénoménale et à son expression dans la cohérence logico-discursive (la cohérence d'un discours réflexif qui possède un sens effectif et ordonne logiquement la totalité de la phénoménalité).

Dans cette dynamique, la philosophie se déroule comme « dialectique de l'objectivité »[17]. Elle se manifeste, autrement dit, comme cheminement méthodique d'auto-explicitation justificative (et judicative) du réel en son intégralité, ou encore, comme appréhension spéculative du monde en sa diversité épiphanique[18]. La philosophie se dit et s'accomplit proprement ici comme un mouvement de saisie apodictique de la réalité unique en sa diversité apparaissante. Et Hegel en demeure le représentant le plus qualifié : « Hegel [en effet] veut être philosophe, et être philosophe, pour lui, ce n'est pas construire un discours cohérent de plus, parmi tant d'autres discours cohérents, explicatifs, réducteurs, mais comprendre la réalité une dans l'unité de la vérité »[19].

Dans l'ensemble de ses investigations philosophiques, Hegel a poursuivi un but unique : il a voulu « comprendre, rien que comprendre, mais tout comprendre »[20] ; « tout comprendre en se comprenant soi-même »[21]. Comprendre, c'est-à-dire, déceler le sens réel de *ce qui est*, en l'explorant du dedans — en le saisissant en sa vérité intrinsèque —[22] ; découvrir « le sens conjoint des conditions et

---

[16] G. W. F. HEGEL, *Précis de l'Encyclopédie*, 39.

[17] PR I, 115.

[18] Cf. R. GARAUDY, *La pensée de Hegel*, 19.

[19] EC I, 130.

[20] *Ibid.*, 130.

[21] F. GUIBAL, « Eric Weil », 496.

[22] Cf. M. RÉGNIER, « Hegel », 111-112.

de la liberté, des structures et du sens, de l'intériorité (objective) et de la négativité (subjective) »[23]. Tout comprendre, ou encore, « articuler en un discours cohérent et total toutes les compréhensions partielles et particulières, toutes les abstractions de la réalité »[24] ; réaliser concrètement la ré-conciliation entre l'extériorité et l'intériorité ; effectuer dans l'effectivité « l'unité de la pensée avec la réalité, de la réalité avec la pensée, celle de la compréhension qui se sait compréhension totale de la vérité de ce qu'il est réel et *un* »[25].

Hegel se présente ainsi comme « le plus systématique des philosophes, le plus consciemment systématique »[26]. Il demeure le penseur qui a porté la philosophie à son auto-conscience raisonnable, à sa compréhension de soi comme « discours cohérent, s'exerçant à la fois dans et sur l'effectivité du monde »[27]. Sa pensée demeure de part en part marquée par l'idée et la volonté de système ou de totalisation logico-spéculative. Elle se détermine et se résout globalement à travers « cette volonté de constituer la philosophie en savoir absolu, comme unité se portant elle-même, comparable au monde qui est son propre fondement : en son unité, il s'explique en s'explicitant, à seule condition que la volonté de compréhension, d'auto-compréhension »[28] — la volonté d'approcher la totalité des segments et des dimensions selon lesquels peut être analysé un ordre quelconque ou explorée une chose —, soit présente et déterminante.

Le système hégélien, *système du savoir absolu* (système du savoir qui sait et se sait absolument savoir ou qui a atteint la conscience-de-soi effective de son savoir-de-soi et de son savoir-des-autres), correspond également au *système logique de la réalité* (au système dialectique qui, se départissant de toute abstraction ou superficialité — de type subjectiviste, axiomatique, symbolico-mathématique...—, se porte vers la concrétude et cherche à appréhender les structures du réel comme structures logiques de la pensée rationnelle[29]. Il nous faut dès lors déceler le sens vrai et la densité réelle de la réalité vers laquelle se porte l'effort spéculatif de Hegel et de laquelle hérite Eric Weil dans sa constitution logico-systématique et son incarnation pratique de la philosophie.

---

[23] F. Guibal, « Eric Weil », 496.

[24] G. Kirscher, *Figures de la violence*, 247.

[25] PR I, 111.

[26] EC I, 131.

[27] F. Guibal, « Eric Weil », 496.

[28] PR I, 103.

[29] Cf. P. Ricœur, « Hegel aujourd'hui », 181. Voir aussi R. Bubner, « La philosophie », 71-75.

1.2.2 Réalité, négativité et totalité

La réalité se dévoile chez Hegel comme une catégorie complexe, ou encore comme une donnée double, doublement déterminable dans l'ordre de la relation avec la conscience-de-soi de l'individu en tant que conscience raisonnable. Elle se veut non-homogène (plurielle) et immédiate dans son auto-donation et son apparition spatio-temporelle. Elle se décèle également comme une totalité sensée, une totalité une et transparente dans sa compréhension. Il s'agit d'une totalité qui intègre complètement l'ensemble des contradictions inhérentes à ses diverses déterminations et se densifie dans le mouvement de la négation continue de ses expressions particulières (finies) puis de leur sursomption récapitulative dans l'infini.

La réalité se présente premièrement à travers la multiplicité des éléments (et la pluralité des événements). Elle s'offre à la conscience-de-soi en tant qu'elle apparaît comme « un ensemble de *choses* isolées, indépendantes les unes des autres et pourvues de leurs qualités propres »[30]. Il s'agit d'une réalité diffuse et multiple ; d'une réalité contradictoire dans son essence et en son expression sensible : elle se meut et se métamorphose. Elle change de forme et se transfigure continuellement. C'est une réalité non-statique — organiquement non-figée et génériquement non-fixée — ; une réalité pleine de vie ; en son déroulement, elle porte et emporte la vie (dimension *a-thanatique*) : « La réalité est vivante ; elle est donc contradictoire en tant que telle »[31].

En tant que contradictoire, c'est-à-dire, en tant qu'elle est, dans sa forme empirique, marquée par le fait de la contradiction — une contradiction qui, il faut le souligner, se trouve aux antipodes de la contradiction syllogistique propre à la logique nomologique des mathématiques —, la réalité se veut irréfutable, indépassable ainsi qu'incontournable[32]. Elle subsiste dans la particularité et se déroule selon le mode de la particularité oppositionnelle : « la particularité contredit la particularité, et le fruit *nie* la fleur »[33].

La réalité se dévoile ainsi dans la dynamique de la contradiction. Elle se donne à déceler à travers la poussée universelle de la négativité exercée au niveau de la finitude. Elle apparaît précisément comme marquée par le « travail du négatif »[34] dans

---

[30] R. Garaudy, *La pensée de Hegel*, 114.

[31] EC I, 134.

[32] Cf. *Ibid.*, 134.

[33] EC I, 134 ; cf. RA 974.

[34] P. Ricœur, « Hegel aujourd'hui », 177.

l'horizon mondain (la sphère de l'immédiateté et de la sensibilité). Et cette réalité reste aussi contradictoire en tant qu'elle se trouve insérée dans la double dimension temporelle constituée par le passé (ce qui fut) et le futur (ce qui vient).

> La réalité serait sans contradiction si le discours de l'homme n'y introduisait pas ces deux dimensions du temps qui s'appellent l'avenir et le passé, si, à chaque instant, tout était totalement dans un présent ponctuel et fermé, si le désir de ce qui doit venir et le souvenir de ce qui a été n'étaient pas réels dans l'homme. La réalité à laquelle l'homme a affaire ne se révèle pas dans le *nunc stans*, dans l'instant immobile et éternel d'une vue divine ; elle ne se détache pas au regard aveugle de l'animal, qui ne voit que ce qui est à lui dans le mode du « quelque chose à manger », « quelque chose à fuir », « quelque chose à … » ; elle se montre à l'homme, pour lequel l'objet est à la fois indépendant de lui et soumis à son action, est *encore* ceci et n'est pas *encore* cela […][35].

La contradiction, qui ne peut être niée ni écartée dans l'appréhension et la détermination réelles de la réalité, en définit ainsi une part d'essentialité : inscrite dans la temporalité et s'effectuant dans l'horizon de la temporalité, elle signe la densité apparaissante (l'épaisseur phénoménologique) du réel et en signifie la non-univocité ainsi que la non-uniformité.

En tant que poussée de la négativité ou encore tendance générale à l'opposition (tendance à l'opposition qui engendre une nouvelle position), la contradiction spécifie finalement le fait selon lequel le mouvement détermine le réel. Elle donne à décoder la réalité comme le domaine réel du mouvement ou mieux le mouvement du domaine réel — au sein duquel l'être se déploie —.

La réalité se veut donc totalement mouvement. Elle est *en* mouvement ou encore elle (se) présente (comme) *le* mouvement : mouvement d'auto-engendrement spatio-temporel ; mouvement d'accomplissement de l'être à travers la négation de la négation de ses déterminations jusqu'à sa récapitulation dans l'effectivité en tant qu'infinité réconciliée au fini, totalité sensée ou « unité [radicale] des contradictions »[36].

Arrivé à ce point, force est de constater que, dans un premier moment, la réalité se déchiffre chez Hegel comme existentialité phénoménale et immédiateté diffuse, immédiateté perçue dans l'hétérogénéité de son déroulement. A ce

---

[35] EC I, 135.
[36] *Ibid.*, 132.

niveau elle représente une possibilité réelle non réalisée. Elle correspond précisément à une réalité existante, le *réel de fait*, la réalité qui détient dans sa forme des possibilités non accomplies[37] et qui « n'est pas encore l'unité *posée* de la réflexion et de l'immédiateté »[38].

Cependant, à travers la dialectique de la contradiction ou la dynamique de la négativité qui la traverse intrinsèquement — une dialectique que l'homme saisit et une négativité qu'il exerce sur celle-ci —, la réalité acquiert toute son épaisseur (sa dimension réelle). Elle devient *la* réalité en tant que réellement réalisée, la *réalité effective* (agissante et en acte) : celle qui, engendrant ses modes, correspond à l'absolu du Savoir (au Savoir qui se manifeste en sa forme absolue et atteint son plein épanouissement) : « En elle, se donnent, comme en Dieu, la réalité formelle (le possible), la réalité "réelle" (le fait), la réalité nécessaire »[39]. La réalité agissante s'accomplit ainsi comme « la catégorie dominante à partir de quoi tout discours portant sur ce qui est (ce qui est pensé) devient effectivement possible, c'est-à-dire éventuellement réel (éventualité ayant ici un sens, non occasionnel, mais logique) »[40]

Selon Eric Weil, c'est cette réalité agissante ou efficiente thématisée par Hegel qui intéresse hautement le philosophe et qu'il s'agit d'appréhender en tant que telle. En fait, au-delà de l'*apparence*[41] des contradictions et des dimensions à travers lesquelles elle se donne à déterminer dans l'objectivité, cette réalité se découvre en soi comme une totalité non-contradictoire des contradictions réelles. En elle se résout harmoniquement la multiplicité et l'hétérogénéité apparaissantes de la phénoménalité : « La réalité, au sens le plus profond, le plus radical, n'est pas contradictoire »[42]. Elle s'accomplit proprement comme un *Tout* qui contient la diversité de la phénoménalité, ou mieux une totalité qui correspond à « l'unité de ce qui se présente [et se perçoit primitivement] comme opposé »[43].

---

[37] Cf. H. MARCUSE, *Raison*, 198.

[38] G. F. W. HEGEL, *Science de la logique* II, 198, dans F. CHATELET, *Hegel*, 97.

[39] F. CHATELET, *Hegel*, 97.

[40] *Ibid.*, 97-98.

[41] Cf. EC I, 134.

[42] PR I, 66.

[43] EC I, 134.

1.2.3 Discours raisonnable et réalité

En tant que totalité, la réalité se veut sensée et structurée. Elle se donne à déceler comme une structure de sens : « La réalité est structurée, c'est-à-dire, compréhensible et toujours comprise, mais d'une compréhension qui se révèle comme partielle et particulière à la volonté de comprendre le tout de la réalité, dont les compréhensions particulières font parties »[44].

Ainsi donc, on peut aisément parler d'une précédence de sens (d'une configuration ontologique et originaire du sens) dans la réalité et d'une structuration intentionnelle (raisonnable) de la réalité. Cette structuration sensée sursume, tout en l'éclairant, sa donation-de-soi spatio-temporelle sous forme contradictoire ainsi que son auto-expression polymorphique (sa manifestation en mode sensible dans la diversité épiphanique).

La réalité, autrement dit, le Tout qui se déroule sous la poussée de la négativité, est structurée ; « nous le savons avant toute recherche de telle structure particulière dont nous n'aurions pas l'idée sans ce savoir »[45]. Cependant, « il n'y a que les structures particulières que nous puissions énoncer [c'est-à-dire, appréhender et thématiser], précisément parce que *la* structure fonde *les* structures et ne peut être que nommée [ou désignée en mode générique du fait de son caractère idéel], au lieu d'être énoncée »[46].

On remarque bien que la réalité, qui se dévoile dans l'existence à travers une hétérogénéité déroutante et détournante, demeure, dans son essence et en son devenir, fluide et harmonique. Et, la compréhension de la totalité de la réalité ou l'ensemble des vues de la réalité en son intégralité nous révèle que les faits, les éléments et les événements ne s'identifient pas, dans le monde, à « des *choses* isolées, définitivement définissables, absolument indépendantes les unes des autres »[47]. Ils représentent plutôt des segments d'un ordre générique ou des séquences d'un complexe unique. Ce sont des moments, « des étapes d'une histoire, des phases d'un développement, des éléments abstraitement détachés de l'ensemble ou du Tout auquel ils appartiennent organiquement et qui constitue leur unité systématique supérieure, plus concrète que chacun d'eux »[48].

---

[44] PR I, 24.

[45] EC I, 321.

[46] *Ibid.*, 321.

[47] J. D'HONDT, *Hegel*, 21.

[48] *Ibid.*, 21.

Tout a un sens. Tout est lié et se trouve toujours et déjà en mouvement d'auto-engendrement (mondain) et d'auto-réalisation (historico-temporelle). La réalité-totalité-effectivité porte en elle-même une signification réelle dont la détermination authentique convoque la conscience-de-soi autonome, ainsi que la volonté et la liberté humaines. Elle possède une orientation profonde qui s'opère et se laisse appréhender à travers le langage ou mieux le discours raisonnable. La réalité effective transparaît à la conscience-de-soi raisonnable dans et par le langage humain en tant que dire et discours absolument cohérent.

Ainsi donc, le discours dit et décrit la réalité. Il en déchiffre le sens authentique et en exprime la vérité apodictique. Dans cette logique, on peut affirmer la double proposition selon laquelle : « Il n'y a pas de réalité en dehors du discours, il n'y a pas de discours en dehors de la réalité »[49]. Le discours humain (la pensée) ne se trouve pas opposé à ce dont il parle, il se confond avec ce qu'il détermine discursivement[50].

Le discours correspond précisément à la réalité. Il *est* la réalité en tant que saisie et explicitée. Le discours détermine la densité définitive de la réalité qui se donne à l'homme dans l'épaisseur du sens. C'est ce qu'Eric Weil spécifie dans un commentaire consacré à Hegel, lorsqu'il se livre à une thématisation explicitative et appropriative de sa pensée.

> La réalité se révèle, et elle le fait dans les discours (ou, si l'on préfère, dans les pensées) des hommes. Ces discours sont raisonnables, ils le sont du moins dans ce sens qu'ils ne sauraient être en contradiction absolue avec la réalité : L'homme cesserait de s'insérer dans la réalité s'il en était autrement — il mourrait et l'humanité disparaîtrait. La réalité est donc raisonnable, elle aussi. Elle ne l'est pas à la manière de l'homme, qui non seulement est (partiellement) raisonnable, mais qui, de plus, sait qu'il l'est ; mais elle est raisonnable pour autant qu'elle est accessible à la pensée et au discours, qu'elle produit le discours qui est discours de l'homme *réel*. Elle possède une structure : le réel est raisonnable et le raisonnable, réel[51].

Le discours forme donc et (se) formate (sur) le réel. Il (se) fonde (sur) le réel et en fournit le vrai concept. La totalité de la discursivité qui représente l'unité non-éclatée de la diversité, prend en charge l'intégralité de la réalité. Elle la détermine

---

[49] PR I, 67.
[50] Cf. EC I, 139 ; PR I, 67
[51] EC I, 133.

et (la) manifeste (en) son authenticité, sa transparence et son harmonie intrinsèque : « La réalité est révélée dans les discours, mais toute révélation particulière est fausse si elle prétend être *la* révélation, et chaque discours, n'étant qu'un discours, renvoie à un autre qui, lui non plus, n'est pas *le* discours »[52].

A préciser que le discours qui définit le périmètre exhaustif de la réalité comporte la vérité en tant qu'il convoque la négativité dans son auto-expression logique et son dévoilement historico-temporel. En fait, la vérité est assise dans le discours. Elle représente « l'être même, l'être révélé »[53]. La vérité et le discours possèdent une origine similaire et une destinée commune. Cette origine et cette destinée se dessinent et s'accomplissent dans un mouvement englobant suivant le plan de la raison dans la réalité, à travers la contradiction et la négation de la contradiction jusqu'à la négation totale des contradictions qui fournit « la totalité du discours, la totalité des contradictions qui est non-contradiction »[54].

A signaler aussi que le discours qui rend compte de la totalité de la réalité est inhérent à la conscience-de-soi de l'individu. Il appartient à l'homme et est élaboré (organisé logiquement et spéculativement) par lui. Le discours *est :* il équivaut au discours de l'homme en tant qu'être inscrit dynamiquement dans la spatialité et la temporalité.

En fait, le discours absolument cohérent demeure aux antipodes d'une intuition intellectuelle privée de substance et de consistance. Il correspond plutôt à une détermination matérielle (objective) qu'opère l'homme qui n'est pas un « pur esprit au-dessus ou en dehors de la nature »[55], mais se trouve inséré dans le monde. Il s'agit du dire de l'homme qui sait et se sait raisonnable, porté par l'infini(té) de la pensée (la penséité) et qui adopte le point de vue de l'absolu dans sa thématisation et sa fixation langagière de la phénoménalité. En effet, l'homme est différent d'un être extra-cosmique ou d'une entité spirituelle trônant au-delà du monde. Il n'est pas, pour ainsi dire, un *homo spectator mundi*, « l'*autre* du monde, un étranger qui aurait à chercher un accès à ce qui se refuse à lui ; il n'est pas un photographe qui prendrait une vue sur ce qui apparaît en face de lui. Il est au milieu de la réalité, il est dans la réalité, il est de la réalité »[56].

---

[52] *Ibid.*, 136.

[53] *Ibid.*, 136.

[54] *Ibid.*, 136.

[55] *Ibid.*, 133.

[56] *Ibid.*, 132.

Le discours vrai sur la réalité convoque donc un homme présent au monde, un être dont l'essence se spécifie à travers l'activité langagière ; un individu qui, malgré sa raisonnabilité, se trouve également marqué par les passions. Il s'agit d'un être intrinsèquement insatisfait, un être qui discourt parce qu'il se découvre toujours et déjà insatisfait. Il cherche à transformer continuellement la réalité donnée. Il cherche aussi à s'auto-transformer en tant que donné réel non-réalisé. De fait, l'homme parle parce qu'il agit. Il agit et pense parce qu'il dispose du « petit mot : *non*. Il est dans la nature, mais il n'est pas nature à la façon du minéral ou de l'animal : il est mécontent, il n'est pas satisfait de ce qui est, et dans son discours, il parle de ce qui n'est pas, de ce qu'il veut introduire dans l'être »[57].

La négativité déjoue donc la conditionnalité générale de l'être-homme et engage la discursivité sur le chemin de l'identification du concept et de la spécification de sa configuration structurelle : si le langage possibilise l'extériorisation de la pensée et la structuration du sens de ce dont l'homme fait l'expérience dans le monde (à travers les sensations, les émotions, les perceptions…), si le discours dévoile la nature réelle de la réalité en l'organisant selon une cohérence propre et en y introduisant la dimension temporelle, c'est dans la détermination du concept que le discours va reconnaître son sol d'émergence et d'épanouissement spéculatif. A travers le plan du concept, le discours retrouve sa vraie origine. La détermination du concept porte le discours à la compréhension des choses dans leur principe, leur identité et leur différence. Elle l'aide à entrevoir la sphère du réel en son mouvement intérieur et extérieur. Elle l'ouvre finalement à la saisie de la dialectique propre constituant la réalité (la dialectique de la négativité) et lui permet d'envisager la teneur de l'action transformatrice qui s'exerce sur les choses qui se donnent à lui dans leur naturalité.

1.2.4 Le concept réel de la réalité

Le discours réel de l'homme réel dé-chiffre ainsi le concept. Il donne une densité effective au concept et le libère dans toute sa splendeur. Le discours dévoile la teneur du concept en tant que celui-ci correspond au saisissement actif du « Monde – Pensée »[58] et au fondement effectif de la discursivité. Le concept (*Begriff*), élément central et point nodal du système hégélien, réalité pouvant signifier esprit, pensée, raison, dialectique, vie, mort…, se donne génériquement à comprendre comme :

---

[57] *Ibid.*, 133-134.
[58] PR I, 113.

[...] le sens (l'identité à soi de tout ce qui est) en tant qu'il saisit (*greffein*) tout contenu, toute détermination ou différence de l'être, parce que d'abord il pose celle-ci, parce qu'il est l'identité qui se différencie et, *se* différenciant, s'affirme dans cette différence, c'est-à-dire se pose comme identité concrète ou totalité. Le concept est donc l'auto-création de l'être à partir de son sens[59].

En fait, le concept en lequel s'exprime « l'identité absolue de l'être et de la pensée »[60], se découvre comme un plan majeur et un horizon fondateur dans l'ordre du déroulement et de la compréhension de la réalité. Il représente « ce qui est véritablement premier, et les choses sont ce qu'elles sont grâce à l'activité du concept immanent à elles et se révélant en elles »[61]. Le concept apparaît proprement comme « l'idée, la forme qui tend à se réaliser » [62], la tendance qui se satisfait dans l'atteinte de son infinité, c'est-à-dire, dans le remplissage de son être par l'infini de la pensée et de la compréhension. De fait, le concept est « atteint par l'insatisfaction, par le désir de comprendre — à partir d'une compréhension insuffisante, partielle et inachevée : s'il se révèle, c'est à partir de sa diffraction dans le fini »[63].

Dans cet ordre, le concept se déchiffre comme quelque chose qui n'est pas absolument donné ni définitivement déterminé. Il n'équivaut pas à un élément radicalement fixé. Il est une plutôt une réalité qui se produit ; une dynamique qui s'active et s'actualise.

En effet, « le concept, le vrai concept, le concept du monde comme pensée et de la pensée comme monde réel, est résultat et non révélation, le concept lui-même *devient* : il n'existe pas là devant nos yeux, tout fait comme quelque chose dont il suffirait de se saisir »[64]. Ce qui revient à dire que le concept, qui « s'empare de l'éternel dans le fugitif »[65] en tant qu'en son essence il demeure « auto-création de l'être à partir du sens »[66], se veut tout entier mouvement et négation, raison et liberté.

Comme *mouvement* — ou mieux, *auto-mouvement* —, il est « devenir de soi à l'intérieur de soi »[67]. Il se développe et s'effectue comme « une activité synthé-

---

[59] B. Bourgeois, *Encyclopédie*, 62.
[60] R. Garaudy, *La pensée de Hegel*, 139.
[61] G. W. F. Hegel, *Encyclopédie*, I, *Addition* au §163, 2, dans B. Bourgeois, *Encyclopédie*, 48.
[62] M. Régnier, « Hegel », 127.
[63] PR I, 114.
[64] *Ibid.*, 113-114.
[65] *Ibid.*, 113.
[66] B. Bourgeois, *Encyclopédie*, 62.
[67] P.-J. Labarrière, « Le concept hégélien », 585.

tique, créatrice, passant de l'universel au particulier et à l'individuel »[68]. En tant que tel, « il est à la fois la totalité du parcours et, à chaque étape, l'un des moments de cette totalité »[69]. Son développement ressemble à « celui d'un être vivant où le tout engendre les parties »[70].

La *Phénoménologie de l'Esprit* en tant qu'exposé total (systématique) du « progrès de la conscience depuis la première opposition immédiate entre elle et l'objet jusqu'au savoir absolu »[71], illustre et traduit de façon parfaite « l'auto-déploiement du concept lui-même, dans [à l'intérieur] et hors [à l'extérieur] de l'élément dualisant de la conscience, dans [à l'intérieur] et hors [à l'extérieur] de la forme temporelle qui est précisément l'apparition du concept à l'extérieur [hors] de soi »[72].

En tant que *négation*, le concept s'établit comme « le devenir-*autre* de ce qu'il était sous mode immédiat, alors qu'il était seulement "concept" »[73]. Il se veut autre-que-soi tout en demeurant équivalemment égal-à-soi. Il porte en soi la contradiction ou la différence totale d'avec soi.

> Le concept, tel qu'il existe en soi, immédiatement, contient la contradiction, sa propre négation : il faut la *poser*, l'affirmer, lui permettre de s'affirmer. Posée, la contradiction conduit à l'affirmation, à la position de l'unité des opposés (la *différence*) qui auparavant n'était que contenue dans l'opposition, pure et simple séparation : la négation de l'opposition nue pose l'unité dans la différence ; et cette seconde négation, négation de la première, établit un nouveau positif[74].

Il appert clairement que chez Hegel, le concept porte, en tant que tel, la contradiction et s'auto-constitue dans la dynamique de la négativité. La négativité équivaut à la loi du développement conceptuel. Elle représente proprement « le *tournant* dans le mouvement du concept. Elle est *le simple point du rapport négatif à soi-même*, la source interne de toute activité, de tout mouvement spontané, vivant et spirituel, l'âme dialectique qui tire toute sa vérité de ce point grâce auquel elle est la seule vérité »[75].

---

[68] R. Garaudy, *La pensée de Hegel*, 139.
[69] P.-J. Labarrière, « Le concept hégélien », 585.
[70] R. Garaudy, *La pensée de Hegel*, 139.
[71] M. Régnier, « Hegel », 133.
[72] P.-J. Labarrière, « Le concept hégélien », 584.
[73] *Ibid.*, 586-587.
[74] PR I, 118.
[75] R. Garaudy, *La pensée de Hegel*, 151.

A préciser que la négativité inhérente au concept n'est pas une négativité *abstraite*, une négativité-néantisation et destruction. Elle constitue plutôt une activité relevante et transformante ; une activité qui, dans son auto-accomplissement, génère du positif. La négativité conceptuelle se réalise en fait comme « *transformation* d'un être qui continue d'exister dans son immédiateté, dans son être-là, mais en accédant à un sens nouveau, — à son identité à soi dans son être-autre, son identité dans sa propre mort »[76].

Le concept se veut également *raison* ou *pensée*. Il s'identifie à la *penséité* — à la pensée pure (la pensée en elle-même) et à la pensée en son horizon de déploiement —[77] : en fixant l'identité manifestée de l'*intérieur* (la conscience-de-soi) et de l'*extérieur* (l'objet, la chose), « le concept, au-delà de la division caractéristique de l'entendement comme tel, se situe donc au niveau de la totalité, au plan de la totalisation rationnelle »[78].

En fait, dans sa configuration raisonnable, le concept pointe vers le Tout sensé. Il s'oriente, autrement dit, vers l'exhaustivité de la réalité qu'il remplit et dont il se remplit graduellement. Le concept apparaît comme doté de contenu. Il se trouve emplit du contenu réel de la réalité agissante. Il s'agit d'un concept-plein, d'un concept intégral et intégrant.

Pour le signifier diversement, on pourrait dire que le concept se réalise en tant qu'il comprend le réel (en tant qu'il reconnaît l'autre-que-soi ou se saisit en son devenir-autre) et se comprend lui-même (se reconnaît comme concept réel du réel, c'est-à-dire s'auto-saisit dans l'identité de la vérité, de l'authenticité, de l'universalité...), puis assume et actualise cette double compréhension en tant qu'auto-compréhension-totale-de-soi.

Le concept porte donc la réalité effective et en dévoile le sens vrai. Il détermine l'essence propre de la phénoménalité (*plan ontologique*) dans la mesure où il s'identifie à la conscience-de-soi raisonnable et se constitue proprement comme conscience-de-soi raisonnable de l'être apparaissant (*plan logico-historique*).

En fin de compte, le concept réel correspond à « l'activité du sujet et, en tant qu'il est l'activité du sujet, la forme vraie de la réalité »[79]. Il équivaut précisément à « la forme de l'absolu, il est "la substance devenue libre", il est le "sujet" »[80] : «

---

[76] P.-J. Labarrière, « Le concept hégélien », 587-588.

[77] Cf. M. Heidegger, *Hegel*, 57.

[78] P.-J. Labarrière, « Le concept hégélien », 589-590.

[79] H. Marcuse, *Raison*, 200.

[80] P.-J. Labarrière, « Le concept hégélien », 604.

Le concept, dans la mesure où il a réussi à atteindre une *existence* qui est elle-même libre, n'est rien d'autre que le moi [le *Je*] ou la pure conscience de soi »[81].

Le sujet, étant caractérisé par la liberté, le concept, qui se réfléchit et se reconnaît en lui, se manifeste également comme liberté. Dans la mesure où il se possède lui-même et comprend la totalité de la phénoménalité (dans la mesure où il manifeste concrètement la *subjectivité* de la *substantialité* de l'être —, le concept se pose donc comme « l'être-présent de la liberté »[82]. Il représente « le libre comme la puissance substantielle qui est pour soi »[83]. Le concept se déroule comme la liberté s'historialisant (s'actualisant dans et par l'histoire), la liberté se faisant monde et engendrant le monde de l'homme, la liberté faisant l'homme et son monde dans le temps.

L'éclosion et la pleine maturation du concept posent et supposent ainsi la liberté, ou encore, le fait du sujet comme liberté dans l'histoire. Ce qui signifie qu'ils en appellent préférentiellement à l'homme comme *vouloir-être-libre* dans le monde et individu libéré (se libérant) de la réalité réifiée.

En fin de compte, le mouvement et la réalisation du concept engagent l'homme en tant qu'être s'efforçant de *comprendre* (de saisir en profondeur) et de *dire* (d'exprimer fidèlement) les structures effectives du réel. Ils nous ramènent à la considération générale de l'homme et de son langage dans la compréhension totale de la réalité et, conséquemment, dans la définition du philosopher authentique. Ce qui porte notre enquête, d'une part, à explorer le fait du langage dans le système hégélien, et, d'autre part, à déterminer le déroulement pratique de la liberté ainsi qu'à déchiffrer la structure centrale qui rend possible l'auto-expression et la reconnaissance historiques de l'homme, des communautés humaines dans le monde, notamment, l'Etat en tant que moderne.

1.3 *Le système dans l'élément du langage*

Le jeu et l'enjeu du discours, du concept et de la réalité dans la pensée hégélienne telle qu'envisagée dans nos investigations, nous donne à déceler spécifiquement le sens et l'importance du fait du langage qui la signe et la dynamise en sa totalité. En effet, le système hégélien, système logique de la réalité, peut être lu et entrevu à travers l'élément du langage. La pensée hégélienne peut être perçue et reçue comme une pensée du langage : une pensée qui pose et dépose le langage au creux de son émergence, de son développement et de son accomplissement.

---

[81] M. Régnier, « Hegel », 125.

[82] P.-J. Labarrière, « Le concept hégélien », 601.

[83] M. Régnier, « Hegel », 140.

C'est ce qu'Eric Weil lui-même souligne — sans toutefois l'explorer ni l'illustrer jusqu'au bout — dans son analyse technique de la dialectique hégélienne en tant que dialectique de la réalité, quête de l'unité dans la différence et médiatisation éminente des oppositions réelles non réalisées. Weil affirme en substance :

> [...] la démarche qui conduit au savoir absolu commence dans la certitude immédiate et avec la constatation des contradictions auxquelles celle-ci aboutit dès lors qu'on veut *dire* cette expérience. En d'autres termes, la philosophie débute dans le langage. Or Hegel, qui célèbre dans des textes magnifiques, surtout dans la *Phénoménologie* (et, dans une certaine mesure dans l'*Encyclopédie*, § 459), la grandeur du langage, n'en traite pas explicitement. On pourrait répondre que la *Phénoménologie* tout entière est une histoire du discours[84].

Evoqué et célébré mais non élaboré radicalement par Hegel, le langage se trouve au cœur du système. Telle est, de façon manifeste, la constatation d'Eric Weil. Cette conception d'une présence fondamentale et fondatrice du langage dans la pensée systématique de Hegel est déterminante dans notre approche de sa philosophie telle que reprise par Eric Weil. Elle nous porte à convoquer des auteurs qui en expriment et en explicitent la valeur.

C'est principalement dans les lectures hégéliennes des penseurs comme Conrad Bœy, Christophe Bouton, Claude Bruaire, Jean Quillien, Mathieu Robitaille..., que se clarifie et prend sens la proposition weilienne de la centralité du langage dans le penser hégélien. Ces lectures, loin de dénigrer ni de démasquer l'interprétation canonique et classique, envisagent une compréhension *autre* (plus large et plus ouverte) du *même* système[85] de Hegel. Dans ses lignes essentielles, cette compréhension se résume ainsi : « Ni les choses, ni la conscience qu'on en a ne sont des critères ou des références de ce qui est. *Au commencement du savoir est le langage*[86] ; lui seul est accueil de l'être, lui seul décide du vrai, à mesure de sa domination sur nos sens, nos préférences, notre individualité, notre historicité »[87].

La saisie de la pensée de Hegel selon l'ordre du langage, relevée par Eric Weil et façonnée par celui-ci dans sa propre constitution de la philosophie comme logique

---

[84] PR I, 124.

[85] Au sujet du jeu dynamique entre le *même* et l'*autre*, nous nous référons au titre de l'ouvrage de V. Descombes, *Le même et l'autre.*

[86] C'est nous qui soulignons.

[87] C. Bruaire, « Hegel », 683.

non-logiciste (logique compréhensive) de la philosophie, permet de lever la difficulté inhérente à l'organisation systématique de la production théorique hégélienne. Elle clarifie notamment le problème du positionnement de la *Phénoménologie* en tant qu'introduction générale au système. En outre, en affirmant l'*omni-englobance* et l'*infinité* du langage, elle contribue à une détermination plus ferme et plus conséquente de la circularité et de la systématicité de la pensée hégélienne.

Ce genre de considérations se précise chez Mathieu Robitaille. Celui-ci présente de façon détaillée la focalité et la nodalité du langage dans la philosophie hégélienne, notamment dans la *Phénoménologie de l'Esprit*. Selon lui, le langage, qui est apparu comme un thème majeur et dominant pour nous (le monde contemporain), à partir des auteurs comme Frege, Wittgenstein, etc., demeure une préoccupation première depuis l'éclosion de la philosophie en Grèce antique, avec Thalès de Milet. Le langage se trouve thématisé dans l'ensemble de l'histoire de la philosophie. Il oriente diverses entreprises philosophiques et soutient spécialement le projet philosophique de Hegel. Le langage occupe une place essentielle dans le système hégélien et en assure une compréhension authentique.

> Si Hegel ne fait pas du thème du langage précisément un *thème*, au même titre où par exemple la moralité constitue un thème encyclopédique et le scepticisme un thème phénoménologique, ce n'est pas parce qu'il en ignore ou en mésestime l'importance, mais au contraire parce que le langage ne se laisse aucunement *réduire* à un thème *parmi d'autres*, mais constitue en vérité [...], *le* présupposé même — *réfléchi* comme tel par Hegel — de tout l'édifice systématique. Le langage seul peut fonder le système entier, car seul le langage rend possible l'*intelligence* du monde, dont l'intelligibilité pure sera retracée à partir de cette base langagière dans la *Science de la logique*[88].

La présence fondante et fécondante du langage donne à entendre la pensée de Hegel comme une véritable pensée du langage décisive et fondatrice ; une pensée qui, tout en ne se réduisant pas à une doctrine scientifique du langage, élève ce dernier et le place au cœur de son éclosion, de son dévoilement et de son accomplissement.

C'est à travers la relecture générale de la figure introductive de la *Phénoménologie*, la *certitude sensible*, que Mathieu Robitaille illustre ses affirmations et spécifie le sens

---

[88] M. Robitaille, « Esprit et langage », 116.

et les enjeux du fait du langage dans le système hégélien. Il organise son argumentation en opérant une exploration qu'il désigne lui-même comme *retro-cédante* (en sens inverse et en mode régressif) de la certitude sensible, différemment de la traditionnelle interprétation qu'il faut considérer comme *pro-cédante* ; une interprétation réalisée en fonction de la seconde figure phénoménologique qu'est la *perception*[89].

L'interprétation rétro-cédante de la *certitude sensible* donne à lire le langage comme « le *sol pré-phénoménologique* sur lequel prend racine tout le procès phénoménologique lui-même »[90]. Elle le décrit clairement comme l'élément pré-phénoménologique de l'Esprit, c'est-à-dire comme l'élément fondamental et focal du mouvement du savoir. Bien plus, elle nous apprend que le langage n'appartient pas d'abord à un sujet isolé, à un *ego pur*, mais à une *communauté de sujets*. L'interprétation rétro-cédante nous aide également à comprendre que le langage, qui est un élément de la pensée et qui se meut toujours et déjà dans la sphère de l'universalité, détermine seul le vrai et s'identifie concrètement à l'Esprit.

« [...] Le langage représente dans l'économie de la *Phénoménologie de l'Esprit* et, par là, de tout le système hégélien, pour autant que la *Phénoménologie* « introduise » au système en tant que première partie de ce dernier, le présupposé ou la condition de possibilité ultimes de tout *apparaître à soi* de l'Esprit, de toute *configuration* possible de l'Esprit et occupe, à ce titre, la position fondamentale d'*élément pré-phénoménologique*, car lui seul rend possible cette toute première *réflexion* de la conscience en elle-même, laquelle ouvre la dialectique phénoménologique subséquente. Le langage est, autrement dit, élément pré-phénoménologique, 1) parce qu'il n'est pas l'instrument de la conscience singulière qui s'exprime, mais l'élément universel au sein duquel et à partir duquel celle-ci se meut en son existence spirituelle et vraie, et 2) parce que lui seul rend possible, par l'ouverture qu'il ménage à l'universalité du singulier, la reconnaissance par la conscience de *son* essence spirituelle, c'est-à-dire l'apparaître *à soi* de l'Esprit ou encore son « autophénoménalisation »[91].

Pour préciser et clarifier cet ordre de choses, Mathieu Robitaille souligne que, selon la perspective hégélienne, la *certitude sensible* correspond au savoir immédiat que le *Moi* singulier a de l'objet. Mais ce savoir n'est qu'une auto-illusion ou une apparence : en voulant désigner ou caractériser l'objet sensible (*ceci..., ceci*

---

[89] Cf. *Ibid.*, 116-117.
[90] *Ibid.*, 117.
[91] *Ibid.*, 124-125.

est…), autrement dit, en s'engageant sur le terrain du langage, la *certitude sensible* dépasse le point de vue personnel. Il réfute le savoir immédiat qu'il a des choses pour accéder à leur dimension universelle et à leur vérité essentielle.

Par ailleurs, quand le *Moi* singulier *prend la parole* pour décrire une chose, thématiser une réalité sensible…, il exprime un point de vue qui le dépasse. Dans cette expression du sens à travers le phénomène du langage (*extériorisation*), le *Moi* singulier rejoint l'ensemble des *Moi* (le *Nous*) et accède à l'universel (au *Soi*). Puis il se réapproprie le savoir qu'il a acquis et se constitue comme tel en tant que singularité dans la médiation du langage (*intériorisation*).

Cette dialectique d'extériorisation et d'intériorisation correspond également au travail que l'Esprit réalise au niveau de la *certitude sensible*. On se rend compte qu'il y a une identité réelle entre le langage et l'Esprit. Le langage, qui est l'élément de la pensée et qui baigne dans l'universel, représente donc le lieu véritable où l'Esprit apparaît de façon concrète. Ainsi, il n'y a pas d'Esprit sans langage ; de même il n'y a pas de langage sans Esprit. En fin de compte, le langage établit le pont entre l'Esprit et le concept et « reconnaître dans le langage (saisi en sa vérité comme concept) le phénomène absolu de l'Esprit, c'est s'élever au savoir absolu. "Le concept ou savoir absolu est langage absolu" »[92].

Cette approche technique du système selon l'élément du langage[93] inhérente à la lecture rétro-cédante robitaillienne, se décèle sous une autre forme dans l'interprétation que Jean Quillien, dans un esprit manifestement weilien, fournit de la pensée hégélienne. Elle se trouve même amplifiée (élargie à la totalité de la réalité) et orientée vers l'effectuation concrète du système dans la spatialité et la temporalité.

En effet, selon Jean Quillien, le langage représente chez Hegel le lieu et le milieu essentiel de la pensée (et de l'action). Il équivaut à ce qui est de plus vrai, parce que justement il ne peut dire ou énoncer que l'universel : « Le langage est ce médiateur universel, cet élément parfait en lequel "l'intériorité est tout aussi extérieure que l'extériorité est intérieure". Le langage est l'existence (*Existenz*) du concept »[94].

De façon plus tenue, Jean Quillien souligne que dans la *Phénoménologie*, « le langage est l'Esprit se manifestant et l'Esprit n'est rien en dehors de sa manifestation »[95].

---

[92] *Ibid.*, 131.

[93] On peut déceler aussi l'enjeu du langage dans l'approche du système hégélien et, de façon spéciale, dans la caractérisation de l'Esprit, chez C. Boey, *L'aliénation*, 165-183 ; C. Bouton, *Temps*, 252-255 ; E. Cattin, « La langue », 193-212.

[94] J. Quillien, « Langage », 297.

[95] *Ibid.*, 298.

Cette manifestation convoque spécialement les hommes en tant qu'individus marqués par des besoins, des personnes portant un certain nombre de préoccupations et poursuivant des buts spécifiques, des êtres insérés dans un espace socioculturel donné, à une époque historico-temporelle déterminée. L'Esprit s'extériorise à travers des individus dotés du langage, « des êtres qui parlent, parlent parce qu'ils agissent et agissent parce qu'ils parlent, et, par cette double négativité — action et parole — constituent des sens »[96].

Ainsi donc, la compréhension et la réalisation effectives du système présupposent le fait selon lequel « le langage est le *Dasein* de l'Esprit »[97]. Elles attestent que « grâce à lui — et c'est là sa fonction essentielle —, l'homme dépasse son existence naturelle pour s'extérioriser, dire ce qu'il est, et, le faisant, dire l'universel, que donc, grâce à cette médiation, "l'esprit entre dans l'existence empirique comme spiritualité" »[98].

A ce niveau, on peut signaler que le mouvement phénoménologique est, en tant que tel, scandé par les différents langages (les *parlers*) que l'homme produit (ou qui se sont produits et se produisent à travers lui), ou encore dont il fait l'expérience vivante dans le monde.

Au plan primordial, on note le *langage de l'immédiateté* de la relation de l'individu à la communauté. Ici les hommes « parlent, et ce qu'ils disent ne se dissocie pas du langage de la Cité, qui est la Cité même »[99]. Il s'agit du *langage de la loi et du commandement*. Ensuite surgit le *langage de la conscience noble* qui se trouve au service de l'Etat. Ce langage est celui du conseil « communiqué pour le bien universel »[100] ; un langage qui tombe vite dans l'équivocité et laisse émerger le *langage laudatif*.

Le *langage de la louange* assure le passage de l'Etat à la monarchie absolue et réalise la synthèse première entre le particulier et l'universel. Ce langage laudatif est relevé par le *langage de la flatterie*, le parler produit pour plaire au prince ou au monarque[101].

Le procès phénoménologique en tant que procès épiphanique du langage se poursuit et se double d'une réflexion sur la signification profonde que recèle chaque moment pratique de sa manifestation ou mieux sur « les sens que les hommes ont

---

[96] *Ibid.*, 298.

[97] *Ibid.*, 299.

[98] *Ibid.*, 299.

[99] *Ibid.*, 298.

[100] *Ibid.*, 298.

[101] Cf. *Ibid.*, 298-299.

effectivement donné eux-mêmes à ces sens particuliers [constitués par leurs expressions et insertions historiques (existentielles) dans le monde] »[102].

Dans cette dynamique apparaissent successivement et graduellement le *langage de l'oracle*, l'*hymne*, le *langage de l'œuvre d'art vivante* puis le *langage humain* : le *langage narratif*, le *langage tragique*, le *langage ironique* ou *comique*, le *langage religieux*, etc., jusqu'au surgissement du langage reconnu comme tel et exprimant pleinement la réconciliation radicale de la réflexivité (pensée) et de l'expressivité (parole et action), le *langage absolu* en tant que *(l') absolu du langage*[103].

Il appert parfaitement que le langage condense et constitue la totalité de la réalité pouvant être expérimentée et exprimée, « que ce soit la nature (certitude sensible, perception, entendement) ou la réalité historique, sociale et politique »[104] ou encore la réalité humaine au-delà de la réalité donnée, la réalité absolue (artistique, religieuse, philosophique). Le langage correspond proprement au « medium de toutes les médiations, de tous les sens finis qui constituent l'histoire des hommes »[105].

Dans cette logique, la *Phénoménologie* en tant qu'introduction générale et première partie du système peut être lue comme le mouvement historico-épiphanique du langage. Elle peut être perçue et reçue comme l'histoire de ce que les êtres humains *dirent* (parlers), *firent* (actions) et *furent* (existence) dans l'espace et dans le temps.

La *Phénoménologie de l'Esprit* apparaît donc comme l'histoire des langages particuliers que les hommes, en fonction de leurs intérêts particuliers, ont tenu dans la réalité, et, parallèlement, des discours qu'ils ont tenus sur cette réalité, quand ils ont voulu en saisir le sens. Chaque langage, chaque discours particulier a exprimé, non la réalité, mais *sa* réalité, discours à la fois vrai et partiel ; l'histoire de l'homme être parlant, c'est l'histoire de l'opposition entre réalité et discours. Il en résulte que le discours total sur la réalité ne peut être que la totalité des langages finis : la *Phénoménologie de l'Esprit* tout entière est précisément ce langage, non pas extérieur aux différents langages, mais langage unique dont ceux-ci sont des ramifications, des aspects. Le sens n'est pas derrière, au-delà, préexistant, mais le langage crée le sens, et le sens n'est que cette création[106].

---

[102] *Ibid.*, 300.

[103] Cf. *Ibid.*, 300-301.

[104] *Ibid.*, 300.

[105] *Ibid.*, 300.

[106] *Ibid.*, 301.

Ces propositions quilliennes concrétisent le sens d'une approche langagière de la pensée hégélienne, notamment de la *Phénoménologie de l'Esprit*, telle que soulignée par Eric Weil spécialement à travers ses affirmations selon lesquelles « la philosophie débute dans le langage »[107] et que « la *Phénoménologie* tout entière est une histoire du langage »[108]. Elles manifestent la teneur de la présence de l'élément du langage chez Hegel comme il a été reçu et prolongé par Eric Weil dans l'auto-constitution de la philosophie comme logique philosophique, logique des langages humains déployés dans l'histoire — selon nos intuitions épistémologiques —, puis de sa réalisation dans l'*action* — une action doublement politique (philosophie politique) et morale (philosophie morale) —.

Au-delà de la *Phénoménologie*, les (autres) moments du système tels que présentés par l'*Encyclopédie des Sciences Philosophiques* manifestent et enrichissent la fonction médiative, expressive et explicitative du langage. Ils éclaircissent et approfondissent aussi le sens et la capacité langagière de l'homme dans la perspective de l'effectuation du système comme système de la vie historique[109] et de sa détermination totale en tant que système scientifique de l'absolu[110].

Le mouvement encyclopédique qui prend corps au plan de la *Logique*, se poursuit dans la *Nature* et s'épanouit pleinement dans l'*Esprit*, en tant qu'initialement *Esprit subjectif* — avec l'*âme* (objet de l'Anthropologie) et l'*esprit comme tel* (objet de la Psychologie) —, forme le sol d'émergence de l'homme comme volonté de liberté dans le monde et sujet authentique de l'histoire. Il constitue « les prémisses d'une science de la volonté libre, c'est-à-dire de l'unité de l'esprit théorique et de l'esprit pratique, d'une science de la volonté qui est "volonté comme libre intelligence" (*Enc.*, § 481), bref du domaine du Droit de manière générale »[111].

---

[107] PR I, 124.

[108] *Ibid.*, 124. Eric Weil accepte bien le sens d'une lecture langagière de la pensée hégélienne. Cependant, il peine à concevoir et justifier la circularité du système hégélien en se fixant sur le fait du langage (cf. PR I, 124). Les approches hégéliennes de Mathieu Robitaille, de Jean Quillien et de bien d'autres *montrent* néanmoins qu'il est possible d'adopter une lecture langagière intégrale de la pensée hégélienne. Nous abondons dans cette direction en prenant pour arrière fond l'*herméneutique omni-englobante* de la pensée weilienne, c'est-à-dire, en partant de l'approche weilienne de la logique de la philosophie comme logique non-logiciste des langages humains déployés dans l'histoire, une logique qui *reprend* le chemin majestueux hégélien mais se laisse féconder par la pensée de la finitude kantienne et convoque l'anthropo-logique ainsi que l'onto-logique harmonique et cosmique aristotélicien.

[109] Cf. F. CHATELET, *Hegel*, 105.

[110] Cf. B. BOURGEOIS, *Encyclopédie*, 13.

[111] J. QUILLIEN, « Langage », 306.

A préciser que c'est en tant que volonté de liberté et d'authenticité (vouloir-être-libre-authentique) dans l'histoire, que « l'esprit entre dans la réalité effective (*Wirklichkeit*) ; volonté qui est donc la pensée qui se réalise »[112]. L'*Esprit objectif,* qui comprend le *Droit,* les *Institutions* et l'*Etat,* prolonge le mouvement encyclopédique marqué par la logicité puis la naturalité. Il inscrit l'humanité dans l'historicité, tout en le prédisposant à l'absolu, Dans ce processus encyclopédique, le langage se déduit comme « le moyen terme entre la Nature, la pure extériorité, et l'Esprit en tant que tel, comme le médiateur entre la pensée et le réel »[113].

La compréhension du mouvement systématique révèle précisément que la parole se développe dans la temporalité. A ce niveau, l'homme ne se saisit plus seulement comme « homo loquens »[114]. L'homme se comprend en soi-même comme être temporel, comme être historique — être porté par le temps et transformateur de l'histoire —. Il découvre l'essence de son existence et le sens profond de sa présence-au-monde. Il se découvre, autrement dit, comme un être intrinsèquement agissant et parlant : un être qui transforme effectivement le donné naturel, nie l'extériorité brute, la fait sienne à travers la négativité[115].

Il s'agit d'un individu qui, sur le plan du travail, sculpte le donné en vue de la satisfaction de ses besoins naturels et créés. Par le travail, il accède à l'universalité. Il agit et accomplit ses intérêts dans l'histoire. Son action se dote d'une réelle dimension historique et se résout en action politique[116]. Elle se veut préférentiellement action-pensée, action-posée en tant que discours, action consistance contenue dans la parole et entretenue par le mot, action raisonnable d'humanisation de la réalité donnée.

L'homme prend ainsi conscience que son action ne reçoit toute sa densité qu'en tant qu'elle se trouve organisée selon l'ordre du langage et se laisse incarner dans un cadre communautaire objectif. En fin de compte, il comprend que son action se réalise dans la mesure où elle se structure à travers le domaine juridique et politique, le domaine réel de réalisation de la liberté.

---

[112] *Ibid.,* 306.

[113] *Ibid.,* 307.

[114] *Ibid.,* 307.

[115] Cf. *Ibid.,* 307.

[116] Cf. *Ibid.,* 307.

1.4 *Langage, liberté et réalité politique*

Le sens et la valeur du langage en tant que langage humain récapitulable ou condensable dans le concept ou l'absolu qui se veut sujet et liberté (libération de la réalité réifiée et auto-création dans l'effectivité), nous porte à constater que chez Hegel, concept (Dialectique), sujet (Logique), langage-raison (Anthropologique) et liberté (Métaphysique) s'élaborent et s'épanouissent ensemble (plan systématique). Ils se dotent de signification, prennent consistance puis acquièrent leur dimensionnalité effective dans l'existence des hommes dans la mesure où ceux-ci se trouvent insérés dans un milieu spatio-temporel (plan historique) et entretiennent des relations sensées entre eux (plan politique).

Il nous s'agit maintenant de considérer concrètement le déploiement du système dans son expression authentique comme objectivation du concept, temporalisation du sujet et historicisation de la liberté (de la volonté-de-liberté intrinsèque à l'être humain), en insistant globalement sur l'élément du langage dans la mesure où il (se) manifeste (en) son être pratique et (se) configure organiquement (dans) l'ordre politique en tant qu'ordre rationnel et universel.

En d'autres mots, nous voulons déceler le fondement et le mouvement du langage — du langage de l'homme comme vouloir-être-libre dans le temps — dans la structuration et l'effectuation de la réalité politique chez Hegel telle qu'elle a été comprise par Eric Weil et reprise par ce dernier dans son élaboration de la *Philosophie politique* ou encore sa proposition de l'*action* sensée comme achèvement du discours philosophique dans le monde.

Ce qui nous conduit à présenter la lecture weilienne du système hégélien dans son moment pratique, à travers notamment l'*Esprit objectif* — l'Esprit général (allgemein) objectivé dans les institutions, l'Esprit général devenu une sorte d'objet dans les institutions —[117] et, de façon spécifique, l'*Etat* qui substantifie

---

[117] Chez Hegel, l'*Esprit objectif* consacre la montée de l'humain vers le social et manifeste la réalité politique globale de l'homme (cf. P. RICŒUR, « Hegel aujourd'hui », 183). Il s'agit d'une « réalité spirituelle, d'ordre non matériel. Cette réalité représente quelque chose d'universel avec quoi nous entrons en rapport par le langage, la culture, les mœurs » (H. NIEL, *De la médiation*, 243). En fait, l'*Esprit objectif* correspond au lieu par excellence de la politique ou du politique (cf. J. D'HONDT, « Genèse », 99-100), appréhendé non pas comme « le traitement concret de rapports sociaux dans un contexte déterminé, mais [avant tout comme] un niveau de réflexion qui ressortit au concept dans sa modalité théorique » (G. JARCZYK – P.-J. LABARRIÈRE, *De Kojève à Hegel*, 150). L'*Esprit objectif*, qui relève de la seconde sphère de la *Philosophie de l'Esprit* et se situe entre l'*Esprit Subjectif* et l'*Esprit Absolu*, présente

réellement le vouloir-être-libre de l'homme dans le monde et possibilise la reconnaissance de la conscience-de-soi individuelle et de la conscience-de-soi sociale.

1.4.1 Manifestations et signification de l'Etat

C'est autour du décryptage de l'essence de l'Etat et de sa manifestation historico-temporelle que se concentre l'approche weilienne de Hegel, philosophe de l'Esprit objectif et penseur de la réalité politique[118]. Selon Eric Weil, l'Etat, chez Hegel, est le « divin sur terre »[119], autrement dit, la réalité par excellence qui manifeste l'effectivité de la moralité humaine. Il émerge dans le processus de socialisation et d'universalisation de l'individu humain ; un processus marqué par les moments du droit de la propriété formelle et de la volonté empirique, psychologiquement déterminée, par la famille et la société civile ou, pour reprendre le vocabulaire et l'analyse de la *Philosophie du droit*, par « [la] moralité abstraite, [la] morale vivante, [la] famille, la société des individus-atomes soumise à la loi quasi-naturelle de cet atomisme »[120].

Le droit de la propriété formelle, droit primitif de l'individu en tant que tel[121], assure la personnalisation de l'individu. A travers ce moment, « l'homme naturel se fait personne »[122] et sujet. Il affirme sa volonté et son individualité. La famille permet la moralisation objective de la personne. Elle médiatise le passage de l'individu de l'abstraction morale inhérente à la subjectivité, à la concrétude éthique portée par la liberté, la confiance et le consentement. La société opère la rationalisation de l'individu à travers la vie économique et le travail organisé[123]. Elle engendre l'homme en tant qu'être compris dans la dynamique de la rationalité et sculpté par le travail[124].

> [...] La société s'organise par et pour et dans le travail : état (*Stand*) de ceux qui travaillent en contact immédiat avec la nature (agriculture), état de ceux qui vivent par

---

[118] Sur ces éléments, on se référera à PR I, 147-166, ainsi qu'à l'analyse détaillée que propose G. KIRSCHER, *Figures de la violence*, 236-240.

[119] G. KIRSCHER, *Figures de la violence*, 236. Dans le sens weilien, un auteur comme Franz Grégoire interprète aussi la *divinité* de l'Etat chez Hegel. Cependant dans ses analyses autour de la pensée politique hégélienne, il critique certains points de la lecture de Hegel fixée dans *Hegel et l'Etat* (cf. F. GRÉGOIRE, *Etudes hégéliennes*, 330-356).

[120] PR I, 153. Pour une vue propre de Hegel, lire G. W. F. HEGEL, *Principes*, 75-250.

[121] Cf. HE 37.

[122] *Ibid.*, 37.

[123] Cf. *Ibid.* 44.

[124] Cf. G. W. F. HEGEL, *Principes*, 212.

le travail en transformant et distribuant (industrie, commerce), état de ceux qui organisent le travail social et qui sont libérés de tout travail au sens premier et second, soit
par leur fortune personnelle, soit grâce au traitement que leur verse la société[125].

L'Etat surgit dans le mouvement de moralisation des individus dans la société.
Il représente l'avènement-en-soi et pour-soi de la liberté. L'Etat confère à la
société sa dimension authentique et sa signification apodictique.

C'est dans l'Etat que la société se pense, et c'est lui qui seul peut préserver l'héritage que constitue la nation. L'Etat est en effet historique ; mais il est par là au-
dessus du rationalisme de la société : son histoire est celle de la raison incarnée qui,
pensant la réalité, la transforme pour y rendre concrète la liberté, la dignité, la
satisfaction de l'home éduqué par elle[126].

En fait, l'Etat correspond précisément à la « réalité de l'idée morale » [127] (« *die
Wirklichkeit der sittlichen Idee* »[128]). Il substantifie la densité de la moralité agissante du peuple et transparaît à travers les mœurs et la tradition vivante de la
communauté. Cela revient donc à dire que si la société (s') organise et fonctionne plus ou moins normalement, si elle opère dans le temps une certaine élévation de l'homme à l'universel, si elle assure le bien-être matériel des individus
et permet d'atteindre l'idéal d'une vie économique et matérielle assez équilibrée,
etc., l'Etat seul, en tant que réalité raisonnable et historique, agit et favorise l'accomplissement intégral des hommes dans le monde.

[L'Etat] agit afin d'assurer la coopération harmonieuse des forces sociales. Mais il
agit aussi, ou il devrait agir, afin d'éliminer de cette société l'injustice spontanément produite par elle, plus précisément : afin de garantir à nouveau une place
honorable et sensée dans la communauté à ceux à qui le processus moderne de
production ravit toute participation à une vie vraiment humaine, à ceux qui, selon
l'expression de Hegel, ne possèdent rien et, de ce fait, dépendent des autres qui disposent des moyens de production, à ceux qui, de ce fait, n'ont plus d'honneur pro-

---

[125] *Ibid.* 44.
[126] PHP 229.
[127] HE 43.
[128] G. KIRSCHER, *Figures de la violence*, 236.

fessionnel ni de dignité morale, qui ne peuvent plus avoir de religion, à la populace (*Pöbel*) comme dit Hegel, au prolétariat comme on dira bientôt[129].

L'Etat pense donc le système de besoins et de satisfactions constitué par la vie sociale. Il corrige et oriente la cécité sociale inhérente au rythme mécanique de l'économie. L'Etat prévoit, empêche, domine les crises diverses engendrées par le processus de rationalisation socioéconomique[130]. Il s'effectue proprement comme *la* réalité unique et universelle qui sursume la pseudo-naturalité de la société en tant que nécessité inconsciente et permet l'auto-transparence-à-soi de la conscience sociale commune ; une conscience marquée par de nombreuses contradictions, notamment par la négativité-néantisation de la populace (*Pöbel*)[131].

Pour exprimer et approfondir l'ensemble de ces propositions à travers un autre commentaire weilien de Hegel, penseur de la réalité politique, on pourrait dire que l'Etat se trouve tout entier façonné par le « métal de la liberté »[132]. Il est la liberté manifestée (se manifestant) objectivement dans l'histoire humaine[133] : « Réalité de l'idée morale, l'Etat selon Hegel est l'incarnation et l'organisation de la liberté sur terre »[134]. Il repré-

---

[129] PR II, 159.

[130] Cf. PR I, 153.

[131] Cf. HE 95-96 ; G. Kirscher, *Figures de la violence*, 239.

[132] Cf. HE 55.

[133] Dans son analyse du concept de révolution chez Hegel, Eric Weil précise que l'Etat, chez celui-ci, s'identifie ontologiquement à la raison et à la liberté. Il n'en constitue pas une simple représentation historique extérieure. A propos, il écrit : « Ce qu'il s'agit de comprendre, c'est donc, pour le dire d'un mot, l'Etat. C'est, en effet, lui qui représente, non : qui *est* la raison incarnée. C'est lui qui est raisonnable quand il est vraiment Etat d'hommes libres, quand il garantit à ses citoyens leur liberté d'action, de choix, de commerce, de conviction, de vie privée, — qui les rend libres, car c'est en lui que se poursuit cette éducation qui les rend capables d'accepter le droit, de reconnaitre ce droit comme le leur et non pas comme une règle imposée de l'extérieur, cet extérieur se proclamerait-il divin » (PR I, 132). On note bien l'insistance sur la *liberté* (subjective et objective) dans l'analyse weilienne de l'Etat hégélien. Cette interprétation bat en brèche les méprises et déformations herméneutiques autour de la réalité de l'Etat chez le Maître de Berlin. Un auteur comme Franz Grégoire, critiquant la lecture de Jacques Maritain, soutient comme Eric Weil, la *non-unilatéralité* et la *non-totalitarité* de l'Etat pensé par Hegel. La doctrine hégélienne de l'Etat se focalise sur la liberté du citoyen, la reconnaissance des individus, le respect des droits de l'homme… (cf. F. Grégoire, *Etudes hégéliennes*, 244-253 ; Id., « L'Etat hégélien », 330-336).

[134] G. Kirscher, *Figures de la violence*, 237.

sente donc (ou mieux il *est*) l'événement authentique et le couronnement spécifique de l'existence-libre-de-l'homme en tant que volonté d'auto-détermination concrète et mouvement de positionnement communautaire dans le système-monde.

[L'Etat se déploie proprement comme le] plan où le moteur du mouvement [de la raison qui se veut pensée libre et qui opère à l'universalisation effective de l'homme sur terre] est compris comme la liberté en soi, agissant en vue de sa propre réalisation dans le monde et pour soi liberté, liberté dernière à paraître dans l'histoire, première en soi et qui, une fois apparue dans le monde et s'y étant comprise, ne veut plus rien que soi-même, liberté concrète, rendue concrète par la raison, dans la raisonnabilité, si un terme aussi laid peut être admis, qu'est l'Etat. […] L'Etat est, en effet, la réalisation de la raison sur terre ; car c'est sur terre que la raison se réalise, autrement dit, sur le plan de la finitude, qui ne cesse pas d'être ce qu'elle est pour être raisonnablement satisfaite, satisfaite en tant que raisonnable et pour autant qu'elle l'est[135].

A préciser que l'organisation unique et universelle de la raison-liberté à laquelle correspond l'Etat, ne se confond pas avec la simple sommation des volontés individuelles. Elle n'équivaut pas, autrement dit, à une addition-extériorisation des opinions personnelles ni au simple exercice du suffrage universel. L'Etat sursume en fait la conscience-de-soi des individus (en tant qu'ils demeurent des êtres passionnels et sensibles). Il se veut totalité et unité de la diversité différente de la somme arithmétique des volontés individuelles.

Dans cet ordre, il apparaît comme un absolu, ou mieux, il porte un sens absolu. L'Etat possède un droit absolu sur l'être singulier dans la mesure où celui-ci, comme être empirique et naturel, demeure non-universel et non- raisonnable : « C'est l'Etat qui sait et qui a le droit pour lui, face au sentiment et à l'intérêt de l'individu singulier : il ne peut prescrire ses convictions à l'individu, mais il peut et doit régler les actions des individus dans la mesure où [… elles] ont de l'effet sur la vie de la communauté »[136].

Ce qui signifie que l'Etat demeure le système concret des médiations de l'ensemble des intérêts particuliers et de l'intérêt général (de l'intérêt du général — l'intérêt de ce qui est commun et qui appartient à tous —) en une totalité qui agisse et s'exprime objectivement tel un individu, dans la ponctualité d'une décision à la fois libre et raisonnable.

---

[135] PR I, 153.
[136] PR II, 159.

L'Etat pense donc et réalise fondamentalement le Tout de l'existence sociocommunautaire. Il agit et s'efforce, autant que faire se peut, de substantifier l'intérêt universel, l'intérêt que veut la volonté raisonnable de tous et de chacun[137]. Il s'attèle fermement à éduquer le peuple (la communauté humaine inscrite dans un univers spatiotemporel, partageant des us et coutumes, des traditions déposées dans une langue commune…). Il veut combler ses attentes et ses aspirations dans la mesure où celles-ci se révèlent comme universelles et s'identifient au mouvement de la pensée qui est liberté et libération de la réalité réifiée. L'Etat se meut donc dynamiquement pour assurer le bonheur raisonnable — la *satisfaction* et la *reconnaissance* de l'ensemble des citoyens et de chaque citoyen —[138].

---

[137] Cf. PR I, 133.

[138] Cf. HE 59. La *satisfaction* peut être comprise comme l'état de l'homme vivant qui *sent* ses besoins comblés et réalise son être dans l'effectivité, selon l'ordre de la raison-liberté. Au sujet de la *reconnaissance*, Eric Weil fournit un long commentaire dans sa *Philosophie morale*. A partir de Hegel, il précise le sens de la reconnaissance que l'être humain poursuit dans son existence terrestre. Il écrit en substance : « La grande découverte hégélienne dans ce domaine [le domaine de la justice] est celle du concept reconnaissance. Le premier, Hegel a vu que ce que l'homme demande avant toute autre chose, c'est d'être reconnu [accepté ou considéré] comme libre et raisonnable par les autres, par la communauté et par les institutions. Reconnaissance réelle, non seulement reconnaissance de principe et de déclarations : ma valeur humaine, ma valeur d'homme, n'est pas reconnue quand tous déclarent que je ne suis pas un animal, une plante, un minéral ; elle l'est quand on reconnaît mon droit à tout ce qui est réclamé comme droit par n'importe qui à titre d'être humain : conditions de vie matérielles, intellectuelles, morales » (PM 138). Il faut signaler que la thématique hégélienne de la reconnaissance (cf. G. JARCZYK – P.-J. LABARRIÈRE, *De Kojève à Hegel*ʜ; ID., *Les premiers combats*), hante les pensées contemporaines (cf. J.-M. FERRY, *Les puissances de l'expérience* II ; E. GREBLO, « Riconoscimento », 223-239 ; J. HABERMAS, *Morale et communication* ; A. HONNETH, *La lutte pour la reconnaissance* ; ID., « Reconnaissance » 1272-1278 ; C. LAZZERI, « Reconnaissance », 972-975 ; H. POURTOIS, « Reconnaissance », 640-653 ; P. RICŒUR, *Parcours* ; C. TAYLOR, *Multiculturalisme*). Plusieurs auteurs réalisent leur entreprise philosophique en se focalisant sur la perspective de la reconnaissance. Divers textes et essais sont produits pour discuter et prolonger cette problématique dont les traces se décèlent déjà chez *Machiavel, Rousseau, Spinoza* (cf. C. LAZZERI, « Reconnaissance », 972). Dans un essai devenu un classique contemporain, Paul Ricœur analyse le *parcours de la reconnaissance*. Il présente les multiples conceptions fixées autour de la reconnaissance dans le sillage de Hegel ou dans d'autres directions spéculatives. Ricœur propose lui-même une théorie de la reconnaissance qui parcourt les aspects de l'*identité* et de l'*altérité*, entre en dialogue avec la *méconnaissance* et se réalise en tant que théorie de l'action (P. RICŒUR, *Parcours*). Les chemins de la reconnaissance sont aussi explorés dans un cadre plus large par un auteur comme Tzvetan Todorov, avec une référence claire aux pensées de Rousseau, Hegel et Adam Smith. Todorov présente la teneur de la reconnaissance et

En fin de compte, l'Etat se pose comme le principal garant de la sécurité et du bien-être de l'homme, de la famille, de la société. Il assure la protection de l'autonomie de chacun et la promotion de la liberté de tous, « du Tout concret de leur existence matérielle, morale, civique. C'est lui qui fait vivre et survivre les hommes humanisés par lui, et c'est pourquoi l'individu qui lui doit sa liberté et sa dignité doit aussi à ce qui est son propre universel le sacrifice de tous ses intérêts, voire de sa vie »[139]. L'Etat demeure ainsi le véritable garant de la grandeur de la nation et de l'honneur des citoyens.

1.4.2 Langage et configuration raisonnable de l'Etat

C'est à travers des structures sensées et des instances typiques du pouvoir dont il se dote historiquement que l'Etat, en tant qu'unité d'organisation raisonnable, s'auto-construit et favorise la satisfaction ainsi que la reconnaissance des individus dans leur espace existentiel. L'Etat se structure raisonnablement et agit premièrement à travers :

[…] un pouvoir qui détermine l'universel universellement : pouvoir législatif ; ensuite [à travers] le pouvoir qui subsume le cas particulier sous la règle universelle, qui applique les lois et les principes, qui décide dans la réalité de tous les jours : pouvoir administratif ; enfin [à travers] l'autorité qui formule la volonté empirique, qui après la délibération, après la discussion, après le conflit des intérêts et des doctrines, dise son *fiat* : pouvoir décidant, le souverain, le prince[140].

On remarque ici la présence de trois instances caractéristiques qui se trouvent en relation organique et dynamique au niveau de l'Etat en tant qu'il poursuit le dessein de la raison-liberté :

---

définit ses destinées. Celle-ci est, selon lui, différente de l'estime, de l'admiration, de la consécration familiale, sociale, religieuse... (cf. T. TODOROV, *La vie commune*, 105-118). La reconnaissance englobe des activités innombrables, aux aspects variés. Elle atteint les sphères de notre existence dans leur multiplicité, et ses différentes formes ne peuvent se substituer l'une à l'autre. « La reconnaissance de notre être et la confirmation de notre valeur sont l'oxygène de l'existence » (*Ibid.*, 106). Les théories politiques nord-américaines et canadiennes mettent aussi en mouvement le concept de reconnaissance dans leur cheminement épistémologique (cf. H. POURTOIS, « Luttes », 287-309 ; C. TAYLOR, *Multiculturalisme*).

[139] PR I, 153-154.
[140] HE 59-60.

- Le *Parlement* (pouvoir *législatif*), composé des différents *états* (formes de vie dans la société) : *l'état du travail immédiat à la nature* représenté par les grands propriétaires et constituant une chambre haute formée d'hommes qui y accèdent en vertu de leur naissance ou de leur propriété terrienne ; *l'état de la société mobile*, représenté par des « délégués agissant sous leur responsabilité personnelle, sans mandat impératif, appuyés sur la confiance de leurs mandants »[141]. Les représentants des différents états sont des députés non nécessairement élus, « ils ne représentent pas des individus ; mais des intérêts objectifs, des corporations, des communes »[142] ;

- Le *Fonctionnariat* (pouvoir *administratif*), constitué par l'ensemble des agents publics recrutés sans distinction de provenance, de fortune, de condition sociale ; des hommes qualifiés par leur formation intellectuelle et morale, leur compétence technique et pratique[143]. Il s'agit d'une classe universelle, essentiellement objective et apolitique, qui *sait*[144] ; d'une classe composée de personnes dotées nécessairement d'une intelligence plus profonde et plus vaste que celle du commun, de la nature des institutions et des besoins de l'Etat ainsi que d'une habilité et d'une habitude plus grandes des difficultés qui se posent à lui[145]. Les fonctionnaires sont en fait les véritables serviteurs de l'Etat (et leurs véritables maîtres). Ils préparent tout, posent tous les problèmes, élaborent toutes les solutions imaginables face aux différentes questions[146]. Ils demeurent les grands artisans du bon fonctionnement de l'Etat au quotidien et de l'accomplissement de ses missions auprès du peuple ;

- Le *Prince* (pouvoir *décisionnel*), qui « exprime la souveraineté qui en lui devient concrète, présente dans ce monde et elle ne peut le devenir que selon la loi de ce monde : réelle comme individu humain »[147]. Le prince, qui demeure (le) souverain par excellence, représente la continuité quasi-biologique de l'Etat et constitue un principe de stabilité naturelle et d'équilibre rationnel du pouvoir. Sans être le centre actif ni le rouage essentiel de la sphère publique, il *objectivise* la *volonté* organisationnelle de l'Etat et manifeste la raisonnabilité de l'action gouvernementale en tant qu'elle exprime universellement les aspirations profondes du peuple et permet aux citoyens de s'auto-réaliser librement et dignement dans l'histoire.

---

[141] *Ibid.*, 64.

[142] *Ibid.*, 64.

[143] Cf. *Ibid.*, 64.

[144] Cf. PR I, 133.

[145] Cf. HE 65.

[146] Cf. *Ibid.*, 64.

[147] *Ibid.*, 60.

La tri-partition structurelle de l'Etat possibilise son fonctionnement optimal. Elle permet d'assurer, dans l'effectivité, l'équilibre de la vie sociale ainsi que la réconciliation entre l'universalité de la raison (de la pensée qui est volonté-de-liberté) et la singularité condensée et concentrée dans la conscience-de-soi des individus. Cette tripolarité organique et programmatique dévoile l'essence et le sens réel de l'Etat en tant qu'unité d'organisation raisonnable qui n'enferme pas les citoyens mais qui leur appartient authentiquement. Elle vise à faire que les individus appréhendent l'Etat non pas comme un monstre froid, une entité étrange et étrangère à leurs préoccupations quotidiennes, une structure qui, au plan ontologique, les dénature, mais comme une organisation qu'ils sentent comme la *leur*[148] — qu'ils perçoivent comme co-naturelle à leur existence dans le monde —. Une organisation, autrement dit, dans laquelle ils ne se trouvent pas aliénés négativement mais qui se trouve fondamentalement engagée à la réalisation de leur bien-être. Une structure qui cherche à accomplir leur quête profonde de satisfaction, leur désir de reconnaissance intégrale : en son sein, ils sont et se sentent (pleinement) libres et reconnus comme libres (libérés) de tout conditionnement[149].

Il appert parfaitement ici le fait selon lequel l'Etat qui, chez Hegel, incarne la liberté dans l'histoire et assure l'auto-réalisation authentique de l'essence propre de l'être humain comme liberté et raisonnabilité, se détermine et se modèle structurellement en rapport avec la vie concrète de l'individu. Les instances de l'Etat émergent, croissent et murissent en tant qu'ils sont *au* service du peuple — ou mieux *le* service du peuple —. L'Etat lui-même a son existence effective médiatisée en tant que telle dans la conscience-de-soi de l'individu, dans le savoir et l'activité de celui-ci. Il prend sens à travers son auto-transparence à la conscience individuelle et la reconnaissance par celle-ci de la possession et de l'accomplissement de son vouloir-être-libre par lui et en lui[150].

En fait, dans l'Etat, « chaque individu se sait reconnu, chaque individu est et se sait *être* membre actif de la communauté et sait en plus qu'il est connu et reconnu comme tel par tous les autres et par l'Etat lui-même »[151]. En d'autres mots, l'Etat articule et médiatise l'ensemble de ses moments et la totalité de ses composantes en intégrant l'élément de la singularité. Dans son universalité, il s'ouvre largement à la perspective de la particularité (à l'horizon du fini). En son sein (à travers sa structu-

---

[148] Cf. HE 59.

[149] Cf. PR I, 133-134.

[150] Cf. HE 45.

[151] *Ibid.*, 59.

ration et son organisation) l'individu doit pouvoir se retrouver. Il doit pouvoir trouver son compte tout autant au plan matériel qu'au plan moral[152].

Ainsi, pour vivre, ou mieux pour sentir et expérimenter raisonnablement la valeur de leur insertion herméneutique dans le monde et la teneur de leur positionnement ontologique dans l'histoire, « les citoyens doivent pouvoir "se retrouver dans leur société et dans leur Etat [...] y reconnaître ce que veut leur propre raison [...] s'y trouver satisfaits quant à l'essentiel de leur existence publique et privée" (*PR*, p. 140) »[153]. La compréhension de l'Etat raisonnable et son exposition historico-temporelle tient donc compte de l'irréductibilité du fini. Elle n'obnubile pas mais éclaire et consolide la présence du fait, du fortuit, de l'accidentel...[154] La compréhension de l'Etat porte à la considération de la finitude en tant que dimension constitutive de la réalité dans sa configuration logico-historique : le fini n'est pas détruit ni phagocyté par l'infini. Il s'y trouve plutôt assumé et enveloppé. La finité s'épanouit à travers l'infinité et l'universalité. Elle se dévoile et s'exprime en lui et par lui.

Arrivé à ce point, il est impérieux de souligner que c'est dans l'Etat, en tant que présentification historico-temporelle de l'universalité de la raison-liberté que les citoyens s'expriment. C'est en son sein qu'ils accèdent, en collaborant à la législation, aux décisions communes, à « l'intelligence de leurs vrais intérêts et de l'accord de ceux-ci avec la morale de la communauté, laquelle subsiste malgré la dispersion atomisante qu'est, regardée abstraitement, la société »[155]. Ce qui revient à dire qu'au niveau de l'Etat, les citoyens se mettent en mouvement et agissent. Ils participent aux décisions essentielles de l'ordre public et font entendre tout autant leurs vœux que leurs plaintes. A travers ses instances, les citoyens défendent « leurs intérêts particuliers (non privés et égoïstes), ceux de leurs *Stand*, de leur groupe socio-professionnel, dirait-on aujourd'hui »[156].

Dans cette logique se dessine l'enjeu du langage dans la fondation et l'organisation de l'Etat chez Hegel. C'est proprement à travers le Parlement que le langage prend corps dans la sphère publique et manifeste la volonté de la conscience-de-soi commune en tant que conscience citoyenne. Le Parlement donne la voix au peuple. En son sein, le peuple discute et délibère. Il discute et délibère tel qu'il se trouve composé dans la société, c'est-à-dire par *états* (par groupes sociaux et formes de vie

---

[152] Cf. G. Kirscher, *Figures de la violence*, 237.

[153] *Ibid.*, 237-238.

[154] Cf. *Ibid.*, 238-239.

[155] PR I, 153.

[156] *Ibid.*, 134.

sociale)[157]. Par lui se trouve publicisée la voix de la conscience sociale commune.

Dans l'ordre de l'action parlementaire, le citoyen se transforme en sujet global de la vie politique et en moteur spécial de la construction de l'espace publique. Il contribue largement à l'organisation, à la prise de décisions universelles ainsi qu'à l'érection des lois étatiques (plan juridico-politique).

Bien plus, au niveau du Parlement, le citoyen a la possibilité d'exercer un contrôle sur « l'application de ces décisions par l'administration locale, de se convaincre que les affaires de l'Etat sont les siennes, et que les siennes sont affaires d'Etat dans la mesure où son travail et son intérêt contribuent à l'intérêt commun »[158].

A travers la représentation parlementaire, le peuple a ainsi droit au chapitre : *vox populi, vox Dei*. Les citoyens prennent part à la gestion sensée de la sphère publique et contribuent concrètement à la réalisation historique de l'Etat en tant qu'Etat qui se veut pleinement raisonnable et libre. Ils peuvent s'auto-identifier à l'Etat et dépasser les limites abstraites du *tout pour le peuple, rien que pour le peuple*[159], expression d'une pseudo-souveraineté populaire et d'une opinionnalité déviante-dérivative, rebelle à l'effectivité de la raison et à la dignité intégrale de l'homme et dangereuse pour la croissance harmonique et l'épanouissement historique de l'Etat[160].

---

[157] Cf. HE 64.

[158] *Ibid.*, 67-68.

[159] L'expression *tout pour le peuple, rien que pour le peuple* est utilisée ici de façon a-chronologique. Elle caractérise certaines démocraties surgies au cours du 20ème siècle, des démocraties dites *populaires* ; des régimes qui se sont développés dans le sillage idéologico-politique de l'ex-Union des Républiques Socialistes Soviétiques. En général, derrière l'affirmation de l'organisation populaire de l'Etat et de la gestion commune (communiste) de la Nation, il s'est agi d'une pseudo-gouvernance du peuple ou mieux d'une caporalisation du pouvoir par une minorité, d'une régence totalitaire. Certains de ces régimes comptent parmi les pires dictatures de l'histoire contemporaine. Dans ces systèmes, les peuples ont connu les dérives hégémoniques de classes dirigeantes sans éthique. Ils ont subi des humiliations et des sévices par des groupes et mouvements qui, sous le couvert de la démocratie populaire, pratiquait le totalitarisme de masse.

[160] Cf. HE 69. Il faut noter que Hegel refuse fermement la souveraineté populaire. Selon lui, la souveraineté du peuple pour elle-même demeure sans effectivité et sans objectivité. Elle se trouve sans substance ni consistance. Dans cette ligne, elle demeure grandement nuisible à l'épanouissement de la raison et devient destructrice tout autant de l'ordre moral que de l'ordre social. A propos, Eric Weil indique ce qui suit : « Le peuple, pris sans son prince et sans l'organisation du tout qui s'y attache nécessairement et immédiatement, est la *masse informe qui n'est plus un Etat* [c'est nous qui soulignons] et à laquelle ne revient aucune des déterminations qui n'existent que dans le tout formé en lui-même — souveraineté, gouvernement, tribunaux, autorités, états représentatifs » (*Ibid.*, 62-63).

Dans cette logique, Hegel relativise la valeur et la teneur de l'opinion publique. Selon lui, l'opinion publique, qui existe bel et bien et demeure importante, se trouve secondaire et limitée dans l'organisation raisonnable de la vie de l'Etat.

[En effet, l'opinion publique représente] le lieu des opinions partielles et irresponsables, d'autant plus irresponsables et particulières qu'elles sont moins vraies. Si l'opinion publique est d'un côté *vox Dei* en ce qu'elle exprime « les vrais besoins et les authentiques tendances de la réalité », elle est, de l'autre, le champ de l'erreur ; car pour pouvoir choisir en connaissance de cause, il faudrait à l'opinion ce savoir qui n'est pas son apanage, même si elle était toujours bien intentionnelle[161].

La souveraineté populaire doit donc être raisonnable. Autrement dit, elle doit être portée par l'universel de la pensée qui est liberté et se trouver moulée dans les structures raisonnables de l'organisation historique de la société. En tant que telle, elle doit suivre l'orientation du sens manifesté dans les institutions et se réaliser sous l'ordre de la raison assise dans l'Etat.

Le Parlement demeure ainsi la structure centrale d'expression du peuple et de nivellement (de clarification, purification et orientation) de l'opinion populaire. Il reste l'instance majeure de proximisation-unification de l'Etat-administration et de la société du travail[162]. Il s'agit d'une instance qui, dans les limites de son expressivité, contribue à l'auto-dévoilement identitaire du peuple ainsi qu'à l'énonciation générale de ses aspirations de base.

Ce qui signifie que, dans la dynamique structurelle de l'Etat raisonnable (registre historico-politique), se déroule le jeu et l'enjeu organisationnel du langage humain (registre logico-anthropologique). De façon spéciale, l'instance parlementaire participe pratiquement à la révélation de la vertu du langage à l'œuvre dans la sphère publique ainsi qu'à la manifestation de la teneur de la finitude dans et par l'universel.

Il s'agit ici d'idées hégéliennes de base *reprises* et *réélaborées* systématiquement par Eric Weil — selon la reconstruction opérée dans nos investigations —, dans sa proposition de l'être pratique du langage comme discussion publique et universelle (universalisable), sa constitution de la théorie catégoriale de la discussion comme théorie fondamentale de la compréhension de l'Etat dans la mesure où celui-ci se veut raisonnable, ainsi que sa conception du vivre-ensemble des êtres humains sous la mouvance de la raison-liberté.

---

[161] *Ibid.*, 69.
[162] Cf. *Ibid.*, 68.

Si chez Hegel, la discussion structurelle (le débat des représentants du peuple, l'opinion publique telle qu'elle s'exprime au Parlement) est reconnue mais possède une portée limitée, chez Eric Weil, elle devient fondamentale et fondatrice de la vie et de l'avenir sensé de l'Etat en tant que raisonnable. La discussion, toujours et déjà organisée et orientée par le gouvernement (comme chez Hegel), se veut totalement libre, raisonnable et universelle. Elle demeure le lieu et le milieu principal de manifestation — de la conscience-de-soi — du peuple, de ses insatisfactions, de ses attentes globales. La discussion détermine le mode d'organisation de l'Etat et la qualité de sa démocraticité. Elle prend place également dans le projet d'accomplissement définitif de l'Etat en tant qu'association socio-administrative et économique de l'ensemble des Etats historiques existants, sous la forme d'un Etat mondial — d'un gouvernement mondial des Etats devenus vrais Etats —.

Pour revenir au cœur de la compréhension de la réalité politique chez Hegel, il faut signaler que, à côté de l'expression structurelle du langage en politique comme discussion, prend place le discours philosophique en tant que discours critique de l'organisation positive de l'Etat — quand cette organisation génère la négativité-néantisation qui annihile la conscience-de-soi et inhibe son épanouissement —. Il s'agit d'un discours qui se déploie objectivement dans la mesure où il inspire et contribue à porter l'action historique de l'Etat dans le mouvement de la pensée qui est liberté et libération de la réalité réifiée (réconciliation temporelle avec l'universel de la raison).

Le discours intervient ici comme une action que met en crise (problématise) le réel politique et participe à sa *déconstruction*, pour anticiper sa *reconstruction* sensée, avant que n'intervienne sa *destruction* radicale par les forces populaires inconscientes, inconséquentes et hostiles au règne de la raison. Le discours-action du philosophe diagnostique les divers maux de la vie sociale et détermine la maladie chronique de l'Etat[163]. Il dénonce l'inconsistance globale (ou mieux l'abstraction, le manque de substance) des idées du gouvernement et l'impertinence radicale de son action historique. Le discours décrit la formalité de l'universalité et la superficialité de la liberté que connaissent les citoyens. Il dépeint le manque de reconnaissance politique et de satisfaction que les hommes vivent au quotidien.

Il s'agit d'un discours qui opère proprement la phénoménologie de la société : il dit la non-présence de la justice sociale qui la marque et la non-incarnation du droit éternel de la raison qui s'y remarque[164]. Le discours *montre* dans quelles

---

[163] Cf. PR I, 141.
[164] Cf. *Ibid.*, 135-136.

mesures l'Etat — à travers ses lois, son administration, son pouvoir central…—
se trouve déficitaire et frappé de cécité morale ; dans quelles mesures celui-ci ne
fonctionne plus normalement et empêche la réalisation raisonnable des individus. Le discours établit aussi la manière dont la société s'avère dénaturée et éro-
dée. Il définit, autrement dit, la manière dont elle subit l'entropie anthropologique et périclite petit à petit dans l'anomie catégorique. Le discours présente
donc les conditions dans lesquelles la société végète, notamment sa dérive intrinsèque et la grande misère que sent l'ensemble de ses membres.

> [… Cela équivaut à un état d'existence historique qui se fixe quand la société] n'offre
> pas à tous et à chacun la possibilité de *s'y reconnaître*, d'adhérer à ses lois, à sa morale
> vivante, de s'y voir honorer à leur place, quand des hommes, pourtant membres [et
> acteurs] de cette société, n'y peuvent pas être satisfaits matériellement et moralement
> sans que cela soit l'effet d'une révolte de l'individu empirique, psychologique contre
> le raisonnable en tant que tel, quand, en d'autres termes, il y existe une *classe* déter-
> minée par la position de ses membres dans le processus du travail social où se rencon-
> tre une *injustice infinie*, un tort fait à des hommes membres de la communauté et
> pourtant exclus d'une communauté qu'ils ne *peuvent* pas vivre[165].

En fin de compte, le discours porte au jour le désintéressement quasi-radical
que les citoyens ont de leur Etat, leur non-adhésion à son action et leur dénéga-
tion de son organisation[166]. Le discours philosophique, discours descriptif et critique de la réalité politique positive, se déploie donc pour déterminer les maux
majeurs qui minent l'existence sociocommunautaire des hommes dans leur
espace existentiel. En se déroulant, il participe aussi à la clarification des incertitudes et des injustices majeures que connaît le peuple. Le discours veut aider les
fonctionnaires-administrateurs à combler les différents manquements et désagré-
ments constatés dans l'action et la gestion sensée de l'Etat.

Dans cette ligne se dessine la valence configurationnelle de l'existence publique
propre au discours philosophique, autrement dit, sa teneur et sa capacité politique. En effet, en tant qu'il dévoile les fissures structurelles de l'Etat et éclaire les
administrateurs sur la prise de conscience de leur responsabilité politique, le discours manifeste sa puissance orientatrice de (et dans) l'organisation communautaire et sa force génératrice des hommes à la raison-liberté.

---

[165] *Ibid.*, 142.
[166] Cf. *Ibid.*, 143.

De façon spécifique, le discours contribue à arracher l'Etat à la poussée déstabilisante de la révolte révolutionnaire et disqualifie le retour des héros fondateurs. Le discours anticipe, autrement dit, la réformation générale de la réalité politique et s'attèle à son information par l'universel de la pensée qui est liberté, afin que la tyrannie ne se donne pas le droit de *régler* le vivre-ensemble des hommes et que l'anarchie soit évitée, ou mieux, mise définitivement à l'index dans le procès de réalisation historique des êtres humains réunis en Etat raisonnable.

En fin de compte, à travers son information de la *vue* et de l'*action* politiques, le discours prend fondamentalement part à l'amélioration de la condition historique des hommes. Il participe ainsi à l'incarnation de la volonté-de-liberté intrinsèque au sujet humain et à l'épanouissement intégral des hommes dans l'histoire. Le discours philosophique contribue pleinement à la réalisation de la réalité humaine en tant qu'elle se veut efficiente et raisonnable, en tant qu'elle tend vers l'universel de la pensée qui est liberté.

Arrivé à ce niveau, nous constatons que la reconstruction de la lecture weilienne de Hegel selon notre nos intuitions herméneutiques (sur le jeu et l'enjeu du langage dans le système) et notre proposition heuristique (sur la vertu politique du langage), nous a porté à repenser la pensée hégélienne comme une pensée centrée sur la compréhension de la compréhension de la réalité. Elle nous a permis d'envisager le système de Hegel comme le système logique de la réalité. Nous avons également vu de quelles manières cette réalité thématisée par le discours, se déploie dans la spatialité et la temporalité ; dans quelles mesures elle se laisse appréhender par le concept qui, lui-même, se veut tout entier mouvement, négation, raison et liberté et, se réalise comme sujet : dans son auto-expression totale, il convoque la conscience-de-soi comme substance constitutive de l'être-homme inscrit dans l'histoire, porté par l'universel de la raison-liberté et déterminé par le langage. Nous avons ensuite envisagé le système hégélien comme système du langage, un système qui aboutit sur le langage absolu en tant qu'absolu du langage. Ce qui nous a porté à entrevoir son objectivation dans l'Etat dans la mesure où celui-ci se veut raisonnable et poursuit l'universel de la raison dans l'histoire.

A ce point, il sied de souligner que l'interprétation weilienne de Hegel, qui reconduit le motif de l'absolu en tant que sujet et liberté dans la conception de la réalité, tout en le dépassant, et met en exergue la valence du langage raisonnable dans l'organisation sensée de l'Etat (moderne) — selon notre orientation épistémologique —, va être redéfinie à partir des lunettes philosophiques de Kant, autrement dit, épurée et enrichie dans le plan anthropologique kantien, en tant qu'il confère un rôle central à la finitude humaine. En se basant sur Kant, Eric Weil problématise la pensée systématique de Hegel et bémolise son auto-assurance radicale : muni de la clé anthropo-logique que lui offre Kant, il ouvre et traverse le mur onto-logique bâtit par Hegel. Il procède précisément à la sursomption générale de l'absolutisme (logique, ontologique, encyclopédique…) de Hegel.

On pourrait dire que la constitution et l'expression de la philosophie weilienne en tant que logique non-logiciste des langages humains déployés dans l'histoire, prend fermement appui sur la conscience kantienne de la séparation et de l'injonction, dans la mesure où cette dernière résiste à la prétention hégélienne trop avide d'absolu et refuse la néantisation du fini[167].

> Ni critique de la connaissance, ni nostalgique d'un Etre inaccessible, le Kant de Weil pense la finitude comme lieu et quête du sens. Le philosopher « mondain » excède chez lui toute doctrine d'école, fût-elle kantienne, la liberté n'est raisonnable qu'à éprouver et reconnaître ses limites rationnelles et sa violence potentielle. Entre savoir et devoir, dès lors, point de totalisation réconciliatrice, mais une articulation sans confusion, à l'intérieur d'un monde dont la factualité même s'avère structurée, et dans l'espace duquel l'individu est invité à s'orienter[168].

Nous avons ici, d'une manière condensée, les idées directrices qui se dégagent de l'exploration weilienne de Kant. Au plan basique, on y décèle la présence fondamentale et fondante de l'individu humain (dimension anthropologique et morale). Il s'agit de l'homme doublement envisagé comme être *fini* (limité et conditionné) et *raisonnable* (être en quête de liberté et d'universalité)[169] ; de l'homme en tant qu'être moral qui se cherche dans le monde, confère à celui-ci un sens vivant et essaie de s'y orienter positivement.

Dans les lignes qui suivent nous allons envisager concrètement la lecture weilienne de Kant et présenter quelques éléments qui participent à la configuration

---

[167] Cf. H. Bouillard, « Philosophie et religion », 543 ; *Ibid.*, 581 ; A. Burgio, « Hegel », 82-85 ; F. Guibal, « Eric Weil », 496 ; J. Havet, « Philosophie », 283-286 ; M. Perine, *Philosophie et violence*, 133 ; F. Valentini, « L'Assoluto », 142-143.

[168] *Ibid.*, 496.

[169] La désignation et la compréhension de l'homme comme être *fini* et *raisonnable*, oubliée et obnubilée par plusieurs commentateurs de Kant, est largement soulignée et développée dans les investigations kantiennes d'Eric Weil. Elle constitue le tissu aussi des *Problèmes kantiens* écrit par ce dernier. Dans la suite de notre enquête, nous allons revenir sur ces éléments.

du système logico-philosophique dans la mesure où il se réalise comme une reprise historique de la logique transcendantale kantienne — une logique qui se déploie en affirmant la liberté de (l'homme) dans et contre les conditions à travers lesquelles il se donne et émerge dans le monde —[170]. Il s'agit pour nous de compléter et d'approfondir l'ossature épistémologique qui conduit à la constitution et à la compréhension du penser-weilien-aux-être-et-aux-choses comme pensée du langage, pensée du langage en tant que tel et pensée du langage se transmuant en discours, discussion et dialogue.

2. Kant : réalité, finitude et raisonnabilité

2.1 *La lecture weilienne de Kant*

Eric Weil se livre à une interprétation profonde de Kant, après avoir visité ses multiples ressources et envisagé les diverses configurations ou représentations de sa production théorique. Cette interprétation passe par une problématisation qui veut tenir compte tout autant de la pensée propre de Kant que des diverses traditions interprétatives qui l'ont portée et transmise (post-kantiens, anti-kantiens, pro-kantiens et néo-kantiens). C'est la tâche principale à laquelle s'attelle les *Problèmes kantiens*, cet ensemble d'essais réunis en un ouvrage technique. Eric Weil y démontre la densité et la spécificité de la production philosophique du Maître de Königsberg.

En fait, Eric Weil ne veut pas tant déterminer les contours et le contenu des pensées du grand auteur qu'est Kant, mais atteindre l'*acmé* (le sommet) de son penser. Il cherche à déceler la substance intime qui le constitue et la façon dont cette dernière innerve l'ensemble de son œuvre. Eric Weil veut précisément déchiffrer les problèmes que posent le penser de Kant dans son ensemble et le(s) chemin(s) qu'il propose pour leur assomption.

Comme il le souligne lui-même, son propos n'est point de simplifier outrancièrement la pensée de Kant — *le penser de Kant* —, mais de la présenter dans sa multi-dimensionnalité et de laisser transparaître la totalité de sa richesse[171]. Ce qui signifie, la comprendre autant que possible, « tel qu'il se crée à partir d'une intention première — qui ne se découvre elle-même qu'à la fin »[172].

---

[170] Cf. P. CANIVEZ, *Le politique*, 33.

[171] Cf. PK 7.

[172] *Ibid.*, 7.

Il s'agit donc pour lui de lire Kant, de le lire en sa totalité ; de lire les textes de Kant tels qu'ils se présentent dans leur teneur philosophique : essayer de « rester aussi près que possible du texte kantien ; de ne pas lui faire violence ; de ne pas chercher les contradictions [apparentes ou cachées qui le traversent] »[173], mais au contraire faire effort pour « déceler la cohérence du discours kantien ; de tenir compte de tous les aspects et de toutes les formulations qui importent à la compréhension »[174].

Lire donc, de façon patiente et pertinente, tout Kant : ne pas survoler précipitamment les sites significatifs de son œuvre (métaphysique, critique…). Ne pas s'arc-bouter sur l'un de ses pilastres ni ne s'arrêter qu'à une paroisse de sa pensée — aussi importante qu'elle soit —, mais plutôt déchiffrer son penser en son intégralité, en demeurant attentif aux formules et perspectives négligées ou inexploitées par d'autres interprètes (notamment la formule de l'homme comme être fini et raisonnable et la perspective anthropologique globale). Dans la même ligne, interroger radicalement les affirmations aprioriques (classiques et modernes) sur Kant, en opérant un retour propre au corpus kantien. Essayer ainsi d'approcher, en profondeur, le système kantien tel qu'il se déploie historiquement et logiquement.

Cela revient à explorer les textes de Kant non pas selon nos intérêts épistémologiques et métaphysiques, ni selon nos attentes éthiques et nos souhaits pratiques (en leur posant par exemple des questions qu'ils sont censés contenir et auxquelles ils doivent forcément répondre), mais en partant de l'idée kantienne de la philosophie, de l'idéal que Kant s'est forgé dans l'accomplissement historico-temporel de son penser : l'idée de la compréhension, l'idéal de la compréhensibilité authentique de l'individu humain dans le monde — le monde qui, en lui-même, porte toujours et déjà un sens que l'homme peut découvrir en sein, le monde dont l'homme reconfigure le sens et redéfinit le mouvement (l'orientation) à travers son action, sa décision propre à l'action —.

Eric Weil veut ainsi comprendre Kant, tout comprendre chez Kant. Comprendre Kant selon la compréhension que celui-ci développe de la compréhensibilité générale de la réalité et de l'homme dans la réalité. La prospection weilienne de Kant se déroule finalement comme une véritable herméneutique dialogique qui s'articule sur l'auto-compréhension kantienne de l'acte philosophique en sa pureté[175]. Elle va pré-

---

[173] *Ibid.*, 9.

[174] *Ibid.*, 9.

[175] A propos, Livio Sichirollo, l'un des plus grands lecteurs-interprètes italiens de l'œuvre wei-lienne, parle du dialogue continu que Weil entretient avec Kant. Selon lui, à côté d'Aristote,

senter la philosophie de Kant comme une anthropologie dynamique fondée sur la critique et portée par la morale ; une anthropologie authentique qui sursume, tout en les conciliants, les investigations visant la seule connaissance scientifique (possible) de la nature — niveau *phénoménal* — et l'expérience pratique inhérente à la volonté de liberté humaine — niveau *nouménal* —, pour atteindre la finalité existentielle de l'être agissant dans le monde compris (pensé et senti) comme unité-totalité-sensée.

Par ailleurs, cette prospection proclame la grandeur et la réussite globale de l'entreprise heuristique kantienne. Elle reconnaît la légitimité et la validité de la philosophie de Kant en tant que quête fondationnelle d'une métaphysique d'une *espèce nouvelle*[176], une métaphysique scientifique qui bat en brèche tout autant le dogmatisme chronique que le scepticisme atavique, en s'écartant radicalement du déductivisme et du constructivisme systématiques dans la mesure où ceux-ci gangrènent ontologiquement l'entreprise philosophique et la conduisent à la dérive[177]. Elle fixe aussi un usage plus clair et plus conséquent du dense lexique de Kant pour mieux comprendre son penser, l'appréhender dans son ensemble[178].

Il nous faut dès lors approfondir quelques éléments de cette approche typique de Kant, en pointant principalement sur notre enquête axée sur la teneur politique du langage dans la pensée d'Eric Weil.

2.2 *Fondement critique et compréhension anthropologique*

2.2.1 Positionnement métaphysique et exploration critique

Dans la ligne tracée par Herman Cohen, exploitée par Ernest Cassirer (aux antipodes de Martin Heidegger) et systématisée — approfondie puis radicalisée

---

Kant demeure le penseur le plus élaboré et réélaboré à fond, le penseur le plus sollicité et, certainement, le plus personnellement aimé par celui-ci (cf. L. SICHIROLLO, *La dialettica*, 87). Il soutient précisément la parenté syntaxique, épistémologique, stylistique, argumentative... de Weil et de Kant. La philosophie weilienne porte la substance intime et le forme active du kantisme qu'elle reconfigure et extériorise. La *Logique de la philosophie* par exemple reprend et développe l'idée de l'homme comme *animal rationabile* de l'anthropologie kantienne (cf. *Ibid.*, 87). Enfin, dans son système logico-philosophique, Eric Weil a pu réaliser, à travers le rapport entre homme, raison et système, la *philosophie du sens* que Kant avait pensée mais n'a pas pu ou n'a pas voulu rendre explicite à ses contemporains (cf. *Ibid.*, 91).

[176] Cf. PK 16.

[177] Cf. *Ibid.*, 14.

[178] Cf. *Ibid.*, 22.

— par Gérard Krüger, Eric Weil découvre Kant[179] comme le concepteur d'une métaphysique nouvelle, d'une métaphysique positive, foncièrement distincte de la pseudo-métaphysique classique culminant dans la tradition leibnizo-wolfienne[180]. Dans son commentaire à l'exploration krügérienne de Kant et en s'alignant sur celle-ci, Eric Weil note ce qui suit :

> [...] Kant a été, et s'est toujours proclamé, métaphysicien au sens le plus traditionnel en ce qui concerne ses thèmes et ses buts, et que, s'il a été ce que plus tard on a appelé théoricien de la connaissance, il ne le fut que parce qu'il voulait fonder ce que la vielle métaphysique (devenue *vielle* par son intervention) avait affirmé sans preuves valides : l'existence de Dieu, la liberté, l'immortalité de l'âme[181].

En fait, l'ancienne métaphysique cherchait à élaborer une philosophie parfaite, une pensée certaine-de-soi, une pensée totalement sûre de sa fondation scientifique et de sa capacité apodictique en ce qui concerne la connaissance du monde et de l'homme. Elle souhaitait ériger « une philosophie du point de vue de Dieu, sans même remar-

---

[179] La lecture weilienne de Kant (*Problèmes kantiens*) s'éloigne globalement de celle de Martin Heidegger (cf. *Kant* ; ID., *Interprétation*) et se rapproche de celle d'Ernest Cassirer (cf. *Kants*) et de Gérard Krüger (cf. *Critique et morale*). Gilbert Kirscher donne de larges indications et précisions sur ces interprétations (cf. G. KIRSCHER, *Eric Weil*, 237-280). Dans un passage, il signale ce qui suit : « Alors que Cassirer soulignait l'unité systématique de la philosophie kantienne comme unité d'un dualisme, Krüger voit dans la dualité une sorte d'anachronisme : l'unité doit être conçu de manière moniste — comme par Heidegger —, mais à l'inverse de ce dernier, au lieu d'un monisme encore théorétique, même si non-intellectualiste puisque monisme de l'imagination transcendantale, Krüger vise un monisme de l'expérience morale de la vie, un monisme de l'autonomie non autarcique qui trouve sa véritable expression dans le jugement réfléchissant » (*Ibid.*, *Eric Weil*, 272). Eric Weil va également insister sur l'unité et la cohérence de la pensée kantienne. Cependant, il récuse le réductionnisme théorique de Kant opéré par Heidegger à travers la thématisation de la finitude radicale (cf. J.-M. BUÉE, « La lecture », 76) et concentre la cohérence du kantisme beaucoup plus sur la réalité en tant qu'elle se donne comme un cosmos structuré et sensé dans lequel l'homme, être fini et raisonnable, se meut, se décide à agir et s'oriente. A propos, on lira, entre autres, Y. BELAVAL – *al.*, *L'héritage de Kant*, pour voir comment la pensée de Kant est reprise par Heidegger et Eric Weil, notamment : T. ROCKMORE, « Le Kant de Heidegger », 239-254 ; L. SICHIROLLO, « Réflexions », 385-394.

[180] Cf. PK 16.

[181] E. WEIL, « Préface », dans G. KRÜGER, *Critique et morale*, 6-7. Pour un commentaire de ces affirmations d'Eric Weil dans la ligne krügérienne, on se référera à G. KIRSCHER, *Figures de la violence*, 257-258.

quer le double contre-sens de cette expression : Dieu sait, il n'est pas chercheur de sagesse, Dieu n'a pas de point de vue et ne connaît pas de perspectives »[182].

Cette métaphysique prétendument scientifique a cultivé des incohérences et multiplié des incongruences. Elle s'est perdue dans des contradictions inextricables pour finalement tomber dans un état piteux. Dans ses diverses élaborations et investigations depuis des milliers d'années, elle n'a « abouti qu'à la confusion, à des contradictions sans fin, à l'impossibilité de connaître la vérité »[183]. La métaphysique classique a porté la pensée sur des chemins sinueux et tortueux. Elle l'a livrée à l'incertitude épistémologique et l'a précipitée dans la vacuité éthique.

Kant va s'efforcer de comprendre puis de sursumer cette philosophie d'angulation transcendantiste. Il tente ou cherche à régler, de façon définitive, les questions inhérentes à l'impertinence et à l'ambigüité d'une philosophie dérivative. En clair, il s'agit pour lui de *sauver la métaphysique*[184] : de la re-mettre sur le bon chemin, non pas seulement « en vue de "savoir", mais pour placer l'homme sur le vrai chemin (*den richtigen Weg*) »[185].

La réalisation de cette tâche centrale exige un remède efficace. Kant propose le cheminement critique : il limite la connaissance de la science pure et place le sujet (universel) au centre du monde.

> Jusqu'ici on considérait le monde comme fixe et faisant l'homme tourner autour de ce monde ; si maintenant on essayait de procéder en philosophie à la même

---

[182] PK 54.

[183] PR II, 192.

[184] Cf. G. KIRSCHER, *Eric Weil*, 249. Cette idée de *sauver la métaphysique* ou de l'aider à retrouver ses marques authentiques, transparaît aussi dans l'interprétation krügérienne de Kant, comme l'atteste le passage suivant : « Kant se trouve au point où la tendance "progressiste" de l'*Aufklärung menace de rejeter* définitivement l'héritage du Moyen Age — la religion naturelle et l'orientation théologique de la philosophie. L'effort conservateur du "rationalisme" pour unir la vieille métaphysique avec la nouvelle science positive risquait d'être la victime de l'empirisme. Le fondement que Kant veut donner à la métaphysique s'oppose expressément à un *fondement* spéculatif de la métaphysique, fondement intenable et conduisant au scepticisme ; mais Kant *s'oppose aussi en fait à l'anarchie des "esprits libres"*. Sa critique de la raison spéculativement pure et empiriquement pratique (métaphysique et morale du bonheur) est une *critique des tendances anarchistes de son époque*. Kant a abandonné la métaphysique, au sens d'une science rationaliste, comme une position perdue, persuadé qu'il était que la métaphysique ne peut cependant pas être arrachée à la vie » (G. KRÜGER, *Critique et morale*, 29).

[185] E. WEIL, « Krüger, Gerhard », dans G. KIRSCHER, *Eric Weil*, 292.

révolution que Copernic avait introduite dans la cosmologie ? Si les concepts, si toute connaissance étaient fondés sur la raison, si la vérité des propositions se ramenait à la structure de nos facultés de connaître ? Si nous pouvions connaître le monde parce que nous pouvons comprendre notre nature ?[186]

A travers ces lignes interrogatives se trouve condensée la teneur et la tendance principielle du parcours critique qu'emprunte globalement Kant dans ses investigations. De fait, la critique va opérer une œuvre patiente de purification épistémologique et de reconfiguration sémantique. Elle veut impérativement délivrer la métaphysique de ses égarements séculaires (de sa dérive ontologiste). Elle doit permettre l'émergence d'une philosophie apodictique : une philosophie authentique, appropriée à l'*intérêt* (théorique et pratique) non seulement du philosophe mais de l'homme, de tout homme[187].

La critique participe à l'avènement d'une métaphysique nouvelle, une métaphysique établie sur « des fondements inébranlables, après tant de constructions arbitraires, contradictoires entre elles et qui n'ont fait que fournir des armes aux sceptiques »[188]. Elle permet l'érection d'une pensée s'effectuant comme une science solide, une science qui, cependant, ne repose plus sur la connaissance absolue des êtres et des choses (théorie de la connaissance et ontologie), mais sur la foi (anthropologie et téléologie existentielle), plus précisément sur la *foi de la raison* (l'adhésion que donne la raison en tant que pratique à ce que la raison théorique se trouve incapable de penser sans contradiction interne ; l'acceptation intellectuelle des réalités nouménales — Dieu, l'immortalité de l'âme, la liberté — dont l'entendement

---

[186] PR II, 192-193.

[187] Eric Weil souligne la perspective de l'*intérêt* de la raison qui traverse le penser kantien. Il s'agit d'un intérêt tout autant *spéculatif* (en ce qui concerne les trois grandes questions de la métaphysique : la liberté de l'homme, l'immortalité de l'âme, l'existence de Dieu) que *pratique* (la compréhension de l'homme en sa totalité). Il écrit ce qui suit : « L'intérêt donc, l'intérêt pratique, constitue le concept fondamental [de la philosophie de Kant]. Ce n'est pas qu'on ne puisse pas parler d'un intérêt spéculatif, et Kant n'évite nullement un concept qui rend compréhensibles les démarches de la raison spéculative vers l'unité de son système. Mais l'intérêt véritable de la raison est de "réunir son intérêt théorique avec son intérêt pratique" (A 742, B 770), en vue de quoi? en vue de vivre en paix avec elle-même, en vue de vivre » (PK 35). La problématique de l'intérêt de la raison ouvre à la question de la fin de l'homme et de la finalité de l'existence. Elle anticipe la thématique du sens de l'existence humaine et son orientation dans le monde comme le développera la *Critique de la faculté de juger* (cf. PK 98-99).

[188] PK 16.

calculateur ne peut déterminer discursivement la présence ni démontrer l'existence, mais dont l'homme fait l'expérience dans son vécu historique)[189].

La critique libère l'homme à la philosophie en démolissant les édifices du constructivisme et en éliminant la tentation du scepticisme, irrésistible si l'idéal de la philosophie reste celui de la *connaissance* des choses-en-soi et de l'adéquation à l'esprit divin. Elle le libère pour une certitude morale, d'ordre moral, contre laquelle aucune des négations de l'entendement englué dans le monde sensible ne saurait prévaloir. Une métaphysique est possible, mieux que possible : elle existe dans tout esprit et dans tout cœur humains qui ne sont pas atteints de la maladie dogmatique-sceptique[190].

La critique accomplit ainsi un travail fondamental (un travail de fond et de fondement), une œuvre de re-fondation : elle effectue la déconstruction structurelle ou encore « la destruction [théorique] de la *connaissance* métaphysique »[191] (la destitution de son angulation rationaliste) pour établir la prééminence de la foi de la raison (une foi non dogmatique ni psycho-historique mais logico-pratique)[192]. La critique institue précisément ce qu'il convient de désigner comme l'immanence transcendantale radicale dans la pensée. Elle soustrait le savoir du perspectivisme absolu et délivre l'homme de l'illusion transcendantiste pour le réinscrire dans la finitude, le fixer à nouveau dans l'histoire. Elle participe ainsi à l'émergence d'un homme conscient de ses limites et de son conditionnement spatiotemporel.

La critique engendre donc et donne à lire la philosophie de Kant comme une authentique métaphysique humaine. Elle la libère autrement dit comme un penser-aux-êtres-et-aux choses qui prend sens et se structure à partir de l'expérience de l'homme dans la concrétude existentielle ; l'expérience de l'homme dans l'épaisseur symbolico-cosmique et dans l'horizon historico-temporelle : « l'expérience de la vie en tant que cette vie est celle de l'être fini et raisonnable, de l'être qui appartient à la nature et qui en même temps vit, mesure et oriente cette appartenance [ou cette inscription mondaine] en fonction de la loi inconditionnée de la liberté et de la raison pratique »[193].

---

[189] Cf. PK 36-43 ; RA 973.

[190] PK 54.

[191] *Ibid.*, 20.

[192] Cf. *Ibid.*, 20-21.

[193] G. Kirscher, *Eric Weil*, 250. Nous reprenons ici la problématique krügérienne de la méta-

En fin de compte, la critique nous donne à comprendre le fait selon lequel « le fondement dernier de la philosophie kantienne doit être cherchée dans sa théorie de l'homme, dans l'anthropologie philosophique, non dans une "théorie de la connaissance", ni même dans une métaphysique »[194]. Elle nous dit que la philosophie (le *philosopher*), telle que re-figurée, re-constituée par Kant, est toujours et déjà « œuvre de l'être "fini et raisonnable", agissant et choisissant parce que, à la fois, besogneux et libre, animal et maître de soi »[195].

Pour mieux retrouver et formuler cette *présence de l'homme* essentielle à l'anthropologie philosophique kantienne en tant qu'elle contribue à la compréhension weilienne du philosopher authentique et participe à son élaboration comme une logique historique du langage (des langages humains), il nous faut réaliser un détour critique, auto-centré sur le sens profond de la réalité chez Kant.

2.2.2 Connaître, penser et comprendre la réalité

L'activité critique qui, de façon patiente et profonde, porte à la découverte de la centralité de l'homme dans le penser-kantien-aux-êtres-et-aux-choses telle qu'entrevue par Eric Weil, participe, dans la même dynamique, au dévoilement global et à la saisie effective de la réalité. La critique permet d'explorer et de comprendre la réalité telle qu'elle pourrait se présenter et telle qu'elle se présente concrètement à l'être humain. Elle contribue au décryptage logique (du point de vue de la *raison pure*), moral (du point de vue de la *raison pratique*) et esthético-téléologique (du point de vue de la *faculté de juger* — la *judiciaire* —) du monde dans lequel l'homme se trouve inséré et cherche à s'orienter.

De façon précise, la critique donne à déceler avant tout l'amphibologicité fondamentale (l'équivocité de principe) de la réalité ; une réalité qui peut être saisie dans sa *phénoménalité* (être *connue* à travers le paradigme nomologique des sciences physico-mathématiques) ou dans sa *nouménalité* (être *pensé* à partir de la volonté de liberté inhérente à la présence agissante de l'homme dans l'espace et le temps). Dans cet ordre, elle détermine le dédoublement du réel en tant qu'il se trouve attesté en sa *possibilité logique* ou postulé en sa *nécessité pratique*.

---

physique humaine chez Kant, telle qu'envisagée par Eric Weil dans la présentation de son ouvrage sur Kant (cf. *Critique et morale*, 5-11) puis développée par lui-même dans les *Problèmes kantiens* (cf. PK 33).

[194] PK 33.

[195] *Ibid.*, 33.

Par ailleurs, la critique aide à déchiffrer la fluidité et la continuité de la réalité. Elle déjoue et définit diversement la bi-dimensionnalité générale à travers laquelle celle-ci s'offre objectivement à l'homme. A ce niveau, elle porte à appréhender l'*unité-totalité* de la réalité, dans la mesure où celle-ci se dévoile comme un monde structuré et sensé (ordonné intrinsèquement), un monde *donné* à la personne humaine qui s'efforce d'en déceler les structures concrètes, lui confère une (autre) signification et y trouve une véritable orientation ; bref, essaie de le comprendre tel qu'il *est* et de naviguer adéquatement ou de progresser en son sein.

Cette quête de compréhension profonde (existentielle) au-delà de la simple connaissance rationnelle et de la seule pensée raisonnable de la réalité livrées par la *Critique de la raison pure* et la *Critique de la raison pratique*, caractérise le Kant de Weil[196]. Elle signe et souligne également la forme et le fonds réels de l'exploration kantienne d'Eric Weil, laquelle ne se focalise pas d'abord ni uniquement autour des deux premières *Critiques*, mais atteint sa spécificité et son originalité à travers la Critique *de la Judiciaire* (la *Critique de la faculté de juger*)[197]. C'est ce qu'Eric Weil explicite dans son enquête analytique sur le sens et le fait dans le penser kantien.

Que veut Kant *au fond* ? Qu'est ce qui pousse toute sa recherche ? Quel en est le but ? Il ne s'agit pour lui que d'une seule chose : de compréhension, et il s'est toujours agi de compréhension, avec les trois questions fondamentales de la *Critique de la Raison Pure*

---

[196] Cf. *Ibid.*, 103-104 ; J. QUILLIEN, « Discours et langage », 402. Le parcours théorique kantien est défini par Weil comme une recherche intégrale de compréhension. Selon Weil, Kant « veut *comprendre*, beaucoup plus qu'il ne désire connaître » (PK 103). Chez Kant, il ne s'agit pas tant d'*explication* (scientifique, métaphysique…) que de *compréhension* (existentielle). On notera qu'Eric Weil, en reprenant et repensant Kant (à travers Hegel et d'autres penseurs de la Tradition), constitue le système logique de la philosophie en tant que système qui veut comprendre totalement l'ordre des êtres et des éléments ainsi qu'à se comprendre lui-même (cf. LP 77-78 ; G. KIRSCHER, *Figures de la violence*, 25-26). Dans notre enquête nous reconduisons et réactivons cette perspective kantienne-weilienne de la compréhension, une perspective que nous élargissons de façon exponentielle pour atteindre la totalité de la compréhensibilité en tant que telle et les *topoi* (lieux) de la non-compréhension radicale. Dans cette ligne, nous avons procédé à une lecture omni-compréhensive (ou omni-englobante) de la *Logique de la philosophie* pour la présenter comme une logique non logiciste des langages humains déployés dans l'histoire (cf. Le *Chapitre 1ᵉʳ* du présent travail).

[197] Dans sa volonté de clarifier la syntaxe kantienne, Eric Weil traduit la *Kritik der Urteilskraft* par *Critique de la judiciaire* au lieu d'adopter la traduction *Critique du jugement* comme cela était courant à son époque (cf. G. KIRSCHER, *Figures de la violence*, 258-259).

comme avec toute la *Critique de la Raison Pratique*. Il s'est toujours agi pour l'homme Kant de comprendre en philosophie le sens de la vie humaine, l'intérêt fondamental de l'homme et de la philosophie, de la philosophie vivante et agissante (*Weltbegriff der Philosophie*), non d'une philosophie scolaire et scolastique (*Schulbegriff*). Ce qu'il y a de nouveau dans la *Critique de la Judiciaire*, c'est qu'elle ne cherche plus à déterminer ce sens — c'est chose faite —, mais à la penser en réalité. On peut dire que la première *Critique* a affaire au possible (car l'analyse transcendantale, au niveau de la science, ne délimite que le champ du possible, du non-impossible), que la seconde traite du nécessaire (seule la loi morale ne *peut* pas être autrement qu'elle n'est), tandis que la troisième se tourne vers le réel pour en faire son problème[198].

Il nous faut, dès lors, exposer succinctement le mouvement et l'expression de cette quête radicale de compréhension — de la réalité ainsi que de l'homme dans la réalité — initiée par la première *Critique*, approfondie par la seconde et accomplie par la troisième, tel qu'Eric Weil la propose à nouveau dans son approche globale du penser kantien.

2.2.3 Critique(s) et compréhension(s)

Dans le déroulement épistémique du système kantien, c'est la *Critique de la raison pure*, la première *Critique*, qui ouvre la voie de la compréhension — et réalise la première révolution copernicienne en philosophie[199], en se concentrant sur les objets apparaissants, sur les conditions de possibilité de leur saisie réelle — dans la mesure où ils se laissent appréhender par l'entendement discursif. Elle enquête sur les éléments de la Nature, sur les éléments dans leur nature sensible et empirique.

Cette *Critique* rend compte du monde tel qu'il se donne à décrypter au plan phénoménal, autrement dit, dans sa pure fortuité et sa facticité matérielle. Elle s'efforce, autant que possible, de connaître la réalité : de la déterminer par des lois naturelles et de la saisir dans la spatio-temporalité à l'aide de concepts fondamentaux schématisés[200].

---

[198] PK 104

[199] Sur le sens et la portée de cette *1ère révolution copernicienne* en philosophie, dans la perspective weilienne, on se référera principalement à : PR II, 192-195 ; G. KIRSCHER, *Figures de la violence*, 259-261.

[200] Cf. PK 112. A signaler que les concepts comme *connaître* et *penser*, *science* et *savoir*…, font partie de l'univers sémantique kantien réélaboré par Eric Weil pour mieux déterminer (exprimer et accéder à la compréhension) de sa pensée. Eu égard à la fluctuation épistémologique des

La *Critique de la raison pure* met notamment en exergue une connaissance rationnelle qui s'articule autour du « fait [insensé] de la science »[201] et se réalise selon le modèle heuristique mathématique et physique. Elle approche les êtres et les éléments du point de vue des catégories transcendantales (schématisées) a priori[202]. A travers le « pur penser »[203], c'est-à-dire à partir d'une base totalement théorique et discursive[204], elle explore le monde, sans chercher à lui conférer une signification spécifique ni vouloir trouver en lui une orientation historique.

L'explicitation scientifique de la factualité passive et fortuite porte cette *Critique* première à déterminer les conditions de possibilité de toute connaissance qui se constitue comme telle. La *Critique de la raison pure* donne ainsi à déchiffrer le domaine réel du sens possible de la réalité. Elle permet d'accéder à une compréhension logico-spéculative du monde et de l'homme dans le monde.

Ce qui revient à dire qu'elle ne se limite qu'à une saisie partielle et parcellaire de la totalité de la réalité : en se contentant principalement des faits déterminables par le seul entendement calculateur, la *Critique de la raison pure* n'atteint pas le domaine de la liberté. Elle accepte, sans pouvoir ordonner discursivement, la possibilité d'une réalité nécessaire à l'existence concrète (à l'intérêt pratique) de l'homme. C'est à la compréhension de ce domaine inhérent à la volonté de liberté humaine que se consacre la seconde *Critique*.

---

concepts centraux du corpus kantien, Eric Weil s'est proposé, dans *Problèmes kantiens*, d'en délimiter l'usage. Voici un des textes de cet ouvrage qui représente un vrai passage indicateur de l'entreprise de restructuration sémantique à laquelle s'attèle Eric Weil pour une lecture adéquate de Kant : « Il se peut que ce soit à ce point précis que le langage kantien oppose les plus grands obstacles à la compréhension. En effet, il n'y a pas de connaissance du suprasensible, pour la simple raison que, par définition, le terme de connaissance est réservé à la connaissance par catégories schématisées : pour Kant, il n'y a de connaissance que celle de la science naturelle, de la physique mathématique. Cette orientation détermine sa terminologie — la détermine, mais ne la fixe pas, malheureusement, car le sens de mots comme savoir (*wissen*), connaître *denken*) reste partout fonction du contexte dans lequel ils se rencontrent : même le terme science (*Wissenschaft*) ne désigne pas partout la physique : la métaphysique elle-même ne doit-elle pas devenir science? Nous sommes donc obligés de fixer nous-mêmes l'usage et d'opposer d'une part *penser* et *connaître*, de l'autre *savoir* et *science*, en réservant les premiers termes à la métaphysique et à sa forme particulière du savoir, les seconds à la science et à ses objets » (PK 22).

[201] PK 64.

[202] Cf. *Ibid.*, PK 29.

[203] G. KIRSCHER, « Penser l'objet », 209.

[204] Cf. RA 973.

La seconde *Critique*, la *Critique de la raison pratique*, prend sens à partir de la réflexion sur la factualité de la loi morale et de la liberté humaine. Elle convoque la raison en tant que celle-ci surplombe les limites de la connaissabilité posées par les canons de la spéculativité pure et se produit comme « une pensée détachée de toute sensibilité et pourtant légitime et nécessaire »[205] ; une pensée dont l'unité et la densité se constituent dans la seule réflexion existentielle sans que sa diversité ne soit fournie par une intuition sensible ou physique[206].

La seconde *Critique* dépasse donc le domaine empirique et se concentre sur la réalité suprasensible. Elle permet précisément à la raison de *penser*, autrement dit, de « concevoir la totalité achevée des substances en soi, d'une part, l'unité du monde naturel et humain — conforme aux aspirations moralement fondées de l'humanité —, de l'autre »[207]. Ce qui signifie que cette *Critique* porte la raison humaine à s'effectuer en mode différent. Elle définit le passage du plan spéculatif (penser pur) au plan existentiel (penser concret) de la raison qui, dans cette dynamique, s'auto-constitue effectivement comme *pratique :* elle a trait ici non pas à *ce qui est* mais à *ce qui doit être* ; elle à affaire à la signification du monde et de la vie humaine ainsi qu'aux « conditions morales de la réalisation de ce sens dans une nature qui, pur fait, n'en a pas elle-même et ne peut en recevoir que par rapport à un bien absolu que seule la raison pratique est à même de penser, dont elle est la pensée »[208].

A ce niveau se clarifie l'idée selon laquelle la *Critique de la raison pratique* réalise l'exigence d'un monde constitué d'objets qui, tout en n'étant pas en contradiction logique avec la conception rationnelle, demeurent cependant indémontrables et irréfutables[209]. Il s'agit du monde attesté par la *foi de la raison* (« l'espérance et la certitude de l'individu moral »[210]) ; du monde qui fonde l'existence de l'homme et donne sens au fait de la science : le monde des choses qui sont en tant que telles, pour elles-mêmes, le monde des choses-en-soi[211] : la réalité non réifiée de l'âme et de Dieu, le monde sensé pour la volonté libre de l'être déterminé et besogneux[212].

---

[205] PK 29.

[206] Cf. G. Kirscher, « Penser l'objet », 205.

[207] PK 112 (note 2).

[208] RA 973.

[209] Cf. PK 32.

[210] PR II, 194.

[211] Cf. PK 42.

[212] Cf. *Ibid.*, 44.

En fin de compte, la seconde *Critique* postule la nécessité d'une réalité qui puisse correspondre effectivement et authentiquement à la destination de l'être humain en tant qu'il se pose comme conscience-de-soi et se décide à l'action[213] ; de l'être humain qui se manifeste comme sujet-pour-soi dans la mesure où il se détermine raisonnablement et par la raison[214]. Elle permet d'atteindre le domaine réel du sens nécessaire du monde. Elle comprend la réalité comme une nécessité qui confère une véritable signification à l'activité spéculative de l'homme ainsi qu'à la présence agissante de celui-ci dans l'histoire. La *Critique de la raison pratique* détermine finalement la réalité-nécessité qui encadre et configure la destinée historico-temporelle de l'être humain.

Arrivé à ce point, on remarque que le parcours initié par la *Critique de la raison pure* et poursuivi par la *Critique de la raison pratique*, débouche sur le constat d'une dualité fondamentale, constitutive du système kantien dans son développement[215]. Il s'agit d'un *gouffre*[216], d'un profond *fossé* qui, dans une vision large, peut se penser sur trois registres : au plan épistémologique, au plan phénoménologique et au plan ontologique (sémantico-ontologique).

Au plan épistémologique, le gouffre se dévoile à travers la double attestation des connaissances et la bi-modalité (opératoire et expérientielle) de leur certification. On se retrouve en présence de deux objets du savoir et de deux modes de les approcher. En d'autres mots, avec deux thèses diamétralement opposées.

L'une, selon laquelle il n'y a de connaissance que des objets sensibles (actuellement sensibles ou sensibles en puissance — la distinction n'intervient pas ici, parce que les objets de la raison sont en dehors de toute sensation possible), l'autre, selon laquelle il existe une pensée détachée de toute sensibilité et pourtant légitime et nécessaire[217].

---

[213] Cf. *Ibid.*, 37 ; *Ibid.*, 39.

[214] Cf. *Ibid.*, 45.

[215] A propos, on notera l'affirmation de Jean Lacroix selon laquelle : « La pensée kantienne est essentiellement dualiste » (J. LACROIX, *Kant*, 75). Lacroix décèle chez Kant la centralité du dualisme et, comme Weil, cherche les médiations qui assurent le passage entre les réalités données et considérées comme duelles (Nature et Liberté ; Connaître et Penser ; Monde intelligible théorique et Monde intelligible pratique...). C'est principalement dans l'esthétique qu'il décèle les médiations philosophiques chez Kant (cf. *Ibid.*, 75-116).

[216] Cf. PK 65.

[217] *Ibid.*, 29.

Au plan phénoménologique, l'analytique critique nous donne à expérimenter deux ordres du monde humain, deux mondes apparaissants : le monde apparaissant dans la factualité empirique et le monde apparaissant dans la factualité éthique. Le premier monde correspond à l'ordre de la Nature. Il s'agit du monde des *phénomènes* que l'homme scrute et cherche à comprendre (expliquer) scientifiquement. Le second monde est celui des *noumènes*, un univers dont l'homme fait l'expérience à travers sa décision à l'action ou l'auto-effectuation concrète de sa volonté de liberté, le monde des choses-en-soi.

Le plan ontologique (ou sémantico-ontologique) concerne le sens de la réalité et la réalité du sens qui transparaît à travers les deux premières *Critiques*. Au niveau de celles-ci, la réalité est doublement déterminée en sa possibilité et en sa nécessité réelles. Cependant, elle ne correspond pas encore à une réalité effective, effectivement unifiée et agissante. Son sens réel (plénier) n'est pas encore révélé ou reconnu. Il reste au niveau idéel : « le réel n'a pas de sens et le sens n'est encore réel (il ne l'est qu'idéalement, dans la pensée qui le postule). Nous pensons un monde sensé — le Souverain Bien — qui doit être, mais ce monde-ci, auquel nous devons donner sens par notre action ne l'est pas encore »[218].

La *Critique de la raison pure* et la *Critique de la raison pratique* présentent donc une idée réelle de la réalité sans la réaliser en tant que telle. Elles fournissent une compréhension partielle et limitée de la réalité ; une compréhension inexhaustive dont le complément et l'accomplissement sera la tâche principale de la *Critique de la judiciaire*.

La troisième *Critique* va effectivement s'atteler à la sursomption de la bipolarité épistémologique, phénoménologique et ontologique inhérente à l'exposition de l'analytique critique. Elle va présenter le système kantien dans son unité et sa totalité, dans son uni-totalité. En explorant le champ de la beauté (l'esthétique) et celui de la finalité (le téléologique), elle va atteindre le sens réel de la réalité.

En fait, selon Weil, la *Critique de la faculté de juger* se dévoile comme le barycentre de la production philosophique kantienne. A travers elle, Kant se livre à l'auto-compréhension de l'entreprise critique. Il veut accéder à la compréhension de l'unité du système qu'il a mis en mouvement ainsi qu'à la compréhensibilité intégrale de la réalité (du sens effectif de la réalité dans laquelle l'être humain se trouve inscrit).

Il faut le dire, la 3ème *Critique* pose des problèmes de système, « des problèmes qui portent sur l'unité du système kantien dans son ensemble »[219]. Elle a trait à sa com-

---

[218] G. Kirscher, *Figures de la violence*, 262.
[219] *Ibid.*, 259.

préhension de la réalité et à son auto-compréhension de cette compréhension. De façon spécifique, elle pose et s'efforce de répondre au problème du « rapport entre homme et nature empirique, entre fait constaté et structure »[220]. A noter qu'elle « n'ajoute pas un nouveau domaine à ceux de la nature et de la liberté »[221]. Elle tente cependant de « faire voir comment, sur le "gouffre" qui sépare les deux domaines, le pont, que l'agir moral exige, est bien jeté »[222].

Ce qui signifie que la *Critique de la faculté de juge*r détermine les *médiations* essentielles à la réconciliation entre l'ordre de la nature, exploré par la raison pure, et l'ordre de la liberté, expérimenté par la raison pratique. Elle définit le *passage pratique* nécessaire[223] à la compréhension de la réalité duelle en tant que totalité intégrale (et intégrante), intégralement accessible à l'homme agissant.

La troisième *Critique* nous fixe ainsi dans la réalité. Elle se tourne proprement vers le réel qu'elle saisit et définit comme sa problématique[224]. Elle considère et scrute la réalité non plus d'abord en sa possibilité logique ni en sa nécessité éthique mais en sa totalité (en son *ensemblité cosmique*). Elle cherche, autrement dit, à la lire « sous l'aspect de sa structure réelle et réellement ordonnée »[225]. Elle déchiffre les structures concrètes du sens qui président à l'émergence et à la maturation de l'existence humaine.

La *Critique de la faculté de juger* comprend que toute compréhension de la réalité s'inscrit toujours déjà dans une réalité comprise. Toute connaissance et toute compréhension présupposant un monde structuré, sensé, dans lequel une orientation est possible. Dans la troisième *Critique*, Kant découvre et pense la réalité comme

---

[220] PK 62.

[221] F. MARTY, « Le surgissement », 342.

[222] *Ibid.*, 342.

[223] Cf. PK 66. Eric Weil insiste spécialement sur cette thématique du *passage* chez Kant entre le domaine du concept de la nature en tant que sensible et celui du concept de la liberté en tant que suprasensible. Il concentre la conception de ce passage dans le registre existentiel (au niveau pratique). Il précise la pensée de Kant en ces termes : « il *faut* (nécessité logique, philosophique, métaphysique…) que la nature puisse être pensée telle que…, il *faut* qu'un passage existe entre les deux façons de penser, et non seulement comme article de foi, comme simple possibilité de réconciliation dans le transcendant : la nature, en tant que nature, il faut qu'elle puisse être conçue telle qu'elle se prête à la pensée d'une fin, d'une finalité, d'un sens » (cf. *Ibid.*, 66).

[224] Cf. PK 105 ; F. Marty, « Le surgissement », 341-342.

[225] PK 62.

un cosmos sur le fond duquel seulement, et par voie d'abstraction, une connaissance est possible[226].

Dans le déroulement heuristique de la *Critique de la faculté de juger*, la question du sens qui rythme intimement le penser kantien et innerve son déploiement, surgit donc de manière radicale et se concrétise. Cette *Critique* procède ainsi à la *monstration* de la factualité du sens[227]. Elle présente les faits du sens et le sens comme fait qui *est*[228] ; comme fait effectif qui configure et densifie la réalité de la présence-au-monde de l'être humain.

Effectivement, on se rend compte qu'en son expression esthético-téléologique, le sens se substantifie et s'actualise. Il opère comme un *fait*[229]. De même, on constate qu'il existe « des faits, ceux de la finalité "subjective" (le jugement de goût), de la finalité "objective" (le jugement sur le vivant), qu'il faut dire sensé, en même temps que faits »[230].

En fin de compte, la 3ème *Critique* nous donne à comprendre que la réalité naturelle et historique *est*. Elle demeure sensée[231] et s'expérimente pratiquement comme une totalité, comme un *Tout* authentique : « Tout sensé pour l'homme, sensé par l'homme, mais qui apparaît comme agrégat insensé à l'homme qui ne s'élève pas au sens et à la saisie du sens du monde et du sens dans le monde »[232].

La réalité fonde donc et féconde tout[233]. Elle constitue le *soubassement protologique* (au commencement de toute compréhension) et le *fondement archéo-logique* (au principe de toute logique) de notre inscription spatio-temporelle : « Le monde est sensé, la nature est un cosmos et c'est parce qu'elle l'est qu'une science physique est possible, qu'une morale agissante non condamnée à l'inaction de la pure intention est possible »[234]. C'est parce que le monde porte en tant que tel une structure harmonique originelle « qu'une politique est possible, qu'une philosophie de la réalité et de la compréhensibilité de la réalité est possible »[235].

---

[226] G. KIRSCHER, *Figures de la violence*, 259.

[227] Cf. PK 61 ; G. KIRSCHER, *Figures de la violence*, 262-263.

[228] Cf. PK 105.

[229] Cf. *Ibid.*, 65.

[230] *Ibid.*, 105.

[231] Cf. *Ibid.*, 105.

[232] *Ibid.*, 106.

[233] Cf. *Ibid.*, 106.

[234] G. KIRSCHER, *Figures de la violence*, 259.

[235] *Ibid.*, 259.

La fin du parcours critique nous amène ainsi à la compréhension réelle du sens de la réalité et à la découverte de l'intention philosophique de Kant en sa pureté. Elle replace l'homme dans le monde. De façon précise, elle permet d'envisager concrètement la place de l'être humain dans la réalité et de retrouver sa trace effective dans la réalisation du système. On perçoit ici la présence fondatrice de l'homme chez Kant ; de l'homme comme être moral, *imago dei* (image de Dieu) et « raison ectype »[236] : l'homme en tant que fin de la nature et « dernier but de la création ici bas sur terre »[237].

Il nous faut préciser cette *teneur humaine* qui forme l'humus du penser kantien et signe la relecture weilienne ainsi que sa reconduction thématique dans le système logico-philosophique tel que réélaboré et proposé dans nos investigations.

2.2.4 Présence de l'homme *être-double*

Comme nous l'avions souligné en filigrane, le décryptage weilien de Kant nous donne à découvrir la *présence massive*, *décisive* et *constitutive* de l'homme : au creux du penser-kantien-aux-êtres-et-aux-choses, Eric Weil retrouve l'homme. La *métaphysique positive* (scientifique) fondée et développée par Kant est elle-même interprétée selon une angulation anthropologique. Elle correspond au fond à une anthropologie (à une *anthropologie philosophique*)[238].

De fait, au yeux de Weil, ce qui constitue la spécificité et l'originalité du penser kantien dans son ensemble, eu égard à la métaphysique classique « c'est précisément cette volonté de philosopher dans le monde, de penser l'homme dans le monde de la nature comme être déterminé et dépendant »[239] ; cependant, « de le penser en même temps comme être pensant et libre, se pensant comme être insatisfait, mais grand parce que insatisfait, conscient d'un intérêt qui, par sa seule existence, limite le monde empirique »[240].

Il faut le dire, l'*uomo di Kant*[241], l'homme qu'entrevoit Eric Weil dans le sys-

---

[236] PK 43.

[237] *Ibid.*, 82.

[238] Cf. *Ibid.*, 33 ; ID., 53-55.

[239] *Ibid.*, 53.

[240] *Ibid.*, 53.

[241] Cf. P. SALVUCCI, « Presentazione », 9-10. Dans sa présentation de la traduction italienne des *Problèmes kantiens*, Pasquale Salvucci souligne les traits majeurs de l'homme de Kant selon la lecture systématique weilienne. Il propose une réflexion similaire dans son analyse sur « Il "Kant" di Weil », 108-112. Ces éléments se trouvent largement développés dans son ouvrage intitulé *L'uomo di Kant*.

tème kantien, n'est pas d'abord un être théorique — l'homme de la *vue* (*theôria*) absolue « de l'Idée du Bien existant (sur-existant) »[242] comme chez Platon —. Il n'est pas un être pur, végétant dans une pureté de principe, un être détaché du réel, l'*homo spectator mundi*, l'être qui n'a pas de contact avec les hommes et les objets ; le sujet transcendant, an-historique et a-spatiotemporel ; le grand maestro qui trône dans la cité d'or du dessus de l'Olympe : « l'homme de Kant n'est pas essentiellement *théorétique* comme l'est celui d'Aristote »[243]. Cet homme n'est pas non plus le sage parfait, parfaitement impassible, le maître des éléments et des événements, l'auto-conscience rationnelle qui engendre intentionnellement le monde ou le produit logiquement.

L'homme de Kant est plutôt un être-dans-le-monde : un être qui vit, sent, pense, agit et cherche à s'orienter adéquatement dans la réalité. C'est un individu qui veut s'auto-déterminer dans le monde et déterminer ontologiquement ainsi qu'herméneutiquement le monde — lui conférer une configuration et une direction harmoniques à travers son action et son implication totale en son sein —.

Au plan fondamental, cet homme se réalise comme un « être-double »[244] : un être tout à la fois *fini* (limité et singulier…) et *raisonnable* (universel et libre…), selon une formule typique récurrente chez Kant, une formule oubliée ou obnubilée par bon nombre de lecteurs-interprètes du Maître de Königsberg mais repérée puis mise en valeur par Eric Weil[245]. L'homme apparaît comme un être fini

---

[242] PK 91.

[243] *Ibid.*, 34.

[244] PR II, 145.

[245] Dans ses diverses réflexions et interventions, Eric Weil revient particulièrement sur cette formule de l'homme comme être *fini* (animal, conditionné, passionné…) et *raisonnable* (noble, maître de soi, libre-volonté…), une formule non révélée ni exploitée par la majorité des grands commentateurs de Kant. L'interprétation de Kant condensée dans *Problèmes Kantiens* dévoile la prédominance et la centralité de cette expression et de ses reformulations (cf. PK 86 ; *Ibid.*, 96 ; *Ibid.*, 97 ; *Ibid.*, 111-112… ; voir aussi PR II, 145). A signaler que dans un échange discursif qu'il a eu avec d'autres lecteurs-interprètes de Kant (Etienne Borne, Louis Guillermit et Jean-Pierre Vernant), dans le cadre de l'émission de la *Radio-Télévision Scolaire* (diffusée le 05 mai 1966 : « Actualité de la morale de Kant »), Eric Weil met en perspective cette formulation de l'anthropologie kantienne. Il déclare ce qui suit : « L'homme n'est pas raison, il est raisonnable. Ce qui veut dire, pour citer une formule kantienne à laquelle on ne porte pas toujours l'attention qu'elle mérite, que l'homme est à la fois raisonnable (ce qui veut dire aussi libre) et fini. C'est un être indigent, c'est un être dans le monde, c'est un être naturel. C'est un animal capable de raison, c'est-à-dire un être qui est capable, dans sa situation, de s'universaliser » (*ACP* 128). Dans son approche de l'attitude (personnelle et philosophique) de Kant eu égard à la Révolution fran-

du fait qu'il possède une nature animale, une nature finie et besogneuse qui le rapproche de l'animal sans pourtant l'en identifier[246]. A ce niveau, il demeure un être indigent, un être limité et diversement conditionné (au plan biologique, physiologique, géographique, sociolinguistique, psychologique…). Il s'agit précisément de l'homme en tant que

> […] être de besoins, d'instincts, de pulsions, de passions, être naturel et, en tant que tel, soumis au mécanisme de la nature, être entièrement déterminé par les causes qui agissent sur lui et en lui, être tellement conditionné qu'à aucun moment il ne peut se connaître lui-même qu'en tant que déterminé et que la vue intérieure du sujet sur lui-même ne dispose d'aucun avantage de principe sur celle de l'observateur extérieur…[247]

La finitude ou l'animalité déterminative de l'homme souligne les traits centraux de son empiricité et de son inexhaustivité. Elle définit son inachèvement de principe et son incomplétude de fait. L'animalité dévoile la configuration passionnelle ou naturelle de l'individu ainsi que son enveloppement par les instincts, les désirs et les pulsions. Cependant, cette finitude fondamentale reste le fait de l'homme en tant qu'il possède la capacité à la raison et veut cultiver en lui la force de la volonté.

çaise, Eric Weil reprend les mêmes remarques. Bien plus, en partant de la double configuration ontologique de l'homme, il établit, comme dans *Problèmes kantiens,* le lien entre divers sites philosophiques du penser kantien. Il affirme en substance : « […] l'homme n'est pas raison, au mieux il est raisonnable et empiriquement conditionné ; il a des pulsions, des désirs, des passions. Il vit sous la loi morale, sous un commandement, précisément parce qu'il est toujours *aussi* immoral et seulement sur la voie de la moralisation. Le principe de la morale pure dirige les règles concrètes de conduite que cet *être double* [c'est nous qui soulignons] se donne – se donne justement parce qu'il est raisonnable, mais sur l'horizon et le fond de sa finité, de son être-besogneux. Il est remarquable que la plupart des commentateurs n'aient pas voulu voir cette couche fondamentale de l'anthropologie, de la morale et de la politique, bien que Kant lui-même y revienne assez souvent ; cela tient peut-être au fait que Kant ne thématise que très tardivement ce qui se montre très tôt à l'œuvre dans sa pensée » (PR II, 145-146). Eric Weil par contre reprend globalement ce motif anthropologique du kantisme, en maximise la teneur et le laisse transpercer activement le motif absolu hégélien, pour construire sa logique non logiciste des langages humains déployés dans l'histoire…

[246] Cf. PK 111.

[247] PK 111.

En effet, l'homme se déchiffre également comme « animal capable de raison »[248]. Tout en ne se confondant pas essentiellement avec la raison, l'individu humain se trouve historiquement capable d'incarner en lui (et autour de lui) les valeurs fondatrices de la raison. Ce qui signifie qu'il peut se départir de son intime limitation pour s'auto-accomplir authentiquement dans l'espace et dans le temps. Il peut aller au-delà de sa naturalité et dépasser sa singularité (biologique, physique, géographique…) afin de s'universaliser, d'accéder à l'universalité (anthropologique, symbolique, éthique…).

La raisonnabilité (*Vernünftigkeit*)[249] — l'élan vers la raison, la volonté d'être sous la mouvance de la raison — définit ainsi l'éminente dignité de l'homme. Elle signale aussi bien la majesté que la sublimité d'un être qui, bien qu'empiriquement conditionné, a la possibilité, à travers son action (sa décision à l'action) dans le monde et sur le monde — sa négation du donné naturel —, de se réaliser en tant que tel.

La raisonnabilité rend donc compte de l'essence morale de l'individu humain. Elle souligne l'essentielle volonté-de-liberté qui le spécifie et qui ordonne structurellement son existence historico-temporelle. En fin de compte, la raisonnabilité *montre* (extériorise) la noblesse et la grandeur de l'homme qui, malgré sa finité, malgré ses pulsions et ses passions multiples, se veut toujours et déjà liberté (libéré et cherchant à se libérer de toute pesanteur, de toute réalité ontologiquement mauvaise).

De fait, c'est dans « l'horizon et le fond de sa finité et de son être besogneux »[250] que l'homme se donne comme raisonnable. C'est au cœur de son animalité enveloppante qu'il se déploie en tant qu'être libre et demeure maître-de-soi — de ses passions —, qu'il agit et choisit, qu'il s'autodétermine raisonnablement et détermine raisonnablement le monde. En d'autres mots, c'est sur le sol de sa finitude basique que l'homme se trouve capable de sursumer toute limite et de « penser la totalité structurée du monde »[251] ; autrement dit, « de *penser*, ce que, par sa constitution et celle de la connaissance, il est à jamais incapable de *connaître* […] »[252].

---

[248] *ACP* 128. Voir également : L. Sichirollo, « Morale et politique », 264.

[249] Cf. PR II, 147 (note 1).

[250] PR II, 145. Dans la note explicative sur cet *être-besogneux* (*Bedürftigkeit*), il est fait référence à d'autres passage d'Eric Weil, notamment : EC I, 305 ; PK 148. Voici par exemple ce que l'essai autour « De la réalité » dit de l'homme en tant qu'être de besoins : « L'homme est un être *besogneux*, plein de besoins, chargé de besognes, il n'est pas un être infini qui se suffise, il a des possibilités limitées, il ne peut pas faire tout à la fois, il ne peut même pas voir tout à la fois… » (EC I, 305).

[251] PK 112.

[252] *Ibid.*, 112.

C'est au plan de sa naturalité, travaillée et fécondée par la décision à l'action, que l'homme (se) réalise (en) son essence morale et qu'il se pense comme le centre du monde qui est, qu'il se produit comme le barycentre du sens du monde.

L'homme seul, mais comme volonté, donne un sens à ce qui est : « La valeur qu'il est seul à pouvoir donner et qui consiste en ce qu'il fait, dans la façon et dans les principes selon lesquels il agit, non en tant que membre de la nature,mais dans la *liberté* […] de sa faculté de désirer, c'est-à-dire, seule une bonne volonté est ce par quoi son existence peut avoir une valeur absolue et par rapport à quoi l'existence du monde peut avoir un *but ultime* »[253].

Ainsi, l'homme, être limité et raisonnable[254], s'accomplit essentiellement chez Kant comme le but véritable et le sens définitif du monde[255]. Tout en ne s'identifiant pas au maître du monde connaissable ou au prince de la connaissance du monde[256], il sait et sent que tout sens authentique dépend de lui[257]. Tout sens effectif est inhérent à sa volonté ou à son *intérêt concret*, autrement dit, à son engagement existentiel, à son implication dans l'histoire, son implication intégrale dans le mouvement et le déroulement de l'histoire universelle. C'est pourquoi, il « s'organise dans des sociétés et des Etats »[258] : il construit le monde — *son monde* — comme un espace habitable selon l'ordre de la liberté raisonnable, comme un univers visitable et fréquentable dans la dignité, la justice et la paix.

L'homme, être indigent (animal) et noble (maître-de-soi) — dimension anthropologique —, celui qui comprend le sens réel du monde (qui déchiffre le monde comme essentiellement structuré et y trouve une insigne orientation) — dimension symbolique —, se réalise fondamentalement à travers l'expression agissante de sa volonté-de-liberté dans l'espace et dans le temps — dimension historique —, en relation dynamique avec d'autres individus humains, pour l'émergence d'un ordre mondain (plus) raisonnable — dimension socio-politique —. Cet homme n'oublie pas qu'il demeure, en tant que tel, créature et image de Dieu (copie conforme de la raison archétypale ou de la substance originale qu'est Dieu) — dimension théologique

---

[253] *Ibid.*, 98-99.

[254] Cf. J. QUILLIEN, « Discours et langage », 402.

[255] Cf. PK 99.

[256] Cf. *Ibid.*, 97.

[257] Cf., *Ibid.*, 100.

[258] RA 973.

—. Il aspire également à une justice divine, une justice qui soit vraiment divine sur la terre (en tant qu'elle reconnaît la valeur absolue de tout être humain) ; une justice également « divine dans un au-delà qui apporte la récompense à celui qui au mépris de ses intérêts, de ses penchants, de cette nature dont il ne se déféra jamais, a cherché cette justice dans cette vie »[259] — dimension téléologique-eschatologique —.

Cependant, dans son déploiement existentiel, l'homme se rend compte de la permanence d'une grandeur négative déstructurante au plus profond de son être. Il fait l'expérience du mal radical ; un mal qu'il s'efforce, avec la puissance de la volonté, de combattre fermement. L'homme se décide à agir afin que le Bien triomphe en lui (et autour de lui) et que la vie humaine, dans sa complexité, reflète les valeurs raisonnables. Il se meut donc et s'ouvre aux autres, « dans une relation qui assure à chacun une existence paisible et la possibilité de se moraliser »[260].

A ce niveau se précise et se densifie la dimension communautaire (politique) de son existence mondaine. De fait, la vie individuelle trouve son accomplissement à travers l'inscription historico-temporelle de la liberté ; une inscription qui inclut les autres hommes et possibilise leur épanouissement réel dans le monde. Le sens (la direction et l'orientation) de l'existence personnelle — singularité — se résout à travers la collaboration à l'organisation harmonique de l'espace historique dans lequel naissent, croissent et murissent les hommes — universalité —.

Il nous faut préciser ces éléments, en explicitant tout d'abord la valeur et la teneur du mal radical dans la philosophie kantienne selon l'entente qu'en donne globalement Eric Weil ; en précisant ensuite la structuration et la destination raisonnable de l'être-ensemble des hommes en tant qu'il participe aussi à l'établissement de la grammaire systématique et politique de la pensée weilienne déterminée en son déploiement comme pensée du langage.

2.2.5 Le mal radical dans l'être moral

C'est principalement dans *Problèmes kantiens* qu'Eric Weil donne un chiffre au problème du mal radical tel que pensé et thématisé par Kant. Il développe sa réflexion dans l'essai intitulé « Le mal radical, la religion et la morale »[261]. Cet essai vient combler le vide épistémologique créé dans l'herméneutique weilienne du système critique tel qu'il émerge et se déroule à partir de l'intention basique (fon-

---

[259] *Ibid.*, 973.
[260] PR II, 146.
[261] PK 143-174 (A noter qu'il s'agit ici de la 2ème édition des *Problèmes Kantiens*).

damentale et fondatrice) du penser kantien, notamment à partir de l'idée kantienne du philosopher véritable ; une idée qui tourne autour de la compréhension de la réalité et de la compréhensibilité totale de l'homme dans la réalité[262].

La problématique du mal radical s'inscrit globalement chez Kant dans la perspective de la métaphysique morale qui, loin de fonder le discours moral ou le concept de devoir moral comme le fait la *Critique de la raison pratique*, développe et organise le système des devoirs effectifs de l'individu humain[263]. Cette problématique s'éclaircit dans le mouvement et le murissement du penser de Kant quand il s'agit pour lui de passer de la moralité formelle (*l'idée* de la morale) à la moralité concrète (le *vécu* moral)[264]. A proprement parler, il s'agit d'une problématique à caractère « anthropologique et pratique, d'une anthropologie morale »[265].

De fait, l'analyse du mal radical se focalise autour de l'homme dans la concrétude de son existence historique ou la conscience-de-soi raisonnable de son être-au-monde. Elle ne concerne pas d'abord l'homme au plan générique, l'être de homme en son originarité (ou sa naturalité, son essence originelle) thématisée en partant des principes que relèvent l'analyse transcendantale[266].

Le mal radical se donne à découvrir comme une grandeur négative se trouvant aux antipodes de la force positive qu'est le bien, une grandeur qui, cependant, demeure non inhérente à la fragilité ou à la finité naturelle de l'homme. Ce qui signifie que le mal radical n'est pas lié à l'être-besogneux de l'homme, ni à la limitation ou au multi-conditionnement dans lequel se déroule son existence. Le mal radical ne reflète pas l'empiricité ou la pesanteur native de l'être humain. Il n'est pas non plus le résultat de son insuffisance congénitale ni de son indigence atavique. En somme, le mal radical ne ressortit pas de la nature humaine dans la mesure où celle-ci se dévoile comme singulière et non-autarque, poussée par les pulsions sensibles et portées par les passions corporelles. Il n'a pas trait à la nature humaine dans sa dimension physiologique, métaphysique, psychologique, ethnologique, pragmatique...[267]

---

[262] Dans la *Préface* à la 2ème édition des *Problèmes kantiens*, Eric Weil signale ce vide (cf. PK 11). En ce qui concerne l'idée centrale du philosopher authentique chez Kant selon Eric Weil, on se référera à PK 53-55 ; *Ibid.*, 104-105.

[263] Cf. *Ibid.*, 150.

[264] Cf. *Ibid.*, 150.

[265] *Ibid.*, 156.

[266] Cf. *Ibid.*, 155.

[267] Cf. *Ibid.*, 151.

Le mal radical concerne plutôt l'homme dans sa nature morale. Il est le fait de sa nature d'être concrètement moral, c'est-à-dire de sa spécificité en tant que « agent libre mais aussi déterminé, déterminé librement parce que lui-même s'est déterminé »[268]. Le mal radical convoque et implique l'individu humain en tant qu'il se déploie au plan historico-temporel comme un « être qui choisit dans le monde et dans la vie, qui possède et révèle un caractère intelligible, un caractère qui est sien au sens le plus fort, puisque c'est lui qui l'as voulu tel qu'il s'exprime »[269].

Comme nous le savons, l'homme moral de Kant est caractérisé par trois tendances générales ou mieux, trois dispositions principales, à savoir : les dispositions à l'animalité, à l'humanité et à la personnalité. Ces trois dispositions, irréductibles et indestructibles en tant que telles, définissent et enrichissent le concept de l'homme considéré comme *homo duplicis*, être fini et raisonnable. Dans leur fondement et leur configuration originaire, elles demeurent intrinsèquement bonnes.

Cependant, détournées de leur(s) destination(s) ou de leur(s) finalité(s) primitive(s), ces dispositions génèrent respectivement la bestialité, les vices sociaux et la perversité[270]. En outre, les trois défauts fondamentaux de l'homme dérivent d'elles :

> Sa faiblesse le fait céder aux penchants malgré sa volonté du bien ; son insincérité fait qu'il croit agir par respect de la loi morale, mais suit des maximes qui procèdent de l'amour de soi ; c'est cependant la *mauvaistié* du cœur qui, préférant explicitement l'intérêt à la règle, renverse vraiment l'ordre moral, du cœur qui pourrait, donc devrait (doit, donc peut) s'opposer aux égarements des autres[271].

Le mal radical ou encore la mauvaiseté de principe de l'être humain se situe proprement dans sa disposition à la personnalité, quand cette dernière « démissionne pour que la raison formelle devienne la mesure de l'existence »[272]. Il dévoile la perversité basique de la volonté autarque (autonome et toute-puissante) de l'homme qui a pris une décision proto-topique et archéo-logique pour le mal, c'est-à-dire,

---

[268] *Ibid.*, 151.

[269] *Ibid.*, 155.

[270] Cf. *Ibid.*, 156 ; voir aussi P. Belaval, « La théorie kantienne », 191 ; P. Gilbert, « Kant, Weil », 562-563.

[271] PK 157.

[272] P. Gilbert, « Kant, Weil », 566.

celui qui « s'y est décidé, d'une décision transcendante, d'avant toute décision particulière, visible, constatable, mieux : en dehors d'elle »[273].

Le mal radical correspond ainsi donc au déroutement de fond ou au détournement intentionnel de l'être humain en tant qu'il a fait un choix anté-prédicatif et pré-temporel, « un choix antérieur à tous les choix, source de tout ce qui sera voulu [de négatif et de nuisible] par l'individu temporel, phénoménal, observable »[274].

A ce niveau, l'être humain entre dans un ordre existentiel typique ; un ordre existentiel qui n'est ni illogique, ni a-logique mais altro-logique ou hétéro-logique. Il s'auto-cloisonne catégoriquement par rapport au bien. Sa conscience s'exprime en un mode infiniment dérivatif. La volonté humaine accepte la mauvaise maxime, celle de « l'impureté des intentions et du mensonge devant sa propre conscience (et ainsi devant Dieu) »[275].

Le mal transparaît dans toute sa splendeur et sa profondeur. Il s'installe fermement et radicalement dans la conscience morale, « c'est-à-dire, de manière inextricable »[276]. La volonté humaine se trouve substantiellement corrompue, dépravée, orientée vers le mal en sa quintessence. Elle s'est retournée autour d'elle-même en se détournant ainsi de l'orientation vers ce qui fait la dignité intrinsèque des êtres et des éléments. La volonté humaine admet ce qui, en soi, est pervers et fondamentalement pervertissant. De façon précise, elle se transmue en « volonté de se tromper soi-même sur ses motifs, de se mentir à soi-même, de préférer, consciemment ou avec une inconscience coupable, l'amour propre à la règle, de tromper sa propre conscience morale et de vouloir ainsi tromper Dieu »[277].

Cependant, le mal radical n'équivaut pas à l'ultime concept de la moralité humaine. Il ne représente pas la *fin* (la visée et la finalité) de toute vie éthique ni ne constitue « la condamnation de l'Homme et de son histoire dans le monde »[278]. Le mal radical définit plutôt l'enjeu de la moralisation et de l'universalisation effectives de l'homme dans l'espace et dans le temps. C'est à travers lui que l'homme comprend la valeur du bien, qu'il saisit l'importance d'agir, de se décider à agir, pour le triomphe de la raison en soi et autour de soi, pour l'incarnation durable de la raison dans le monde.

---

[273] PK 157.
[274] *Ibid.*, 166.
[275] *Ibid.*, 157.
[276] *Ibid.*, 158.
[277] *Ibid.*, 159-160.
[278] J. JUSZEZAK, *L'anthropologie de Hegel*, 220.

Sans la thématisation et l'acceptation du mal radical, la vie morale deviendrait inconcevable. Elle serait totalement incompréhensible : « A-temporel, inconnaissable, insaisissable en lui-même, fait et acte avant tout fait et acte, le mal radical est la condition de possibilité d'une vie morale, et sa reconnaissance, celle d'une saisie de la vie en tant que morale »[279]. On découvre ainsi une fonction anthropogène du mal radical[280] ; une fonction d'engendrement de l'humain et d'élévation de son existence morale afin que celle-ci connaisse le grand progrès, qu'elle se réalise sous l'ordre de la justice et atteigne le vrai bonheur.

Il faut le dire, la conception du mal radical trace les lignes d'émergence et d'accomplissement de l'homme au-delà de l'immoralité. Elle favorise la construction adéquate de l'histoire humaine ainsi que la prise de conscience par l'homme de sa destination raisonnable dans le monde.

Marqué par le mal radical, l'homme est tenu non pas à s'enfermer ni à s'autodétruire dans un espace pseudo-eudémoniste radical. Il *doit* (il *peut*) s'ouvrir : s'ouvrir à l'autre que lui afin de favoriser l'épanouissement de son humanité et d'assurer l'élévation de la sienne propre. Il *doit* (il *peut*) également s'universaliser : aller au-delà de ses besoins et de ses pulsions ; ne pas faire de son propre bien-être (son intérêt propre) la valeur dernière de l'existence mais contribuer pleinement à la réalisation du bonheur de l'autre, non pas dans un au-delà inconcevable ni en pensant à des arrière-mondes, mais sur la terre des vivants ; un bonheur tel que l'autre le veut et le conçoit. Il s'agit donc pour lui de promouvoir, autant que possible, la satisfaction de l'être fini dans le prochain *hic et nunc* en ce monde vivant[281].

La conception du mal radical se dévoile ainsi comme un grand engagement et un véritable appel. Il s'agit de l'appel à l'organisation sensée de la vie historique de l'être humain, de l'homme qui ne deviendra certainement pas un ange, mais qui s'est graduellement départi de la violence primitive dans laquelle a surgi et mûri sa vie sociale[282]. Il s'agit également d'un appel à l'édification de la société humaine, pour qu'elle ne ressemble plus jamais à l'univers des diables calculateurs mais qu'elle se détermine comme le monde des hommes complètement libres (libérés de tout arbitraire)[283] ; autrement dit, pour qu'elle se mette en route vers le royaume des cieux,

---

[279] PK 161.

[280] Cf. J. Juszezak, *L'anthropologie de Hegel*, 220.

[281] Cf. PR II, 146.

[282] Cf. *Ibid.*, 147.

[283] Cf. *Ibid.*, 147.

vers le royaume du Christ, « non seulement royaume de l'au-delà, mais royaume que nous sommes appelés et capables de réaliser progressivement ici-bas »[284], royaume de la dignité et de la paix entre les hommes sur la terre.

En fin de compte, la pensée kantienne du mal radical débouche sur la quête d'accomplissement d'un monde à configuration divine au niveau de l'histoire humaine. Elle ouvre à l'expérience d'une « communauté d'êtres libres et responsables, mais en même temps poursuivant, légitimement, leur bonheur d'être sensibles »[285]. Elle en appelle à la réalisation historique d'un « royaume terrestre, quoique toujours *schéma* du royaume transcendant, mais aussi, en tant que tel, justifié, devant se justifier, par la disparition progressive de la violence, de la guerre, de la tyrannie politique et religieuse »[286].

L'analyse du mal radical inscrit dans l'essence morale de l'homme, être fini et raisonnable, nous donne donc à déceler l'enjeu de la construction et de l'orientation sensée de son existence au niveau mondain. Elle dévoile l'importance de la réalisation plénière de l'être-ensemble des hommes dans l'histoire selon l'ordre de la raison et de la liberté. Cette analyse montre que l'humanisation et l'universalisation graduelles de l'homme lui exigent de sursumer les limites de son individualité pour participer, avec d'autres hommes, à l'engendrement d'un royaume pacifique sur terre ; autrement dit, à la construction d'un monde porté par les principes de la dignité humaine, la constitution d'une civilisation prospère, d'une société juste et d'un Etat de droit[287]. C'est ce que nous allons envisager dans les investigations subséquentes.

2.3 *Langage, critique et liberté*

La compréhension du mal radical qui équivaut aussi à la compréhension de la nature essentiellement morale de l'homme, être limité et libre, nous conduit à la conception de l'être ensemble des hommes selon l'ordre de la raison et de la justice. Elle nous donne à découvrir l'enjeu de l'universalisation concrète de l'individu humain dans un espace socio-communautaire, un milieu de vie partagé avec d'autres hommes qui possèdent des intérêts similaires et aspirent profondément à la réalisation de leur propre bonheur dans l'espace et le temps. La compréhension du mal radical nous ouvre ainsi au problème de la politique en tant que pro-

---

[284] PK 169.

[285] *Ibid.*, 171.

[286] *Ibid.*, 171.

[287] Cf. PR II, 147-148 ; J. Juszezak, *L'anthropologie de Hegel*, 212-213.

blème central et déterminant de l'existence sociale des hommes et de leur avenir harmonique et pacifique dans l'histoire[288].

Pour exprimer autrement les mêmes intuitions, nous dirions que, dans le penser kantien, la liberté individuelle peut (doit) s'actualiser dans un périmètre socio-politique — un milieu public et universel — incluant des hommes qui, marqués par leurs pesanteurs et leurs inclinations naturelles et, déterminés par leur « insociable sociabilité »[289], sont quasiment obligés de vivre ensemble, pour que leurs attentes personnelles soient comblées et que leur avenir historique soit assuré (pour qu'ils connaissent le progrès et évitent ainsi la dégénérescence infinie).

En effet, l'homme, être de besoins et de désirs, veut que ceux-ci soient comblés. « Or les hommes naturels, autrement dit violents, ne sont pas portés à instituer spontanément entre eux une collaboration qui leur offrirait cette vie meilleure, au sens matériel du terme, cette civilisation (*Kultur*) à laquelle pourtant ils aspirent tous »[290]. Cependant, « si le monde est un, s'il est sensé, si le désir naturel ne doit pas être régulièrement frustré, il faut donc qu'un progrès de l'humanité soit discernable »[291]

La politique intervient ici comme la réalité dynamique qui favorise l'accomplissement de l'existence morale et de la destinée sensée de l'homme, dans ses rapports avec d'autres hommes. De façon spécifique, c'est l'*Etat* (l'*Etat de doit*, l'*Etat du maître*)[292] qui facilite l'auto-effectuation historico-temporelle de l'être moral et possibilise la pérennité de l'existence communautaire des hommes en tant qu'êtres libres et dignes.

---

[288] Eric Weil donne des détails sur le surgissement du problème de la politique qu'il distingue soigneusement des problèmes politiques dans le penser kantien (cf. PK 109-111). Il souligne ce qui suit : « Si Kant n'élabore pas une théorie de la connaissance ou une métaphysique pour justifier des positions politiques, il ne construit pas, non plus, une morale pour rendre possible la paix à l'intérieur des Etats, tel Bayle. Métaphysique et morale existent, et la politique devient problème parce que la morale et, à sa suite, la philosophie ne permettent plus d'éviter cette question : ni l'une ni l'autre ne seraient même vraies, si elles ne donnaient pas de réponse à ce problème qu'elles posent et imposent au philosophe. Ce n'est pas la réflexion politique qui détermine la philosophie kantienne, c'est une philosophie qui conduit, non aux *problèmes politiques*, mais au *problème de la politique* [c'est nous qui soulignons] » (*Ibid.*, PK 111).

[289] E. Kant, *Idée d'une histoire*, 15.

[290] PK 114.

[291] *Ibid.*, 114.

[292] Cf. *Ibid.*, 118.

[En fait, Kant est convaincu que] le vrai progrès moral, de même que le vrai progrès de la civilisation, ne peut être que le résultat d'une constitution d'Etat d'après les concepts du droit de l'homme, mais aussi que ce résultat ne peut être atteint qu'au moyen de la contrainte : « L'homme est un animal qui, quand il vit parmi ses pareils, a besoin d'un maître [...] » : le maître brisera l'arbitraire de la volonté individuelle et amènera l'homme à obéir à une volonté générale sous laquelle chacun pourra être libre[293].

C'est ainsi au plan de l'Etat et par le moyen de la *contrainte* — à travers le strict respect de la volonté du maître, la rigoureuse observance de la loi, la discipline, l'éducation personnelle et collective, etc. —, que l'homme, être naturel et méchant, peut s'auto-déterminer librement et orienter pacifiquement l'histoire des hommes et du monde, l'histoire des hommes dans le monde. L'Etat, qui représente donc le lieu et le milieu par excellence de l'exposition communautaire de l'être besogneux et maître-de-soi, se dote de certaines qualités qui signent sa spécificité à travers l'histoire progressive et providentielle de l'humanité[294]. Les traits majeurs sous lesquels l'Etat se déploie dans l'histoire s'inscrivent dans l'univers épistémologique formé des concepts comme raison, liberté, dignité, critique, paix...

---

[293] *Ibid.*, 117.

[294] Eric Weil souligne le jeu et l'enjeu de la *Providence* dans le développement et l'accomplissement de l'histoire tumultueuse de l'humanité. Il parle de la *ruse de la Providence ou* de la *ruse de la nature* (thème qui se mutera chez Hegel en *ruse de la raison*) comme élément-clé dans la compréhension du mouvement et du progrès total de l'histoire humaine à travers les âges. Il l'exprime ainsi : « C'est donc une sorte de ruse de la nature — ou de la Providence — qui fait que l'homme accède, malgré lui, à la liberté morale : l'antagonisme de la sociabilité insociable en est l'outil et le moyen. C'est ce qui explique ce qui, à une vue rapide, ne paraîtra que paradoxe et contradiction dans la philosophie politique de Kant. La nature veut la liberté, parce que la nature forme un tout sensé ; la violence et la force brute produisent l'Etat, dont le seul but est pourtant de garantir à chacun la jouissance de ses biens et sa liberté ; les mauvais penchants de l'homme, sa méchanceté en tant qu'être libre, font que la morale puisse entrer dans le monde et le transformer (PK 118-119). Dans une note, Eric Weil donne de précieuses indications sur l'élément même de la *ruse* chez Kant (cf. *Idée d'une histoire*, Théorème IV), une ruse qui donne à déchiffrer l'histoire comme une théodicée, une manifestation de la volonté propre de Dieu caché à la vue et à la compréhension directes de l'individu humain. La ruse exprime donc une intention de la nature qui représente la traduction aussi de l'intention de Dieu sur sa création (cf. PK 118, note 15).

2.3.1 De l'Etat raisonnable

L'Etat authentique est sculpté par la raison. Dans son essence et dans ses manifestations (historiques), il incarne les valeurs constitutives de la raison, dont la liberté (la volonté d'autonomie), l'égalité, la justice, etc. L'Etat raisonnable se réalise à travers la liberté de chacun et de tous, la liberté de tous les citoyens qui se sont constitués comme tels à partir d'un *pactum*, d'un contrat originaire. Ce pacte social fondamental représente la pierre de touche de la légitimité de l'Etat. Il indique « non pas ce qui est positivement juste, mais ce qui d'aucune manière ne saurait être justifié, il indique les limites de toute législation positive, sans en imposer aucune en particulier »[295].

L'Etat raisonnable s'organise selon une constitution juste, une constitution qui n'aliène ni n'écrase le peuple dans ses aspirations majeures. Il s'agit d'une constitution à laquelle chacun et tous peuvent (doivent) librement consentir[296]. Cet Etat et cette constitution prennent forme et acquièrent toute leur densité en tant qu'ils « respectent la liberté de tout un chacun, pour autant que chacun est prêt à reconnaître la liberté de tout autre et à admettre des lois, même à exiger des lois, qui limitent la liberté de chacun seulement par respect de la liberté de tout autre »[297].

L'Etat raisonnable se veut donc totalement autonome. Il *progresse* historiquement à travers une liberté pensée et réglée par la loi ; à travers une liberté qui entre dans le cadre d'une *constitution* devant laquelle tous les citoyens se trouvent égaux et qu'ils sont strictement tenus à respecter. En effet, la constitution véritable de l'Etat juste et raisonnable doit demeurer « sans privilèges héréditaires, sans domination arbitraire »[298], sans discrimination ni déshumanisation d'une partie du peuple. Elle facilite l'équilibre de la vie sociocommunautaire et permet la coexistence pacifique des hommes dans le monde.

L'Etat authentique permet ainsi au peuple de faire l'expérience de l'universalité, ou mieux,

[l'expérience] de la coexistence réelle et présente des hommes selon des lois effectives qu'ils se donnent consciemment et en sachant ce qu'ils veulent, ce qu'ils doivent vouloir en tant qu'êtres finis et raisonnables, êtres qui agissent pour

---

[295] PK 120.

[296] Cf. *Ibid.*, 120.

[297] PR II, 144.

[298] *Ibid.*, 144.

réaliser la raison que la nature a placée en eux et qui désirent un monde qui soit une « totalité morale belle dans toute sa perfection »[299].

Cependant, l'existence juste et libre dont le peuple fait l'expérience dans l'Etat raisonnable, ne doit pas se travestir. Elle ne peut pas sortir du cadre légal. De fait, elle n'induit pas une con-fusion des rôles sociaux ni ne donne au peuple le droit de se rebeller. La liberté, la vraie liberté doit toujours et partout se doubler d'un consentement maximal à la légalité en vigueur et d'une obéissance inconditionnelle à l'autorité régnante.

Même si l'humanité a connu, entre autres, l'expérience la *Révolution française*[300] et se trouve désormais assez mûre pour l'exercice de la liberté ainsi que la réalisation sensée de sa destinée, elle ne doit jamais verser dans la protestation radicale ni dans la violence sociale pour régler ses problèmes. La révolte populaire représente la pure forme de désobéissance à l'autorité présente. Elle demeure rebelle à la rationalité et dénature intégralement la légalité.

Ce qui signifie que même si le peuple ne veut pas d'une loi (imposée par un tyran par exemple), même si le législateur ou le souverain se serait trompé dans l'établissement des lois et dans l'exercice de son autorité, le peuple ne doit jamais choisir la désobéissance générale (autrement dit la *violence*) comme moyen principal pour s'exprimer. Un peuple mûr et équilibré ne peut aller à l'encontre de la décision du souverain : le peuple raisonnable ne « peut encore moins vouloir la révolte, la destruction violente d'un mauvais, d'un faux droit positif au prix de la destruction du fondement dernier de la société civile et de l'Etat »[301].

En somme, il y a plus de bénéfice à obéir qu'à protester contre l'autorité du législateur ou à la contrecarrer, celui-ci aurait-il péché[302]! La révolution, en tant qu'extériorisation violente de la volonté d'autonomie sociale et communautaire au plan temporel, n'est pas programmatiquement au rendez-vous de l'histoire. En tant que telle, elle n'est ni à promouvoir, ni à soutenir : « Aucune révolution violente ne fera naître une véritable réforme des manières de penser, quand bien même elle finirait avec le despotisme et l'oppression »[303].

---

[299] PK 119.

[300] Pour mieux envisager la place de la Révolution française dans la pensée kantienne selon l'approche d'Eric Weil, on se référera à son analyse sur « Kant et la Révolution en France », dans PR II, 137-149.

[301] PK 122.

[302] *Ibid.*, 122.

[303] *Ibid.*, 125.

Au plan de l'Etat, il ne saurait exister ni être toléré une quelconque protestation, un quelconque droit à la révolte. De même, toute tentative révolutionnaire doit être réprimée avec sévérité : « Toute résistance contre le pouvoir législatif suprême, toute incitation afin de rendre agissant (*tätlich*) le mécontentement, tout soulèvement qui éclate en rébellion, constituent le crime le plus grand et le plus punissable dans la république »[304]. De fait, il en détruit le fondement dernier et le désagrège dans son évolution, dans sa progression vers le bien. Il le déstabilise dans son organisation et dans sa structure essentielle et rationnelle.

Ce qui signifie autrement que le peuple, au plan politique, ne peut s'organiser en tant que *démocratie populaire*. Il ne doit pas adopter la constitution démocratique pour régir les relations communautaires et régler les conflits sociaux. La démocratie populaire apparaît comme un régime impertinent, inefficient et inopportun[305]. Dans la mesure où elle institue une autonomie non structurée et donne le pouvoir à des citoyens non qualifiés — à la *majorité ignorante* —, elle demeure particulièrement dangereuse. La démocratie populaire est proprement « tyrannique à cause de son caractère non représentatif, c'est-à-dire à cause de l'absence d'un gouvernement séparé du souverain législateur (car c'est le gouvernement qui représente le peuple, non l'Assemblée législative, qui est le souverain) »[306]. Elle ne peut pas arriver — sinon que violemment — à générer la constitution idéale. La constitution authentique ne peut être réalisée que par « un gouvernement aussi peu nombreux que possible »[307].

On remarque donc, d'une part, l'*inattaquabilité* totale dont jouit le législateur suprême, même dans le cas où son pouvoir semblerait entaché d'illégitimité ; et, d'autre part, la *non-recevabilité* de la protestation générale (violente ou non) en tant que mode d'expression sociale ainsi que de l'organisation démocratique en tant que manifestation de la volonté populaire et moyen d'assurer la gestion raisonnable de l'existence historique des hommes.

Néanmoins, au-delà des dérives, de l'empêchement des libertés et de l'anéantissement des attentes générales que peut connaître le peuple, il faut grandement

---

[304] PK 123

[305] Il sied de signaler que la conception kantienne de la démocratie est entachée d'ambigüité et fait montre de perplexité. Dans son penser à la politique, Kant place le peuple au second plan. Il soutient plutôt une organisation où les délégués du peuple doivent consentir aux lois promus par le gouvernement (cf. PK 121-122, note 21).

[306] PK 121.

[307] *Ibid.*, 121, note 21.

compter avec la ruse de la nature ou la ruse de la Providence pour l'effectuation des desseins de la raison dans l'histoire trouble des hommes. La ruse de la nature favorise l'inter-accomplissement raisonnable des hommes (le progrès de la morale inter-humaine), malgré — ou mieux à partir de — leurs insuffisances, leurs insincérités et leurs méchancetés. Elle agit au creux (et au-delà) des privations multiformes de libertés afin que *la raison*, qui est plus grande que tout et règne au dessus de tous, puisse entrer dans le monde et le transformer en profondeur. Elle agit, autrement dit, afin que la raison (se) manifeste (en) son universalité concrète, ou encore, afin qu'elle prenne corps dans l'Etat de *droit*[308].

Par ailleurs, au niveau de l'Etat, les hommes possèdent un instrument précieux pour la réalisation des desseins de la raison. Ils ont à leur disposition « un seul moyen, mais d'une efficace sûre »[309], la *critique*, apportée et cultivée par les *Lumières*. Cette critique s'exprime à travers les diverses interventions (prises de parole, écrits, etc.) des penseurs. Elle doit contribuer, « à travers la liberté donnée à la réflexion des citoyens non-violents »[310], à l'accroissement des mêmes Lumières (*Aufklärung*) et à l'accession de l'humanité à l'état de pleine autonomie raisonnable.

En fait, la critique participe à la maturation historique des peuples et demeure le maître-mot de la vie globale des hommes. Elle est fondamentale. Elle représente le fondement de la vie intellectuelle, de la vie morale, sociale, culturelle…, des peuples. Elle seule « peut empêcher que les anciens préjugés ne soient remplacés par d'autres qui ne vaudraient pas mieux »[311]. Il s'agit d'une critique générale et généralisée. Elle embrasse l'ensemble des sphères de la connaissance et de l'existence. Elle se décline à travers les propositions suivantes : « Dans tous les domaines, un usage public [de la raison…] : rien ne peut se soustraire à la critique, ni la religion, ni les principes, ni la législation, ni l'Eglise, ni l'Etat ; et cette critique se fera publiquement, ce qui rendra superflues les sociétés secrètes »[312].

Dans le cadre de notre enquête, la critique se concentre autour de l'ordre social et politique. Elle a trait à la réalité politico-historique dans ses multiples facettes, « selon ce que la philosophie critique a développé et justifié dans sa partie morale, selon le critère de l'universalité »[313], ou mieux, de l'*universabilité* (de la tendance

---

[308] Cf. PK 118-119 ; PR II, 143-144.

[309] PK 124.

[310] *Ibid.*, 124.

[311] *Ibid.*, 125.

[312] *Ibid.*, 125-126.

[313] *Ibid.*, 119.

à l'universalité) de l'existence inter-humaine légale, raisonnable. La critique de la réalité politico-historique s'adresse plus spécialement au législateur suprême, au chef de l'Etat — celui qui tient en main les destinées de la nation —, pour que son refus « d'entendre les doléances des citoyens ne donne à ceux-ci le sentiment que le prince, au lieu d'avoir été victime d'une erreur, a voulu les léser »[314].

La critique s'installe donc au centre de la vie sociopolitique des hommes dans le monde. Elle prend forme et se précise *aussi* à travers la *discussion publique* qui donne une place privilégiée aux philosophes éclairés — des hommes essentiellement éclairés par les *Lumières* de la raison et éclairant ceux qui n'y ont pas encore accédées ou qui hésitent (ne veulent pas) les accueillir —.

2.3.2 Discussion, morale et justice

La discussion se déroule comme une instance sociale inhérente à la critique de la forme d'organisation communautaire présente ou dominante. Elle s'effectue à travers un échange (d'écrits, de paroles, d'idées, etc.) qui concerne exclusivement le *public cultivé*, les « hommes qualifiés par leur savoir et leur formation »[315], les citoyens en charge de l'Etat, les hommes de culture…, ceux qui possèdent le savoir nécessaire et se trouvent aptes à prendre part au débat.

La discussion se veut *publique* : elle concerne l'expression d'opinions justes dérivant de la pensée, l'exposition de points de vue qui dépassent les sentiments individuels des hommes engagés dans le débat, c'est-à-dire, leurs idées en tant qu'ils appartiennent à un groupe (social, économique, etc.) quelconque, exercent une fonction sociale (prédicateur, professeur, juge, etc.)…[316]

---

[314] *Ibid.*, 126.

[315] *Ibid.*, 127.

[316] Cf. *Ibid.*, 127. Sur la problématique de la *publicité* chez Kant, nous suivons, dans un esprit weilien, l'analyse qu'en donne Dominique Reynié. Il écrit ce qui suit : « L'idée d'une "publicité" des opinions appartient à l'Aufklärung dont Kant a pu donner la parfaite expression. Elle exprime l'exigence éthique et scientifique d'une discussion entre des individus éclairés. Idéalement, la publicité orientera la discussion vers des objets susceptibles d'un accord universel et contraindra les individus à se situer du point de vue de la raison. Dans la perspective de la raison savante, il revient à la publicité d'assurer la visibilité de l'argumentation afin de révéler les raisons qui fondent une opinion et légitiment son expression. Ce travail de mise au jour est donné comme la condition de vérification qui autorise la discussion. Dans la perspective de la raison politique, parce que la publicité engage la responsabilité des interlocuteurs devant l'auditoire, elle n'est pas uniquement une procédure permettant de vérifier la validité des propositions. Elle est aussi une condition essentielle à la mise en pratique du

La discussion publique ne doit pas être vague ou vide. Elle ne doit surtout pas favoriser la révolte générale ou inciter à la rébellion du peuple face à l'autorité légalement établie. Dans cet ordre, malgré l'autorisation de la discussion comme moyen d'expression légitime du peuple à travers le public éclairé, l'obéissance de ce même peuple sera garantie par « une forte armée et une administration solide »[317].

A préciser que la discussion publique dans l'Etat qui se veut raisonnable comprend les attentes et les revendications légitimes du peuple. Elle vise l'amélioration du mode de gestion et du système d'organisation temporelle de l'Etat. De façon globale, elle possède une *triple fonction* : une fonction de *monstration*, une fonction de *préservation* et une fonction de *révélation*.

La discussion *montre* au chef de l'Etat non seulement ce qu'exigent la morale et la justice philosophiques, mais aussi et surtout ce que demandent très concrètement ses sujets[318]. Elle permet au roi, au prince ou au gouvernant, d'ouvrir les yeux pour accéder aux doléances réelles du peuple, c'est-à-dire qu'elle l'aide à comprendre puis à s'efforcer de résoudre les préoccupations principales des citoyens ; celles qui constituent ses raisons de vivre et de mourir. La discussion publique assure la *monstration* de la volonté des gouvernés en ce qui concerne leur existence historique, leur quête de bien-être et leur bonheur durable. Mais, qu'est-ce que recherchent les vrais citoyens, les citoyens non-violents ? Que veulent-ils exactement ?

- *Ils veulent être libres et égaux devant la loi ; ils souhaitent disposer équivalemment des chances d'une croissance sociale*[319] : il s'agit d'une volonté de liberté et d'égalité, même si cette égalité n'est pas (ou ne sera jamais) arithmétique ; même si elle ne correspond pas à une égalisation des richesses. La volonté d'égalité n'induit pas la fusion égalisatrice nuisible à la compétence des uns et des autres et préjudiciable au bon développement de l'Etat. Elle inclut plutôt l'égale possibilité d'accession aux postes de commandement, de gouvernement et d'administration. La volonté de liberté et

jugement moral. La publicité cherche à réduire les basses stratégies et les vils motifs. Au-delà d'un simple principe, la publicité des débats est une véritable procédure, agissant *a priori* en tant que donnée comme prédéterminant la stratégie de qui s'apprête à devenir acteur de la discussion [...]. Un énoncé strictement privé sera illégitime. L'opinion accède à une valeur publique lors qu'elle se montre capable d'intégrer l'intérêt général » (D. Reynié, « Opinion publique », 520).

[317] PK 126.

[318] Cf. *Ibid.*, 128.

[319] Cf. *Ibid.*, 128.

d'égalité brise le contrefort des privilèges héréditaires et tisse la prééminence du mérite (une sorte de *méritocratie*) au niveau de l'Etat, en ce qui concerne l'ascension sociale des citoyens et leur progrès dans la gestion des affaires publiques.

- *Ils veulent être économiquement indépendants*[320] : c'est l'expression sociale d'une volonté d'autarcie économique et financière liée à la production des biens, à la possession maximale des richesses et à la capitalisation des avoirs. L'indépendance économico-financière reste importance et nécessaire pour la croissance générale du peuple. Elle manifeste la capacité des hommes à s'engager, à travers le travail acharné, à la transformation de leur milieu naturel ainsi qu'à l'amélioration de leurs conditions historiques d'existence.

- *Ils veulent être à l'abri de la violence*[321] : il s'agit d'un désir profond de paix, de stabilité et d'harmonie à l'intérieur de l'Etat. De fait, la quête typique d'une vie sereine, d'une existence exempte de violence (éloignée de la méchanceté des êtres se tenant sur la même marche que les *diables calculateurs* comme le furent les êtres humains à l'état de nature), se veut fondamentale. Elle inclut la sécurité des biens et des personnes, le respect commun de la loi, la non-agression entre membres de la société, l'intégrité territoriale... Cette quête s'élargit à la conception du droit et de la paix (des relations pacifiques) dans l'espace inter-étatique. Elle intègre l'ensemble des Etats qui portent les mêmes aspirations. Le dépassement de la violence ouvre précisément à l'ordre de la paix vraie ; une paix qui vaut largement et s'établit durablement au niveau des peuples du monde.

- *Ils ne veulent pas qu'on leur impose une forme de bonheur qu'ils n'ont pas choisie*[322] : c'est l'expression d'une volonté d'autonomie dans la conception et la réalisation du bonheur des hommes dans l'Etat. Cela signifie que le peuple refuse toute prédétermination du bonheur et toute détermination du bonheur étrangère à ses attentes les plus profondes. Il s'agit aussi de la quête d'une existence plénière et authentique, d'une existence sensée, portée par la raison et le sens, guidée et orientée vers celles-ci. La volonté de vivre un bonheur non imposé par le souverain correspond finalement à la recherche d'une liberté non formelle (d'une liberté substantielle) et d'une satisfaction temporelle par le peuple (d'une satisfaction qui ne soit pas celle d'un au-delà inatteignable par l'homme). Elle traduit la quête d'un

---

[320] Cf. *Ibid.*, 128.

[321] Cf. *Ibid.*, 128.

[322] Cf. *Ibid.*, 128.

auto-contentement authentique des citoyens de l'Etat dans lequel ils se trouvent et souhaitent perdurer dans le monde.

La discussion porte donc au prince les désirs et les diverses aspirations du peuple. Elle dévoile l'auto-conscience sociale de la recherche du bonheur et de la co-existence pacifique. Elle présente au gouvernant l'à-venir heureux idéalement anticipé par le peuple dans sa marche historique.

La discussion a aussi une fonction *de préservation*. Elle assure, elle seule, la préservation des « droits imprescriptibles du peuple envers le chef de l'Etat »[323]. Ce qui revient à dire que la discussion seule permet le maintien des droits du peuple face à la puissance du souverain. De fait, seule la discussion publique demeure légale de la part du peuple dans la quête de satisfaction de ses attentes par le gouvernant. Elle représente l'unique moyen à sa disposition — à l'exclusion de tout autre —, pour exprimer ses interrogations et exposer ses revendications.

A signaler que le chef de l'Etat, en tant qu'être raisonnable, est tenu à suivre, par mesure de sagesse et de prudence, ce que la discussion publique des citoyens éclairés et non-violents lui fait comme suggestion. En effet, le refus répété d'accéder aux doléances concrètes du peuple fait augmenter la somme de mécontentement citoyenne. Il peut précipiter l'Etat dans un cycle de violence inattendu et irréparable.

L'obligation morale du prince est, en même temps, règle de prudence pour lui, et la compréhension de sa fonction selon la vérité de l'Etat juste est la meilleure garantie qu'il puisse trouver pour la sécurité de sa fonction. Le gouvernement, s'il procure à ses citoyens un contentement moral et physique qu'ils puissent reconnaître comme tel, ne se trouvera jamais exposé à ce retour à l'état de nature que représente la rébellion[324].

La discussion possède une ultime fonction qui est celle de la *révélation* : révélation auprès des sujets de ses droits fondamentaux, mais aussi et surtout révélation à ceux-ci de leurs devoirs généraux vis-à-vis de l'Etat, révélation précise de leur *devoir primordial* qui est celui de « l'obéissance aux ordres du gouvernement »[325].

---

[323] *Ibid.*, 126.
[324] *Ibid.*, 129.
[325] *Ibid.*, 126.

A ce niveau, la discussion contribue à l'éducation ou encore à l'éclairage raisonnable du peuple. Elle éduque les citoyens à l'obéissance à la loi, au strict respect de la volonté du prince et de la constitution de l'Etat. La citoyenneté véritable est effectivement fonction de cette acceptation et de cette conformation publique à la volonté du souverain.

On remarque donc que la discussion a une réelle importance dans la vie de l'Etat. Elle permet d'éviter toutes sortes de drames et d'empêcher que les penchants et inclinations naturelles des citoyens prennent le dessus sur la raison. La discussion permet finalement de préserver la société du risque de retour à l'état de nature et de guerre primitive entre les hommes. Elle favorise l'incarnation des valeurs raisonnables et les relations paisibles entes les membres de la société. La discussion demeure donc un tremplin vers la paix. Elle contribue à la stabilité ainsi qu'à l'harmonie intra-nationale qui permet d'envisager la paix au plan international, la paix universelle et perpétuelle[326].

2.4 *Perspectives autour de la paix mondiale*

La réalisation de la paix entre les nations est fondamentale dans la pensée de Kant. Elle mobilise tout un appareil épistémologique et initie une orientation historico-politique qui vient approfondir et enrichir les investigations métaphysiques effectuées dans les trois *Critiques*.

2.4.1 Dynamique de guerre et dynamique de paix

La paix qu'évoque Kant pour les Etats prend sens à partir de la réalité des rapports internationaux qui, de façon générale, ont un caractère belliciste. Si, au plan intérieur, les Etats ont accédé à une certaine stabilité institutionnelle et font l'expérience d'une réelle harmonie sociale, au plan extérieur ils vivent (dans) un véritable déséquilibre juridico-politique. Ils connaissent une grande dérive qui transparaît à travers le phénomène de la guerre. Il s'agit de la guerre que certaines nations mal-intentionnées mènent contre d'autres, de la guerre que plusieurs Etats utilisent fréquemment comme moyen d'écrasement ou de domination des communautés historiques plus faibles au plan de l'équipement et de l'armement.

---

[326] On notera que chez Kant comme déjà chez Hegel, la fonction politique de la discussion est bien attestée. Cette discussion concerne essentiellement les représentants du peuple ou le public éclairé. Elle n'a cependant pas un rôle central. Eric Weil par contre va lui conférer une réelle teneur dans la rection historique de l'Etat (cf. PP 203).

On remarque une sorte de *bestialité structurelle* dans les rapports entre Etats. De façon plus profonde, on peut dire que les relations internationales ressemblent généralement aux rapports que les êtres humains entretenaient avec leurs semblables, lorsqu'ils végétaient tous ensembles dans l'état primitif. Elles illustrent une dangereuse animalité résurgente au plan historico-temporel.

L'état de nature a disparu à l'intérieur des communautés politiques, il subsiste entre ces grands individus que sont les Etats : leurs conflits ne se distinguent en rien de ceux des premiers hommes, entre lesquels il y avait si peu de justice que l'injustice même ne s'y rencontrait pas : qui peut dire que l'agresseur fasse tort à sa victime , si cette victime a été tout aussi prêt que lui à l'attaque et aurait considéré comme parfaitement « naturelles » sa propre victoire et la spoliation, voire la destruction de son adversaire ? Chaque Etat tend vers la suprématie, vers la monarchie universelle[327].

Ainsi donc, c'est la loi du plus fort qui régit les rapports entre les Etats. C'est la violence, la loi de la guerre, qui régule les relations internationales et contribue, paradoxalement, à l'avènement de la paix. En effet, dans le mouvement et le développement historique des hommes, la nature, comme maîtresse parfaite, se sert de la guerre, « ce mal extrême, cette éternelle source de souffrance pour les peuples et de jouissance pour les princes »[328], pour faire *être* la paix. La guerre apparaît comme un instrument non seulement *nécessaire* mais, également, *bonne* et *indispensable* dans l'accomplissement de la *ruse de la Providence*.

Elle l'est d'abord en ce que « la liberté civile ne peut guère être lésée à présent sans qu'on en sente le désavantage dans tous les métiers, en particulier dans le commerce […] » ; c'est ensuite elle qui préserve le genre humain de la paix tyrannique et du luxe insensé et de l'esclavage qui s'y établiraient : « La fin de tout danger de guerre serai aussi la fin de toute liberté » ; c'est enfin, elle qui fait que le but de la nature, le plein développement des facultés de l'homme, soit atteint : n'est-ce pas elle qui aux débuts a conduit, par la ruse de la Nature-Providence, le genre humain à prendre possession de toute la terre ?[329]

La guerre a participé à la configuration pacifique de la vie historique des communautés humaines. En tant que telle, elle a favorisé la conception graduelle de la paix

---

[327] PK 134.
[328] *Ibid.*, 130.
[329] *Ibid.*, 130.

ainsi que le cheminement continue vers le progrès. Il s'agit d'en prendre conscience dans la construction d'un futur réellement pacifique pour les générations présentes. De façon spécifique, il s'agit de peaufiner et de parachever dignement les nobles desseins de la nature qui, au cours des siècles, a facilité la réunion des hommes en Etats organisés à travers « la domination d'un maître qui, violemment, s'impose à la violence »[330] régnante au quotidien dans le monde : « Ce que la nature a mis dans l'homme, ce qu'elle a développé au point que l'homme a cessé d'être animal, enfant, jeune homme, l'homme lui-même doit [parce qu'il le peut,] le parfaire, maintenant qu'il est adulte [maintenant qu'il a atteint la majorité raisonnable] »[331].

Il s'agit ainsi pour les hommes qui ont atteint la *majorité* (la maturité politique), les hommes qui ont, autrement dit, fait l'expérience de la *Révolution française*, d'avoir confiance en l'avenir et de se décider à agir au plan universel. Il leur faut s'engager à l'effectuation de ce que la Providence a établi comme *sens* pour l'espèce humaine ; c'est-à-dire, s'évertuer patiemment et fermement à la réalisation de la morale, à l'objectivation de « la liberté raisonnable de tous et de chacun sous des lois qui, parce que raisonnables, ne pèsent qu'à celui qui, dans son sentiment, dans sa pensée, dans son action, nie le principe de toute paix entre les hommes »[332].

Les êtres humains sont donc invités à agir avec force afin que la paix, au plan humain, ne reste pas un vain mot. Ils doivent s'impliquer afin que la paix inter-étatique prenne corps dans l'histoire. Ce qui suppose un effort spécial pour transformer la loi de l'universalité propre à chaque individu et à chaque Etat, en loi raisonnable valable pour tous, en loi qui oriente et « guide les hommes d'action, les princes, les gouvernements, vers le but d'une unité du genre humain telle que tous les rapports entre individus et Etats soient devenus clairs pour tous ceux qui veulent les penser, où la ruse, le mensonge, la violence, l'oppression aient disparu »[333].

2.4.2. Paix perpétuelle et destinée morale de l'homme

Arrivé à ce point, il faut souligner que l'émergence globale de la paix entrevue par Kant exige une nette réfection des rapports entre nations. La *paix perpétuelle* qu'évoque et thématise Kant[334] comme aboutissement logique et possible de

---

[330] *Ibid.*, 133.

[331] *Ibid.*, 132.

[332] *Ibid.*, 134.

[333] PRA 452.

[334] Sur le sens du *projet de paix perpétuelle* ou mieux de l'idée de paix éternelle évoquée par Kant, on tiendra compte des nuances relevées par Carl Friedrich (cf. C. J. FRIEDRICH, « L'essai sur la paix », 139-161).

l'histoire des hommes, nécessite une ferme régulation des relations entre Etats, à travers un « droit international selon la raison »[335] que tout homme et tous les hommes circulant sur la surface de la terre, notamment les gouvernant et les princes des nations, doivent reconnaître et mettre en pratique.

En fait, pour qu'elle soit consistante, autrement dit, pour qu'elle ait une substance et s'effectue adéquatement dans l'histoire, la paix perpétuelle, en tant que but fondamental que doit poursuivre toute politique à visée universelle et à caractère cosmo-communautaire, convoque un certain nombre de règles condensées dans les lignes suivantes :

1° Aucun traité de paix ne sera considéré comme tel s'il s'accompagne de la mise en réserve secrète du matériel pour une guerre future. 2° Aucun Etat ayant une existence indépendante, qu'il soit grand ou petit ne peut être acquis par un autre Etat que ce soit par héritage, échange ou don. 3° Les armées permanentes disparaîtrons graduellement. 4° Aucune dette ne sera contactée en fonction des affaires étrangères de l'Etat. 5° Aucun Etat n'interviendra par la force dans la constitution ou le gouvernement d'un autre Etat. 6° Aucun Etat en guerre ne permettra que soit accomplis des actes de guerre, tels qu'ils rendent impossible une confiance mutuelle lorsque s'établira la paix…[336]

Ces articles, qui représentent les conditions préliminaires et minimales (négatives) de l'avènement de la paix entre États libres, se focalisent autour de « l'idée de coexistence et de collaboration pacifique entre les différents peuples de la terre »[337]. Ils excluent radicalement toute forme d'imposition et de domination d'une nation plus forte sur une autre ou sur toutes les autres. Ils rejettent, autrement dit, toute quête de « paix armée, d'animosité, de propagande belliciste et de compétition en vue de la suprématie internationale »[338].

Ces articles sont complétés et approfondis par d'autres principes conçus comme positifs et définitifs, des règles qui tendent à

« […] l'établissement de rapports de coopération et de solidarité effectives entre toutes les nations »[339], à savoir : « *1)* "La constitution civile de chaque Etat doit être

---

[335] PK 133.

[336] C. J. FRIEDRICH, « L'essai sur la paix », 149 (cf. E. KANT, *Principes*, 251-258)

[337] G. VLACHOS, *La pensée politique*, 565.

[338] *Ibid.*, 565.

[339] *Ibid.*, 568.

républicaine" ; *2)* "Le droit des gens doit être fondé sur une fédération d'Etat libres" ; et *3)* "Le droit cosmopolite doit se borner aux conditions d'une hospitalité universelle" [...] »[340].

On remarque que le projet kantien de paix perpétuelle insiste sur la dimension républicaine de l'organisation de l'Etat. Il promeut l'idée d'une fédération d'Etats libres qui correspond à un clair rapprochement et à un véritable rassemblement historico-social des nations. Ce projet inclut la perspective d'une alliance œcuménique des Etats. Il s'agit d'une alliance qui dépasse les simples bonnes intentions des gouvernants mais émerge et s'efforce d'organiser les relations internationales à partir d'un cadre structurel (juridico-politique) capable de protéger et de préserver la liberté des différentes communautés historiques ainsi que d'instituer la citoyenneté universelle. Un cadre, autrement dit, capable de considérer concrètement l'homme dans la mesure où il possède un droit cosmopolite qui lie et oblige tous les êtres humains[341] ; l'homme qui demeure un *cosmotheoros* (un contemplateur du monde), un *incola mundi* (un habitant du monde)[342] : une personne qui peut circuler partout, visiter tous les Etats du monde et y voir ses droits humains pleinement reconnus et respectés.

---

[340] P. Hassner, « Guerre et paix », 306 (cf. E. Kant, *Principes*, 264-279).

[341] Cf. PK 137.

[342] Cf. F. Marty, *L'homme*, 11. La conception de l'homme comme *habitant du monde* suggérée aussi par la reprise weilienne de Kant (cf. PK 98-99 ; PR II, 193-194), est proposée par François Marty dans son interprétation de la philosophie kantienne et son assignation de la place de l'homme en son sein. Pour Marty, le concept kantien de l'homme habitant du monde s'élabore dans une perspective cosmopolite. L'homme, *incola mundi*, est un être au monde, un être moral inscrit dans l'espace et dans le temps. Il est une personne qui, avec d'autres personnes, occupe la sphéricité du globe. L'homme apparaît comme un être pensant et libre qui appartient au sensible, un « être sensible raisonnable dans le monde » (F. Marty, *L'homme*, 320). Sa tâche est celle de « penser ce monde dont il est en même temps habitant, lui donnant, en quelque façon d'être au monde, en un acte qui relève de la création » (*Ibid.*, 320). Nous voyons bien se dessiner dans cette lecture que François Marty fait de Kant, des lignes de convergence avec l'herméneutique weilienne. Si Marty n'est pas directement redevable à Eric Weil dans son interprétation de Kant, on peut toutefois affirmer qu'il a en vue la compréhension weilienne de Kant ; une compréhension qu'il a explorée dans sa communication au Colloque de Chantilly (21-22 mai 1982). Pour ce qui est de l'herméneutique weilienne de Kant, il en souligne la grande différence avec celle de Heidegger. Celle-ci est basée sur la conception de l'*homme* comme être *fini* et *raisonnable* contrairement à celle de Heidegger centrée sur le schématisme de l'entendement pur inhérent à la première *Critique* (cf. F. Marty, « Le surgissement », 346-347).

Le projet de paix perpétuelle ouvre ainsi à un *républicanisme universel* rebelle à toute dissolution des Etats dans un *uniformisme politique global*. Il établit un ordre social mondial différent d'un grand fusionnement-enfermement des communautés humaines dans un « Super-Etat juridique parfait »[343], un Etat mondial tyrannique.

La société civile universelle n'est pas un Etat mondial, rêve des despotes (*PP*, sup. 1, p.361 et *La Religion dans les limites de la simple raison*, p. 47, note), elle n'est pas même un Etat fédératif, mais une fédération des peuples (*Völkerbund*, *PP*, art. déf. 2, p. 345), plus proche en définitive d'un *Tribunal international*[344] que d'un pouvoir politique supra-étatique. Son institution devrait permettre la réalisation d'une socialité juridique à la fois interétatique et transnationale, exigée par la nature rationnelle de l'homme[345].

A souligner que l'établissement de la paix universelle dans la ligne médiative de la société d'Etats libres tel quel pensé par Kant, doit être porté et favorisé par un certain nombre de facteurs historico-politiques et socio-économiques, notamment :

- *La liberté de la critique*, qui permet aux philosophes éclairés d'éclairer à leur tour les chefs d'Etats, les princes, les rois ; de leur apprendre les principes fondamentaux de l'existence sociale harmonique et de la coexistence pacifique entre les peuples ; de les éduquer ou de leur enseigner les règles majeures de l'universalisation et de l'élévation morale de la communauté[346].

---

[343] G. VALCHOS, *La pensée politique*, 571.

[344] C'est nous qui soulignons. A signaler qu'Eric Weil, dans sa conception de l'Etat mondial, reprend, en l'enrichissant, l'idée kantienne du *Tribunal international* inhérent au Gouvernement central qui fait le lien des différentes nations réunies en une société administrative-politique universelle (cf. PP 227-228).

[345] C. COLLIOT-THÉLÈNE, « Etat et société », 249.

[346] Eric Weil souligne l'*importance des philosophes* dans la pensée politique de Kant. Les philosophes occupent une place centrale. Ils sont formés et ont cultivé en eux les *Lumières* de la raison. Ils demeurent les lieutenants de la raison, les agents vecteurs de la raisonnabilité au sein de la vie sociale. Leur rôle est celui de répandre les *Lumières* de la raison à travers la *critique*, les interventions orales et écrites, l'éducation… Il n'est pas souhaitable que les philosophes se transmuent en princes, mais ceux-ci restent les piliers d'un Etat qui *progresse* (qui veut et peut progresser) vers la raison. En ce qui concerne l'organisation de l'Etat et la quête de la paix perpétuelle chez Kant, Eric Weil présente ainsi leur contribution : « Les gouvernements ont intérêt à écouter les philosophes et à leur permettre de parler librement. Sils dési-

- *La liberté du commerce*, qui facilite la circulation des biens, la production et la possession maximales des richesses, la sécurité des avoirs, etc. : l'esprit de commerce et la quête du gain financier ne s'accordent pas avec la violence guerrière ; l'esprit de commerce établit un pont entre des communautés historiques ayant une vision différente de l'homme, il porte naturellement vers l'union des peuples de la terre[347].

- *La liberté du peuple législateur*, qui produit la constitution républicaine ; une constitution qui, en son intentionnalité et en son expression objective, traduit la volonté générale (unie, commune, publique) du peuple — en tant que somme non-arithmétique des volontés singulières (particulières, personnelles, privées) — ; une constitution qui met en exergue la liberté de chaque membre de la société, l'égalité politique et juridique de tous les citoyens…. ; une constitution qui, enfin, respecte rigoureusement la règle de la séparation des pouvoirs (législatifs, exécutifs et juridiques) et ouvre le peuple aux relations équilibrées avec d'autres peuples en quête de liberté.

---

rent comprendre ce dont il y va dans les affaires, personne ne leur sera plus utile qu'eux : "Que des rois se mettent à la philosophie, que des philosophes deviennent des rois, cela n'est pas vraisemblable, mais n'est pas, non plus, souhaitable, parce que la détention du pouvoir gâte irrémédiablement le libre jugement de la raison". Mais c'est auprès des philosophes qu'ils peuvent se renseigner sur les causes des révolutions et, par conséquent, sur les mesures qui peuvent les arrêter ; c'est grâce à eux qu'ils sauront ce qu'est une constitution juste ; c'est avec leur aide qu'ils découvriront la voie vers cette paix perpétuelle qui est nécessaire au bien-être des Etats et des individus et qui, considérée d'un point de vue infiniment plus élevé, est l'exigence première et dernière de la morale en ce qui concerne la vie historique sur terre : il faut *fonder* l'état de paix […], la société des Etats libres […] » (PK 135). Patrice Canivez, un éminent lecteur-interprète de Weil, reprend et explicite cet enjeu de la présence des philosophes ou de la philosophie dans la détermination et la structuration raisonnable de l'Etat kantien tel qu'entrevu par Eric Weil. Il écrit ce qui suit : « La philosophie politique de Kant implique […] une politique de la philosophie, entendue comme action de la philosophie dans l'Etat. Celle-ci permet en effet au prince de concevoir sa fonction "selon la vérité de l'Etat juste" (PK, p. 129), et de penser le sens et la finalité de son action (PK, p. 135). Le progrès historique et politique passe donc par cette action de la philosophie sur les gouvernants. Ce n'est pas la voie de la révolution violente mais celle des réformes progressives qui peut conduire à la réalisation d'une constitution juste, c'est-à-dire républicaine, puis à cette paix entre les Etats qui doit permettre à l'humanité d'accéder au plein développement de ses dispositions » (P. Canivez, *Le politique*, 37).

[347] Cf. PK 134.

A ce niveau, il est impérieux de préciser que la quête de paix perpétuelle élaborée et proposée par Kant n'équivaut pas à une recherche chimérique ou fantasmatique d'harmonie sociale au niveau des relations humaines planétaires. Elle n'est pas non plus une vision prophétique ou messianique de la volonté interétatique de paix. Le projet de paix éternelle correspond plutôt à un cheminement patient et à un engagement exigeant vers la stabilisation et l'harmonisation universelle des rapports entre peuples. La paix perpétuelle n'existe pas (encore). Elle peut être fondée puis consolidée progressivement. Cette fondation et cette consolidation requièrent, dans la mesure du possible, l'action et l'implication consciente de chaque Etat et de tous les Etats. Elles exigent l'effort conjugué de l'ensemble des Etats afin que son but soit atteint et qu'ainsi le bonheur de chaque homme (et de tous les hommes) soit assuré sur la terre.

Le projet de paix perpétuelle qui sourd de l'exigence raisonnable de l'homme et de sa nature essentiellement morale, débouche finalement sur le sens de l'existence de l'homme dans le monde et l'assurance de son progrès dans l'histoire. Il donne à déceler l'enjeu d'une politique qui rende possible la compréhension, par l'être humain, de son orientation historico-temporelle et la prise en charge de sa propre destinée. Le projet de paix perpétuelle se déroule ainsi comme un schéma configuratif et une idée légitimatrice de l'action politique, dans la mesure où il lui prescrit des méthodes qui assurent la sécurité de la vie sociale, et, dans cette dynamique, encadrent la moralisation de l'être humain puis facilitent sa relation avec d'autres êtres humains de même que les relations des communautés humaines avec leurs semblables[348].

Arrivé à ce point, nous constatons l'importance de la présence kantienne dans la constitution de la pensée weilienne en général et de sa pensée du langage en particulier. Le parcours kantien contribue à envisager le sens fondamental de la compréhension que promeut et thématise Eric Weil dans la construction de la logique philosophique de la philosophie. Il précise la dimension symbolico-herméneutique que recèle la réalité comme totalité et nous ouvre à la logique de la finitude (plan anthropologique) ; une logique que l'absolutisme hégélien, sur lequel prend aussi appui Eric Weil, ne peut sursumer. C'est dans cette ligne épistémologique que nous retrouvons le sens du *kantisme post-hégélien* dont parle Paul Ricœur au sujet de Weil[349] ; ou encore, l'auto-désignation weilienne comme *kantien post-hégélien* que

---

[348] Cf. PRA 452.
[349] Cf. P. RICŒUR, *Le conflit des interprétations*, 403.

Marcelo Perine développe de façon systématique dans ses investigations philoso-phiques[350]. Il le spécifie en termes suivants : « Le kantisme de Weil est post-hégélien ; ce qui signifie qu'il assume, dans sa reprise de Kant, tout ce que Hegel – et ce n'est pas rien – a introduit de définitif en philosophie, notamment sa critique et son incompréhension de Kant »[351]. Il s'agit d'une orientation de base qui transparaît glo-balement dans notre démarche.

A noter que le parcours kantien nous offre également la profondeur de la perspec-tive critique dans son ensemble et la teneur du langage dans la construction de la vie publique. En fait, si le plan du langage n'apparaît pas radicalement dans la pensée systématique kantienne telle qu'Eric Weil la prospecte, elle émerge bien dans sa configuration politique, comme nous le déterminons dans nos enquêtes. Dans la sphère politique, notamment à travers la publicité, le discours rationnel et la discus-sion publique, le fait du langage devient central et donne sens à la vie ainsi qu'à l'ave-nir sensé de la communauté, un avenir qui concerne l'humanité tout entière et est projeté positivement avec la proposition de l'Etat cosmopolite dans lequel pourrait surgir la paix perpétuelle, la paix pour tous les habitants du monde.

Il s'agit d'un perspectivisme universel harmonique et pacifique qui se dessine autrement chez les Anciens, notamment chez Aristote, dans la conception de la réa-lité comme unité-totalité symphonique offerte à la *vue* du sage. On retrouve les traits d'une véritable harmonie anthropo-socio-cosmique chez l'Aristote de Weil, ainsi que l'enjeu du langage dans la détermination de l'homme et la conception de la vie communautaire. De Kant à Aristote, on pourrait dire que, chez Weil, il y a un élargissement de la perspective harmonique-symbolique de la réalité et de la vie de l'homme dans la réalité puis une centration de la dimension existentielle autour du langage et du plan de la Cité. C'est ce que nous allons envisager dans les lignes qui suivent. Nous voulons visiter précisément le site philosophique d'Aristote et mettre en relief son importance dans l'émergence et l'accomplissement de l'entreprise phi-losophique d'Eric Weil selon sa compréhension à travers le fait du langage.

---

[350] Cf. M. Perine, *Philosophie et violence*, 130-137.
[351] *Ibid.*, 132.

3. **Aristote : logos, cosmos e polis**

3.1 *Présence et traits centraux d'Aristote chez Eric Weil*

Comme Hegel et Kant, Aristote occupe une place aussi bien déterminante que structurante dans le penser-weilien-aux-êtres-et-aux-choses. Le Stagirite transparaît largement dans l'élaboration et l'aboutissement des propositions weiliennes de la philosophie. De façon tout autant subtile qu'explicite, il traverse la production philosophique d'Eric Weil. Une production à laquelle il confère une réelle épaisseur en ce qui concerne l'agencement logico-spéculatif de la pensée puis l'inscription et l'orientation historico-politique de l'homme dans la réalité[352].

Dans l'œuvre weilienne, la pensée aristotélicienne ne reste pas un parent pauvre. Elle n'a pas « le statut d'un simple objet d'étude ni de celui d'un "début" »[353]. Au plan de l'organisation (systématique) et de la conclusion (pratique) de son penser, Eric Weil reconduit les thèmes aristotéliciens. Il reprend délibérément et systématiquement le vocabulaire aristotélicien — surtout à la fin de ses livres — ; un vocabulaire qu'il dote de nouvelles significations et transforme en instrument configuratif et explicitatif de la grammaire du philosopher en tant que tel.

La fin de *Philosophie Politique* est particulièrement typique puisque sont systématiquement utilisés pour penser l'Etat moderne les termes de *vertu, amitié, esclave* et *théoria* (la vue). De la même façon *Philosophie morale* s'achève sur les notions de *vertu* et de *bonheur* après avoir analysé la *magnanimité.* Quant à la *Logique de la Philosophie* entre les catégories modernes du *fini* et du *sens* s'intercale l'*action* qui appartient aussi au langage de l'antiquité [au langage philosophique aristotélicien], et la sagesse constitue l'ultime catégorie [celle qui achève le parcours logico-philosophique et introduit l'homme dans la vue du Tout sensé][354].

Aristote pénètre profondément le penser d'Eric Weil. Il l'informe dans sa forme (plan extrinsèque) et dans ses fondements (plan intrinsèque). Il prend fermement place dans la compréhension et la formulation du philosopher weilien — dans son expression systématique (logico-philosophique) et pratique (éthique et historico-politique).

---

[352] Cf. L. SICHIROLLO, « Aristote », 492-493.
[353] J. WILFERT, « Eric Weil », 191.
[354] *Ibid.*, 191.

Dans cette ligne — dans la ligne fondationnelle de la philosophie weilienne à partir de la pensée grecque classique —, Aristote se découvre comme l'auteur central chez Eric Weil : « *"l'auteur"* par excellence, symbole qui se dresse presque à l'aube d'un deuxième moment de l'histoire de la philosophie — le temps du déclin de la polis — »[355] ; le *concepteur* d'une « philosophie *non-créationniste*, qui refuse tout *constructivisme métaphysique*, symbole d'une pensée qui se borne à analyser et à s'analyser qui se veut simplement "une analyse du donné en vue du fait, fondamental, que nous arrivons à penser ce réel" »[356].

Livio Sichirollo thématise cette présence fondamentale et fondante d'Aristote dans la philosophie weilienne, en la distinguant nettement des apparitions kantienne et hégélienne. Il précise qu'Aristote demeure, de façon significative, « le seul philosophe auquel Eric Weil ait dédié une *monographie philosophique*[357], courte mais complète, le seul sur lequel il soit revenu plusieurs fois et à une distance de vingt années »[358] : si le Kant de Weil reste « le penseur qui fonde la philosophie sur la morale, une morale qui agit dans la politique et dans l'histoire des hommes — réalisation du sens du monde »[359], si « son Hegel a bouleversé de fond en comble l'image du philosophe, l'histoire de la philosophie contemporaine et une certaine idée de l'Allemagne »[360], c'est seulement le Stagirite qui émerge en acte et immerge exhaustivement la production théorique d'Eric Weil. Il offre à la pensée weilienne une signature logique et analytique qui la distinguera des productions philosophiques de son temps.

L'Aristote de Weil prend corps au-delà de la philosophie du droit et de l'histoire que celui-ci puise auprès de ces deux autres géants qu'il « n'a jamais cessé de fréquen-

---

[355] L. SICHIROLLO, « Aristote », 492.

[356] *Ibid.*, 492.

[357] C'est nous qui soulignons. A noter que la monographie philosophique dont parle Sichirollo est constituée vraisemblablement par les trois essais d'Eric Weil sur Aristote : « L'anthropologie d'Aristote » (EC I, 9-43) ; « La place de la logique dans la pensée aristotélicienne » (EC I, 44-80) et « Quelques remarques sur le sens et l'intention de la métaphysique aristotélicienne » (EC I, 81-105). En 1970, Sichirollo avait présenté une étude générale sur ces trois textes (cf. L. SICHIROLLO, « Aristote », 491-509). En 1990, il a produit une édition, en langue italienne, de ces textes d'Eric Weil sur la philosophie aristotélicienne (cf. E. WEIL, *Aristotelica*, Milano 1990).

[358] ID., « Weil et la sagesse », 197.

[359] *Ibid.*, 197-198.

[360] *Ibid.*, 198.

ter et de méditer pour mieux les re-penser »[361] ; autrement dit, pour les reprendre et arriver à les sursumer. L'Aristote élaboré et présenté par Eric Weil nous libère « le tout de la philosophie aristotélicienne, même dans quelques détails philosophiques (dialogues compris) »[362]. Cet ordre de considérations prend sens notamment à travers « la profusion des notes et références, rarissimes d'habitude chez Weil ».[363]

En fait, « l'intérêt de Weil pour Aristote se révèle vraiment intéressé »[364]. Les investigations aristotéliciennes d'Eric Weil prennent appui sur les textes propres et la pensée effective — la pensée considérée comme authentique par la majeure partie des traducteurs et interprètes — du Stagirite. Elles consistent globalement en un ensemble d'analyses critiques qui traduisent un effort réel de clarification, de réévaluation et de réinterprétation de certains thèmes dominants du motif aristotélicien (grec antique) de la philosophie.

Eric Weil prospecte techniquement le corpus aristotélicien. Avec patience, il visite la pensée d'Aristote. Muni d'informations précises et tenant largement compte des interprétations tout autant antiques que modernes de l'œuvre de ce dernier, il se livre à une lecture technique et serrée qui détrône les conceptions erronées attribuées à Aristote et valorise, en les maximisant, les ressources insoupçonnées ainsi que les richesses inexploitées de sa pensée[365]. Il se réfère à Aristote aussi bien dans ses toutes

---

[361] F. GUIBAL, « Eric Weil », 496.

[362] L. SICHIROLLO, « Weil et la sagesse », 198.

[363] *Ibid.*, 198.

[364] *Ibid.*, 203.

[365] Il faut souligner qu'Eric Weil est un parfait connaisseur de la pensée antique, notamment de la pensée de Platon et d'Aristote. Dans les essais qu'il écrit sur Aristote, on peut noter son érudition et sa grande connaissance des débats techniques autour de l'aristotélisme au début de la moitié du 20ème siècle. Pour fournir une interprétation décisive du Stagirite, il tient manifestement compte des différents travaux parus sur celui-ci puis revient à son corpus propre ; un corpus auquel il accède directement en grec. Sa lecture, qui ne passe pas par le filtre thomiste et néo-thomiste, sera originale et va profondément marquer l'histoire de l'interprétation des textes d'Aristote en général (cf. P. AUBENQUE, « Dialectique », 197-202 ; L. SICHIROLLO, « Weil et la sagesse », 196-199). Pierre Aubenque signale le fait selon lequel Eric Weil a consacré une part importante de sa réflexion et de son enseignement à la philosophie d'Aristote. Lui-même fut un de ses auditeurs au Séminaire sur la *Politique* d'Aristote au début des années 50, à l'*Ecole Pratique des Hautes Etudes*. Selon Aubenque, dans la France du milieu du 20ème siècle, « Eric Weil est pratiquement le seul philosophe qui parle d'Aristote sans devoir quoi que ce soit au néo-thomisme. Il connaît parfaitement, en revanche, les grands travaux allemands de ce siècle, ceux d'E. Hambuch, H. Maier, W. Jaeger, J. Stenzel, Fr. Solmsen, Fr. Dirlmeier, K. Von Fritz. Il a été le

premières publications[366] que dans des « essais importants qui portent sur son anthropologie, sa logique et sa métaphysique »[367] ; des enquêtes qui apparaissent comme pré-figuratives et programmatiques eu égard au déroulement historique de sa propre production philosophique.

En tant qu'interprète et analyste, Eric Weil ne veut point dénigrer ni démasquer l'entreprise aristotélicienne, eu égard par exemple, à son éloignement temporel de notre situation contextuelle-culturelle. Il ne minimise pas la distance temporelle qui nous sépare du penseur grec ni les faits décisifs qui nous différencient foncièrement de lui, à savoir : « l'appartenance à un "cosmos" fini et harmonieux, l'autarcie de la cité, le prix social (travail servile) de la liberté des "maîtres" »[368].

Dans ses enquêtes, il souligne plutôt le grand bénéfice (épistémo-logique, herméneutique, éthique, politique…) que les recherches philosophiques actuelles peuvent tirer en revisitant *tout* Aristote ou en s'appuyant magistralement sur sa

---

premier à les faire connaître en France » (P. Aubenque, « Dialectique », 197). Par ailleurs, Pierre Aubenque souligne que la forte imprégnation hégélienne de la pensée de Weil a porté ce dernier à « voir en Aristote plutôt qu'en Platon le modèle de tout travail philosophique sérieux, si le travail philosophique ne consiste pas à "construire des systèmes d'explications étrangers et transcendants à la réalité, mais à dire, à analyser "ce qui est", en l'élevant au concept » (*Ibid.*, 197-198). Il sied aussi de préciser qu'Eric Weil, en tant qu'interprète d'Aristote, demeure également un grand critique des diverses lectures que différents auteurs propose de l'œuvre complexe du Stagirite. La critique qu'il développe des interprétations modernes et contemporaines d'Aristote est tout à la fois technique, différentielle et extensive. Elle ne se claquemure pas dans une région spécifique de l'univers d'Aristote mais touche et embrasse l'ensemble de sa production. Ce qui atteste l'érudition de Weil en ce qui concerne la connaissance du Stagirite. Dans cet ordre, on pourra lire avec intérêt : « Aristotelica », 446-466. L'auteur y visite tour à tour les ouvrages de J. Zuercher (*Aristoteles' Werk ung Gheist*), F. Nuyens (*L'évolution de la psychologie d'Aristote*), P. Moraux (*Les limites anciennes des ouvrages d'Aristote*), J. Lukasiewicz (*Aristotle's Syllogitic*), Sir Th. Heath (*Mathematics in Aristotle*), K. V. Fritz – E. Kapp (*Aristotle's Constitution of Athens*), D. B. Rees (*Aristotle. The Nicomachean Ethics*), J. V. D. Meulen (*Aristoteles : Die Mitte in seinem Denken*), H. V. Jaffa (*Thomism and Aristotelianism*), M. Hamburger (*Morals and Law*). Eric Weil procède à une critique globale de tous ses ouvrages. Il montre leur profondeur et leurs limites. Dans plusieurs de ces œuvres, il décèle des incohérences, des légèretés et inattentions graves eu égard à la considération et à l'analyse du corpus aristotélicien. Sa critique ne survole pas mais essaie de tirer le meilleur de la production pour le discuter et l'élever encore plus haut, afin de lui faire produire des fruits philosophiques durables.

[366] Cf. L. Sichirollo, « Weil et la sagesse », 198.

[367] F. Guibal, « Eric Weil », 497.

[368] *Ibid.*, 497.

façon de concevoir les êtres et les éléments, sa façon d'explorer (*lire*) et d'exposer (*dire*) la réalité. En effet, la pensée du Stagirite possède une authentique fonction heuristique et paradigmatique pour nous, « dans sa manière notamment de lier et d'articuler l'expérience singulière et la raison universelle, la vie sensible et la pensée sensée, les vertus du caractère et celles de l'esprit, l'éthique et la politique, la prudence pratique, finalement, et la sagesse théorétique... »[369].

Eric Weil enquête ainsi sur la philosophie d'Aristote dans sa totalité, en vue d'atteindre son *acmé*. Il veut la comprendre et la proposer « autant que possible dans son unité et comme unité »[370], autrement dit, comme un système à même de décoder le réel, de lui conférer un sens et de contribuer à l'inscription ainsi qu'à l'orientation de l'homme en son sein. Il cherche précisément une logique interne à la pensée du grand maître antique ; une logique significative qui sursume, tout en les corrigeant, les différents canons reçus ainsi que les multiples stéréotypes herméneutiques établis.

Eric Weil va retrouver chez Aristote « ce trait d'une pensée qui tour à tour analyse et totalise, mais sans "construire" des *arrière-mondes*[371] ni même des systématisations idéelles »[372]. Il décèle la logique philosophique aristotélicienne dans la conception de la réalité — du monde en sa totalité — (*registre ontologique*), en tant qu'elle se donne à décrypter et exprimer par l'homme (*registre anthropologique*), qui demeure un individu plein de passions et de désirs (*registre psychologique*), un animal doué du langage raisonnable (*registre linguistique*) et capable d'action multiforme (*registre praxéologique*), un être naturellement communautaire (*registre politique*) qui, cependant, ne vit le vrai bonheur (*registre éthique*) que dans la *vue* — un être qui ne s'accomplit entièrement que dans la contemplation totale — de l'univers s'offrant objectivement à lui (*registre théorétique*).

Il nous faut approfondir ces éléments de la prospection aristotélicienne d'Eric Weil, en tant qu'ils transparaissent spécialement dans la construction de son penser autour du fait du langage et son accomplissement à travers l'histoire concrète des êtres humains.

---

[369] *Ibid.*, 497.

[370] EC I, 48, suite de la note 7 initiée à la page précédente.

[371] C'est nous qui soulignons. A ce sujet, lire : P. VALADIER, « "Ceux" », 141-152.

[372] P. AUBENQUE, « Dialectique », 198.

3.2 *Réalité et langage*

Au cœur de la philosophie aristotélicienne prend corps le fait de la réalité. Cette réalité équivaut au cosmos. Elle comprend l'ensemble des entités et des éléments qui existent effectivement. De façon précise, la réalité peut être déterminée selon trois registres qui s'imbriquent et donnent sens à sa compréhension en sa totalité. On peut évoquer l'*empiricité*, la *pensabilité* et la *dicibilité* de la réalité.

Au niveau primordial, la réalité se découvre comme empirique. Elle est de l'ordre (du) physique : « notre réalité est la réalité sensible, l'ensemble des choses existantes »[373], l'ensemble des êtres et des éléments que nous rencontrons. Il s'agit d'une réalité ordinaire, la réalité de tous les jours, la réalité naturelle que nous côtoyons et percevons[374].

La réalité prend diverses formes selon l'inscription géographique des êtres humains. Elle correspond à ce dont l'homme fait l'expérience au plan naturel. Elle est même la nature qui se dévoile à lui dans sa singularité et sa spécificité : « Ce qui existe, aux yeux d'Aristote, c'est d'abord ce dont tout le monde affirme l'existence »[375], notamment les corps, les étants re-connus par les hommes du commun.

De façon générale, la réalité appartient au registre de la substantialité individualisable (constable, apercevable, localisable…) dans la sphère de la sensibilité : « n'existent que les substances sensibles »[376], les substances naturelles qui possèdent une réelle densité : « Ce qui est réel, c'est ce qui existe ici et maintenant, et la substance ne se trouve que dans les objets »[377].

Cette réalité, empirique et sensible, est donnée. Elle s'offre à l'homme dans l'immédiateté. L'homme ne produit ni ne construit le réel. Il ne crée ni n'invente la réalité[378]. Il doit cependant l'appréhender dans sa spécificité (ou ses spécificités). Il entre en relation avec la réalité en tant qu'elle existe concrètement et qu'elle se donne à déchiffrer ; en tant qu'elle se donne à analyser par la science : les choses existent comme telles, elles sont « ce qu'elles sont, et nous n'avons pas à nous demander pourquoi l'homme est l'homme et la pierre, pierre : nous les rencontrons, et elles se donnent à nous immédiatement »[379].

---

[373] EC I, 93.
[374] Cf. RA 973
[375] EC I, 85.
[376] *Ibid.*, 85.
[377] RA 971.
[378] Cf. EC I, 100.
[379] *Ibid.*, 93.

Ce qui signifie que le réel n'est pas un rêve de philosophe ni un fantasme de poète. La réalité n'est pas une déduction du logicien ni une invention du mathématicien. Elle n'est pas engendrée par la vision du mystique ou l'oracle du prophète. Elle possède plutôt une auto-consistance constatable dans l'effectivité : « Le monde, les données, la réalité, la philosophie [ou la science] ne les construit pas »[380]. Ils sont dotés d'une épaisseur propre.

La conception de la réalité exclut ainsi tout recours à des schémas mytho-poétiques et proto-géniques. Elle exclut précisément la construction des arrière-mondes fantomatiques ou la convocation d'un Etre parfait, d'une Substance primordiale qui donnerait sens et consistance à l'existence.   Vouloir saisir le réel ne signifie donc pas essayer de naviguer dans des abstractions absolues ni voyager à travers un ordre hyper-cosmique, un ordre cosmique sublime, pour contempler des Idées existantes en elles-mêmes : « il n'y a pas de formes séparées, pas d'Idées, pas de Nombres »[381]. Les Idées, les Figures (géométriques) et les Nombres (arithmétiques), n'ont pas d'autonomie substantielle ni d'existence individuelle. Ils ne représentent que des attributs, des aspects des seules choses qui subsistent en soi et qui peuvent être comprises en elles-mêmes dans la concrétude[382].

En d'autres mots, vouloir appréhender la réalité ne peut nullement signifier chercher à « découvrir une substance une, un ὄντως ὂν qui, en lui-même immuable, incorruptible, au-delà de tout ce qui change, donne l'Etre (avec majuscule), qui fait participer à l'Etre tout ce qui existe dans le domaine de l'expérience commune, journalière, sensible »[383].

L'appréhension de la réalité suppose (hypothèse et thèse) l'effort de la pensée humaine et l'élaboration d'un langage adéquat, un langage capable de l'exposer en sa vérité. En effet, la réalité est pensable[384]. En sa totalité et en ses parties, elle est intellectuellement concevable, analysable et saisissable.

La pensabilité de la réalité est inhérente à sa décomposition structurelle, dans l'ordre de la substantialité, en éléments saisissables par l'intellect[385]. La réalité concevable est celle qui peut être explorée, analysée, délimitée, déconstruite et reconstruite épistémologiquement. Elle obéit à la logique méthodologique démonstrative — dif-

---

[380] L. SICHIROLLO, « Aristote », 492.

[381] EC I, 92.

[382] *Ibid.*, 86.

[383] *Ibid.*, 85.

[384] Cf. *Ibid.*, 95.

[385] Cf. RA 971.

férente de la logique anthropologique monstrative —[386]. La réalité pensable entre dans l'ordre de la nécessité et de la détermination scientifique qui établit l'apodicticité de la factualité donnée (ou non) à la perception et à l'observation humaines. Elle se dévoile et transparaît en son immédiateté propre à travers « la médiation incessante et interminable du savoir empirico-logique »[387].

La pensabilité de la réalité est aussi liée à sa structuration en tant que sens, autrement dit, à sa cohérence interne : ne peut être concevable qu'une réalité dotée de sens, une réalité donnée comme sens — en tant que totalité — ; une réalité dont la « cohérence se découvre également au niveau des choses mêmes »[388] qui la composent.

En fait, la réalité pensée représente un authentique cosmos qui se trouve au principe même de la compréhensibilité de la pensabilité. Elle se révèle comme une unité de sens aux antipodes d'un « amas de faits incohérents et incompréhensibles »[389]. De façon propre, elle correspond à un univers harmonique où chaque être, chaque chose a sa place et porte un sens ; « un univers organisé et qui ne change pas dans son organisation »[390]. Il s'agit d'un univers hiérarchisé dont les divers ordres existentiels ont une fonction et une finalité, dans la mesure où ils coexistent et participent, en mode dynamique, à la cohérence du Tout.

Le discours (de l'homme) décèle et décrit cette cohérence. Il dit le sens présent dans la réalité qu'il s'évertue à décrypter et à déterminer de façon adéquate. En effet, la réalité pensable est celle qui doit être condensable et présentable à travers le discours. La dicibilité de la réalité s'accomplit par la médiation du langage, par le moyen du discours. Bien plus, la réalité n'acquiert sa véritable signification qu'en tant qu'elle est déchiffrable et exprimable par le langage. La réalité demeure réalité pour le discours et par le discours, réalité dans le discours : « il faut pourvoir parler des choses ; il ne suffit pas de les nommer ou de les désigner : elles doivent être comprises de façon que le discours portant sur elles soit cohérent »[391]. En fait, au commencement (de l'exis-

---

[386] Dans ce sens, Eric Weil souligne ce qui suit : « Nous pouvons montrer Socrate, nous ne pouvons le démontrer ; nous le connaissons, nous ne le *savons* pas — et pourtant, ne sont réelles que les substances individuelles — » (EC I, 87). De même : « Nous *savons* que le moteur immobile, l'actualité pure, existe, nous ne le connaissons pas pour autant… » (*Ibid.*, 95). Le savoir scientifique (s') établit (dans) la certitude rationnelle, la connaissance anthropologique (se) nourrit (de) l'expérience.

[387] EC I, 95.

[388] *Ibid.*, 86.

[389] RA 971.

[390] EC I, 41.

[391] *Ibid.*, 86.

tence, de la compréhension, du savoir…) prend place le discours[392] : « Au début est le discours »[393], le discours sensé, fondé sur la non-contradiction.

Le discours qui décrypte le réel veut le comprendre : le saisir tel qu'il *est* (effectivement), en tant qu'il est (en tant que un ou uni-totalité en son fond et compréhensif en sa structure intime). Le discours veut appréhender l'agencement de principe de la réalité ainsi qu'identifier son déroulement interne. Il cherche à dire la réalité en son authenticité et en sa totalité. Il transcende, autrement dit, son empiricité pour la déterminer et l'exprimer en sa généralité[394]. Le discours doit être capable de présenter précisément et intégralement l'ordre des êtres et des éléments. Il doit pouvoir saisir les choses dans l'ensemble et la netteté de leurs détails.

En tant que discours ou encore exposé cohérent et compréhensif, le langage veut découvrir le sens réel des êtres et des choses. Il les approche sans cependant poser la question de l'origine (de leur origine temporelle) : il veut uniquement comprendre ; comprendre le sens global du monde. Dans cette ligne, il ne se contente pas de dessiner l'une de ses régions privilégiées. Il ne s'arrête pas à la description d'une des régions principales de la réalité ni à l'observation d'une de ses paroisses majeures. Le discours visite plutôt l'ensemble des sites constitutifs du monde en son intégralité. Il les pénètre profondément et décèle leur structure de principe (leur *forme*) et leur constitution de base (leur *matière*). Le discours identifie ainsi et exprime le concept vrai de la réalité. Il définit le concept total du réel, le concept général des êtres et des choses qui composent le monde, au-delà de leur fugacité ou de leur stabilité.

A ce niveau, la médiation du discours concours à la détermination apodictique ainsi qu'à l'exposition authentique des ordres, des êtres et des éléments. La médiation du discours contribue à l'exploration (à la percée, à la perception) du réel ainsi qu'à son expression en sa vérité : elle aide à « *parler* de ce qui est selon ce qu'il est, selon ses différents aspects et qualités, — selon sa façon précise d'exis-

---

[392] Pour une approche globale de la thématique du commencement en philosophie, notamment chez Aristote (et chez Weil), on se référera à G. KIRSCHER, *La philosophie d'Eric Weil*, 19-28. L'auteur identifie la discussion dialectique et le discours magistral comme lieux du commencement de la philosophie chez Aristote (*Ibid.*, 24-25). Pour une approche complémentaire de cette thématique dans le cadre de notre enquête on peut lire la note 184 du Chapitre 1ᵉʳ (*Langage et émergence humaine*).

[393] EC I, 85.

[394] Cf. *Ibid.*, 95.

ter incomplètement ou selon les différentes façons adéquates de lui attribuer des prédicats convenables »[395].

On remarque que le discours mobilise un appareil conceptuel spécifique qui lui permet d'approcher et d'exposer adéquatement ce qui existe. Il met en mouvement un univers sémantique constitué d'ensembles logiques divers et diversifiés comme les prédicats (la relation, la situation, la qualité, la quantité)[396] puis les couples d'aspects contraires non-contradictoires, notamment : puissance-acte, principe-cause, forme-matière, etc.[397], pour dire ce qui est en tant qu'il est, pour présenter le savoir positif de la réalité.

Le discours procède donc à l'exploration profonde des choses qui lui sont données. Il réduit le réel en ses différents composants. Il décompose la substance individuelle en puissance et en acte, en matière et en forme. Le discours saisit « la *forme*, qui fait que la chose est en acte, est ce qu'elle est en tant que saisissable en sa forme »[398]. Il écarte ainsi « la *matière*, cet irréductible indéterminé toujours à déterminer [à spécifier], cette *possibilité* de détermination réelle »[399].

Au principe de la détermination du réel et de l'identification des êtres, le discours découvre donc la matière et la forme. Il comprend que « toutes les choses contiennent [ou se composent de] forme et de matière »[400] ; ou mieux, que le « composé-unité, le σύνολον »[401] constitutif de toute réalité existante (individuellement ou substantiellement) peut être défini en tant que matière-potentialité et forme-acte. Le discours réalise et révèle précisément la jointure fondamentale entre matière et forme en ce qui concerne la configuration globale des êtres et des éléments. Il comprend la teneur de leur imbrication : « La chose, la substance, le σύνολον [en effet] se décomposent, ils ne sont pas composés, ils n'ont jamais été composés d'une matière existant à part et d'une forme qui lui serait imposée... »[402].

En comprenant le sens du réel au plan de la composition-unité de ce qui existe effectivement, le discours identifie en même temps ce qui existe de façon fugi-

---

[395] *Ibid.*, 93.

[396] Cf. *Ibid.*, 85.

[397] Cf. *Ibid.*, 93.

[398] *Ibid.*, 87.

[399] *Ibid.*, 88.

[400] *Ibid.*, 89. L'usage des verbes contenir et se composer est sujet à discussion chez les lecteurs d'Aristote comme le signale Eric Weil (cf. *Ibid.*, 89).

[401] *Ibid.*, 89

[402] *Ibid.*, 90.

tive et instable. Il définit le réel en tant qu'il change — de forme, de dimension, d'orientation… — (en tant qu'il est inconstant) et apparaît comme inconsistant. Le discours décrit en fait la dimension du mouvement qui caractérise l'être dans sa potentialité et sa naturalité. Il dépeint le mouvement transparaissant dans le déroulement objectif de la réalité dans la mesure où celle-ci demeure naturelle.

[En effet] l'être naturel est toujours en mouvement, présence de ce qui n'est ni ne sera jamais une pure présence, qui ne cessera jamais d'être en mouvement et, sauf les astres, en train de changer, qui ne sera jamais *acte* pur — et qui existe pourtant, en tant qu'existant actuellement comme être en puissance, qui existe comme être *naturel* et ne sera jamais autre chose que cela, jamais *sur-naturel*[403].

Cependant, dans son auto-certification, ou encore, dans la quête de sa propre cohérence, le discours ne se contente pas de la réalité en tant qu'elle se meut, autrement dit, en tant qu'elle change de forme et d'orientation. Il cherche à dépasser l'événement du mouvement[404] — à le transcender discursivement —[405], pour déceler le principe fondamental des choses, pour déterminer le fondement apodictique de la réalité[406].

Dans cette logique, il accède à l'*acte pur*. Le discours envisage l'existence d'une forme pure, actualité de principe — actualisation du possible dans son rapport au monde —[407], une forme première et nécessaire qui donne sens à la réalité et possibilise le changement. Le discours conçoit précisément la présence fondante d'un « moteur éternel, sans potentialité, sans matière, pur acte »[408] : un *moteur immobile* qui n'a pas besoin de renouvellement et qui existe absolument ; un moteur sans mouvement qui, sans agir, fasse que le monde et les choses du monde se trouvent « en acte pour autant qu'ils en sont capables, et agissent, potentialités agissantes, sur d'autres potentialités qui, par l'action des premières, arrivent au stade de l'action »[409].

A ce niveau, le discours quitte le plan propre de la réalité pour approcher la *sur-réalité*. Il transcende le monde, le domaine de l'expérience et est *conduit*

---

[403] *Ibid.*, 92.
[404] Cf. *Ibid.*, 94.
[405] Cf. *Ibid.*, 95.
[406] Cf. *Ibid.*, 98.
[407] Cf. *Ibid.*, 94.
[408] *Ibid.*, 96.
[409] *Ibid.*, 94.

(ἐπαγωγή)[410] à affirmer nécessairement l'existence d'une « sur-réalité avant toutes les réalités »[411] ; d'une sur-réalité qui demeure premier moteur et intellect actif, principe activant (de) l'intelligence[412].

Le discours découvre donc l'authenticité de la réalité au-delà de sa manifestation générique ou de sa donation dans la naturalité. Il en déchiffre la densité et l'unité au-dessus de la sensibilité, la sphère accessible et compréhensible par les sens. A travers l'analyse du réel en sa totalité, il atteste la nécessité d'une sur-réalité portatrice et fondatrice de l'existence en tant que telle. Le discours (le langage) s'ouvre finalement à la « vue immédiate »[413] du principe qui fonde la réalité. Il entre dans « la vraie théoria »[414] qui lui permet d'accéder à la compréhension existentielle des êtres et des choses ; autrement dit, d'atteindre leur vérité essentielle. Le discours est conduit à déterminer le sens des choses dans la pureté de leur signification, à les voir tels qu'ils sont, au-delà de leur apparaître. Il nous faut envisager le cheminement logique qui porte vers cette vérité et déterminer l'enjeu du langage dans son agencement.

3.3 *Vérité et langage*

3.3.1 Ordre(s) de la vérité et procéduralité

Comme nous pouvons le constater, chez le Stagirite, le discours (le langage) tend vers la vérité. Il porte le souci (et le sceau) de la vérité. Le discours veut approcher la vérité de la réalité. Il veut, autrement dit, accéder à la signification apodictique des choses présentes dans le monde. Il cherche à déceler la structure principale qui fonde l'existence et assure la permanence temporelle des êtres et des éléments. Le discours s'attèle précisément à comprendre le sens profond des existants — des *étants* qui sont en tant que tels — ainsi qu'à saisir leur quintessence. A ce niveau, il rejoint un autre registre épistémologique. Il est conduit et introduit dans le registre théorétique qui sursume la discursivité et convoque la sur-réalité. Le discours envisage la vérité au plan de la sur-réalité.

En fait, dans le penser aristotélicien, « la vérité repose [en tant que telle] sur la connaissance immédiate, soit celle de la sensation, soit celle de l'intellection »[415].

---

[410] Cf. *Ibid.*, 105.

[411] *Ibid.*, 98.

[412] Cf. *Ibid.*, 98.

[413] *Ibid.*, 99.

[414] *Ibid.*, 105.

[415] *Ibid.*, 88.

Les vérités dernières « se donnent "en haut" à la vue du Noῦς, "en bas" à la sensation »[416]. De façon spécifique, la vérité s'inscrit dans l'ordre de la contemplativité qui correspond à la vue active et complète de la forme réelle des choses dans le monde. Elle transparaît proprement à travers la vue immédiate qui transcende tout discours et insère l'homme dans le grand contentement.

Cependant cette vérité à laquelle participe l'homme, notamment le sage ou le philosophe, requiert un ensemble de procédés scientifiques. Elle met en action des techniques logiques qui en encadrent la quête et en assurent l'adéquate communication, autrement dit l'exposition droite et l'expression rigoureuse. La manifestation et l'affirmation de la vérité exigent une authentique procéduralité qui confère une véritable valeur heuristique à l'effort humain de compréhension dans l'élévation à la contemplation. Cette procéduralité revêt deux formes principales — *topique* (dialectique) et *analytique* (syllogistique) —. Il nous s'agit de les explorer, dans la mesure où elles appartiennent au soubassement épistémologique du penser-weilien-aux-êtres-aux-choses tel que nous l'avons envisagé dans nos investigations.

3.3.2 Logique analytique et logique topique

L'analytique et la topique se donnent à déchiffrer comme deux démarches logiques majeures inhérentes à la dynamique heuristique des enquêtes scientifiques. Elles équivalent à des techniques onto-logo-pragmatiques, c'est-à-dire, à un ensemble d'« habitudes acquises pratiques, accompagnées de discours raisonnables (λόγος) »[417] et d'attitudes typiques. Il s'agit de « deux τέχναι, deux procédés humains servant à la découverte de ce qui est, destinés […] à permettre à ce qui est de se révéler… »[418].

En tant que telles, l'analytique et la topique représentent deux corps de règles intellectuelles, deux démarches ordonnées ainsi qu'ordonnantes, sans objets spécifiques, appartenant proprement au « domaine de la ποίησις non de la θεωρία »[419]. Ce sont deux procédures théoriques et scientifiques (raisonnables) qui s'avèrent nécessaires dans la mesure où elles visent la révélation authentique de la réalité

---

[416] *Ibid.*, 67.

[417] *Ibid.*, 67.

[418] *Ibid.*, 64.

[419] *Ibid.*, 67.

dans l'ordre de la vision (immédiateté). « Elle tirent le concept abstrait, l'universel, de l'expérience, elles font accéder au seuil du savoir »[420]. Elles contribuent ainsi au dévoilement de « ce qui est tel qu'il est nécessairement et éternellement »[421], autrement dit, à la manifestation du « concept présent dans l'être comme εἶδος, comme ἐνέργεια, comme ἐντελέχεια »[422].

Plus spécifique et spécifiante que la topique, l'analytique se déploie comme une logique de l'entendement et de la pensée finie[423], une logique du raisonnement correct — correctement mené —[424]. Prenant appui sur la topique dans l'établissement de ses présupposés et la certification de ses prémisses, elle procède globalement à l'énonciation des vérités qu'elle analyse de façon rigoureuse[425]. Dans cet ordre, elle apparaît comme un véritable « code de la présentation correcte, [ou encore comme un] canon de la leçon dogmatique »[426].

L'analytique s'occupe précisément des thèses vraies — des thèses données ou reconnues comme apodictiques — qu'elle examine et évalue en recourant à la technique syllogistique. Le syllogisme se déroule ici comme une démonstration scientifique qui part « de principes connus par eux-mêmes, propres à la science en question : il y a syllogisme quand, certaines choses posées, autre chose en résulte nécessairement », par le seul moyen de ces données et dans le mouvement même de ce poser.

La syllogistique permet de « vérifier la forme du raisonnement, elle peut indiquer les conditions formelles requises pour qu'une conclusion soit correcte »[427]. Elle « permet également de constater l'absence de concepts intermédiaires »[428] entre les thèses que l'on pose et les conclusions que l'on vise dans divers raisonnements donnés.

Dans le même ordre d'idées, la syllogistique contribue à « arranger en séquences correctes et aisément vérifiables une science déterminée, telle qu'elle peut être développée à partir de ses principes »[429]. Le syllogisme démonstratif facilite notamment l'expression magistrale — sous forme pure et contraignante — des points d'arrivée

---

[420] *Ibid.*, 67.

[421] *Ibid.*, 67.

[422] *Ibid.*, 67.

[423] Cf. P. AUBENQUE, « Dialectique », 199.

[424] Cf. EC I, 57.

[425] Cf. *Ibid.*, 58.

[426] *Ibid.*, 46.

[427] *Ibid.*, 57.

[428] *Ibid.*, 78.

[429] *Ibid.*, 74.

de la recherche scientifique. Il fait montre de toute la puissance heuristique et méthodologique de la logique analytique.

Cependant, la syllogistique inhérente à l'analytique ne représente qu'un outil particulier qui en appelle à la topique en tant que telle — pour « s'emparer des principes »[430] ou « choisir ses points de départ »[431] — et ainsi devenir largement productive : « Pour capable qu'elle soit de vérifier la cohérence d'un argument, l'analytique doit renoncer à discuter la vérité de ses prémisses ; elle est obligée de les présupposer »[432], de les considérer comme vraies ou cohérentes, dans la constitution de sa démarche.

L'analytique tend vers la topique en tant que cette dernière demeure un art plus englobant et plus complexe, autrement dit, dans la mesure où cette dernière correspond à une technique qui dépasse le seul plan formaliste des investigations scientifiques, pour atteindre la perspective fondationnelle, pour poser la question des principes et descendre jusqu'aux données des sens[433] : la topique reste « à la fois le début de la réflexion analytique et le terme auquel cette réflexion est obligée d'aboutir si elle doit porter des fruits »[434].

La logique topique nous apprend proprement à trouver des syllogismes, à faire provision d'arguments, à s'instruire largement sur la valeur des thèses préexistantes dont part toute enquête. Elle nous aide aussi à distinguer les dangers que court le raisonnement, à voir l'importance du raisonnement correctement mené[435].

Dans cette dynamique, elle se trouve aux antipodes d'une logique du vraisemblable, d'une logique du plausible ou de l'opinion[436]. Elle constitue plutôt « une

---

[430] *Ibid.*, 52.

[431] *Ibid.*, 58.

[432] *Ibid.*, 58.

[433] Cf. *Ibid.*, 78.

[434] *Ibid.*, 54.

[435] Cf. *Ibid.*, 57.

[436] Sur la problématique de l'*opinion* et des *opinions* chez Aristote dans la suite de Platon, voir EC I, 59-63. Selon Eric Weil, le concept platonicien *opinion* (δόξα) n'est pas à confondre avec l'ἔνδοξα aristotélicien. L'opinion possède globalement une note péjorative chez Platon, tandis que les opinions sont neutres chez Aristote. A propos, Weil signale ce qui suit : « Il ne faut pas parler de thèses "probables" ou "plausibles" pour rendre le terme qui désigne les thèses de la topique, mais traduire ἔνδοξα par "thèses répandues", "thèses courantes". En somme, il est indispensable de laisser au mot le sens qu'Aristote lui a donné : "Thèses répandues, c'est-à-dire, celles qui sont reçues par tout le monde, ou par la majorité, ou par les connaisseurs, soit par tous, soit par les plus connus et ceux de la réputation la plus répandue" » (*Ibid.*, 62).

technique pour extraire du discours le vrai discursif, plus précisément pour en éliminer le faux, à partir de ces connaissances préalables sans lesquelles aucune science ne se conçoit pour Aristote »[437].

De fait, l'art topique possède une haute fonction heuristique. Il apparaît comme fondamental dans le processus de la recherche, dans la logique de la découverte scientifique. La topique porte une immense valeur du fait qu'elle enseigne

[…] la manière de réduire toute thèse à l'irréductible, mettant face à face les affirmations historiquement données et les catégories de la science qui parle de ce qui est en tant qu'il est : substance, genre, espèce, qualité, caractéristique, accident, — démasquant les malentendus et les confusions à l'aide d'une analyse des définitions fondée, en dernier recours, sur l'ontologie — pesant la valeur de l'attribut donné comme caractéristique, contrôlant la distribution en genres et espèces[438].

A ce niveau, on se rend aisément compte de la centralité de la topique dans la constitution et l'aboutissement des investigations scientifiques. En effet, dans la mesure où elle représente un exercice en vue de l'examen des thèses existantes ou possibles (ἔνδοξα)[439] ou encore, un examen en vue de la recherche et une recherche en vue de la vérité, la technique topique fournit une entrée certaine (valable et adéquate) à la science. Elle vient combler l'exigence de la *logica inventionis*[440] nécessaire à l'émergence du savoir humain ou à l'enrichissement qualitatif « du savoir de l'humanité à un point donné de son histoire, au moment où une nouvelle recherche est entreprise »[441].

A souligner que la topique, dans la construction et la réalisation de ses ambitions heuristiques, convoque l'art dialectique. Elle en appelle à la démarche dialectique comme à « une méthode universellement applicable et qui doit être appliquée universellement »[442]

3.3.3 Dialectique et existence

En tant que méthode, la dialectique correspond à « un procédé de découverte des problèmes [… généraux] posés au philosophe dans et par sa vie d'homme »[443].

---

[437] EC I, 63.

[438] *Ibid.*, 58.

[439] Cf. *Ibid.*, 62.

[440] Cf. P. Aubenque, « Dialectique », 202.

[441] EC I, 62.

[442] *Ibid.*, 74.

[443] *Ibid.*, 56.

Elle n'est pas primitivement l'art des solutions. La dialectique intervient pour « tirer au jour les faiblesses de tout ce qui n'est pas principe immédiatement évident (ou donnée dernière des sens) »[444], en éliminant, parmi les doctrines préexistantes, les thèses ambigües, les affirmations contradictoires ou fausses, afin qu'on arrive lucidement aux vérités qui se donnent de façon totale à l'homme, à travers l'intellection ou la sensation[445].

Au fond, la démarche dialectique est singulière du fait qu'elle précède et (se) porte au-delà de la dimension technique des disciplines scientifiques pour poser la question pratique du sens authentique de leurs principes spécifiques, de leur portée philosophique et de leur emploi générique (généralisé), justifié ou non...[446] De façon typique, elle se déroule comme un exercice raisonnable qui consiste à « formuler des interrogations, à trouver des *lieux* d'attaque et à les ranger en bon ordre dans sa propre tête »[447]. L'art dialectique peut être le fait du seul théoricien ou s'exercer dans un cadre communautaire. La dialectique individuelle ou solitaire est celle menée à bon fin par le penseur isolé dans la mesure où il se dédouble et prend pour interlocuteur sa propre personne ; autrement dit, dans la mesure où il adresse les objections logiques à soi-même[448].

Dans un contexte communautaire, la dialectique fait référence à la discussion engagée entre deux ou plusieurs personnes qui entrent en débat, cherchent à infirmer ou confirmer des thèses préexistantes, des affirmations avancées par l'une des parties ou des affirmations concernant le domaine du savoir humain (scientifique ou non) que celle-ci représente. Dans cet ordre, elle concerne ou mieux, intéresse « non seulement les philosophes, les hommes politiques, les sophistes, mais aussi bien les [sujets et partenaires sociaux] particuliers »[449]. Elle s'élargit même à la communauté tout entière, à la société des hommes libres — libérés du travail servile —, puisque, en tant que tels, « tous les hommes aiment disputer et s'attaquer à ceux qui professent une opinion, et même les gens sans formation [sans connaissance spécifique] se servent en quelque manière des techniques du dialogue et de l'examen »[450].

---

[444] *Ibid.*, 74.

[445] Cf. *Ibid.*, 67.

[446] Cf. *Ibid.*, 74 ; J.-L. SOLÈRE, « Nature et sens de la logique », 183-184.

[447] EC I, 65.

[448] Cf. *Ibid.*, 65.

[449] *Ibid.*, 70.

[450] *Ibid.*, 66.

La dialectique — discussion communautaire ou « dialectique-topique-peirastique »[451] — ressemble proprement à une compétition sportive[452], à un combat loyal obéissant à des règles communes[453] et influencé par le public[454]. Elle équivaut à « un jeu connu, répandu et qui se joue devant un public au courant des conventions et grand connaisseur des finesses »[455]. Il s'agit d'un jeu dont la participation requiert une véritable habilité technique à la personne, pour qu'elle ne se fasse pas déprécier au cours des débats ni ne rende ridicule l'école qui l'a formée : Ici, « il faut savoir lutter avec des paroles, "construire" (κατασκευάζειν) et "renverser" (άνακεϛάζειν), "porter la main sur l'adversaire" (έπιχειρειν), "confondre" (έλέγσειν), soutenir "la lutte sportive" (άγών) »[456].

En fait, la discussion dialectique diffère largement de la discussion ordinaire qui fait référence à une autorité spéciale chargée de trancher le débat ou de séparer les parties en conflit, en donnant raison à l'une d'entre elles et en condamnant l'autre.

> On n'y affirme pas de part et d'autre des thèses opposées pour s'en remettre à la décision d'une instance supérieure telle que l'expérience scientifique, le tribunal, les spécialistes, le vote populaire ; on n'a pas besoin de soutenir victorieusement un autre théorème, un autre point de vue, pour battre l'adversaire : il suffit de l'amener à se contredire[457].

Le but que poursuivent les participants à la dialectique n'est pas ainsi d'avoir absolument raison, mais de déceler globalement des faiblesses dans l'argumentation du partenaire ou de dévoiler et indiquer l'incohérence de son raisonnement ; autrement dit, « de montrer que l'autre a tort par le fait que les conséquences de ses affirmations contredisent ses déclarations initiales »[458]. La victoire du jeu dialectique échoit donc à celui qui amène l'adversaire à se contredire, à se taire, ou encore, à celui qui résiste fermement à toutes les tentatives de déstabilisation

---

[451] *Ibid.*, 66.

[452] Cf. *Ibid.*, 70.

[453] Cf. *Ibid.*, 75.

[454] Cf. *Ibid.*, 72.

[455] *Ibid.*, 71.

[456] *Ibid.*, 70.

[457] *Ibid.*, 70.

[458] *Ibid.*, 71.

logique faites par la partie opposée : « victoire de celui qui pose les questions, ou victoire de celui qui, après avoir mis en avant une thèse, a su répondre à toute interrogation qui s'y rapporte »[459].

Arrivé à ce point, on se rend parfaitement compte que la dialectique-discussion inhérente à la topique, ne se réalise pas par des hommes habitant une cité au-dessus des nuages. Elle n'engage pas des êtres purs, purifiés de tout contact avec le réel. Elle concerne plutôt des hommes concrets, des individus animés par des passions et portant des soucis effectifs ; des personnes qui ont rejeté la violence et ont choisi le règlement de leurs différends à travers la parole (le langage) : « toute discussion a lieu entre des hommes réels et forme ainsi un simulacre de lutte sans violence physique »[460].

La discussion dialectique consacre ainsi la déterritorialisation pratique de la violence. Elle assure le déplacement phénoménologique de la violence qui passe du plan de la lutte corporelle (*registre physique*), à celui de la lutte verbale (*registre linguistique*). Elle fait montre de la force du langage dans la quête de la vérité et la construction de la communauté des hommes.

Nous retrouvons ici un élément majeur de la pensée aristotélicienne (grecque antique) que reprend Eric Weil dans la constitution de son propre système ; un élément qui représente une intuition centrale et un point focal de notre *lecture omni-englobante* de la logique de la philosophie dans son extériorisation à travers l'action. Il s'agit du langage qui se donne comme un fait fondamental et fondateur dans le penser weilien tel qu'engendré à partir d'Aristote puis fécondé par Hegel et Kant. Le langage possède effectivement une fonction heuristique et une fonction politique. Il est un plan majeur et un horizon central dans la configuration du philosopher en tant que tel ainsi que l'organisation de la vie communautaire des hommes.

De façon spécifique, la discussion — qui est une expression typique du langage à côté du discours et du dialogue —, quand elle ne veut pas s'épuiser dans des futilités ni s'exposer à la superficialité, autrement dit quand elle veut rester une dialectique objective, doit placer en son centre les hommes vivants et leurs intérêts concrets. La discussion doit concerner les vrais problèmes que connaissent les hommes dans le monde pour conserver toute sa dignité, et suivre les contours de la réalité humaine et mondaine afin d'être productive pour la vie et l'avenir

---

[459] *Ibid.*, 69.
[460] *Ibid.*, 73.

de l'humanité. Il nous faut envisager les traits centraux de l'homme engagé dans le penser aristotélicien tel que le recueille Eric Weil puis retrouver la portée du langage dans sa caractérisation.

3.4 *Humanité et langage*

Le décryptage weilien de l'homme dans la pensée d'Aristote s'inscrit dans la compréhension de celle-ci comme anthropologie, autrement dit, comme une pensée qui, en dehors de la philosophie des choses de la nature qui la constitue, contient également une philosophie des choses humaines réelle, complexe et différentielle. Ce décryptage peut être organisé autour de deux pôles centraux ou encore, de deux points focaux qui se conjuguent métaphoriquement et se complètent méthodologiquement[461]. Il obéit à une logique dyadique dynamique dans laquelle l'homme (ἄνθρωπός) peut être entrevu, d'une part, comme un *être naturel*, un animal qui ressemble aux autres animaux (plans biologique, physique, cosmique…) et, d'autre part, comme un *être sur-naturel*, un individu capable de dépasser sa naturalité pour se réaliser en son authenticité — pour réaliser en lui et autour de lui (dans le monde), l'ordre de la raison et de la justice (plans anthropologique, éthique, linguistique…) —.

---

[461] A propos de l'exploration et de la compréhension de l'anthropologie (de la logique de l'homme ou de la connaissance de l'être humain), Eric Weil, dans sa réflexion sur « L'anthropologie d'Aristote », signale la complexité de l'entreprise et fait part de l'embarras dans lequel se trouve le chercheur eu égard à la profusion des matériaux. Il souligne ce qui suit : « Quel est le contenu de l'anthropologie, quelle est sa fonction dans le système, qu'est l'homme dont elle scrute la nature et le rôle? Quand on étudie l'effort d'Aristote à la recherche d'une réponse à ces questions, on se trouve vite embarrassé par la richesse des matériaux. La Rhétorique, l'Ethique, la Politique, la Psychologie (celle-ci au moins en partie) parlent de l'homme. Il y a l'homme comme être agissant, comme être pensant, comme être passionnel : il y a des caractéristiques de son âme, de son caractère, de ses attitudes ; il y a des aperçus de moraliste, des observations d'homme politique, des conseils de pédagogue » (EC I, 11-12). Notre présentation n'annule pas ni veut passer outre la difficulté de classer les extraits autour du concept de l'homme chez Aristote tel qu'entrevu par Eric Weil. Nous avons plutôt proposé une *compréhension bipolaire*, une *logique dyadique* pour mieux approcher le concept aristotélicien de l'homme. Il s'est agi de faire une limitation épistémologique qui obéit évidemment à la perspective de reconstruction herméneutique de la pensée weilienne sur les géants qui fonde son œuvre dans la ligne de nos investigations. Nous avons cherché à éviter une extrapolation herméneutique dans la considération de l'anthropologie d'Aristote selon Eric Weil pour mieux nous centrer sur les éléments nécessaires au développement de notre propre enquête.

3.4.1 Animalité et naturalité

Au plan primordial, l'homme se découvre comme un être naturel, c'est-à-dire comme un être physique et biologique. Il est *comme* l'animal — proximité empirico-biologique mais non ontologique —. Il fait partie des êtres qui sont localisables dans le monde. Comme les autres animaux, l'homme vit « avec les objets qui l'environnent et auxquels il a affaire »[462]. L'être humain se trouve plongé dans la réalité sensible, la réalité cosmique. En tant qu'animal vivant, il apparaît comme un être-avec-les-choses de la nature, un être au contact des choses du monde.

Son environnement le détermine et configure son existence. L'être humain dépend grandement du milieu dans lequel il se meut et se déploie. Ses caractéristiques et son comportement découlent aussi de son insertion topographique et de son conditionnement climatique[463]. L'homme demeure circonscrit géographiquement et physiquement.

Par ailleurs, en tant qu'être naturel, l'homme reste une entité passionnée et passionnelle. Il se trouve traversé par des désirs de toutes sortes. Il est intensément porté par les passions qui influent sur sa vie entière et sur ses relations aux choses. L'individu est mû par des ressorts naturels, par les ressorts des désirs et des plaisirs : « l'homme, comme tout être vivant, cherche le plaisir »[464]. De façon ordinaire et dans sa vie de tous les jours, « il vit comme un animal, mû par la passion et le désir »[465].

La passion et le plaisir sont inhérents à sa sensibilité (à la partie empirique de son être, à sa corporalité). Les désirs primaires et incontrôlés sont le fait de son animalité. Les plaisirs dérivent de ses sens ou de ses « facultés purement vitales »[466], de son appétit naturel (de son appétit non raisonnable). La passion et le plaisir peuvent envelopper l'homme jusqu'à le bestialiser profondément, jusqu'à conduire à un important dérèglement de son existence : « le plaisir, même humain, peut l'entraîner vers l'excès, et d'autres plaisirs, de caractère bestial ou morbide lui enlèvent jusqu'à la dignité d'homme »[467]. A ce niveau, il devient plus dangereux et même plus nuisible qu'une bête sauvage, il se transforme en pur animal.

---

[462] EC I, 28.

[463] Cf. *Ibid.*, 25.

[464] *Ibid.*, 13.

[465] *Ibid.*, 35.

[466] *Ibid.*, 20.

[467] *Ibid.*, 17.

Au plan naturel, l'homme apparaît donc comme un animal conditionné, un être qui est en quête du plaisir et qui reste plein de besoins. Il demeure fortement porté et influencé par le désir. Cependant, la désidérabilité et la conditionnalité ne définissent pas la totalité de son être. Elles ne couvrent pas l'intégralité de son exister.

3.4.2 Humanité et sur-naturalité

Dans le cosmos, l'être humain se détermine autrement qu'empiriquement et sensiblement. Il se porte au-delà de l'ensemble des conditionnements (biologique, physique, géographique…) dans lesquels il a été engendré. « En son essence, il est un être qui se transcende »[468]. Il transcende sa propre nature animale et la quasi-totalité des choses qui l'environnent.

Dans cet ordre, sa nature ne ressemble plus à celle d'un animal vivant, mais elle devient celle d'un être conscient de soi et capable de traverser ses passions. Elle se rapproche de la nature divine. « L'homme, pourrait-on dire selon une formule un peu paradoxale, n'est pas un être naturel. Il n'est pas déterminé au sens où l'est tout autre produit de la nature, qui n'est plus ce qu'il doit être quand il sort des limites propres à son espèce »[469].

Ce qui signifie que, malgré le fait d'être fortement marqué par la sensibilité et la désidérabilité, l'homme ne s'y arrête pas — il n'y épuise pas le fond de son identité intrinsèque —. « L'homme ne se réduit pas au besoin naturel »[470]. Même si ce besoin se trouve fermement imprimé en lui, même s'il « n'est ni ne sera jamais sans passions déraisonnables »[471] ou encore, même s'il ne peut annuler totalement les élans naturels qui le meuvent (le poussent à se mouvoir), l'être humain s'attèle généralement à les dépasser. Il s'efforce de régler ses désirs, de discipliner ses passions[472]. L'homme essaie naturellement d'aller au-delà de sa nature ; il cherche presque toujours à sursumer sa naturalité.

La sursomption de la naturalité et la monstration de sa supériorité par rapport à l'animal s'accomplissent ainsi pour l'homme dans la régulation de ses désirs et le renoncement aux plaisirs. L'homme peut refuser les joies les plus fortes et sacrifier les passions naturelles qui l'animent.

---

[468] *Ibid.*, 35.
[469] *Ibid.*, 18.
[470] *Ibid.*, 19.
[471] *Ibid.*, 16.
[472] Cf. *Ibid.*, 17.

L'animal se rue sur le chasseur, l'âne se laisse plutôt tuer de coups que d'abandonner l'eau quand il a soif : ils ne connaissent pas pour autant la vertu du courage, parce qu'ils n'agissent pas après réflexion et conscients de leur but. L'homme, lui, peut s'élever à un degré où il n'a même plus besoin de s'affirmer cette supériorité sur l'animal et sur ceux de ses prochains qui vivent comme les bêtes : la grandeur de son âme lui fera mépriser non seulement la mort, mais encore la vie ; seul le danger vraiment grand l'attire[473].

En fait, l'homme possède des facultés spécifiques qui le différencient de l'animal et peuvent l'aider à combattre énergiquement ses passions ainsi qu'à mieux organiser son existence. Il est doté de l'intellect et de l'appétit raisonnable qui lui permettent d'éviter tout excès dans l'accomplissement de ses passions et choisir la voie de la raison : « L'homme achevé possède la raison et cette raison domine les passions et les désirs »[474].

L'âme de l'homme, la partie la plus supérieure de son être — la partie de son être qui demeure au-dessus de la corporalité —, participe à la force sublime du Noûς. Elle est (ou doit être) portée et in-formée (éclairée et activée) par la lumière raisonnable de l'intellect[475] qui favorise l'effort de dépassement des élans naturels.

De fait, l'être humain ne reste pas d'abord déterminé par son corps. Il « n'est pas ce qu'il est en fonction de son corps : il est essentiellement âme »[476]. Et la dignité de son être dérive de l'actualisation complète du principe raisonnable qui le constitue essentiellement :

« C'est dans la raison, c'est dans l'activité de l'intellect que l'homme se réalise vraiment et pleinement ; le reste est condition nécessaire, condition dans laquelle le commun des mortels demeure et trouve son contentement tout relatif, mais n'est que condition en vue de l'inconditionné »[477].

A préciser que l'homme raisonnable, c'est celui qui agit. Il se distingue proprement de l'animal et enrichit grandement son humanité à travers l'action, à travers l'engagement dans la décision : « L'homme est l'être qui agit. Les animaux n'agissent pas. Et la définition positive de l'homme est : l'homme est le principe de ses actions »[478].

---

[473] *Ibid.*, 18.

[474] Cf. *Ibid.*, 21.

[475] Cf. RA 971.

[476] EC I, 38.

[477] RA 971.

[478] EC I, 19.

L'homme agit, autrement dit, il accomplit une œuvre de création (ποίησις). Il réalise une activité de transformation qui, prenant appui sur la nature, la dépasse. Il s'agit d'une activité qui surplombe la dimension physique et transcende la sphère biologique[479] dans laquelle l'être se donne en tant qu'entité animale. L'action humaine va au-delà de l'empiricité et de la sensibilité propre à la naturalité — au sens de la sensualité primitive —. Elle se trouve aux antipodes de « la production, qui est dirigée par une "technique", attitude acquise par laquelle, à l'aide d'un vrai concept, on fabrique des objets »[480].

L'homme se dévoile donc comme un être fondamentalement porté à l'action, un être qui agit en tant que tel — en tant qu'il *est* — : « quand il est lui-même, il agit, sans plus »[481]. L'individu agit dans la mesure où il cherche des biens humains[482]. Il se met en action parce qu'il quête le bien, non pas un bien surnaturel — un bien pur ou suprasensible, mais cependant inaccessible —, un bien absolu qui le surplombe ou lui échappe. L'homme se meut en vue d'un bien à sa portée, un bien qui peut prendre pour noms, honneur, puissance, richesse, vertu, contemplation, etc.[483] ; un bien qui correspond donc à « l'activité réelle, non seulement possible, de l'homme agissant d'une façon qui lui fasse bien faire ce qu'il fait »[484]. En fin de compte, l'homme agit en vue d'un bien qui le satisfasse intégralement, il agit en vue du *contentement* (εὐδαιμονία) total de son être[485].

Cela revient à dire que l'action de l'homme ne se réalise pas dans le vide. Elle a un sens et une finalité. L'action de l'homme possède une réelle signification pour son existence tout entière. Elle s'effectue dans et au-delà des circonstances, en vue du vrai bonheur. « Dans le monde tel qu'il est, les conditions requises sont normalement données : l'homme peut agir, se réaliser, être heureux »[486].

---

[479] Cf. *Ibid.*, 21.

[480] *Ibid.*, 19.

[481] *Ibid.*, 19.

[482] Cf. *Ibid.*, 21.

[483] Cf. *Ibid.*, 15.

[484] *Ibid.*, 15.

[485] Cf. *Ibid.*, 15. A signaler que l'interprétation de l'action chez Aristote est sujette à débats. Elle a connu une évolution théorique dans le contexte contemporain et a donné naissance à un néo-aristotélisme post-thomiste. A propos voir, entre autres : R. Bubner, *Azione* ; L. Cortella, *Aristotele* ; A. Da Re, *L'etica* ; R. Ogien, « Action », 4-5 ; C. Natali, « Actions », 12-35 ; F. Floresta, « Ποίησις », 69-106 ; F. Volpi, « Philosophie pratique », 1195-1202 ; « Réhabilitation », 461-484.

[486] EC I, 15.

Dans cette ligne — dans la ligne d'effectuation du bonheur vrai (du contentement véritable) qui représente son but majeur —, l'action de l'homme est gouvernée par la raison. En tant que telle, elle se trouve portée et guidée par l'appétit raisonnable qui le constitue, et non par ses facultés purement vitales.

Seuls la raison et l'appétit font agir, puisqu'ils connaissent l'affirmation et la négation : le choix conscient est l'œuvre de la raison, jointe à l'appétit. Le bien de la raison pure est vérité. Le bien de la raison pratique est la vérité conforme à l'appétit juste. L'être de l'action bonne ou mauvaise se trouve dans la décision, qui est intellect désirant ou appétit raisonnable. L'homme, dirons-nous, est ce principe même[487].

L'homme agit donc et se décide à agir selon le bien et pour le(s) bien(s). Il choisit ce qui se révèle comme conforme à la raison et permet l'expression plénière de son être dans la temporalité, c'est-à-dire, la réalisation radicale de la raisonnabilité en lui dans la quotidienneté (le présent possible désiré) en vue du futur (l'avenir heureux appréhendé). Le choix ou la décision raisonnable et raisonnée lui permettent de s'inscrire durablement dans le monde. Ils lui permettent d'habiter le monde (le cosmos) de façon vertueuse (de façon digne et juste). Ils l'aident, autrement dit, à vivre dans la réalité en valorisant l'altérité, à vivre en respectant le prochain égal à lui.

Ainsi donc, l'homme se décide raisonnablement pour lui-même (pour son bien individuel). Il se décide également pour le bien du prochain. Il choisit le bien pour lui et pour les autres hommes qui se trouvent dans le même univers que lui : « en formulant son choix, [il] choisit pour tous les hommes »[488].

3.4.3 Cité, sagesse et langage

Arrivé à ce point, il paraît impérieux de noter que l'homme qui cherche à se réaliser sous l'ordre de la raison, ne vit pas en mode solitaire. Il n'est pas le seul être (humain) au monde. En tant que tel, il s'auto-dévoile à partir d'un contexte groupal. L'homme ne peut se déterminer dans l'unique espace familial originel. Il vit dans la cité, dans la cité constituée par des hommes — libres et normaux — comme lui.

---

[487] *Ibid.*, 20.
[488] *Ibid.*, 36.

L'homme est un animal qui vit en société. Il ne connaît pas seulement la communauté purement naturelle du mâle et de la femelle. Même dans cette communauté, qui est encore animale, le facteur humain apparaît par le fait que les actions des deux partenaires se distinguent. Mais c'est la cité qui est vraiment naturelle à l'homme[489].

L'homme se dévoile donc comme un être naturellement social. Sa nature surnaturelle s'effectivise dans le cadre de la cité (πολίς). La cité ou la société équivaut au lieu par excellence d'identification eidétique et de présentification anthropologique de l'individu. L'être humain transcende la communauté génétique naturelle. Il transparaît au-delà du milieu familial originel pour expérimenter une naturalité autre dans la société ; pour vivre une humanité achevée — ou mieux quasi-achevée — à travers la citoyenneté[490].

Le vrai homme habite citoyennement le monde. Il est membre de la société politique. Il appartient à l'Etat dans la mesure où celui-ci correspond à une communauté humaine plus noble et plus raisonnable que la simple « communauté locale d'échanges et de paix civile »[491] ; une communauté qui s'efforce de « réaliser le bien humain, c'est-à-dire, le bonheur fondé sur l'action vraiment humaine »[492]. Celui qui ne se reconnaît pas à travers un Etat possède une nature différente de celle des êtres humains. En effet, l'Etat appartient aux hommes libres. Il est composé d'hommes qui, par la vertu, cherchent à s'auto-accomplir historiquement :

> [… L'Etat] n'est pas un moyen : il précède en dignité tout individu et toute famille. Le barbare, qui vit sans Etat, n'est pas un homme véritable. Seul, le citoyen réalise l'être humain : celui qui vit au dehors de la communauté est un animal ou un Dieu : l'homme vit et se réalise dans l'Etat, communauté d'êtres raisonnables qui agissent et dont les actions ont pour fin cette communauté[493].

Dans la cité ou dans l'Etat (la *Cité-Etat*), les rapports entre les hommes sont réglés par la loi. La loi, dans la mesure où elle est libre de toute passion et juste[494] — dans la mesure où elle (se) définit (dans) la juste mesure —, encadre l'huma-

---

[489] *Ibid.*, 22.

[490] Cf. R. CAILLOIS, « Eric Weil », 93.

[491] EC I, 24.

[492] *Ibid.*, 24.

[493] *Ibid.*, 26.

[494] Cf. *Ibid.*, 23.

nité et oriente la destinée de la communauté. Elle favorise l'établissement de relations harmoniques et pacifiques entre les hommes. La loi juste (ou adéquate) permet à la cité de durer. Elle concourt proprement à la préservation consciente du lien social ainsi qu'à la pérennisation consentante de l'existence historique de la communauté.

En fait, dans l'organisation de l'existence citoyenne, la loi doit être juste et équitable : « elle doit reconnaître l'égalité des citoyens et défendre chacun contre tout autre qui tenterait de le léser ; elle doit préserver une égalité qui, loin d'être mécanique, reconnaît à chacun sa juste part. Une constitution qui pècherait contre ce principe ne pourra pas durer »[495].

La loi adéquate ou la constitution idéale doit être vécue par les bons citoyens, dans le bon Etat. Elle doit participer au surgissement d'un Etat qui, « loin de servir les intérêts particuliers, forme le citoyen »[496], éduque l'homme à la vertu et (s') ouvre à l'expérience théorétique du sage.

Il faut le souligner, le meilleur Etat demeure « celui dans lequel le bon citoyen est homme vertueux, où l'homme de bien remplit par là même les lois de la cité »[497]. L'Etat bon, l'Etat qui accomplit la *vraie nature* de l'Etat, est celui qui « mène les citoyens vers la pleine réalisation de leur nature humaine, dans la mesure où chacun parmi eux est susceptible de recevoir la forme achevée de l'humanité »[498].

En d'autres mots, l'Etat parfait est celui qui s'évertue à informer ses citoyens à la raison, à les former au bien. C'est l'Etat dans lequel le bon citoyen, qui est aussi homme de bien, « réalise toutes les possibilités de l'homme, jusques y compris la vie la plus haute, celle de la *theôria* »[499], en tant que cette dernière correspond au sens par excellence et à la véritable justification de la politique chez Aristote (ainsi que chez Platon)[500].

L'Etat bon garantit la liberté et la sécurité (physique, économique...) des citoyens. Cet Etat prend corps et mûrit là où les hommes connaissent la liberté politique[501]. L'Etat raisonnable émerge « là où chacun, à tour de rôle, saura commander et obéir, où toutes les fonctions essentielles de l'Etat, pouvoir législatif,

---

[495] *Ibid.*, 23.

[496] *Ibid.*, 26.

[497] *Ibid.*, 24.

[498] *Ibid.*, 25.

[499] PHP 227.

[500] Cf. PHP 227.

[501] Cf. *Ibid.*, 227.

pouvoir judiciaire, pouvoir délibératif, seront accessibles à tous ceux qui ne sont pas étrangers résidents [...] ou esclaves »[502].

A ce niveau se précise l'enjeu de l'éducation et de la personnalité ainsi que celui de la responsabilité générale des gouvernants dans l'émergence et la permanence du bon Etat. En effet, l'Etat qui, au plan politique, veut actualiser la vraie nature de l'Etat, est invité à mettre l'éducation au centre de son action. Il doit être le maître de l'éducation citoyenne et donner un contenu concret à l'action humaine dans la société[503].

A signaler que l'éducation ne vient pas transformer miraculeusement la nature humaine. Elle contribue plutôt à la formation des citoyens équilibrés et engagés. Elle favorise précisément l'engendrement et le développement des citoyens intéressés à la vie historique de la communauté :

« Aucune éducation ne fait d'un individu né mauvais un homme au sens plein ; elle peut en faire un bon citoyen, car il y a peut-être même dans les mauvais un élément de bien naturel, plus fort qu'eux qui cherche le bien propre de l'homme »[504]. L'éducation facilite l'évolution morale ainsi que la transformation de l'individu dans le milieu social. De l'enfant, qui est encore un animal, elle fait un homme, un être social, un individu prêt à servir librement et fièrement l'Etat[505].

L'éducation ouvre précisément l'homme au discernement du sens des choses du monde. Elle fait cultiver l'habitude de la vertu et favorise l'acquisition de l'*habitus*, cette vertu qui porte l'homme à prendre la bonne décision et qui équivaut à la réalisation de ses possibilités singulières[506].

L'éducation affine donc dans l'individu la capacité à la décision morale et le sens de la justice communautaire. Elle facilite la réception de la raison et de la sagesse pratique (φρόνησις) qui favorisent un accomplissement authentique de l'existence citoyenne. L'éducation transforme finalement les individus en hommes mûrs et aguerris. Elle les transmue, autrement dit, en êtres capables de se déterminer raisonnablement dans la réalité et d'accéder au vrai contentement.

Cette éducation orientée vers le bien et fécondée par la justice se révèle tellement importante dans la configuration raisonnable de la cité qu'elle signe l'identité réelle entre éthique et politique en tant que domaines des savoirs humains :

---

[502] *Ibid.*, 227.

[503] Cf. EC I, 22.

[504] *Ibid.*, 25.

[505] Cf. *Ibid.*, 26.

[506] Cf. *Ibid.*, 21.

306

à travers l'éducation, on se rend aisément compte que « Ethique et Politique sont une seule et même chose »[507].

L'éducation dit et dessine aussi l'enjeu de la *personnalité* de ceux qui président aux destinées historiques de la communauté. De fait, pour avoir des hommes bons, il est impérieux que les meilleurs hommes gouvernent ou organisent l'Etat. Il faut des hommes bien formés, des hommes assez équilibrés pour bien éduquer les citoyens, les former de façon adéquate et pondérée.

La meilleure éducation engage la cité, toute la cité[508]. Elle est inhérente à la vertu ou à la sagesse pratique d'hommes qui, dans la communauté, voient avec l'œil de l'expérience, apprennent aux autres, nés plus ou moins hommes, à distinguer le bien du mal. Il s'agit des hommes guidés par la raison ; des hommes qui, accomplissant une fonction d'Etat, s'efforcent, autant que faire se peut, de rendre meilleurs leurs concitoyens[509] : ils ont sursumé la pure spéculativité et ne (se) livrent pas (à) des cours théoriques. Ils ne se contentent point de simples propos mais se décident à agir. Ces hommes s'impliquent concrètement et s'évertuent à éduquer les moins expérimentés au sens de la juste mesure, de la vertu, de la dignité, de l'amitié et de la raison[510].

Au-delà de la parfaite éducation, on note également que le bien de l'Etat, c'est-à-dire son unité politico-morale[511] dépend de la présence d'hommes achevés et aguerris qui mettent leur sagesse à la disposition du plus grand nombre. Le bon fonctionnement, la croissance et la permanence historique de l'Etat requièrent des hommes dotés de profondeur morale : « L'Etat ne peut accomplir sa tâche que s'il est dominé par les bons ; toute autre *forme d'Etat*[512] peut être nécessaire dans

---

[507] *Ibid.*, 26.

[508] Cf. *Ibid.*, 26.

[509] Cf. *Ibid.*, 29.

[510] Cf. *Ibid.*, 29.

[511] Cf. PHP 227

[512] C'est nous qui soulignons. Dans sa présentation de la philosophie politique d'Aristote, Eric Weil donne un certain aperçu des formes d'Etat et de gouvernement que le Stagirite propose en relation avec la concentration du pouvoir selon le nombre. Il écrit ce qui suit : « Une cité dont la richesse est concentrée entre les mains d'un petit groupe aura un gouvernement aristocratique (si les gouvernants sont agissant dans l'intérêt commun) ou oligarchique (s'ils poursuivent leur propre avantage) ; ou bien on versera dans un régime de masses pauvres qui se distribueront les possessions des riches, détruiront ainsi l'industrie et le commerce, et finiront par tomber sous le joug d'un tyran, représentant dégénéré du roi patriarcal du passé, qui ne respectera rien ni personne après avoir flatté et trompé la multitude » (PHP 227). A signaler qu'Eric Weil tient compte aussi des réflexions aristotéliciennes (grecques antiques) dans sa conception de l'Etat comme forme et sa proposition des types de l'Etat en tant que moderne. Il procède à leur épuration et à leur re-figuration dans le contexte moderne (PP 140-160).

tel cas déterminé, y être même la moins mauvaise, elle ne sera jamais bonne »[513].

L'Etat ne peut devenir un authentique service éthique que si l'homme d'Etat (le législateur, le gouvernant…) se laisse enseigner par celui qui possède les principes de la morale et de la sagesse, autrement dit, par le philosophe. Il est ainsi nécessaire que l'homme d'Etat puisse apprendre auprès du philosophe, que le législateur devienne disciple du moraliste (l'anthropologue)[514].

En fait, la philosophie apporte une large contribution à l'existence commune de et dans la cité, en gravant le concept dans le savoir pratique du gouvernant, en aidant le législateur à comprendre la vérité profonde sur l'être humain : c'est en puisant à la source de la connaissance véritable de l'homme que possède le philosophe, que le législateur « sera capable d'élaborer une constitution qui sera la meilleure dans les conditions données »[515] et que le gouvernant saura manier les hommes puis les portera à agir, à se décider à agir pour le bien.

La philosophie (ou encore le philosopher) transparaît ici dans toute sa grandeur et sa splendeur. Elle s'effectue comme une action configuratrice de l'être politique et initiatrice de l'épanouissement social : « Il faut donc qu'il y ait philosophie »[516]. En effet, seul, le philosophe, l'homme de la vue du tout, « réalise pleinement l'humanité de l'homme, et seul, il peut trouver et montrer encore la bonne voie. La sagesse pratique, le coup d'œil ne construisent pas la vraie Cité : tel Etat peut durer par le bon sens de ses dirigeants, il n'arrivera pas à la perfection »[517].

Dan sa quête de stabilité et de bonheur, la cité doit offrir un espace de fond à la philosophie. Elle doit favoriser l'émergence de la race des sages ; ceux qui sont capables d'appréhender les principes dans leur quintessence et de les communiquer au commun des mortels. La sagesse trône effectivement au-dessus du politique, même si elle a besoin d'un cadre sociopolitique effectif pour s'actualiser et se phénoménaliser. En tant que contemplation, vue active, elle rapproche l'homme du divin. La sagesse signe l'achèvement de l'être humain dans et par l'intellect raisonnable.

Dans cette ligne, le sage apparaît comme « le vrai législateur, parce que c'est lui qui possède la vérité »[518], parce qu'il se trouve au-dessus de la loi ou encore s'identifie pro-

---

[513] EC I, 24.
[514] Cf. *Ibid.*, 29.
[515] *Ibid.*, 29.
[516] *Ibid.*, 29.
[517] *Ibid.*, 29.
[518] *Ibid.*, 34.

prement à elle[519]. Le politique ne doit donc pas empêcher l'exercice de la sagesse et de la vertu. Il ne doit pas faire écran à l'action des philosophes s'il veut, au plan sociopolitique, dépasser le stade de l'organisation stable et bonne accéder à celui de la plénitude de la perfection. S'il veut, autrement dit, expérimenter l'actualisation maximale des principes de la justice et du bien, des principes qui s'expriment à travers le langage.

De fait, l'élément du langage permet à l'homme de saisir et d'exprimer le principe basique des êtres et des choses dans le monde. Il lui permet de comprendre la réalité, de déceler le sens profond de la réalité naturelle, historique, sociale et politique. Le langage aide aussi l'homme à spécifier la nature du bien et à l'expérimenter dans son existence. Il l'aide, autrement dit, à identifier ce qu'est le bien puis à choisir le vrai bien pour les autres, pour le monde qui l'environne.

On accordera que le langage est un élément fondamental dans l'existence humaine et dans la vie de la cité. Il est fond et fondement. Il participe à la configuration raisonnable de l'être humain et à la détermination sensée de sa présence au monde. Le langage représente précisément le plan focal de la spécification anthro-

---

[519] Eric Weil signale l'enjeu de la sagesse dans la philosophie aristotélicienne (enjeu qu'il réélabore et enrichit dans son propre système logico-philosophique et son prolongement politique). Il insiste sur l'éminente dignité de la vie théorétique, la vie du sage — une vie qui est maîtrise et possession des principes, raisonnabilité et félicité plénière… — par rapport à la vie pratique — une vie qui, malgré sa valeur, ne permet pas d'atteindre la perfection et la plénitude du bonheur — (cf. EC I, 23-35). Voici un passage qui indique le rapport entre sagesse, humanité et cité chez Aristote selon Weil : « Dans un mauvais Etat, le sage pourra rester sage, à moins que les mauvais ne le tuent ; mais l'homme n'y saurait devenir sage : il est d'abord homme et il ne cesse jamais de l'être. Le sage est plus qu'un homme, mais ce surhomme reste dans la condition humaine. Aussi, pour la vie spéculative, la partie naturelle ne suffit pas à elle-même : homme, le sage ne peut pas se passer de santé, de nourriture, de services ; rien n'est changé en principe par le fait que ses exigences seront plus modestes que celles de l'homme ordinaire. Il prendra soin de la Cité, parce qu'il ne veut vivre que dans un Etat qui ne soit pas tout à fait mauvais. Il s'occupe de rhétorique, de morale, de politique pour sauver la sagesse : pour l'amour de la sagesse, le sage agira en citoyen » (*Ibid.*, 35). Il faut le noter, même s'il dépasse l'homme du commun et s'il connaît parfaitement son métier, le politique ne représente pas encore l'homme complet, l'homme achevé. Il est un simple technicien, un grand technicien qui suit les principes mais ne les possède pas. Il n'a pas encore atteint l'acmé du savoir sur les choses et ne peut conséquemment pas indiquer l'action pleinement humaine ni assurer la profonde progression de l'Etat (*Ibid.*, 29). C'est le sage qui accomplit l'homme total qui n'est qu'en puissance chez les autres individus humains (*Ibid.*, 39). Le sage rapproche l'homme de la divinité. Il est même un être divin au milieu des hommes qu'il s'efforce de diviniser (*Ibid.*, 37).

pologique de l'être humain. Il correspond au fait central qui permet de caractériser l'homme diversement de l'animal : l'homme « n'a pas seulement la mémoire, par là l'expérience, il a encore et surtout la faculté de parler raisonnablement. Si l'animal a l'expérience, seul l'homme a une technique rationnelle : il connaît les causes de l'événement et est capable d'enseigner ce qu'il sait »[520].

C'est le langage qui fait l'homme ; c'est lui qui pratiquement fait (l') être (de) l'homme. Le langage détermine et spécifie l'humanité de l'homme dans sa différentialité, sa singularité et sa pluralité.

> La communauté humaine, pouvons-nous dire, est caractérisée par le fait qu'elle se fait par le discours et la pensée ; les animaux vont paître dans le même champ, l'homme a reçu le langage pour pouvoir parler, et non seulement pour exprimer agrément et désagrément : il peut s'expliquer sur l'utile et le nocif, sur le juste et l'injuste. Et c'est en dernière analyse cela qui fonde la famille et l'Etat[521] .

Le langage engendre donc l'homme en tant qu'animal linguistique surplombant l'ensemble des êtres et des éléments présents dans le monde de l'expérience. Il possibilise l'émergence individuelle et collective de l'être humain dans son environnement existentiel. Le langage assure une réelle densité à l'expérience mondaine de l'homme. Il donne à déchiffrer l'homme comme un être social et politique, un être dont l'individualité et la liberté ne deviennent effectives que dans la société[522].

Le langage signe ainsi la sur-naturalité de l'être humain et définit sa dignité historique. Il spécifie également sa vocation pédagogique et fixe tout autant sa destinée heuristique : le langage constitue « le moyen par lequel l'homme s'instruit de la façon la plus humaine. Aussi longtemps qu'il est enfant, c'est-à-dire animal, son éducation est dressage ; il apprend, dès qu'il est sorti de cet état, par ce qu'il entend »[523].

A travers le langage, l'être humain cherche et se cherche lui-même. Il cherche à s'instruire, à appréhender ce que sont les choses dans leur sens profond, dans leur essence véritable ou dans la pureté de leur signification. Il veut déceler leur mécanisme intrinsèque. Avec le langage, l'homme « peut chercher, parce qu'il sait

---

[520] EC I, 27.
[521] *Ibid.*, 28.
[522] Cf. *Ibid.*, 36.
[523] *Ibid.*, 27.

; il doit chercher, parce qu'il agit dans le monde humain » [524] et veut accéder au vrai en tant que tel.

Ainsi donc, dans et par le langage, l'homme pense et se meut. Il se met en mouvement et cherche à joindre le vrai. Dans et par le langage, l'homme s'implique ou se décide à agir. Il agit durablement sur le donné naturel auquel il confère une identité nouvelle.

> L'homme agit, pourrait-on dire, parce qu'il parle. [...] Il sait qu'il vit dans un monde, en d'autres termes, il est conscient de soi. Il a la raison et, partant, il ne s'en tient pas au présent : l'instant ne lui suffit pas. L'expérience lui ouvre les possibilités de son avenir, et y cherchant le contentement, il se cherche lui-même, recherche impossible sans langage et communauté humaine. Sans langage, il serait animal parmi les animaux ; grâce à lui, il peut s'instruire, parce que son acquis ne se perd pas [...][525].

A ce niveau, on se rend compte que l'homme qui parle et agit demeure conscient de son action — conscient de soi en tant qu'il agit —. Il choisit et agit raisonnablement. Il choisit et agit dans la communauté à laquelle il appartient. Son action favorise le progrès réel de sa communauté ; une communauté qui, en principe, est raisonnable ; une communauté qui se crée et se maintient dans et par le langage[526]. En partant du langage, l'être humain procède finalement à la quête du contentement véritable. Il s'élève vers le Bien. Il accomplit les capacités réelles — cependant cachées — de son humanité et est conduit vers le bonheur véritable.

Pour récapituler notre propos, on peut dire que le langage fixe l'homme dans la cité et l'inscrit dans l'ordre socio-cosmique. Il l'engendre comme membre d'une communauté qui poursuit un but raisonnable dans le monde et veut durer dans l'histoire. Le langage fait de l'homme un citoyen. Il consacre l'émergence et la croissance spatiotemporelle de sa communauté. Ici, il fait montre d'une authentique fonction politique qui se visibilise ou devient objective au plan expérientiel et rend possible l'auto-réalisation existentielle de l'homme, son accession au bonheur. En (se) comprenant (dans) le langage et en prenant appui sur lui, l'homme, notamment le sage, est porté vers la contemplation du monde en sa totalité et des êtres en leur pureté. Il accède, autrement dit, à l'expérience

---

[524] *Ibid.*, 28.
[525] *Ibid.*, 28.
[526] Cf. *Ibid.*, 36.

théorétique qui lui permet d'entrevoir les êtres et les éléments dans la netteté de leur forme et la vérité de leur dimension.

Arrivé à ce point, nous pouvons dire que le penser weilien, qui se produit comme une logique immanente des langages humains et se manifeste au plan historico-politique à travers le discours, la discussion et le dialogue, reçoit sa forme globale des géants que sont Hegel, Kant et Aristote. Sa substance intrinsèque est formée par les éléments focaux qu'offrent ces auteurs dont la densité de la réalité sensée et la centralité du langage dans la compréhension et la réalisation de la vie personnelle et communautaire. La pensée de Weil, construite autour du plan du langage et bâtie à partir du champ culturel constitué par Hegel, Kant et Aristote, apparaît comme un édifice théorique capable de problématiser les productions philosophiques actuelles et de favoriser la reconsidération du fait de la violence nue ainsi que l'enjeu du sens ou de l'accession des hommes à la présence.

CHAPITRE IV

LANGAGE ET RÉFLEXION CONTEMPORAINE

Après avoir visité les fondements épistémologiques et décelé les sources métaphysiques de la pensée weilienne en tant que pensée du langage, nous allons approfondir notre recherche en procédant à une confrontation dynamique de ses résultats avec la réflexion philosophique émergente dans le contexte actuel. Nous voulons entrer en débat avec quelques philosophes s'inscrivant dans des orientations philosophiques dominantes de notre temps. Nous enrichirons notre enquête heuristique en mettant nos intuitions centrales à l'épreuve de la culture philosophique contemporaine. En fait, dans son émergence, cette dernière a connu, comme le suggèrent divers analystes et critiques, ce qu'il convient de désigner comme un *tournant linguistique, herméneutique, analytique* et *pragmatique*[1]. Par ailleurs, elle donne à déceler de réelles contra-

---

[1] En ce qui concerne la culture philosophique contemporaine, plusieurs penseurs signalent le *tournant* qu'elle a connue, même si l'appréciation et la considération de ce tournant est nuancée par d'autres (cf. J.-M. BESNIER, *Histoire de la philosophie* II, 986-996 ; O. CAYLA, « Langage », 381-388 ; F. CONIGLIARDO, *Proceduralità*, 32-40 ; D. DI CESARE, *Utopia*, 13-16 ; J.-M. FERRY, *Philosophie* I, 7-27 ; J. HABERMAS, *Le discours* ; C. MORILHAT, *Empire du langage* ; B. MÜLLER, « Tournant linguistique », 1183-1186 ; A. MÜNSTER, *Le principe*, 233-237 ; R. M. RORTY, *The Linguistic Turn*). La réalité du *tournant* linguistique de la pensée contemporaine est globalement acceptée. Cependant ses fondements, ses contenus et ses orientations ne trouvent pas d'unicité ni d'univocité épistémologique. Ils ne signifient pas la même chose et ne coïncident pas chez divers penseurs. L'enjeu ou les incidences du *tournant* sont analysés et appréciés différemment. L'élément minimal qui semble apparaître dans les nombreuses analyses est celui du *langage* (dont le sens reste cependant différent chez les auteurs promouvant le *tournant*). L'imprécision thématique et interprétative inhérente au *tournant*, la grande inharmonie épistémologique dans la compréhension et la présentation de ses concepts majeurs, l'inadéquation paradigmatique et l'instabilité théorique qui en marque la conception…, ont amené certains auteurs à en récuser fermement la légitimité, ou encore, à en minimiser la portée. La pensée du *tournant* linguistique ne résulterait que d'un manque d'appréciation perspectiviste dans le déchiffrement général des savoirs contemporains ou d'une mésinterprétation paradigmatique dans la détermination et la quête d'une configuration globale à la pensée contemporaine (cf. L. de BRIEY, *Le conflit* ; G. HOTTOIS, « L'inflation », 61-69 ; H. VÉDRINE, *Le sujet*, 181-183).

dictions dans la conception des problèmes (anthropologiques, éthiques, sociopolitiques, historiques…) qui minent la vie globale des hommes. Ces contradictions surgissent spécialement dans la compréhension de l'homme, de son langage et du sens de sa présence-au-monde. Elles apparaissent, autrement dit, dans la quête d'une orientation historico-temporelle adéquate à l'être humain et la construction de son avenir en tant que destinée communautaire portée par la raison.

La culture philosophique contemporaine se trouve marquée par un éclatement épistémologique et un écartèlement ontologique : les contenus de connaissance constitutifs des savoirs humains ressemblent à des navires perforés naviguant sur des eaux usées. Le déchiffrement du sens profond des êtres et le dépliement de l'essence des choses se dissout dans les sables mouvants de l'événementiel (la course) et de l'unidimensionnel (la bourse). On note également un effondrement éthique et un épuisement esthétique. L'incertitude monte, l'incohérence augmente. A grands pas, le désert nihiliste avance : le *vide* polymorphe prend place. Les plaines de la raison se dessèchent graduellement. La barbarie revient au galop. La banalité est à l'ordre du jour. Le superficiel et l'artificiel s'invitent dans les conceptions et les réalisations. L'éphémère et l'insensé se côtoient dans l'espace mental et social. L'insignifiance systématique et pratique s'élance. Elle se fait envahissante : en plus de la vie concrète, elle tend à envelopper largement les ordres, les systèmes, les complexes, les textes, les contextes…[2]

Sans prétendre aucunement offrir une panacée aux interrogations et aux contradictions qui constituent le tissu actif de notre vie (de notre vécu naturel et culturel, empirique et symbolique, réel et intentionnel, personnel et sociocommunautaire…), nous voulons les éclairer au maximum et, d'une certaine manière, contribuer à leur possible sursomption. Cet éclairage analytique passera par un dépoussiérage théorique ainsi qu'une évaluation aporétique qui va se concentrer principalement sur quelques productions philosophiques témoignant de la prééminence perspectiviste du langage dans l'élaboration du savoir et l'organisation de la vie humaine.

De façon précise, nous allons articuler nos propos puis construire nos propositions en traversant le périmètre herméneutique de la philosophie et le plan épistémologique représenté par la philosophie de la communication initiée puis développée par Jürgen Habermas — et Karl-Otto Apel[3] —.

---

[2] Cf. C. Castoriadis, *Post-scriptum*, 51-76 ; R. Jaccard, *La tentation*, 43-51 ; G. Lipovetsky, *L'ère du vide*, 70-112 ; G. Lypovetsky – S. Charles, *Les temps*, 7-35.

[3] La philosophie de la communication proposée par Jürgen Habermas est largement dépen-

Nous souhaitons nous confronter, directement et indirectement, aux parcours heuristiques frayés par Hans Georg Gadamer et Jürgen Habermas puis approfondis, entre autres, pour le premier, par Donatella Di Cesare et, pour le second, par Jean-Marc Ferry, dans la mesure où les pensées de ces derniers manifestent, d'une certaine manière, la maturation du paradigme langagier de la philosophie ou la transformation langagière des modes de penser et d'agir dans l'ordre actuel.

Nous allons montrer que la pensée déployée par ces différents penseurs révèle clairement l'importance grandissante ou la résurgence polymorphe du fait langagier dans la conception et la réalisation du philosopher dans le contexte contemporain. Cependant, ces investigations dans le langage et autour du langage laissent transparaître des insuffisances étonnantes ainsi que des limites inattendues qui semblent éroder l'immense richesse qu'elles couvent. A ce niveau, nous soulignerons, entre autres, les faits de la fissure paradigmatique, de la dysharmonie herméneutique et du manquement praxéologique qui se dégagent de ces approches philosophiques. Dans la même direction, nous présenterons l'inadéquation théorique et la non-intégrité catégorique qui les marquent intrinsèquement.

Pour procéder de façon cohérente à l'éclairage philosophique et à la confrontation enrichissante que nous visons et ainsi approcher nos objectifs heuristiques, il nous faut présenter, d'une manière synthétique les résultats de notre cheminement épistémologique avec d'Eric Weil.

1. Jeux et enjeux weiliens du langage

Notre enquête philosophique autour du penser-weilien-aux-êtres-et-aux-choses a consisté à donner un chiffre au langage en tant qu'il spécifie la vie de l'homme et détermine la conscience-de-soi de son existence individuelle et socio-communautaire, dans la dynamique de la violence, qui représente l'autre de la raison. Elle nous a permis d'envisager la multi-dimensionnalité du fait du lan-

---

dante des approches théoriques et critiques faites par Karl-Otto Apel (cf. K.-O. APEL, « Diskursethik » ; ID., « L'éthique de la discussion », 154-165 ; ID., *La réponse* ; J.-M. BESNIER, *Histoire de la philosophie* II, 939-942 ; J.-M. FERRY, *Habermas*, 475-526 ; ID., *Philosophie* I, 47-122 ; J. HABERMAS, *Morale et communication* ; M. HUNYADI, « Discussion », 452-459). Cependant, dans nos investigations, toutes choses par ailleurs considérées, nous avons opté pour une voie moyenne, celle qui n'inclut pas directement le débat épistémologique entre Apel et Habermas dans l'exploration et la compréhension de la philosophie communicationnelle. Nous avons opéré le *choix herméneutique* et *pédagogique* de nous concentrer beaucoup plus sur Jürgen Habermas que sur Karl-Otto Apel.

gage dans la mesure où celui-ci (s') assume (dans) des figures logico-philosophiques et se réalise à travers une épiphanie historico-politique.

Nous avons compris que, chez Eric Weil, le langage se déchiffre comme une modalité de donation de l'homme et un mode d'expression du philosophe(r). Il représente une dimension constitutive et configurative de l'être humain, un élément fondamental et fondateur de la vie de l'homme en tant qu'individu et en tant qu'être inscrit dans une communauté-société : c'est dans et par son langage que l'homme se distingue des animaux et que le philosophe(r) vient au jour. Le langage favorise l'auto-constitution authentique de l'homme et son inscription durable dans le monde. Il aide les hommes à s'orienter dans le temps et à organiser leur histoire. Il permet aussi au philosophe de surgir dans le monde puis le conduit à se manifester comme *homo theoreticus* dans et au-delà de la spatialité et de la temporalité.

Le langage n'appartient pas à l'homme au sens où il le posséderait comme un bien matériel, un meuble ou un immeuble personnels. Il n'est pas une propriété propre de l'individu (sa propriété privée). L'être humain n'est pas un détenteur anhistorique et définitif du langage. Il le quête et l'acquiert plutôt dans le monde selon l'ordre sociocommunautaire.

De fait, pour l'homme, *le langage ne veut rien dire*. Le langage pur n'existe pas (ou il n'existe qu'institué et médiatisé à travers le rapport à l'altérité). Le langage prend corps dans un espace de sens préconstitué. Il émerge, se développe et se spécifie (vise la cohérence) dans un espace langagier originaire, un *milieu anté-langagier*, le milieu communautaire qui donne forme et sens à son déploiement, puis contribue à sa constitution comme réalité fondatrice et plan essentiel (d'apparition) de la vie humaine au niveau personnel et collectif.

Cela signifie que le langage n'a pas fondamentalement une valence transcendante. Il n'est pas d'abord un langage d'êtres purs (purifiés de tout contact avec le réel, des êtres qui vivent dans une cité d'or au-dessus des nuages), des individus qui réfléchissent, veulent établir des relations avec leurs semblables, en écartant la possibilité permanente de la contradiction et la quête foncière d'intérêts qui marque profondément les hommes. Le langage est toujours et déjà lié aux personnes concrètes situées dans l'espace et inscrites dans le temps, des individus qui connaissent l'injustice, souffrent et luttent ; des personnes qui, malgré tout, rejettent la violence, veulent construire la société et vivre ensemble... Il se dit, se déploie et se conquiert comme langage raisonnable et monde sensé, c'est-à-dire, comme monde où les hommes préfèrent taire (maîtriser et sublimer) leurs passions individuelles, dépasser leurs désirs iniques et, comme *modus vivendi*, choisir la non-violence, opter pour le bien, le juste, le vrai et le beau.

Le langage s'accomplit précisément comme ordre raisonnable, monde historique et communauté étatique où chacun oriente sa liberté vers plus de compréhension mutuelle, plus de cohérence existentielle et plus de justice sociale, tout en sachant que la possibilité du refus de la vie sensée n'est pas absolument écartée, autrement dit, tout en étant conscient que les hommes peuvent à nouveau opter pour la violence, refaire le choix de l'insensé et briser ainsi l'équilibre fondamental de la vie sociocommunautaire puis retomber dans l'apocalypse, l'envers radical.

En fait, le langage prend diverses connotations selon le vouloir-être-libre historique de l'homme dans le monde et les divers secteurs du déroulement (de l'expression effective) de son action. Il permet le surgissement, le déploiement et l'achèvement du système logico-philosophique (le système conçu par Weil). Il le réalise non pas comme procès onto-logique de l'Etre (le système développé par Hegel) mais comme « logos du discours éternel dans son historicité »[4], logique non-nécessaire et non-déductive des langages humains déployés dans l'espace et dans le temps. Le langage aide ainsi à envisager la systématicité, la processualité, la « concentralité »[5] et la circularité du système logico-philosophique. Il permet donc d'entrevoir la *lecture omni-englobante* ou *omni-compréhensive* de la logique de la philosophie. Celle-ci correspond à une façon de voir et de comprendre le système qui considère la quête de compréhension propre au *Logicien*, accueille la non-compréhension et les mécompréhensions éventuelles de sa compréhension et veut atteindre la compréhensibilité totale du philosopher et de l'exister dans la mesure de sa possibilité. Dans le même ordre, le fait du langage permet de concevoir l'accomplissement plénier et effectif de la philosophie ou encore son aboutissement substantiel dans l'action[6].

Au niveau historico-politique, le langage s'extériorise comme discours, dialogue et discussion. Le langage discursif est celui de l'être qui se positionne dans le temps et veut dépasser les conditions malheureuses de son existentialité. C'est le langage de l'individu qui, en relation avec d'autres (la société-communauté), cherche, avec courage et prudence, à construire le meilleur des mondes possibles, le monde du bonheur qui est. Ce langage assume trois formes discursives. Il se transmue précisément en discours descriptif et critique de l'existence sociale commune, discours transformatif et pratique de la vie sociale et politique, discours éducatif et éthique d'in-formation des hommes par la raison-sens et la liberté puis d'orientation historique vers le contentement dans la joie.

---

[4] LP 77

[5] P.-J. LABARRIÈRE, « Les "problèmes hégéliens" », 186.

[6] Cf. M. SAVADOGO, *Eric Weil*.

Pour opérer dans l'effectivité la révolution non-violente (améliorer les conditions existentielles des hommes dans le monde) et organiser de façon adéquate (normale) les relations historiques entre individus vivant en communauté-société (autrement dit établir pratiquement l'Etat constitutionnel et la démocratie vraie), le langage s'incarne dans les structures de l'action rationnelle et raisonnable. Il devient discussion. Dans cet ordre, il rend possible la conciliation du juste et de l'efficace qui sont perçus (et vécus) de façon contradictoire et rébarbative par la conscience sociale commune.

Le langage se manifeste aussi dans et par le dialogue en tant que moderne — en tant qu'il concerne les Modernes et leur mode d'être dans le monde — ; un dialogue différent, au plan de sa conception et de sa structuration, du dialogue antique (la discussion comme catégorie ou la dialectique des Anciens) qui équivaut à sa prime apparition politique au niveau historique. Le langage surgit et mûrit à travers l'action dialogique sérieuse et patiente que réalisent communautairement les hommes de culture (les créateurs, les poètes, les philosophes…), pour la constitution sensée de la politique (de la vie politique et de la sphère du politique) et la construction durable d'un monde humain vraiment habitable, autrement dit, d'un monde humain habitable dans la dignité, la vérité, l'amitié, la joie, la paix… —.

Tout central et tout tendu vers la communauté-société qu'il soit, le langage s'ouvre à son au-delà — à l'au-delà de son expression historico-politique en tant que discours, discussion et dialogue —. Il s'identifie au *méta-langage* quand il quitte le périmètre propre de l'humain pour s'axer sur la réalité en son uni-totalité. Il s'accomplit précisément comme *supra-langage* dans l'attitude-catégorie de la sagesse.

A ce plan, le langage procède à un mouvement autre, à un mouvement d'auto-transcendance propre. Il s'agit d'un déplacement existentiel qui est un réel dépassement des motifs systématiques de sa compréhension et de sa réalisation dans l'histoire. Le langage devient vie, silence-plein. Il voit et comprend le monde en tant que raison-sens réalisée et assumée en son sein.

A souligner que le langage qui a atteint son au-delà comme silence, ne sort pas du temps. Il ne fuit pas le monde qui représente son *topos* pratique. Le langage du *sage* réapparaît dans le domaine des hommes quand celui-ci est menacé d'érosion structurelle. Il intervient pour empêcher qu'il ne soit phagocyté par la méchanceté de l'homme de l'*œuvre*. De fait, le langage de l'individu isolé dans le monde (le langage poétique, le langage mystique) ne peut porter la totalité de la signifiance s'il ne s'enferme que dans l'ordre de l'*ipséité* ou de la *soi-mêmeté*, c'est-à-dire, s'il ne se trouve pas confronté à l'altérité, à la réalité de la violence naturelle et sociale dans laquelle vivent les hommes. En fin de compte, la détermination véritable et la destination privilégiée du langage reste la cité (la société-communauté portée par la quête permanente du sens, du vrai bonheur et de la paix dans l'amitié). Elle n'en épuise aucunement la signification mais permet d'en expérimenter l'effectivité.

2. Philosophie et langage

2.1 *Foisonnement du langage et tournant linguistique*

Le souci weilien du langage dans la compréhension du philosopher authentique et la détermination du sens profond de la vie de l'homme dans le monde ne correspond pas à un phénomène théorique isolé ou marginal. Sans en hériter en ligne directe ni en dépendre méthodologiquement et génétiquement, il s'inscrit dans le mouvement d'explosion contemporaine des modes de penser qui, dans la verticalité et l'horizontalité, s'articulent autour du langage.

En effet, les savoirs des temps contemporains, notamment les recherches philosophiques, témoignent d'un envahissement perspectiviste du langage dans leurs configurations générales. On note un foisonnement global des investigations théoriques qui prennent appuient sur le fait du langage ou qui se réfèrent manifestement à celui-ci. Diverses entreprises philosophiques choisissent la réalité du langage comme thème propre ou recentrent leurs efforts conceptuels autour de la problématique du langage.

Dans cette ligne, il ne serait guère exagéré d'affirmer que le caractère le plus spécifique de la philosophie contemporaine demeure « son intérêt [majeur] pour le langage, et non [pour] l'histoire ou le politique que les philosophes avaient déjà thématisés et promus en des siècles antérieurs »[7]. La philosophie contemporaine fait effectivement montre d'un intérêt central quoique polymorphe pour le langage, pour la dimension langagière, dans l'approche des êtres et la caractérisation des éléments. Elle se trouve investie et même surinvestie par le phénomène du langage.

C'est ce qu'affirme globalement Henri Lefebvre dans ses investigations sur le langage et la société[8]. Dès le début de la 2nde moitié du siècle dernier, Henri Lefebvre note la montée pluridisciplinaire et multi-perspectiviste du langage. Il illustre cette prééminence langagière après un tour d'horizon des principales disciplines scientifiques, littéraires, artistiques et culturelles. Dans cette ligne, l'au-

---

[7] G. Hottois, « L'inflation », 61.
[8] Cf. H. Lefebvre, *Le langage*, 9.

teur appelle au discernement épistémologique. Il invite à « saisir de plus près les raisons, causes et motifs de l'importance attribuée au langage, en discernant la part des découvertes réelles, la part d'engouement, les pas en avant de la science et de la conscience et la part de détérioration du langage lui-même »[9].

Claude Morilhat constate aussi le fait de l'émergence excessive du langage dans l'ordre actuel. Il se demande s'il faut parler d'un empire du langage ou d'un impérialisme langagier[10]. De fait, dans l'ordre de la pensée contemporaine, le domaine du langage a été identifié à la réalité elle-même. On a assisté à un véritable enfermement théorique et pratique des savoirs dans la cage à fer du langage. Et cette hégémonie du langage s'est traduite « non seulement par une conception unilatéraliste de l'activité cognitive mais aussi par une véritable dissolution langagière de la réalité physique et sociale »[11]. En clair, il s'est globalement agi d'une large « linguicisation »[12] ou encore d'un profond « linguicisme »[13] dont les productions philosophiques des auteurs comme John Searle, Jürgen Habermas et Richard Rorty demeurent, entre autres, les grands symboles.

Dans la même ligne, mais de façon plus profonde et plus critique, Gilbert Hottois signale une véritable « inflation du langage »[14] dans la pensée actuelle. Il s'agit de la

---

[9] *Ibid.*, 26.

[10] Cf. C. MORHILAT, *Empire du langage*, 9-12.

[11] *Ibid.*, 10.

[12] *Ibid.*, 10.

[13] *Ibid.*, 10.

[14] G. HOTTOIS, « L'inflation », 61. Gilbert Hottois thématise et dénonce l'inflation du langage dans la pensée contemporaine. Il critique fermement cette résurgence excessive et destructrice de la perspective linguistique dans la culture philosophique de notre temps. Selon lui, le triomphe linguistique actuel apparaît, en même temps, comme « l'expression d'une crise profonde de l'ontologie, c'est-à-dire en somme de la capacité de l'homme d'être-au-monde-par-le-langage, d'habiter encore le réel par la voie de la symbolisation qui donne sens, car elle métamorphose l'espace en un monde et le temps en une histoire » (G. HOTTOIS, « L'inflation », 62). Gilbert Hottois précise aussi que l'un des grands penseurs contemporains chez qui l'inflation du langage atteint des proportions exceptionnelles est Martin Heidegger, à travers son œuvre *Sein und Zeit*. Dans cette œuvre monumentale qui tente manifestement d'éviter une *philosophie métalinguistique*, Hottois découvre que la problématique du langage est largement maîtrisée, théoriquement réduite et circonscrite. Elle est thématiquement muselée mais étrangement présente à travers trois figures originelles et énigmatiques : « le problème du discours (*Rede*) ; le problème du comprendre-projeter et du monde ; la question de la méthode phénoménologique-herméneutique » (ID., « Le langage », 56). Tout en prenant en compte la préoccupation centrale de Gilbert Hottois dans ses

prise de possession langagière des philosophèmes phénoménologiques, ontologiques, herméneutiques, structuralistes… Cette inflation linguistique ou sémiotico-linguistique prend massivement place dans la culture philosophique contemporaine. Elle triomphe notamment à travers « cet enfermement dans le langage et cette forclusion de toute réalité extralinguistique »[15]. A ce niveau, on pourrait parler de deux excès opposés dans lesquelles tombent les productions philosophiques.

---

investigations, une préoccupation qui correspond à « une invitation aux philosophes à s'occuper du milieu où ils vivent, pensent et meurent. Une invitation à interrompre le ressassement du langage de l'intérieur du langage… » (ID., « L'inflation », 69), nous ne partageons aucunement ses analyses et ne considérons que relativement ses conclusions. En effet, elles entrent dans la stratégie criticiste et déstabilisatrice qui, plutôt que de positiver les points forts des pensées et de chercher à en relever les manquements — de déceler leurs faiblesses en vue de présenter leurs richesses à nouveaux frais —, les détruisent, nuisent à leurs auteurs et érodent tout effort visant une certaine stabilité (même instable) des recherches ainsi qu'un climat moins soupçonneux des productions conceptuelles. Nous partageons plutôt, jusqu'à un certain point, les constats et interrogations que des auteurs comme Henri Lefebvre, Claude Morilhat et Jean-Marc Ferry font autour du fait du langage. Selon le premier, la « *mise au premier plan des questions langagières s'accompagne d'une mise en question du langage* » (H. LEFEBVRE, *Le langage*, 26). Claude Morilhat signale aussi la montée exponentielle du plan du langage dans la philosophie actuelle. Pour déjouer le statut hégémonique accordé au langage, il en appelle aux *ressorts extra-linguistiques* des pratiques langagières, aux limitations dans les jeux langagiers… Il recourt aussi aux théories marxistes qu'il met en mouvement dans le contexte de l'économie mondialisée. Il prône finalement la réorientation transformative des pratiques langagières au plan social et la *démocratisation du fétichisme langagier*, notamment à travers Internet et ses divers surgeons (C. MORILHAT, *Empire du langage*, 146-147). Jean-Marc Ferry, pour sa part, désapprouve la domination du paradigme linguistique sur les conceptualisations actuelles. Il postule des grammaires de l'intelligence pour dépasser l'engorgement langagier des savoirs actuels. Selon lui, le fait de supposer des « grammaires profondes non linguistiques permet d'ébranler un certain absolutisme du langage, qui correspond à une tendance de la philosophie actuelle. Contrairement au postulat de base du "paradigme linguistique", les limites de la langue ne sont *pas* les limites de notre univers. Non seulement nous avons besoin d'admettre une *réalité* irréductible au langage et, partant, une transcendance du monde objectif par rapport à notre univers linguistique, mais notre idée de *vérité* ne se laisse pas davantage ramener aux dispositions contingentes du langage, sorte d'*a priori* sémantique censé préjuger une vision du monde chaque fois différente suivant l'époque et la culture » (J.-M. Ferry, *Les grammaires*). Toutes ces analyses ont une certaine pertinence ainsi que des limites. Sans les suivre absolument, nous en tiendront compte dans notre enquête. Notre but n'est pas de les critiquer formellement mais de voir ce qui en elles obéit ou non à nos intuitions épistémologiques.

[15] G. HOTTOIS, « L'inflation », 62.

D'un côté, les philosophies se laissent séduire par l'utopie du logos référentiel pur entretenue par la logique et la science. De l'autre, les philosophies gravitent autour de la poésie, de la littérature, se faisant herméneutiques textuelles, dialogiques ou rhétoriques, et ne reconnaissant plus que l'exploitation immanente de l'épaisseur du langage. Les premières sont à la remorque de la référence, les secondes à la poursuite de la signifiance[16].

Le retour factuel du langage dans la détermination de la réalité et l'appréhension de l'homme dans la réalité ainsi que le recours massif au plan du langage dans l'approche des ordres, des textes et des contextes, est interprété comme l'expression d'un virage épistémologique majeur. Il correspond au fameux *tournant* linguistique, herméneutique, analytique, pragmatique (et communicationnel) de la philosophie. Le *tournant* signe l'émergence d'un nouveau paradigme qui vient reconfigurer la sphère du philosopher et la réorganiser de l'intérieur : au niveau chronologique, on accède globalement au paradigme *linguistique* qui sursume le paradigme *épistémologique*, dans la mesure où celui-ci a lui-même dépassé et déclassé le paradigme *ontologique*[17].

2.2 *Paradigmatisation générale de la philosophie dans l'histoire*

En fait, l'analyse de l'histoire de la pensée occidentale peut permettre de la présenter en mode trilogique, en considérant les principaux paradigmes qui y ont émergés, selon les intuitions des auteurs qui en défendent la validité. L'ensemble de la production philosophique occidentale peut se répartir en trois moments particulièrement marqués par l'affairement de la réflexion autour de la question de l'être, autour de la question de la raison et de celle du langage : « L'être ou le paradigme ontologique, la raison ou le paradigme de la philosophie de la conscience (du sujet), le langage ou le paradigme de la philosophie de l'intersubjectivité. Etre, raison (conscience), langage : trois axes, trois centres d'intérêts, trois paradigmes distincts »[18].

Le premier paradigme philosophique, le *paradigme ontologique*, apparaît comme l'œuvre d'Aristote et de ses épigones[19]. Ici, « la connaissance est comprise comme

---

[16] *Ibid.*, 65.

[17] Cf. L. de Briey, *Le conflit*, 29-43 ; A. Münster, *Le principe*, 26-30 ; J. K. Onaotsho, « De la raison », 233.

[18] J. K. Onaotsho, « De la raison », 233.

[19] Cf. *Ibid.*, 233.

devant être le reflet immédiat de son objet »[20]. La validité de la connaissance se trouve garantie par son adéquation à son objet (thèse de la vérité-correspondance) et se voit dotée d'une nécessité objective[21].

A signaler que ce paradigme est également décelable chez Hegel qui, dans sa construction onto-théo-logique (dans sa spéculation philosophique), — notamment dans l'*Encyclopédie* —, concentre le premier mouvement général de la philosophie autour de la catégorie de l'*objet*[22].

Pour expliciter ce paradigme, un auteur comme Richard Rorty utilise « la métaphore du miroir qui nous propose une image parfaitement conforme à la réalité ontologique »[23]. Cette métaphore du miroir, comme déjà suggéré dans notre enquête[24], est aussi reprise par Jean Greisch dans le cadre de la paradigmatisation générale de l'histoire de la philosophie en tant qu'elle est inhérente à la religion ou a une incidence repérable sur cette dernière. Jean Greisch évoque le premier paradigme philosophique (le premier paradigme de la raison) comme étant *spéculatif* ; un paradigme qui consacre une place centrale au *speculum*, à la métaphore du miroir : « le miroir, si possible d'une pureté parfaite, dans lequel se réfléchit tout ce qui est »[25].

A ce niveau, il nous paraît nécessaire de relever que le paradigme ontologique, avec la métaphore du miroir pour caractériser le premier grand moment de la philosophie, semble insuffisant et même limité. Il ne rend pas compte de la perspective logique et de la dimension dialogique qui donnent à Edmond Ortigues de qualifier la philosophie grecque comme étant essentiellement une « philosophie du discours »[26]. Eric Weil par contre tient grandement compte de ce potentiel logique et dialogique que recèle la pensée antique — une pensée influencée, en son émergence, par Socrate et qui a atteint son apogée avec Platon et Aristote —. Eric Weil le réalise à travers la proposition de l'attitude-catégorie de la *discussion*[27].

En fait, si le *plan onto-logique* est fortement présent dans la pensée antique et si la *métaphore du miroir* la traverse de quelque manière[28], ils ne peuvent suffire à en

---

[20] L. de BRIEY, *Le conflit*, 35.

[21] Cf. *Ibid.*, 35

[22] Cf. E. GANTY, *Penser la modernité*, 133.

[23] L. de BRIEY, *Le conflit*, 35.

[24] Au niveau du *langage de l'intelligence* (cf. Chap. I / 3.4.11 et la note 261).

[25] J. GREISCH, *Le buisson ardent* I, 62.

[26] V. DESCOMBES, « Edmond Ortigues », 457-458.

[27] Cf. LP 121-155.

[28] La *theôria* ou la *vue* qu'évoque Eric Weil (cf. PHP 227). A propos, on lira Joël Wilfert qui explicite cette notion chez Weil (Cf. J. WILFERT, « Eric Weil », 191-194).

spécifier toute la profondeur ni à en exprimer toute la richesse. On ne saurait oublier ni obnubiler les autres trésors qui constituent la philosophie grecque et arabo-médiévale pour ne s'arc-bouter que sur l'onto-logique. En ce sens, la catégorialisation weilienne dans la logique de la philosophie semble plus large et plus complète épistémologiquement, linguistiquement, paradigmatiquement et anthropologiquement pour présenter ou spécifier la diversité ainsi que la multi-perspectivité de la philosophie antique dans son ensemble. De fait, elle ne se cloisonne pas sur un élément épistémique unique mais en convoque une pluralité, à savoir : la vérité, la discussion, l'objet, le moi… Elle confère ainsi une physionomie non-univoque ni uniforme à la pensée antique entrevue ici à travers la catégorie de l'objet.

Le second paradigme, le *paradigme épistémologique*[29], désigné aussi comme paradigme de la philosophie de la conscience ou paradigme de la philosophie du sujet[30], prend corps et s'affirme avec Descartes qui place la certitude de la connaissance dans le *Cogito ergo sum*. Il se poursuit et s'approfondit — en se désontologisant — avec Kant[31] et les Lumières, pour atteindre son apogée chez Hegel, à travers le *Sujet absolu*, le Sujet totalement rationnel, auto-transparent à soi, égalisant la pensée et la réalité.

L'origine [théorique] du deuxième paradigme philosophique, le paradigme épistémologique peut être situé chez Descartes qui, pour la première fois, interroge de manière systématique l'adéquation de nos représentations et de la réalité objective. Il amorce ainsi un mouvement de pensée auquel Kant donnera sa forme la plus achevée [avant la formalisation et la totalisation qu'effectuera Hegel][32].

En fait, le paradigme épistémologique obéit à la logique déductivo-nomologique des sciences physiques et mathématiques. Il culmine dans l'idéal de la pureté du savoir et de l'homogénéité de la réalité. Ce paradigme déclasse ou désarticule les mots et les motifs traditionnels pour imposer la loi de la subjectivité saisissante, appréhensive, transcendantale, intégrale, totale (absolue)… Pour le présenter, Richard Rorty utilise un autre type d'image tirée de la réalité humaine, une image liée au sens de la perception et de l'observation.

---

[29] Cf. L. de BRIEY, *Le conflit*, 36.
[30] Cf. V. DESCOMBES, « Edmond Ortigues », 458 ; E. GANTY, *Penser la modernité*, 133 ; J. K. ONAOTSHO, « De la raison », 233.
[31] Cf. H. VÉDRINE, Le sujet, 16-22.
[32] L. de BRIEY, *Le conflit*, 36.

A la métaphore du miroir, Richard Rorty substitue celle de l'œil qui observe la réalité depuis son propre point de vue et en acquiert une représentation interne dont rien ne garantit qu'elle ne soit pas une image déformée. Plus encore, dans la mesure où le sujet connaissant fait partie du monde et qu'il ne peut par conséquent que l'observer depuis une position particulière en son sein, et non pas depuis une perspective qui lui soit extérieure, l'adéquation entre nos représentations et le monde objectif ne peut que paraître douteuse[33].

Si cette vision de Rorty au sujet du second paradigme de la philosophie soulève quelques réserves et présente des limites évidentes, du fait que le sujet de la connaissance (celui qui observe) sait qu'il observe, de telle sorte qu'il peut vouloir mieux observer et s'organiser dans cet ordre, elle induit néanmoins une réelle re-conception et un véritable virage dans l'approche globale du savoir et la détermination de sa fondation en relation avec la perception générale de la réalité.

En fait, en ce qui concerne le fondement, la définition et l'organisation de la connaissance, le paradigme épistémologique offre une orientation totalement différente de celle élaborée et expérimentée dans le paradigme ontologique. Ici, le fondement de la validité de la connaissance se situe dans l'appréhension réflexive de la conscience subjective ; une conscience capable de s'auto-questionner sur sa capacité propre à acquérir des représentations d'objets[34] et à même d'établir une bipolarité aperceptive angulaire liée à son intériorité ainsi qu'à l'extériorité de la réalité objectale : le sujet de la connaissance qui correspond précisément à un *Soi* ou à un *Moi* désincarné, se trouve ici « doté d'un ensemble de représentations qui constitue son intériorité et à laquelle s'oppose l'extériorité de l'objet représenté »[35]. Il est marqué par la capacité auto-réflexive d'aperception de la réalité, une réalité qu'il soumet comme telle à une série de contraintes logiques et épistémologiques.

Le paradigme épistémologique promeut finalement la centralité de la subjectivité et la puissance de la conscience subjective en tant qu'elle se pose comme une expérience fondatrice de l'existence et génératrice de la réalité objective ou matérielle (Descartes, Locke…) ou encore, en tant qu'elle se détermine comme l'« *acte* par lequel le sujet est censé se donner l'objet de la connaissance *à lui-même* (en vertu d'un rapport à soi qui lui confère son identité de sujet) »[36].

---

[33] *Ibid.*, 36.
[34] Cf. *Ibid.*, 36-37.
[35] *Ibid.*, 36.
[36] V. Descombes, « Edmond Ortigues », 458.

A souligner que le sujet engagé dans le paradigme épistémologique va connaître un processus de désensorcellement historique, de récusation ontologique et de dissolution gnoséologique. Un tel processus, qui implique des corrections quant à la prétention fondatrice et génératrice de la conscience subjective, et en appelle à la révision des actes et des contenus majeurs de la subjectivité ainsi qu'à la négation ou à la réfutation de son épaisseur constitutive et explicative, va atteindre son point d'orgue dans le contexte contemporain, avec les entreprises philosophiques du soupçon, de la déconstruction, de la différence, de l'intersubjectivité…

Au sujet décentré, dénié et démembré, on découvre une (autre) tare atavique : son auto-attestation réflexive et son action d'engendrement du monde n'exigent « aucune compétence langagière, aucune maîtrise d'une langue, aucune participation à une communauté linguistique »[37]. C'est précisément sur le potentiel linguistique et sur la dimension langagière de la vie humaine que va prendre forme le troisième paradigme philosophique et s'accomplir le grand virage épistémologique.

Le troisième paradigme philosophique, le *paradigme linguistique*, donne à déceler la puissance du langage à l'œuvre dans l'existence de l'homme, dans ses relations et ses formes multiples. A travers le phénomène du langage, il s'opère une transformation fondamentale et refondatrice de l'entreprise philosophique dans son ensemble. Cette transformation porte des incidences majeures et affecte « les principes mêmes de l'activité philosophique, ce qui rend compte de la transition d'une époque (moderne) de la pensée philosophique à une nouvelle époque (contemporaine) »[38].

L'émergence du nouveau paradigme — le paradigme linguistique —, correspond ainsi à une grande révolution culturelle qui signe le destin du philosopher et redonne sens à la destinée historique de l'homme. Cette révolution pose le primat du fait du langage qui n'est plus entrevu comme « *organon* mais plutôt comme a priori de la connaissance. C'est le *linguistic turn* ou plus exhaustivement le *linguistic hermeneutic pragmatic turn*. Ses plus grands représentants sont Wittgenstein, Carnap, Frege, Austin, Searle, Apel, etc. »[39].

La conviction qui accompagne l'avènement et le développement du paradigme linguistique est que la connaissance conceptuelle du langage peut se réaliser comme « prolégomènes à la résolution des problèmes fondamentaux de la philo-

---

[37] *Ibid.*, 458.
[38] *Ibid.*, 459.
[39] J. K. Onaotsho, « De la raison », 233.

sophie, si l'on entend par là ceux qui ont été hérités de la tradition philosophique et qui concernent non les signes mais les choses mêmes : l'homme, le monde »[40].

En fait, le paradigme linguistique se déploie comme un centre fédérateur qui condense diverses sous-unités paradigmatiques. Et le tournant langagier qui accompagne son déroulement revêt de multiples accents. Il présente des formes diverses et peut s'entendre de plusieurs façons. A ce niveau, on peut distinguer, en suivant un ordre chronologique : le tournant herméneutique, le tournant pragmatique, le tournant logico-philosophique et enfin, en mode ultime, le tournant communicationnel[41]. Ces quatre versions correspondent à quatre modalités du refus de la précédence et des divers présupposés du *Cogito* compris comme acte de conscience[42].

1) L'acte de conscience permettrait à quelqu'un de se soustraire à l'histoire, de commencer radicalement : c'est là ce que conteste la philosophie herméneutique de l'homme comme créature langagière. 2) L'acte de conscience permettrait à un sujet de se poser lui-même avant toute communication « extérieure » avec autrui : c'est là ce que conteste le discours de la philosophie pragmatique des actes de discours (*spreechacts*). 3) L'acte de conscience permettrait au sujet pensant de connaître ses « idées » et d'abord de les identifier en portant sur elle « le regard de l'esprit » : c'est là ce que conteste la philosophie logico-linguistique en tant qu'elle dénonce le mythe d'une langue privée. [4] L'acte de conscience permettrait à un sujet pensant de s'auto-constituer comme tel et de construire l'expérience, sans se référer au monde vécu en tant que milieu inter-subjectif originaire et espace social d'intercompréhension, d'interaction langagière : c'est ce que conteste la philosophie de l'agir communicationnel en tant qu'elle énonce le primat de la socialité et de l'intersubjectivité sur la subjectivité][43].

---

[40] P. RICŒUR, « Philosophie et langage », 272.

[41] Cf. V. DESCOMBES, « Edmond Ortigues », 459. Nous avons suivi la subdivision générale proposée par Vincent Descombes dans son analyse de la pensée d'Edmond Ortigues, en rapport avec le *tournant* linguistique. Cependant, nous avons ajouté la version communicationnelle pour souligner la spécificité et la densité des investigations philosophiques nées dans le sillage des productions philosophiques de Karl-Otto Apel et surtout de Jürgen Habermas. La philosophie habermassienne nous intéresse à plus d'un titre, eu à égard à son caractère systématique et ouvert comme la philosophie d'Eric Weil, à ses références à la raison, au langage, à la société, à l'action… ; des thèmes qui constituent aussi le motif weilien du philosopher (sans revêtir toujours le même sens). Dans le développement de nos investigations, nous discuterons la pensée de Jürgen Habermas et son prolongement dans l'éthique reconstructive de Jean-Marc Ferry.

[42] Cf. V. DESCOMBES, « Edmond Ortigues », 459.

[43] *Ibid.*, 459.

Arrivé à ce point, il paraît fort impérieux de noter que le 3ème paradigme de la philosophie ainsi constitué et déterminé dans la multiplicité de ses accents, a été mis en doute et récusé dans l'horizon culturel contemporain. La considération d'un *nouveau paradigme* en philosophie, notamment d'un paradigme du langage qui aurait relevé celui des philosophies de l'objet et du sujet, s'est trouvée grandement contestée. Elle s'est vue nuancée et même radicalement déniée et rejetée. Le fait du langage, en tant que déterminant la montée d'un autre paradigme de la pensée, a ainsi nourrit la controverse philosophique de notre temps.

En fait, plusieurs auteurs arguent que la problématique du langage traverse la philosophie depuis son éclosion en Grèce antique. Mathieu Robitaille par exemple désaccentue l'intérêt et la centration philosophique actuelle sur le fait du langage[44].

Dans son analyse de la brisure contemporaine du sujet à travers un processus de dissection, de démembration et de désensorcellement, Hélène Védrine considère comme exagéré le fait d'invoquer un changement de paradigme en ce qui concerne les philosophies du langage et de la communication[45].

Laurent de Briey quant à lui, prenant appui sur la pensée d'Alain Renaut, conteste méthodologiquement l'idée d'une substitution paradigmatique contemporaine réalisée par le fait du langage et de la communication. Dans ses investigations philosophiques sur le conflit des paradigmes, il persiste et insiste sur la permanence de la subjectivité et la référence à l'idée de sujet dans la constitution et la compréhension de la philosophie à l'heure actuelle[46]. Selon lui, il est inutile de procéder, comme le fait par exemple Habermas, à un changement de paradigme. Il faut plutôt, dans le cadre du réinvestissement de l'idéal moderne, tirer les leçons de la transformation de la raison en raison pratique telle que réalisée par Kant[47]. La philosophie du sujet possède des ressources propres capables d'assurer le renouvellement des savoirs et des pratiques à l'heure actuelle.

Dans ce jeu de contestations, dénégations et déplacements, etc., l'analyse à laquelle procède Paul Ricœur du rapport entre philosophie et langage apparaît comme synthétique et équilibrée. Elle pourrait faire ressortir, du moins au plan pédagogique, l'idée d'un *tournant* linguistique dans la philosophie contemporaine. A propos, Ricœur affirme ce qui suit :

---

[44] Cf. M. ROBITAILLE, « Esprit et langage », 115.
[45] Cf. H. VÉDRINE, *Le sujet*, 26-27 ; *Ibid.*, 181-183.
[46] Cf. L. de BRIEY, *Le conflit*, 109-117.
[47] Cf. *Ibid.*, 105-106.

Le langage, certes, a toujours été à la place d'honneur en philosophie, en ce sens que la compréhension que l'homme prend de lui-même et de son monde s'articule et s'exprime dans le discours. Cela on l'a toujours su ; et nous avons tous lu le *Cratyle* et le *De Interpretatione*. Ce qui est spécifique de notre temps, c'est que la connaissance conceptuelle du langage comme telle soit considérée, par beaucoup de philosophes, comme prolégomènes à la résolution des problèmes fondamentaux de la philosophie, si l'on entend par là ceux qui ont été hérités de la tradition philosophique et qui concernent non les signes mais les choses mêmes : l'homme, le monde[48].

A noter que la pensée d'Eric Weil relèverait bien du paradigme langagier de la philosophie comme nous l'avons présentée. Cependant, il ne faudrait pas éclipser en elle l'enjeu de l'*objet* ni y obnubiler la problématique du *sujet* — de l'homme comme être fini et raisonnable — qui peut accomplir un choix dans l'histoire, se décider à agir dans le monde afin de lui conférer un sens qu'il trouve déjà en son sein : dans et par son langage, il transforme le donné qui s'offre naturellement à lui, s'auto-transforme comme donné en sa naturalité et construit prudemment l'histoire des hommes.

En fait, le système logique de la philosophie en tant que système des différents langages déployés dans l'espace et dans le temps, favorise une compréhension autre de la segmentation historique de la pensée en motifs paradigmatiques. Dans sa polymorphie catégoriale, il promeut un dialogue de l'ensemble des paradigmes imaginables au plan épistémologique et existentiel. Il nous permet de naviguer effectivement au creux des surfaces paradigmatiques en traversant leur incomplétude de principe pour fonder leur complémentarité possible dans la réalité. De fait, la réalité représente le lieu d'intersection des référents épistémiques. Elle demeure le domaine de conjugaison des conceptions paradigmatiques.

Après ce tour d'horizon dans les méandres des sentiers épistémiques et paradigmatiques de la pensée philosophique, nous voulons approfondir nos investigations en explorant des philosophies dont l'émergence témoigne, de loin ou de près, de la résurgence du langage et de la factualité du tournant linguistique. Dans la mesure du possible, nous opérerons une confrontation dynamique de leurs propositions principales avec la pensée du langage décelée chez Eric Weil.

---

[48] P. RICŒUR, « Philosophie et langage », 272.

3. Herméneutique philosophique et langage

3.1 *Transformation herméneutique de la philosophie*

L'herméneutique philosophique s'établit en récusant fondamentalement la prétention d'engendrement ontologique et de fondation épistémologique qu'a la conscience subjective dans son auto-déploiement transcendantal. Elle remet en cause la certitude de principe ainsi que l'illusion d'*originarité* et de *référentialité* archéo-logique, axiologique, historique… dans laquelle se complaît le *Sujet*. Elle met plutôt en exergue la sphère et la dimension compréhensives de l'existence humaine, dans la mesure où celle-ci est sculptée par l'histoire et déterminée par l'intersubjectivité et le langage.

Ayant émergée dans la dynamique de l'interprétativité globale inhérente aux sciences bibliques (*hermeneutica sacra*), juridiques (*hermeneutica juris*) et philologiques (*hermeneutica profana*)[49], l'herméneutique s'est constituée à travers le modelage romantique de Schleiermacher, le recadrage épistémologique de Dilthey et le déroutage anti-psychologique et anti-méthodologique de Martin Heidegger[50]. Elle a connu une ré-axation enrichissante de ses perspectives heuristiques qui vont passer du déchiffrement normatif des textes au chiffrement actif de l'existence humaine. Il s'agit d'un processus de radicalisation philosophique qui a pris graduellement corps dans l'histoire, s'est épanoui au 19ème siècle et a atteint sa pleine maturation dans le contexte actuel.

> Depuis le XIX° s., elle [l'herméneutique générale] n'a cessé d'étendre son champ d'application, incluant non seulement les textes, mais l'ensemble des expressions historiques, y compris les actions. Cette universalisation va de pair avec une attention accrue portée au champ sémantique et conceptuel que recouvre le terme savant d'« herméneutique », forgé au XVI° s., pratiquement en même temps que le terme d'« ontologie ». […] De simple « science auxiliaire — ce qui est encore son statut chez Schleiermacher

---

[49] Cf. J. GRONDIN, *L'herméneutique*, 23.

[50] Pour une approche globale de l'histoire de l'herméneutique, on peut se référer par exemple à J. M. AGUIRRE ORAA, *Raison critique*, 31-60 ; I. BOCHET, « Interprétation scripturaire », 21-50 ; O. BOULNOIS, « L'histoire », 83-100 ; P. CORSET, « Wilhelm Dilthey », 127-150 ; P. FRUCHON, *L'herméneutique* ; H. G. GADAMER, *L'art de comprendre* I ; J. GREISCH, « Herméneutique », 403-433 ; ID., *Le cogito herméneutique* ; ID., « L'herméneutique et la philosophie », 1841-1858 ; J. GRONDIN, « Herméneutique », 1129-1134 ; ID., *L'herméneutique* ; ID., « L'herméneutique », 41-60 ; G. GUSDORF, *Storia dell'ermeneutica* ; P. RICŒUR, *Le conflit des interprétations*, 1-28.

— elle s'est progressivement métamorphosée en courant philosophique autonome, revendiquant une universalité *sui generis*. G. Figal suggère d'en ramener le profil à trois types fondamentaux [qui rendent compte de ses trois axes généraux] : une « herméneutique de l'histoire de l'efficience » (Gadamer), une « herméneutique de l'intégration perspectiviste » (Nietzsche), une herméneutique des constellations événementielles » (Benjamin). Chacune repose sur une dialectique différente du propre et de l'étranger et implique une idée différente de la temporalité et de la tradition[51].

En fait, c'est principalement avec la percée de Hans Geog Gadamer que l'herméneutique va acquérir ses lettres de noblesse, en se transmuant en théorie générale de la compréhension, puis requérir le statut d'*universalité* et de *priméité philosophique* reconnu traditionnellement à la métaphysique. Gadamer propose un nouvel itinéraire heuristique qui va assurer un déploiement plénier ainsi qu'un rayonnement universel à l'herméneutique philosophique[52]. Cet itinéraire se construit autour d'une récusation globale de la Tradition philosophique dans sa propension à la *leucémisation* formalisante de l'existence polymorphe de l'homme. Ce qui inclut, d'une part, la dénonciation radicale du « réductionnisme monolithique de la rationalité moderne »[53], une rationalité qui demeure en tant que telle objectivo-méthodologiste et, d'autre part, la « récusation du diktat, de l'imposition de l'idéal ou du modèle des sciences de la nature dans les sciences humaines »[54].

Il sied de souligner que dans ses investigations théoriques, Gadamer veut redimensionner l'herméneutique classique (l'herméneutique générale) et proposer une herméneutique autarque et radicale, une herméneutique intégralement philosophique, une discipline dont la méthodologie ne serait pas arrimée à celle des sciences de la nature.

Gadamer entend reprendre à frais nouveau le programme d'une herméneutique philosophique, dont on trouve la première esquisse chez Schleiermacher. Pour Schleiermacher, l'herméneutique est « l'art d'éviter les malentendus ». Cette déter-

---

[51] J. Greisch, « L'herméneutique et la philosophie », 1841.

[52] Cf. Id., « La crise », 143 ; J. Grondin, « Herméneutique », 1132-1133. Nous tenons à préciser que notre approche de Gadamer s'appuie principalement sur ses commentateurs dont Guy Deniau, Donatella Di Cesare, Jean Greisch et Jean Grondin.

[53] J. K. Onaostsho, « De la raison », 235.

[54] *Ibid.*, 235.

mination de la tâche herméneutique apparaît comme insuffisante aux yeux de Gadamer. Tout son effort consistera précisément à décloisonner cette représentation trop étroite de l'herméneutique, pour la rendre à sa véritable vocation universelle, où elle devient un aspect universel de la philosophie comme telle. Les relais décisifs pour cet accès à l'universel sont Dilthey (qui étend le problème herméneutique à la compréhension des « expressions de la vie » tout court) et Heidegger, qui a montré dans l'analytique existentiale de *L'être et le Temps*, que la compréhension, avant d'être l'origine d'un savoir au sens épistémologique, est une structure fondamentale de notre être-au monde[55].

Dans la ligne des propositions gadamériennes relayées, nuancées (et même détournées) par des auteurs comme Ricœur, Pareyson, Eco, Vattimo, etc., l'herméneutique philosophique va occuper l'ensemble du périmètre interrogatif et expressif du philosopher : en vue de la compréhension, ses questionnements deviennent ceux de la *philosophie tout court*. Ainsi donc, déterritorialisée de son *topos archéo-logique* (son soubassement textuel) et portée par des préoccupations beaucoup plus profondes (plus existentielles), l'herméneutique philosophique va s'auto-déterminer comme un effort authentique en vue de la compréhension. Elle se focalise sur le jeu et l'enjeu événementiels de la compréhension. Dans cette ligne, elle connaît un déplacement central ou mieux une dérivation épistémologique. Il s'agit du passage fondamental de la *textualité* à l'*existentialité*. L'herméneutique philosophique va appréhender l'homme comme un être porté ou emmené par la compréhension et la compréhension comme le mode privilégié de la présence-au-monde de l'homme, le mode de l'être qui existe en tant qu'il tente de comprendre[56].

Dans cet ordre, le *comprendre* (l'expérience de la compréhension) s'effectue en répétant le *modèle de l'art* dans la mesure où celui-ci se déroule comme un *jeu*[57]. Le comprendre se déchiffre autrement comme un processus existentiel enraciné dans l'*historicité* et illuminé par les *préjugés* (les pré-conceptions, les pré-acquis culturels). Il requiert précisément la médiation de la tradition et s'accomplit comme tel selon la situation historique de l'être humain — la situation de l'être qui s'historialise dans le mouvement de la compréhension —. Le comprendre (s') expérimente proprement (dans) la *fusion des horizons*[58]. Dans une même dyna-

---

[55] J. Greisch, « La crise », 143-144.

[56] Cf. P. Ricœur, *Le conflit des interprétations*, 11.

[57] Cf. J. Greisch, « Le phénomène du jeu », 447-468.

[58] La thématique de la *fusion des horizons* est importante dans l'herméneutique gadamérienne (cf. J. Grondin, *L'herméneutique*, 59-61 ; Id., « La fusion », 401-418).

mique, il entraîne *passé* et *présent* puis se porte vers le *futur*. Le langage fond, sans les confondre, le sujet engagé dans l'opération de la compréhension et la réalité herméneutique qu'il vise.

3.2 *Configuration et révolution langagière de l'herméneutique*

3.2.1 Langage et compréhension herméneutique

En s'articulant globalement sur l'existence concrète de l'être humain (le *Dasein*), l'expérience de la compréhension rencontre le plan principal qui spécifie et densifie la mobilité ainsi que l'activité de celui-ci dans l'histoire, à savoir : le *langage*. La compréhension se découvre comme un processus intrinsèquement porté par le langage ; une réalité guidée et gouvernée en tant que telle par le fait langagier. Elle se trouve médiatisée et fécondée par l'élément du langage[59].

Le comprendre en appelle précisément au langage dans la mesure où celui-ci ne se réduit pas à « une des facultés dont est équipé l'homme qui est au monde »[60], mais représente « le milieu universel dans lequel se déploie toute expérience de sens »[61] ou mieux, « ce par quoi l'homme a un "monde" [un univers habitable herméneutiquement] et non seulement un "environnement" [un espace utilisable physiquement] »[62]. Le langage se dévoile, autrement dit, comme ce à travers quoi *se montre* le fait que les hommes ont un monde[63], ce qui fonde et oriente la présence de l'homme dans l'espace et dans le temps : il ne vient pas se greffer ni (se) superposer outrancièrement (sur) le « procès de la compréhension, il en est au contraire l'élément porteur, de sorte que ce procès, en ses moments "objectif" et "subjectif" est de part en part un procès langagier, quand bien même l'objet de la compréhension ne l'est pas expressément »[64].

Il faut le dire, le langage enveloppe la totalité de la réalité. Il traverse et fonde l'ensemble des sphères de l'expérience humaine[65]. C'est le lieu et le milieu qui possibilise l'expérience herméneutique en tant que telle. Il correspond aussi à la *clavis hermeuneutica*, c'est-à-dire à la clé qui donne accès à l'éventualité événementielle du sens et du comprendre des ordres, des textes et des contextes. Ce qui signifie que loin d'être d'abord un des moyens par lesquels l'esprit humain

---

[59] Cf. G. Deniau, *Gadamer*, 29.
[60] P. Huneman – E. Kulich, *Introduction*, 162.
[61] P. Ricœur, « Philosophie et langage », 290.
[62] R. Winling, *La théologie*, 234.
[63] Cf. P. Huneman – E. Kulich, *Introduction*, 162.
[64] G. Deniau, *Gadamer*, 29.
[65] Cf. M. B. Madila, « Tradition », 98

s'empare du monde pour l'analyser et le connaître (le maîtriser et le dominer)[66], loin d'être le reflet du monde ou l'instrument d'expression et d'exposition de la conscience-de-soi certaine et autonome[67], le langage demeure avant tout l'univers transcendantal du dévoilement du sens, le milieu signifiant et configurant de l'existence[68], le domaine dans lequel l'homme *demeure* chez soi.

Le langage rend donc possible la signification. Il permet de déceler le sens profond des choses et de percer le mystère des symboles. Il favorise l'accès à la double compréhension ontique et ontologique de l'être humain[69] : autant de langage, autant de compréhension. Sans l'élément du langage — sans l'horizon du langage dans l'existence —, la compréhension resterait un mystère à jamais inaccessible et le monde, une réalité absolument indéchiffrable.

La *logica hermeneutica* inhérente au phénomène du langage dans sa singularité donne ainsi à constater le fait selon lequel « l'être que l'on peut comprendre est langage »[70]. Ce qui signe et signifie que « non seulement l'accomplissement de la compréhension est-il une mise en langage, mais l'*objet* de la compréhension est lui-même langagier »[71]. En effet, tout ce qui est, peut être dit et compris. Rien de ce qui existe réellement ou encore rien de ce qui est imaginable raisonnablement n'échappe au fait du langage. Dans le monde, aucune réalité pensée ou accomplie ne se trouve en dehors du périmètre du comprendre dans et par le langage[72].

---

[66] Cf. *Ibid.*, 95.

[67] Cf. P. Huneman – E. Kulich, *Introduction*, 163. Sur la *non-ustensilité* du langage, Guy Deniau, commentant Gadamer, note ce qui suit : « Le langage n'a donc rien d'un outil, puisqu'il appartient à l'essence de l'outil d'être mis de côté une fois la tâche accomplie. On ne se rapporte pas manifestement au langage de cette façon. Finir de parler ne signifie pas ranger au placard la parole, car la fin de la parole appartient de plein droit à la parole, elle ne lui est pas extérieure : l'accord, ou le désaccord, dans le dialogue n'advient justement que dans le dialogue. Le langage ne se manie donc pas comme un outil extérieur à la tâche qui nous occupe, il est plutôt constitutif, révélateur de ce qu'il manifeste, il est le milieu, l'élément où la présence vient à se configurer » (G. Deniau, *Gadamer*, 30).

[68] Cf. P. Ricœur, *Le conflit des interprétations*, 20.

[69] Cf. *Ibid.*, 15.

[70] J. Greisch, *L'âge herméneutique*, 32. Il s'agit de la traduction faite par Jean Greisch de la maxime centrale de l'herméneutique philosophique élaborée par Hans Georg Gadamer. Jean Grondin quant à lui traduit ainsi cette proposition : « L'être qui peut être compris est langage » (J. Grondin, *L'herméneutique*, 63).

[71] J. Grondin, *L'herméneutique*, 63.

[72] Cf. M. B. Madila, « Tradition », 98.

La maxime selon laquelle, l'être, dans la mesure où il peut être compris, est langage, correspond à une proposition fondamentale et déterminante pour toute herméneutique qui veut s'auto-ériger et s'accomplir comme philosophique. Cette proposition propulse le langage dans la sphère ontologique et le consacre comme « la lumière de l'être lui-même »[73]. Elle l'identifie au barycentre de l'entreprise philosophique dans sa totalité. La maxime gadamérienne hisse le langage au rang de réalité première et essentielle de l'existence humaine. Elle définit et concrétise le projet et la prétention d'*universalité* qui traverse l'herméneutique dans son mouvement d'émergence philosophique.

Jean Grondin explicite cette annexion du langage à l'expérience du comprendre et indique la transmutation du sens même de la compréhension qu'elle induit. Il commente la constitution langagière de la compréhension en soulignant ce qui suit : « Tout ce qui peut être compris est un être qui s'articule en langage. Lorsque je cherche à comprendre ce qu'est quelque chose, je cherche un être qui est déjà langage et qui peut dès lors être compris »[74].

Jean Grondin précise notamment le fossé qui existe entre cette proposition gadamérienne et les conceptions langagières promues par des auteurs comme Humboldt et Cassirer. En effet, selon ces derniers, le réel ne peut recevoir son intelligibilité que de notre langage, de notre vision du monde ou de nos catégories. Ce constat est évidemment inadéquat et inauthentique. Il s'agit d'une pseudo-vérité ou d'une vision superficielle de la réalité langagière, puisque le langage correspond toujours et déjà à « l'articulation de l'être même des choses »[75]. Seul le langage nous permet, selon Gadamer, de déchiffrer l'être profond des choses.

[En fait] l'accent chez Gadamer ne tombe pas sur la mise en langage du monde par un sujet, comme dans la conception de Humboldt qui fait du langage une « vision du monde » ou dans celle de Cassirer qui en fait une « forme symbolique » de notre saisie du monde. L'idée centrale de Gadamer est, plus fondamentalement encore, que c'est le langage qui fait ressortir l'être du monde, car c'est lui qui permet de déployer le langage des choses elles-mêmes. Le langage incarne ainsi la « lumière de l'être », où l'être des choses se donne à entendre[76].

---

[73] *Ibid.*, 63.

[74] *Ibid.*, 63.

[75] *Ibid.*, 64.

[76] *Ibid.*, 63-64.

Jean Greisch souligne également la teneur et l'enjeu de la proposition gadamérienne selon laquelle l'être que l'on peut comprendre est langage. Cette proposition instaure un nouvel imaginaire linguistique et un nouvel ordre philosophique. Elle permet d'accéder à un savoir désensorcelé de l'auto-référentialité subjectiviste ; un savoir totalement ancré dans la compréhension et arrimé au phénomène du langage. Jean Greisch fournit de précieuses indications sur le sens réel de cette maxime et spécifie la fonction du langage qui y transparaît.

1. De soi, la proposition n'implique aucune décision linguistique déterminée, autrement dit elle ne fait pas du langage l'objet d'une enquête linguistique. [...] 2. Elle ne renvoie pas non plus à une philosophie analytique du langage ordinaire au sens anglo-saxon. Pourtant, elle croise celle-ci : le point de rencontre peut être marqué par la notion de « jeu de langage ». Pour Wittgenstein, le concept « jeu de langage » est indissociable de la métaphore de la boîte à outils. Il importe de montrer ce que le langage est capable de performer, compte tenu de l'outillage dont il dispose. [...] 3. Cette performance spécifique du langage ordinaire doit surtout être réhabilitée devant le langage scientifique qui la méconnaît presque nécessairement[77].

A ce niveau, il se précise le fait selon lequel le langage engagé dans l'événement de la compréhension ne correspond pas au langage de la science pure et dure, le langage de la rationalité calculatrice. Il ne s'agit pas du langage de l'objectivité ou de l'utilitarité. Le langage du comprendre se trouve aux antipodes du langage de l'ustensilité pragmatiste et se distancie du langage de la métalinguistique et de la technique[78]. Il est foncièrement différent du langage formaliste et logiciste qui sclérose l'existence, en la méthodologisant à outrance, puis érode le « verbum interior »[79] (le verbe intérieur), l'intuition et la spontanéité. Le langage de la compréhension excède

---

[77] J. Greisch, *L'âge herméneutique*, 32-33.

[78] Cf. M. Heidegger, *Acheminement*, 145. Dans un ensemble de textes denses et fort pénétrants, Heidegger présente l'expérience que l'homme peut faire de la parole. Cette expérience se trouve aux antipodes de l'étude scientifique (philologique, linguistique, psychologique, sociologique...) et philosophique du langage, même si celle-ci garde ses droits et possède son propre poids. L'expérience de la parole se déroule en principe au niveau de la poésie. L'expérience décisive du langage se déploie dans la poésie en tant qu'espace originel et lieu privilégié où l'homme essaie de parler dans la parole, de dialoguer et cheminer avec la parole et par la parole (cf. *Ibid.*, 144-145).

[79] D. Di Cesare, *Gadamer* (trad. pers.), 194.

la logique énonciative et descriptive (la logique de la répétition et de la possession) pour s'ouvrir au registre interrogatif et dialogique, pour transparaître dans la promesse de l'autre. Il est proprement *dia-logos*[80].

> Le langage, en tant qu'unité directionnelle de sens, [peut être caractérisé] comme dialogue. D'une part parce que le dialogue situe le langage dans un horizon d'emblée intersubjectif : la prise de parole qui advient dans le dialogue est toujours une réponse à ce qui a provoqué ce dialogue. [...] D'autre part parce que le dialogue, loin d'être une performance du sujet qui aurait l'initiative, est un « agir de la chose même »[81].

On se rend aisément compte que le langage ne concerne pas d'abord un être claquemuré, un individu cloisonné dans une tour d'ivoire ou une personne hors-circuit de la société de la communication. Il n'appartient pas à un sujet isolé qui en userait comme d'un instrument de domination et de destruction[82]. Il n'est pas l'apanage personnel de l'individu (le *Je*) mais le fait de l'intersubjectivité (le *Nous*). Il se déroule comme un jeu dialogique qui entraîne l'être dans sa dynamique intime[83] et qui se manifeste dans l'interlocution[84] : plus qu'une série d'énoncés et d'expressions, le langage, en son authenticité, s'extériorise comme discours dialectique, à travers notamment l'alternance des questions et des réponses.

En fait, le dialogue, autrement dit, le jeu processuel d'interrogations et explications alternées qui se déploie quand des partenaires discutent de la réalité des choses et « qui prend explicitement comme point d'orientation la chose à connaître et la parole d'autrui »[85], équivaut à une forme spécifique de discours, une forme de discours différente de la causerie quotidienne et de la dispute sophistique[86]. Dans son procès, il se délivre ou s'accomplit comme un discours dialectique entraînant et intégrant la logique de la signification et la rhétorique de la situation dans une unité vivante[87].

---

[80] Cf. *Ibid.*, 212-216.

[81] G. Deniau, *Gadamer*, 31-32.

[82] Cf. M. B. Madila, « Tradition », 97.

[83] Cf. E. Cattin, « L'herméneutique », 83.

[84] Cf. G. Deniau, *Gadamer*, 32.

[85] C. Thérien, « Gadamer », 174.

[86] Cf. *Ibid.*, 173.

[87] Cf. *Ibid.*, 173.

Le dialogue représente donc l'être fondamental du langage[88], l'être du langage en tant qu'il se reconnaît et se manifeste comme langage. C'est lui qui permet à l'existence de se réaliser comme telle, c'est-à-dire, de se *montrer* au-delà du jeu de la séduction (*rhétorique*) et de la logique de l'apparence (*sophistique*). Le dialogue aide l'homme à sursumer la sphère de l'objectivité pour être emmené par la vérité. Il lui favorise la traversée de la condition et lui assure l'entrée dans le royaume du sens. Il demeure la « possibilité véritable de pouvoir mener une vie plus éclairée »[89].

On peut aussi affirmer que l'homme lui-même se meut et se détermine en sa quiddité comme *dia-logos*. Il existe dans, par et pour le dialogue. L'être est *en dialogue* parce que toute parole sourd d'une provocation antérieure à laquelle elle cherche à répondre, comme cela est le cas dans la dialectique de la question et de la réponse[90]. L'être humain vit dans le dialogue et en tant que dialogue. Il se spécifie en dialoguant.

Nous ne prenons pas simplement part à un dialogue. Nous sommes déjà et toujours dans le dialogue et nous parlons à partir de ce flux infini. Bien plus : *nous sommes dialogue*. Non seulement chacun de nous est dans un dialogue, mais chacun de nous, dans sa nature la plus intime, est à son tour dialogue. En effet, le dialogue est notre *ubi consistam*, c'est l'univers herméneutique dans lequel nous respirons et dans lequel nous vivons[91].

La dialogicité intrinsèque de l'être est inhérente à sa naturalité qui se trouve compréhensivement constituée. Elle explicite le jeu et l'enjeu de l'altérité dans la configuration de l'existence. Elle manifeste également la centralité de l'altérité dans tout procès de compréhension qui revêt une réelle authenticité. En effet, « "quand je parle ou quand je comprends, j'expérimente la présence de l'autre en moi ou du moi dans l'autre". Le langage est toujours, constitutivement, *pour l'autre*, même au cas où celui-ci ne devait pas comprendre ce qui est dit »[92]. Le langage se construit toujours et déjà *dia-logiquement*. Il assume, dans son déploiement, une valence hétérologique de base, même si l'autre à travers lequel et pour lequel il prend forme ne le comprend pas ou ne l'accueille pas de manière explicite.

---

[88] Cf. E. Cattin, « L'herméneutique », 83.

[89] C. Thérien, « Gadamer », 174.

[90] Cf. G. Deniau, *Gadamer*, 31-32.

[91] D. Di Cesare, *Gadamer* (trad. pers.), 213.

[92] Id., *Utopia* (trad. pers.), 216.

Arrivée à ce point, nous constatons que le langage, en tant que discours dialogique, prend magistralement place dans le projet d'une herméneutique philosophique radicale. Il s'inscrit dans la conception d'une pensée délivrée du souci objectiviste véhiculé par le méthodisme transcendantal issu des Lumières et rivée à la compréhension possible de l'être dans le monde. Dans l'effectivité, il fixe l'universalité de l'herméneutique philosophique. Pour poursuivre lucidement notre cheminement heuristique et arriver à questionner proprement l'herméneutique philosophique en ses accents divers, nous allons essayer de préciser le sens et le processus constitutif de cette universalité philosophique que le langage lui confère. Nous allons explorer concrètement l'herméneutique philosophique en tant qu'elle se donne et se réalise comme une pensée universelle et première, une pensée qui prétend occuper le périmètre entier de la penséité et de la réalité.

3.2.2 Langage et universalité herméneutique

La problématique de l'universalité de l'herméneutique est introduite par Gadamer et concentrée sur la double dimension de la compréhension et du langage. Cette problématique traverse les investigations gadamériennes et mûrit dans la dynamique des rejets, des récusations et des prolongements que sa pensée a connus.

En fait, l'universalité revendiquée au profit de l'herméneutique n'est pas liée à la généralité de la mécompréhension ni à la priméité de l'altérité. Elle est plutôt inhérente à la réalité de la compréhension dans et par le langage. L'universalisme herméneutique prend corps et s'affirme en considérant que le comprendre est intrinsèquement immanent au langage[93].

En d'autres termes, on peut affirmer que la visée universelle de l'herméneutique ne correspond nullement à l'élévation générale ni à l'universalisation d'une méthodologie scientifique. Proclamer et défendre l'universalisme de l'herméneutique, c'est attester la prééminence du fait du langage dans toute expérience d'interprétation et de compréhension.

A souligner que, au plan historico-philosophique, la base d'affirmation et de développement de l'universalisme herméneutique n'a pas toujours été le plan du langage. C'est ce que Jean Grondin présente dans son analyse synthétique de l'herméneutique en général. Il dépeint les multiples visages de son universalité. Jean Grondin signale plusieurs formes d'affirmation du caractère universel et premier de l'herméneutique[94].

---

[93] Cf. H. G. GADAMER, *L'art de comprendre* I, 39.
[94] Cf. J. GRONDIN, *L'herméneutique*, 118-123.

On peut noter un universalisme perspectiviste comme celui de Nietzsche, qui part de la formule selon laquelle « tout est affaire d'interprétation »[95]. L'universalisme perspectiviste peut assumer une forme beaucoup plus *épistémologique*, comme chez Thomas Kuhn, ou une forme *historique*, comme chez Dilthey, ou encore une forme *idéologique*, comme chez Marx et Freud[96].

Dans les investigations philosophiques de Martin Heidegger par contre, l'universalisme de l'herméneutique prend un sens existential. Il s'inscrit dans la perspective de la finitude humaine. Il a trait, autrement dit, à l'inscription de l'être-homme jeté dans le monde et en quête d'authenticité en son sein. Gadamer tiendra grandement compte de la conception heideggérienne pour fixer la thématique de l'universalité en herméneutique et la focaliser sur le langage[97].

Chez des auteurs comme Gianni Vattimo et Richard Rorty, l'universalité de l'herméneutique inclut le recours à des références extralinguistiques[98]. Elle assume une marque plus relativiste et plus nihiliste. En tant que telle, elle traverse le périmètre linguistique et philosophique pour comprendre la réalité en sa totalité et en sa diversité.

Jean Grondin va quant à lui invoquer l'horizon du sens comme sol et humus de l'universalité herméneutique. Selon lui, si l'herméneutique se réalise comme une philosophie vraiment universelle, « c'est parce que nous sommes des êtres qui vivent d'emblée dans l'élément insurpassable du sens, d'un sens que nous nous efforçons de comprendre et que [de façon normale] nous présupposons dès lors nécessairement »[99].

Dans d'autres investigations, Jean Grondin expose diversement le fait de l'universalisme herméneutique[100]. Il l'articule sur le poème et sur le verbe intérieur. C'est en exploitant les limites du langage comme la poésie les manifeste paradigmatiquement, qu'on peut chercher à penser l'universalité de l'herméneutique, puisque la poésie porte un élément essentiel de reconnaissance et d'étonnement qui échappe à toute formalisation mais conduit à vivre l'expérience de la vérité[101]. De façon spécifique, Grondin s'appuie le *verbum interius* en tant que limite du

---

[95] *Ibid.*, 118.

[96] Cf. *Ibid.*, 119-120.

[97] Cf. *Ibid.*, 120-121.

[98] Cf. Cf. *Ibid.*, 122.

[99] *Ibid.*, 122-123.

[100] Cf. ID., «L'universalité », 181-194 ; ID., « L'universalité de l'herméneutique », 469-485.

[101] Cf. ID., « L'universalité », 182-185.

langage ou en tant qu'il représente le langage avant le langage, pour attester l'universalité de l'herméneutique[102].

A ce niveau, il faut signaler qu'un auteur comme Donatella Di Cesare nuance cette proposition de l'universalisme herméneutique à partir de la thématique augustinienne (et thomiste) du *verbum interior*. Elle en souligne même les risques manifestes. En effet, proclamer et fonder l'universalité de l'herméneutique en se basant sur le verbe intérieur peut, selon elle, avoir de graves conséquences. Cela signifierait par exemple le retour du fantasme d'un sujet qui n'a pas besoin de parler avec atrui et qui apparaît donc comme une auto-conscience-de-soi.

Le dialogue intérieur, qui ressemble à un véritable monologue dans la mesure où il ne se limite qu'à l'être personnel et à l'auto-communication de ses impressions et sentiments, exclut toute médiation linguistique et rouvre à une conception instrumentale du langage, une conception dans laquelle la parole extérieure, celle qui est proférée, demeure secondaire, dérivée et imparfaite. Donatella Di Cesare considère la thématique du *verbum interior* augustino-thomaso-gadamérien comme l'expression claire et manifeste des difficultés ainsi que des limites de la conception du langage développée par le Maître de Heidelberg[103].

Pour récapituler notre propos, nous pouvons dire que malgré la multi-perspectivité historico-philosophique dans la conception et la considération de l'universalisme herméneutique ainsi que les nombreuses interrogations et critiques suscitées par cette thématique, c'est bien le fait du langage qui lui a fournit son orientation effective et sa détermination définitive. C'est sous l'égide du phénomène langagier que la thématique de l'universalisme herméneutique a pris toute sa densité et a connu un développement fulgurant dans le contexte actuel. Le fait du langage, tel que pensé et promu par Gadamer, demeure ainsi donc le point focal et l'élément central dans la conception et la réalisation de l'universalité de l'herméneutique.

C'est ce qu'un auteur comme Jean Greisch confirme globalement dans ses investigations philosophiques. En suivant le sentier gadamérien, il problématise et thématise l'universalité de l'herméneutique. Jean Greisch soutient que « l'universalisme de l'herméneutique est rendue possible par le langage, compris comme *phonè*, discours et dialogue (*Gespräch*) »[104].

---

[102] Cf. *Ibid.*, 186-190.
[103] Cf. D. Di Cesare, *Gadamer*, 194-197.
[104] J. Greisch, « La crise », 163.

De façon systématique et technique, Greisch va présenter l'universalité de l'herméneutique autour de huit propositions majeures qui peuvent se résumer ainsi : la présupposition de la compréhension dans n'importe quel domaine du savoir ; l'importance du préjugé ; la réévaluation des notions d'autorité et de préjugé ; la nécessité de la conscience de l'histoire de l'efficience (qui déploie son jeu partout) ; la centralité de l'articulation langagière qui substantifie cette universalité et proclame l'antériorité du comprendre sur l'interpréter ; la considération de la finitude et le double dépassement des limites traditionnelles de l'herméneutique dont la dichotomie diltheyenne de l'expliquer et du comprendre et l'ancrage des opérations herméneutiques dans une philosophie pratique[105].

A ce plan de nos investigations, nous nous rendons réellement compte de l'importance du langage dans la compréhension ainsi que la configuration épistémologique de l'herméneutique : avec la prise en compte du rôle capital du langage dans la pensée en général[106] et dans le comprendre en particulier, il se concrétise ce qu'il convient de désigner comme la transformation herméneutique du savoir et la révolution linguistique de l'herméneutique. Il s'agit, d'une part, d'un changement radical du motif et de la logique référentielle constitutifs de la pensée en tant que telle et, d'autre part, d'un retournement complet de l'ordre — l'*essence* — et du déroulement — la *manifestation* — de l'entreprise philosophique dans sa morphologie générale.

La re-considération ontique et ontologique du langage dans la compréhension des êtres et des éléments donne à déceler une détermination autre à la raison elle-même. Elle promeut l'avènement et institue « l'âge herméneutique de la raison »[107] : l'âge d'une raison consciente de son auto-limitation et de son incarnation historico-temporelle (de sa *finitude*) ; l'âge d'une raison qui a renoncé à l'illusion de sa fondation ultime et de son auto-certification absolue ; l'âge d'une raison qui s'attèle modestement à la compréhension de l'être et qui redécouvre le langage comme sa *demeure* privilégiée ; l'âge d'une raison qui s'efforce d'accéder au sens présent le précédant dans le monde et s'oriente dialogiquement en son sein.

A ce niveau, il nous semble impérieux d'envisager les incidences pratiques — éthiques et politiques — de la raison herméneutique, dans la mesure où celle-ci se trouve assise dans le langage et trouve son assise dans le langage. Et c'est ici

---

[105] Cf. *Ibid.*, 115-116.
[106] Cf. Id., *L'âge herméneutique*, 107.
[107] *Ibid.*, 7.

que la rupture paradigmatique et harmonique va apparaître dans la figure herméneutique et convoquer un éclairage weilien pour espérer un certain rééquilibrage de la pensée-du-langage-dans-et-par-la-compréhension manifestement désarticulée et déstructurée en ce qui concerne la conception de son effectuation historico-temporelle à partir de son auto-centration épistémologique.

3.3 *Langage, éthique et politique*

Dans son déploiement existentiel, la raison herméneutique instaure une éthique fondée principalement sur l'ouverture hétérologique de la conscience compréhensive ou sa disponibilité de principe à se porter vers l'autre que soi. Donatella Di Cesare présente ainsi la configuration de cette éthique tournée vers l'autre et proche de l'existence :

> Si comprendre veut dire appliquer, s'il exige toujours d'être traduit dans la praxis, s'il est un mode d'agir, cela n'étonne pas que l'herméneutique, récupérant, à côté de la valeur théorique, cette valeur pratique qu'elle possède depuis l'antiquité, révèle sa proximité avec la philosophie pratique — dans le sens qu'indique Gadamer dans l'essai de 1972 *L'herméneutique comme philosophie pratique* […]. Ici apparaît clairement la dimension *éthique* de l'herméneutique, qui ne se trouve pas dans le comprendre comme tel ni encore moins dans une tâche supposée ou un devoir de comprendre, mais dans l'ouverture de la conscience herméneutique qui, poussée à dépasser sa propre limite dans l'au-delà promis par l'autre, s'élève à la vigilance éthique[108].

Ces idées fondatrices d'une éthique herméneutique anti-normative et hétéronomique, prennent appui sur le sens de la compréhension comme *application*[109] d'un sens précédant la conscience, incarnation à soi et concrétisation par soi du général (mise en expérience personnelle de l'universel)[110]. Elles mettent en exergue

---

[108] D. Di Cesare, *Gadamer* (trad. pers.), 149.

[109] La notion d'*application* (*Anwendung, applicatio*) est centrale et fédératrice dans l'herméneutique philosophique. Guy Deniau nous en fait une présentation pédagogique : « comprendre, c'est appliquer à la situation présente le sens d'un message, d'un texte, afin qu'il devienne parlant pour la communauté à laquelle il s'adresse. Appliquer ne signifie cependant pas suivre mécaniquement un ensemble de règles. En d'autres termes, l'application ne vient pas s'ajouter extérieurement à la signification préexistant en soi du texte ou du message. C'est au contraire l'application qui fait au contraire ressortir la signification » (G. Deniau, *Gadamer*, 55).

[110] Cf. L. Langlois, « La signification éthique », 79.

le jeu de l'ouverture subjective entendue comme mouvement d'une conscience herméneutique vers une autre qu'elle veut rejoindre dans sa singularité.

A ce niveau sourd déjà une sorte de rupture paradigmatique de l'herméneutique philosophique entendue comme philosophie universelle de la compréhension dans et par le langage. La raison herméneutique qui se constitue langagièrement, convoque, dans son accomplissement éthique, le registre de la conscience plutôt que le plan du discours qui le détermine paradigmatiquement. En effet, c'est la *conscience*, aussi interprétative et compréhensive qu'elle soit, qui fonde le jeu et le mouvement éthique puis (se) forge des valeurs pratiques. La conscience herméneutique maintient naturellement et évidemment une ouverture soutenue à l'autre, c'est-à-dire, qu'elle est bien disposée à rencontrer l'autre conscience. Elle reste disponible à dialoguer avec elle. Elle dialogue même depuis toujours avec celle-ci et considère sa spécificité ainsi que sa finité. Cependant, cette conscience se dresse majestueusement au cœur de la situation historique qu'elle détermine malgré elle, dans sa stratégie d'appropriation pratique sans auto-expropriation authentique. Son expérience éthique ne semble pas être *originairement* portée par le dialogue.

On peut même affirmer sans hésiter qu'au plan *archéo-logique* et *pré-temporel*, l'expérience-de-soi de la conscience herméneutique apparaît comme précédant son jeu dialogique et son mouvement éthique, qui incluent l'autre. Un certain *sentir éthique* et un véritable *sentiment anthropologique* de la conscience herméneutique prennent forme et sens au plan *anté-prédicatif.* Ils se fixent et se densifient au niveau *pré-symbolique*, *pré-linguistique* et *pré-sémantique* avant de se manifester pleinement et totalement dans le procès dialectique.

Le jeu dialogique n'emmène donc pas primordialement l'une et l'autre conscience dans sa dynamique. Il ne les détermine pas de façon foncière et fondamentale. C'est plutôt le comprendre, l'expérience herméneutique de chaque conscience qui se pose en laissant une marge à l'autre ; autrement dit, en reconnaissant l'enjeu de sa présence (même non présente) et de son action (même envisagée) dans sa propre maturation puis en l'intégrant dans son auto-réalisation.

La fissure théorique dans l'effectuation éthique de la raison pratique en tant que raison herméneutique devient plus profonde et plus inquiétante en ce qui concerne la conception du bien et la quête de la perfection humaine. Il surgit à ce niveau le *décisionnisme* et l'*intuitionnisme* propres à la conscience subjectiviste du paradigme épistémologique prétendument relevé par la raison herméneutique[111].

---

[111] Pour une critique similaire, lire : J. M. Aguirre Oraa, *Raison critique*, 352-353.

C'est ce que révèle l'argumentation technique de Donatella Di Cesare quand, usant de la *métaphore de l'archer* qui veut atteindre le centre, elle présente, d'un point de vue herméneutique, la signification du choix éthique qu'accomplit l'être humain dans sa vie.

Toucher le centre [dans l'ordre du choix éthique] signifie appliquer le savoir à la situation du moment. La perfection se trouve dans la prise de la décision juste au moment opportun, sans laisser échapper le *kairós*. Saisir, ce n'est pas voir, comme s'il s'agissait d'une vue pure, c'est plutôt un pressentir avec le *noûs*, ce qu'il est juste de faire. En effet, quel est le contraire ? Ce n'est pas l'erreur ou l'illusion, mais l'aveuglement. Celui qui est accablé par les passions perd le but et ne tient plus la bonne direction[112].

La décision et l'intuition — par le *noûs* — s'invitent ainsi au rendez-vous de la réalisation éthique (et politique) de la conscience herméneutique dans l'histoire. La décision s'effectue en obéissant à un certain *modèle dialogique*, celui de la relation entre le parlant et la langue, mais elle n'inclut pas la dialogicité fondamentale qui institue et donne sens à l'universalité que revendique la raison herméneutique. Elle convoque plutôt la *phrónesis* dans le processus de réalisation du bien commun qui, en tant que tel, représente le *logos comunis*[113].

La *phrónesis*, c'est-à-dire le savoir pratique — non technique ni épistémique — de la conscience herméneutique[114], donne sens à l'agir humain authentique et détermine la vertu de la responsabilité — pour soi-même et pour les autres —[115]. La *phrónesis* correspond à l'horizon significatif qui féconde et favorise l'effectuation de l'agir éthique. Elle manifeste aussi la dimension politique de l'action individuelle dans la mesure où cette dernière est *décidée* ou *discernée* avec les autres et vise la réalisation du *prákton agathon*.

La décision à laquelle conduit la *phrónesis* est une délibération qui est toujours une délibération avec les autres. Comme ma décision n'est jamais abstraite et isolée, ainsi la *phrónesis* [en tant que vertu humaine] n'est pas une sagesse individuelle,

---

[112] D. Di Cesare, *Gadamer* (trad. pers.), 156.

[113] Cf. *Ibid.*, 157.

[114] Cf. E. Cattin, « L'herméneutique », 81-82 ; D. Di Cesare, *Gadamer*, 155-156 ; L. Langlois, « La signification éthique », 79-80.

[115] Cf. D. Di Cesare, *Gadamer*, 156.

mais elle est inséparable de la *sýnesis*, du *Verständnis*, c'est-à-dire de la « compréhension » qui me permet de suivre l'autre dans son agir[116].

A ce niveau réapparaît étrangement la problématique du langage. Elle prend la veste de la *décisionnalité* dans le jeu de l'altérité. Il s'agit de la *décision-par-l'autre*, de la *décision-avec-l'autre* sans cependant une intercommunication effective, autrement dit, sans concertation ni dialogue véritable. La dimension langagière se surprend donc enveloppée par la volonté individuelle de compréhension et d'appropriation éthique de l'autre, présent ou non-présent. L'altérité et le langage se trouvent donc voilés et noyés paradoxalement dans le perspectivisme décisionnel de la conscience herméneutique autonome. Ils disparaissent dans la *certitude compréhensive* (le *savoir-de-soi-comprenant-décidant*) dans laquelle se meut la raison herméneutique qui, de façon subreptice et métaphorique, s'est transmuée en subjectivité autonome auto-élucidante, vigilante et quasi-transparente[117].

Nous avons ici les traits d'une inconséquence théorique doublée d'une réelle indécision épistémique. Ce constat va s'accentuer et devenir massif — massivement problématique — dans la conception générique de l'effectuation de la politique selon la raison herméneutique. Au flottement théorique manifeste va s'ajouter une véritable dysharmonie paradigmatique et un déplacement angulaire qui traduit un manquement plus profond, à savoir : la non-considération anthropologique de la réalité humaine en son intégralité, ou encore, l'*oubli* méthodologique

---

[116] *Ibid.* (trad. pers.), 157.

[117] Cf. E. Cattin, « L'herméneutique », 84-85 ; D. Di Cesare, *Gadamer*, 156-157 ; H. Ineichen, « Herméneutique et éthique », 71-74. La perspective de la *compréhension-élucidation-application-maîtrise* traverse bien l'expérience éthique de l'herméneutique. Nous voulons l'illustrer, entre autres, avec un texte d'Emmanuel Catin qui, présentant l'herméneutique philosophique comme philosophie pratique, à partir d'une lecture gadamérienne d'Aristote, souligne la dimension réfléchissante et auto-élucidante qui traverse le savoir éthique et pratique de la conscience herméneutique : « "L'éthique", écrit Gadamer, "ne peut être rien d'autre que la pure auto-élucidation de l'*ethos* déterminant concret". Savoir par conséquent éminemment *réfléchissant*, si l'on tient à la distance, où le philosophe, contribuant, dans une vue qui n'est pas théorétique même si le style de l'exposition l'est, à la réflexion de l'agent lui-même, cherche à penser *kata logou* la substantialité des mœurs dans laquelle il vit déjà. "Il lui faut s'élever à partir de la praxis même, et, avec toutes les généralités typiques qu'elle porte à la conscience, se rapporter en retour à la *praxis*. C'est dans ce travail de la *praxis* à la *praxis* que la philosophie pratique trouve son lieu, comme tentative d'éclaircissement de cette disposition de l'être-là humain qui a le caractère de l'*arétè*, de la *Bestheit* » (E. Cattin, « L'herméneutique », 85).

de la réalité humaine dans la mesure où elle est marquée par la violence, comme c'est le cas chez la quasi-totalité des grands penseurs de la Tradition philosophique occidentale selon le constat et le signalement qu'en fournit Eric Weil[118].

En effet, la raison herméneutique qui s'élève et s'exprime dans et par le langage, se découvre un fondement et un accomplissement autre en politique. Elle convoque ici l'*utopie*, une catégorie importante en elle-même et essentielle en tant que telle dans l'approche de la sphère politique, mais inadéquate et inadaptée pour une intelligibilité harmonique du déploiement politique de l'herméneutique. Une référence, autrement dit, impertinente pour une saisie claire et lucide de la raison herméneutique, dans la mesure où celle-ci revendique sa spécificité et son universalité à partir du site langagier.

En fait, l'herméneutique, comme philosophie politique, se laisse appréhender fondamentalement et nécessairement comme un *penser en utopie*, un penser qui prend appui sur le lointain et l'ailleurs, sur le différent et l'au-delà de ce qui se donne *hic et nunc*.

> *Denken in Utopien*, « penser en utopie », veut dire penser dans le procès infiniment fini de la dialectique dialogique et dichotomique, dans laquelle est requise la décision d'une réponse responsable, l'ouverture au « possible dans la figure de l'impossible » (SP 1, 199), l'ouverture à l'au-delà que l'autre seul peut offrir. Il se dessine ici les contours de la position politique de l'herméneutique philosophique qui, sans faire passer sous silence le négatif d'une critique du présent, se développe autour de la parole u-topique du futur[119].

L'utopie représente le point focal et le barycentre de l'herméneutique philosophique, quand celle-ci se tourne vers la vie publique des hommes et cherche à orienter la destinée historique des communautés vivantes. L'*u-topique* transparaît au creux du *topique* pour le réévaluer et le relever. Il pénètre et visite les lieux historico-politiques pour les critiquer et les reconfigurer : L'*u-topie* (ce qui ne se trouve en aucun lieu) se veut *a-topie* (non-lieu) et *hétéro-topie* (autre lieu). Elle est hors-lieu et contre-temps. Elle peut être conçue comme le lieu qui vient, le lieu par excellence qui surgira dans l'espace et dans le temps, le lieu qu'accouchera l'histoire à partir de la rénovation de la réalité sociopolitique actuelle.

---

[118] Cf. LP 57-61.
[119] D. Di Cesare, *Gadamer* (trad. pers.), 165.

[En tant qu'*a-topie* et *hétéro-topie*, l'*u-topie* correspond au] non-lieu, au lieu qui n'entre pas dans l'ordre, qui se soustrait et se pose à la limite ; ce n'est pas un *non lieu*, un lieu qui n'est pas, qui n'existe pas ; c'est plutôt un lieu *autre* qui, ne trouvant point une place dans les *tópoi* de l'ordre, renvoie à un dehors, à l'en-dehors de l'ordre ; un lieu qui, à partir de ce dehors de son hors-lieu, met en question l'ordre, son centre, sa prétendue unicité, le déplace, le décentre, le défère, le fait être un [lieu] parmi les [lieux] possibles[120].

En recourant au registre utopique pour penser et déterminer la sphère politique, l'herméneutique philosophique ne se refuse pas de regarder ni de dénoncer le présent. Elle ne se réfugie pas non plus dans des arrière-mondes. Elle cherche simplement à interroger puis éclairer le présent à partir du non-présent, à partir de *ce qui fut* (le passé) et de *ce qui vient* (le futur). Elle vise précisément le relèvement de l'ordre actuel à travers la réflexion sur l'ordre passé et la promesse de l'ordre à-venir.

Il faut le dire, c'est le penser anticipatif et prospectif qui spécifie l'événement utopique : « La dialectique de l'utopie se trouve dans la spéculativité. La cité idéale reflète *a contrario* les limites de la cité réelle. Bien qu'il ne se réaliserait jamais, le "gouvernement des philosophes" met en lumière l'abus du pouvoir qui tente celui qui l'exerce »[121]. Elle *montre* les en-dessous de toute organisation politique positive.

Ainsi donc, l'utopie herméneutique en tant que pensée politique, navigue entre *mémoire* et *promesse*, dans et au-delà de la *présence*. Elle équivaut proprement à un style métaphorique et à une stratégie méthodologique mise en place pour penser et guider idéalement le présent, en identifiant ses dérives et ses limites, en déterminant ses forces et ses atouts en vue de l'engendrement d'un monde plus humain (plus juste et plus digne). Il s'agit d'un effort conceptuel et culturel porté par le désir d'émergence du *novum*, autrement dit, par la volonté du renouvellement total des représentations, des orientations et des organisations humaines à travers un saut vers « l'*adventurum* à venir, une possibilité transcendante qui met en marche l'altération perpétuelle de la dialectique matérialiste »[122].

Arrivé à ce point, nous relevons que la raison herméneutique, qui se constitue langagièrement et atteste sa spécificité ainsi que son universalité à partir d'une

---

[120] Id., *Utopia* (trad. pers.), 300.
[121] Id., *Gadamer* (trad. pers.), 165.
[122] R. Kearney, *Poétique*, 246.

angulation linguistique, ne fait pas clairement référence au langage dans sa compréhension du politique et sa détermination de la politique. Elle n'en appelle pas directement au langage dans sa quête de configuration et d'orientation de la sphère politique.

A ce niveau, l'*oubli du langage* dénoncé fermement par l'herméneutique en ce qui concerne la Tradition philosophique dans son ensemble[123], ressurgit sous forme d'*éclipse du langage* dans l'approche de la réalité politique en tant que réalité humaine fondamentale.

S'il faut donc constater l'existence d'une réelle expression politique de l'herméneutique philosophique, contrairement aux voix qui nient toute implication politique de la raison herméneutique[124], il faut aussi noter l'incongruence de la racine théorique à partir de laquelle celle-ci prend corps et se déploie. Il ne semble pas y avoir de ligne de continuité ni de relation logique entre l'herméneutique philosophique définie comme pensée générale de la compréhension dans et par le langage, et l'herméneutique politique (ou mieux, l'incarnation, la réalisation politique de l'herméneutique) entendue comme pensée pratique dans et par l'utopie[125]. On en arrive à deux propositions de base : la proposition linguistique, constitutive au plan théorique (comprendre ontologique) et la proposition utopique, orientative au plan pratique (comprendre anthropologique).

La maximisation de la *fonction utopique* dans (et de) l'événement de la compréhension en tant que compréhension de l'organisation et de la quête d'épanouissement des communautés humaines, correspond ainsi à une décentration méthodologique. Il s'agit bien d'une fracture paradigmatique manifeste dans l'intelligibilité intégrale de la raison herméneutique.

---

[123] Cf. D. Di Cesare, *Gadamer*, 191-199. A propos de l'*oubli du langage* dans la Tradition philosophique, Donatella Di Cesare souligne ce qui suit : « Dans *Vérité et méthode* presque la moitié des pages sur le langage sont occupées par une longue confrontation avec la tradition occidentale (cfr. VM, 465-522). Qu'en a-t-il été du langage dans l'histoire de la philosophie ? – c'est la question que Gadamer se pose. La réponse, sévère et intransigeante, est que le langage a été oublié et déplacé. C'est pourquoi on doit parler d'un "oubli" du langage (VM, 480). Comme pour Heidegger la tradition occidentale est caractérisée par l'oubli de l'être, ainsi pour Gadamer elle est caractérisée par l'oubli du langage. Et pour les deux le premier responsable est Platon » (*Ibid.* [trad. pers.], 192-193)

[124] Cf. D. Di Cesare, *Gadamer*, 162.

[125] A signaler que l'*utopie* n'est pas toujours considérée comme centrale ni décisive dans la proposition d'une philosophie politique inhérente à l'herméneutique (cf. D. Ipperciel, « La pensée de Gadamer », 625-626).

Cette rupture épistémique, aisément apparaissante, semble être le signe d'un malaise plus important ; un malaise qui, phénoménologiquement et épistémologiquement, demeure voilé. Ce malaise porte pour nom l'*oubli de la réalité* (déficit ontologico-praxéologique) ou, de façon plus spécifique, l'épochalisation de la violence qui marque l'homme dans son être propre et mine les communautés humaines dans leur émergence et leur cheminement historico-temporel.

Il faut le dire, l'herméneutique philosophique convoque, sans en prendre pleinement conscience, des hommes idéaux — idéalement non-violents —, des êtres dotés de la capacité raisonnable, des individus qui ont, en principe et en pratique, accepté — sans en questionner le sens profond — la dimension compréhensive comme *modus vivendi*. Elle se constitue à partir d'êtres possédant la (bonne) volonté de — (se) faire — comprendre.

Malgré l'enracinement historique dont elle se réclame, l'herméneutique philosophique engage, au plan fondamental, *la* compréhension pure (transcendantale) ; une compréhension portée et fécondée par le dialogue parfait — parfaitement concevable —. La raison herméneutique, autrement dit, écarte, dans le processus de son établissement, l'a-compréhension théorique et la haine pratique de la compréhension. Elle peine à penser concrètement le rejet catégorique de l'ordre même du comprendre dans et par le langage.

La raison herméneutique s'essouffle — de manière involontaire et en mode métaphorique — à proposer des orientations effectives — non nécessairement positives —, aux communautés historiques confrontées à la violence extrême. Elle semble se noyer et s'épuiser dans le penser-au-poème, dans la poématicité théorico-pratique[126], plutôt que de s'effectuer comme un comprendre capable de manifester la vertu ordinatrice et instauratrice du langage dans et au-delà de la violence pour la réalisation de la vie et de l'avenir sensé des êtres humains.

---

[126] On notera les accointances entre l'herméneutique philosophique et la poésie, entre les investigations herméneutiques et l'exploration philosophique des textes poétiques (de Celan par exemple), ainsi que la centration herméneutique de la réflexion sur les camps de concentration, notamment sur Auschwitz, dans le poème et selon le modèle poétique. L'intensité, la fugacité, la plénitude… qu'offre le poème dans l'expression de la réalité et la quête de la réalisation humaine en fait un instrument privilégié au niveau de l'herméneutique. A ce sujet, on lira par exemple : D. Di Cesare, *Gadamer*, 225-229 ; Id., *Ermeneutica*, 129-131 ; Id., *Utopia*, 246-295 ; H. G. Gadamer, *Interpretationem* ; J. Grondin, « L'universalité », 181-194 ; M. La Chance. « "Levée de mots" », 43-58.

De fait, au plan historique, il faut supposer la présence de communautés véritablement humaines qui refusent tout procès herméneutique et tout jeu dialogique. Il faut considérer aussi des êtres humains formés à la raison qui, cependant, rejettent, « en connaissance de cause »[127], le langage et se rebellent contre tout avènement événementiel du comprendre. Il faut finalement penser la possibilité de l'activité déstabilisatrice et destructrice de l'*homme de l'œuvre* au creux de la communauté herméneutique.

En effet, l'homme de l'œuvre s'infiltre malicieusement au sein de la communauté du comprendre-langage et s'attèle à la détériorer. Cet homme se désintéresse de toute compréhension. Il n'accepte pas le fait fondamental du comprendre dans et par le langage ou n'en accepte que sa conception machiavélique ; une conception qu'il pose au-dessus de toute volonté de construction communautaire et de conjonction interhumaine. L'homme de l'œuvre déjoue les jeux mêmes de la compréhension et érode le sens réel du comprendre. Il détourne insidieusement les canons de la compréhensibilité ordinaire.

Dans son activité créatrice, l'homme de l'œuvre *paraît*. Il trône au-delà du comprendre-langage envisagé par la raison herméneutique et phagocyte radicalement l'être et son langage. Il détruit le langage de l'être humain et la possibilité historico-ontologique de la compréhension. Et, pour combler la béance manifeste du déficit langagier, il crée un langage nouveau, un langage autre. Il impose aux hommes le pseudo-langage du faire pour le faire, le langage insensé de l'activité, un langage « qui ne s'inscrit pas dans un monde, un contexte, un discours »[128], mais inscrit le monde, le contexte et le discours dans sa dynamique désintégrative.

L'homme de l'œuvre, dont l'herméneutique philosophique n'entrevoit pas clairement l'entreprise annihilatrice, oppose ainsi aux autres — à tous les autres — sa propre compréhension, son propre langage. Il leur impose « le langage du mythe et de l'impératif »[129], un langage qui déstructure la dimension dialogique de l'existence et désagrège la communauté historique.

Dans le même mouvement, l'homme de l'œuvre obstrue brutalement les canaux conducteurs du souffle engagé dans « la révolution du souffle »[130] que promeut l'herméneutique philosophique dans sa quête d'émergence théorique et sa volonté de

---

[127] LP 57.

[128] P. Canivez, *Eric Weil*, 10.

[129] *Ibid.*, 10.

[130] D. Di Cesare, *Utopia* (trad. pers.), 262

sursomption de la violence. Cet homme sait que le comprendre-langage n'offre aucune garantie quant à la sécurité de l'homme et à la stabilité des communautés vivantes dans le monde. Il ne craint pas la valse des mots ni la danse des propos. Il sait que les mots ne font pas mal ou ne font mal qu'aux mouches : sans engagement conscient ni implication concrète de ceux qui les usent dans le cadre de la lutte contre le mal multiforme, les paroles restent vaines. Elles ne portent aucun sens et demeurent sans consistance. Elles ne produisent pas d'effet.

L'homme de l'œuvre a compris qu'aucun poème n'émouvra intensément les cœurs des hommes jusqu'à les pousser à agir. Il sait qu'aucune œuvre d'art ne portera les rêves des hommes vers l'engendrement de la nouveauté, en leur procurant un schéma clair d'action (ou de révolution) socio-historique. Il persiste donc, « en connaissance de cause »[131], dans la non-compréhension de l'ordre existant. Il reste fermé aux appels de la raison compréhensive. Il n'acceptera aucune compréhension qui dérangerait sa prééminence sur les êtres et les éléments. Il ne communiquera pas avec des hommes qui nient son appréhension corrosive des ordres, des textes, des contextes…. Il ne dialoguera pas mais détruira tous ceux qui récusent sa domination sur le monde et sur son sens.

A ce niveau, on se rend aisément compte de l'enjeu de la violence pour une conception intégrale et intégrante de la compréhension en tant que langage. Il s'agit, autrement dit, de la prise en compte de la vie concrète des hommes, de leurs passions, de leurs espoirs et de leurs contradictions, pour réaliser un comprendre-langage vrai, véritablement compréhensif de la société et de l'historicité des êtres humains. Ce que l'herméneutique gadamérienne ne thématise pas ou ne détermine que de façon détournée et dérivative, en se réfugiant dans la promesse de l'utopie instauratrice.

En fait, la conception de la compréhension pure — purifiée de l'idée d'une non-considération radicale et d'une non-nécessité pratique de la compréhension —, ne peut qu'épochaliser logiquement le monde et le langage (l'homme) puis invoquer l'*utopie*, le non-lieu, le *lieu archéo-logique*, l'*archè logique* du *lieu*, comme univers dans lequel *devrait* demeurer l'être humain.

En envisageant donc une phénoménologie du déploiement historico-politique de la raison herméneutique, on peut se poser quelques questions, notamment : comment faire comprendre aux individus et aux groupes marqués par la mauvaise volonté — radicale —, l'importance et l'enjeu de la compréhension ?

---

[131] LP 57.

Comment favoriser et *protéger* l'événement du comprendre (personnel et collectif) en face d'une a-compréhension de principe inhérente à des conceptions erronées et dérivatives du vivre-ensemble ? Comment atténuer et même faire disparaître la haine de la compréhension qui habite des hommes et des groupes humains marqués par l'injustice, la non-reconnaissance historique, la violence… ? Comment gérer une compréhension qui tend à la négation du sens de l'être et de l'autre ? En somme, quelles sont les conditions minimales requises pour que le comprendre soit un événement authentique qui possibilise la liberté et garantisse la pérennité des communautés humaines dans l'histoire ?

C'est à ce niveau que l'éclairage weilien devient nécessaire et nettement intéressant. Le penser-weilien-aux-êtres-et-aux-choses condensé sous la forme d'une logique non-logiciste des langages humains déployés dans l'histoire, peut aider l'herméneutique philosophique à sortir de ses ornières. Il peut largement l'aider à reconsidérer ses propres ressources théoriques ainsi qu'à recadrer ses orientations pratiques. Le mode d'achèvement de la philosophie dans l'action (le langage comme action) ou encore le modèle d'incarnation de la pensée logique dans la philosophie politique élaboré par Weil, peut favoriser la repensée de l'effectuation politique de la raison herméneutique dans la mesure où celle-ci se trouve axée sur le langage.

C'est ce que suggère, d'une certaine manière, Jean-Michel Buée dans son analyse croisée des pensées weiliennes et gadamériennes[132]. L'auteur individualise avant tout les points de rencontre et de divergence entre la logique philosophique d'Eric Weil et l'herméneutique de Hans Georg Gadamer. Il propose ensuite des éléments weiliens pouvant contribuer à une orientation éthique et politique de l'herméneutique philosophique[133].

Selon Jean-Michel Buée, il existe une véritable proximité thématique et épistémologique entre la pensée weilienne et la pensée gadamérienne. Le rapprochement de l'un et de l'autre ne se résume pas à de simples analogies verbales. On peut cibler un certain nombre d'éléments communs à la philosophie d'Eric Weil et à celle de Hans Georg Gadamer. Les deux entreprises théoriques correspondent à

[…] deux philosophies du dialogue et de la communication. L'une et l'autre réfléchissent sur les conditions de possibilité d'une entente qui fasse droit à l'unité *et* à la multiplicité, qui permette d'instaurer une communauté dans le respect de l'al-

---

[132] Cf. J.-M. Buée, « La *Logique* », 165-195.
[133] Cf. Ibid., 187-188.

térité et de la différence. [...] Toutes deux, se réclament de la raison et voient dans le logos grec l'un de ses modèles privilégiés[134].

Jean-Michel Buée souligne aussi la différence profonde entre les deux philosophies et leurs orientations diverses dans l'approche et l'éclairage des problèmes majeurs qui minent l'existence humaine. L'herméneutique paraît être une ontologie du sens tandis que la logique de la philosophie se veut avant tout une anthropologie du sens. L'opposition entre Weil et Gadamer se dessine d'abord

> [...] en ce qui concerne le dialogue et la compréhension, Gadamer voit en eux une structure constitutive de l'être même de l'homme, du *Dasein*, alors que pour Weil il s'agit d'une décision libre, autrement dit d'un choix pour la raison et contre la violence. On peut noter une divergence du même ordre à propos de la tradition et de la conscience de l'action qu'elle exerce sur nous. Pour Weil, cette prise de conscience débouche sur une critique et une libération[135].

Des divergences similaires entre le penser weilien et l'herméneutique gadamérienne transparaissent aussi au sujet d'éléments comme l'historicité, la finitude, les préjugés... et surtout, autour du phénomène du langage. L'herméneutique confère un poids ontologique majeur au langage. Pour celle-ci, l'être de ce qui peut être compris est langage, l'être, dans la mesure où il se donne à comprendre, se veut langage. Chez Weil par contre, le langage est au-delà de tout ce qui est ; « "il n'y a pas *le* langage : tout 'il y a' pour l'homme naît dans le langage". [... Le langage demeure une] forme vide, sans consistance ontologique »[136].

Dans le dernier moment de son exploration des productions de Weil et de Gadamer, Jean-Michel Buée se demande si la logique de la philosophie, qui dépasse l'opposition entre la cohérence et la finitude, le langage et le discours, et évite de ramener le langage au concept, en tenant compte de la dimension langagière qui représente son fonds formel et la matière infinie dans laquelle ses catégories prennent corps, ne peut pas être lue comme une fondation de l'herméneutique qui échapperait aux difficultés de l'ontologie herméneutique gadamérienne[137].

---

[134] *Ibid.*, 167.
[135] *Ibid.*, 178.
[136] *Ibid.*, 179.
[137] Cf. *Ibid.*, 190.

A ce niveau, nous nous rendons aisément compte que l'horizon pratique (l'incarnation) du sens ainsi que l'orientation de la vie socio-historique par le comprendre-langage recèlent une importance particulière chez Weil différemment de Gadamer. Ici, la compréhension configure concrètement la vie morale et sociale des hommes. Elle lui donne une consistance propre. La compréhension porte les individus à agir pour remodeler le langage et transformer objectivement le monde, contrairement à Gadamer qui promeut une compréhension ontologique de l'inscription de l'être dans le monde ; une compréhension sans prise véritable sur la réalité en sa totalité.

Chez Weil, le sens se réalise comme entraînement et maturation de l'existence humaine dans l'ordre de la raison et de la liberté. Il se veut mouvement d'accomplissement de la raison dans l'histoire et mouvement d'engendrement des êtres dans la présence.

Ces approches weiliennes du sens, du comprendre et du langage, peuvent aider l'herméneutique philosophique à reconsidérer ses acquis théoriques et réorganiser leur mode d'information de l'existence ou d'enracinement dans l'espace et dans le temps. Elles fournissent à la raison herméneutique des éléments d'évaluation et de compréhension qui contribueraient à sa réelle incarnation historique et à sa fécondation de l'existence humaine, afin qu'elle devienne cette éthique et cette politique proches de la vie humaine comme elle prétend l'être dans son auto-instauration pratique.

Pour le signifier autrement, à partir des éléments identifiés et indiqués dans notre démarche, on pourrait dire que la raison herméneutique, tout en bénéficiant du potentiel théorique et critique de l'utopie, doit pleinement se spécifier à travers l'*action*. Elle doit se déterminer en tant que telle et dessiner des lignes d'épanouissement anthropologiques au-delà du monde des évidences ontologiques et des certitudes historiques qui l'enveloppe.

La raison herméneutique est proprement conviée à briser sa tour d'ivoire métaphysique et à sortir de sa cage à fer méthodologique. Elle peut se départir intelligemment de sa référence aux généralités du genre : rappeler la centralité de l'altérité — et de l'ultériorité — pour l'existence ; invoquer l'enjeu du jeu dialogique pour le comprendre ; revendiquer l'universalité paradigmatique et la spécificité problématologique dans l'auto-présentation philosophique ; considérer la nécessité de la justice et de la dignité humaine au plan de l'être communautaire…

La raison herméneutique doit plutôt s'efforcer à atterrir sur le sol des contradictions et cheminer au milieu des difficultés. Elle doit toucher du doigt l'indifférence et la violence, et expérimenter la violence du dernier homme ; la violence de celui qui, par la mauvaise volonté ou le concours malheureux des circonstances, tient en main le destin du monde.

La raison herméneutique peut entrer en action et s'effectuer comme comprendre-langage-action. Elle peut initier un mouvement de vie ; un mouvement qui, de façon concrète, favorise l'émergence d'un monde humain habitable aussi bien compréhensivement que librement et joyeusement. Il ne s'agit pas pour elle d'entretenir outrancièrement la chimère du meilleur des mondes possibles, *le monde qui vient*, mais de s'impliquer, *hic et nunc*, afin de transformer le monde actuel, *le monde qui est*, et d'élever le capital anthropologique des hommes et de leur langage dans l'histoire. Il lui faut précisément *s'engager* : se décider à l'action, non seulement au niveau de la conscience subjective et intersubjective mais aussi et surtout au plan de la conscience-de-soi de l'existence sociale, au plan de la communauté des hommes qui ont choisi de taire leurs passions puis de cheminer ensemble dans le monde, malgré la tentation du retour à la violence. Ce qui signifie pour elle, la traversée de la poématicité en tant que moyen privilégié d'auto-satisfaction (registre personnel) et ferme promesse du royaume de justice qui vient (registre social), pour atteindre l'effectivité du langage, du monde et des hommes dans le monde.

Comme nous le savons, le langage poétique demeure important dans la désignation et la dédramatisation de la violence extrême. En tant que tel, il assure une fonction centrale dans la compréhension de ce qui peut advenir de radicalement inhumain et qui est effectivement arrivé : l'événement sans précédent des *Lagers*[138].

Le poème permet d'articuler l'incompréhensible[139], de désigner le non-représentable, de tracer l'innommable et l'indicible. Il excède le discours descriptif et constatif[140], et aide à communiquer les émotions, l'angoisse, la peur, le tourment, l'inquiétude, la compassion, l'assurance, la joie… Le poème contribue à sursumer toute barrière imaginable et à dépasser les limites imposées à la dignité humaine.

Le langage poétique favorise ainsi la libération du *moi*, de l'*un* et de l'*autre*. Il traduit l'au-delà du *moi* qui s'épanche vers l'*autre*. Il dit l'excès et le don pour l'autre, la parole de surcroît qui rend autonome[141]. Le langage poétique fait donc

---

[138] Cf. D. Di Cesare, *Utopia*, 288-290.

[139] Cf. *Ibid.*, 302.

[140] Cf. J. Grondin, « L'universalité », 182.

[141] Cf. D. Di Cesare, *Utopia*, 300.

exploser les cadres et les étroitesses pour emplir de lumière les espaces enténébrés et offrir aux ordres épuisés un bout de souffle vital. Il consacre la *révolution du souffle* et assure finalement la survie au-delà du mal radical[142].

Cependant, le langage poétique, qui traverse les limites du langage et porte le désir d'avènement du *novum*, ne saurait, à lui-seul, contenir toute la poussée de la liberté surgissant du sein de la communauté. Le *cri du poème*, aussi puissant qu'il soit, paraît bien limité pour canaliser la volonté de reconnaissance et ordonner l'espérance de la justice que portent les hommes dans leur monde.

Si le langage poétique demeure un élément important pour l'expression et la transmission des sentiments de la conscience commune, s'il participe à la figuration de l'hémisphère de la nouveauté, il n'offre guère d'indications capables d'assurer la survie historique de la communauté menacée dans sa sécurité et sa liberté. Le langage poétique ne (se) propose pas (comme) une stratégie — même non positive — de transformation objective du milieu existentiel et un lieu d'engendrement effectif du monde nouveau.

L'incohérence interne et la dissection préférentielle qui assurent la spécificité du poétique, déterminent également sa non-centralité dans la l'action de relèvement de la société en ce qui concerne la quête de contentement intégral que poursuivent ses membres dans le monde. Même si l'on peut reconnaître l'enjeu politique d'une certaine poésie à orientation idéologique et à valence praxéologique[143], il faut dire que la poésie, en tant que telle, ne présente pas une méthodologie claire de renouvellement social et de transformation historique. Elle ne représente pas une orientation décisive en ce qui concerne l'organisation concrète et la réalisation durable des communautés humaines dans le monde.

Dans le même ordre, on peut affirmer sans se tromper, que la violence ne peut se limiter à être la possibilité d'une parole pure — une parole purifiée de toute souillure humaine, notamment celle de l'incompréhensible et de l'innommable —. Elle ne peut uniquement demeurer la *promesse* de la *parole-tente* (la parole de la rencontre)[144] ; la promesse de la parole originaire (la parole d'avant les paroles, d'avant le Babel) ; la promesse de la parole du passage (la parole transitoire, la parole errante, la parole migrant vers la parole promise…)[145].

---

[142] Cf. *Ibid.*, 262-265.

[143] Comme cela fut le cas par exemple en Afrique subsaharienne dans le mouvement des Indépendances, autour des années 60.

[144] Cf. D. Di Cesare, *Utopia*, 303-304.

[145] Cf. *Ibid.*, 304-306.

La violence doit plutôt être fermement affrontée. Elle doit subir une réelle chirurgie philosophico-politique. En effet, sa sursomption ne se résout pas à travers la « révolution du souffle »[146]. La sursomption de la violence exige une véritable *révolution-subversion*. Elle en appelle à une *violence raisonnable* ; celle qui, empruntant la voie de la force — militaire dans les cas extrêmes —, conduit au rétablissement de l'ordre et à la restauration de la raison ; celle qui possibilise la réfection du langage et le remodelage du monde de l'homme, le remodelage de l'homme en son monde. Il s'agit de la violence que des hommes, dans la communauté, choisissent quand celle-ci se sent menacée dans sa survie historique par d'autres hommes, par un gouvernement sanguinaire, par des assassins et des destructeurs de l'ordre…. Cette violence contribue au retour de la stabilité dans la communauté et aide à envisager sa pérennité.

On se rend aisément compte que ni l'utopie gouvernative ni la poésie orientative qu'engage la raison herméneutique, ne représentent une issue adéquate ou un chemin adapté pour la signification concrète de la sphère politique et la compréhension véritable de la violence. L'enjeu de la vie et de l'avenir sensé des communautés humaines requiert une orientation autre, différente de la présentification utopique ou de la figuration poématique. Il nécessite un cheminement théorique et pratique qu'offre parfaitement la pensée d'Eric Weil en tant qu'elle promeut, au plan historico-temporel, le déploiement du langage comme discours, discussion et dialogue ; c'est-à-dire, en tant qu'elle ne se fixe pas sur une compréhension ontologique des hommes dans le monde, mais considère l'incarnation du langage et de la compréhension dans le monde des hommes puis active leur capacité à structurer et orienter concrètement la conscience sociale commune dans la dynamique institutionnelle et culturelle.

Pour durcir ou radicaliser notre argumentation nous voulons affirmer que le reproche principal qui peut être fait à Gadamer concerne l'inconsistance formelle et l'impertinence fondamentale de la raison herméneutique à concevoir avec lucidité le problème de la violence nue ainsi qu'à chercher des voies — non nécessairement positives — pour l'empêcher de régner, c'est-à-dire, pour éviter qu'elle n'avale radicalement la vie ni n'annihile l'avenir sensé des communautés humaines dans le monde.

A partir d'Eric Weil, dont la pensée du langage comme action inclut le rejet de la violence brute ainsi que le choix, en principe, de la non-violence comme *modus*

---

[146] *Ibid.* (trad. pers.), 264.

vivendi, mais n'exclut pas, en pratique, l'emploi de la violence raisonnable pour y arriver — autrement dit promeut la révolution aussi bien comme réformation que comme subversion —, nous contestons fermement la configuration politique de l'herméneutique philosophique. En d'autres mots, nous refusons un modèle de pensée qui problématise la violence uniquement sur le registre ontologique.

Se confiner à l'ontologique dans le penser à la violence, c'est courir le risque de livrer les hommes et leur monde aux mains des destructeurs, des anarchistes, des terroristes, etc. C'est se soumettre, de façon irresponsable, à la loi des individus qui ont choisi le mal pour le mal et qui se sont décidés, avant tout mode exécutoire, de détériorer férocement l'existence, d'anéantir complètement la paix entre les hommes ; une paix acquise au prix de grandes luttes et de multiples sacrifices.

Ainsi donc, en suivant la logique de la philosophie weilienne, en tant qu'elle se réalise dans le langage comme action, nous opposons un net refus épistémologique à la raison herméneutique dans sa détermination pratique (politique). Ce refus fait montre des limites d'une raison qui se veut universelle mais qui n'arrive pas à répondre concrètement à la tâche de la cohérence dans l'existence ; une raison qui, autrement dit, ne fournit pas de garantie ni d'orientation effective en ce qui concerne l'espérance de la liberté, la possibilité de l'égalité et de la dignité humaine, la durabilité de la compréhension dans l'espace et dans le temps…

Ce refus souligne aussi l'enjeu du sens auquel la pensée, en tant que telle (la pensée en sa penséité), est conviée à s'atteler au plan de l'histoire tumultueuse des hommes. Il manifeste la fonction pragmatique de toute pensée véritable, de toute pensée qui se déclare pure et veut s'universaliser ; de toute pensée dont la pureté authentique ne saurait se concentrer avant tout dans une conceptualité anhistorique et extratemporelle, mais se réalise à travers sa capacité à envisager purement et profondément l'à-venir du sens et de la vérité, l'accomplissement du royaume de justice et de paix sur la terre des hommes.

A ce niveau, il paraît impérieux de conférer un chiffre praxéologique au comprendre-langage afin qu'il *montre* un sens harmonique à l'homme et à la communauté des hommes dans l'histoire. En fait, la compréhension qui s'articule sur le langage et s'accomplit comme langage, possède une destinée commune avec la communauté-société. Elle ne saurait avoir une signification notable sans une orientation claire vers la liberté et la libération effective des hommes dans leur monde.

Ainsi donc, la compréhension-langage aura un sens dans la mesure où elle contribuera réellement à une inscription épanouissante des individus humains dans l'histoire ; autrement dit, dans la mesure où elle favorisera le dépassement de l'ennui et des maux multiples auxquels se trouve confrontée la conscience sociale commune en sa quête de contentement intégral dans le monde qui est.

La compréhension-langage aura un sens quand elle contribuera à l'émergence d'un univers où l'homme ne représente pas un loup pour l'autre mais demeure le joyeux berger de sa vie ; c'est-à-dire, quand elle permettra d'ordonner la violence et de dessiner des cercles d'une sphère de liberté, de justice et de paix dans l'espace et dans le temps. Ce qui suppose, pour elle, l'ouverture à un *dia-logo*s non pas d'abord ou uniquement ontologique et hétérologique, mais avant tout et surtout pragmatique et programmatique. Il s'agit d'un dialogue qui, partant des cercles restreints, s'élargit à l'ensemble de la communauté et produit un impact positif sur sa marche historique. Un dialogue, autrement dit, général et généralisant, initiateur du règne de la raison-sens sur terre : au-delà des personnes, il convoque les institutions dans lesquelles s'incarnent la volonté de la raison dans l'histoire. Il s'élargit ainsi à l'Etat et inclut les instances de gestion de la vie publique des hommes.

Dans cette ligne, nous retrouvons la problématique de la validation et de la vérification du sens de la compréhension herméneutique soulevée par José Maria Aguirre Oraa. A la fin de la confrontation épistémologique qu'il réalise entre la pensée de Jürgen Habermas et celle de Hans Georg Gadamer, il se pose la question suivante : « Quels sont les critères pour départager les compréhensions vraies des compréhensions fausses, pour établir la validité ou la nullité en droit de nos jugements ? A cette question Gadamer ne répond pas de façon précise »[147]. Il ne semble pas l'envisager profondément ni en fournir des indications décisives d'éclaircissement.

On se rend bien compte que cette interrogation défie l'herméneutique philosophique dans son auto-attestation universelle et sa prétention à la priméité. En tant que telle, elle sursume ses limites auto-compréhensives et convoque une sorte de méta-herméneutique. En effet, dans sa configuration épistémologique et son orientation historico-politique, l'herméneutique philosophique se trouve incapable d'y donner une réponse satisfaisante.

Il faut le dire, c'est au plan pratique, au plan de la praxis, que peut être déterminée et évaluée la vérité ou la fausseté de la compréhension. Une compréhension ne peut avoir de sens que si elle participe réellement et radicalement à l'élévation du capital anthropologique et eudémonique de l'homme, si elle aide celui-ci à s'inscrire harmoniquement dans le monde. La communauté illimitée de la com-

---

[147] J. M. AGUIRRE ORAA, *Raison critique*, 326.

préhension devient significative quand elle concrétise sa visée et se concrétise dans la vie quotidienne, au-delà des indications herméneutiques offertes par les experts.

En fin de compte, la compréhension-langage aura un sens lorsqu'elle hiérarchisera formellement ses motifs épistémologiques et acceptera, dans son entreprise théorique, l'émergence d'une cohérence méthodo-logique véritable, une cohérence fondée effectivement sur le souci de la réalité (dimension pratique) et sur la nécessité de l'enracinement existentiel du savoir herméneutique (dimension anthropologique). Ce qui induit pour elle un effort de re-compréhension de ses propres fondements ainsi qu'une évaluation diverse des interrogations et critiques ayant emmaillé son déroulement.

Ainsi donc, la compréhension dans et par le langage, dans la mesure où elle représente une dimension constitutive de la raison herméneutique, devient sensée quand elle s'accorde pleinement au réel et revêt la veste de l'*action*. Elle prend toute sa densité quand elle se transmue conséquemment en comprendre-langage-action de la vie du monde des hommes et pour la vie des hommes dans leur monde.

4. **Philosophie de la communication et langage**

Nous allons scruter ici la raison communicationnelle telle qu'élaborée par Jürgen Habermas, puis réinterprétée et approfondie par Jean-Marc Ferry. Ce qui nous conduit à préciser certains éléments constitutifs de la figure communicationnelle de la raison, en soulignant ses spécificités selon l'arc épistémologique habermassien et son prolongement ferrien[148].

4.1 *Communication et intercompréhension*

Parler de raison communicationnelle, c'est évoquer la configuration paradigmatique de la raison inhérente à la philosophie de la communication produite dans le sillage du pragmatisme transcendantal et des pensées contemporaines ayant développé une conception du langage aux antipodes du nominalisme, du

---

[148] Nous voulons signaler que notre approche analytique de l'œuvre monumentale de Jürgen Habermas se base principalement sur l'interprétation et la compréhension qu'en fournissent certains de ses commentateurs et critiques en langue française et italienne. Il s'agit notamment de Francesco Conigliaro, Jean-Marc Ferry, Stéphane Haber, Claude Morilhat et Arno Münster. A partir d'eux, nous essayons de reconstruire les éléments centraux qui constituent la philosophie communicationnelle habermassienne.

réalisme, de l'objectivisme, du subjectivisme méthodologiques, etc., notamment la philosophie du langage ordinaire de Wittgenstein.

En fait, la compréhension de la communication se décline sur un double registre sémantique : le registre médiatique technoscientifique et le registre médiatique anthropologique. Dans un premier mouvement, il s'agit de la communication conçue et organisée comme transmission de l'information. Elle obéit à la méthodologie scientifique (sciences mathématiques, calcul, informatique, cybernétique…) de même qu'aux pratiques technologiques (ingénierie, technologies informationnelles, machinisme informatique…). La communication se concentre globalement ici sur la circulation des messages entre un émetteur et un récepteur, à travers un canal matériel ou encore sur la transmission pratique des signaux[149]. Elle a trait aux médias, à la publicité, aux relations publiques, aux pratiques journalistiques, aux techniques objectives de gestion et de circulation de l'information[150]. A proprement parler, il s'agit d'une approche « technologico-technocratique (utilitariste et téléologique) de la communication »[151].

Celle-ci se distingue nettement du second registre de la communication qui surplombe la dimension scientifique, technique, médiatique… (qui va au-delà des couples transmission-réception, émetteur-récepteur…), pour considérer le champ anthropologique et ontologique en tant que tel, pour embrasser la sphère globale des échanges humains dans l'espace et dans le temps, en vue de la reconnaissance mutuelle et de l'inter-entente.

Nous sommes ici face à une communication inter-subjective ou inter-humaine ; une communication capable d'engendrer un monde commun et humain puis d'instaurer un lien social (réseautage, association, partage…). Celle-ci est largement redevable à la pragmatique universelle qui s'efforce de « remettre au premier plan les sujets parlants ordinaires et d'accorder au contexte d'interlocution un rôle décisif dans l'intercompréhension »[152].

Le concept de communication cultivé dans cette ligne se veut modeste et faible. Il apparaît comme contraire à tout apriorisme méthodologique ainsi qu'à tout absolutisme épistémologique. Sa signification convoque tout autant le contexte d'énonciation que « les compétences idéologiques et culturelles des

---

[149] Cf. J.-M. Besnier, « Communication », 120-121 ; L. Sfez, « Communication », 291-292.

[150] Cf. D. C. N. Mwenze, « Présentation », 7-8.

[151] A. Münster, *Le principe*, 8.

[152] J.-M. Besnier, « Communication », 121.

362

interlocuteurs, leurs déterminations psychologiques ainsi que les filtres d'interprétation qu'ils interposent entre les messages qu'ils échangent »[153].

C'est dans cette dynamique épistémologique qu'émerge et prend corps la raison
communicationnelle proposée par Jürgen Habermas. Ce dernier procède en fait à
l'humanisation de la compréhension de la communication. Il la déterritorialise pour
l'orienter vers la dimension relationnelle de l'être humain. Il la fait passer, autrement
dit, de la sphère technoscientifique à la sphère socio-anthropologique. De façon précise, Habermas s'efforce de sursumer autant que possible la « vision trop mécaniciste, trop idéologique et trop manipulatrice de la communication »[154]. Il souhaite
dépasser cette vision partielle et parcellaire, une vision globalement préjudiciable au
développement autonome des relations interhumaines ainsi qu'à l'équilibre interne
— à l'harmonie et à la stabilité — de la vie sociocommunautaire.

A travers un effort critique et systématique, Habermas essaie d'élaborer une
conception communicationnelle nouvelle, fécondée par la philosophie et la
sociologie. Il s'agit d'une conception communicationnelle originale, inhérente au
paradigme des relations intersubjectives. Elle met au centre le dialogue et l'intercompréhension réalisée par les actes langagiers et les manifestations de l'argumentation rationnelle[155]. Elle s'appuie, autrement dit, sur des éléments constitutifs du tissu existentiel dans son principe.

En fait, Habermas ne travaille pas à « soumettre à quelque conceptualité englobante l'ensemble des phénomènes communicationnels »[156] existants ou encore imaginables. Son entreprise consiste plutôt en « une activité de description et de clas-
sement, axée sur l'élucidation des "conditions de possibilités universelles de l'intercompréhension" »[157] dans le périmètre existentiel des hommes.

A proprement parler, il ne construit pas une théorie axiomatique qui puisse déduire
tous les possibles communicationnels. Au contraire, il met en chantier une « pragmatique susceptible de décrire les énonciations ainsi que les règles propres à les valider
— en l'occurrence : les règles qui attestent la vérité, la sincérité ou la justesse des énoncés en question »[158]. Il s'agit d'une pragmatique capable de classer les différents types

---

[153] *Ibid.*, 121.

[154] A. Münster, *Le principe*, 8.

[155] Cf. *Ibid.*, 8.

[156] J.-M. Besnier, « Communication », 121.

[157] *Ibid.*, 122.

[158] *Ibid.*, 122.

d'activités langagières (activités communicationnelles, stratégiques ou symboliques) et de déterminer les conditions de l'intersubjectivité, « en attestant qu'il n'est pas de communication sans l'anticipation d'une "situation idéale de parole" »[159]. Elle peut aussi réaliser systématiquement l'ensemble des normes définies pour l'approche des activités visées.

Dans cette logique pragmatique, la communication se donne à découvrir comme la source véritable et le fondement essentiel de tout processus concernant l'existence sociocommunautaire des hommes, leur mode de vie associative et la dynamique spécifique de celle-ci. De même, elle se réalise comme le fonds focal des contenus contemporains de connaissances humaines ainsi que le soubassement principal de la vision que les êtres humains se font de la réalité[160].

La communication demeure intrinsèquement liée au langage ainsi qu'à l'agir social des hommes. En outre, elle permet de comprendre le sens de la présence des hommes dans le monde et le déploiement global de leur vie sociale[161]. Au plan pratique, la communication pragmatique revêt deux formes complémentaires (conjointes ainsi qu'entremêlées) que sont l'*agir communicationnel*, tendu vers l'interaction et le *discours procédural*[162], autrement dit l'échange d'opinions ou la discussion libre, argumentée et consensuelle[163] que des partenaires capables de parole et d'action font au niveau de l'espace public, en vue d'atteindre l'inter-entente, après qu'ils aient élevé des prétentions à la vérité, à l'authenticité, à l'universalité…

L'agir communicationnel correspond à « un processus [social] graduel et buissonneux, dans lequel se manifestent simultanément rationalité, action, langage, pluralisme, dialogue, […] intersubjectivité, entente »[164]. Cet agir, plus ouvert, plus complexe et évidemment plus digne que tout autre agir humain communautaire, est tourné vers l'intercompréhension — l'entente mutuelle et consensuelle des hommes dans leur espace social —. Comme tel, il se met au service de la création et de la consolidation des relations sociocommunautaires[165]. Au plan pratique, il contribue au renouvellement du monde-de-la-vie[166], le milieu existentiel ordinaire des hommes,

---

[159] *Ibid.*, 122.

[160] Cf. F. Conigliaro, *Proceduralità*, 28.

[161] Cf. *Ibid.*, 28.

[162] Cf. *Ibid.*, 40.

[163] Cf. A. Münster, *Le principe*, 142.

[164] F. Conigliaro, *Proceduralità* (trad. pers.), 42.

[165] Cf. A. Münster, *Le principe*, 27.

[166] Cf. *Ibid.*, 27.

l'univers culturel, social et structurel[167] qui constitue l'horizon fondamental et fondateur des processus d'échange et d'intercompréhension[168].

A souligner que l'agir communicationnel, en tant qu'action tendue vers l'accord interhumain, se démarque foncièrement de l'agir stratégique, un agir structurellement rivé au succès et manifestant la dérive corrosive ou manipulatrice du langage. L'agir stratégique (instrumental) se trouve réglé par le seul intérêt. L'agir communicationnel par contre, prend sens à travers la quête du « consensus des participants s'accordant "sur la validité de leurs actes de parole à laquelle ils prétendent" »[169], selon leurs convictions et les ressources argumentatifs qu'ils possèdent : l'agir stratégique et l'agir communicationnel se trouvent aux antipodes l'un de l'autre « puisque l'on ne peut, à travers des actes de parole, se proposer de parvenir à un accord fondé sur de bonnes raisons avec un destinataire et dans le même temps mû par le seul intérêt s'efforcer "d'exercer sur lui un effet d'ordre causal" »[170].

A ce niveau, il est impérieux de noter que la raison communicationnelle équivaut à la raison humaine en tant qu'emmenée et intrinsèquement métamorphosée par le jeu configurant de la communication. La raison communicationnelle correspond à la *raison pratique* dé-contextualisée de ses origines historiques puis reconstituée et remodelée dans une perspective communicationnelle[171]. Il s'agit de la raison pratique en tant qu'elle trouve son assise non plus dans l'autoréflexivité du sujet cognitif mais dans la communication pragmatique ou mieux, en tant qu'elle obéit aux processus typiques de l'action communicationnelle. Ici, elle se déploie dans la sphère commune, en suivant la dynamique communicative que recèlent les relations humaines vécues dans et par le langage en vue de l'inter-entente entre partenaires sociaux.

La raison à l'œuvre dans l'activité communicationnelle est ainsi une raison déterritorialisée, autrement dit, une rationalité qui, de façon idéale, s'est départie de la gangue monadologique du subjectivisme transcendantal et de l'emprise méthodologique du purisme épistémologique inhérent à la conscience. Elle a délaissé l'illusion de l'auto-fondation absolue au niveau rationnel ainsi que la volonté d'auto-transparence totale ou d'auto-référence radicale.

---

[167] Cf. C. Morilhat, *Empire du langage*, 60.

[168] Cf. J. C. Akenda, *Epistémologie* I, 110.

[169] C. Morilhat, *Empire du langage*, 47.

[170] *Ibid.*, 47.

[171] Cf. A. Münster, *Le principe*, 93.

La raison centrée sur le sujet trouve ses normes de rationalité à partir des critères de la vérité et du succès, en tant qu'ils régulent les relations que le sujet connaissant et agissant en fonction d'une fin entretient avec le monde des objets possibles ou des états de chose. Dès l'instant où nous concevons en revanche, le savoir comme médiatisé par la communication, alors la rationalité se mesure à la faculté qu'ont des personnes, responsables et participants à une interaction, de s'orienter en fonction d'exigences de validité qui reposent sur une reconnaissance intersubjective. La raison communicationnelle fixe les critères de rationalité en fonction des procédures argumentatives qui visent à honorer, directement ou indirectement, les prétentions à la vérité propositionnelle, à la justesse normative, à la sincérité subjective et enfin à la cohérence esthétique[172].

Il faut le dire, la raison traversée par le prisme de la communication s'affirme proprement dans « la force de cohérence inhérente à l'entente intersubjective et à la reconnaissance réciproque ; elle circonscrit par là même l'univers d'une forme de vie communautaire »[173]. Cette raison rénovée promeut une conception intersubjective et désaliénée de l'être humain ainsi qu'une « compréhension décentrée du monde »[174].

4.2 Sens et expressions de la raison communicationnelle

4.2.1 Langage et communication

Dans sa détermination logique et son déploiement pratique, la raison fondée sur la communication fait montre de l'importance du langage. Ici, l'expression linguistique, loin de correspondre à la reproduction de représentations mentales préalables à un ensemble de significations préexistantes aux actualisations concrètes de la parole[175], apparaît comme un élément de conjonction et un espace de conjugaison. Il représente « le medium par lequel les agents accèdent ensemble à la réflexivité et deviennent capables d'agir historiquement en affirmant leur autonomie »[176].

Le langage se réalise comme « un acte créatif et intersubjectif original »[177]. Il représente l'énonciation effective de la parole accomplie dans le contexte d'une interac-

---

[172] J. HABERMAS, *Le discours*, 371-372.

[173] *Ibid.*, 383.

[174] *Ibid.*, 372.

[175] Cf. S. HABER, *Jürgen Habermas*, 128-129.

[176] *Ibid.*, 128.

[177] *Ibid.*, 128.

tion sociale en vue de la compréhension. Et, en plus de cette fonction d'intercompréhension des acteurs engagés dans le processus d'échange coopératif, le langage acquiert le rôle de coordonner les activités orientées vers un but, des différents sujets de l'action et la fonction de socialiser les sujets de cette action[178].

En fait, dans l'expression de la raison communicationnelle, les actions langagières fonctionnent comme mécanisme de coordination pour d'autres actions. Elles s'inscrivent tout autant dans des interactions stratégiques que dans des interactions d'inter-entente[179]. Dans cet ordre, elles contribuent à la reproduction des significations sociales et culturelles. Elles rendent également possible la satisfaction des demandes de justification des actions et des prétentions élevées par des partenaires sociaux[180].

Ainsi donc le langage qui, en principe (au plan de son émergence), ne porte pas de charge effective ni de valence affective, prend sens dans le contexte social. Il participe à l'engendrement ainsi qu'au ré-engendrement de l'espace social (et mental). En mode manifeste et prévalant, il favorise l'organisation commune et l'orientation sociale des êtres humains. Cette prise en compte systématique du jeu linguistique dans le déroulement de la raison communicationnelle, nous porte à décrypter sa configuration propre au plan éthique et épistémologique.

4.2.2 Configuration éthique

Au plan éthique, la raison communicationnelle définit une théorie spécifique et une pratique anthropologique différentes de celles induites par les éthiques antiques, généralement basées sur la quête de la vie bonne ou heureuse (morales des valeurs et de la vertu)[181] ainsi que des éthiques modernes classiques centrées sur le devoir, l'utilité, l'efficacité… Elle (se) détermine (comme) une éthique formelle, une éthique procédurale normative. Il s'agit de l'éthique de la discussion, l'éthique de l'échange langagier entre partenaires sociaux en vue de la justification rationnelle des normes existantes — en vue de la vérification et de la légitimation des normes sociales d'un point de vue pragmatique —.

---

[178] Cf. C. MORILHAT, *Empire du langage*, 55-56.
[179] Cf. *Ibid.*, 55.
[180] Cf. S. HABER, *Jürgen Habermas*, 162.
[181] Cf. K.-O. APEL, « L'éthique de la discussion », 154 ; M. HUNYADI, « Discussion », 456.

Cette éthique discursive prend corps dans un contexte intersubjectif et coopératif. Dans sa manifestation, notamment dans sa caractérisation des valeurs et sa spécification du juste, elle obéit à une dynamique dialogique radicale, différente du procès d'échange vécu à travers la négociation, la délibération ou la conversation ordinaire.

L'éthique procédurale inhérente à la raison communicationnelle s'appuie sur l'argumentation dans la mesure où cette dernière se déploie comme une pratique pragmatiste anti-déductiviste, c'est-à-dire, dans la mesure où elle dépasse corrélativement le niveau logique (la cohérence) et le niveau sémantique (la signification) privilégiés dans les déductions argumentatives classiques, pour définir des manières de faire ; pour orienter concrètement les modes intersubjectifs de s'inscrire dans l'espace social et d'envisager aussi bien la vie que l'avenir communautaire.

A souligner que l'éthique de la discussion élaborée par Jürgen Habermas — en dialogue et en collaboration avec Karl-Otto Apel —[182], présente des caractéristiques principales et des règles majeures pour son exercice. Il nous faut les évoquer succinctement avant d'aborder la figure proprement épistémologique de la raison communicationnelle.

Au plan fondamental, l'éthique de la discussion se découvre comme une éthique cognitiviste, « en tant qu'elle prétend procéder à une fondation rationnelle »[183], c'est-à-dire, en tant qu'elle s'emploie à la fondation et à la détermination des règles éthiques à travers le principe rationnel. Elle est aussi formaliste et universaliste, dans la mesure où « se présentant comme une macro-éthique post-conventionnelle (valable pour l'humanité dans son ensemble), elle requiert pour son principe, une validité universelle, intersubjective et indépendante des circonstances »[184].

L'éthique de la discussion se veut également déontologique puisque « abandonnant les questions de la vie bonne, elle se concentre sur les questions de justice, c'est-à-dire de régulation impartiale de conflits »[185]. Elle fait ainsi prévaloir la question relative à « ce que l'on est tenu de faire (le "δέον"), sur la question — plato-

---

[182] Comme nous l'avions signalé plus haut, pour des raisons pédagogiques et épistémologiques, notre présentation et nos investigations autour de la philosophie de la communication, se concentrent beaucoup plus sur la production théorique de Jürgen Habermas (cf. note 3 du présent Chapitre).

[183] K.-O. APEL, « L'éthique de la discussion », 154.

[184] *Ibid.*, 154.

[185] M. HUNYADI, « Discussion », 457.

nico-aristotélicienne, reprise par l'utilitarisme — du τέλός de la "vie bonne", relative par exemple au bonheur de l'individu ou d'une communauté »[186].

Les règles centrales sur lesquelles s'alignent l'éthique de la discussion dans sa procéduralité[187], dans le contexte d'une situation idéale de parole — d'une situation de parole où les partenaires sociaux, ayant élevés des prétentions à la validité, accomplissent des actions langagières exemptes de toute contrainte, de toute charge affective, sociale, culturelle…— peuvent se résumer en règles dialogiques et règles systémiques.

Les règles dialogiques excluent toute domination et influence (théorique, épistémologique, perspectiviste…) d'un partenaire sur un autre, d'un sujet sur le groupe… Elles définissent les conditions d'authenticité de l'action discursive en établissant la centralité de la symétrie participative, de l'égalité, de l'altérité, de la réciprocité, etc.

Les règles systémiques consistent en deux principes fondamentaux : le *principe « D »* (discussion) qui stipule que « ne peuvent prétendre à la validité que les normes qui sont acceptées (ou pourraient l'être) par toutes les personnes concernées en tant qu'elles participent à une discussion pratique »[188] ; et le *principe « U »* (universalisation) qui se décline ainsi :

Toute norme valable doit [...] satisfaire la condition selon laquelle : les conséquences et les effets secondaires qui (de manière prévisible) proviennent du fait que la norme a été *universellement* observée dans l'intention de satisfaire les intérêts de *tout un chacun* peuvent être acceptés par *toutes* les personnes concernées (et préférés aux répercussions des autres possibilités connues de règlement)[189].

L'éthique de la discussion, en tant qu'éthique fondée sur l'argumentation, promeut ainsi l'action communicationnelle des individus au plan social. Elle met en exergue la participation de chaque partenaire et de tous les partenaires au procès dialogique, dans une logique de sincérité et de respectabilité mutuelle. Elle vise une justice immanente ; une justice qui trans-paraît au-delà du bonheur immatériel et des biens intemporels.

---

[186] K.-O. Apel, « L'éthique de la discussion », 154-155.
[187] Cf. J.-M. Ferry, *Habermas*, 35-40 ; Id., *Philosophie* I, 30-31.
[188] J. Habermas, *Morale et communication*, 114.
[189] *Ibid.*, 86-87.

Cependant, cette éthique procédurale, décisive et déterminative, n'épuise pas les ressources théoriques et pratiques de la raison fondée et focalisée sur la communication. De fait, cette dernière, dans sa configuration propre, assume d'autres paramètres typologiques. De même, dans son expression objective, elle présente des déterminations diverses, notamment au niveau épistémologique et au niveau politique. C'est ce que nous allons envisager et présenter méthodiquement dans les lignes qui suivent en évoquant la spécificité et l'originalité des parcours qu'elle initie à ces niveaux.

4.2.3 Détermination épistémologique

Au plan épistémologique, la raison communicationnelle est anti-productiviste, critique, anti-dogmatique et anti-pessimiste… En effet, théoriquement parlant, cette raison relativise le jeu et l'enjeu (l'importance) des forces de production dans la transformation de l'ordre social et met en relief la teneur des exigences inhérentes aux activités d'échange et de partage entre sujets capables de parole et d'action dans la sphère sociale[190]. De façon plus spécifique, la raison communicationnelle procède d'une critique radicale de la technocratie envahissante. Elle dénonce l'hyper-perfectibilité technoscientifique dans la mesure où celle-ci, après avoir opéré une véritable épochalisation de la grandeur éthique et humaniste de la raison issue des *Lumières*, en dévoile le déraillement, la grande dérive instrumentaliste et mécaniciste[191].

En fait, l'entreprise qui favorise l'émergence historique de la valence communicationnelle de la rationalité dans la ligne habermassienne, peut être lue comme le déploiement d'une critique systématique devant conduire à l'*émancipation* des acteurs sociaux dans leur milieu quotidien[192]. Cette entreprise passe par une mise en question fondamentale des paradigmes dominants dans les principales sciences humaines ainsi qu'une récusation globale de l'esprit positiviste et de la conscience technocratique qui les enveloppent[193].

---

[190] Cf. J. M. Aguirre Oraa, *Raison critique*, 134.

[191] Cf. *Ibid.*, 134-142 ; A. Münster, *Le principe*, 39-54.

[192] Cf. J. M. Aguirre Oraa, *Raison critique*, 133.

[193] Cf. G. Höhn, « Habermas », 670. José Maria Aguirre Oraa illustre cette même idée en partant de la lecture d'un ouvrage de Habermas traitant des problèmes inhérents à la légitimation dans le capitalisme avancé. Il précise ce qui suit : « Habermas combat deux types de théories des systèmes sociaux, parce qu'elles adoptent de manière explicite des concepts inadéquats de rationalité. D'une part les théories conçues à partir de la logique de la décision,

La raison communicationnelle échappe ainsi à la domination techniciste et mécaniciste en tant que celle-ci ne se concentre que sur les motifs matérialistes et objectivistes de la réalité humaine. Elle déjoue l'emprise idéologico-dogmatique de la rationalité quand celle-ci est réduite au positivisme scientifique. Dans son déroulement, elle s'efforce d'intégrer « l'intérêt de la réflexion en vue de l'émancipation, qui opère dans toute discussion rationnelle »[194]. Elle tente précisément d'accéder à la dimension d'échange et d'intercompréhension induite par les actes de langage qui relient les partenaires engagés dans le processus d'interaction sociale et de coopération intersubjective. Elle essaie, autrement dit, de « développer entre les citoyens un consensus raisonné concernant l'organisation de la vie humaine pratique et politique »[195].

Dans cet ordre, la raison fondée sur la communication refuse la peinture catastrophiste et apocalyptique de la rationalité fixée par la *dialectique négative*. Elle dénie fermement la proclamation d'une éclipse définitive de la raison et l'imputation d'une perversité de principe à la rationalité en sa quiddité[196]. La raison communicationnelle met par contre en exergue un véritable optimisme rationnel, une *dialectique positive* de la raison, une dialectique qui demeure invisible à la pensée formelle et à l'activité instrumentale. Elle affirme que la rationalité ne peut être exclusivement que négative ni négatrice de l'épanouissement humain. La raison ne conduit pas nécessairement à la désintégration du monde ou à la destruction radicale de la vie des hommes. Elle ne produit pas logiquement l'apocalypse, le chaos, la guerre… En son principe, la raison n'est pas totalitaire ni phagocytaire de liberté. Elle n'est pas essentiellement thanatocratique : elle ne porte pas programmatiquement un pouvoir destructif de la vie.

------

qui reposent sur un concept de rationalité subjective de l'action, concept tiré du paradigme du choix rationnel par rapport à une fin entre des moyens différents. D'autre part, les théories systémiques (Luhmann…), qui présupposent, sans le thématiser, un concept de rationalité objective extrait du paradigme des systèmes autoréglés (surtout biologiques et biocybernétiques). Contre ces deux tentatives, Habermas continue à revendiquer une théorie sociale d'inspiration communicationnelle qui repose sur un concept de rationalité pratique dont le paradigme serait les discussions intersubjectives lors de la formation de la volonté » (J. M. AGUIRRE ORAA, *Raison critique*, 136).

[194] J. M. AGUIRRE ORAA, *Raison critique*, 133.

[195] *Ibid.*, 129.

[196] Cf. *Ibid.*, 77-82 ; J.-M. BESNIER, *Histoire de la philosophie* II, 929-930 ; J. BOHMAN, « Théorie », 1165-1169 ; BOUCHINDHOMME, « Théorie critique », 799-800.

La raison se trouve plutôt dotée de ressources intrinsèques que l'action communicationnelle permet de déceler et de féconder. Elle porte en elle-même une puissance de libération et d'émancipation qui donne de postuler, effectivement, l'*espérance de la raison*[197].

4.2.4 Dimension et destination politique

A ce niveau, il sied de souligner que la raison opérant dans l'action communicationnelle peut devenir le tremplin du renouvellement qualitatif et du progrès participatif des sociétés humaines. En effet, au plan politique, cette rationalité demeure anti-conservatrice, démocratique, universaliste, procédurale… En tant que telle, elle participe d'un authentique mouvement d'ouverture anthropologique et d'universalisation éthique. La raison communicationnelle met en marche un nouvel ordre politique ; un ordre politique symphonique et solidaire, basé sur la réalité de l'interaction et de l'intercompréhension. Elle anticipe proprement le projet d'excellence de l'homme et d'émergence d'un monde possible marqué par l'inscription harmonique et dynamique de la communication dans l'existence.

[… En gros, il s'agit, de l'inscription] des puissances communicationnelles (immanentes) des relations intersubjectives humaines, dans les institutions et en dehors d'elles, et cela à tous les niveaux possibles, en dégageant précisément des voies nouvelles de dialogue et d'une activité dialogique constructive et positive, qui ne peut

---

[197] Le concept *espérance de la raison* est tiré du registre sémantique de Jean Ladrière. Celui-ci postule l'idée d'un *eschaton* de la raison, d'une structure eschatologique de la raison (cf. J. LADRIÈRE, *L'espérance de la raison*, 236-237). Cette structure, dotée de diverses caractéristiques dont la prééminence de l'à-venir, la possibilité de la nouveauté, la processualité événementielle et ultérieure portant à l'engendrement de la nouveauté…, représente une puissance qui « ouvre en chaque moment du processus comme un espace de confiance qui donne sens à l'action et donne à la raison de pouvoir espérer » (*Ibid.*, 236). L'espérance de la raison atteste la capacité compréhensive et inspiratrice de la rationalité. Elle définit la teneur élévatrice de l'expérience rationnelle et la plénitude que veulent atteindre les individus humains à travers leur confiance dans la cohérence qu'instaure la raison (cf. *Ibid.*, 264-265). Chez Habermas, on note aussi l'espérance de la raison et le choix partial pour la rationalité (cf. J. M. AGUIRRE ORAA, *Raison critique*, 136-137), malgré les dérives manifestes de son expression historique. En ce sens, Habermas se démarque globalement du pessimisme catégorique des maîtres de l'Ecole de Francfort. Sa conception rationnelle, plus vivante et plus lumineuse, demeure aux antipodes de leur soupçon du caractère totalitaire de la raison (cf. *Ibid.*, 137-141).

être qu'au service d'une stratégie pacifique de l'entente et du consensus, donc de la paix entre les hommes, les peuples et les nations[198].

En fait, la raison gouvernée par la communication offre une véritable stratégie politique pour la reconstruction des sociétés humaines et leur permanence dans l'espace et dans le temps. Il s'agit d'une orientation organisatrice et structurelle originale. Celle-ci inclut l'autodétermination historique et vise l'émancipation (la libération et l'épanouissement) des personnes humaines. Cette stratégie politique apparaît comme un antidote spécifique, notamment : « le "contre-poison" le plus efficace contre les fléaux menaçant la paix et, à long terme, l'avenir même de l'humanité, à savoir, […] l'intolérance, le refus du dialogue, le racisme, le dogmatisme et le fanatisme (religieux et politique), la violence et la guerre »[199].

A ce niveau, on remarque aisément que l'orientation et la configuration de la raison communicationnelle telle que déterminée dans les lignes précédentes suppose un remodelage des principaux concepts des théories politiques — à savoir les concepts de pouvoir, d'autorité, de responsabilité, de souveraineté populaire, de représentativité, etc. —, ainsi qu'une transformation des pratiques politiques courantes. Elle en appelle aussi à une véritable réconciliation entre démocratie, liberté, souveraineté, justice, raison et communication... Cette réconciliation prend corps et s'articule principalement sur la dimension publique de la vie des hommes. Elle s'enracine, autrement dit, sur le *principe de publicité* ou la dynamique *autarque* et *archéo-logique* de l'*espace public* entendu comme « espace-tampon entre l'Etat et la sphère privée »[200].

En tant que telle, l'espace public (la publicité) représente une *donnée de base* de la raison communicationnelle (registre *ontologique*). Il en constitue équivalemment l'*infrastructure quasi-naturelle* (registre *sociologique*)[201]. Au plan systémique ordinaire — en ce qui concerne le commun des mortels —, l'espace public demeure l'univers topique où les interprétations du sens de la présence-au-monde et les aspirations à l'autodétermination historique voient le jour, deviennent consistantes et tendent à orienter l'action conjuguée des sujets humains dans la société[202].

---

[198] A. Münster, *Le principe*, 8-9.

[199] *Ibid.*, 8-9.

[200] S. Mestiri, « Paradigme libéral », 342.

[201] Pour ces éléments sur l'espace public et son double développement théorique chez Jürgen Habermas, on se référera à J.-M Ferry, *Habermas*, 498-499.

[202] Cf. S. Haber, *Jürgen Habermas*, 33.

Au plan systématique spécifique — en ce qui concerne la communauté savante —, l'espace public correspond au domaine universel constitué par l'ensemble des personnes cultivées qui font usage de leur raison, s'approprient de façon coopérative de la sphère publique contrôlée par l'autorité et la transforment en sphère dialogique portée à la critique contre le pouvoir[203].

A souligner que c'est proprement au niveau de l'espace public que se réalise la discussion procédurale qui possibilise l'équilibre sociopolitique et culturel, l'équilibre entre opinions et instituions ; un équilibre requis pour l'exercice conforme de la liberté, l'application équitable du droit et l'avènement effectif des droits de l'homme en tant qu'horizon et exigence pragmatique de réalisation du projet démocratique en son authenticité[204].

La discussion procédurale et rationnelle engendre en fait et consolide la dimension publique de l'existence commune. Elle assure l'émergence et la mise en mouvement de la loi (la constitution). Elle permet « d'établir un système de droits qui rende justice à l'autonomie publique comme à l'autonomie privée »[205]. La discussion procédurale permet ainsi de se rendre compte de la participation des acteurs sociaux (les citoyens) à la réalisation du processus démocratique en tant que « projet sans cesse actualisé et revisité par des individus pour qui l'autonomie publique ne saurait être sans s'exercer concrètement »[206].

A ce niveau se précise le sens de la « troisième voie »[207] inaugurée en politique par Habermas dans l'ordre de la raison communicationnelle. Il s'agit d'une voie qui institue le *paradigme délibératif* de la démocratie ; un paradigme synthétique et intégratif ; un paradigme qui bat en brèche le *paradigme républicain* — ontologiquement déficitaire dans la mesure où, ne donnant la priorité exclusive qu'à l'autonomie publique des citoyens en tant que membres de l'Etat, elle conduit à une véritable absorption de la sphère privée par la sphère publique — ainsi que le *paradigme libéral* — structurellement inefficient du fait que, œuvrant uniquement à la réalisation de l'autonomie privée, il disqualifie la capacité législatrice des individus et ne promeut que la simple légalité ou mieux la seule factualité au lieu de la légitimité et de la validité politique —[208].

---

[203] Cf. J.-M Ferry, *Habermas*, 499.

[204] Cf. S. Mestiri, « Paradigme libéral », 343-344.

[205] *Ibid.*, 343-344.

[206] *Ibid.*, 344.

[207] *Ibid.*, 340.

[208] Pour cette réflexion autour des orientations paradigmatiques de la politique, se référer à S. Mestiri, « Paradigme libéral », 340-346.

La démocratie délibérative en tant que théorie et pratique fondée sur la discussion procédurale et rationnelle, s'accomplit logiquement comme *démocratie radicale*[209]. Il s'agit d'une démocratie dont le concept total est catégoriquement immanent à l'idée fondamentale de la démocratie, c'est-à-dire, à sa compréhension et à son auto-institution comme pouvoir du peuple par le peuple et pour le peuple. Cette démocratie délibérative, radicale et décisive, induit une conception originale de la souveraineté. Elle la définit comme souveraineté communicationnelle, comme souveraineté portée et illuminée par l'éthicité du procès discursif démocratif inscrit dans l'espace sémantique de la rationalité[210].

Ainsi donc, la démocratie délibérative se produit comme une puissance nouvelle qui donne à vivre l'ordre sociopolitique sous la mouvance de l'intercompréhension. Cette démocratie s'auto-métamorphose globalement et se renouvelle continuellement à travers le jeu de la discussion et de la négociation qui rendent possible « une solution rationnelle aux questions pragmatiques, morales et éthiques ; plus précisément aux problèmes accumulés d'une intégration à la fois fonctionnelle, morale, ou éthique de la société qui a échoué à d'autres niveaux »[211].

En fin de compte, la démocratie délibérative anticipe un projet de paix perpétuelle au plan planétaire. Elle participe pratiquement à l'émergence de l'*Etat mondial* en tant qu'ordre politique universel dont la morphologie épistémologique et historique réactualise, tout en l'enrichissant, celle de l'Etat cosmopolite pensé par Kant[212].

4.3 Raison, humanité et langage-action sociocommunautaire

La raison fondée sur la communication et ses déterminations (éthiques, épistémologiques, politiques) ainsi définies, s'est vue nuancée, dénoncée, radicalement réfutée et même banalisée. Tout un bouclier épistémologique anti-habermassien s'est mis en place au sein de la pensée contemporaine, spécialement dans le contexte français, récusant, entre autres : la valence intersubjective et communicationnelle de la rationalité, la configuration interactive de l'agir et l'orientation inter-compréhensive et consensuelle de l'existence sociale.

---

[209] Cf. A. MÜNSTER, *Le principe*, 177.

[210] Cf. F. CONIGLIARO, *Proceduralità*, 181.

[211] A. MÜNSTER, *Le principe*, 179.

[212] Pour la compréhension de l'Etat mondial selon Habermas, voir : J. M. FERRY, *Habermas*, 527-553.

Arno Münster signale ces contestations de base de la raison sous l'ordre de la communication. Il présente synthétiquement les controverses et critiques — plus ou moins systématiques, plus ou moins pertinentes —, inhérentes à la nouvelle morphologie du savoir proposée par Jürgen Habermas, notamment à partir de la publication de son œuvre maîtresse, la *Théorie de l'agir communicationnelle*.

L'obstacle majeur pour une entente constituait ici sans nul doute la substitution par Habermas du concept de praxis (émancipatrice), au sens marxien du terme, par le concept « d'agir communicationnel » et son application généralisée à l'espace public d'une société fournissant le cadre idéal pour le déploiement de cette forme d'action spécifique, dans des structures intersubjectives dont la légitimité ne semble plus être réellement mise en cause. En outre, l'idée obstinément défendue par Habermas que l'action communicationnelle puisse réellement substituer l'action rationnelle orientée vers un but (...) parut assez utopique aux défenseurs d'une théorie systémique à la Luhmann, et aux yeux des partisans d'une philosophie de la praxis (marxiste) [...] : quel sens aurait-il alors d'insister à tel point, comme le fait Habermas, sur le consensus, obtenu sur la base d'une discussion argumentative équitable, dans un monde déchiré comme le nôtre, par des antagonismes d'intérêts et de conflits, y compris de classe et des dissensions ? La légitimité de la lutte contre l'inégalité sociale, contre l'exclusion, la misère, l'exploitation, a-t-elle encore sa place dans une telle théorie du consensus ? Ne faudrait-il pas plutôt opposer à cette vision trop « harmonieuse », en dernière instance, celle – plus réaliste – du « différend » voire d'un principe agnostique, au sens où l'entend précisément J. F. Lyotard ?[213]

Pour clarifier sa pensée, préciser ses visées et lever les doutes sur les nombreuses présomptions pesant sur lui, Habermas va entrer en dialogue avec la plupart de ses grands critiques[214]. Il procède ainsi, de manière patiente, à un réajustement

---

[213] A. MÜNSTER, *Le principe*, 14.

[214] A propos, il y a le fameux dialogue entre Habermas et Gadamer, devenu une sorte de classique historique de la philosophie contemporaine. Hugues Brouillet en fait mention dans son « Plaidoyer ». De même Philippe Fleury en parle dans « Lumières et traditions ». Jean-Marc Ferry entre dans ce débat et l'alimente en grand habermassien (cf. J. M. FERRY, *Habermas*, 117-142). Donatella Di Cesare prend aussi part à ce dialogue en tant qu'héritière du Maître de Heidelberg (cf. D. DI CESARE, *Gadamer*, 258-264). José Maria Aguirre Oraa retrace les présupposés et présente la teneur de cette controverse dialogique. Il en indique les fondements et les développements théoriques (cf. J. M. AGUIRRE ORAA, *Raison critique*). On peut

paradigmatique de sa compréhension de la raison et à un enrichissement global de ses orientations théoriques, jusqu'à produire un autre chef-d'œuvre — *Droit et démocratie* —. Il s'agit d'un ouvrage qui démontre la fécondité de l'orientation communicationnelle de la raison pratique dans son investissement du champ juridique normatif et sa reconfiguration générique du *topos democraticus*[215].

Loin de nous joindre méthodologiquement à la kyrielle des chœurs anti-communicationnels dominants, nous voulons plutôt interroger la pensée habermassienne en ce qui concerne sa compréhension concrète de la vie de l'homme en tant qu'être singulier et être social. A ce niveau, il semble que la raison communicationnelle se disqualifie globalement eu égard au déficit intrinsèque qui la marque au plan anthropologique. En effet, elle peine à comprendre l'homme en tant que tel. Elle n'arrive pas à saisir les hommes ordinaires, à considérer effectivement leurs raisons de vivre et de mourir, leurs choix intéressés, leur quête d'insertion stratégique dans le monde, leur violence latente…

Une telle récusation se dessine en filigrane chez Hélène Védrine quand, faisant l'analyse de la démembration historique du sujet et des procès de subjectivisation contemporains, elle dénonce énergiquement la pseudo-couture universaliste (intersubjective) présentée par Jürgen Habermas dans la philosophie de la communication, à travers notamment « la rhétorique du consensus et de la discussion, cette forme de kantisme abâtardi qui a remplacé les philosophies de la contradiction et de la révolte »[216]. Hélène Védrine réfute précisément l'archi-référence à la discursivité et la maxi-confiance dans la communicabilité dont fait montre l'entreprise théorique habermassienne. Il s'agirait d'une entreprise épistémologique qui déclasse l'*homo-intériorité* — à la saint Augustin — et la conflictualité propres au sujet humain.

Cette confiance en la raison communicationnelle fait sourire ceux qui sont vaccinés contre les utopies et qui pratiquent le soupçon avant de supposer que l'universalité puisse sauver l'humanité. Le premier Habermas était plus critique et moins

---

également signaler la controverse ou la *querelle de famille* entre Jürgen Habermas et John Rawls dans le cadre de la philosophie politique (cf. J.-M. FERRY, *Philosophie* II, 63-123 ; ID., *Valeurs*, 57-71 ; J. HABERMAS – J. RWALS, *Débat*). Enfin, il y a le débat dialogique entre Habermas et Rorty (cf. F. GAILLARD – J. POULAIN – R. SHUSTERMAN (s. d.), *La modernité* ; C. MORILHAT, *Empire du langage*).

[215] Cf. A. MÜNSTER, *Le principe*, 14.

[216] H. VÉDRINE, *Le sujet*, 181.

confiant dans les pouvoirs de l'argumentation. En remplaçant le sujet par le paradigme du langage, on gagne sur un point essentiel : ne pas s'enfermer dans les inutiles polémiques sur le rapport à autrui, croix de la phénoménologie husserlienne. On évite aussi les difficultés concernant l'ego et la conscience de soi. Mais c'est pour tomber dans d'autres pièges : comment penser le conflit ? Comment réfléchir sur les cas limites (l'avortement, l'euthanasie, l'assassinat d'un tyran, etc.) ? On peut enfin reprocher à l'éthique d'universalisation de postuler qu'un consensus est toujours possible et qu'il ne recèle pas de redoutables dangers (cf. en politique…)[217].

Eric Forgues et Laurent Jaffro abondent relativement dans le même sens qu'Hélène Védrine quand ils se questionnent respectivement sur le registre de l'autoréflexivité et sur la place du sujet de la discussion chez Habermas : quelle est la place réelle du sujet dans les processus de communication et d'interaction ? Dans quelles mesures la conscience-de-soi personnelle intervient concrètement dans la réalisation du processus discursif et la construction de l'existence sociocommunautaire (interrogations autour du jeu de l'identité dans la communauté) ? Comment penser l'entente et l'intercompréhension sans considérer des sujets formés effectivement dans une morale historique équilibrée et conscients des pesanteurs inhérentes à la finitude humaine (interrogations autour du jugement moral et du conditionnement physique, biologique, historique… des êtres humains) ?

Selon Eric Forgues, la raison communicationnelle demeure incapable d'envisager de façon autonome la problématique cruciale de l'autoréflexion. Elle ne peut appréhender intégralement la question de la formation de soi du sujet (la question de la formation du sujet en tant que conscience-de-soi et de son autarcie identitaire dans l'histoire).

[La raison illuminée par la communication éclipse] l'historicité de la structure égologique de la conscience et la considère implicitement comme une donnée naturelle et universelle. La structure égologique de la conscience est donc implicitement posée comme un horizon à l'intérieur duquel se pensent la formation identitaire des sujets de même que le développement de leur rationalité, tandis que les structures morales et linguistiques apparaissent comme des horizons thématisés à l'intérieur desquels se pensent les sujets[218].

---

[217] *Ibid.*, 182-183.
[218] E. Forgues, « Vers un tournant », 201-202.

La compréhension de l'émergence et de la teneur de l'autoréflexivité du sujet humain dépasse le cadre épistémologique de l'agir communicationnel et de la théorie de la discussion. Elle en appelle à une rationalité autre : « une rationalité symbolique qui se déploie dans le rapport entre le moi et la conscience, incluant la partie inconsciente au moi »[219]. L'exploration et la considération de la dimension égologique de l'homme dans les savoirs et les pratiques, initie un tournant symbolique de la raison, un tournant qui consacre « la spécificité de l'activité autoréflexive, médiatisée par des symboles, qui puise à des ressources de sens indépendants des structures linguistiques »[220].

Laurent Jaffro identifie quant à lui cette dimension intérieure (subjective) dont la raison fondée dans la communication peine à rendre compte de façon satisfaisante dans la compréhension intégrale de l'être humain. La théorie communicationnelle se trouve effectivement limitée dans la démonstration argumentative du sens de la bonne volonté et la promotion de la décision volontaire d'agir. Elle semble impuissante à penser la morale en tant que telle ou mieux à la *fonder* en dehors de la détermination inter-subjectiviste — elle peine à répondre à la question existentielle du sens de la morale —[221].

La raison communicationnelle réduit l'individualité à la responsabilité par la société. Elle confond l'autonomie personnelle et l'adaptabilité à l'exister communautaire, « elle dénie fondamentalement toute réalité d'une responsabilité de soi indépendante d'une responsabilité devant les autres »[222].

Ici, on se rend parfaitement compte que l'*homo pragmaticus* induit par la raison communicationnelle est un être externalisé et foncièrement extériorisé ; un être qui, s'extériorisant sans cesse, manque d'épaisseur intérieure. Il est l'être communiquant et se communiquant continuellement. C'est un être dont les valeurs existentielles, portées par les flux entraînants de la communication, demeurent transitaires et transitoires. L'homme de la communication se dévoile comme un être inconstant et inconsistant ; un être sans densité temporelle. Son enracinement massif dans les processus interactifs pragmatiques lui obnubile la singularité anthropologique en tant que capacité d'*inscription ego-onto-logique*, désir autarcique et désidérabilité, volonté d'authenticité historique… De fait, il n'a de volonté que commu-

---

[219] *Ibid.*, 203.
[220] *Ibid.*, 205.
[221] Cf. L. Jaffro, « Habermas », 83. Voir aussi, L. de Briey, *Le conflit*, 25-26.
[222] L. Jaffro, « Habermas », 78.

nicationnelle, autrement dit, médiatisée et probablement déformée par les processus sociaux et l'activité d'autrui.

Cet être, nécessairement communiquant, se trouve inséré dans une société communicationnelle transcendante ; une société transparente dont les pseudo-communications et les ratés de la communication ne peuvent qu'être perçues comme dérivatives ou pathologiques. En son sein, la soustraction durable aux processus discursifs ou l'éloignement récurrent des contextes d'activités orientées vers l'intercompréhension entraînent inexorablement la corruption et l'autodestruction de l'individu concerné (suicide, schizophrénie, scepticisme...)[223].

L'*homo pragmaticus* appartient ainsi à un univers préférentiellement harmonique ; un univers dont lui et ses partenaires créent la signification — justifient la configuration normative — à travers l'interaction. Un univers dans lequel il leur suffit de suivre les règles rationnelles intersubjectives pour déterminer la normativité et expérimenter la normalité.

Dans cet univers, la possibilité d'une cassure fondamentale semblable à la césure événementielle du 11 septembre paraît quasi-imaginable ou peu probable. La perspective de la négation radicale de la communication n'est que peu envisageable. L'homme a atteint la maturité rationnelle. Il choisit toujours et déjà la discussion procédurale comme *modus vivendi* et option sociopolitique nodale. L'homme affirme (langage) construire le monde (action) dans la transparence discursive (communication et interaction). Il prétend le fonder et l'organiser à travers le principe rationnel. Son action obéit ainsi au fameux *impératif de la communication* dont Maesschalck montre les limites dans la pragmatique habermassienne[224].

Il appert ici que l'*homo pragmaticus* inhérent à la raison fondée sur la communication est un être qui vit hors du monde, hors de la *lacrimarum valle* qu'est la terre des hommes. Il a bâti sa demeure dans une cité d'or au-dessus des nuages. Il navigue sur des eaux sans fond, des mers privées d'algues, de vagues et de pirates.

---

[223] Cf. J. Habermas, *Morale et communication*, 124.

[224] Cf. M. Maesschalck, *Raison et pouvoir*, 117-120, *Ibid.*, 137-139. L'auteur présente aussi la limite phénoménologique et la limite herméneutique de la perspective pragmatique (cf. *Ibid.*, 120-132). Lire aussi : E. Ganty, *Penser la modernité*, 756-757. Dans d'autres investigations théoriques, notamment dans le cadre de la problématisation et de la quête du renouvellement de l'éthique des convictions, Marc Maesschalck discute systématiquement le formalisme communicationnel promu par Jürgen Habermas. En gros, il critique l'approche critique habermassienne des penseurs comme Cornelius Castoriadis et Edmund Husserl (cf. M. Maesschalck, *Pour une éthique*, 276-345).

Il faut le dire, l'expression anthropologique de la raison centrée sur la communication, à travers l'homme de la discussion, traduit une véritable naïveté herméneutique et une assurance épistémologique qui ne peuvent découler que d'une épochalisation perspectiviste ou d'un oubli de principe : l'oubli méthodologique et métaphorique de la réalité en tant que violence, refus de l'ordre et rejet de la raison ; l'oubli de la volonté de domination et de la quête d'intérêts qui marquent la vie ordinaire des êtres humains ainsi que de leur désir d'inscription positive dans le système-monde selon les opportunités et les circonstances.

Dans son essence et dans sa manifestation, la raison communicationnelle oublie que l'homme, au plan intrinsèque, est un être de désirs et de passions, « un être *besogneux*, plein de besoins, chargé de besognes »[225] ; un être de penchants polymorphes[226]. L'homme se trouve marqué par le désir qu'il veut coûte que coûte combler, « il a des besoins qu'il faut satisfaire s'il ne veut pas mourir de privations »[227]. Il poursuit la satisfaction de ses désirs et est même prêt à détruire pour assouvir ses passions.

Animal doté de la raison ou du langage raisonnable[228], être fini (limité, conditionné, déterminé…) et raisonnable (libre, capable de négativité, actif…), l'homme entretient des rapports conflictuels avec d'autres hommes : il lutte avec ses congénères pour son affirmation dans le monde, pour « son habitat, pour les femelles, pour la nourriture ; mais ce n'est pas assez pour lui d'avoir chassé le concurrent, l'adversaire, il veut le détruire ou le forcer à se soumettre à lui et à reconnaître sa maîtrise et sa domination, à faire à sa place ce que, jusqu'ici, il avait fait lui-même »[229].

En fait, l'homme est naturellement marqué par la conflictualité, par la volonté de domination et par l'intérêt, contrairement à la propension à l'intercompréhension largement valorisée et même survalorisée dans le contexte de la raison communicationnelle : « Tout individu agit par intérêt »[230]. « L'homme pense parce qu'il est *intéressé* »[231]. Il parle et agit, il se met généralement en mouvement et entre en relation par intérêt ou pour préserver ses intérêts, ceux des siens, ceux du groupe ou de la communauté-société à laquelle il appartient dans l'espace et

---

[225] EC I, 305.

[226] Cf. PR I, 132.

[227] *Ibid.*, 32.

[228] Cf. LP 3.

[229] *Ibid.*, 8-9.

[230] PP 226.

[231] PR I, 34

dans le temps : « c'est dans la perspective de ces intérêts qu'il découpe ce qui lui est immédiatement donné, toujours le regard fixé sur l'issue de son entreprise, toujours aussi, à partir de cet avenir projeté, regardant vers le passé pour en tirer des leçons en vue du succès futur »[232].

Au commencement de l'existence — individuelle, sociale, politique…—, il y a l'intérêt. Ce qui signifie qu'il ne saurait exister une situation idéale de parole ni une position originelle de communication. La situation langagière originaire, si elle peut être conçue, se trouve minée par la quête du pouvoir, la volonté de domination et d'inscription de l'être-homme dans le monde. La thématisation d'une situation linguistique originelle comme le promeut théoriquement Jürgen Habermas, devrait inclure la dimension passionnelle des individus humains dans le monde. Elle devrait considérer la quête fondamentale de sens dont ceux-ci se trouvent marqués au plan intrinsèque.

C'est en gros ce que soutient Alain Deligne dans sa critique générale de la philosophie habermassienne — et apélienne —, en partant d'intuitions basiques de la pensée weilienne. Alain Deligne identifie avant tout des éléments anthropologiques, linguistiques et épistémologiques qui semblent faire l'unanimité chez Habermas-Apel et Weil.

> La dimension intersubjective de la compréhension langagière assure, selon ces derniers [Jürgen Habermas et Karl-Otto Apel], une communication idéale dépourvue de contraintes, soumise à la seule force du meilleur argument. Les actes de langage constatatifs, expressifs ou régulateurs permettent au sujet d'articuler la validité de ses revendications ; et c'est en tant qu'êtres libres que les sujets participent à la recherche en commun de la vérité, définissant ainsi les linéaments d'une pragmatique universelle. Il ne peut y avoir de raison sans liberté : là-dessus Habermas et Weil sont d'accord[233].

Deligne souligne ensuite l'irénisme et l'innocentisme théorique dont fait montre la pensée habermassienne dans sa compréhension de la raison et son inspection de la réalité. A partir d'Eric Weil, notamment à partir de sa conception de la double possibilité du choix, en connaissance de cause, de la raison ou bien de son contraire, ainsi que de la décision à agir pour la construction du monde ou à œuvrer pour sa destruction, il présente les deux grands défauts ou les limites de la philosophie communicationnelle.

---

[232] EC I, 305.

[233] A. Deligne, « Action et réception », 410-411.

Un premier point faible de la théorie habermassienne me semble être que la « situation idéale de langage » nous soit présentée comme un primat. Or elle devrait être précédée d'une réflexion sur la dimension du *sens*, ceci pour rendre mieux justice à la « raisonnabilité » de l'homme. Deuxièmement — et je tiens compte maintenant de la liberté de l'homme pour le mal —, le sujet engagé dans la poursuite du consensus ne peut être envisagé comme un sujet aussi intact que nous le présente Habermas, vu le potentiel de destructivité qui l'anime en fait. Une argumentation s'inspirant de Weil nous permettrait de corriger la conception quelque peu irréaliste d'un *télos* préétabli implanté dans les hommes et les guidant vers une harmonie consensuelle[234].

On se rend aisément compte que le trou noir de la thématisation de la raison chez Habermas demeure la non-considération réelle de ce *potentiel de destructivité* qui anime l'homme, autrement dit, la non-conception de la violence pure et brute qui le détermine en tant qu'être naturel et culturel, la non problématisation du mal radical qui guette l'homme dans la mesure où il se trouve immergé dans le monde de la vie mais veut, autant que faire se peut, se réaliser au-delà de son insertion en son sein.

Contrairement à Eric Weil, Jürgen Habermas écarte le plan passionnel (le plan de la violence) dans la compréhension de la raison et de l'homme dans le monde. Il relègue au second plan les élans et penchants généraux des individus, les condamnant ainsi à vivre une sorte d'esclavage de la liberté et dans la liberté.

Arrivé à ce point, il se décèle le manque de lucidité épistémologique et le grand déficit praxéologique de la raison communicationnelle définie dans la démarche habermassienne. En effet, la raison communicationnelle ne se rend pas compte — elle n'arrive pas à comprendre — que l'universel, la liberté, la nécessité de la raison,

> [...] ne lie que ceux qui, dans le vouloir de la raison, prennent librement sur eux ce lien ; chacun garde la possibilité de refuser de s'associer à ce qui est déjà ainsi posé dans la vie commune des hommes, de le détruire par la parole et l'action. Toujours est présente la possibilité de la violence et de la brutalité « pure », privée de sens. Car, si scandaleuse que puisse paraître pareille assertion, la raison et l'universel sont nés sur le terrain de la violence : ceux qu'on appelle les primitifs n'ont pas réuni un congrès pour décider qu'ils voulaient désormais se civiliser, mais ils ont obéi à la peur, au désir de dominer, à la pression de la nature et du besoin[235].

---

[234] *Ibid.*, 411.

[235] PHS 366. Dans la même ligne, lire : L. SICHIROLLO, « Morale et politique », 264.

La valeur de la raison, l'enjeu de l'universalité, l'importance de la liberté et la centralité de la discursivité ne transparaissent que pour ceux qui, parmi les hommes, « *veulent* être des hommes et non pas seulement des êtres de la nature »[236] ; ceux qui opposent un « Non »[237] radical à la prééminence du *mal*, à l'envahissement de l'*œuvre*, à la résurgence du *non-sens*… : ces hommes se décident fermement à agir pour l'élévation du monde des hommes et la pérennisation du sens en son sein. Ils savent que la possibilité d'anéantir le projet du sens ou les bienfaits apportés par la rationalité et la liberté dans l'histoire, est toujours présente. Ils s'associent donc aux autres et, dans la mesure du possible, s'efforcent de préserver l'héritage rationnel.

Dans cette logique, on peut aisément affirmer que l'éthique de la discussion ne représente guère un fait originaire ou un élément fondateur dans l'ordre de la conception et de la construction de la sphère sociale. Elle n'est nullement inconditionnelle ni essentielle, avant le choix même de son principe par les partenaires sociaux. La leçon weilienne sur l'option fondamentale pour ou contre le principe raisonnable — pour ou contre le langage en tant que raison et sens —, nous donne à déchiffrer que l'éthique de la discussion induite par la rationalité communicationnelle se nourrit de certitudes et d'évidences de type socratique[238]. Elle peine à envisager une configuration autre de la raison. Elle n'arrive pas à accepter que le langage, le discours, la discussion surgissent et murissent dans un contexte de lutte pour la domination (la soumission de l'autre) et de préservation des acquis (des richesses, des biens) personnels et groupaux produits par les hommes dans l'histoire.

Il s'agit d'une cécité épistémologique qui signe aussi la superficialité (ou mieux, l'incapacité) dont elle fait montre dans la quête de résolution de certains problèmes inhérents à la vie profonde des individus humains (problèmes biopolitiques, écologiques, bioéthiques, historico-culturels…), des problèmes sur lesquels s'appuiera un auteur comme Jean-Marc Ferry pour procéder à la correction puis à l'élargissement théorique de la raison pragmatique, en y introduisant le motif religieux[239].

Il faut le dire, l'homme discute. Il discute et entre en dialogue avec d'autres hommes. La discussion reste évidemment essentielle à sa vie, à sa survie dans un univers marqué par la méchanceté. Le dialogue fonde son existence sociale[240]. Cependant, l'individu

---

[236] PHS 366.

[237] *Ibid.*, 366.

[238] Cf. LP 131; G. Kirscher, *Eric Weil*, 61.

[239] Cf. J.-M. Ferry, *De la civilisation*, 15-16 ; Id., *Valeurs*, 21-22 ; *Ibid.*, 47-50.

[240] Cf. LP 28-30.

humain n'entre généralement en discussion que contraint par la menace : la menace de la nature hostile qui lui résiste, la menace de l'autre homme (l'ennemi, l'étranger, le tyran…) qui le combat et désire s'approprier de ses richesses. L'homme cherche à convaincre l'autre par la force de la parole mais il se trouve souvent tenté d'employer la violence pour vaincre le point de vue adverse.

Ici, la rhétorique ou la psychologie des passions ou encore la violence nue associée à l'existence de l'homme intervient contre et au-delà de l'argumentation pour changer le point de vue de l'autre, pour lui donner tort ou l'éliminer. Elle fournit une issue unilatérale au processus d'échange discursif dans la société : « Celui qui a réduit à un mortel silence tous ceux qui pensent autrement, ou bien, pour plus de sûreté, les a tout simplement tués, celui-là ne rencontre plus aucune contradiction et il a donc raison puisque personne ne lui donne plus tort »[241]. Il a vaincu toute différence et demeure victorieux dans les débats. Son point de vue s'impose comme le meilleur : même si, théoriquement, il n'a pas eu la force argumentative nécessaire pour convaincre les autres, même s'il n'a pas pu comme tel leur faire changer d'opinion, il a cependant démontré, pratiquement, sa supériorité. Il a pris le dessus et s'est donné le droit par la force[242].

On peut dire qu'au plan sociopolitique et historique, les hommes se rapprochent parfois des *diables calculateurs* auxquels ils ressemblaient une fois ou encore, par la mesure desquels on appréciait le degré de rationalité de leur activité[243]. En général, ils ne taisent leurs passions que parce que les bénéfices de l'être ensemble qu'ils en tireraient (communication, harmonie, sécurité, pérennité…) leur paraissent plus importants que la poursuite des intérêts singuliers ou le durcissement du conflit (la peur de perdre et d'être radicalement détruit, le manque réel de moyens dans la lutte…) : en général, l'individu sursume ses penchants naturels ou ne « se dépasse [que] dans la mesure où son intérêt, compris par lui comme tel, est de dépasser la violence, la passion, le désir immédiat, naturel et /ou historique »[244].

Ainsi donc, c'est dans le cadre de la gestion-satisfaction des intérêts que prend corps l'interaction et que jaillit l'intercompréhension. Le langage-action (subjectif, intersubjectif) prend sens dans le contexte d'intérêts à protéger. Il obéit à des stratégies de survie sociale et de domination communautaire. Le langage-action

---

[241] PR I, 10.

[242] Cf. LP 127.

[243] Cf. PR II, 147.

[244] PP 226.

se déploie selon une technologie d'inscription praxéologique et d'insertion herméneutique de l'être dans le monde, jusqu'à l'émergence d'une *situation réelle d'inter-entente* ; une situation advenant de *surcroît* pour couronner les efforts fragiles des hommes concrets dans l'espace et dans le temps.

Ce qui signifie que le consensus authentique est le fruit de l'agir stratégique : l'agir stratégique archétypique engendre pratiquement l'agir communicationnel. Il permet l'avènement de la communication et de l'intercompréhension. Au plan historique, il possibilise la stabilité et la durabilité de la communauté.

Cependant, cette communication et cette intercompréhension peuvent, à tout moment, être bloquées, niées, rejetées, réfutées... La possibilité d'un net refus de la communication et de l'intercompréhension, c'est-à-dire d'un choix autre que l'association et la voie raisonnable dans laquelle se trouve engagée la majeure partie de la communauté, reste toujours présente. Elle ne s'est pas totalement éloignée de l'imaginaire général. Elle est à prendre réellement au sérieux du fait de la liberté infinie de chacun et de tous les membres appartenant à la communauté vivante[245].

Ce qui revient à dire que l'harmonie communautaire ou l'inter-entente profonde entre les divers partenaires sociaux demeure un état intersubjectif provisoire. Sa durabilité convoque l'effort éducatif et la vigilance spéciale de celui ou de ceux qui gouvernent et orientent la destinée historique de la communauté, c'est-à-dire de l'homme politique ou des hommes politiques. En fait, pour que l'interaction et l'intercompréhension deviennent des réalités humaines concrètes, il faut trouver et désigner

> [...] un homme ou un groupe d'hommes qui, grâce à leur prudence, soient capables d'éduquer la communauté et de la conduire dans la grande entreprise de la conservation édificatrice, de l'édification conservatrice d'une vie sensée pour tous – d'une vie raisonnable, garantie par une organisation rationnelle contre la violence extérieure des hommes et de la nature[246].

C'est évidemment sous l'égide de la politique que la violence nue peut être évitée et que l'espérance de la raison peut s'accomplir. La politique offre à chacun et à tous, à l'intérieur de la communauté, la garantie de non-violence. Elle défend aussi la communauté, en son unité et en sa totalité, contre la domination exté-

---

[245] Cf. PHS 366.
[246] PP 197-198.

rieure, contre les appétits des autres nations et le risque d'exploitation, de destruction ou d'esclavagisation qu'elle pourrait courir[247].

Dans cet ordre, la discussion vraie et essentielle n'est plus celle des techniciens de la normativité ou des justificateurs des règles sociales — les vérificateurs de leur validité — selon l'intuition habermassienne. La discussion authentique est celle promue par les instances qui incarnent le dessein historique de la raison au niveau de la communauté-société, et manifestent largement sa capacité configurative des relations interhumaines, notamment : le Parlement, le Gouvernement et l'Administration.

La discussion normale et qui aboutit[248] est celle organisée dans l'ordre politique pour la gestion des conflits, la conciliation du juste et de l'efficace ainsi que l'orientation raisonnable des communautés humaines dans le monde. Elle concerne tous les membres de la communauté-société et produit des décisions qui donnent sens à leur présence dans l'espace et dans le temps. Elle contribue également à leur quête du contentement total — Entre autres, elle favorise la poursuite de l'activité philosophante par la communauté illimitée des artisans du concept et de la compréhension —. La discussion véritable contribue finalement à l'universalisation des hommes dans le monde. Elle les aide à s'auto-réaliser et à progresser adéquatement dans l'histoire.

A préciser que la discussion ainsi définie n'exclut pas, en principe, l'émergence et la présence des acteurs philosophiques. Comme le suggère Weil, les hommes qui se consacrent à la pratique de la philosophie peuvent participer aussi à la discussion politique[249]. Cependant, ils ne le font pas à partir d'une position privilégiée. Ils participent à la discussion publique en tant que citoyens ordinaires. Ils discutent ici comme tout citoyen qui se bat pour l'amélioration des conditions de la vie sociale ainsi que l'avènement du bonheur vrai dans le monde.

L'action spécifique des artisans du concept et de la compréhension se réalise plutôt à un autre niveau. Elle prend corps à un niveau plus profond, à un niveau fondamental et fondateur. L'action philosophique se déroule au plan de la configuration même de l'action politique et de la signification de celle-ci pour l'ensemble des citoyens auquel elle s'adresse.

---

[247] Cf. EC I, 168 ; LP 26.
[248] Cf. PP 205.
[249] Cf. PP 177.

Le philosophe reste *homo theoreticus* ; pour autant donc qu'il s'en tient à la philosophie, il n'agit pas à la manière de l'*homo politicus* ; son action, réelle au plus haut degré, s'exerce sur le plan de la conscience, et est action en tant que prise de conscience, prise valable universellement et donc action sur tous, y compris l'homme politique, mais non action immédiate sur les institutions et les décisions de la communauté, de la société et de l'Etat[250].

L'action du philosophe se déploie au niveau où il s'auto-perçoit comme « roi de la communauté »[251]. Ici, il s'engage à fournir aux hommes d'Etat et de gouvernement les clés pour accéder à la compréhension véritable du sens de l'homme, de la vie bonne, du meilleur des mondes possibles…

Ainsi donc, quand elle veut *être* (et non seulement *paraître*) sérieuse, du commencement jusqu'à l'aboutissement de son processus, c'est-à-dire, quand elle veut éviter de froisser la conscience-de-soi sociale ou de noyer le sentiment que cette dernière se fait de sa teneur et de sa légitimité, la discussion politique n'obstrue ni n'annihile la discussion philosophique. Elle l'accueille plutôt et s'ouvre largement à ses propositions autour de la politique. Dans son programme, elle tient compte des interrogations émises par les artisans du concept et de la compréhension. Elle inscrit même les indications données par ceux-ci sur la politique ou sur la vie publique, afin de l'humaniser, de la transformer en action effective au service du peuple[252].

Arrivé à ce point, nous constatons que la conception weilienne de la raison et de la discussion, une conception qui n'exclut pas la perspective de la violence en ce qui concerne les hommes concrets, des êtres souvent portés aux excès et aux déviations de tout genre (*homo ubris*)[253], semble plus réaliste et plus proche de la vie ordinaire. Elle interroge fermement et bémolise la confiance transcendantale habermassienne dans les puissances immanentes de la communication.

---

[250] *Ibid.*, 177.

[251] PP 55.

[252] Cf. P. Canivez, « La révolution », 39-44.

[253] A propos de l'homme, il faut signaler la conception d'Edgar Morin qui voit en lui *aussi* un être porté à la démesure, un être barbare, un être qui ne sait pas ce qu'il veut. Selon Morin, l'homme est sujet au changement de comportement et apparaît beaucoup plus comme un être doué de déraison que de raison. L'*homo sapiens sapiens* est avant tout et surtout un *homo ubris*, un *homo demens* (cf. E. Géhin, « Morin Edgar », 134-139 ; M. Matarasso, « Edgar Morin », 177-185 ; E. Morin, *Le paradigme perdu*).

Ce type de nuance herméneutique et pratique transparaît aussi, mais en mode différent (en mode globalement dialogique) dans l'oeuvre de Jean-Marc Ferry. Ce dernier procède à une dé-transcendantalisation des motifs absolument pragmatiques de la raison communicationnelle. Il propose un concept original du processus communicationnel et discursif, à savoir la reconstruction. Jean-Marc Ferry privilégie la grammaticalité de la raison et l'effort englobant de la reconstruction, au-delà de l'argumentation mise en exergue par Jürgen Habermas. C'est ce que nous voulons exposer, avant d'envisager les limites possibles d'une telle centration grammaticale de la compréhension de la raison avec l'entraînement radical de l'homme et de son monde dans le mouvement de la reconstruction.

5. Communication et reconstruction

5.1 *Puissances de l'expérience et compétence communicationnelle*

Pour présenter une conception plus complète de l'homme dans la réalité et essayer d'appréhender plus profondément son identité, Jean-Marc Ferry procède à l'élargissement de la compréhension de la communication, qu'il ne limite pas à la dimension du langage et du discours ni de l'action et de l'interaction. Il envisage le fait de la communication en relation avec l'expérience intégrale que l'être humain fait du monde et dans le monde, par lui-même, dans la confrontation avec son semblable et avec le milieu naturel[254].

Jean-Marc Ferry ouvre la dimension communicationnelle de l'être humain à la réalité dans sa totalité. Il propose une compréhension de la communication qui porte au-delà des limitations imposées par une vision réductrice de l'homme en tant qu'être doué de raison ou de langage raisonnable. Ici, le procès communicationnel se veut générique. Il surpasse la dimension symbolique (langagière) et discursive (argumentative) pour comprendre les éléments iconiques et indiciels[255], des éléments qui ont servi de base à l'émergence d'une éthique spontanée — d'une éthique naturelle qui encadre tout être humain, d'une éthique qui ne suppose pas nécessairement un procès spécifique de socialisation —.

---

[254] Cf. J.-M. Ferry, *Les puissances* I, 14-16.

[255] A souligner que dans un ouvrage très technique, Jean-Marc Ferry propose des grammaires de l'intelligence : les grammaires 1 et 2 (indicielle et iconique) ; les grammaires 3 et 4 (de la différenciation verbale et de la validation discursive). Celles-ci rendent compte de l'ensemble des expériences envisageables en ce qui concerne la communicabilité dans la réalité (cf. J. M. FERRY, *Les grammaires*). Pour une approche critique de l'ouvrage, lire par exemple : P. RICŒUR, « Note sur les *Grammaires* », 31-41.

La dimensionnalité de la communication apparaît proprement à travers une trinité de *puissances* spécifiques : le *sentir* — qui inclut la sensation, l'émotion, la mémorisation, la perception, le sentiment...—, l'*agir* — qui convoque le désir, la réclamation, l'imagination, la volonté, le but, la règle, la liberté... —, et le *discourir* — qui se délivre dans la thématisation, la grammaticalisation, la différenciation des adresses propositionnelles, la confrontation, l'historicisation... —[256].

Au niveau général, les *puissances de l'expérience* définissent le sens de la présence de l'homme au monde (apparition, appropriation empirique, détermination sensible...). De façon spéciale, elles assurent son insertion dans le monde de la vie ; un monde dont la *structure archéo-logique* et la *forme archi-tectonique* sont non pas langagières mais grammaticales. Un monde, autrement dit, dont la morphologie de fond et la configuration globale se dessinent à travers la grammaire des personnes, des modes, des voix, des temps, des cas...

Les puissances de l'expérience composent la base angulaire de la détermination subjective (individuelle) et intersubjective (sociale) de l'être-homme et de l'acquisition de la compétence communicationnelle. En tant que telles, elles constituent le terreau ontologique et fournissent l'humus herméneutique de la grammaticalisation de l'homme en son monde et du monde de l'homme dans sa totalité.

Dans leur dynamique, il s'accomplit un jeu complexe qui comprend l'ensemble des actes du discernement et commence par des expériences sensibles (horizon physique), passe par des expériences actives (horizon pratique) jusqu'à *libérer* la puissance discursive et thématisante de l'être (horizon pragmatique).

Le jeu graduel inhérent aux puissances de l'expérience se précise aux plans de la *réclamation* (compulsion expressive, injonction, persuasion, incantation...), des *manques* (échecs, illusions, désillusions, frustrations, déceptions...), des *adresses différenciées* aux personnes pronominales (Je, Tu, Il), aux trois temps verbaux (présent, passé, futur). Il mobilise tout un ensemble d'opérations qui libèrent une *grammaire différenciée* pour la construction pragmatique de l'expérience humaine et sa problématisation progressive[257].

En fait, les opérations qui marquent l'inscription de l'homme dans le monde et lui en assurent la compréhension graduelle, obéissent à une logique grammaticale et débouchent également sur une grammaticalisation catégorielle de la réalité. Elles participent concrètement à l'engendrement des ordres, des contextes,

---

[256] Ces lignes condensent des éléments majeurs de l'approche ferrienne de la communication (cf. J.-M. Ferry, *Les puissances* I, 31-100).

[257] Cf. J.-M. Ferry, *Les puissances* I, 79.

des normes, des complexes, des formes, des règles et des textes..., qui modèlent l'être humain et son monde, et donnent de la consistance à l'existence (aux positions, compréhensions, relations… existentielles). Ces opérations contribuent à l'émergence de la conscience ontologique qui se veut aussi conscience linguistique[258]. Elles fixent la teneur anthropologique de la capacité communicationnelle et définissent, de façon différentielle, le sens d'un partage communicationnel du monde, le sens d'un partage du monde selon l'épaisseur de la grammaire.

> Le partage communicationnel du monde est fixé dans la grammaire des personnes pronominales. Le *Il* neutre résume l'attitude objectivante qui libère la technique : c'est l'attitude instrumentale. Le *Tu* auquel la possibilité d'un *Je* est reconnue traduit l'attitude performative qui libère l'éthique : c'est l'attitude communicationnelle. [...] La grammaire des personnes, mais aussi des temps, des modes, des voix, des genres, avec la trichotomie qui, fondamentalement, la caractérise, caractérise également l'architecture de notre monde vécu. En cela, elle est notre véritable ontologie. Elle définit à la fois la structure ontologique du monde pour nous, la complexion catégorielle du moi comme noyau dur de son identité, et la communicabilité des expériences articulées dans le langage[259].

> Le milieu grammatical dans lequel baigne l'être humain permet de livrer et délivrer le discours. Le discours représente l'ultime puissance de l'expérience. Il apparaît doublement comme un *agir réflexif* — eu égard à l'agir différencié (plus pratique et d'orientation préférentiellement technique) — et comme une *puissance de thématisation* de l'expérience. Il permet de thématiser l'agir typique de l'homme, de réaliser les adresses différenciées aux temps verbaux... Dans cette dynamique réflexive, le discours conduit à une expression systématique du vécu de l'être humain et à une exposition diversifiée de son identité.

> [Avec la libération grammaticale du discours] s'ouvrent en même temps des voies respectives de l'instrumentalisation dans le milieu du travail, de la concertation dans le milieu de l'interaction, de la symbolisation dans le milieu de la mémoire et du langage. Ces milieux sont eux-mêmes régulés par des rationalités différentielles codées respectivement par des règles techniques, des normes éthiques et des formes symboliques[260].

---

[258] Cf. *Ibid.*, 84.

[259] *Ibid.*, 14-15.

[260] *Ibid.*, 16.

Le discours qui surgit au bout du processus expérientiel de l'homme dans le milieu grammatical, porte en tant que tel une double performance : une performance primaire, plus herméneutique (dimension du sens) et une performance secondaire, plus épistémologique (dimension de la réflexion). La *performance herméneutique* du discours est cette capacité qui lui permet de mettre en sens l'expérience dans des compréhensions culturelles circonscrites[261]. A ce niveau, il procède à la construction d'une expérience linguistiquement articulée du monde. Il articule, autrement dit, le monde dans une *ontologie grammaticale* et modèle un univers relationnel[262]. Il fournit ainsi une trame pour la mise en communication des identités culturelles[263].

La performance épistémologique du discours est inhérente à la *vérité* — entendue ici non pas au sens ontologique d'adéquation au réel mais au sens pragmatique de *pertinence* et d'*acceptabilité* —[264]. Il s'agit de cette capacité qui lui permet, dans son épaisseur historique, de problématiser, en leur substantialité, les constructions qu'il réalise du monde, « en s'expliquant avec les significations qui contextualisent la compréhension et stabilisent les orientations de l'action au sein *des* mondes culturels »[265].

Ici, le discours se donne à déployer à travers des registres successifs de la narration, de l'interprétation, de l'argumentation et de la reconstruction. Il correspond proprement à la discussion. Le discours s'articule de manière réflexive et « élabore des significations intersubjectivement partagées, leur confère l'objectivité de compréhensions du monde et, s'appuyant sur ses réalisations, il les recompose et les renouvelle selon ses propres exigences. Il détermine donc un processus évolutif »[266].

Dans sa transmutation en *discussion*, le discours manifeste la propension à la communication constitutive de l'homme dans l'espace et dans le temps. Il nous met en situation de « prendre un aperçu sur la genèse pragmatique de notre compétence communicationnelle »[267]. Il détermine la teneur ontologique des identités personnelles, individuelles et collectives, et les achemine vers une pleine capacité réflexive[268].

---

261 Cf. *Ibid.*, 95.

262 Cf. *Ibid.*, 92.

263 Cf. *Ibid.*, 95.

264 Cf. *Ibid.*, 95.

265 *Ibid.*, 92.

266 *Ibid.*, 95.

267 *Ibid.*, 17.

268 Cf. *Ibid.*, 17.

A préciser que le *discours* qui définit la compétence communicationnelle de l'homme et donne sens à son insertion pragmatique dans le monde, ne se confond pas avec le *langage*[269]. Le discours couvre un périmètre logique, tandis que la sphère du langage est purement symbolique.

Symboliser est l'activité propre au langage. Mais *thématiser* est l'activité propre au discours. Le langage a une structure symbolique ; et celle-ci renvoie aux formes mentales de la représentation. Cependant, le discours a quant à lui une structure logique ou logico-syntaxique, laquelle renvoie aux formes grammaticales de l'interlocution. [...] Discourir signifie en effet la capacité de mettre en œuvre les distinctions grammaticales établies dans le langage, sur la base d'une réflexivité à l'égard du travail et de l'interaction — et cela, de telle sorte que chaque locuteur ou auditeur puisse intuitivement reconnaître dans cette grammaire la structure de son raisonnement spontané. A la communicabilité du discours correspond l'universalité de la grammaire[270].

Le discours tend ainsi à l'universalité et à la vérité, contrairement au(x) langage(s) marqué(s) par la singularité ainsi que la contextualité culturelle. Il assure

---

[269] Chez Jean-Marc Ferry, on note une nette *différence* entre *discours* et *langage*, et même, une réelle *supériorité* du premier sur le second. Le discours témoigne d'une maturation maximale de la réflexion et d'une universalisation de l'activité langagière tandis que le langage demeure un élément beaucoup plus culturel, singulier et limité (cf. J.-M. FERRY, *Les grammaires*, 165-166). On remarquera que cette approche ferrienne du langage et du discours se trouve aux antipodes de la conception weilienne qui donne à comprendre le discours comme une manifestation du langage. En fait, le socle pragmatique de la pensée ferrienne pourrait justifier cette particularisation du langage et cette universalisation un peu trop hâtive du discours, différemment du soubassement anthropologique de la philosophie weilienne qui respecte la singularité de toute production discursive des êtres humains. On pourrait aussi dire que la hantise et la démesure contemporaines du paradigme linguistique donnent à Jean-Marc Ferry de développer une philosophie qui récuse et bat en brèche la prééminence du langage dans la réflexion et l'existence. Dans ce cadre, l'auteur va proposer une orientation épistémologique autre qui consiste en une transcendance bipolaire du langage à travers le *monde objectif* et le *monde normatif*. Il affirme en substance : « Contre l'hégémonie du paradigme linguistique — contre l'excès "sémanticiste" d'une philosophie qui veut absolutiser le langage —, j'aimerais faire valoir une double transcendance que requiert l'idée d'humanité par rapport à l'univers linguistique où elle se constitue : transcendance d'un *monde objectif*, pour fonder la postulation d'un *contact avec le réel* ; transcendance d'un *monde normatif*, pour fonder l'idéalisation d'un accès à l'universel » (*Ibid.*, 138).

[270] J.-M. FERRY, *Les puissances* I, 89.

la communication et l'intercompréhension des langages. Il permet au langage de se départir de ses limitations objectives pour accéder à la rationalité critique.

> Le *langage* se présente comme un « capital » dont l'accumulation résulte des sédimentations du *discours*, car c'est proprement dans la logique du discours que des propositions sont susceptibles d'êtres intersubjectivement validées. C'est donc là que les propositions peuvent être stabilisées au sein d'une communauté. [...] Tandis que le langage recèle la puissance de l'*être-représenté*, le discours détient, quant à lui, celle de l'*être-thématisé*[271].

En fin de compte, le langage et le discours entretiennent des relations dynamiques qui permettent de les comprendre dans leurs déterminations spécifiques et d'envisager le passage de l'un vers l'autre. Cependant, le discours demeure une réalité plus englobante et un plan plus universel que le langage[272]. Dans sa configuration générale, il représente l'expression typique du processus socio-historique d'acquisition et de maturation de la compétence communicationnelle par l'individu. En son auto-constitution, le discours s'élargit à la réalité humaine en sa totalité. Il enveloppe et tend à occuper le périmètre entier constitué par l'expressivité anthropologique.

Dans la suite de nos investigations, nous allons nous concentrer sur la discursivité en tant que telle, en présentant les registres successifs qui signent sa spécificité et dessinent son universalité dans la mesure où celle-ci représente la sphère de l'explosion et de la maturation maximale de la compétence communicationnelle.

5.2 *Détermination et implication de la discursivité*

5.2.1 Les registres du discours et l'identité humaine

Le discours procédural prend corps et se substantialise dans un milieu porté par la grammaticalité constitutive de l'expérience vivante de l'être-au-monde. Il se délivre dans un espace anthropo-logique obéissant à la pronominalité et à l'indexalité configurative de la réalité. Dans son auto-institution et sa réalisation, le discours convoque la grammaire des personnes, des voix, des modes, des cas. Il met en mouvement ce qu'il convient de nommer *désignaments* — contrairement aux *prédicaments* de la logique transcendantale kantienne (la quantité, la qualité

---

[271] Id., *Les grammaires*, 165-166

[272] Cf. Id., *Les puissances* I, 89.

394

et la relation) —, à savoir : les indexicaux de base d'*identité* (pronoms pronominaux : *Je, Tu, Il*, etc.) ; les indexicaux de base de *topicité* (adverbes de lieu et de temps : *ici, maintenant, devant*, etc.) ; les indexicaux de base de *déicité* (objets montrés dans les pronoms démonstratifs : *ceci, cela*, etc.) et de *propriété* (objets attribués aux personnes dans les pronoms possessif : *mon, ton, sien*, etc.)[273].

Dans cet univers grammatical configurant, le discours suit un processus dont l'ordre de déroulement est quaternaire. Il s'agit d'un processus pragmatique qui consiste en une sédimentation par strates de performances discursives différentielles ; des performances condensant des éléments expérientiels du monde de la vie[274]. Comme suggéré plus haut, celui-ci commence par la narration, passe par l'interprétation et l'argumentation puis culmine dans la reconstruction. Nous sommes ici en présence d'un ordre séquentiel spécifique ; un ordre séquentiel qui se justifie dans la mesure où il correspond à la « réalisation d'un procès d'auto- et/ou d'intercompréhension mené à bien, un procès dont le moment résolutif fait écho aux analyses de Paul Ricœur à propos du pardon : le moment de la reconstruction »[275].

Les quatre registres de la discursivité ainsi déterminés correspondent à autant de milieux procéduraux dans lesquels se constituent et se structurent des expériences de la vie. Ils viennent contenter les attentes et combler tour à tour les exigences de sens toujours plus grandissantes que requiert la présence de l'homme dans l'espace et dans le temps[276].

Dans cette logique, ils définissent quatre types d'identités personnelles, individuelles et collectives. Les registres de la discursivité dessinent aussi le périmètre pragmatique de monstration et d'effectuation de la vérité. Ils donnent à penser et à comprendre ou à vivre à frais nouveaux les divers ordres — les complexes, les systèmes et les univers — de l'existence ; des sphères où s'accomplit l'interentente et se matérialise la reconnaissance réciproque des êtres humains.

Le *registre primitif* du discours constitué grammaticalement ou encore le segment primordial du processus reconstructif en tant que processus de communication exhaustif, est la *narration*. C'est le registre du dire ou de l'être-raconté, de l'être-exprimé qui assume logiquement l'être-vécu et l'être-survenu — de façon réelle (*res factae*) ou fictive (*res fictae*) —[277].

---

[273] Cf. *Ibid.*, II, 140-141.

[274] Cf. ID., *L'éthique*, 60.

[275] ID., *Valeurs*, 23.

[276] Cf. ID., *L'éthique*, 71.

[277] Cf. ID., *Les puissances* I, 106 ; ID., *Valeurs*, 29.

La narrativité représente précisément « le premier registre discursif sur la voie séquentielle, idéale-typique, d'une montée réflexive, assortie d'une augmentation de la teneur normative »[278]. Elle correspond au discours qui produit « l'être représenté sur le mode de l'être-raconté »[279]. La narration procède fondamentalement d'un intérêt expressif. Elle s'attèle à « dire le vécu propre de l'événement [... à] exprimer la "relation vitale" »[280]. Elle s'efforce, autrement dit, d'exposer « la façon dont quelque chose dans le monde m'affecte »[281].

Le discours narratif prend forme à travers les différentes *histoires* dites, des *textes* (au sens ricœurien du terme)[282] qui consignent des récits, relatent des contes, racontent des légendes, des fables, des épopées... La catégorie principale mise en jeu ici est celle de l'*événement*. Ce denier se matérialise souvent de façon tragique et traumatique. Il est parfois considéré comme un *destin* et ouvre à une lecture plus réfléchissante de l'histoire. Il tend ici à l'interprétation.

La narration permet à l'événement exprimé ou condensé dans un texte, de faire sens dans la vie concrète de l'homme et d'orienter ses options de base. Elle détermine globalement une identité narrative, une identité qui s'articule sur une compréhension mythique du monde ; autrement dit, sur une compréhension dont le fondement est « "épocentrique" (mythes et épopées) »[283]. Les récits communiqués puis transmis culturellement dans l'ordre de la narration font de cette dernière « la première puissance de l'expérience liée au discours, car c'est typiquement par le récit que l'événement devient "histoire" »[284] et que sont condensés ou mémorisés les moments du déroulement objectif des péripéties humaines dans le temps.

A travers le récit, l'exposition typique, l'événement prend donc forme. Il se substantialise, acquiert une réelle densité historique et une capacité fédérative de l'existence. L'événement se transmue en puissance portative de l'être-au-monde. Il change de cadre ontologique et revêt une charge herméneutique nouvelle. Dans cette ligne, il produit un double effet au plan de l'identité humaine : « l'effet psychagogique (éveil des affects) et l'effet pédagogique (édification du moi) »[285].

---

[278] ID., *Les grammaires*, 155.

[279] *Ibid.*, 155.

[280] ID., *Valeurs*, 25.

[281] *Ibid.*, 25.

[282] Cf. P. RICŒUR, *Du texte à l'action*, 183-190.

[283] J.-M. FERRY, *Valeurs*, 27.

[284] ID., *Les puissances* I, 104.

[285] ID., *Valeurs*, 30.

A ce niveau, la narration figure un monde paradigmatique, un monde capable de communiquer concrètement et contextuellement « une grande performance d'expérience vécue »[286]. Elle permet d'explorer l'existence intégrale de l'homme et favorise la cautérisation des plaies psychiques inhérentes aux traumatismes historiques vécus par celui-ci. Il s'agit de sa capacité curative ou thérapeutique. Cette dernière exige cependant une véritable herméneutique des vécus expérientiels afin d'en déceler ou d'en procurer une signification acceptable. Ce qui déplace et déterritorialise globalement le discours. Il le porte dans un autre périmètre pragmatique. Il s'agit de la sphère interprétative.

Le *discours interprétatif* vient signifier la teneur épistémologique et éthique des événements vécus et exprimés au plan narratif. En effet, la narration peut caricaturer ou déformer l'histoire. Le narrateur est capable de choisir des faits à exhiber et d'autres à obnubiler. L'interprétation surgit ici comme une puissance qui agit pour dé-dogmatiser et dé-provincialiser la narrativité. Elle décentre le *Je* narratif dominant et décontextualise le jeu narratologique entraînant. L'interprétation ouvre ainsi le récit à un ordre plus général. Elle l'insère dans un mouvement trans-culturel et trans-contextuel.

Dans cette dynamique, l'interprétation se réalise comme « le mode discursif directement réflexif à l'égard de la narration »[287]. Elle assure l'inflexion pragmatique du discours en projetant la leçon générale figurée à travers l'histoire racontée. Le discours interprétatif transforme notamment « la conclusion en cause, en expliquant les événements du récit par un manquement à la loi suggérée par le dénouement »[288], en invoquant donc la loi du *destin*.[289]

En d'autres mots, on pourrait affirmer que l'interprétation correspond à « cette puissance qu'à le discours de donner sens aux faits, de tirer la loi de l'événement, de dégager la "morale" de l'histoire »[290]. A la différence de la narration qui édifie des compréhensions mytho-épiques du monde, elle construit des compréhensions cosmocentriques et théocentriques — comme cela est le cas dans les grandes reli-

---

[286] ID., *Les puissances* I, 106.

[287] *Ibid.*, 112.

[288] *Ibid.*, 112.

[289] Cf. *Ibid.*, 114 ; ID., *Les grammaires*, 170 ; ID., *Valeurs*, 27-28. Pour une approche historico-philosophique et pragmatique de la notion de *destin* chez Jean-Marc Ferry, lire par exemple : ID., *L'éthique*, 17-31.

[290] ID., *Valeurs*, 27.

gions universelles —. Il s'agit des approches herméneutiques qui tendent à « expliquer le monde par un principe extérieur au monde, *telos* [but, finalité] ou *archê* [principe, origine, commencement] »[291].

L'interprétation invoque ici la cause efficiente ou la cause finale des événements. Il rationalise l'explicitation des événements et homogénéise leur sens contextuel pour le proposer comme un message dont la pertinence surplombe l'univers de leur émergence. Le discours interprétatif concourt ainsi à l'établissement des *morales de l'histoire*, les *minima moralia*. Celles-ci correspondent à « la normativité prudentielle de préceptes et de conseils, dictons, sentences, adages, proverbes, qui constituent le thesaurus des sociétés traditionnelles »[292]. Elles représentent précisément « un corpus de savoir local, propre à structurer la compréhension de ce qui arrive et à orienter les membres de la communauté de référence »[293], à les aider à mieux envisager leur permanence dans l'espace et dans le temps.

Toutefois, on notera que l'interprétation reste une puissance ambigüe. Elle peut tout autant livrer le sens authentique des événements qu'occulter la réalité des faits. Des points de vue divergents peuvent prendre corps au plan du discours interprétatif, surtout quand survient un litige ou que naissent des contestations (du sens donné aux faits survenus)[294]. On tombe ici dans le *conflit des interprétations*[295]. La sursomption de ce conflit sollicite un discours plus réflexif. Il s'agit du discours argumentatif en tant que moyen de maintien du discours dans le conflit[296].

En fait, l'*argumentation* équivaut au *registre tertiaire* de la discursivité. Il se donne à dévoiler comme un procès au cours duquel s'expose et s'explique, au regard et à l'aide de raisons, les contradictions inhérentes au décryptage sémantique de l'être-survenu et de l'être-raconté[297]. Le discours argumentatif prend en charge les divergences opinionnelles. Il met en mouvement des partenaires qui échangent des points de vue contradictoires — des dotations de sens différentes et concurrentes — sur la réalité, les êtres, les éléments… : « d'un côté, on conteste [fermement], de

---

[291] *Ibid.*, 28. Pour d'autres précisions sur ce sujet, voir par exemple : ID., *Les puissances* I, 120.

[292] ID., *Valeurs*, 28.

[293] *Ibid.*, 29.

[294] Cf. ID., *Les grammaires*, 173.

[295] La thématique du *conflit des interprétations* a été développée techniquement par Paul Ricœur dans le cadre de la culture philosophique et herméneutique contemporaine (P. RICŒUR, *Le conflit des interprétations*).

[296] Cf. J.-M. FERRY, *L'éthique*, 70 ; ID., *Valeurs*, 30.

[297] Cf. ID., *L'éthique*, 70.

l'autre, on défend en justifiant rationnellement »[298]. On donne des raisons pour soutenir un point de vue, le justifier et le faire accepter théoriquement. Ce qui signifie l'abandon d'autres perspectives logiques pour la commune acceptation de l'*argument meilleur*[299] et la réalisation de la compréhension mutuelle. En effet, l'offre de l'intercompréhension se présente ici sur un mode spécifique : il consiste à « avancer des raisons. Cela invite en même temps à accepter ou refuser ces raisons, mais en tenant sur le même mode : opposer, par conséquent, des raisons aux raisons avancées. Telle est la procédure suivant laquelle on appelle ici à fonder l'entente »[300],

Pour mieux illustrer la spécificité épistémologique et éthique du registre argumentatif, on pourrait dire que si, au niveau de l'interprétation, le discours s'attèle à *expliquer* et *signifier* ce qui advient dans le monde, ici, le discours vient *justifier* l'explicitation elle-même[301]. Il justifie le monde « au regard des exigences formées pour une adhésion conditionnelle — critique — de l'homme à son histoire »[302]. Le discours justifie aussi la signification du discours de compréhension du monde et veut atteindre la transparence réflexive dans l'exposition des raisons ainsi que la considération de leur pertinence. Il s'efforce de clarifier le(s) sens établi(s) et d'édifier la validité universelle des principes définis de manière intuitive :

---

[298] *Ibid.*, 60.

[299] Dans la ligne habermassienne, Jean-Marc Ferry approfondit le concept de *l'argument meilleur*. Il le discute et cherche à le sursumer dans la perspective de la reconstruction (cf. J.-M. FERRY, *Valeurs*, 93-111). Il souligne ce qui suit : « Comme concept appartenant à la philosophie pratique, la loi de l'argument meilleur signifie notamment deux choses : 1. que l'accord réalisé sous sa juridiction est présomptivement exempt de violence ; 2. que la procédure suivie pour cette réalisation est moralement significative » (*Ibid.*, 96). Selon Jean-Marc Ferry, la loi de l'argument meilleur ne doit pas s'arrêter aux seuls motifs pragmatiques de vérité des énoncés mais inclure leur *acceptabilité*. Elle doit considérer les situations spécifiques de la raison pratique et s'ouvrir à la *vulnérabilité* des personnes… En fait, « la loi de l'argument meilleur honore au mieux la loi morale, lorsqu'on élargit la notion de "raison" à l'exposé de convictions qui ne disposeraient même pour tout argument que de l'expression d'une telle sensibilité » (*Ibid.*, 106). Dans le contexte des grammaires de l'intelligence qu'il développe, Jean-Marc Ferry ajoute un élément de compréhension de l'argument meilleur. Il affirme : « La "loi" de l'argument meilleur, affirmée par Habermas, n'est pas elle-même la loi morale : elle n'en a ni le caractère absolu ni la valeur constitutive pour le principe intérieur de volonté » (ID., *Les grammaires*, 183).

[300] J.-M. FERRY, *Valeurs*, 73.

[301] Cf. ID., *Les puissances* I, 128.

[302] *Ibid.*, 128.

« Ce qui est justifié, ce n'est plus, cette fois, la loi gouvernant les événements dans le monde ; c'est le processus lui-même au cours duquel la loi doit faire justice »[303].

Dans cette dynamique, l'argumentation se résout en une procédure dialectique. La normativité qu'elle engage ne procède pas par une sorte de « généralisations substantielles des conclusions ou leçons tirées d'histoires typiques édifiantes »[304]. Elle s'obtient plutôt par « universalisation formelle de maximes d'actions individuelles »[305].

A ce niveau, l'argumentation se déploie dans le sens d'une fondation rationnelle critico-discursive. Elle se déroule comme un organon typique et exclusif de la vérité, notamment face aux dogmatismes et obscurantismes philosophiques de tout genre[306].

Au plan théorique, elle transforme la compréhension métaphysique des ordres, des textes et des contextes, en une compréhension critique, dans le sens où, « au lieu d'unifier ce qui est différencié, elle le légalise au contraire dans des ordres de raison autonomes »[307]. Elle rejoint, autrement dit, les dimensions pragmatiques de l'expérience et modèle (sculpte) une image philosophique différentielle du monde[308].

Au plan pratique, l'argumentation se transmue en véritable instrument révolutionnaire d'une critique rationaliste capable de reconfigurer les lieux d'expressions et les domaines d'incarnation de l'être-homme en tant que tel[309]. Elle détermine un type d'identité qui consacre l'émancipation de l'homme et manifeste son accession à la majorité rationnelle (position et positionnement critique de l'homme dans le monde). En mode spécifique, l'argumentation favorise « la convergence de la philosophie, de la démocratie et de l'espace public, comme moments privilégiés du politique »[310]. Nous voulons présenter quelques éléments qui émergent et signent pratiquement l'identité humaine dans le contexte d'illumination de l'existence par le processus argumentatif et d'effectuation de l'histoire sous la mouvance de l'argumentation :

---

[303] *Ibid.*, 128.

[304] Id., *Valeurs*, 32.

[305] *Ibid.*, 32.

[306] Cf. Id., *Les puissances* I, 128.

[307] *Ibid.*, 129.

[308] Cf. *Ibid.*, 130.

[309] Cf. *Ibid.*, 131.

[310] Id., *Valeurs*, 31.

L'esprit critique, le doute méthodique, le libre examen, la procédure juridictionnelle contradictoire, les contrats synallagmatiques, les droits subjectifs et libertés fondamentales, l'opposition de la raison à la religion, les fondations philosophiques émancipées de la théologie, mais aussi : la délibération sur la place publique, l'égalité des citoyens, la rhétorique et la dialectique, la politique comme art architectonique, l'idée de Constitution, l'avènement des sciences mathématiques appliquées à la musique et à l'astronomie – tout cela peut s'entendre comme des réalisations d'une identité argumentative venue à maturité[311].

Cependant, malgré son accomplissement, l'argumentation ne justifie pourtant pas les raisons de l'option pour la discussion. Elle ne répond pas elle-même « des bases [logiques et pragmatiques] d'acceptabilité des arguments »[312]. Bien souvent, les raisons qui conduisent à l'adoption des conclusions des discussions se trouvent aux antipodes de celles qui sont invoquées dans la dialectique argumentative. Parfois, « les raisons au regard desquelles on consent à une norme, dans l'argumentation, ne recouvrent pas thématiquement [et logiquement] les raisons pour lesquelles on a pu accepter ces arguments »[313].

Ainsi donc, malgré ce qu'il convient de désigner comme son succès épistémologique, l'argumentation connaît parfois un vrai manquement éthique et impose même une violence logique, une violence préjudiciable aux partenaires engagés dans l'interlocution dialogique. Il s'agit d'une dérive non négligeable qui illustre la violence de la raison ; la violence d'une raison capable de nuire, d'oppresser et de « réprimer le Particulier »[314], plus précisément, « le non-dit de déformations, déplacements, répressions, censures et violences structurelles [...], dissociations de symboles, obscurité des motifs et opacité des raisons elles-mêmes »[315].

Ainsi, un autre registre du discours devient nécessaire pour humaniser l'argumentation et donner sens à son effectuation pratique. Il s'agit de la *reconstruction*. Cette dernière tient grandement compte de la *vulnérabilité* des êtres[316] qui

---

[311] *Ibid.*, 31.

[312] *Ibid.*, 32.

[313] Id., *L'éthique*, 110.

[314] *Ibid.*, 70.

[315] *Ibid.*, 70.

[316] La thématique de la vulnérabilité des personnes est centrale dans la conception du dépassement du registre *argumentatif* — philosophie habermassienne — par le registre *reconstructif* — philosophie ferrienne — (cf. J.-M. Ferry, *Valeurs*, 25-41). Il faut signaler que, dans le

entrent en discussion. Elle n'élimine pas pragmatiquement leurs spécificités ni ne détériore leur sentir historique.

La reconstruction porte au jour l'ensemble des éléments (personnels, naturels, socioculturels…) rebellent aux contraintes stylistiques, logiques et pragmatiques inhérentes à la critique argumentative. Elle les insère dans le processus discursif et considère leur teneur dans la réalisation d'une intercompréhension plus profonde, plus respectueuse d'humanité et grandement intégrante de la diversité.

> La *reconstruction* n'est intéressée ni proprement à dire ce qui s'est passé sur le mode du vécu (narration), ni à généraliser les leçons tirées des événements mis en récits (interprétation), ni à universaliser les maximes individuelles au regard d'une "compossibilité" générale (argumentation), mais spécifiquement à parcourir tout ce processus [pragmatique] en sens inverse sur les traces de la reconnaissance éventuellement manquée[317].

La reconstruction parcours donc en sens inverse le processus discursif, en vue de sursumer la dialectique du malentendu (violence) qui a pu jalonner les procès de l'entente[318]. Elle analyse et explore les contextes typiques d'émergence et d'efficience de la critique argumentative. Elle veut reconnaître et identifier les positions qui président à l'expression des jugements avalisants. Dans cette ligne, elle thématise les présupposés mêmes des actes du discours. Elle procède précisément à la dé-transcendantalisation des évidences absolues qui les fondent ainsi qu'à l'intra-mondanisation des idéalités qui les portent, pour une meilleure compréhension de leur teneur et une digne acceptation de leur profondeur.

---

contexte actuel, tout un ensemble de recherches philosophiques se développent à partir d'une herméneutique de la violence et de la vulnérabilité humaines. Ces recherches ne sont pas génétiquement liées ni méthodologiquement inhérentes à la compréhension ferrienne de la vulnérabilité. Cependant, elles naviguent sur les mêmes surfaces sémantiques et rendent grandement compte aussi bien de l'importance que de l'avenir épistémologique réservé à cette problématique réactivée au plan philosophique (cf. A. Cavarero, « Editoriale », 3-9 ; F. Consolaro, « Il "vulnerabile" », 45-50 ; O. Guaraldo, « La comunità della perdità », 73-198 ; « M. Napolitano, « Achille », 13-43 ; S. Salzani, « Christus vulnus », 51-72).

[317] J.-M. Ferry, *Valeurs*, 32-33.

[318] Cf. Id., *L'éthique*, 70.

Le discours reconstructif vise notamment une compréhension plus large (du jeu discursif et de ses implications), sans sacrifier la quête de fondation et de justification rationnelle des opinions émises. Il cherche, autrement dit, à combler le besoin d'orientation axiologique de l'être humain tout en considérant les fondements ontologiques de son inscription dans le monde.

A ce niveau, la reconstruction favorise l'émergence d'une identité nouvelle, une identité plus réflexive par rapport à l'identité argumentative — focalisée préférentiellement sur la justification logique et la compréhension critique —. La reconstruction met en mouvement une identité manifestement négative (non prescriptive mais récapitulative). Il s'agit d'une identité qui assume les autres identités discursives et s'articule autour du fait symbolique et du principe historique : « Elle accueille en elle l'histoire des autres comme sa propre histoire [...] »[319] ; et, de manière pragmatique, elle inscrit leurs spécificités et singularités dans son épiphanie intramondaine.

L'identité reconstructive ne s'affirme pas à travers des histoires spéciales. Elle ne s'appuie pas sur un « récit narratif (et sélectif), apologétique, de l'histoire singulière, elle procède plutôt d'une attitude consistant à s'ouvrir aux revendications des victimes, à commencer par celles qui ne peuvent — et n'ont éventuellement jamais pu — faire entendre leur voix »[320]. Elle se laisse interroger par la finité manifestée dans l'être-victime et problématise la vulnérabilité de l'autre homme.

5.2.2 Reconstruction et réorientation de l'existence

La pragmatique reconstructive (la raison communicationnelle sous les auspices de la reconstruction) relance ainsi, d'un point de vue rationnel, la problématique de la particularité dans l'universalité. Dans son mouvement analytico-critique, elle rouvre à la considération du particulier (du fini) et des modalités de sa compréhension au plan de l'universel de la raison. La raison reconstructive concède finalement un espace focal à la singularité et confère de la valeur à la contextualité.

Dans cette dynamique, elle permet d'approcher à nouveaux frais les réalités culturelles et symboliques radicalement rejetées et négligées — dans les processus argumentatifs — puisque considérées comme sans consistance rationnelle ou dépourvues de teneur objective. Dans le mouvement de la reconstruction, « la confrontation des

---

[319] *Ibid.*, 35 ; ID., *Les puissances* II, 8.
[320] ID., *L'éthique*, 37.

cultures ne tombe pas dans le creuset ethnocidaire du principe moderne »[321]. La logique monadique — homogénique et hégémonique — (occidentale) se trouve problématisée et sursumée.

Par là, les contenus sémantiques de symboles faisant l'objet de croyances réputées dépassées se laissent regarder autrement *que comme* des contenus non vrais. Ils sont plutôt reconstruits à la lumière des présupposés syntaxiques explicites sous lesquels ils revêtiraient le statut qui les rend susceptibles de vérité, les met en situation de pouvoir être rationnellement acceptés. Ainsi pouvons-nous *rationnellement* renouer avec des articles de croyance que nous avions déclassés dans un premier exercice de la critique[322].

Il se dessine ici le sentier de la réconciliation entre *raison* (ordre public) et *religion* (ordre privé), le sentier de la double illumination et information de l'un par (et avec) l'autre[323] puis celui de la reconsidération de la diversité et de la pluralité culturelle (inter-culturalité, multi-culturalité et trans-culturalité) : grâce à une relecture des dispositions sémantiques des autres cultures, l'intercompréhension culturelle peut être considérablement élargie[324].

L'implication de la reconstruction dans la réorientation de l'existence s'ouvre à la dimension temporelle. Eu égard à la temporalité, dans sa relation éthique avec l'être-homme, le discours reconstructif définit une triple orientation qui se décline ainsi : un éthique de la *réconciliation* tournée vers le passé — non pas éthique de la recomposition, de la restauration ou de la culpabilisation — ; une éthique de la *res-*

---

[321] ID., *Les puissances* II, 35-36.

[322] ID., *Les grammaires*, 206.

[323] Cf. ID., *Europe*, 87-93 ; ID., *Valeurs*, 17-21. En ce qui concerne l'imbrication entre raison et religion, Jean-Marc Ferry affirme ce qui suit : « La raison publique pour autant qu'elle s'ouvre par principe à *tous* les arguments, n'aurait rien à redouter de l'expression d'intuitions jadis prises en charge par la religion, si du moins de son côté cette dernière se lie à la loi commune : celle d'arguments assouplis dans l'expression narrative de vécus singuliers. Du seul fait de s'exposer sans réserve à la confrontation menée dans le milieu du discours public, la religion, par cette discipline, renonce au dogmatisme résiduel. Elle aussi, la religion, peut entrer en raison, et c'est en s'exposant ainsi, que son potentiel sémantique prendra la consistance d'un potentiel critique à l'égard des certitudes officielles » (ID., *Europe*, 93). On voit bien le bénéfice de l'inter-ouverture entre l'ordre religieux et l'ordre rationnel.

[324] Cf. ID., *Les grammaires*, 206.

ponsabilité portée vers le futur — dans la ligne jonassienne, cependant, une éthique fondée non pas sur la peur apocalyptique ni basée sur le pessimisme métaphysique, mais sur le partage communicationnel du monde tel que fixé dans la grammaire des personnes pronominales avec le *Je* (symbolisation), le *Tu* (concertation) et le *Il* (instrumentation)[325] ; enfin, une éthique de la *reconnaissance* rivée au présent — la reconnaissance de la dignité et de la vulnérabilité de l'autre —.

Il sied de souligner que le processus reconstructif, en tant que processus communicationnel intégral et intégrant[326], institue la dialectique de la reconnaissance au niveau des ordres, des complexes, des systèmes, des univers existentiels de l'homme. Au plan des relations humaines (familiales, conjugales, interpersonnelles, sociales, internationales…), il promeut la *reconnaissance réciproque* entre partenaires engagés dans la discussion ou protagonistes confrontés à des problèmes qui assument une morphologie polymorphe.

Le processus reconstructif favorise un réinvestissement général des sphères relationnelles existentielles qu'il féconde et focalise autour de la reconnaissance ; c'est-à-dire, autour de la considération de la vulnérabilité des personnes ; la prise en compte du passif historique de contentieux, incompréhensions, présomptions, humiliations… (la violence réelle ou auto-fantasmée) ; la coopération dans la remontée du passé pour en éclairer les ombres en vue de vivre une vraie réconciliation ; l'acceptation de la responsabilité personnelle dans la souffrance de l'autre, etc.

La reconstruction nous conduit ainsi à une reconnaissance qui exclut toute victimisation à outrance de l'altérité ; une reconnaissance qui ne concède pas la disparation de l'autre ou son anéantissement (moral, social, politique…) suite à une lutte à mort ou à un combat primitif.

Dans cette dynamique, le discours reconstructif reconfigure l'ordre juridico-politique de la vie des hommes. Il projette une forme de justice qui s'établit non pas par la force, la répression des criminels, la raison du plus fort, la raison d'Etat…, mais par la reconnaissance commune du droit (une attitude inhérente à la reconnaissance réciproque entre protagonistes). En fin de compte, la reconstruction

---

[325] Cf. ID., *Les puissances* I, 10-15.

[326] Jean-Marc Ferry souligne l'importance et l'excellence de la communication réalisée dans le processus reconstructif. Cette plénitude communicationnelle suppose une correction des ratés et des déviations qui érodent la nature (favorisent la destruction écologique de masse) et la culture (contribuent à la déstructuration anthropologique par les médias de masse). Tout cela a une nette incidence sur l'identité contemporaine et la formation d'un sens commun moderne (cf. J.-M. Ferry, *De la civilisation*, 109-120 ; ID., *Les grammaires*, 190).

engendre la justice historique. Celle-ci correspond à une justice post-convention-nelle et compréhensive. Il s'agit d'une justice qui procéduralise la reconnaissance publique des victimes[327]. Elle diffère catégoriquement de la justice conventionnelle ordinaire qui demeure, d'une part rétributive et, d'autre part, répressive.

La justice reconstructive en tant que justice historique, éclaire l'existence sociale, politique et juridique des sujets. Elle se fixe sur la singularité et veut attentive à la dignité effective de l'être-homme. Cette justice n'éclipse pas les affres, les humi-liations, les contradictions vécues par les personnes, les peuples ou les nations. Elle les porte plutôt à la lumière à travers une démarche critique et coopérative, dans la perspective du pardon et de la purification de la mémoire. Elle affronte le passé dans un esprit de relation et de collaboration afin de possibiliser la réconciliation.

Dans cet ordre formé par la coopération critique et la reconnaissance des victimes, prend corps une politique autre à l'intérieur des nations et entre les nations. Il s'agit d'une politique plus ouverte aux singularités et aux convictions ; une politique de concertation et de conjugaison reconstructive. Cette politique explore l'histoire et la mémoire des peuples afin de les exorciser et d'y tracer des voies de ré-conciliation. En tant que telle, elle favorise la reconnaissance à l'intérieur des communautés nationales et au niveau de la communauté internationale. Elle initie un projet de paix et de concorde par la reconstruction du passé avec l'élargissement de la raison publique aux « intuitions jadis prises en charge par les religions »[328] ainsi que l'uni-versalisation morale des sujets à travers les droits de l'homme.

5.3 *Reconstruction et sursomption de la violence*

Après cette navigation serrée sur les rives ferriennes de la pensée, il nous faut saluer une entreprise philosophique puissante et pondérée. Il s'agit d'une inves-tigation systématique et technique qui cherche à réaliser le sens même du philo-sopher ; autrement dit, d'un point de vue weilien, à comprendre, à se compren-dre ainsi qu'à comprendre sa compréhension de la compréhension, à couvrir compréhensivement l'ensemble des sphères de l'expressivité et de l'exister.

On notera le grand labeur et le courage philosophique de Jean-Marc Ferry dans sa quête de dépassement global des sentiers battus de la culture philosophique contemporaine. Le défi de reconfiguration grammaticale du penser porterait même à taxer ses réflexions de propositions hérétiques en ce qui concerne la sur-

---

[327] Cf. ID., *Valeurs*, 36.
[328] ID., *Europe*, 93.

somption de la raison pragmatique. Ses orientations reconstructives pourraient, autrement dit, être dépréciées ou mises à l'index par une certaine culture philosophique enivrée de Lumières positivistes, eu égard à leur désalignement de l'orthodoxie référentielle ainsi qu'à leur ouverture aux motifs sémantiques et symboliques des grandes religions.

La pensée de Jean-Marc Ferry offre proprement la figure d'une philosophie complexe qui veut battre en brèche la monotonie moderne du philosopher à travers la convocation de problématiques ignorées ou de thématiques éloignées de l'orthodoxie ordinaire. Il s'agit, entre autres, des thématiques du salut, de la rédemption, du messianisme, etc. ; et des problématiques de l'exclusion, de la marginalisation, de la libération, du pardon, etc.[329]

Constatant donc les limites et l'épuisement épistémologique d'une raison rivée préférentiellement à l'argumentation et coincée dans une publicité érodante eu égard à son extrême sécularisation, Jean-Marc Ferry en propose une inflexion religieuse[330]. Il essaie d'instiller une puissance capable de dé-provincialiser et de dé-privatiser la raison argumentative à valence publique. Pour ce faire, il suggère un schéma méthodologique.

> C'est [...] le schéma d'une dynamique autocritique, qui pousse la raison argumentative à s'assouplir et à s'approfondir dans des procédures portant à l'espace public les éléments d'expérience personnelle et de convictions intimes, éléments tant négatifs que positifs, qui nous instruiraient substantiellement sur les résistances à l'entente, tout en appelant à une reconnaissance qui engage chaque participant à s'intéresser aux récits de vie de ses protagonistes ; ce qui est une façon de se « rapprocher des solitudes »[331].

Ce qui signifie que, loin d'abandonner aux convictions (culturelles, locales, religieuses...) le soin de recomposer le lien social, la raison en tant que reconstruction considère que le traitement politique substantiel des grands problèmes de société doit s'ouvrir aux raisons issues de la religion[332]. Elle considère que la pleine réalisation de la société convoque aussi le religieux (la dimension religieuse de la vie humaine).

---

[329] Cf. ID., *De la civilisation*, 15-16 ; ID., *Les puissances* II, 216-222 ; ID., *Valeurs*, 11-35.

[330] Cf. ID., *Valeurs*, 21. Voir aussi : ID., *De la civilisation*, 15 (note 2).

[331] ID., *Valeurs*, 21.

[332] Cf. ID., *Europe*, 90.

On se rend aisément compte ici de l'effort ferrien d'intégration de la différence dans la dynamique de la raison, c'est-à-dire, du point de vue du Logicien de la philosophie, de l'ouverture à l'autre de la raison dans la compréhension et l'accomplissement du philosopher.

En fait, la raison reconstructive fait montre d'une véritable considération de l'altérité dans son déploiement socio-historique. Comme souligné au passage, elle concède une place privilégiée à la finitude entendue comme vulnérabilité de l'être-homme victime de la violence. Ici, comme chez Eric Weil, contrairement à Hegel, la finité n'est pas phagocytée ni assumée par l'infinité. Elle conserve sa spécificité. La finitude, qui dit la conditionnalité générale de l'homme et traduit sa singularité, se délivre ou s'extériorise dans une vulnérabilité qu'aucune liberté ne pourrait annihiler et qu'aucun procès argumentatif ne saurait sursumer.

C'est au niveau de la reconstruction, à travers la dialectique de la reconnaissance, que la spécificité anthropologique transparaît clairement en tant que non-totalité rationnelle. La dialectique de la reconnaissance accomplit, au présent, la remontée et le déplacement de la violence vécue par les victimes dans le passé, en vue du futur à aborder avec sérénité, dans un esprit de ferme responsabilité.

Cependant, à les suivre attentivement, les propositions reconstructives autour de la sursomption de la violence laissent perplexes. Elles portent une étonnante valence anti-pragmatique et s'orientent manifestement vers une logique méta-philosophique. Elles paraissent tirer beaucoup plus vers la psychologie ou la psychanalyse que vers la philosophie ordinaire. C'est par exemple ce qui sourd du passage suivant et de bien de textes[333] où Jean-Marc Ferry fait clairement référence aux pro-

---

[333] Voici deux autres textes de l'auteur qui peuvent illustrer et aider à comprendre notre propos : « La cure analytique, les mémoriaux, les musées et autres lieux de mémoire, les grands romans d'enquête policière, les sciences historico-herméneutiques, les innovations procédurales telles que la médiation, les droits moraux et culturels : voilà un échantillonnage de ce que l'on peut regarder comme autant d'institutions de l'identité reconstructive, toujours tournée vers l'histoire à travers laquelle se laissent approfondir la reconnaissance et, partant, le droit des personnes d'être comprises dans leur vulnérabilité » (J.-M. Ferry, *Valeurs*, 33). De même : « La narration intervient ainsi comme la cautérisation d'une plaie psychique. Au regard d'un contexte traumatique, elle a sans doute une vertu thérapeutique, tandis que la formation symbolique à laquelle elle donne lieu peut aussi bien être considérée sous l'aspect d'une pathologie. Est pathologique toute formation symbolique figeant une situation de communication *déformée*. Ce n'est pas alors seulement que le récit travestit la réalité ; c'est aussi qu'en devenant un élément central de l'identité personnelle, il définit largement les conditions historiques d'une certaine compréhension — plus ou moins perturbée — de soi, du monde et d'autrui. Soit des phénomènes qui, comme des cataclysmes, ont suscité la terreur, soit des actions qui, comme des crimes, ont engendré le remords — et d'une façon générale,

cessus reconstructifs comme à des moments de guérison psychique (intérieure), des lieux d'identification mentale ou de dépassement du traumatisme psychologique (inhérent à la vie personnelle, à la vie sociale, à l'histoire collective…), etc.

Dans sa fonction quasi thérapeutique la narration fait également penser à la cautérisation d'une plaie psychique résultant du traumatisme lié à une catastrophe individuelle ou collective. Au niveau individuel l'enjeu est alors la sortie de l'état traumatique consécutif, par exemple, à un accident, un attentat, des sévices ou des tortures : l'enjeu thérapeutique de la narration est de pouvoir simplement raconter ce vécu. Au niveau collectif la narration permet de mémoriser les grandes catastrophes qui ont pu marquer des collectivités, et de leur donner en même temps un sens : le plus souvent, c'est le sens du châtiment intervenant avec la force du destin frappant la transgression d'une loi[334].

Ainsi donc, dans ses réminiscences stylistiques et ses occurrences stéréotypiques, la théorie de la reconstruction semble pécher par un défaut de genre : philosophie, psychologie ou psychanalyse ? En effet, il faut s'interroger si, jusqu'au bout de sa processualité (son dépliement discursif), la reconstruction reproduit pleinement une dynamique philosophique ou si elle ne se transmue pas subrepticement en psychologie ou en psychanalyse.

Il faut le dire, par sa centration épistémologique autour des motifs mentaux et mémoriaux, par ses références paradigmatiques — aux plans syntaxiques et sémantiques — aux jeux du langage des profondeurs humaines, la philosophie de la reconstruction se trouve imperceptiblement transmutée en une sorte de cure pastorale, de cure psycho-clinique ou psychanalytique.

L'insistance sur la *victimisation*[335], la remémoration des violences subies (*réelles* ou *auto-fantasmées*), la guérison des blessures du passé, etc., rappelle fortement la

---

tout événement dont la teneur anxiogène a pour effet, à la fois, d'inhiber la vérité et de stimuler le récit dont des candidats à l'élaboration narrative des fictions » (ID., *Les puissances* I, 107-108).

[334] J.-M. Ferry, *Valeurs*, 25-26.

[335] A signaler que la base ferrienne de la réflexion sur la victimisation se distingue de celle de René Girard. Jean-Marc Ferry et René Girard inscrivent bien sûr le problème de la victimisation dans le contexte de la violence individuelle et collective. Cependant, si Girard insiste sur des réalités comme le mythe, le désir mimétique, le bouc émissaire, l'expiation victimaire… (cf. R. GIRARD, *La violence* ; ID., *Le bouc émissaire*), Ferry fixe son attention sur les manques, les chocs psychiques, les traumatismes… (J.-M. FERRY, *Valeurs*, 34-35). Chez Girard la perspective se veut surtout anthropologico-socioculturelle tandis que chez Ferry elle apparaît comme psychologico-pragmatique.

psychologie des profondeurs et la cure spirituelle (la cure intérieure). Elle problématise la capacité d'autarcie philosophique du discours reconstructif. Elle fait douter de la possibilité de la reconstruction de demeurer une théorie autonome et intégralement philosophique, eu égard aux manquements et aux réclamations spéciales — de satisfaction, de contentement, de plénitude — de la part des personnes et des communautés dont elle cherche à assurer la reconnaissance plénière à travers la guérison et la médiation coopérative.

Au compte de cette possible dénaturation du philosopher à travers une focalisation psychologisante maximale, on pourrait citer la conception de la *violence auto-fantasmée* à laquelle fait recours la reconstruction dans la logique de la reconnaissance authentique. En principe, ce genre de violence échappe à l'analyse critico-argumentative. Elle transcende effectivement la sphère logico-herméneutique de la philosophie et concerne beaucoup plus les profondités de l'être personnel ou de l'esprit du peuple. La violence auto-fantasmée a trait aux disciplines scientifiques typiques qui la prennent en charge. De prime abord, elle ne concerne pas la théorie ou la pratique philosophique, aussi reconstructive qu'elle soit. Introduire des éléments auto-fantasmatiques dans le penser-à-la-violence au plan philosophique signifie bien privilégier le versant psychologisant et mentalisant de la réalité anthropologique.

C'est à la *violence réelle*, la violence palpable, objective, objectivable…, que le philosophe(r) à affaire : la violence due à l'agressivité de la nature ; la violence inhérente à la pression du mécanisme social, à l'ennui, aux incertitudes de la vie historique, etc. Et les réponses à cette violence convoquent des stratégies d'actions purement sociales et politiques. Elles en appellent à des formes d'interventions qui dépendent d'une rationalité prudentielle et manifestent la teneur du langage en tant que raison dans l'espace et dans le temps.

A ce niveau, il sied de signaler un important et étonnant déplacement paradigmatique de la raison communicationnelle en tant que raison reconstructive quand cette dernière invoque l'emploi de la violence institutionnelle, c'est-à-dire, de la violence juridique et étatique, pour régler le problème de la violence structurelle, la violence activée par les groupes sociaux anomiques, les dissidents armés, les brigades criminelle, etc. [336] A propos, Jean-Marc Ferry souligne ce qui suit :

A l'égard des groupes d'assassins organisés en brigades sanguinaires la justice punitive doit être implacable pour réprimer le crime et supprimer la terreur, quitte à

---

[336] Cf. J.-M. FERRY, *Valeurs*, 37.

intervenir en passant outre l'orgueil des Etats indigents. Mais à l'égard des peuples victimisées, elle se doit d'engager toutes les procédures reconstructives propres à prévenir les dérapages compromettant une réconciliation future[337].

On peut se demander quel est le soubassement reconstructif ou le fondement pragmatique sur lequel Jean-Marc Ferry prend appui pour soutenir, au plan juridico-politique, la répression des brigades sanguinaires. A ce niveau, c'est comme si la reconstruction franchissait un pas épistémologique qui inclut un certain abandon de ses principes propres, dont la compréhension basique de la vulnérabilité de l'autre homme quelque soit la manifestation de cette dernière.

En fait, le recours à la violence concédé ici dépasse, en tant que tel, le cadre strict d'une théorie reconstructive *pure* (intègre), *cohérente* (intégrale) et *compréhensive* (intégrante) ; une théorie qui, autrement dit, cherche et chercherait à comprendre aussi ces groupes déviants, ces organisations anomiques, ces mouvements dont la violence pourrait être l'expression retournée de la vulnérabilité et de la victimisation vécue au plan historique.

Il se décèle ici, en filigrane, une sorte de rupture épistémique au sein du discours reconstructif. Un fossé imperceptible émerge et signe la différence perspectiviste au creux de la reconstruction entre ce qu'on pourrait désigner comme la théorie reconstructive première ou la philosophie reconstructive transcendantale et la théorie reconstructive seconde ou la philosophie reconstructive pratique.

La philosophie reconstructive transcendantale semble inclure l'ensemble du processus discursif initié dans le périmètre narratif, approfondi dans la sphère interprétative et dans l'horizon argumentatif, avant son achèvement dans le registre reconstructif proprement dit. Cette philosophie première institue, au plan idéal-typique, la logique de la reconnaissance, la justice historique, l'inter-considération humaine, la coopération sociale... En tant que telle, elle promeut des modèles génériques, des schèmes stéréotypiques et des figures paradigmatiques dans la résolution des problèmes sociaux.

La philosophie reconstructive pratique se concentre quant à elle sur des figures spécifiques. Elle considère beaucoup plus les éléments singuliers et se penche sur les réalités particulières. Dans son déploiement, elle cherche à s'adapter aux cas concrets, aux phénomènes typiques. Cette philosophie reconstructive veut résoudre et comprendre les situations problématiques non envisagées au niveau général.

---

[337] *Ibid.*, 37.

En explorant patiemment le plan de la reconstruction, on ne perçoit pas, de manière distincte, le pont qui relie ce qui se présente comme la face pure (l'amont) et la face pratique (l'aval) de son effectuation. On ne distingue pas nettement la passerelle comblant le gouffre entre les deux versions inhérentes à la configuration globale de la reconstruction.

C'est dans son déroulement pratique, c'est-à-dire, dans sa prise en compte d'une réalité spécifique, d'un problème immanent à l'équilibre ou à la stabilité de la société, que la reconstruction invoque, de façon autonome et anti-pragmatique, l'usage de la violence (raisonnable) contre une autre violence (non-raisonnable). Elle s'éloigne donc de ses propres fondements paradigmatiques. Elle trahit, autrement dit, la logique de la reconnaissance inhérente à sa figure générale, pour saborder dans la logique prudentielle plus concrète et plus proche du réel — plus proche de la réalité humaine en sa complexité et dans son hétérogénéité problématique —.

On se rend aisément compte de la difficulté épistémologique à laquelle se trouve confronté le discours reconstructif dans sa thématisation, à partir d'une base purement pragmatique, du problème de la violence brute. La reconstruction s'épuise théoriquement dans son affrontement au fait de la violence produite de façon gratuite. En tant que philosophie pragmatique pure, elle s'essouffle dans l'éclaircissement du « sens de l'insensé »[338]. Elle se voit obligée de changer de direction épistémologique pour embrasser la voie de la réalité véritable des hommes dans le monde, la voie de la sagesse pratique.

Ainsi donc, c'est proprement la quête de sursomption du non-sens fondamental qu'est la violence nue, ou encore, la volonté de comprendre l'expression brutale du mal radical, qui défie la raison reconstructive dans sa pureté constitutive et lui définit un certain réajustement théorique. Elle l'ouvre à la logique prudentielle, à la logique du choix du sens contre le non-sens dans la réalité qui, en elle-même, possède un sens précédent l'homme et son langage, comme le définit Eric Weil[339]. Elle désaccentue ainsi la portée théorique de la reconstruction et reporte son concept sur le sol des évidences anthropologiques mises en épochè dans sa constitution et son procès pragmatique. La quête du dépassement de la violence pousse la reconstruction sur la voie du choix politique nécessaire à la survie de la

---

[338] EC I, 268.
[339] Cf. *Ibid.*, 168-169 ; PP 198 ; PR II, 95-96.

communauté vivante menacée dans son existence et sa destinée historique. Elle le fait accéder à une option praxéologique largement thématisée par Eric Weil[340].

De façon claire, on constate que le discours pragmatico-reconstructif, en tant que discours philosophique général, ne possède pas, en lui-même, les ressources suffisantes pour penser pleinement le problème de la violence brute. En tant que tel, il ne se trouve pas doté de ressources logiques, herméneutiques, pragmatiques… pour invoquer l'*emploi de la violence*, jugée *rationnelle*, contre une *autre violence*, alors *irrationnelle* (brute et insensée). Il doit, dans l'horizontalité et la verticalité théoriques, traverser son périmètre méthodologique, pour rejoindre la sphère des jugements prudentiels liés à la *phrónesis*. Cette vertu est effectivement nécessaire en ce qui concerne la responsabilité politique de la cité. Elle donne à concevoir de façon claire et concrète, l'option de la violence étatique contre la violence sociale sauvage, contre les personnes et les groupes qui, par leurs actions subversives et sanguinaires, nuisent ou pourraient nuire à la stabilité ainsi qu'à la durabilité de la communauté-société dans l'histoire.

Cet enjeu de la *phrónesis* se décèle bien dans l'expression politique de la pensée systématique d'Eric Weil en tant que pensée portée par le langage, contrairement à l'élargissement politique de la raison communicationnelle comme raison reconstructive prônée par Jean-Marc Ferry. Cela correspond proprement à la leçon weilienne en ce qui concerne la manifestation de l'être pratique du langage dans la logique philosophique de la philosophie ainsi que la réalisation de la raison philosophique dans l'*action* (dans le langage raisonnable en tant que *langage-action*).

Il faut le dire, guidé par la *phrónesis* qui est « la sagesse en politique »[341] ou encore la capacité de « la vue du tout de la vie politique »[342], l'homme politique, dont la tâche générale est de garantir la non-violence dans la communauté[343], autrement dit,

> [...] de réduire et, si possible, d'éliminer la violence et le mensonge entre les individus et entre les communautés, [...] n'y parviendra pas s'il ne prépare pas les moyens de la violence contre les violents, s'il ne sait pas ruser avec les menteurs. Ce qui signifie que les mauvais moyens lui sont imposés par les méchants. Mais positivement — et voici qui est décisif —, son but reste de rendre l'emploi de ces

---

[340] Cf. EC I, 163-165 ; Id., 170-171 ; PP 197-198.

[341] PP 198.

[342] *Ibid.*, 197.

[343] Cf. EC I, 168.

moyens superflu et réellement mauvais, c'est-à-dire, techniquement inopérant, techniquement injustifié[344].

On voit bien qu'il n'est nul besoin d'un processus argumentatif ou reconstructif, tel que fixé dans les investigations épistémologiques de Jean-Marc Ferry, pour accéder à la vérité d'un recours ferme à la violence de la part de l'Etat afin de réprimer les mouvements déviants qui portent une atteinte claire à l'équilibre social et empêchent (ou pourraient empêcher dans l'avenir) la totalité de la communauté d'atteindre le contentement authentique. La logique évaluative et purement prudentielle suffit pour *voir* ce qui bloque manifestement la durabilité et la prospérité générale de la société, c'est-à-dire pour comprendre ce qui nuit ou ce qui, non-réajusté par l'action (non-informé par l'universel de la raison et du sens), nuirait à son profond épanouissement au plan historico-temporel[345]. C'est ce que Eric Weil thématise dans sa conception d'une structuration sensée de l'ordre politique et d'une orientation raisonnable de la conscience-de-soi communautaire tendue vers le contentement véritable dans l'histoire.

La véritable *vertu* de l'homme d'Etat [...] est donc la perspicacité, cette prévoyance — qu'on appelle mieux la *prudence* du *vir prudens* (φρόνησις) — qui sait discerner ce qui un jour se montrera essentiel, qui saisit ce qui importe à la morale de la communauté et aux intérêts de l'Etat avant que la crise ne l'ait révélé à tout le monde, et l'ait révélé à un moment où il ne s'agit plus que de survivre, non de chercher un but à la vie. Et cette vertu sera parfaite si, éduquant la nation, elle lui fait accepter ce qu'elle ne peut refuser si elle veut vivre et vivre dignement[346].

La logique humaine prudentielle demeure donc centrale en ce qui concerne l'organisation générale de l'existence sociocommunautaire. Elle se veut essentielle dans la prévention et la protection des victimes possibles de la violence. Il s'agit de la capacité concrète du dirigeant politique (homme, parti ou gouvernement...) d'envisager les difficultés réelles que peuvent connaître des hommes ou des groupes d'hommes dans la société (notamment les minorités, les groupes sous-représentés ou marginalisés...), d'affronter les problèmes effectifs que vivent la majorité des citoyens et d'anticiper efficacement leurs solutions[347].

---

[344] *Ibid.*, 170.

[345] Cf. PP 197 ; PR II, 109-110.

[346] PP 197.

[347] Cf. P. Canivez, « La révolution », 39-40.

414

Un ordre de considérations que le processus reconstructif ne projette que relativement, puisque, de façon préférentielle, il n'agit qu'après les problèmes : il constate les horreurs, les humiliations, les violences subies par les victimes, s'attèle à libérer celles-ci de ces moments noirs de leur histoire, à les guérir psychiquement, à favoriser leur renouement avec le passé, en vue de « prévenir les dérapages compromettant une réconciliation future »[348].

Cependant, on ne perçoit pas clairement ni concrètement de quelle façon et selon quelles modalités la reconstruction peut anticiper efficacement l'à-venir de la violence. En écartant les motifs purement stratégiques de l'action des hommes dans la société et en privilégiant l'unique vulnérabilité victimaire, non-inclusive de la réalité humaine en sa totalité, la *cure reconstructive* fait montre de ses limites théoriques. Elle n'offre pas un cheminement satisfaisant pour, d'une part, prévenir et guérir les dérives communautaires, les conflits extrêmes pouvant survenir au plan sociopolitique et, d'autre part, transformer effectivement les hommes — et leur langage — dans le monde, translitérer les calculs machiavéliques qu'ils font en capacités réelles de pacification commune, sans oublier leur possible retour à la violence, leur éventuel recours à la force afin de résoudre les différends qui éclateraient à l'improviste.

5.4 *Reconstruction et jeux du silence*

Après cette interrogation de la reconstruction et la mise en évidence de ses limites théoriques, dans l'ordre de la confrontation au fait de la violence tel que thématisé par Eric Weil en ce qui concerne l'expression et la compréhension du philosopher authentique, nous allons poursuivre nos investigations en convoquant une thématique similaire mais plus spécifique, à savoir : les jeux du silence. Il nous semble que la non-problématisation systématique du silence ou la non-thématisation de l'espace pragmatique qu'il occupe au plan de l'existence humaine, représente le point nodal de la cécité épistémologique du discours reconstructif dans son procès séquentiel et son accomplissement substantiel.

Le verbe qui détrône le sujet — transcendantal — et dit la diversité des identités, ne théorise pas la *puissance du silence* configurant le monde de la vie. Le penser pragmatique ferrien qui explore complexement et expose systématiquement les *puissances de l'expérience*[349] ne laisse aucunement transparaître la puis-

---

sance du silence. Dans son déploiement théorique, il oublie que cette puissance, en sa valence positive, se trouve toujours et déjà à l'œuvre dans toute existence humaine non-anomique et confère à l'être une densité anthropologique qu'aucune communication-reconstruction ne saurait éclipser ni obnubiler. La pragmatique reconstructive n'arrive pas à comprendre que le fait du silence devrait être convoqué aussi dans toute enquête philosophique qui prospecte la réalité en sa totalité et cherche à saisir la multi-dimensionnalité de sa communicabilité.

Il faut le dire, la théorie de la reconstruction, en tant que théorie générale de la communication, peine proprement à pronominaliser et à indexicaliser l'axe sémantique du silence dans le plan générique du réel. Le partage communicationnel du monde qu'elle définit ne semble pas concéder un périmètre visible aux jeux du silence. En d'autres termes, la grammaire du silence ne transparaît nullement dans la grammaticalité générale de la rationalité telle qu'elle se délivre dans le processus reconstructif. Ce qui signifie que les jeux procéduraux de la reconstruction se trouvent, comme tels, condamnés au bruit infini, à l'expressivité verbale illimitée, rebelle à la sublimité du silence.

En fait, la théorie de la reconstruction n'imagine pas la présence d'un double silence au plan anthropologique : le silence de l'*homme de l'œuvre* et le silence du *sage*. C'est ce double silence que nous voulons thématiser à partir d'Eric Weil, en montrant qu'il déjoue les évidences épistémologiques traversant la philosophie ferrienne dans son dépliement pragmatique. Nous allons montrer de quelles manières et selon quelles modalités ce double silence défie les bases de la philosophie pragmatique en tant que théorie reconstructive générale. De façon précise, nous présenterons l'*impensé du discours reconstructif* à travers son enveloppement dans la pure mauvaise volonté communicationnelle du nouvel homme de l'œuvre puis la *traversée du discours reconstructif* qu'effectue le sage dans sa vie dans la mesure où celui-ci retrouve la spontanéité existentielle au-delà du souci, accède au sentir pratique porté par l'ennui mais informé par le langage raisonnable ou au sentiment médiatisé par le mouvement et l'événement de l'être-homme dans le monde.

5.4.1 L'impensé du discours reconstructif

Le silence de l'homme de l'œuvre peut être considéré comme l'impensé théorique du discours reconstructif. En effet, l'homme de l'œuvre parle. Cependant, il parle pour ne rien dire ou mieux, pour ne rien signifier de sensé[350]. Son « langage est fon-

---

[350] Cf. LP 358.

damentalement différent de tout langage »[351] pensable ou envisageable dans la sphère du réel. Son langage est silence et détérioration. Il est chargé de désolation. Ses propos n'ont pas de sens ou n'ont de sens que détourné et détournant. Il s'agit d'un sens dérivatif en son essence ; d'un sens qui, en son effectuation historico-temporelle, récuse absolument la cohérence et élimine la présence ou mieux, refuse l'universel pour se dissoudre, en connaissance de cause, dans la positivité immédiate, dans le pur sentiment[352] ; pour instaurer la banalité basique dans l'existence.

En fait, l'homme de l'œuvre n'a pas de langage propre et n'est pas langage[353]. Le langage qu'il utilise se trouve aux antipodes du langage de l'intercompréhension et de la coopération communautaire : « le langage qu'il emploie n'est jamais son langage, c'est celui des autres auxquels il s'adresse moins qu'il ne se sert d'eux »[354]. Ce langage s'active et se fixe à travers l'espace et le temps. Il se produit comme destruction du langage et de l'homme dans le monde — destruction de l'homme en son langage et en son monde, destruction du monde et de l'homme dans et par le langage —.

A souligner que l'homme de l'œuvre ou, plus précisément, le nouvel homme de l'œuvre — celui qui apparaît dans l'espace social actuel —, semble plus subtil et plus raisonnable que celui décrit par le Logicien de la philosophie[355] ; puisqu'il a accédé à la compréhension de la communication, mais n'a pas choisi la voie du sens dans la réalisation de la communication, contrairement à l'évidence théorico-reconstructive de l'option préférentielle pour le discours et de la précédence ontologique du fait communicationnel chez les hommes — en tant qu'êtres normaux, différents des animaux —, pour la construction d'une vie personnelle et sociale adéquate, une vie illuminée par la raison ainsi que la justice[356].

En effet, si l'ancien homme de l'œuvre refuse toute communication avec ses semblables qu'il manipule à outrance, s'il « n'engage aucune *discussion* ni ne conclut aucun accord, comme il n'y a ni les hommes, au sens de toute philosophie traditionnelle, ni un *objet* sur lequel on puisse se mettre d'accord »[357], le nouvel homme de l'œuvre se met en mouvement de façon relativement diffé-

---

[351] *Ibid.*, 353.
[352] Cf. *Ibid.*, 351.
[353] Cf. *Ibid.*, 356.
[354] *Ibid.*, 354.
[355] Cf. *Ibid.*, 345-367.
[356] Cf. J.-M. Ferry, *Les grammaires*, 11-12.
[357] LP 355.

rente. Il œuvre plutôt dans le sens d'une participation pleine et active à la discussion. Il promeut même l'échange discursif et demeure sensiblement ouvert. Il s'agit d'un homme qui aime discuter.

Cependant, sans en donner l'air ni soulever le moindre soupçon (sur sa personne, sur ses intentions détournées...), il corrompt ou s'efforce toujours et déjà de corrompre radicalement le processus même de la communication interhumaine. Avec la pure mauvaise volonté, il entre dans le procès discursif mais ne se laisse pas déceler. Cet homme connaît assez bien l'importance de la communication dans la construction de la société. Il échange de tout cœur avec les autres. Avec un grand sourire il prend part à la discussion. Il mesure si bien l'enjeu social de la discussion qu'il veut posséder le processus même de l'échange discursif. Dans sa tête il a ficelé un plan dantesque pour l'accomplissement parfait de la discussion. Il discute donc en toute sérénité, tout en demeurant stratège jusqu'au bout.

Il accepte aussi le dépoussiérage pragmatique de l'histoire et supporte la reconstruction des événements, pourvu qu'il déjoue librement et dignement le mouvement même de remontée argumentative. Au passage, le nouvel homme de l'œuvre démontre qu'il est l'objet de la haine et de la méchanceté des hommes. Il se fait victime de la bestialité et de la mauvaise volonté des autres.

De façon spéciale, quand il gouverne ou gère l'Etat, le nouvel homme de l'œuvre fait montre d'une immense bonté et d'une bonne volonté quasi-illimitée. Il se présente comme l'être à tout faire, l'homme qui (ne) fait (que) le bien. Pour manifester sa bonne volonté (sa pure mauvaise volonté exprimée machiavéliquement à travers l'incessante gesticulation, la joie mimétique, la compassion circonstancielle...), il se fait, en principe, disponible : il est disponible et échange ses opinions avec les autres qu'il prend souvent au dépourvu ; il est disponible et aide précipitamment le peuple, quand survient un événement malheureux ; il est disponible et part volontiers à la rencontre des marginaux ; il s'agite grandement quand il lui s'agit de résoudre les problèmes des minorités. Il *paraît* là où la population souffre et (se) présente (en) son efficacité : il démontre qu'il *fait*, qu'il fait de grandes choses pour le bien de tous, surtout pour ceux des plus pauvres parmi les citoyens.

Le nouvel homme de l'œuvre se fait précisément le grand champion de la démocratie. Il est *le* promoteur de l'ouverture et du dialogue avec ceux qui lui semblent opposés ou s'opposent à ses idées. Il dit être *le* défenseur de la communication pour tous. Il participe humblement aux lavements des mains et autres cérémonies choisies pour marquer la conclusion légale des processus reconstructifs. Il œuvre et se dépense entièrement afin que réussisse le processus discursif.

En fin de compte, l'homme de l'œuvre se découvre aujourd'hui comme l'être souriant et disponible, l'être communiquant et échangeant, l'homme s'impliquant (ou mieux semblant s'impliquer) largement afin que triomphe la raison et la justice dans la communauté. Cependant, il reste entièrement mauvais et méchant. Il n'a pas encore cessé d'engendrer le mal ni de déstabiliser et de déstructurer la conscience sociale commune.

De fait, il semble faire ce qui est bien, mais il ne le fait uniquement que par plaisir et pour plaire, pour servir son œuvre. Il s'engage sans conviction ou avec une conviction détournée. L'homme de l'œuvre n'attend pas et ne veut pas de reconnaissance. Il *paraît* et reste tel puisqu'il n'a pas vécu de *transformation* : il n'a pas accepté le changement radical de sa vision des êtres et des éléments, le renouvellement du sens de son inscription dans l'espace et dans le temps ou encore la révision de son approche de la réalité en sa totalité[358]. L'homme de l'œuvre n'a pas, autrement dit, voulu mettre en question ni enrichir son sens éthique, son sentiment esthétique et son sentir anthropologique. Il sait qu'aucun registre ne saurait vérifier la validité et l'authenticité de la reconstruction.

L'homme de l'œuvre échappe ainsi aux canons de la communicabilité établis par le discours reconstructif, à travers sa logique séquentielle incluant la narration, l'interprétation, l'argumentation et la reconstruction en tant que telle. Il déjoue le jeu de la reconnaissance envisagé par la raison reconstructive et (se) joue (de) la vulnérabilité. Jusqu'au bout du processus discursif, il manipule la quête du sens et de la compréhension entre acteurs sociaux. Cet homme banalise le vœu de la reconnaissance et dé-substantifie les mots et motifs de la joie comme de la compassion…

---

[358] Sur l'enjeu de la *transformation*, nous savons que dans certains pays africains par exemple, des processus reconstructifs ont été réalisés et, semble-t-il, avec sincérité — deuil national, réhabilitation des victimes, réconciliation nationale, réconciliation entre communautés traditionnellement rivales, lavement des mains, conférence nationale, etc. Cependant, ils ont engendré (directement et indirectement) d'autres catastrophes. Ces processus reconstructifs ont été parfois suivis par de nouvelles guerres, souvent plus violentes et plus destructrices que les premières. L'explication de ces faits ne se trouve pas forcément dans des manquements logiques et pragmatiques de la reconstruction. C'est peut être l'incapacité de la théorie reconstructive à assurer la paix lorsqu'elle n'ouvre pas à une authentique *transformation* des hommes et de leurs langages dans le monde. A signaler que le concept transformation convoqué ici, reprend des éléments sémantiques de la *critique transformative* proposée par Nikolas Kompridis, en l'ouvrant compréhensivement à l'existentialité et à l'expressivité en sa totalité (cf. N. Kompridis, « De Kant à Foucault », 636-648). La transformation se réaliserait aux plans linguistique, ontologique, épistémologique, éthique, esthétique, politique… et porterait les êtres humains à *vivre* et *se sentir* (vivre) autrement (plus protégés contre la violence, plus confiants dans les institutions, plus contents et joyeux…) dans le monde.

Il passe ainsi à travers la porosité épistémologique et éthique invisible au Reconstructeur. S'il n'est pas dissuadé ou fermement bloqué, il sévira de nouveau et les maux qu'il sèmera seront encore plus graves. Ce qui reporte notre analyse à la dimension du choix et de l'évaluation immanente à la sagesse pratique du dirigeant politique ou de ceux qui ont en main la destinée de la communauté vivante : afin qu'elle ne disparaisse pas, c'est-à-dire, afin qu'elle soit préservée et puisse progresser dans le temps, ils sont obligés d'agir violemment contre la ruse et le mensonge de l'homme de l'œuvre. Ils doivent démanteler les réseaux que celui-ci a mis en place dans sa quête de corruption-possession du processus même de la communication puis restaurer la vraie coopération, l'authentique dialogue social et l'inter-entente humaine.

Ainsi donc, pour arrêter la violence ou déjouer la pseudo-communication instituée par l'homme de l'œuvre, c'est-à-dire, pour sauver la communauté-société en son intégrité et en son authenticité, l'homme ou les hommes d'Etat utiliseront, en toute conscience (mais de façon mesurée et limitée), les moyens qui, dangereux en eux-mêmes et prohibés par leur morale singulière, s'avèrent nécessaires dans la sphère publique[359].

Ces hommes voient la condition misérable dans laquelle se trouve leur communauté par la manie machiavélique de l'homme de l'œuvre. Ils s'engagent, autant que faire se peut, à la soustraire à l'arbitraire ainsi qu'à l'instabilité promue par son activité et sa ruse. Ils savent que cet homme ne changera pas sans pression, sans action ferme et résolue contre sa personne et sa pseudo-bonne volonté.

Les hommes d'Etat et du gouvernement ont compris la spécificité de la réalité humaine. Ils ont saisi sa complexité au-delà de la vulnérabilité de l'être-victime. Ils savent que le mensonge a la vie dure et que la violence est envahissante. Malgré son apparente éclipse, elle revient souvent au galop : « La violence existe entre-nous, et la non-violence, si elle ne veut pas abandonner le champ à la violence, est bien obligée d'employer les seuls moyens que reconnaisse son adversaire »[360]. Les hommes politiques utilisent donc, de façon légitime, tous les instruments dont ils disposent au niveau structurel pour bloquer l'homme de l'œuvre, autrement dit, pour l'empêcher de sévir à nouveau et éviter qu'il ne s'empare définitivement de la destinée communautaire.

---

[359] Cf. EC I, 170-171.
[360] *Ibid.*, 171.

420

5.4.2 La traversée du discours reconstructif

A côté du silence de l'homme de l'œuvre, c'est-à-dire du silence de l'homme dont le langage et le sentiment menacent la vie et l'avenir sensé de la société ou encore du silence du pseudo-communicateur parfait, il sied de signaler que le discours reconstructif oublie un autre type de silence. Il s'agit du silence du sage. Le discours reconstructif n'arrive pas à élever son concept jusqu'à envisager l'émergence d'hommes qui, ayant compris le discours dans son essence et dans sa manifestation, transparaissent au-delà de son périmètre ontologique et phéno-ménologique. Il n'entrevoit point la présence d'hommes dont le langage mani-feste la sursomption théorique du langage et son incarnation au niveau anthro-pologique : ces hommes ont saisi le sens plénier du dire et l'enjeu réel du proces-sus discursif. En tant que tels, ils possèdent le concept et savent l'importance du réseautage des plans conceptuels — le dialogue des pensées ou le « polythéisme des discours »[361] —. Leur existence ordinaire donne à déceler la symphonie du langage et de la vie, l'union harmonique entre pensée et réalité.

Comme le souligne Eric Weil, le sage a assumé le discours. Il a traversé la sphère discursive et *montre* plutôt son sens dans sa vie concrète[362]. En lui se réalise « l'unité du discours et de la vie, la vie comme unité dans un sens qu'elle ne crée pas seule-ment — la poésie s'arrête par là —, mais dé-veloppe et explicite dans le monde de tous et de chacun »[363].

En fait, le sage a compris le jeu du discours : « Il est sage, parce qu'il sait que le discours saisit tout sens et que tous les sens concrets constituent le dis-cours »[364]. Il mesure bien l'enjeu communautaire de la parole. Il connaît l'impor-tance de la communication et la force des propos, leur capacité instauratrice, leur puissance dévastatrice et leur valeur reconstructive. Il sait ce que la narration veut dire et offre une interprétation pondérée des récits, des situations, des événe-ments… Le sage appréhende parfaitement la puissance de l'argumentation. Il ne se refuse pas à la reconstruction. Il sait que celle-ci, en tant que remontée du pro-cessus discursif, reste essentielle afin de combler les béances logiques, herméneu-tiques, pragmatiques… occasionnées par le déploiement du discours.

---

[361] P. Canivez, *Weil*, 62.
[362] Cf. LP 436.
[363] *Ibid.*, 437.
[364] *Ibid.*, 439.

Le sage suit — il a déjà suivi — lucidement le processus segmentaire du discours. Il en a saisi la singularité séquentielle et la totalité substantielle. Il est arrivé au point de son accomplissement socio-historique. Il a accédé, autrement dit, au point où la dialectique de la reconnaissance prend corps, met en mouvement et configure l'existence personnelle et collective.

Cependant, il procède à une opération autre. Cette opération ne se limite pas à la sphère théorique (l'action discursive). Elle s'inscrit plutôt dans l'ordre théorétique (l'action contemplative). Le sage accomplit une action qui vise la totalité de la discursivité et visite l'intégralité de la réalité. Ce qui signifie qu'il poursuit son avancée historico-temporelle au-delà de la reconstruction. En fait, il progresse dans la compréhension sans pourtant thématiser ni convoquer la grammaticalité générale dans laquelle se meuvent les êtres et les éléments. Le sage présente le sens concret des êtres et des éléments sans invoquer aucunement la grammaire des temps, des personnes, des verbes, des modes, des cas, des voix… Il fait signe et se fixe au-delà du partage communicationnel du monde comme le promeut la raison pragmatique dans la mesure où elle relève la critique argumentative pour s'extérioriser dans la pratique reconstructive[365].

Le sage expérimente ainsi la teneur existentielle du discours, la valeur du discours en-dehors de sa libération grammaticale. Il mesure la portée du discours dans l'effectuation de l'histoire personnelle. En fait, il vit dans — et au-delà du discours —. Il a atteint « la vie "métadiscursive" d'une "Sagesse" "accordée" à l'effectivité historico-mondaine »[366], à la réalité de l'existence dans l'espace et dans le temps.

Le sage quitte donc le plan du langage et le domaine du discours pour contempler le monde tel qu'il *est*, pour transparaître dans la « vue du sens »[367], la « vue du Tout »[368], la « vue du Tout sensé »[369], « qui n'est plus vue de quelque chose de particulier »[370], mais vue du Tout et de sa propre vue[371], « *vie dans le sens pensé* »[372], vie dans la présence[373].

---

[365] Cf. J.-M. Ferry, *Les puissances* I, 14-15.

[366] F. Guibal, « Eric Weil », 504.

[367] G. Kirscher, *La philosophie d'Eric Weil*, 376.

[368] EC I, 322.

[369] H. Bouillard, « Philosophie et religion », 598.

[370] G. Kirscher, *La philosophie d'Eric Weil*, 376.

[371] Cf. *Ibid.*, 376.

[372] H. Bouillard, « Philosophie et religion », 600.

[373] Cf. LP 435 ; J.-M. Buée, « Poésie », 150.

Le sage entre proprement dans le royaume de la présence. Il accède au contentement authentique, à « la satisfaction dans la présence totale »[374]. Il demeure dans « la présence, non pas comme à venir (action), mais comme présente tout en étant toujours à réaliser »[375]. Ce qui revient à dire que le sage ne se dissout pas dans l'Etre ni ne s'immerge absolument dans le Néant. La présence dans laquelle il se meut se trouve aux antipodes d'une intuition de l'Un en soi ou d'une union-participation à son principe. Elle n'est pas immobilisation de l'être dans le Bien ni accession à un bonheur anhistorique et a-spatiotemporel. Elle ne correspond pas non plus, en mode plotinien, à l'élévation de l'homme « au-delà de tout discours, "autant que ses forces le lui permettent", non seulement vers la "précieuse et belle" Intelligence, mais vers "Celui qui l'engendre" »[376].

La présence dont il s'agit ici est plutôt immanente : le sage baigne dans une « éternité de la présence dans le temps de l'histoire »[377]. De façon nette et englobante, il demeure dans la plénitude du sentiment existentiel et la densité du sentir anthropologique, un sentiment et un sentir médiatisés globalement par l'événement et portés par le mouvement[378].

Le sage, celui qui a traversé le discours, a accédé à la pureté du savoir. Il a atteint le savoir vrai, le savoir en tant que tel. Sa pureté sapientielle n'est aucunement superficielle ni inconsistante ni éphémère. En effet, elle s'est substantifiée dans le mouvement de son engagement effectif dans le monde de la vie. La pureté du savoir qui enveloppe le sage se trouve précisément marquée par des récits divers, les textes de l'existence individuelle et collective ; leurs interprétations et mésinterprétations ; leurs arbitrages et leurs approfondissements au moyen d'argumentations ; les recadrages et dépassements de ces derniers dans des reconstructions. La pureté du savoir du sage apparaît donc comme une réalité portée par le discours en sa totalité. Elle demeure imbibée de l'histoire et reste proche des hommes.

En fait le sage, qui a décelé l'essence propre des êtres et le sens profond des éléments — ou mieux, qui a compris le sens des êtres en tant que tels et voit les éléments dans la pureté de leur signification —, s'il a quitté le monde des hommes, il ne s'y est pas retiré totalement. Il vit même dans le monde : « il est ouvert au monde

---

[374] H. BOUILLARD, « Philosophie et religion », 598.

[375] J. QUILLIEN, « De la sagesse », 1241.

[376] M. de GANDILLAC, « Plotin », 1264.

[377] H. BOUILLARD, « Philosophie et religion », 603. Voir également : LP 76-77.

[378] Cf. J.-M. BREUVART, « Sentir », 155-157 ; *Ibid.*, 170-171.

dans la Vérité, comme le monde lui est ouvert dans l'action qui est la création d'un sens de l'homme par l'homme dans l'achèvement concret du sens »[379].

Le sage demeure donc auprès des hommes. Il a « sa place dans le monde et dans l'histoire »[380]. « En dehors des moments où il accède lui-même à [la] poésie du monde, il est présent au sens de ce monde »[381] et dialogue avec les hommes dans l'espace et dans le temps. Sa sagesse est une sagesse raisonnable dans le langage des hommes du monde, pour les hommes et leur langage dans le monde.

En définitive le sage, qui a choisi le silence, ne vit pas dans le grand vide ou dans l'éloignement définitif du monde. Il n'est pas un érémiste de la pensée. Il ne s'enferme pas catégoriquement dans des grottes du savoir. Il ne saurait abandonner le monde aux violents ou aux sanguinaires. Il ne veut pas la perdition des hommes et de leur langage dans le monde.

Ainsi donc, il redescend au plan mondain pour participer aux processus discursifs quand on le lui demande ou quand cela s'avère nécessaire à la survie du monde, c'est-à-dire, à l'exercice même de la sagesse et à la pérennité du sens dans l'histoire. Le sage revient pour éduquer. Il s'engage et participe à la transformation de la vision humaine des choses. Il connaît la valeur du discours. Il mesure bien la teneur politique du langage. Il a pourtant choisi le silence, le discours avec le monde en son intégralité. Il se meut dans la *théoria*[382], dans la vue de la totalité comme sens. Dans son silence, il ne se dérobe pas mais reste responsable *aussi* de la raison dans le monde. Il demeure ouvert aux hommes et à leur besoin de transformation-universalisation morale[383].

Arrivé à ce point, nous constatons que la théorie reconstructive, en tant que théorie communicationnelle générale, n'arrive pas à rendre clairement compte du fait de la violence et de la puissance du silence. Elle se trouve défiée par le silence de l'homme de l'œuvre et n'envisage pas la traversée du discours que réalise le sage dans sa vie. Dans son déploiement discursif, cette théorie ne dessine pas visiblement l'axe pragmatique du silence. Elle ne propose pas non plus un cheminement concret en ce qui concerne la sursomption de la violence nue, sinon que le retour aux motifs prudentiels de la raison, des motifs dont elle se départit et épochalise pourtant au plan critique et analytique.

---

[379] LP 439.

[380] J.-F. Robinet, « La sagesse », 185.

[381] P. Canivez, « La sagesse », 144.

[382] Cf. J. Wilfert, « Eric Weil », 193-194.

[383] Cf. P. Canivez, « La sagesse », 143-144 ;

C'est ce genre de manquements traduisant l'oubli de la réalité humaine en sa complexité et en son hétérogénéité, que la pensée d'Eric Weil, telle qu'envisagée dans nos investigations, dévoile fondamentalement et essaie de combler. Elle nous offre, d'une part, la teneur politique du langage, sa capacité à dépasser la violence en utilisant les moyens de la violence pour restaurer la valse des mots et remettre la communication à l'endroit et, d'autre part, le dépassement du langage et du sens (du langage comme raison, discours, sens…) dans l'existence concrète du sage : le langage, qui porte une dimension logico-philosophique et se dévoile dans une épiphanie historico-politique, s'ouvre à son au-delà comme langage-pur et revient à son origine comme langage-vie. Il s'accomplit dans l'existence du sage qui atteint la présence ; une présence différente de toute immersion individuelle dans l'Un en soi ou de l'annihilation de l'être dans le Néant ; une présence qui correspond plutôt à la vision du Tout sensée, à la compréhension du sens des êtres et des éléments dans la pureté de leur signification. Il s'agit ici de résultats importants et décisifs de notre cheminement heuristique. Nous allons les présenter de manière plus large dans la partie conclusive de nos investigations, avant d'envisager les promesses de la philosophie pour notre monde, des promesses non messianiques ni eschatologiques que nous souhaitons élargir à la province africaine de l'être-homme.

CONCLUSION

Nos investigations épistémologiques ont consisté en un ensemble de propositions buissonnières autour du langage dans la pensée d'Eric Weil. Elles nous ont permis d'envisager le fait du langage dans la mesure où il rapproche et différencie l'homme de l'animal et participe à la structuration existentielle de l'être humain en face de la violence. Nous avons compris que, chez Eric Weil, le langage représente le milieu (*medium*) qui contribue à la spécification anthropologique et à la configuration raisonnable de l'être-homme dans le monde. Il équivaut comme tel au sol d'émergence et d'historicisation de l'être humain. C'est à travers lui que s'exerce la négativité et que se réalise la transformation du donné naturel ainsi que l'auto-transformation de l'homme en sa naturalité.

Nos investigations nous ont porté ensuite à envisager le jeu et l'enjeu du langage dans le système weilien puis à déterminer ce dernier comme une logique non-logiciste des langages humains déployés dans l'histoire. Nous avons aussi conçu le fait du langage dans sa phénoménalisation historico-temporelle au plan des communautés humaines, d'abord chez les Anciens, à travers le dialogue antique, puis chez les Modernes, à travers le discours, la discussion et le dialogue moderne. De façon précise, nous avons illustré la teneur politique du langage en tant qu'il confère un sens à l'inscription ontologique des communautés vivantes et contribue concrètement à leur progrès, leur prospérité et leur durabilité dans l'espace et dans le temps.

Dans cette ligne, nous avons vu que la philosophie d'Eric Weil, sans correspondre à une discipline scientifique du langage contient, en tant que telle, une pensée du langage décisive et fondatrice, une pensée du langage qui comprend le sens de la violence et celui de la présence. Elle prend forme à partir du réel agissant et s'ouvre à la réalité humaine en sa totalité, à la réalité de l'homme comme être fini et raisonnable, être inscrit dans un monde sensé, un monde dans lequel il se décide à agir et quête patiemment l'accomplissement du sens qu'il découvre en son sein.

En approfondissement nos enquêtes, nous avons décelé les fondements métaphysiques et les soubassements épistémologiques de la pensée d'Eric Weil dans la mesure où elle se trouve portée par le langage. Ce qui nous a donné de visiter les géants de la Tradition philosophique que sont Hegel, Kant et Aristote. En effet, de façon massive et majoritaire, leurs propos et propositions philosophiques constituent l'humus théorique et pratique du penser-weilien-aux-êtres-et-aux-choses. A souligner que l'exploration et la reconstruction historico-herméneutique des sources principales de la pensée d'Eric Weil, nous a donné de déchiffrer la centralité du concept réalité dans les entreprises théoriques de Hegel, Kant et Aristote. Elle nous a aussi permis de cibler leurs approches de la place réelle du langage ainsi que de sa capacité effective à configurer la vie de l'homme et des hommes dans le monde, notamment à travers l'instance qui incarne le dessein historique de la raison, c'est-à-dire l'Etat (l'Etat en tant que raisonnable).

Dans un dernier mouvement, nous avons confronté les résultats de nos investigations avec l'herméneutique philosophique conçue par Hans Georg Gadamer et approfondie par Donatella Di Cesare, puis la philosophie de la communication élaborée par Jürgen Habermas et prolongée par Jean-Marc Ferry. Nous avons vu que ces productions philosophiques présentaient des fractures paradigmatiques et accusaient un certain déficit anthropologique dans leurs percées théoriques. Elles faisaient montre de vrais manquements quant à la considération de la réalité humaine en sa complexité et en sa totalité. En gros, elles étaient marquées par l'*oubli de la violence* réelle à laquelle l'homme concret et les communautés vivantes ont affaire dans le monde, tel que le conçoit Eric Weil dans sa compréhension du philosopher authentique et sa construction du système logico-philosophique[1].

En partant des pierres d'attentes de la pensée weilienne, il nous semble impérieux de dé-chiffrer les *promesses de la philosophie* pour un monde en mouvement et, de façon plus provinciale — au sens épistémologique et géographique —, de projeter leur valence et leur pertinence pour l'Afrique (l'Afrique subsaharienne principalement).

Les promesses de la philosophie sont immanentes à une pensée qui est et qui veut, parce qu'elle le peut, être réaliste. Il s'agit d'une pensée qui se trouve rivée à la réalité. Dans son cheminement méthodologique, elle a constamment en perspective le vécu et le sentir des êtres humains. Cette pensée porte la réalité des raisons de vivre et de mourir des hommes dans le monde, la réalité de leurs problèmes et des interrogations qui les traversent au quotidien. Elle veut les rendre réelles et proposer des éléments sensés pouvant contribuer à leur résolution.

---

[1] Cf. LP 54-61.

Les promesses de la philosophie concernent le monde présent, le monde qui *est*. Elles sont promesses pour le monde et dans le monde : promesses du monde des hommes qui quêtent le contentement authentique, promesses pour le monde des hommes qui cherchent à vivre (dans) la plénitude de la présence en sursumant incessamment l'envahissement de la non-présence. Ce sont les promesses du monde dont les habitants sont enveloppés par de nombreux mythes, tant au plan individuel — mythes de la félicité, de l'intelligence, de la mode, du pouvoir, de la folie… — qu'au plan collectif — mythes de la technique, du marché, de la croissance, de la globalisation, du terrorisme, de la sécurité…—[2].

Ces promesses ne sont aucunement prophétiques ni messianiques. Il ne s'agit pas de vœux théologiques ou encore de visions eschatologiques. Les promesses de la philosophie ne sont nullement tournées vers l'avènement d'un monde nouveau, d'une terre nouvelle qui surgirait ou bien apparaîtrait miraculeusement dans le mouvement du renouvellement systématique de l'univers suite à une apocalypse catastrophique et programmatique ou à la faveur d'un retour du Fils de l'homme à la fin des temps.

Les promesses de la philosophie appartiennent à l'arc épistémologique de l'*espérance de la raison*[3]. Elles s'incarnent dans une espérance qui pointe vers la réalisation radicale du principe raisonnable dans l'histoire, en considérant l'homme qui *est*, en se tournant vers les êtres humains qui, malgré la résurgence de la violence polymorphe, cherchent à actualiser la raison-sens et la liberté dans leur monde.

Les promesses de la philosophie correspondent donc à des propositions herméneutiques immanentes au monde (dimension ontologique) et à la quête de réalisation raisonnable de l'homme et de son langage en son sein (dimension anthropologique). Elles partent de la promesse promettante du choix de la promesse. Il s'agit, autrement dit, de la promesse en tant que promouvant l'émergence de la cohérence et la permanence du sens dans le monde, malgré l'appel de l'indifférence, la menace de l'incohérence et de la dégénérescence de l'existence dans son essence.

Les promesses de la philosophie inhérentes à nos enquêtes weiliennes instituent proprement l'enjeu du sens et de la cohérence dans les ordres, les textes, les complexes, les contextes, les systèmes... Elles nous donnent à comprendre que la

---

[2] Cf. U. GALIMBERTI, *I miti del nostro tempo*.

[3] Nous ne procédons pas ici au réemploi du motif épistémologique ladriérien de l'*espérance rationnelle* (cf. J. LADRIÈRE, *L'espérance de la raison*). Cependant, en suivant la leçon weilienne, nous nous laissons éclairer par cette intuition philosophique.

cohérence n'est pas d'abord et avant tout un exercice mathématique ni même une activité logico-scientifique alignée sur la non-contradiction. La cohérence est inhérente à l'existence. Elle est immanente à l'être en tant que volonté-de-liberté et à sa décision à l'action dans le monde pour le dépassement de la violence et la réalisation du contentement véritable.

Par conséquent, les promesses de la philosophie propulsent la cohérence existentielle au plan téléologico-axiologique. Elles la proposent comme l'un des buts raisonnables que peut atteindre l'existence quand celle-ci veut battre en brèche le méthodisme systématique et l'anti-méthodisme radical, tous deux marqués par l'orgueil gnoséologique et la cécité philosophique. Elles donnent à déchiffrer la valeur d'une philosophie qui veut sursumer les obscurantismes de tout genres, la puissance d'une pensée qui récuse les dogmatismes récurrents et déjoue les scepticismes contemporains.

Dans une logique similaire, les promesses de la philosophie promeuvent l'image d'une réalité structurée, d'une réalité dont la structure est la raison-sens. Il s'agit du monde appréhendé comme unité-totalité harmonique ; du monde qui porte une cohérence de principe et possède un sens précédant l'homme et son langage, un sens que l'homme déchiffre et réalise en son sein : ce sens (ne) se *montre* (que) dans le langage. Il prend diverses formes selon le conditionnement socio-historique de l'homme, selon son insertion dynamique à travers l'espace et le temps. Ce qui nous reporte aux différents langages s'auto-déployant dans le système logique de la philosophie.

A signaler que le sens du monde que l'homme identifie et densifie par son langage et son action — son langage en tant qu'action — demeure une quête incessante, un effort pour le triomphe de la raison dans le monde. Cet effort vers le sens s'engage à éclipser lucidement et courageusement les relativismes ambiants. Il souhaite, dans un sursaut raisonnable, soulever l'homme dans sa volonté de progression historique.

Dans le même ordre, la quête de cohérence et d'accomplissement du sens dans l'existence rejette catégoriquement la naïveté méthodologique et la simplification heuristique inhérentes à diverses entreprises théoriques actuelles. Elle refuse des bases épistémologiques qui posent une originarité anthropologique absolument innocente ou irénique ainsi qu'une finalité historique exempt d'investissement pratique par la violence de la nature ou la violence de la société. Elle récuse aussi la segmentation épistémique pour prôner le dialogue des paradigmes et leur sursomption dans la réalité.

Face aux mythes envahissants, face aux incertitudes occurrentes, face aux milles visages de la violence…, les promesses de la philosophie insistent fermement sur le sens de l'existence et sur l'accomplissement de la cohérence au plan des structures qui incarnent les desseins de la raison dans le monde.

L'instance qui porte et promeut historiquement les promesses, c'est-à-dire, la communauté illimitée des artisans du concept, *sait* que l'homme est violent. Elle a compris que les hommes sont violents, qu'ils sont souvent guidés par des intérêts, par l'intérêt personnel et celui du groupe auquel ils appartiennent. Cette communauté a aussi compris que les hommes peuvent se décider, en connaissance de cause, à agir. Ils peuvent faire l'option de la raison, ils ont déjà choisi pour la raison mais la tentation de la violence les guette constamment. La tentation de la violence directe les poursuit et se concrétise, surtout quand surviennent des contradictions quasi-insurmontables, quand la discussion se rompt et que le dialogue n'est plus de mise.

C'est pourquoi la communauté du dialogue et du comprendre convoque les structures sociopolitiques en tant que lieux historiques qui manifestent l'accomplissement authentique du sens dans le monde. En fait, la quête de cohérence entreprise dans et par le langage ne saurait écarter la politique et la sphère du politique. La quête de la cohérence objective nous aide précisément à appréhender l'enjeu de l'*action* pour la vie du monde. Elle nous donne à comprendre l'enjeu de la politique et du politique pour toute philosophie, pour toute existence et toute communauté qui veut durer dans le temps. Elle dévoile la teneur du politique pour la vie de l'homme qui cherche le sens et veut le préserver dans le monde, pour la communauté vivante qui veut persévérer et progresser historiquement dans le sens.

L'enjeu du sens et de la cohérence immanent aux promesses de la philosophie pour notre monde pose finalement que toute philosophie est (et devrait être) avant tout politique et que la philosophie s'accomplit en tant que telle dans l'action politique[4]. La philosophie ne saurait s'accomplir en s'écartant radicalement

---

[4] Dans ses investigations autour de la pensée de Leo Strauss, Corine Pelluchon postule par exemple la priméité de la philosophie politique. A partir d'une lecture de Socrate et d'une critique straussienne de Husserl, elle détermine l'importance et la prééminence du politique pour la philosophie. A propos, elle signale ce qui suit : « Pour Strauss, la critique de la réduction husserlienne signifie que notre compréhension du monde renvoie à la communauté dont il faut partir pour philosopher : le retour aux choses mêmes est retour aux opinions de la Cité. […] La compréhension du sens commun des choses politiques est première, car la Cité est le lieu où les hommes font d'abord l'expérience de telle ou telle chose. Leurs opinions sont les données premières dont il faut partir et le politique est le milieu, la matrice où naît toute compréhension. La science et la philosophie, qui seront souvent en rupture avec les opinions de la Cité, sont donc

de la réalité (en se privant de tout rapport avec le monde concret des hommes qui souffrent, meurent…) et en abandonnant le domaine politique aux mains des violents, des sanguinaires et des fous furieux[5], c'est-à-dire en programmant pratiquement sa propre disparition.

A souligner que les promesses de la philosophie sont aussi ceux d'une compréhension plus profonde de la politique et de son déroulement. Elles ouvrent à une fécondation réelle de la politique par la morale et même au dépassement de son concept dans la vie ordinaire. A ce niveau, nous découvrons l'importance des vertus qui pourraient instaurer une vue et une vie politiques différentielles, notamment : la *magnanimité*[6], la *générosité* et l'*amour*[7], la *mitezza* (la *non-violence*)[8].

---

secondes ou dérivées par rapport à cette base » (C. PELLUCHON, *Leo Strauss*, 244). Eric Weil aussi établit la centralité de la chose politique au plan de la compréhension et de son exercice concret. Cependant, sa réflexion ouvre à un dépassement de l'ordre politique dans l'existence du sage. En outre, selon Eric Weil, le philosophe peut se voir comme *roi de* ou *dans la communauté* (cf. PP 55 ; P. CANIVEZ, « La révolution », 41).

[5] Cf. P. CANIVEZ, *Weil*, 137.

[6] Dans sa pensée morale, Eric Weil fait un éloge relatif de la magnanimité en tant qu'aboutissement de la morale. Mais, elle n'est pas entrevue comme une vertu politique. La morale fonde la politique à travers le concept de justice – envers soi-même et envers autrui — (cf. PM 209-222). Nous pensons, cependant, que les éléments constitutifs de la figure du magnanime peuvent être réintroduits dans le contexte de l'action. Ils peuvent ouvrir une orientation autre à la politique. La magnanimité peut féconder la justice pour fonder une philosophie et une vie politique intégrales, intégralement rivées au bonheur.

[7] Cf. S. BIANCHINI, « Cartesio », 82-92 ; C. NICCO-KERINVEL, « La générosité », 247-267. Cécile Nicco-Kerinvel identifie la générosité et l'amour-charité comme éléments essentiels de la fondation de la politique chez Descartes. Selon elle, chez Descartes, les passions que sont la générosité et l'amour occupent une place centrale dans la constitution et la conservation des liens sociaux et politiques. La dimension du pouvoir ou la justice politique peut être portée et fécondée par l'humilité vertueuse de la générosité qui bannit le mépris de l'autre et instaure l'amitié interhumaine. Elle peut recevoir une véritable coloration humaine à travers la charité qui favorise la paix intérieure et le sacrifice patriotique (cf. *Ibid.*, 249-252). Ces éléments cartésiens nous semblent revêtir une certaine importance dans l'approfondissement de la compréhension de la politique ainsi que la quête d'organisation de la sphère politique à l'heure actuelle.

[8] La thématique de la *mitezza* (*non-violence*) est introduite par Norberto Bobbio dans ses réflexions autour de la sagesse et du politique. Selon lui, notre situation politique actuelle requiert une véritable sortie de la politique qui ne peut être réalisée qu'à travers la non-violence radicale. Norberto Bobbio décrit la vertu de la non-violence comme une vertu faible, distincte de la mansuétude, de la tempérance, de la modération, de la modestie, de la dou-

Entre autres, ces vertus peuvent transformer la politique, l'aider à se renouveler et à se transfigurer organiquement. Elles peuvent, autrement dit, favoriser l'émergence d'une politique préférentiellement orientée vers l'altérité, la singularité et la simplicité. Ces vertus peuvent porter l'homme politique et les instances politiques à se forger une image plus vivante et plus humaine ; une image qui puisse traverser la réduction épistémologique de leur action à la quête du pouvoir pour le pouvoir et briser le carré anthropologique de lutte physique ainsi que verbale pour le contrôle, la domination et l'écrasement de l'autre à travers lequel ils sont entrevus.

A ce niveau, nous voulons élargir nos propositions heuristiques en régionalisant les résultats de nos enquêtes. En effet, si les promesses de la philosophie ciblées dans notre démarche ont trait, en mode générique, à l'être humain et au monde dans lequel il se déploie au plan historico-temporel, elles peuvent aussi prendre une coloration plus régionale. Elles s'orientent vers les diverses provinces de l'être-homme, notamment, en ce qui nous concerne, vers la province africaine de la pensée et de l'être. Les promesses philosophiques élaborées dans la ligne théorique du penser-

---

ceur, de l'humilité… En tant qu'attitude, la *mitezza* s'éloigne de l'arrogance, du despotisme, de la violence, de la soumission, de la parade, de la bonhomie, de l'affabilité… Elle est faite d'allégresse, de tolérance, de respect des idées et du mode de vie du prochain. La *mitezza* se veut précisément *impolitique* et *apolitique*. Elle détrône la politique pour instituer le règne de la simplicité, de la bienveillance, de la singularité et propulser au premier plan la *cité des femmes*. Elle peut être identifiée au « refus d'exercer la violence contre qui que ce soit. La *mitezza* est donc une vertu non politique. Ou même, dans un monde ensanglanté par les haines des grandes (et des petites) puissances, elle est l'antithèse de la politique » (N. BOBBIO, *Le sage et le politique*, 98). Ces idées hétéro-politiques re-présentent un idéal de radicalité pour un monde de paix. Elles se retrouvent aussi chez un auteur comme Jean-Marie Müller qui critique la démarche weilienne d'acceptation de l'emploi de la violence après avoir déclaré l'enjeu de la non-violence pour la vie sociale (cf. J.-M. MÜLLER, *Le principe*, 215-247). Sans les suivre absolument, nous pensons qu'elles peuvent contribuer à une confrontation approfondie avec le weilisme logico-politique tel qu'entrevu dans nos recherches. A signaler que reconnaître l'importance de ces propositions de Norberto Bobbio ne nous mène pas en dehors de notre ligne heuristique de base. Comme Eric Weil, nous considérons l'enjeu de la non-violence et sa constitution comme but de la philosophie ainsi que de la politique (cf. LP 59). Cependant, l'emploi de la violence peut s'avérer nécessaire pour sauver le monde d'une violence extrême, imprévisible, totalement destructrice. Comme le souligne Canivez (pour répondre indirectement aussi à Jean-Marie Müller) : « Avec l'homme qui refuse jusqu'à l'idée d'un discours cohérent, il n'y a pas de discussion possible. Avec les moyens de Gandhi on peut vaincre les Anglais, pas les nazis » (P. CANIVEZ, *Weil*, 77).

weilien-aux-êtres-aux-choses s'incarnent paradigmatiquement dans la région africaine de l'être humain[9].

Ici, elles se transforment en promesses d'une existence plus digne et plus raisonnable pour l'homme et les hommes qui demeurent en Afrique. Elles se transmuent, autrement dit, en promesses pour une vie africaine tendue vers le contentement authentique, une vie africaine plus adéquate et plus équilibrée, pouvant prendre corps à travers la promotion de la puissance du langage-raison-action dans les ordres, les structures, les complexes, les textes, les contextes, les ensembles, les systèmes locaux.

Au plan de l'organisation historique de la société-communauté africaine, les promesses de la philosophie prennent corps à travers la promotion d'un ordre politique autre, d'un ordre politique plus stable et plus humain. Celui-ci correspondrait à une organisation sociale différentielle, une organisation portée par une démocratie plus vivante et plus harmonique qui peut être désignée comme *démocratie mixte*[10].

Les promesses de la philosophie pour l'Afrique soulignent l'enjeu et l'urgence d'une pensée qui souhaite s'accomplir au-delà de son émergence dans le contexte culturel occidental. Cette pensée s'élargit et féconde un autre univers culturel. Elle se laisse aussi in-former par les éléments configurants issus des traditions vivantes de ce dernier. Elle confronte, autrement dit, sa singularité-universalité conceptuelle avec un autre type de singularité-universalité rationnelle.

La pensée qui veut prendre corps dans le périmètre africain et favoriser l'élévation du capital anthropologique de l'homme et la consolidation de la société-communauté en Afrique, se réclame et se réalise donc selon l'ordre de la *mixité* (théorique, pratique, politique…). Elle demeure attentive à la dimension culturelle

---

[9] C'est pour des motifs tout autant académiques que praxéologiques que nous avons choisi l'élargissement de notre réflexion au continent africain qui représente notre *terra matrix*. En le faisant, nous voulons que notre entreprise ne se cloisonne pas dans un académisme générique, que notre pensée ne survole pas les toits mais s'efforce de rejoindre *aussi* l'homme concret qui demeure en Afrique et que nous portons au plan heuristique et herméneutique.

[10] Au sujet de la *démocratie vivante*, on pourra lire : P. VALADIER, *Maritain*. Par contre, la thématique d'une politique mixte et d'une démocratie mixte (ou mieux d'une constitution démocratique mixte) est présente dans l'histoire de la politique et des idées politiques comme nous l'apprend Loïc Blondiaux qui en reprend la notion sans la doter d'un contenu sémantique similaire (cf. L. BLONDIAUX, *Le nouvel esprit*, 104-107). Dans notre moment conclusif, la proposition d'une démocratie mixte correspond humblement à un effort de conceptualisation et de compréhension du projet démocratique dans le contexte africain, en partant des idées weiliennes fécondées par d'autres vues théoriques.

(traditionnelle et moderne) africaine. Elle ne s'impose pas mais entre en dialogue avec les êtres réels qui peuplent le continent noir. Elle considère leurs raisons de vivre et de mourir, leurs intérêts et leurs choix. Elle rencontre des hommes qui veulent répondre, avec beaucoup plus d'engagement et d'ingéniosité, au rendez-vous universel du donner et du recevoir ; des hommes qui veulent pleinement participer au redressement de leur monde, pour espérer contribuer au relèvement global du monde des hommes dans l'espace et dans le temps.

Les promesses de la philosophie en Afrique définissent l'importance du langage raisonnable au plan de l'existence, l'importance du sens et de la compréhension pour tout homme, pour toute femme d'Afrique qui veut s'inscrire lucidement dans le système-monde. Elles consacrent la grandeur des expériences africaines de la cohérence existentielle. Les promesses de la philosophie soulignent la spécificité symbolique du sens vécu et voulu par les Africains dans leur ouverture au(x) sens du monde.

Face à l'urgence de l'épanouissement multidimensionnel de l'Afrique, autrement dit, face à la nécessité de répondre de façon authentique et apodictique aux problématiques africaines, les promesses de la philosophie sont avant tout ceux de la mise en exergue d'une *raison mixte* (une raison intégrale, intégrante et intégrée) :

- Une raison qui se déploie en sa formalité fondamentale, en son objectivité logico-mathématique et influence positivement le développement structurel, technoscientifique, technologique… de l'univers local. Il s'agit de la promotion de la rationalité formelle dans l'organisation sociale en Afrique, pour l'émergence d'un monde structuré et administré de façon plus rigoureuse et plus efficiente ;
- Une raison qui s'incarne en promouvant des valeurs morales, des valeurs comme la justice, le bien commun, la dignité humaine, la liberté, la paix… ; des valeurs vécues et senties comme vraies par les communautés locales, des valeurs reconnues comme essentielles et défendues comme telles par la communauté globale. Cela correspond à la mise en avant de la raisonnabilité de la raison pour la croissance anthropologique des peuples africains dans leur rencontre continue avec d'autres peuples.

Au niveau proprement sociopolitique, la pensée des promesses de la philosophie donnent aux Africains de re-découvrir l'enjeu du langage[11] qui se fait *discours, discussion* et *dialogue*.

---

[11] Nous parlons effectivement de redécouverte puisque l'homme africain et les sociétés africaines connaissent parfaitement l'enjeu du langage. Pour les Africains en général, la parole

Le *discours* dont il s'agit ici est non-idéologique ni démagogique. C'est plutôt un discours anthropologique et praxéologique qui s'attèle à la rationalisation ainsi qu'à l'universalisation d'un monde appelé à s'épanouir harmoniquement dans l'espace et dans le temps. Il distingue les signes de dégénérescence chronique de l'univers local et les traces d'espérance pratique qui s'y dessinent. Le discours s'implique totalement pour le relèvement du monde africain. Il montre la voie à ne pas suivre pour éviter d'entrer dans l'involution historique.

Le discours s'engage spécialement à promouvoir l'*action éducative mixte* (locale et globale, traditionnelle et moderne, morale et matérielle, physique et psychique, scientifique et artistique) au niveau des générations africaines. De façon totale, il se dédie et se décide à l'éducation-instruction-transformation de l'homme africain.

La *discussion* au sein du continent se matérialise dans la conception et la réalisation d'une *politique mixte* ou, plus précisément, d'une *démocratie mixte*. Il s'agit d'une démocratie qui recueille et approfondit les éléments positifs inhérents aux différents paradigmes démocratiques expérimentés au niveau socio-historique (démocratie libérale, représentative, participative, délibérative…)[12].

---

occupe une place centrale dans la vie personnelle et collective. C'est ce que soulignent, par exemple, Louis-Vincent Thomas et René Luneau dans leur analyse de la terre africaine et de ses religions. Ils identifient précisément la place de la parole (le *Verbe*) dans l'univers africain. Selon eux, chez le Noir, tout procède de la parole, le monde est langage, l'existence est portée par le Verbe : « Force en soi, moteur de toute force, le Verbe est aussi principe de vie, force vitale par excellence : ainsi le *Nommo* [le Verbe] provoque la conception de l'enfant, l' "appelle à naître" et fera de lui un être complet (un *Muntu*) quand le nom "aura été dit, prononcé" » (L.-V. THOMAS – R. LUNEAU, *La terre africaine*, 53). Le langage est ainsi déterminatif et décisif dans la vie humaine, dans la vie familiale, tribale… Il occupe une place de choix au niveau anthropo-socio-cosmique, notamment dans l'organisation sociale et dans la résolution pacifique des conflits (à travers la palabre).

[12] La thématique de la démocratie a plusieurs entrées et plusieurs orientations. Dans nos investigations, nous retenons l'importance des éléments que portent les différents segments du penser à la démocratie. Evidemment, nous partons d'Eric Weil avec sa conception de la centralité de la discussion dans tout système démocratique adéquat, l'importance de la *légitimité* sur la *légalité* du pouvoir (l'au-delà du juridique), la place de la citoyenneté (tout citoyen est un gouvernant en puissance) et l'enjeu de l'alternance (tout parti politique qui s'oppose au gouvernement doit présenter une vision alternative et se comporter comme s'il devrait gouverner à son tour…). Nous insérons les propositions weiliennes dans un ensemble plus large qui considère d'autres visions politiques démocratiques et les contenus communautaires culturels. Pour une approche générale et singulière de la démocratie, on se référera, entre autres à : G. AGAMBEN – *al.*, *Démocratie* ; R. ARON, *Démocratie* ; A. BADART, *Qu'est-ce-que* ; S. BERSTEIN, *Démocraties* ; S.

Elle les féconde au moyen des traditions juridico-politiques et des valeurs africaines, à savoir : le respect de l'*autorité* légitime (le chef de famille, le chef du village, le responsable du clan…), l'*unité* et la *solidarité* entre membres de la famille, de la tribu… ; le *dialogue* entre familles, villages… ; la *vérité* du sermon publique ; la *sincérité* dans la prise de parole sociale et juridique ; la *vénération* des ancêtres ; le respect de *la vie* et sa *circulation* au plan familial, clanique, social, cosmique… ; la *palabre*[13].

BERSTEIN, ed., *La démocratie* ; N. BOBBIO, *Il futuro* ; ID., *Liberalismo* ; H. BOURGIN, *Quand tout le monde*, A. BRAECKMAN, ed., *La démocratie* ; L. de BRIEY, *Le sens* ; G. BURDEAU, *Traité* ; L. COHEN-TANUGI, *Le droit* ; ID., *La métamorphose* ; R. A. DAHL, *Democracy* ; ID., *On democracy* ; M. GAUCHET, *La démocratie* ; F. GUÉNARD, « La promotion », 121-135 ; D. HELD, *Models* ; G. HERMET, *La démocratie* ; ID., *Le peuple* ; S. P. HUNTINGTON, *The Third Wave* ; H. KELSEN, *La démocratie* ; J.-F. KERVÉGAN, « Démocratie », 149-155 ; C. LEFORT, *Essais* ; N. LENOIR, *La démocratie* ; P. MANENT, *Tocqueville* ; M. NOVAK, *Démocratie* ; J. RANCIÈRE, *La haine* ; P. ROSANVALLON, *La démocratie* ; ID., *La contre-démocratie* ; D. SCHNAPPER, *La démocratie* ; J. A. SCHUMPETER, *Capitalisme* ; C. TAYLOR, *Multiculturalisme* ; A. F. UTZ, *Etica* ; P. VALADIER, *Maritain* ; S. VECA, « Démocratie », 462-469 ; D. WEINSTOCK, « Démocratie », 405-421 ; M. WIEVIORKA, *La démocratie*.

[13] La problématique de la palabre pour la résolution des conflits en Afrique, l'organisation de l'espace social et l'émergence d'une démocratie à valence africaine est résurgente dans les essais et études de chercheurs africains et africanistes. Elle entre dans une logique de réactivation des valeurs culturelles locales (cf. B. ATAGANA, « Actualité de la palabre », 460-466 ; J.-G. BIDIMA, *La palabre* ; ID., « La palabre », 125-128 ; F. EBOUSSI-BOULAGA, *Les conférences nationales* ; L.-V. THOMAS – R. LUNEAU, *La terre africaine*, 55-57). Plusieurs définitions sont données de la palabre avec des spécificités régionales. Comme composants de l'univers sémantique de la palabre on trouve globalement les éléments suivants : parole, expression, discussion, dialogue, procédure, conflit, liberté, franchise, compréhension, réconciliation, hommes, sages, sanction, communion, sacrifice, réintégration… Louis-Vincent Thomas et René Luneau par exemple donnent une définition de la palabre dans le contexte socio-cosmique africain : « En Afrique noire, palabre signifie débat, affaire, conflit. "C'est, en fait, la réduction d'un conflit par le langage, c'est la violence prise humainement dans la discussion, soumise à l'action efficace de la toute-puissance du verbe" (B. Atangana). Bien que rigoureusement codifiée — primauté du vieux, interdiction de couper la parole — la palabre qui s'achève parfois par un sacrifice aux dieux, suppose et implique la franchise totale et la liberté intégrale des participants. Au sens fort du terme, elle est dialogue s'achevant dans la communion » (L.-V. THOMAS – R. LUNEAU, *La terre africaine*, 56). Donatien Kembe présente la multi-fonctionnalité de la palabre. Selon lui, celle-ci représente un espace public d'expression plurielle. Elle est un mode de communication enraciné dans l'existence totale, un lien social et un lieu démocratique d'une expression plurielle (Cf. D. E. KEMBE, « Tel lieu », 81-82).

La démocratie mixte demeure attentive au caractère pluri-aspectuel des êtres et des choses. Elle embrasse, dans un mouvement unique, les réalités apparemment contraires ou les ordres relativement opposés — nature et culture, condition et liberté, séculier et religieux, spirituel et matériel, femme et homme, gouvernant et gouverné, majorité et minorité, peuple et ethnie, vie nationale et vie internationale, politique et éthique... —.

Dans son déroulement historique, la démocratie mixte veut apporter un *nouveau souffle*[14] au projet démocratique en Afrique. Elle vient battre en brèche l'empoisonnement de son fonctionnement par les administrateurs, l'emprisonnement de sa conception par les experts et l'embrigadement de sa structuration par les gouverneurs. La démocratie mixte se rebelle globalement contre le pouvoir des experts et des pseudo-gouverneurs.

Cette démocratie se départit également de l'*Etat de droit* pour convoquer l'*Etat des hommes justes et droits*. Elle institue la grandeur de la *légitimité* sur la simple *légalité*, la primauté de la *vie* humaine sur la *loi*. Elle prône une *constitution mixte*, une constitution qui considère tout autant la *singularité* que la *pluralité*, la *justice* que la *paix*, les *devoirs des riches* que les *droits des pauvres*, les *arguments* (conçus comme universels) que les *convictions* (reçues comme particuliers)...

La démocratie mixte promeut un type d'organisation sociale qui redonne réellement le pouvoir aux braves populations africaines, des populations qui demeu-

---

Jean-Godefrey Bidima souligne quant à lui l'enjeu de la palabre dans le penser à l'action et à la démocratie en Afrique. Il Affirme en substance : « L'enjeu de la palabre est de retrouver une véritable théorie de l'agir. Cette dernière souligne d'abord la permanence du conflit dans l'espace socio-politique : conflit (et lien) entre éthique et morale, conflit (et compénétration) entre la sphère du droit et celle du politique, conflit entre le juste comme bon et le juste comme règle. [...] La démocratie nécessite deux outils : la procédure et l'opinion droite. La palabre est le lieu par excellence de la procédure. Tout y est objet d'une négociation, d'un conciliabule, d'une consultation d'autrui. [...] L'opinion droite est aussi prise en charge par la palabre. Ce qui implique l'urgence pour la démocratie de toujours procéder à une archéologie du droit afin de surprendre les préjugés mythiques et éthiques à partir desquels il se nourrit. La procédure et l'opinion droite, dimensions essentielles de la palabre, supposent des citoyens » (J.-G. BIDIMA, « La palabre », 127-128). L'élément de la palabre tel que présenté et promu dans diverses études africaines entre bien dans la stratégie de reterritorialisation théorique de la démocratie dans la mixité.

[14] L'idée d'un *nouveau souffle* ou mieux, d'un *second souffle* à apporter à la démocratie en général, est inhérente aux études faites autour des investigations théorico-politiques de Marcel Gauchet, en tant que ce dernier fait partie des penseurs majeurs de la chose politique dans le contexte actuel (Cf. A. BRAECKMAN, ed., *La démocratie*).

rent les grands moteurs de la paix et les vrais animateurs du développement de leur continent. Il s'agit pour elle d'éroder la gangrène que représente la super-puissance démocratique des gestionnaires des Etats africains. Elle établit les braves populations africaines comme les premiers et les vrais experts de la politique africaine, les vrais penseurs des projets d'épanouissement de l'homme en Afrique, les premiers gouverneurs de l'Union Africaine — L'Union des Africaines et des Africains concrets peuplant le continent ou se trouvant à l'étranger : ceux des villages (ruraux), des villes (citadins) et d'ailleurs (diaspora africaine) —.

La démocratie mixte veut aussi contribuer à diminuer la *haine légitime de la démocratie*[15] qui habite un ensemble de peuples africains végétant dans la plus grande misère, des peuples qui connaissent les difficultés de toutes sortes, la faim, les maladies, les privations diverses... La démocratie mixte africaine veut donc (se) proposer (comme) un modèle d'organisation sociopolitique non-aliénante ni asservissante, (comme) un modèle de démocratie humaine radicale, radicalement respectueuse de l'individu et portée à la satisfaction de ses besoins sociaux.

En fin de compte, la démocratie mixte demeure une démocratie ouverte, une démocratie idéale pour le continent africain dans le contexte actuel. Elle ne sourd pas d'un songe de Dante ni d'un click des doigts des dieux de l'Olympe. La démocratie mixte doit devenir une *démocratie effective*[16] en Afrique. Elle est une démocratie à *inventer*[17] dans le mouvement de la renaissance perpétuelle des peuples locaux.

---

[15] L'idée de la *haine de la démocratie* est conçue et développée systématiquement par Jacques Rancière. En Afrique, la haine de la démocratie est bien visible. Cependant, elle ne ressemble pas exactement à celle dépeinte par Rancière (cf. J. RANCIÈRE, *La haine* ; ID. « Les démocraties », 95-100). Elle correspond plutôt à la colère des braves populations africaines contre les pseudo-démocrates ainsi qu'à la critique objective des processus démocratiques falsifiés par les gouvernements africains ; des processus dans lesquels des dirigeants corrompus sont *démocratiquement imposés* aux peuples locaux ; des processus de *démocratisation sans démocrates* ; des élections vaincues sans électeurs, sans organisation transparente, des élections dont les résultats sont *démocratiquement connus* en avance.

[16] C'est Loïc Blondiaux qui développe la notion de démocratie participative en tant que *démocratie effective*. Il donne 6 recommandations majeures pour sa réalisation dans le cadre actuel : prendre au sérieux les formes de discussion ; encourager l'émergence des pouvoirs neutres ; promouvoir une constitution mixte ; jouer sur la complémentarité des dispositifs ; repenser la relation à la décision ; réaffirmer sans cesse l'idéal d'inclusion (cf. L. BLONDIAUX, *Le nouvel esprit*, 101-110).

[17] Sur l'idée de la démocratie dont des moyens neufs sont toujours à inventer pour concrétiser ses valeurs centrales (à savoir la liberté, l'égalité, la fraternité) dans le contexte actuel de l'Etat, on se référera à l'analyse succincte faite par A. JEANNIÈRE, « La démocratie », 3-9.

L'élément ultime des promesses de la philosophie en Afrique est celui du *dialogue* des femmes et des hommes de culture, notamment des penseurs en son sein. Ce dialogue surgit au creux d'un continent où, dans la majorité des pays, les intellectuels ne sont pas libres. La plupart d'entre eux se mettent au rythme des pouvoirs locaux ou s'exilent. Ils se sont résignés et ne veulent plus combattre pour l'autonomie de leur être-intellectuel. Ils ont été vaincus et phagocytés par le système politique.

La majorité des artisans du concept et de la compréhension se trouvent asservis et corrompus. Ils reproduisent le système de dégénérescence morale mis en place par de nombreux gouvernants locaux et leurs mentors non-africains. En général, ils se muent eux-mêmes en puissants maîtres-corrupteurs des jeunes élites qu'ils forment ou qu'ils propulsent au devant de la scène.

Dans ce contexte, le dialogue se veut difficile : difficile liberté, difficile prise de parole, difficile anticipation et émancipation. La (vraie) vie se trouve ailleurs. Il faut partir, en espérant traverser les barrières, en espérant ne pas périr entre deux mondes. Il faut oser défier l'océan pour espérer rencontrer quelqu'un qui ne te tire pas dessus quand il t'entend prononcer des paroles comme *civilisation, culture, liberté, égalité, transparence...*[18]

Le dialogue se trouve ici limité et menacé. Il est extrêmement surveillé et déprécié : la mort cruelle ou l'aisance plurielle ; une balle dans la tête ou une dame dans les pieds. Il faut choisir, il faut se décider à agir, c'est-à-dire à *obéir*. Dans cette ligne, le conformisme se trouve à l'ordre du jour. Les couloirs du *Nouς* sont nauséeux. La pensée s'exile. L'exode des filles et des fils d'une Afrique privée de visionnaires et de vaillants guerriers.

Le dialogue est difficile mais pas impossible. Il finira par se faufiler un sentier et par prendre le dessus. La puissance de la pensée ou du langage raisonnable s'active. Elle se meut et s'élance. Elle va faire bouger les lignes et élargir les horizons. Les envahisseurs et les divers falsificateurs vont être conduits dehors, s'ils persistent dans la négation de l'évidence et le refus de la réalité. Le feu n'épargnera personne. Les cavaliers ont aussi une âme. Ceux qui du passé, n'ont conservé aucune trace, le traverseront encore. Les héros fondateurs sont aux portes de la Cité. Il faut les voir arri-

---

[18] Cf. LP 60 ; PR II, 8.

[19] Cf. H. Toussaint, *Violence*, 132-147. A partir d'une analyse profonde de la pensée d'Eric Weil, l'auteur propose l'*espoir de la raison* pour son pays (Haïti), un pays qui a connu une histoire mouvementée et qui traverse de grandes difficultés économiques, sociales, politiques... Cet espoir de la raison est concevable pour l'Afrique.

ver et participer à leur action. Ils poseront l'ordre à l'endroit et restaureront la valse des mots. Le réseau leur donne la main. Le monde ne sera plus le même. L'*espoir de la raison*[19] s'installe. Il faut se lever et coopérer. Il faut opérer avec lucidité et courage à l'avènement de la raison dans ce paradis livré aux pilleurs, cet espace du monde pourvu de richesses mais producteur de misère. L'Afrique va changer de visage. La catastrophe est presque inévitable. Cependant, de la douleur va surgir un monde où l'homme africain a le droit *aussi* d'être humain : le droit de manger, de boire et de danser ; le droit de parler, de penser et de prier ; autrement dit : le droit de VIVRE et de… ?

SIGLES ET ABRÉVIATIONS

1. Œuvres d'Eric Weil, études et commentaires

AEW   *Actualité d'Eric Weil. Actes du Colloque International, Chantilly 21-22 mai 1982*, Paris 1984.

CEW I   *Cahiers Eric Weil. I. Eric Weil. L'avenir de la philosophie, Violence et langage, Huit études sur Eric Weil*, Lille 1987.

CEW II   *Cahiers Eric Weil. II. Eric Weil et la pensée antique*, Lille 1989.

CEW III   *Cahiers Eric Weil. III. Interprétations de Kant*, Lille 1992.

CEW IV   *Cahiers Eric Weil. IV. Eric Weil. Essais sur la philosophie, la démocratie et l'éducation*, Lille 1993.

CEW V   *Cahiers Eric Weil. V. Philosophie et Sagesse (Journées d'étude de Nice 10 mars 1994 et de Lille 17 août 1995)*, Paris 1996.

DVL   *Discours, violence et langage. Un socratisme d'Eric Weil ? (Journées d'étude, 18-19 novembre 1989), Le Cahier du Collège du International de Philosophie* 9-10, Paris 1990.

EC I   Weil, E., *Essais et conférences. I. Philosophie*

EC II   Weil, E., *Essais et conférences. II. Politique*

EN   Weil, E., *Essais sur la nature, l'histoire et la politique*

EW   Sichirollo, L., ed., *Eric Weil. Atti della giornata di Studi presso l'Istituto Italiano per gli Studi Filosofici, Napoli, 21 novembre 1987*, Bologna 1989.

HE   Weil, E., *Hegel et l'Etat*

LP   Weil, E., *Logique de la philosophie*

PHP   Weil, E., « Politique : la philosophie politique »

PHS   Weil, E., « La philosophie est-elle scientifique ? »

PK   Weil, E., *Problèmes kantiens*

PM   Weil, E., *Philosophie morale*

PP   Weil, E., *Philosophie politique*

PR I   Weil, E., *Philosophie et réalité*. I. Essais et conférences

PR II	Weil, E., *Philosophie et réalité. II. Inédits suivi de Le cas Heidegger*
PRA	WEIL, E., « Pratique et praxis »
RA	WEIL, E., « Raison »
SEW	*Seminario su Eric Weil. Annali della Scuola Normale Superiore di Pisa. Classe di Lettere e Filosofia*, serie III, XI / 4 (1981)

2. **Autres**

ACP	*Actualité de la morale de Kant. Entretiens entre E. Borne, J. Guillermit, J.-P. Vernant et E. Weil*, Télévision française, 5 mars 1966, Série Philosophie, émission 6 = BORNE, E. – *al.*, « Actualité de la philosophienpratique de Kant », *CP* 3 (1980) 5-18 = *CP Hors série 2* (2007) 125-139.
AK	KANT, E., *Immanuel Kant's gesammelte Scriften. I-IX. Werke. X-XIII. Briefwechsel. XIV-XXIII. Handschriftli-cher Nachlass. XXIV-XXIX. Vorlesungen*, Berlin, 1902-1972.
An.ESC	*Annales. Economies, Sociétés, Civilisations*
Arches	*Actes de l'Association Roumaine des Chercheurs Francophones en Sciences Humaines*
ArPh	*Archives de Philosophie*
Cts	*Cités. Revue Trimestrielle de Philosophie, Politique et Histoire fondée par Y. C.* ZARKA
CISym	*Cahiers Internationaux du Symbolisme*
CP	*Cahiers Philosophiques*
Crt	*Critique. Revue Générale des Publications Françaises et Etrangères*
DEPhM	CANTO-SPERBER, M., ed., *Dictionnaire d'éthique et de philosophie morale*, Paris 1996.
DPhP	RAYNAUD, P. – RIALS, S., *Dictionnaire de philosophie politique*, Paris 1996, 2003, 2005³.
Dgn	*Diogène. Revue Internationale des Sciences Humaines*
DSHum	S. MESURE – P. SADIVAN, ed., *Le Dictionnaire des sciences humaines*, Paris 2006.
EncU	*Encyclopaedia Universalis*, Paris 1972.
EncU.DP	*Encyclopaedia Universalis. Dictionnaire des Philosophes*, Paris 2001.
EncPhU I	JACOB, F., ed., *Encyclopédie Philosophique Universelle. I. L'univers philosophique*, Paris 1989.

EncPhU II / 1	Auroux, S., ed., *Encyclopédie Philosophique Universelle. II. Les notions philosophiques. Dictionnaire. 1.* Philosophie occidentale : IIIe millénaire av.-J.C. – 1889, Paris 1992.
EncPhU II / 2	Auroux, S., ed., *Encyclopédie Philosophique Universelle. II. Les notions philosophiques. Dictionnaire. 2.* Philosophie occidentale. 2 : 1889 – 1990, Pensées asiatiques, Conceptualisation des sociétés traditionnelles, Paris 1992.
EncPhU IV	Mattéi, J.-F., ed., *Encyclopédie Philosophique Universelle. IV. Le discours philosophique,* Paris 1998.
EPh	*Les Etudes Philosophiques*
Esp	*Esprit. Revue Internationale fondée par E.* Mounier
Etd	*Etudes. Revue Mensuelle fondée par des Pères de la Compagnie de Jésus*
FeS	*Fenomenologia e Società. Centro di Ricerche*
FiPol	*Filosofia Politica. Rivista fondata da N.* Matteucci
Fs.	Festschrift (c'est-à-dire Mélanges)
H.RFAnthr	*L'Homme. Revue Française d'Anthropologie*
Herm	*Hermeneutica. Annuario di Filosofia e Teologia fondato da I. Mancini*
IlTet	*Il Tetto. Rivista Bimestrale fondata a Napoli nel 1963*
Qst	*Quaestio. Annuario di Storia della Metafisica = Annuaire d'Histoire de la Métaphysique*
LTP	*Laval Théologique et Philosophique*
NRTh	*Nouvelle Revue Théologique*
Phil	*Philosophiques. Revue Semestrielle fondée par Y.* Lafrance *(Université d'Ottawa)*
Prj	*Projet. Revue publiée par le Centre de Recherche et d'Action Sociale (Ceras)*
RACS	*Revue Africaine de Communication Sociale*
RAT	*Revue Africaine de Théologie*
RePh	*Recherches Philosophiques. Revue publiée par la Faculté de Philosophie de l'Institut Catholique de Toulouse*
RevAr	*Revue Arches*
RevPhil	*Philosophie. Revue de Philosophie publiée par les Editions du Minuit*
RF	*Rassegna di Filosofia. Rivista dell'Istituto di Filosofia della Università di Roma*
RFS	*Revue Française de Sociologie*
RIPh	*Revue Internationale de Philosophie*
RIFD	*Rivista Internazionale di Filosofia del Diritto*

Rlg	*Religiologiques. Revue des Sciences Humaines et Religion*
RMM	*Revue de Métaphysique et de Morale*
RPA	*Revue de Philosophie Africaine*
RPK	*Revue Philosophique de Kinshasa*
RPL	*Revue Philosophique de Louvain*
RSR	*Recherches de Science Religieuse*
RThom	*Revue Thomiste*
RTL	*Revue Théologique de Louvain*
RUCAO	*Revue de l'Université Catholique d'Afrique de l'Ouest*
Spr	*Spiritus. Revue Missionnaire Catholique fondée par les Pères Spiritains*
TM	*Les Temps Modernes. Revue Politique, Littéraire et Philosophique fondée par J.-P. SARTRE et S. de BEAUVOIR*

BIBLIOGRAPHIE

1. Œuvres et textes d'Eric Weil

- *Hegel et l'Etat. Cinq Conférences*, Paris 1950,1966, 1970³.
- *Logique de la philosophie*, Paris 1950, réed. revue 1967, 1970³ ; trad. italienne, *Logica della filosofia*, Milano 1997.
- « Aristotelica », *RMM* 57 (1952) 446-466.
- *Philosophie politique*, Paris 1956, 1963, 1966, 1971, 1989⁵ ; trad. italienne, *Filosofia politica*, Napoli 1973.
- *Philosophie morale*, Paris, 1961, 1963, 1969, 1981,1992⁵.
- « Préface », dans G. KRÜGER, *Critique et morale chez Kant*, Paris 1961, 5-11.
- *Problèmes kantiens*, Paris, 1963, réed. augmentée 1970², 1982 ; trad. italienne *Problemi kantiani*, Urbino 1980.
- *Essais et conférences.* I. *Philosophie.* II. *Politique*, Paris 1970, 1971.
- « Hegel », dans EC I, 125-141.
- « La philosophie est-elle scientifique ? », *ArPh* 33 (1970) 353-369.
- « Morale », dans *EncU XI*, 311-318.
- « Politique : la philosophie politique », dans *EncU XIII*, 449-453.
- « Pratique et praxis », dans *EncU XIII*, 225-231.
- « Raison », dans *EncU XIII*, 969-975.
- *Philosophie et réalité. Derniers essais et conférences*, Paris 1982 = *Philosophie et réalité.* I. *Essais et conférences*, Paris 2003
- « Violence et langage », dans CEW I, 23-31.
- *Aristotelica*, Milano 1990.
- « L'idée d'éducation dans l'enseignement américain », dans CEW IV, 133-141.
- « La démocratie dans un monde de tensions », dans CEW IV, 115-132.
- « Le rôle des humanités », dans CEW IV, 143-156.
- « Dialogue », texte manuscrit inédit, 1956 ; trad. italienne, « Dialogo », dans L. SICHIROLLO, *La dialettica degli antichi e dei moderni. Studi su Eric Weil*, Bologna 1997, 196-197.
- *Essais sur la nature, l'histoire et la politique*, Paris 1999.

- « Krüger, Gerhard, Privadoz. a. d. Univ. Marburg, *Philosophie und Moral in der kantischen Kritik* », dans G. KIRSCHER, *Eric Weil ou la raison dans la philosophie*, Lille 1999, 291-297.
- *Philosophie et réalité*. II. *Inédits suivi de Le cas Heidegger*, Paris 2003.

2. Etudes – commentaires sur Eric Weil et autres documents

AGAMBEN – al., *Démocratie, dans quel état ?*, Paris 2009.

Aguirre Oraa, J.M., *Raison critique ou raison herméneutique? Une analyse de la controverse entre Habermas et Gadamer*, Paris – Vitoria 1998.

AKENDA, J. C. K., *Epistémologie structuraliste et comparée*. I. *Les sciences de la culture*, Kinshasa 2004.

AMODIO, L., « A propos du mal radical », dans AEW 223-236.

ANSCOMBRE, J. L., « Pragmatique », dans *EncPhU II / 2*, 2014-2015.

APEL, K.-O., « Grenzen der Diskursethik? », dans *Zeitschrift für Philosophische Forschung* 40 (1986) 3-31, trad. française, « L'éthique de la discussion : sa portée, ses limites », dans *EncPhU I*, 154-165.

————, « Diskursethik », texte inédit, 1992 ; trad. italienne, « Etica della communicazione », dans K.-O. APEL – *al.*, *Enciclopedia Tematica Aperta*. I. *Prolusioni*, Milano 1992, 137-166.

————, *The Response of Discourse Ethics to the Moral Challenge of theHuman Situation as such and especially Today*, Louvain-La-Neuve 2001 ; trad. française, *La réponse de l'éthique de la discussion au défi moral de la situation humaine comme telle et spécialement aujourd'hui*, Louvain – Paris 2001.

APOSTEL, L., « Symbole et parole », *CISym* 22-23 (1973) 5-23.

ARENDT, H., *The Human Condition*, Chicago 1958 ; trad. française, *Condition de l'homme moderne*, Paris 1961, 1983, 1994[3].

ARENDT, H., *On Violence*, New York – London 1970; trad. italienne, *Sulla violenza*, Milano 1971.

ARNAUD, A.-J., *Entre modernité et mondialisation. Leçons d'histoire de la philosophie du droit et de l'Etat*, Paris 1998, réed. augmentée 2004.

ARON, R., *Démocratie et totalitarisme*, Paris 1965.

ASSAYAG, J., « Clifford Geertz (1926-2006) : l'anthropologie interprétative souveraine », *H.RFAnthr* 182 (2007) 233-240.

ATANGANA, B., « Actualité de la palabre », *Etd* 324 (1966) 460-466.

AUBENQUE, P. « Dialectique et métaphysique aristotéliciennes selon Eric Weil », dans CEW II, 197-21.

Aubenque, P. – Tordesillas, A., ed., *Aristote politique. Etudes sur la Politique d'Aristote*, Paris 1993.

Badart, A., *Qu'est-ce que la démocratie ?*, Paris 2005.

Balandier, G., « Tradition et modernité », dans *DSHum*, 1188-1189.

Barbaras, R., *Le mouvement de l'existence. Études sur la phénoménologie de Jan Patočka*, Paris 2007.

Belaval, P., « La théorie kantienne du mal radical : un conflit des interprétations ? », dans CEW III, 185-201.

Belaval, Y. – al., *La révolution kantienne. Histoire de la philosophie*, Paris 1968.

———, *L'héritage de Kant*, Fs. P. Marcel Régnier, Paris 1982.

Bere, Z., « Réalités africaines et questionnement sur l'existence », *RUCAO* 17 (2002) 13-22.

Berger, P. L., *Facing Up to Modernity. Excursions in Society, Politics, and Religion*, New York 1977 ; trad. française, *Affrontés à la modernité. Réflexions sur la société, la politique, la religion*, Paris 1980.

Berstein, S., *Démocraties, régimes totalitaires et totalitarismes au XXe siècle. Pour une histoire politique comparée du monde développé*, Paris 1992.

Berstein, S., ed., *La démocratie libérale*, Paris 1998.

Bescond, L., « Langage et politique selon la catégorie de la discussion dans la *Logique de la philosophie* », dans SEW 1211-1222.

Besnier, J.-M., *Histoire de la philosophie moderne et contemporaine. Figures et œuvres*, I-II, Paris 1993.

———, « Communication et intersubjectivité », dans *DPhP*, 119-125.

Bianchini, S., « Cartesio : tempo (lento) di passione », dans P. Gilbert, ed., *Passione. Indagini filosofiche tra ontologia e violenza*, Assisi 2007, 71-93.

Bidima, J.-G., *La palabre. Une juridiction de la parole*, Paris 1997.

———, « La palabre », *Dgn* 184 (1998) 125-128.

Blay, M., *Les clôtures de la modernité*, Paris 2007.

Blondiaux, L., *Le nouvel esprit de la démocratie. Actualité de la démocratie participative*, Paris 2008.

Blumenberg, H., *Die Legitimität der Neuzeit*, Frankfurt am Main 1966 ; trad. italienne, *La legittimità dell'età moderna*, Genova 1992 ; trad. française, *La légitimité des temps modernes*, Paris 1999.

Bobbio, N., *Il futuro della democrazia. Una difesa delle regole del gioco*, Torino 1984.

———, « Liberalismo e democrazia », dans G. M. Bravo – S. R. Ghibaudi, ed., *Il pensiero politico. I. La democrazia e i suoi oppositori*, Milano 1985, 23-85 =

Liberalismo e democrazia, Milano 1985, 1991[4] ; trad. française, *Libéralisme et démocratie*, Paris 1996.

———, *Elogio della mitezza*, Milano 1993 = *Elogio della mitezza e altri scritti morali*, Milano 1994, rééd. 1998, 29-47 ; trad. française, « Eloge de la mitezza », *Dgn* 176 (1996) 3-17 = *Le sage et le politique. Ecrits moraux sur la vieillesse et la douceur*, Paris 2004, 67-98.

BOCHET, I., « Interprétation scripturaire et compréhension de soi : du *De doctrina christiana* aux *Confessions* de Saint Augustin », dans I. BOCHET – *al.*, *Comprendre et interpréter. Le paradigme herméneutique de la raison*, Paris 1993, 21-50.

BŒY, C., *L'aliénation dans la « Phénoménologie de l'Esprit » de Hegel*, Paris 1970.

BOHMAN, J.,« Théorie critique », dans *DSHum*, 1165-1169.

BOUCHINDHOMME, C., « Théorie critique », dans *DPhP*, 796-801.

BOUILLET, M. N., « Optimisme », dans M. N. BOUILLET, *Dictionnaire Universel des Sciences, des Lettres et des Arts*, II, Paris 1854, 1859[4], 1213-1214.

BOUILLIER, F.-C., « Optimisme », dans A. FRANCK, *Dictionnaire des sciences philosophiques*, IV, Paris 1849, 487-496.

BOUILLARD, H., « Philosophie et religion dans l'œuvre d'Eric Weil », *ArPh* 40 (1977) 543-621 = *Vérité du Christianisme*, Paris 1989, 233-316.

BOULNOIS, O., « L'histoire, le corps, l'architecte : l'exégèse médiévale et l'herméneutique », dans I. BOCHET – *al.*, *Comprendre et interpréter. Le paradigme herméneutique de la raison*, Paris 1993, 83-100.

———, « La métaphysique au Moyen Âge : onto-théologie ou diversité rebelle ? », dans P. PORRO – M. BENEDETTO, ed., *Metaphysica, sapientia, scientia divina : soggetto e statuto della filosofia prima nel Medioevo = Sujet et statut de la philosophie première au Moyen Âge. Atti del Convegno della Società italiana per lo studio del pensiero medievale (S.I.S.P.M.), Bari, 9-12 giugno 2004*, Turnhout – Bari 2004, 37-66 = *Qts* 5 (2005) 37-66.

BOURGEOIS, B., *Encyclopédie des sciences philosophique. Hegel*, Paris 2004.

BOURGIN, H., *Quand tout le monde est roi. La crise de la démocratie*, Paris 1929.

BOUTON, C., *Temps et Esprit dans la philosophie de Hegel. De Francfort à Iéna*, Paris 2000.

BRAECKMAN, A., ed., La *démocratie à bout de souffle ? Une introduction critique à la philosophie politique de Marcel Gauchet*, Louvain – Paris 2007.

BRAND, P., *Peut-on être réaliste et croire en Dieu ? Ou pourquoi et comment raconter le monde créé par Dieu à l'homme imprégné du mythe moderne de la réalité*, Genève 1990.

BRAUD, P., *Violences politiques*, Paris 2004.

BRESSOLETTE, C. – al., *Le statut contemporain de la philosophie première. Centenaire de la Faculté de Philosophie*, Paris 1996.

BREUVART, J.-M., « Notion et idée de science chez Eric Weil », *ArPh* 52 (1989) 589-609

————, « Eric Weil et le stoïcisme dans la *Logique de la philosophie* », dans M., SŒTARD, ed., *Valeurs dans le stoïcisme. Du Portique à nos jours*, Fs. Michel Spannent, Lille 1993, 271-298.

————, « Sentir et sagesse dans la *Logique de la philosophie* », dans CEW V, 153-173.

BRIEY, L. (de), « Patrice CANIVEZ, *Weil* (Figures du savoir) », *RPL* 97 (1999) 359-364.

————, *Le conflit des paradigmes. Habermas et Renaut. Deux stratégies de renouvellement du projet moderne*, Bruxelles 2006.

————, *Le sens du politique. Essai sur l'humanisme démocratique*, Wavre 2009.

BROUILLET, H., « Plaidoyer pour une raison critique », *LTP* 53 (1997) 131-140.

BRUAIRE, C., « Hegel Georg Wilhelm Friedrich (1770-1831) », dans *EncU.DP*, 682-698.

BUBNER, R., « La philosophie et ses apparences (Système et Phénoménologie) », dans L. AMODIO – *al.*, *Hegel. L'Esprit Objectif. L'Unité de l'Histoire*, Lille 1970, 65-81.

BUBNER, R., *Handlung, Sprache und Vernunft. Grundbegriffe praktischer Philosophie*, Frankfurt 1976 ; trad. italienne, *Azione, linguaggio e ragione. I concetti fondamentali della filosofia pratica*, Bologna 1985.

BUÉE, J.-M., « Gilbert KIRSCHER, *La philosophie d'Eric Weil* (Philosophie d'aujourd'hui) », *RPL* 75 (1989) 657-662.

————, « La *Logique de la philosophie* et l'herméneutique de Gadamer », dans CEW I, 165-195.

————, « Education, cosmos et histoire chez Eric Weil », dans CEW II, 81-89.

————, « La lecture heideggérienne de Kant », dans CEW III, 71-91.

————, « Poésie, philosophie, sagesse », dans CEW V, 145-152.

————, « Eric Weil, penseur de l'unité plurielle », *Crt* 636 (2000) 389-402.

BURDEAU, G., *Traité de science politique. V. L'Etat libéral et les techniques politiques de la démocratie gouvernée. VI-VII. La démocratie gouvernante. Son assise et sa philosophie politique*, Paris 1953, 1956, 1957.

BURGIO, A., « La violenza e la ragione, le ragioni della violenza : Weil lettore di Hegel », *Herm* 8 (1988) 209-223 ; version italienne réélaborée et amplifiée de A. BURGIO, *Du discours à la violence : avec Hegel, après Hegel. Communication au Colloque organisé par le Collège International de Philosophie sur le thème Discours, violence et langage. Un socratisme d'Eric Weil (Paris, 18-19 novembre 1988)* = « Du discours à la violence », dans DVL 69-107.

—————, « Hegel et Weil tra *Weltgeschichte* e *Rechtsphilosophie* », dans EW 79-97.

CAILLOIS, R., « Attitudes et catégories », *RMM* 58 (1953) 273-291.

—————, « La violence pure est-elle démoniaque ? », dans AEW 213-222.

—————, « Eric Weil et la *Politique* d'Aristote », dans CEW II, 91-97.

CALABRO, G. P., « Eric Weil, interprète de la *Philosophie du Droit* hégélienne : quelques réflexions sur l'idée de l'Etat », dans AEW 369-374.

—————, « Giusto secondo natura ed interpretazione delle leggi : sul "diritto naturale" in Eric Weil », *RIFD* LXIII (1986) 319-349.

CANIVEZ, P., « Education et instruction d'après Eric Weil : implications sociales, politiques et morales de l'action éducative », *ArPh* 48 (1985) 529-562.

—————, « La révolution, l'Etat, la discussion », dans DVL 11-65.

—————, *Le politique et sa logique dans l'œuvre d'Eric Weil*, Paris, 1993.

CANIVEZ, P., « La sagesse et l'action », dans CEW V, 137-144.

—————, *Éric Weil (1904-1977) ou la question du sens*, Paris 1998.

—————, *Weil*, Paris 1999, 2004².

—————, « Le droit naturel chez Eric Weil », *RevAr* 3 (2002) 49-56.

CAPELLE, P., ed., *Expérience philosophique et expérience mystique*, Paris 2005.

CASSIRER, E., *Kants Leben und Lehre*, Berlin 1918, 1921² ; trad. italienne, *Vita e dottrina di Kant*, Firenze 1977.

CASTORIADIS, C., *La montée de l'insignifiance. Les carrefours du labyrinthe*, IV, Paris 1996.

—————, *Post-scriptum sur l'insignifiance. Entretiens avec Daniel Mermet, suivi de Dialogue*, Paris 1998-1999, rééd. 2004, 2007².

CATTIN, E., « L'herméneutique comme philosophie pratique : Aristote dans Gadamer », *RevPhil* 73 (2002) 73-86.

CATTIN, E., « La langue de l'Esprit », dans M. CARON, ed., *Hegel*, Paris 2007, 193-212.

CAVARERO, A., « Editoriale », *FiPol* 1 (2009) 3-9.

CAYLA, O., « Langage », dans *DPhP*, 381-388.

CAZENEUVE, J. – VICTOROFF, D., ed., *La Sociologie*, Paris 1970.

CHAPELLE, A., *L'ontologie phénoménologique de Heidegger. Un commentaire de « Sein und Zeit »*, Paris 1962.

CHATELET, F., *Hegel*, Paris 1968.

CHIEREGHIN, F., *La "Fenomenologia dello Spirito". Introduzione alla lettura*, Roma 1994, 1998, 2004³.

COHEN-TANUGI, L., *Le droit sans l'État. Sur la démocratie en France et en Amérique*, Paris 1987.

—————, *La métamorphose de la démocratie*, Paris 1989.

COLLIOT-THÉLÈNE, C., « Etat et société civile », dans *DPhP*, 247-252.

CONIGLIARO, F., *Proceduralità e trascendentalità in J. Habermas. Una tensione non-contemporanea e il suo significato antropologico, etico e politico*, Catania 2007.

CONSOLARO, F., « Il "vulnerabile" come chiave del "mondo che viene": considerazioni etimologiche » *FiPol* 1 (2009) 45-50.

CORSET, P., « Wilhelm Dilthey 1833-1911: le pacte moderne entre épistémologie et herméneutique », dans I. BOCHET – *al.*, *Comprendre et interpréter. Le paradigme herméneutique de la raison*, Paris 1993, 127-149.

CORTELLA, L., *Aristotele e la razionalità della prassi. Una analisi del dibattito sulla filosofia pratica aristotelica in Germania*, Roma 1987.

COTTA, « Violence », dans *DPhP* 844-848.

CRETTIEZ, X., *Le terrorisme. Violence et politique*, Paris 2001.

————, *Les formes de la violence*, Paris 2008.

D'HONDT, J., « Genèse et structure de l'unité de l'Esprit Objectif », dans L. AMODIO – *al.*, *Hegel. L'Esprit Objectif. L'Unité de l'Histoire*, Lille 1970, 99-112.

————, *Hegel et l'hégélianisme*, Paris 1982.

DA RE, A., *L'etica tra felicità e dovere. L'attuale dibattito sulla filosofia pratica*, Bologna 1987.

DAHL R. A., *Democracy and Its Critics*, New Haven 1989; trad., italienne, *La democrazia e i suoi critici*, Roma 1990.

————, *On democracy*, New Haven – London 1998 ; *Sulla democrazia*, Roma – Bari 2000, 2006.

DE ENA, J.-E., « Sens du sens : vers une herméneutique articulée du sens du texte », *RePh* 1 (2005) 127-140.

DE WAELHENS, A., *La philosophie de Martin Heidegger*, Louvain 1942, 1945².

DECLOUX, S., « La philosophie politique d'Eric Weil », *NRTh* LXXXVI (1964) 157-175.

DELIGNE, A., « Action et réception d'Eric Weil en Allemagne », *Crt* 636 (2000) 403-414.

DENIAU, G., *Gadamer*, Paris 2004.

DESCARTES, R., *Meditationes de prima philosophia*, Paris 1641, Amsterdam 1642 ; trad. française, *Méditations touchant la première philosophie*, Paris 1647 = *Méditations métaphysiques*, Paris 1966.

DESCOMBES, V., *Le même et l'autre. Quarante cinq ans de philosophie française (1933-1978)*, Paris 1979.

————, « Edmond Ortigues et le tournant linguistique », *H.RFAnthr* 175-176 (2005) 455-474.

Di Cesare, D., *Utopia del comprendere*, Genova 2003.

—————, *Ermeneutica della finitezza*, Milano 2004, 2008[5].

—————, *Gadamer*, Bologna 2007.

Doumit, E., « Etat et société modernes dans la "Philosophie politique" », *ArPh* 33 (1970) 511-526.

Dubois, P., *Langage et métaphysique dans la philosophie anglaise contemporaine*, Paris 1972.

Durbale, D., « Totalisation terrestre et devenir humain », *ArPh* 33 (1970) 527-545.

Eboussi-Boulaga, F., *Les conférences nationales en Afrique noire. Une affaire à suivre*, Paris 1993.

Engelhard, P., *La violence de l'histoire. Les sociétés contemporaines à l'épreuve du sens*, Paris 2001.

Ferry, J.-M., *Habermas. L'éthique de la communication*, Paris 1987.

—————, *Les puissances de l'expérience. Essai sur l'identité contemporaine. I. Le sujet et le verbe. II. Les ordres de la reconnaissance*, Paris 1991.

—————, *Philosophie de la communication. I. De l'antinomie à la fondation ultime de la raison. II. Justice politique et démocratie procédurale*, Paris 1994.

—————, *L'éthique reconstructive*, Paris 1996.

—————, *De la civilisation. Civilité, Légalité, Publicité*, Paris 2001.

—————, *Valeurs et normes. La question de l'éthique*, Paris 2002.

—————, *Les grammaires de l'intelligence*, Paris 2004.

—————, *Europe, la voie kantienne*, Paris 2005.

Ferry, L., *Philosophie politique. I. Le droit. La nouvelle querelle des Anciens et des Modernes. II. Le système des philosophies de l'histoire*, Paris 1984.

Ferry, L. – Renaut, A., *Système et critique. Essai sur la critique de la raison dans la philosophie contemporaine*, Bruxelles 1984.

—————,*Philosophie politique. III. Des droits de l'homme à l'idée républicaine*, Paris 1985.

—————, *Heidegger et les Modernes*, Paris 1988.

Fessard, G., *Hegel, le christianisme et l'histoire*, Paris 1990.

Filoni, M., *Filosofia e politica. Attualità di Eric Weil*, Urbino 2000.

Fleury, P., « Lumières et tradition : Jürgen Habermas face à Hans Georg Gadamer », dans I. Bochet – *al.*, *Comprendre et interpréter. Le paradigme herméneutique de la raison*, Paris 1993, 343-360.

Floresta, S., « Ποίησις e πρᾶξις. Aristotele nella filosofia di Jürgen Habermas », *FeS* 1 (2006) 69-106.

FORGUES, E., « Vers un tournant symbolique poststructuraliste en sciences sociales », *Rlg* 22 (2000) 189-215.

FOUQUET, C., *Histoire critique de la modernité*, Paris 2007.

FRIEDRICH, C. J., *Constitutional Government and Democracy. Theory and Practice in Europe and America*, New York 1950 ; version réélaborée et amplifiée de C. J. FRIEDRICH, *Constitutional Government and Politics*, New York 1937 ; trad. française, *La démocratie constitutionnelle*, Paris 1958.

—————, « L'essai sur la paix : sa position centrale dans la philosophie morale de Kant », dans E. WEIL – al., *La philosophie politique de Kant*, Paris 1962, 139 -161.

FRUCHON, P., *L'herméneutique de Gadamer. Platonisme et modernité : tradition et interprétation*, Paris 1994.

GADAMER, H. G., *Kleine Scriften*, II, *Interpretationen*, Tübingen 1967 ; trad. italienne, *Interpretazioni di poeti. I. W. Goethe, F. Holderlin, H. v. Kleist, J. S. Bach*, Genova 1990.

—————, *L'art de comprendre. I. Herméneutique et tradition philosophique. II. Herméneutique et champ de l'expérience*, Paris 1982, 1991.

GAILLARD, F. – POULAIN, J. – SHUSTERMAN, R., ed., *La modernité en questions. De Richard Rorty à Jürgen Habermas*, Paris 1998, 2006².

GALIMBERTI, U., *I miti del nostro tempo*, Milano 2009.

GANDILLAC, M. (de), « Plotin (205 env. – env. 270) », dans *EncU.DP*, 1257-1265.

GANTY, E., *Penser la modernité. Essai sur Heidegger, Habermas et Eric Weil*, Namur 1997.

GARAUDY, R., *La pensée de Hegel*, Paris 1966.

GAUCHET, M., *Le désenchantement du monde. Une histoire politique de la religion*, Paris 1985.

—————, *La démocratie contre elle-même*, Paris 2002.

GEERTZ, C., *Local Knolwedge. Further Essay in Interpretive Anthropology*, New York 1983 ; trad. italienne, *Antropologia interpretativa*, Bologna 1988.

GÉHIN, E., « Morin Edgard, *Le paradigme perdu. La nature humaine* », *RFS* 15 (1974) 134-139.

GERAETS, T. F., « Hegel : l'Esprit absolu comme ouverture du système », *LTP* 42 (1986) 3-13.

GILBERT, P., « La crise du sens », *NRTh* 116 (1994) 76-93.

—————, « Kant, Weil et la violence de la raison », dans *La philosophie et la paix. Actes du XXVIIIe Congrès International de l'Association des Sociétés de Philosophie de Langue Française : Università degli Studi di Bologna 29 août – 2 septembre 2000*, Paris 2002.

————, « Figures contemporaines de philosophie "première" et "autre" philosophie », dans P. CAPELLE – J. GREISCH, ed., *Raison philosophique et christianisme à l'aube du IIIe millénaire*, Paris 2004, 163-175.

GILBERT, P., « Philosophie première et réflexion seconde », dans P. CAPELLE – G. HÉBERT – M.-D. POPELARD, ed., *Le souci du passage*, Fs. Jean Greisch, Paris 2004, 354-366.

————, « Eric Weil : la sagesse, raison dans la présence » dans P. CAPELLE, ed., *Expérience philosophique et expérience mystique*, Paris 2005, 237-251.

————, *Violence et compassion. Essai sur l'authenticité d'être*, Paris 2009.

GIRARD, R. , *La violence et le sacré*, Paris 1972.

————, *Le bouc émissaire*, Paris 1982.

GOLFIN, C., « La philosophie politique d'Eric Weil », *RThom* LVIII (1958) 499-514.

GOUHIER, A., « Dialectiques et tragédies », dans AEW 251-258.

GRANGER, G. G., « Wittgenstein Ludwig (1889-1951) », dans *EncU.DP*, 1599-1604.

GREBLO, E., « Riconoscimento egualitario o riconoscimento identitario ? », *FilPol* 2 (2009) 223-239.

GRÉGOIRE, F., *Etudes hégéliennes. Les points capitaux du système*, Louvain –Paris 1958.

————, « L'Etat hégélien est-il totalitaire ? », *RFL* 60 (1962) 244-253.

GREISCH, J., « La crise de l'herméneutique : réflexions méta-critiques sur un débat actuel », dans J. GREISCH – K. NEUFELD – C. THEOBALD, *La crise contemporaine. Du modernisme à la crise des herméneutiques*, Paris 1973, 135-190.

————, *L'âge herméneutique de la raison*, Paris 1985.

————, « L'analyse de l'acte de croire entre histoire et épistémologie », *RSR* 77 (1989) 13-44.

————, « Philosophie et mystique », dans *EncPhU I*, 26-34.

————, « Herméneutique et métaphysique », dans I. BOCHET – al., *Comprendre et interpréter. Le paradigme herméneutique de la raison*, Paris 1993, 403-433.

————, « La "fonction méta" dans l'espace contemporain du pensable », dans C. BRESSOLETTE – al., *Le statut contemporain de la philosophie première. Centenaire de la Faculté de Philosophie*, Paris 1996, 5-27.

————, « L'herméneutique et la philosophie », dans *EncPhU IV*, 1841-1858.

————, *Le Cogito herméneutique. L'herméneutique philosophique et l'héritage cartésien*, Paris 2000.

GREISCH, J., « Le phénomène du jeu et les enjeux ontologiques de l'herméneutique », *RIPh* 3 (2000) 447-468.

————, *Le Buisson ardent et les lumières de la raison. L'invention de la philosophie de la religion*. I. *Héritages et héritiers du XIXè siècle*. II. *Les approches phénoménologiques et analytiques*. III. *Vers un paradigme herméneutique*, Paris 2004.

————, « Les multiples sens de l'expérience et l'idée de vérité », dans P. CAPELLE, ed., *Expérience philosophique et expérience mystique*, Paris 2005, 53-75.

GREISCH, J. – ROLLAND, J., ed., *Emmanuel Lévinas. L'éthique comme philosophie première. Actes du Colloque de Cerisy-la-Salle 23 août – 2 septembre 1986*, Paris 1993.

GRONDIN, J., « Herméneutique », dans *EncPhU I / 1*, 1129-1135.

————, « L'universalité de l'herméneutique et les limites du langage : contributions à une phénoménologie de l'inapparent », *LTP* 53 (1997) 181-194.

————, « L'universalité de l'herméneutique et de la rhétorique : ses sources dans le passage de Platon à Augustin dans *Vérité et méthode* », *RIPh* 3 (2000) 469-485.

————, « Gadamer Hans Georg (1900-2002) », dans *EncU.DP*, 593-596.

————, « L'herméneutique, de Heidegger à Gadamer », dans P. CAPELLE – G. HÉBERT – M.-D. POPELARD, ed., *Le souci du passage*, Fs. Jean Greisch, P a r i s 2004, 41-60.

GRONDIN, J., « La fusion des horizons : la version gadamérienne de l'*adaequatio rei et intellectus* ? », *ArPh* 68 (2005) 401-418.

————, *L'herméneutique*, Paris 2006.

GROS, F., *Etats de violence. Essai sur la fin de la guerre*, Paris 2006.

GUARALDO, O., « La comunità della perdita », *FiPol* 1 (2009) 73-108.

GUARDINI, R., *Das Ende Der Neuzeit. Ein Versuch zur Orientierung*, Basel 1950 ; trad. française, *La fin des temps modernes*, Paris 1952 ; trad. italienne, *La fine dell'epoca moderna*, Brescia 1954.

GUÉNARD, F., « La promotion de la démocratie : une impasse théorique ? », *Esp* 341 (2008) 121-135.

GUENON, R., *La crise du monde moderne*, Paris 1927, 1944 ; trad. italienne, *La crisi del mondo moderno*, Roma 1953.

GUIBAL, F., « La philosophie et son "autre" : réflexions à partir de l'œuvre d'Eric Weil », *RPL* 83 (1985) 54-74 ; version réélaborée et amplifiée de F. GUIBAL, « La philosophie et son "autre" », dans AEW 105-117.

GUIBAL, F., « Défis politico-philosophiques de la mondialité : le débat Strauss – Kojève et sa "relève" par E. Weil », *RPL* 95 (1997) 689-730.

————, « Eric Weil : le défi de la violence », *Etd* 383 (1995) 495-504.

————, « Histoire, raison, action : la question du droit dans la pensée d'Eric Weil », *ArPh* 63 (2000) 495-513.

————, « Eric Weil (1904-1977) ou le courage de la raison », *Cts* 7 (2003)147-160.

————, « "E. Weil et nous" : une philosophie à l'épreuve de la réalité », *ArPh* 68 (2005) 33-53.

GUSDORF, G., *Les origines de l'herméneutique*, Paris 1988 ; trad. italienne, *Storia dell'ermeneutica*, Roma – Bari 1989.

HABER, S., *Jürgen Habermas, une introduction*, Paris 2001.

HABERMAS, J., *Moralbewusstsein und kommunikatives Handeln*, Frankfurt am Main 1983 ; trad. italienne, *Etica del discorso*, Roma – Bari 1985, 1989 ; trad. française, *Morale et communication. Conscience morale et activité communicationnelle*, Paris 1988.

————,« Die Moderne – ein unvollendetes Projekt », in J. HABERMAS, *Klein politische Schriften I-IV*, Frankfurt am Main 1981, 444-464 ; trad. française, « La modernité : un projet inachevé », *Crt* 37 (1981) 950-967.

————, *Der philosophische Diskurs der Moderne : 12 Vorlesungen*, Frankfurt am Main 1985 ; trad. française, *Le discours philosophique de la modernité. Douze conférences*, Paris 1988.

HABERMAS, J. – RWALS, J., *Débats sur la justice politique*, Paris 1997, 2005.

HADOT (P.), *Plotin ou la simplicité du regard*, Paris 1963.

HASSNER, P., « Guerre et paix », dans *DPhP*, 301-311.

HAVET, J., « Philosophie de l'absolu et philosophie de l'action : à propos de la "Logique de la philosophie" d'Eric Weil », *RMM* 61 (1956) 283-302.

HEGEL, G. W. F., *System der Wissenschaft*. 1. Theil : *Die Phänomenologie des Geistes*, Bamberg und Würzburg 1807 = *Phänomenologie des Geistes*, Berlin 1832 ; trad. française, *Phénoménologie de l'Esprit*, I-II, Paris 1993.

————, *Enzyklopädie der philosophischen Wissenschaften im Grundrisse*. 1. Teil : *Die Logik*. 2. Teil : *Dei Naturphilosophie*. 3. Teil : *Die Philosophie des Geistes*, Heidelberg 1817, 1827, 1830 ; trad. française, *Précis de l'encyclopédie des sciences philosophiques*. I. *La logique*. II. *La philosophie de la nature*. III. *La philosophie de l'esprit*, Paris 1967.

HEGEL, G. W. F., *Grundlinien der Philosophie des Rechts, oder Naturrecht und Staatswissenchaft im Grundrisse*, Berlin 1820, 1833, 1840 ; trad. française, *Principes de la philosophie du droit, ou Droit naturel et science de l'Etat en abrégé*, Paris 1998.

HEIDEGGER, M., *Kant und das Problem der Metaphysik*, Bonn 1929, Frankfurt am Main 1965 ; trad. française, *Kant et le problème de la métaphysique*, Paris 1953, 1981.

————, *Unterwegs zur Sprache*, Pfullingen 1959 ; trad. française, *Acheminement vers la parole*, Paris 1976.

————,*Phänomenologische Interpretation von Kants Kritik der reinen Vernunft*, Frankfurt am Main 1977 ; trad. française, *Interprétation phénoménologique de la « Critique de la raison pure » de Kant*, Paris 1982.

————, *Hegel. 1. Die Negativität. 2. Erläuterung der « Einleitung » zu Hegels « Phänomenologie des Geistes »*, Frankfurt am Main, 1993 ; trad. française, *Hegel. La négativité. Eclaircissement de l'Introduction à la Phénoménologie de l'Esprit de Hegel*, Paris 2007

HELD, D., *Models of Democracy*, Stanford 1987 ; trad. Italienne, *Modelli di democrazia*, Bologna 1997.

HERMET, G., *Le peuple contre la démocratie*, Paris 1989.

————, *La démocratie*, Paris 1997.

HERR, E., *La violence, nécessité ou liberté ?*, Namur 1990.

HÖHN, G., « Habermas Jürgen (1929-) », dans *EncU.DP*, 670-671.

HONNETH, A., *Kampf um Anerkennung. Zur moralischen Grammatik sozialer Konflikte*, Frankfurt am Main 1992 ; trad. française, *La lutte pour la reconnaissance*, Paris 2000.

————, « Reconnaissance », dans *DPhM*, 1272-1278.

HOTTOIS, G., *La philosophie du langage de Ludwig Wittgenstein*, Bruxelles 1976.

————, « L'insistance du langage dans la phénoménologie post-husserlienne », *RPL* 77 (1979) 51-70.

————, « L'inflation du langage et la dissociation du sens dans la philosophie contemporaine », *LTP* 42 (1986) 61-69.

HUNEMAN, P. – KULICH, E., *Introduction à la phénoménologie*, Paris 1997.

HUNTINGTON, S. P., *The Third Wave. Democratization in the Late Twenthieth Century*, Norman – London 1993 ; trad. italienne, *La terza ondata. I processi di democratizzazione alla fine del XX secolo*, Bologna 1995.

HUNYADI, M., « Discussion : l'Ecole de Francfort et l'éthique de la discussion », dans *DEPhM*, 452-459.

HUSSERL, E., « Philosophie als Strenge Wissenschaft », *Logos* 1 (1911) 289-341 = *Husserliana*, vol. XXV, Deen Haag 1987, 3-62 ; trad. française, *La philosophie comme science rigoureuse*, Paris 1989, 1998³, 2003.

————, *Erste Philosophie (1923-1924). Erster Teil. Kritische Ideengeschichte. Zweil Teil. Theorie der Phänomenologischen Reduktion*, Deen Haag 1956, 1959, trad. française, *Philosophie première. I. Histoire critique des idées. II. Théorie de la réduction phénoménologique*, Paris 1970, 1972.

————, *Erfahrung und Urteil. Untersuchungen zur Genealogie der Logik*, Hamburg 1948 ; trad. française, *Expérience et jugement. Recherches en vue d'une généalogie de la logique*, Paris 1991.

HYPPOLITE, J., *Genèse et structure de la Phénoménologie de l'Esprit de Hegel*, Paris 1946.

IPPERCIEL, D., « La pensée de Gadamer est-elle conservatrice ? », *RPL* 102 (2004) 610-629.

INEICHEN, H., « Herméneutique et éthique : en relisant Dilthey et Gadamer », dans P. CAPELLE – G. HÉBERT – M.-D. POPELARD, ed., *Le souci du passage*, Fs. Jean Greisch, Paris 2004, 61-76.

JACCARD, R., *La tentation nihiliste*, Paris 1989.

JAFFRO, L., « Habermas et le sujet de la discussion », *Cts* 5 (2001) 71-85.

JANKELEVITCH, V., *Philosophie première. Introduction à une philosophie du « presque »*, Paris 1954.

JANSSENS, E., *Le néo-criticisme de Charles Renouvier*, Louvain – Paris 1904.

JARCZYK, G., « L'idée de fin », dans JARCZYK, G. – LABARRIÈRE, P.-J., *De Kojève à Hegel. Cent cinquante ans de pensée hégélienne en France*, Paris 1996, 102-107.

JARCZYK, G. – LABARRIÈRE, P.-J., *Les premiers combats de la reconnaissance. Maîtrise et servitude dans la « Phénoménologie de l'Esprit » de Hegel : texte et commentaire*, Paris 1987.

————, *De Kojève à Hegel. Cent cinquante ans de pensée hégélienne en France*, Paris 1996.

JAVARY, A., *De la certitude*, Paris 1847.

JEANNIÈRE, A., « La démocratie reste à inventer », *Prj* 73 (1973) 3-10.

JEANPIERRE, L., « Penser face à (la fin de) l'histoire », *Crt* 636 (2000) 415-425.

JUSZEZAK, J., *L'anthropologie de Hegel à travers la pensée moderne. Marx - Nietzsche - A. Kojève - E. Weil*, Paris 1977.

KABEYA MAKWETA, N., *Du principe de réciprocité dans la théorie de la justice de John Rawls. Recherche d'un paradigme pour refonder la solidarité et promouvoir une anthropo-éthique en Afrique*, Roma 2006.

KABISA BUBAR PAWEN, J.-B., *Singularité des traditions et universalisme de la démocratie. Etude critique inspirée d'Eric Weil*, Paris 2007.

KANT, E., *Kritik der reinen Vernunft*, Riga 1781, réed. 1787 = AK IV, 1-252 ; trad. française, *Critique de la raison pure*, Paris 1835-1836, 1845, 1864, 1912.

————, « Idee zu einer allgemeinen Geschichte in weltbürgerlicher Absicht », dans *Berlinische Monatsschrift* IV (1784) 385-411= AK VIII, 15-31 ; trad. française, « Idée de ce que pourrait être une histoire universelle dans les vues d'un citoyen du monde », *Le Spectateur du Nord* VI (1798) 1-39 = *Idée d'une histoire au point de vue cosmopolite*, Paris 1947.

————, *Kritik der praktischen Vernunft*, Riga 1788 = AK V, 1-163 ; trad. française, *Critique de la raison pratique, précédée des Fondements de la métaphysique des mœurs*, Paris 1848 = *Critique de la raison pratique*, Paris 1888, 1912.

————, *Kritik der Urteilskraft*, Berlin und Libau 1790, 1793 = AK XX, 193-252 ; trad. française, *Critique du jugement, suivie des Observations sur le sentiment du beau et du sublime*, Paris 1846 = *Critique de la faculté de juger*, Paris 1965.

————, *Zum ewigen Frieden. Ein philosophischer Entwurf*, Königsberg 1795, 1796 = AK VIII, 389-406 ; trad. française, *Projet de paix perpétuelle. Essai philosophique par Emmanuel Kant*, Königsberg 1796, Paris 1796 = *Esquisse philosophique d'un projet de paix perpétuelle*, dans E. KANT, *Principes métaphysiques du Droit, suivis du Projet de paix perpétuelle*, Paris 1837, 1853[2], 247-522.

KATZ, J. J., *The Philosophy of Language*, New York 1966 ; trad. française, *La philosophie du langage*, Paris 1971.

KEARNEY, R., *Poétique du possible. Phénoménologie herméneutique de la figuration*, Paris 1984.

KELSEN, H., *Vom Wesen und Wert der Demokratie*, Tübingen 1920, 1929[2] ; trad. française, *La démocratie. Sa nature, sa valeur*, Paris 1932.

KEMBE, E. D., « Tel lieu, telle catéchèse : catéchiser sous l'arbre à palabre en Afrique », *RAT* 53 (2003) 81-97.

KERVÉGAN, J.-F., « Démocratie », dans *DPhP*, 149-155.

KIRSCHER, G., « Absolu et sens dans la "Logique de la philosophie" », *ArPh* 33 (1970) 373-400.

————, *La philosophie d'Eric Weil. Systématicité et ouverture*, Paris 1989.

————, *Figures de la violence et de la modernité. Essais sur la philosophie d'Éric Weil*, Lille 1992.

————, « Penser l'objet, penser le sens », dans CEW III, 203-227.

————, *Eric Weil ou la raison dans la philosophie*, Lille 1999.

KLUBACK, W., « Le mal radical et l'histoire », dans AEW 237-250.

KOJÈVE, A., *Introduction à la lecture de Hegel. Leçons sur la Phénoménologie de l'Esprit professées de 1933 à 1939 à l'Ecole des Hautes Etudes réunies et publiées par Raymond Queneau*, Paris 1947.

KOMPRIDIS, N., « De Kant à Foucault : réorientation de la critique », *ArPh* 66 (2003) 735-648.

KONRAD, Z. L., *Das sogenannte Böse. Zur Naturgeschichte der Aggression*, Wien 1963 ; trad. française, *L'agression. Une histoire naturelle du mal*, Paris 1977.

KOYAMA, K., « Monde nouveau, création nouvelle. Mission : puissance et foi », *Spr* 131 (1993) 129-148.

KRÜGER, G., *Philosophie und Moral in der Kantischen Kritik*, Tübingen 1931; trad. française, *Critique et morale chez Kant*, Paris 1961.

KULICH, E. – HUNEMAN, P., *Introduction à la phénoménologie*, Paris 1997.

LA CHANCE, M., « "Levée des mots, volcanique" : lecture herméneutique de Celan », *LTP* 53 (1997) 43-58.

LABARRIERE, P.-J., « Le concept hégélien, identité de la mort et de la vie », *ArPh* 33 (1970) 579-604.

————, *La « Phénoménologie de l'Esprit » de Hegel. Introduction à une lecture*, Paris 1979.

————, *Le discours de l'altérité. Une logique de l'expérience*, Paris 1982.

————, « Temporalité et procès des catégories dans la *Logique de la philosophie* », dans AEW 44-51.

————, « Après Weil, avec Weil : une lecture de Gilbert Kirscher », *ArPh* 53 (1990) 661-675.

LABARRIERE, P.-J., « Les "problèmes hégéliens" d'Eric Weil », dans J. GWENDOLINE – P.-J. LABARRIÈRE, *De Kojève à Hegel. Cent cinquante ans de pensée hégélienne en France*, Paris 1996, 179-193.

LACROIX, J., *Kant et le kantisme*, Paris 1966.

————, *Panorama de la philosophie française contemporaine*, Paris 1966.

LADRIÈRE, J., *L'espérance de la raison*, Louvain – Paris 2004.

LAFOREST, G. – LARA, P. (de), ed., *Charles Taylor et l'interprétation de l'identité moderne*, Paris 1998.

LANGLOIS, L., « La signification éthique de l'expérience herméneutique dans *Vérité et méthode* », *LTP* 53 (1997) 69-87.

LAROCHELLE, G., « Liberté et justice chez Lévinas : l'expérience impossible », *RPL* 102 (2004) 583-609.

LAURIER, D., « Philosophie du langage », dans P. ENGEL, ed., *Précis de philosophie analytique*, Paris 2000, 91-118.

LAZZERI, C., « Reconnaissance », dans *DSHum*, 972-975.

LEBACQZ, J., *Certitude et volonté*, Paris 1962.

LÈBRE, J., *Hegel à l'épreuve de la philosophie contemporaine. Deleuze, Lyotard, Derrida*, Paris 2002.

LEFEBVRE, H., *Le langage et la société*, Paris 1966.

LEFORT, C., *Essais sur le politique (XIXe – XXe siècles)*, Paris 1986.

LENOIR, N., *La démocratie et son histoire*, Paris 2006.

LEVINAS, E., *Difficile liberté. Essais sur le judaïsme*, Paris 1963, 1976, 2006[5].

————, *De Dieu qui vient à l'idée*, Paris 1982, 1986[2].

————, *Ethique comme philosophie première*, Paris 1998.

LIPOVETSKY, G., *L'ère du vide. Essais sur l'individualisme contemporain*, Paris 1983.

LIPOVETSKY, G. – CHARLES, S., *Les temps hypermodernes*, Paris 2004.

LYOTARD, J.-F., *La condition post-moderne. Rapport sur le savoir*, Paris 1979 ; trad. italienne, *La condizione postmoderna. Rapporto sul sapere*, Milano 1981, 1998[11].

MADILA, B. M., « Tradition, langage et jeu chez H. G. Gadamer : une ontologie de la culture », *RPK* 32 (2003) 87-103.

MAESSCHALCK, M., *Raison et pouvoir. Les impasses de la pensée politique postmoderne*, Bruxelles 1992.

————, *Pour une éthique des convictions. Religion et rationalisation du monde vécu*, Bruxelles 1994.

MANENT, P., *Tocqueville et la nature de la démocratie*, Paris 1982, 1993.

MARCUSE, H., *Reason and Revolution. Hegel and the Rise of Social Theory* ; Oxford 1941, New York 1954, 1960 ; trad. française, *Raison et révolution. Hegel et la naissance de la théorie sociale*, Paris 1968.

MARIGNAC, « Le destin de la philosophie politique de Hegel après *Hegel et l'Etat* », dans AEW 375-485.

MARION, J.-L., « L'autre philosophie première et la question de la donation », dans C. BRESSOLETTE – al., *Le statut contemporain de la philosophie première. Centenaire de la Faculté de Philosophie*, Paris 1996, 29-50.

————, *De surcroît. Etudes sur les phénomènes saturés*, Paris 2001.

MARITAIN, J., *Antimoderne*, Paris 1922 = MARITAIN J. – MARITAIN R., *Œuvres complètes*, II, Fribourg – Paris 1987, 923-1136.

————, *La philosophie morale. Examen historique et critique des grands systèmes*, Paris 1960 = MARITAIN J. – MARITAIN R., *Œuvres complètes*, XI, Fribourg – Paris 1990, 233-1079.

MARTY, F., « Le surgissement de la question du sens chez Kant, selon Eric Weil », dans AEW 341-347.

————, *L'homme, habitant du monde. A l'horizon de la pensée critique de Kant*, Paris 2004.

MATARASSO, M., « Edgar Morin ou le nouvel *Eloge de la folie* (note critique) », *An.ESC* 1 (1975) 177-185.

MERLEAU-PONTY, M., *Sens et non-sens*, Paris 1948, 1966, réed. 1996.

MESTIRI, S., « Paradigme libéral, paradigme républicain : du conflit à la composition des paradigmes », *RPL* 106 (2008) 330-362.

MEYER, M., *Qu'est-ce que la philosophie ?*, Paris 1997.

MICHAUD, Y., *La violence*, Paris 1973, 1986.

MOLNAR, T., *Du mal moderne. Symptômes et antidotes : cinq entretiens avec Jean Renaud*, Québec 1996.

MORILHAT, C., *Empire du langage ou impérialisme langagier?*, Lausanne 2008.

MORIN, E., *Le paradigme perdu. La nature humaine*, Paris 1973.

MORRESI, R., *Historica. Dal pensiero del Novecento al "Topici"di Aristotele con e oltre Eric Weil*, Bologna 1991.

————, «Marx e marxismo in Eric Weil », dans SEW 1243-1254.

————, « Paradoxes et cohérence dans la *Logique de la philosophie* : logiques du système et réalité », dans AEW 53-64.

MÜLLER, B., « Tournant linguistique et histoire », dans *DSHum* 1183-1186.

MÜLLER, J.-M., *Le principe de non-violence. Parcours philosophiques*, Paris 1995.

MÜNSTER, A., *Le principe dialogique. De la réflexion monologique vers la proflexion intersubjective : essais sur M. Buber, E. Lévinas, F. Rosenzweig, G. Scholem et E. Bloch*, Paris 1977.

MÜNSTER, A., *Le principe « discussion ». Habermas ou le tournant langagier et communicationnel de la théorie critique*, Paris 1998.

MWENZE, C. N. D., « Présentation », *RACS* 1 (1996) 5-12.

NAERT, E., « La pensée antique du bonheur dans la *Philosophie morale* d'Eric Weil », dans CEW II, 155-164.

NAPOLITANO, L. M., « Achille, lo "sterminatore" : immortale perché vulnerabile », *FiPol* 1 (2009) 13-43.

NATALI, C., « Azioni e movimenti in Aristotele », dans A. ALBERTI, ed., *Realtà e ragione. Studi di filosofia antica*, I, Firenze 1994, 159-184 ; trad. française, « Actions et mouvements chez Aristote », *RevPhil* 73 (2002) 12-35.

NICCO-KERINVEL, C., « La générosité et l'amour : des passions politiques ? », *RMM* 2 (2008) 247-267.

NIEL, H., *De la médiation dans la philosophie de Hegel*, Paris 1945.

NIMPAGARITSE, I., *L'action. Morale et Politique : essai sur la philosophie pratique d'Eric Weil*, Roma 1997.

NOVAK, M., *Free Persons and the Common Good*, Lanham 1988 ; trad. française, *Démocratie et bien commun*, Paris 1991.

OGIEN, R., « Action », dans *DEPhM* , 4-13.

ONAOTSHO KAWENDE, J., « De la raison herméneutique à la raison critique : linéaments d'une rationalité pluraliste », *RAT* 52 (2002) 157-174.

ORTIGUES, E., *Le discours et le symbole*, Paris 1962.

PELLUCHON, C., *Leo Strauss. Une autre raison, d'autres lumières : essai sur la crise de la rationalité contemporaine*, Paris 2005.

PERINE, M., *Filosofia e violência. Sentido e intenção da filosofia de Eric Weil*, São Paulo 1987 ; trad. française, *Philosophie et violence. Sens et intention de la philosophie d'Eric Weil*, Paris 1991.

————, « Education, violence et raison : de la discussion socratique à la sagesse weilienne », dans DVL 109-172.

PERNOT, C., « Certitude », dans *EncPhU II / 1*, 293-294.

————, « Certitude morale », dans *EncPhU II / 1*, 295.

PETIT, A., « Eric Weil et la doctrine aristotélicienne de la justice naturelle », *ArPh* 52 (1989) 279-284.

Le Petit Larousse Illustré, Paris 2005.

PIOTTE, J.-M., *Les neuf clés de la modernité*, Québec 2001.

PIOTTE, J.-M., *Les grands penseurs du monde occidental. L'éthique et la politique de Platon à nos jours*, Québec 2005.

PONTARA, G., « Violence », dans *DEPhM*, 1691-1694.

PONTON, L., « Eric Weil : le droit naturel aristotélicien et les droits de l'homme », *LTP* 43 (1987) 49-65.

POPPER, K. R., *The open society and its enemies. I. The spell of Plato. II. The High Tide of Prophecy. Hegel, Marx, and the Aftermath*, London 1945, 1962 ; *La società aperta e i suoi nemici. I. Platone totalitario. II. Hegel e Marx falsi profeti*, Roma 1977.

POURTOIS, H. « Reconnaissance morale et constitution de l'identité : narration, argumentation, reconstruction », *RPL* 89 (1993) 641-653.

————, « Luttes pour la reconnaissance et politiques délibératives », *Phil* 29 (2002) 287-309.

QUILLIEN, J., « Discours et langage ou la "Logique de la philosophie" », *ArPh* 33 (1970) 401-437.

————, « Langage et Esprit Objectif », dans L. AMODIO – *al.*, *Hegel. L'Esprit Objectif. L'Unité de l'Histoire*, 297-310.

————, « De la sagesse comme fin de la *Logique de la philosophie* : sens et présence, poésie et philosophie », dans SEW 1223-1242.

————, « Histoire, langage, formalisme », dans DVL 259-273.

RANCIÈRE, J., *La haine de la démocratie*, Paris 2005.

————, « Les démocraties contre la démocratie », dans G. AGAMBEN – *al.*, *Démocratie, dans quel état ?*, Paris 2009.

RAULET, G., « La tradition et la Modernité », dans *EncPhU IV*, 1445-1474.

RÉGNIER, M., « Hegel », dans Y. BELAVAL, ed., *Histoire de la philosophie. II. De la Renaissance à la révolution kantienne*, Paris 1973, 853-892 = « Hegel », dans Y. BELAVAL – al., *La révolution kantienne. Histoire de la philosophie*, Paris 1978, 105-161.

RENYE, D., « Opinion publique », dans *DPhP*, 518-524.

REVAULT D'ALONNES, M., « Lectures de la modernité : Heidegger, Carl Schmitt, Hannah Arendt », *TM* 523 (1990) 89-108.

RICŒUR, P., *Le conflit des interprétations. Essais d'herméneutique*, Paris 1969.

————, « Philosophie et langage », dans P. KLIBANSKY, ed., *La philosophie contemporaine. III. Métaphysique, Phénoménologie, Langage et Structures*, Firenze 1969, 272-295.

————, « De l'absolu à la sagesse par l'action », dans AEW 407-423 = *Lectures. I. Autour du politique*, Paris 1991, 115-130.

————, *Du texte à l'action. Essais d'herméneutique*, II, Paris 1986.

————, « Note sur les *Grammaires de l'intelligence* de Jean-Marc Ferry », *Esp* 307 (2004) 31-41.

RICŒUR, P., *Parcours de la reconnaissance. Trois études*, Paris 2004.

————, « Hegel aujourd'hui », *Esp* 323 (2006) 174-194

ROBINET, J.-F., « L'Etat mondial dans la *Philosophie politique* d'Eric Weil », dans DVL 173-199.

————, « La sagesse et les sagesses dans la *Logique de la philosophie* », dans CEW V, 175-186.

ROBITAILLE, M., « Esprit et langage chez Hegel : une relecture de la "certitude sensible" », *LTP* 59 (2003) 115-135.

ROCKMORE, T., « Le Kant de Heidegger. Remarques sur l'anthropologie philosophique », dans Y. BELAVAL – al., *L'héritage de Kant*, Fs. P. Marcel Régnier, Paris 1982, 239-253.

————, « Remarques sur Hegel vu par Weil », dans AEW 361-368.

————, « La modernité et la raison : Hegel et Habermas », *ArPh* 52 (1989) 177-190.

RONDET, H., *Hégélianisme et christianisme. Introduction à l'étude théologique du système hégélien*, Paris 1965.

ROSANVALLON, P., *La démocratie inachevée. Histoire de la souveraineté du peuple en France*, Paris 2000, 2003.

————, *La contre-démocratie. La politique à l'âge de la défiance*, Paris 2006.

RORTY, R. M., *The Linguistic Turn. Recent Essays in Philosophical Method*, Chicago – London 1967.

————, *Philosophy and the Mirror of Nature*, Princeton 1979 ; trad. italienne, *La filosofia e lo specchio della natura*, Milano 1986 ; trad. française, *L'homme spéculaire*, Paris 1990.

————, *Contingency, Irony and Solidarity*, Cambridge 1989 ; trad. française, *Contingence, ironie et solidarité*, Paris 1993 ; trad. italienne, *La filosofia dopo la filosofia. Contingenza, ironia e solidarietà*, Roma –Bari 1998.

ROUBINET, C., « En marge de deux textes sur le dialogue : Eric Weil, "Vertu du dialogue" dans *Philosophie et réalité* ; Emmanuel Levinas, "Le dialogue", dans *De Dieu qui vient à l'idée* », dans CEW I, 197- 218.

ROY, J., « La "Philosophie politique" d'Eric Weil », dans G. LEROUX – *al.*, *Philosophie de la cité*, Montréal – Paris – Tournai 1974, 253-289.

————, « Mal radical et existence sensée », dans AEW 299-309.

RUYER, R., *La gnose de Princeton. Des savants à la recherche d'une religion*, Paris 1974.

SALEM, J., « Eric Weil lecteur de Marx », dans AEW 387-395.

SALVUCCI, P., *L'uomo di Kant*, Urbino 1975.

————, « Presentazione », dans E. WEIL, *Problemi Kantiani*, Urbino 1980, 7-10.

————, « Il "Kant" di Weil », dans EW 99-117.

SALZANI, S., « Christus vulnus », *FiPol* 1 (2009) 51-72.

SANOU, J. B., *Violence et sagesse dans la philosophie d'Eric Weil*, Rome 2007.

SAVADOGO, M., *Eric Weil et l'achèvement de la philosophie dans l'action*, Namur 2003.

SCHAEFFER, R., « La philosophie comme expérience de la réflexion et réflexion sur l'expérience », dans P. CAPELLE, ed., *Expérience philosophique et expérience mystique*, Paris 2005, 19-38.

SCHNAPPER, D., *La démocratie providentielle. Essai sur l'égalité contemporaine*, Paris 2002.

SCHUMPETER, J. A., *Capitalism, Socialism and Democracy*, London 1947 ; trad. française, *Capitalisme, socialisme et démocratie*, Paris 1951, 1965.

SFEZ, L., « Communication : éthique de la communication », dans *DEPhM*, 291-295.

SICHIROLLO, L., « Aristote : Anthropologie, Logique, Métaphysique. Quelques remarques sur trois essais d'Eric Weil », *ArPh* 33 (1970) 491-509.

————, « Eric Weil, oggi », dans SEW 1141-1156.

————, « Réflexions sur Eric Weil. Kant après Hegel (et Weber) », dans Y. BELAVAL – *al.*, *L'héritage de Kant*, Fs. P. Marcel Régnier, Paris 1982, 385-394.

————, « Morale et politique : actualité de Weil (et de Kant) », dans AEW 259-270.

————, « La discussion ou la dialectique des Anciens », dans CEW II, 11-34.

————, « Eric Weil », dans CEW V, 11-38.

————, « Weil et la sagesse selon Aristote », dans CEW V, 195-208.

————, *La dialettica degli antichi e dei moderni. Studi su Eric Weil*, Bologna 1997.

Skinner, Q., *The foundations of modern political thought.* I. *The Renaissance.* II. *The Age of Reformation*, Cambridge – New York – Melbourne 1978, 1979².

Sœtard, M., « Eric Weil : philosophie et éducation », dans AEW 289-298.

Solère, J.-L., « Nature et sens de la logique aristotélicienne d'après Eric Weil », dans CEW II, 175-189.

Sorel, G., *Réflexions sur la violence*, Paris 1908, 1919⁴, 1972, 1990.

Sperber, D., *Le symbolisme en général*, Paris 1974.

Taboni, P. F., « Commento a Weil », *IlTet* XXIII (1986) 195-198.

Taylor, C., *Source of the self. The making of modern identity*, Cambridge 1989 ; trad. française, *Les sources du moi. La formation de l'identité moderne*, Montréal, 1998.

————, *The Malaise of Modernity*, Concord 1991 = *The Ethics of Authenticity*, Cambridge 1992 ; trad. française, *Le malaise de la modernité*, Montréal 1992 = *Grandeur et misères de la modernité*, Paris 1994.

————, *Multiculturalism and the Politics of Recognition*, Princeton 1992 ; trad. française, *Multiculturalisme. Différence et démocratie*, Paris 1994.

————, *La liberté des modernes. Essais choisis, traduits et présentés par Philippe de Lara.*, Paris 1997.

Thérien, C., « Gadamer et la phénoménologie du dialogue », *LTP* 53 (1997) 167-180.

Thom, R., « De l'icône au symbole : esquisse d'une théorie du symbolisme », *CISym* 22-23 (1973) 85-106.

Thomas, L.-V. – Luneau, R., *La terre africaine et ses religions. Traditions et changements*, Paris 1979, 1986².

Todorov, T., *Théories du symbole*, Paris 1974, 1977².

————, *Symbolisme et interprétation*, Paris 1978.

————, *La vie commune. Essai d'anthropologie partagée*, Paris 1995.

Tonquedec, J., *L'existence d'après Karl Jaspers*, Paris 1943.

Tosel, A., « Action raisonnable et sciences sociales dans la philosophie d'Eric Weil », dans SEW 1157-1186.

————, « La double inscription de l'action dans la philosophie d'Eric Weil », dans CEW V, 51-78.

Touraine, A., *Critique de la modernité*, Paris 1992.

Toussaint, H., *Violence et Etat moderne. L'espoir de la raison en Haïti*, Port-au-Prince 2006.

Utz, A. F., *Sozialethik. V. Politische Ethik*, Bonn 2000 ; trad. italienne, *Etica politica*, Milano 2008.

VALADIER, P., « Société moderne et Etat dans la philosophie politique d'Eric Weil », *Prj* 72 (1973) 175-187.

————, « "Ceux des arrière-mondes" : remarques sur une expression nietzschéenne », *RePh* 1 (2005) 141-152.

————, *Maritain à contre-temps. Pour une démocratie vivante*, Paris 2007.

VALENTINI, F., « Studi hegeliani in Francia », dans *RF* III / 1 (1954) 5-36.

————, « L'Assoluto nella *Logique de la philosophie* », dans EW 137-159

VATTIMO, G., *La fine della modernità. Nichilismo ed ermeneutica nella cultura post-moderna*, Milano 1985, 1991 ; trad. française, *La fin de la modernité. Nihilisme et herméneutique dans la culture postmoderne*, Paris 1987.

VAUTRELLE, H., *Qu'est-ce que la violence ?*, Paris 2009.

VECA, S., « Démocratie : les problèmes éthiques des sociétés démocratiques modernes », dans *DEPhM* , 391-396.

VEDRINE, H., *Le sujet éclaté*, Paris 2000.

VIEILLARD-BARON, J.-L., *Hegel. Système et structures théologiques*, Paris 2006.

VIOULAC, J., « Le visage défiguré : le rapport à autrui dans la métaphysique hégélienne », *RevPhil* 85 (2005) 42-61.

VLACHOS, G., *La pensée politique de Kant. Métaphysique et dialectique du progrès*, Paris 1962.

VOLPI, F., « Réhabilitation de la philosophie pratique et néo-aristotélisme », dans P. AUBENQUE – A. TORDESILLAS, ed., *Aristote politique. Etudes sur la Politique d'Aristote*, Paris 1993, 461-484.

————, « Philosophie pratique », dans *DEPhM*, 1195-1202.

WEBER, M., 1. *Wissenschaft als Beruf*, 2. *Politik als Beruf*, Müchen 1919 ; trad. française, *Le savant et le politique*, Paris 1959, 1963².

WEINSTOCK, D., « Démocratie et délibération », *ArPh* 63 (2000) 405-421.

WIEVIORKA, M., *La démocratie à l'épreuve. Nationalisme, populisme, ethnicité*, Paris 1993.

————, *La violence*, Paris 2004.

WILFERT, J., « Plan et dépassement : sur la structure de la *Logique de la philosophie* », dans AEW 65-70.

————, « Eric Weil et la notion de théoria », dans CEW II, 191-194.

WINLING, R., *La théologie contemporaine (1954-1980)*, Paris 1983.

WITTGENSTEIN, L., « Logisch-Philosophische Abhandlung », *Annalen der Naturphilosophie* XIV (1921) 185-262 ; trad. anglaise, *Tractatus logico-philosophicus*, London 1921, 1933 ; trad. italienne, *Tractatus logico-philosophicus*, Milano – Roma 1954.

TABLE DES MATIÈRES

312 LECLERC M. - AULETTA G. -
MARTINEZ R. (eds.)
**Biological Evolution:
Facts and Theories**
A Critical Appraisal 150 Years After
"The Origin of Species"

2011 • pp.
ISBN 978-88-7839-187-1

311 COLAGÈ Ivan
Interazione e inferenza
Epistemologia scientifica ispirata al pensiero
di Ch. S. Peirce
Premio Bellarmino 2010 - Filosofia

2010 • pp. 276
ISBN 978-88-7839-179-6 • € 29,00

310 CIAMPANELLI Filippo
«Hominem reducere ad Deum»
La funzione mediatrice del Verbo incarnato
nella teologia di San Bonaventura
Premio Bellarmino 2010 - Teologia

2010 • pp. 468
ISBN 978-88-7839-178-9 • € 37,00

www.gbpress.net

 THEOLOGIA

3 LADARIA Luis F. Sj.
Antropologia teologica

quarta edizione con nuova prefazione
2011 • pp. 504
ISBN 978-88-7839-206-9 • € 37,00

2 BRODEUR Scott Normand Sj.
Il cuore di Paolo è il cuore di Cristo
Studio introduttivo esegetico-teologico
delle lettere paoline

2011 prima ristampa • pp. 396
ISBN 978-88-7839-176-5 • € 33,00

1 BONANNI Paolo Sergio
L'amore che spera e crede
Nella traccia della storia, fra antropologia
e teologia

2010 • pp. 336
ISBN 978-88-7839-166-6 • € 27,00

www.gbpress.net

PHILOSOPHIA

3   GORCZYCA Jakub
Essere per l'altro

2011 • pp. 272
ISBN 978-88-7839-194-9 • € 23,00

2   GILBERT Paul
Le ragioni della sapienza

2010 • pp. 160
ISBN 978-88-7839-165-9 • € 15,00

1   SANS Georg
**Al crocevia della filosofia
contemporanea**

2010 • pp. 328
ISBN 978-88-7839-160-4 • € 27,00

www.gbpress.net

GREGORIANUM

Vol. 92/2011

Abbonamento per un anno: € 60,00
ISSN 0017-4114

PERIODICA DE RE CANONICA

Vol. 100/2011

Abbonamento per un anno: € 60,00
ISSN 0031-529X

www.gbpress.net

Joseph De Finance S.J.
An Ethical Inquiry

2011 • pp. 575
ISBN 978-887652-632-9 • € 35,00

Joseph De Finance S.J.
Etica Generale

2011 prima ristampa 2ª edizione • pp. 496
ISBN 978-887652-727-2 • € 35,00

www.gbpress.net

Finito di stampare nel mese di settembre 2011
presso Mediagraf spa - Monterotondo (RM)